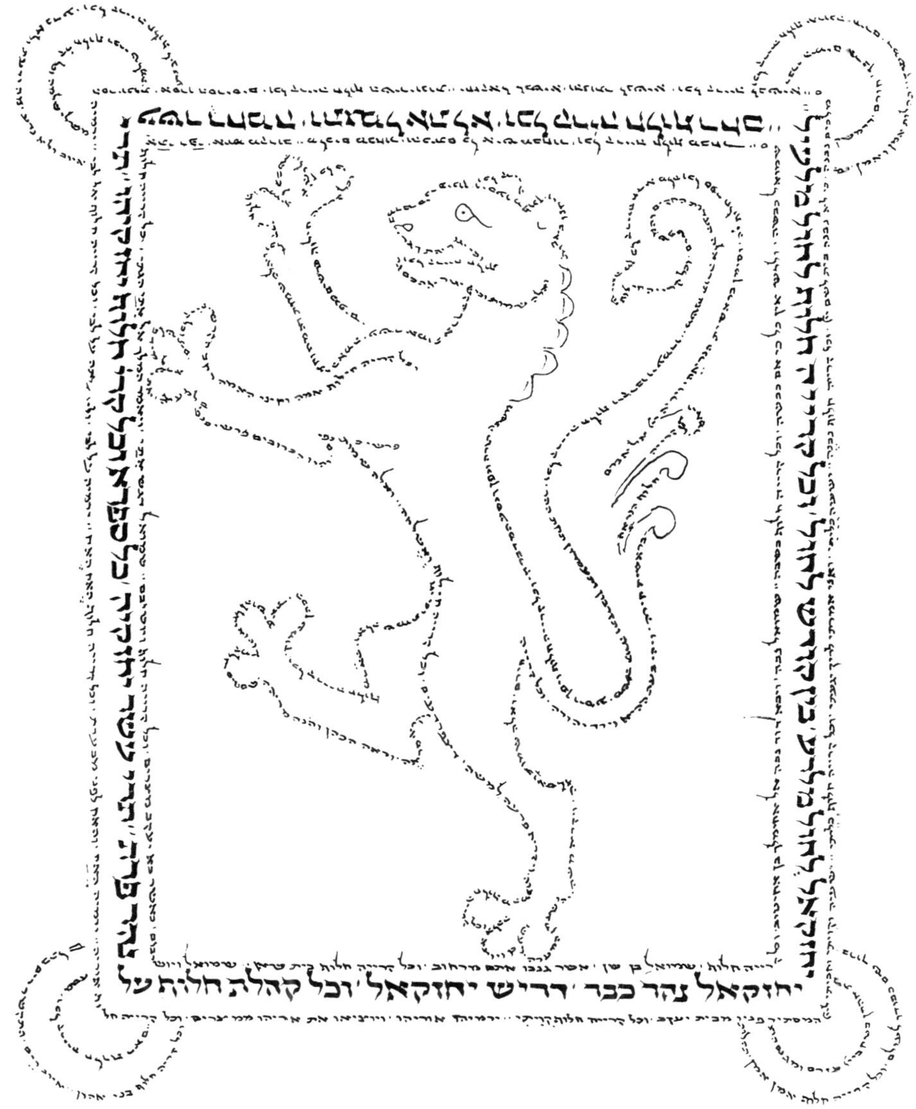
יחזקאל צהר כבר דריש יחזקאל וכל קהלה חלות על

# DIE JÜDISCHE WELT

## OFFENBARUNG, PROPHETIE UND GESCHICHTE

## HERAUSGEGEBEN VON ELIE KEDOURIE

Deutsche Bearbeitung von Karl Erich Grözinger

Texte von
Elie Kedourie, H. W. F. Saggs, Hyam Maccoby, Zvi Yavetz, Jacob Neußner,
Karl Erich Grözinger, Amon Shiloah, Haim Beinart, A. Großman,
Shelomo Dov Goitein, Amnon Cohen, Arthur Hyman, R. J. Zwi Werblowsky,
S. Ettinger, Ezra Spicehandler, T. Carmi, Lionel Kochan, Oscar Handlin
Arthur Hertzberg, David Vital

Orbis Verlag

Die Originalausgabe erschien unter dem Titel
»The Jewish World« im Verlag Thames and Hudson, London.
Die deutsche Ausgabe erschien 1980 erstmals
im S. Fischer Verlag, Frankfurt am Main.
Diese Ausgabe erscheint als Lizenzausgabe im Orbis Verlag



Deutsche Übersetzung: Renate Fueß, Elvira Grözinger,
Karl Erich Grözinger, Stefan Leder, Ulla Leippe,
Alfred Wittstock, Zvi Yavetz, Uta Zapf

Abbildung Seite 1: Darstellung des Massoretischen Kommentars
zum Buch Ezechiel aus einer deutschen Bibel des 13. Jahrhunderts;
die Anordnung der Schrift stellt den Löwen von Juda dar.

ISBN 3-572-01335-6



Umschlaggestaltung: Büro Norbert Pautner, München
Druck und Bindung: Mladinska Knjiga

Printed in Slovenia

817 2635 4453 6271

# Inhalt

# Einführung

## ELIE KEDOURIE

Der neunte Tag des Monats Av im jüdischen Kalender (der Monat fällt meistens, wenn auch nicht immer, mit dem August des gregorianischen Kalenders zusammen) wird seit ungefähr zweitausend Jahren von den Juden als Fastentag begangen, ein Tag der Trauer und des Gedenkens zweier einander seltsam ähnlicher, aber sechs Jahrhunderte auseinanderliegender Katastrophen. Die erste, im Jahre 586 vor unserer Zeitrechnung, war das Werk des Königs Nebukadnezar von Babylon; er zerstörte Jerusalem und führte die überlebenden Einwohner in Gefangenschaft. Die zweite brachte Titus (der bald darauf Kaiser von Rom wurde) im Jahre 70 nach unserer Zeitrechnung, er zerstörte gleichfalls Jerusalem und seinen Tempel und führte die Juden in die Gefangenschaft und Zerstreuung. Titus' Sieg wurde durch einen Triumphbogen gefeiert, der noch heute in Rom steht, für Touristen eine Attraktion, für Gelehrte ein Studienobjekt. Was Titus und seine Soldaten anrichteten, ist auch noch an der Westmauer, der sogenannten Klagemauer, in Jerusalem zu sehen; bis in die moderne Zeit hinein hielt man diesen Überrest des von Titus geplünderten und dann verbrannten Herodes-Tempels für alles, was die Zerstörung überlebt habe. Aber im Gegensatz zum Titusbogen, der zwar unversehrt, aber als toter und unnützer Stein dasteht, ist jener Mauerabschnitt, der der römischen Barbarei entging, mit der Verehrung der Juden erfüllt, die sich selbst für die unmittelbaren Nachkommen des Volkes halten, das Nebukadnezar eroberte und das Titus unterwarf und zerstreute. Beim Gottesdienst am Vorabend des neunten Av wird an der Westmauer (und in den Synagogen in aller Welt) das Buch der Klagelieder rezitiert, das zwar durch die erste Zerstörung angeregt worden, aber seit der zweiten auf beide Katastrophen bezogen wird. Die Wunden, über die das jüdische Volk heute klagt, wurden ihm von Mächten zugefügt, deren Stolz vor tausend und vor zweitausend Jahren in Staub zerfiel; die Juden sind das einzige heute noch lebende Volk, das sich an so weit zurückliegende Ereignisse erinnert und sie beklagt.

Das Klagen am neunten Av geschieht aber nicht nur wegen des Feuers und der Morde, die beide Zerstörungen begleiteten, nicht nur, weil beide Male die »Fürsten durch ihre Hand gehängt« wurden, weil »der Berg Zion wüste liegt und Füchse darauf streifen«; weit von dem schrecklichen Hunger »glüht die Haut wie ein Ofen«,

> Frauen wurden geschändet in Zion
> und Mädchen in den Städten Judas.

Wichtiger ist in jüdischer Sicht, daß beide Heimsuchungen dieselbe Ursache haben. Gewiß, die Hand Babylons und die Hand Roms zerstörten und töteten. Doch Babylon und Rom handelten im Auftrag des Herrn, der in seinem Zorn auf Zion »Israel vernichtete«: »Seinen Altar hat der Herr verstoßen, verworfen sein Heiligtum«, »die Mauern von Zions Palästen in die Hand seiner Feinde gegeben«. Doch so, wie sein Zorn durch die Missetaten seines Volkes hervorgerufen wurde, so werden sich wieder seine Gnade und seine Güte über die ergießen, die auf ihn warten, über die Seele, die ihn sucht. Deshalb sind die Klagelieder mehr als eine nur traurige Erinnerung an weit zurückliegendes Leid. Den Nachkommen derer, die in Gefangenschaft und Verbannung geführt wurden, erteilen sie eine Lehre, deren Sinn immer gegenwärtig und immer eindringlich ist. Nebukadnezar und Titus aber sind längst tot und dahin.

Zu der Zeit, als sie mit den Römern zusammenstießen, hatten die Juden schon eine lange Geschichte hinter sich und waren sich ihrer bewußt. Im Verlauf dieser Geschichte waren sie mit vielen Völkern und Großmächten des Alten Orients in Berührung und in bewaffnete Zusammenstöße geraten, unter anderem mit dem pharaonischen und dem ptolemäischen Ägypten, mit Assyrien, Babylon, Persien und den Seleukiden. Verglichen mit solchen Großmächten waren die Juden politisch schwach und unbedeutend. Aber alle diese großen Mächte – die Loyalitäten, die sie sich erwarben, der Lebensstil, der ihnen eigen war – sind längst dahin, während die Juden dafür lebten, von Generation zu Generation eine Tradition weiterzureichen, nach der Moses ihre Vorfahren aus ägyptischer Gefangenschaft führte, nach der sich die Assyrer wie ein Wolf auf das Königreich Israel stürzten, nach der ihre Vorväter an den Ufern Babylons saßen und weinten, Kyros ihnen erlaubte, in das Land ihrer Väter zurückzukehren, Antiochus sie vergeblich zum Götzendienst zwingen wollte.

Das jüdische Jahr ist durch Feiern und Feste gegliedert, in denen die Erinnerungen an diese Ereignisse wachgehalten werden: Nicht nur der neunte Av gehört dazu, sondern auch das Passah-Fest, das die Befreiung aus der ägyptischen Knechtschaft feiert. Das Purim-Fest, in dessen Mittelpunkt das Buch Esther steht – die Geschichte von Haman und seinem erfolglosen Plan, die Juden in Ahasvers Königreich auszurotten –, gehört in die Geschichte des jüdischen Lebens unter persischer Herrschaft; das Chanuka-Fest erinnert an den Widerstand der Makkabäer gegen die Versuche des Antiochus Epiphanes, den Juden das Heidentum aufzuzwingen.

Die Völker und Staatsmächte des Altertums, mit denen die Juden irgendwann in Berührung kamen, sind alle verschwunden und die Geschichte jedes einzelnen hat einen mehr oder weniger eindeutigen, mehr oder weniger klar abgrenzbaren Anfang und ein Ende. Daß sie so völlig der Vergangenheit angehören, macht sie zu einem übersichtlicheren Studienobjekt, als es ihre damaligen Zeitgenossen, die Juden, sind, deren Geschichte in weit entlegene Zeiten zurückreicht und heute noch nicht zu Ende ist. Ebenso bemerkenswert ist es, daß diese kleine, militärisch und politisch bedeutungslose Gruppe die Zivilisation beeinflußt hat wie aus den Völkern des Altertums nur noch die Griechen und die Römer. Und wenn Christentum und Islam schließlich große Teile der klassischen Kultur in sich aufnahmen, so geschah es sozusagen nur indirekt, da diese beiden Religionen (die die Welt mit Ausnahme des Fernen Ostens durchdringen und mithin beherrschen sollten) die heidnischen Götter entschieden ablehnten: Der Gott, den sie als den einzigen, den wahren Gott erkannten und verehrten, war der Gott Abrahams, Isaaks und Jakobs. Das Christentum (das zu gegebener Zeit behauptete, *verus Israel* zu sein) war aus dem Judentum hervorgegangen und mußte seine Dogmen unter Bezug auf das Judentum und im Gegensatz zu ihm definieren und formulieren. Die religiöse Welt des Propheten Mohammed entsprach (wie der Koran bestätigt) ganz der des Judentums und Christentums, und die göttliche Botschaft, als deren Übermittler er sich selbst bezeichnete, führte nach seiner Auffassung die Offenbarung, die die Menschheit durch Moses und Jesus empfangen hatte, nur fort und vervollständigte sie. Das Judentum, aus dem sich Christentum und Islam entwickelten, war wesentlich dasselbe wie es sich bis heute erhalten hat mit seinem schon festgelegten biblischen Kanon, seiner gleich autoritativen Mündlichen Tora, die die Geschriebene ergänzt, vom selben rabbinischen Geist und denselben Anschauungen und den schon herausgebildeten Argumentationsweisen. Es ist dieses rabbinische Judentum, das dem Christentum und Islam Gegner und Bezugspunkt zugleich war. Juden und Judentum können deshalb, eben wegen ihrer Stellung in der Weltgeschichte, als das Bindeglied betrachtet werden, als die Spange, die – in Gesellschaften, auf die eine solche Einteilung anwendbar ist – das Alte und Neue zugleich trennt und verbindet. Obwohl das Judentum das Christentum und den Islam geboren hat, mußten die Juden nach ihrem Zusammenstoß mit den Römern und der ihm folgenden Katastrophe ihr Leben in Gesellschaften und Staaten verbringen, die von Christen und Muslimen beherrscht wurden – Gesellschaften, in denen sie auf Armeslänge ferngehalten wurden und machtlos waren. Ihr Weiterleben als Gruppe in diesen beherrschenden, verlockenden und doch sehr oft feindlichen Gesellschaften, in denen sich andere Gruppen meistens ziemlich bald spurlos verloren – zum Beispiel die Heiden von Griechenland, Italien und Westeuropa, die Christen von Anatolien und Nordafrika –, ist schon bemerkenswert. Daß eine so völlig machtlose Gruppe es fertigbrachte, über zwei Jahrtausende hinweg in einer deutlich umrissenen und erkennbaren Sonderheit zu überleben, bleibt ein Rätsel, das nach Erklärung verlangt. Sie findet sich aber nicht so sehr in den Lebensbedingungen, denen sich die Juden an verschiedenen Orten und Zeiten gegenüber sahen, als in dem, was sie aus den jeweiligen Verhältnissen machten, welche sozialen Ordnungen sie für die Erhaltung ihrer Gruppe und die Fortsetzung ihrer Tradition trafen. Das Verständnis für die jüdische Geschichte setzt voraus, daß ihre Aufteilung und Darstellung ihren eigenen autonomen Bewegungen folgen und ihrem eigenen Geist treu bleiben muß.

Die Katastrophen, an die das Buch der Klagelieder erinnert, waren nationale Katastrophen, wie sie jeder politischen Einheit durch falsche Führung oder Unglück widerfahren können. In dieser Hinsicht unterschieden sich die Juden nicht von anderen Völkern, und wie anderen Völkern der Antike waren auch ihnen Religion und Politik eng verbunden. Die Polis und ihre Schutzgötter bildeten eine Einheit, in der das Wohlergehen der Bürger davon abhing, daß die Götter ihre angemessene Verehrung und ihre Sühnopfer erhielten. Doch die Werte, die in die Religion der Polis eingesenkt waren, blieben sozusagen ausschließlich politisch. Deshalb war eine Niederlage der Polis zugleich eine Niederlage ihrer Götter, und die Zerstörung der Polis stellte nicht nur Leben und Besitz ihrer Angehörigen der Gnade des Eroberers anheim, sondern entblößte und verwirrte sie auch geistig. Die klassische Kultur setzte ihr Vertrauen vor allem in die Politik – und war deshalb ungeschützt gegen deren Wechselfälle. Doch die Juden, die in das Land Assyrien zogen oder an den Flüssen Babylons weinten und von Titus in die Gefangenschaft geführt wurden, erlitten zwar ein ebenso hartes Schicksal wie jeder *Polites* oder *Civis*, deren Gemeinschaft zerstört wurde, aber sie konnten aus geistigen Quellen schöpfen und waren deshalb fähig, einzeln und als Gemeinschaft den Zufällen und den Veränderungen der Politik zu trotzen.

Ihre Religion zeichnete sich durch Besonderheiten aus, die sie scharf von anderen Religionen der Antike unterschied. Zunächst einmal scheint von Anfang an das Exil ein Leitmotiv zu sein. Abra(h)am, den die Juden als ihren Stammvater ansehen, bricht mit seiner Familie und der Religion seiner Vorfahren und verläßt sein Land, um einer göttlichen Aufforderung zu folgen: »Und der Herr sprach zu Abram: Ziehe hinweg aus deinem Vaterland und aus deiner Verwandtschaft und aus deines Vaters Haus in das Land, das ich dir zeigen werde.« (Gen 12,1). Später wird ihm verkündet, daß seine Nachkommen auch Verbannung und Demütigung zu ertragen haben werden: »Du sollst wissen, daß dein Geschlecht als Fremdling weilen wird in einem Lande, das nicht sein ist; und sie sollen daselbst Sklaven werden, und man wird sie drükken, vierhundert Jahre lang.« (Gen 15,13). Abra(h)am folgte einer göttlichen Botschaft, als deren Empfänger er persönlich ausersehen war, und seine Erwählung durch Gott wurde durch einen Bund besiegelt, der seinem Samen ein eigenes Land verhieß. Doch am Beginn der jüdischen Geschichte steht ein zweiter, späterer Bund von sogar größerer Bedeutung. Er folgte dem Aufbruch von Abrahams Nachkommen aus Ägypten, und in ihm verkündete Gott, daß er sie als sein Volk auserwählt habe. Dieser Bund besteht zwischen Gott und den Israeliten, die beide verpflichtet sind, seine Bedingungen einzuhalten. Wenn aber die Bedingungen nicht eingehalten werden, sollen, so heißt es im Deuteronomium, verschiedene Strafen folgen, vor allem aber die eine: »Und der Herr wird dich unter alle Völker zerstreuen, vom einen Ende der Erde bis zum anderen.« (Dtn 28, 64).

Ein anderes Thema im traditionellen jüdischen Selbstverständnis grenzt sie noch schärfer von ihren Nachbarn und Zeitgenossen ab. Wie es im biblischen Bericht heißt, wurden die Kinder Israels, nachdem Moses sie aus Ägypten geführt hatte, von Ältesten und Richtern regiert. Nach gebührender Zeit empfing Samuel den göttlichen Ruf und führte das Volk, und als er alt wurde, machte er seine beiden Söhne zu Richtern über Israel. Aber sie erwiesen sich als unwürdig, nahmen Bestechung an und verdrehten das Recht. Da wandten sich die Ältesten an Samuel und sagten: »Gib uns einen König, daß er uns richte.« (1 Sam 8). Die Bibel deutet an, daß Samuel von dieser Forderung betroffen und mit ihr unzufrieden war, aber Gott befahl ihm, darauf einzugehen, »denn nicht dich, mich haben sie verworfen, daß ich nicht König über sie sein soll«. Der Satz ist bezeichnend für eine Anschauung, die nicht nur davon ausgeht, daß Könige nicht göttlich sind – die Göttlichkeit der Herrscher war bei den Nachbarn der Juden eine übliche Vorstellung –, sondern auch davon, daß göttliche Herrschaft der königlichen vorzuziehen ist. Die biblische Erzählung deutet auch an, daß der Wunsch nach einem König auf gewisse Weise falsch und unehrenhaft sei: Als Samuel versucht, die Ältesten davon zu überzeugen, daß ein König vielleicht mehr zur Geißel als zum Segen werden könne, beharren sie auf ihrem Verlangen wie Menschen, die sich hartnäckig an ihren Untergang klammern: »Nein, ein König soll über uns herrschen! Wir wollen es ebenso haben wie alle andern Völker!« Daß ein König als Mensch zu Bösem und zur Ungerechtigkeit fähig und dem göttlichen Gericht und göttlicher Strafe unterworfen ist, ist ein Thema, das in der Bibel mehr als ein Mal verhandelt wird. Das bekannteste Beispiel ist David, den der Prophet Nathan herbe tadelt und dem er Strafe androht, weil er Ehebruch mit Bathseba begangen und den Tod ihres Ehemannes veranlaßt hat (2 Sam 12, 1-12).

Bemerkenswert sind die Gründe, mit denen Samuel die Ältesten von ihrer Absicht abzubringen versucht. Samuel zählt einen ganzen Katalog bedrückender und despotischer Handlungen auf, die von einem König zu erwarten sind – und die Bibel erklärt, daß Samuel damit Gottes eigene Worte wiedergibt. Der König wird die Söhne des Volkes ausheben, damit sie für ihn kämpfen und sein Land bestellen, er wird seine Töchter in seinen Dienst zwingen, wird Steuern auferlegen und das beste Land wegnehmen, »und ihr selbst müßt seine Sklaven sein. Wenn ihr dann wegen des Königs, den ihr euch erwählt habt, schreit, so wird der Herr euch alsdann nicht antworten« (1 Sam 8, 10-18). Diese heftigen Worte über die Enttäuschungen, das Unglück und die Katastrophen der Politik werden in prophetischer Weise ausgesprochen. Das Thema wiederholt sich an vielen Stellen der Bibel, nämlich dort, wo Propheten in verschiedenen kritischen Augenblicken zu Argumenten und Ermahnung greifen, wenn innere Unordnung oder äußere Bedrohung die Fähigkeit eines Königs oder sein Urteil in Frage stellten.

Durch die ganze Bibel ziehen sich das Mißtrauen gegen eine nur politische Autorität, Zweifel an ihrer Legitimität und Skepsis gegenüber der Fähigkeit der Herrscher als solchen, gerecht zu handeln und das gemeinsame Wohl zu sichern. Die Propheten halten Abstand zu den aktuellen politischen Konstellationen und behandeln die politische Macht aus angemessener Distanz: Sie geben der Meinung Ausdruck, daß die Politik – eine menschliche Erfindung und damit notwendig auch Verfall und Versagen unterworfen – nicht das ist, was dem Leben Sinn und Zusammenhang verleiht. Im Gegenteil, die Politik steht immer unter dem Gericht, unter Gottes durch die Propheten verkündetem Gericht.

Diese besondere Dualität, die weder in der klassischen Antike noch unter den unmittelbaren Nachbarn der Juden ein Gegenstück hat, bahnte den Weg zu einer ebenso bemerkenswerten Situation: Die Propheten sprachen als die Beauftragten der göttlichen Offenbarung, der höchsten Autorität. Diese Offenbarung, die Tora, wurde, so glaubte man, Moses auf dem Berg Sinai übergeben. Diese Schriftliche Tora wurde durch eine Mündliche Tora ergänzt, von der man annahm, daß sie ebenfalls Moses zur selben Zeit offenbart worden sei. Die Mündliche Tora besaß dieselbe Autorität wie die Geschriebene und wurde wie sie an die kommenden Generationen weitergereicht:

»Moses empfing die Tora am Sinai und reichte sie weiter an Josua, und Josua den Ältesten, und die Ältesten den Propheten, und die Propheten reichten sie den Männern der Großen Versammlung (Synagoge)« (Mischna, Sprüche der Väter).

Bewahrer und Erläuterer der Mündlichen Tora waren die Rabbinen, von deren Entscheidungen und Schlußfolgerungen es hieß, daß sie in ungebrochener Kette zu »Moses unserem Meister (Rabbi)« zurückführten; was also Akiba, Hillel oder Schammai oder ihre Nachfolger und die Nachfolger ihrer Nachfolger sagten, galt *ab initio* als Teil der originalen mosaischen Offenbarung, ob Moses es nun kannte oder nicht. Man kann noch weiter gehen. Diese Rabbinen, Erben der Männer der Großen Versammlung, welche die Mündliche Tora von den Propheten erhalten hatten, die ihnen ihrerseits von Josua, der sie von Moses bekam, übermittelt wurde, waren die höchste Autorität, wenn es um den Sinn der Offenbarung ging, und dieser Sinn mußte in Debatten, Disputationen und Kommentaren geklärt werden. Eine berühmte und bemerkenswerte Geschichte im Talmud (Baba mezia) berichtet, daß bei einem Streitgespräch zwischen einigen Rabbinen einer von ihnen, Rabbi Eliezer, seinen Standpunkt durch Wunder zu erhärten suchte: Ein Johannisbrotbaum wurde um hundert Ellen von seinem Platz versetzt; Eliezers Gegner sagten: »Man bringt keinen Beweis von einem Johannisbrotbaum.« Ein Wasserarm strömte zurück. Die Gegner sagten: »Man bringt keinen Beweis von einem Wasserarm«.

> Hierauf sprach er: Wenn die Halacha [das gültige Recht] wie ich ist, so mag dies dieser Wasserarm beweisen. Da trat der Wasserarm zurück. Sie erwiderten: Man bringt keinen Beweis von einem Wasserarm. Hierauf sprach er: Wenn die Halacha ist wie ich, so mögen dies die Wände des Lehrhauses beweisen. Da neigten sich die Wände des Lehrhauses und drohten einzustürzen. Da schrie sie Rabbi Josua an und sprach zu ihnen: Wenn die Gelehrten einander in der Halacha bekämpfen, was geht dies euch an! Sie stürzten hierauf nicht ein, der Ehre des Rabbi Josua wegen, und richteten sich auch nicht gerade auf, der Ehre des Rabbi Eliezer wegen; sie stehen noch jetzt geneigt. Hierauf sprach er: Wenn die Halacha ist wie ich, so mögen sie es aus dem Himmel beweisen. Da erscholl eine Stimme vom Himmel und sprach: Was habt ihr gegen Rabbi Eliezer? Die Halacha ist stets wie er. Da stand Rabbi Josua auf und sprach (Dtn 30,12): Sie ist nicht im Himmel. Was heißt: Sie ist nicht im Himmel? R. Jirmeja erwiderte: Die Tora ist bereits vom Berge Sinai her verliehen worden [und befindet sich also nicht mehr im Himmel]. Wir achten auf keine himmlische Stimme, denn bereits am Berge Sinai hast Du in die Tora geschrieben (Ex 23,2): Nach der Mehrheit ist zu entscheiden. R. Nathan traf den Propheten Elias und fragte ihn, was der Heilige, gelobt sei er, in dieser Stunde getan habe. Er erwiderte: Er schmunzelte und sprach: Meine Kinder haben mich besiegt, meine Kinder haben mich besiegt. (Deutsche Fassung bei G. Scholem, *Über einige Grundbegriffe des Judentums,* 1970.)

Geistige Festigkeit und Selbstvertrauen sprechen aus diesem Bericht, und der Talmud, der Midrasch, die aggadische Literatur, die Gesetzes-Kodices, die *Responsen* und die Kommentare zu den Kommentaren, die bis in die moderne Zeit hinein verfaßt wurden, zeigen, daß der selbstbewußte, bedingungslose Glaube an den hohen Wert und die Bedeutung ihrer Disziplin in rabbinischen Kreisen immer die Regel blieb. Andererseits wurde ihr Tun nicht einfach als akademisch angesehen. Nach dem verhängnisvollen Zusammenstoß mit Rom und der Zerstörung des jüdischen Staatswesens in Palästina wurden die Juden zu einer Ansammlung von Gemeinden am ganzen Mittelmeerbecken und darüber hinaus. Sie wurden in kleine, politisch machtlose Gruppen zerstreut. Als das Christentum römische Staatsreligion wurde, als dann der Islam aufkam, wurde ihre Lage immer bedrängter. In diesen neuen, weit auseinander liegenden politischen Gebilden hing die Zugehörigkeit zum Staat vom Bekenntnis zum offiziellen Glauben ab, und wer es nicht ablegte, mußte gesetzliche Nachteile hinnehmen, deren Umfang von Ort zu Ort und Zeit zu Zeit wechselte, die aber praktisch bis ins 19. und 20. Jahrhundert hinein einen Teil des öffentlichen Rechts in christlichen und islamischen Staaten bildeten. Doch diese weit verstreuten Gemeinden brachten es fertig, Jahrhunderte hindurch ohne Unterbrechung in solchen eingeschränkten und ungünstigen Verhältnissen zu überleben. Und sie überlebten nicht nur, sondern hielten zusammen und verwalteten sich selbst, soweit es möglich war, durch Gemeinde-Organisationen, die sich überall ähnlich waren, wie weit die Gemeinden auch räumlich oder zeitlich voneinander entfernt sein mochten. Darüber hinaus waren die Gemeinden miteinander durch soziale, merkantile und geistige Verbindungen zu einem schließlich weltweiten Netz verknüpft. Sie bildeten – und waren sich dessen bewußt – eine besondere Gruppe unter den Völkern der Welt, eine Gruppe, die der überkommene Glaube, daß sie von Gott auserwählt sei, am Leben erhielt.

Die Rabbinen haben ohne staatliche Machtbefugnis und ohne territoriale Grundlage den Rahmen des Glaubens, der Bräuche und des Gesetzes geschaffen und erhalten, der es diesen kleinen, verstreuten, immer gefährdeten, oft bedrückten und manchmal terrorisierten Gemeinden ermöglichte, ohne Kompromisse ihren sozialen und geistigen Zusammenhang zu bewahren. Nirgendwo in der Geschichte läßt sich Vergleichbares erkennen. Die Geschriebene und die Mündliche Tora entstanden in Zeiten – und bezogen sich darauf –, in denen die Juden eine politische Einheit auf eigenem Territorium bildeten. Die Rabbinen haben dieses Material einer jahrhundertelangen Dialektik von Auslegung und Gegen-Auslegung unterworfen, haben die Texte bis ins kleinste kommentiert und schließlich die Schlußfolgerungen aus Streitgesprächen und Kommentaren kodifiziert; damit bauten sie eine Struktur aus Gesetz und Brauchtum auf, aus Geboten und Verboten, die das soziale, wirtschaftliche und religiöse Leben in Verhältnissen regelten, die unvorstellbar anders waren als zu Zeiten von König David und den Hasmonäern, dem ursprünglichen, geschichtlichen Kontext der Tora. Diese Struktur kommunaler Ordnung, die im Grunde eine Selbstverwaltung war, wurde über weite Räume und lange Zeiten hinweg erhalten und weitergegeben. Es ist die Leistung von Historikern der neueren Zeit – etwa Simon Dubnow, Salo Baron und vor kurzem von S. D. Goitein –, daß sie ihren Lesern ein bis ins kleinste ausgeführtes, lebendiges Bild der vielfältigen Institutionen und ausgefeilten Vorkehrungen vermitteln, die es diesen Gemeinden ermöglichten, so lange in so gefährdeter Lage zu existieren. Und einige Gemeinden lebten bis in die jüngste Zeit in der traditionellen Art und nach den traditionellen Ordnungen, die von den Rabbinen festgesetzt und entwickelt worden sind. Eine solche Gemeinde ist die von Marrakesch, deren inneres Leben in den zwei oder drei Jahrzehnten vor dem Zweiten Weltkrieg José Benech so ergreifend und eindringlich in seinem wenig bekannten, kurz nach dem Krieg posthum veröffentlichen Buch *Essai d'explication d'un mellah* geschildert hat.

Wie schon erwähnt, war das Exil seit frühesten Zeiten ein Leitmotiv im jüdischen Selbstverständnis. Nach der Zerstörung des Zweiten Tempels und dem Ende der jüdischen Autonomie traten Exil und das Exilbewußtsein noch mehr in den Vordergrund. Generation auf Generation von Juden mußte lernen, daß ihre eigenen Sünden die Strafe über sie gebracht habe. Doch man lehrte sie auch, daß Gott ein gnädiger Gott ist und ihnen zu *seiner* Zeit den Messias senden wird, damit er sie rette und ins Heilige Land zurückführe. Die hier gemeinte Rettung ist ganz irdisch gedacht: Einst wird der Messias, der Gesalbte, wieder in Jerusalem auf Davids Thron sitzen, das Haupt eines göttlich regierten Staates, und Mangel, Hunger, Neid und Krieg werden verschwinden. Mit den Worten des alten Segenspruches, der in der Synagoge nach der Lesung des Wochenabschnittes aus den Propheten gesprochen wird:

> Erfreue uns, Herr, unser Gott, mit dem Kommen des Propheten Elia, deines Knechtes, und mit dem Königtum des Hauses Davids, deines Gesalbten. Möge er bald kommen, daß unser Herz juble. Laß keinen Fremden auf seinem Throne sitzen, und nicht mehr sollen andere seine Ehre als ihr Erbe beanspruchen; denn du hast ihm bei deinem heiligen Namen geschworen, daß sein Licht nicht erlösche für immer und ewig. Gesegnet seist du, Herr, Schild Davids.

Der Segen erinnert an Gottes einstige Verheißung und fleht um ihre Erfüllung. Er zeigt natürlich nicht an, wann der Messias kommen wird. Doch wie man annehmen darf, war die Versuchung groß, die Botschaft seines Kommens zu verkünden, vor allem in Zeiten der Prüfung und der Leiden. Doch die Rabbinen waren unerschütterlich vor solchen Voraussagen. Der Talmud und Midrasch verbieten es, das Ende zu berechnen, das heißt, die Ankunft des Messias vorauszusagen oder darauf zu drängen, sie durch menschliches Handeln erzwingen zu wollen. Die Juden werden gleicherweise ermahnt, sich nicht gegen die Königreiche der Welt aufzulehnen und nicht aus dem Exil ›wie eine Mauer‹, das heißt, in Massen hervorzukommen. Im zwölften der Dreizehn Glaubensgrundsätze, die Maimonides kodifizierte und die am Ende des Gebets am Sabbatvorabend gesprochen werden, bekennen die Juden ihren Glauben an das Kommen des Messias, der alle jene erlösen wird, die auf Rettung durch ihn warten. Doch Maimonides hat in einem Kommentar dargelegt, daß man seine Zeit nicht bestimmen darf, und er hat den Fluch der Rabbinen über die Juden, die ›das Ende‹ zu berechnen suchten, wiederholt.

Der Glaube, daß der Messias eines Tages kommen wird, um Israel aus dem Exil zu erlösen und Davids Thron in Jerusalem zu besteigen, bedingte einen politischen Quietismus, der von den Rabbinen einer Generation um die andere eingeimpft und, was nicht zuviel gesagt ist, zu der eingewurzelten und für die jüdischen Gemeinden in aller Welt kennzeichnenden Haltung zu politischer Aktion wurde. Der Quietismus ist die überraschende, unerwartete Wende nach einer turbulenten vorexilischen Geschichte, in der sich politische Fragen auftürmten und es darum ging, politisches Tun mit göttlichem Verbot in Einklang zu bringen, oder darum, durch Verhandeln die Gefahren abzuwenden, die aus dem Machttrieb von Großmächten erwuchsen. Das soll allerdings nicht heißen, daß politische Passivität immer und überall die Regel war – dann hätte nämlich das Verbot, das Ende zu berechnen, nicht wiederholt werden müssen. Von Zeit zu Zeit war die eine oder andere Gemeinde von dem Glauben an die unmittelbar bevorstehende Ankunft des Messias besessen. Eine solche messianische Welle, die in der Neuzeit die gesamte jüdische Welt beunruhigte, ist mit Sabbatai Zwi (1626 - 1676) verbunden. Gershom Scholem hat in seiner meisterlichen Studie über Sabbatai und den Sabbatianismus gezeigt, wie sich die Bewegung völlig selbständig aus kabbalistischen Lehren heraus entwickelte; er hat auch nachgewiesen, daß ungefähr ein Jahr nach Sabbatais Auftreten als Messias kaum eine jüdische Gemeinde in Asien, Europa oder Nordafrika nicht mehr oder weniger von messianischer Hoffnung bewegt wurde.

Sabbatai wurde im März 1665 zum Messias ausgerufen; im Februar 1666 verhafteten ihn die osmanischen Behörden in Konstantinopel und im September des Jahres trat er zum Islam über. Damit vernichtete er die Hoffnung auf eine unmittelbar bevorstehende Erlösung, von der die ganze jüdische Welt ergriffen worden war, und seine Anhänger beschränkten sich schließlich auf eine Gruppe vorgeblicher Muslime in Saloniki, die insgeheim gläubige Juden geblieben waren; auch in einigen Gemeinden Mittel- und Westeuropas gab es noch Anhänger. Doch wie Professor Scholem nachweist, ist die sabbatianische Bewegung nicht nur bezeichnend in dem, was sie über Anschauungsweise und Weltsicht des Judentums aussagt, sondern auch in ihrem intellektuellen Nachspiel. Der Sabbatianismus war in seiner Tendenz widersprüchlich, und sein Scheitern hinterließ einen Rest Unbehagen am rabbinischen Judentum; so entstand das Bestreben, den Zaun abzureißen, den die eifernden Rabbinen seit Jahrhunderten um die Tora errichtet, bewahrt und erhalten hatten. Schließlich wurde er zum großen Teil niedergelegt und vernichtet. Die Rolle des Sabbatianismus könnte uns auf die Möglichkeit aufmerksam machen, daß innere autonome intellektuelle Wandlungen im Judentum eine ähnliche Rolle spielten wie die europäische Aufklärung und die Politik, die zum aufgeklärten Monarchismus und – wie der Historiker R. R. Palmer es sieht – zur nachfolgenden demokratischen Revolution führte.

In der jüngsten Periode jüdischer Geschichte lagen die wesentlichen Mittelpunkte des Judentums in Mittel- und Osteuropa, danach in den Vereinigten Staaten. Die politische Passivität, die das jüdische Leben unter den Rabbinen gekennzeichnet hatte, schwand allmählich. Die demokratischen Staaten und die demokratischen Bestrebungen, die im 19. und 20. Jahrhundert immer deutlicher hervortraten, boten neue Verheißungen und stellten neue Forderungen. Demokratische Politik schien die Aussicht zu eröffnen, daß Juden ihren Platz als Bürger *à part entière* in einer weltlichen Ordnung einnehmen könnten, in der Religion eine private Angelegenheit, nicht Sache des Staates ist. So hat es sich denn auch tatsächlich in der englisch-sprachigen Welt, vor allem in den Vereinigten Staaten, entwickelt. Die messianische Vision von einem *novus ordo saeculorum* scheint hier zu einem Teil verwirklicht worden zu sein, wie es bisher dem, was jüdische Gebete Generationen hindurch erfleht hatten, vorenthalten worden war; und in diesem *novus ordo* stützen die Juden, nein sind sie selbst wie andere Bürger die politische Ordnung. Demokratische Politik hat sich indessen unheilvoller für die Juden erwiesen als jemals Nebukadnezar oder Titus. In den Jahrzehnten nach dem Ersten Weltkrieg ging es den Juden unter einer Politik, die sich mit dem Volkswillen rechtfertigte, viel schlechter als es ihnen in den vom Krieg zerstörten dynastisch regierten Ländern ergangen war; tatsächlich ging das Regime, das zur systematischen Judenvernichtung führte, aus dem allgemeinen Wahlrecht hervor und wurde bis zum Ende vom Volkswillen getragen.

Der Sabbat-Gottesdienst in der Synagoge enthält ein Gebet für den Herrscher. Wie allgemein bekannt, unterdrückte und verfolgte das zaristische Regime die Juden in vielen grausamen und einfallsreichen Weisen. Ein gewisser Rabbi im zaristischen Reich bestand dennoch immer darauf, das Gebet mit großer Inbrunst zu sprechen, und erklärte, man müsse dem Zaren ein langes Leben wünschen – weil der nächste bestimmt schlimmer sein werde. Das kann, *mutatis mutandis,* auf die Verheißungen und Versuchungen des politischen Lebens angewandt werden, dem die Juden in diesem Jahrhundert so vielfach gegenüberstanden.

Der Zionismus ist die andere Gestalt, in der sich das politische Leben den Juden der modernen Welt dargeboten hat. Die Zionisten glauben, daß das Judentum der Juden Sicherung und Förderung durch einen jüdischen Staat verlangt. Historisch betrachtet wären dann die mehr als zwei Jahrtausende des Lebens in der Diaspora nur eine Lücke zwischen Salomos Königreich und seiner Wiederherstellung im Staate Israel; und diese Wiederherstellung, die mit weltlichen Mitteln erreicht worden ist, muß nicht unbedingt für jene messianische Wiederherstellung gehalten werden, die nach der Lehre der Rabbinen nicht erzwungen werden kann. Doch der Staat Israel existiert und in ihm selbst lebt ein beachtlicher Teil – wenn auch keinesfalls die Mehrheit – des Weltjudentums. Israel entstand in einer völlig anderen Welt, als die Gründer des Zionismus sie kannten; und es besteht weiterhin unter Verhältnissen, die sie nicht voraussahen oder sich gar vorstellen konnten. Sie hofften, daß ein jüdischer Staat, weil er ›der jüdischen Heimatlosigkeit‹ ein Ende machte, auch ›das jüdische Problem‹ lösen würde, das sich damals in einem populistischen und deshalb nationalistischen Europa auszuprägen begann. Aber Israel hat natürlich die Diaspora nicht zum Verschwinden gebracht, im Gegenteil, sie ist nötig für seine Unterstützung und Erhaltung. In den dreißig Jahren seines Bestehens hat Israel mit einer seinen Vorvätern gleichkommenden Macht die längst vergessenen Augenblicke von Glanz und Elend wieder erfahren, die zu einem Leben mit der Politik gehören. Es wird darin auch künftig mit angstvoller Sorge von jenen Königen in Juda und Israel, von den Hasmonäer-Fürsten und Hohenpriestern beobachtet werden, die zu ihrer Zeit mit Assyrien und Babylon, mit den Seleukiden und Rom zu verhandeln und zu kämpfen hatten.

# I
# DAS VOLK DES BUCHES

## Das vorexilische Judentum

## Die Bibel

Ein einziges Ereignis, der Auszug aus Ägypten, ist der Schlüssel zum Pentateuch, ja zum Judentum überhaupt. Für die Juden ist er der entscheidende Augenblick, in dem Gott in die Geschichte eingegriffen hat, der Augenblick, auf den die gesamte Schöpfung ausgerichtet war und von dem alle weitere Geschichte wegführt. Inwiefern die Geschichten über die Gefangenschaft und den Auszug aus Ägypten tatsächlich historische Ereignisse widerspiegeln, ist jedoch umstritten. Die Erinnerung des Volkes an diese Befreiung aus Ägypten war es jedoch, die den Juden ihren unerschütterlichen Sinn für Schicksal und Bestimmung gab und sie Jahrhunderte der Enttäuschung und des Elends ertragen ließ. In dieser Miniatur aus der *Goldenen Haggada* (Spanien, 14. Jh.) stellt sie der Künstler beim Auszug aus Ägypten »mit erhobener Hand« (Ex 14,8) dar – ein hebräischer Ausdruck, der »siegreich« bedeutet, hier aber, gemäß rabbinischer Auslegung, wörtlich verstanden wurde. »Und Pharao ließ noch in der Nacht Mose und Aaron rufen und sprach: Macht euch auf und zieht hinweg aus meinem Volke, ihr sowohl als die Israeliten! Geht, dient eurem Gott.« (Ex 12,31) (1)

Der Gott der Israeliten war anscheinend eine Verschmelzung mehrerer Gottesauffassungen. Baal (*links:* eine vergoldete Bronzestatuette, ca. 1200 v. Chr.) wohl ein Fruchtbarkeitsgott, zunächst mit Jahwe identifiziert, später jedoch als ein Gegenstand des Götzendienstes angesehen, dessen Name nicht mit Jahwe in Verbindung gebracht werden sollte. El, der Vater des Baal (*oben:* auf einer Stele aus dem 13. Jh. v. Chr.) war der höchste Gott im kanaanäischen Pantheon, er hatte universale Züge angenommen. Seine kultische Verehrung unter den Kanaanäern trat in den Hintergrund, daher blieb sein Name in der Bibel ein Synonym für Jahwe. (2,3)

Die Macht Ägyptens war im gesamten östlichen Mittelmeerraum spürbar und ist in Inschriften wie in Reliefs reichlich dokumentiert. Unterjochte Völker werden häufig in der Haltung der Unterwerfung vor dem Pharao dargestellt, normalerweise ist es jedoch nicht möglich, sie mit irgendwelcher Sicherheit zu identifizieren. Die hier Dargestellten (*links* und *oben*) aus dem Grab von Horem-heb in Saqqara, ca. 1350 v. Chr., sind aller Wahrscheinlichkeit nach Semiten. Der Mann auf der linken Seite ist gefesselt und wird an einer Schnur um den Hals geführt; die Männer auf dem größeren Relief flehen deutlich um etwas – einer hat sich auf den Boden geworfen, ein anderer hinter ihm mit erhobenen Armen – und ein Dolmetscher vermittelt bei ihrem Versuch, mit Horem-heb, dem damaligen Oberbefehlshaber der ägyptischen Armee, zu verhandeln. (4,5)

Wüste und bestelltes Land

Der Zug von der Wüste in das Kulturland Kanaan brachte für die Juden eine Reihe tiefgreifender Probleme. Jahwe war ein Gott der Felsen und Berge des Sinai, der sich auf einem dieser öden und drohenden Gipfel offenbarte (*oben*) – die genaue Lokalisierung ist bislang nicht gelungen – und Moses die Tafeln des Bundes übergab. Der Kult, der sich um ihn gebildet hatte, war diesen Bedingungen angepaßt; er stand in keiner Beziehung zur Fruchtbarkeit des Landes. In Kanaan dagegen war der Mensch von der Bestellung des Bodens abhängig. Ackerbau auf solchen Terrassen wie in Judäa (*links*), die auf antike Zeiten zurückgehen, erforderte Kenntnisse der Jahreszeiten und eine sorgfältige Beachtung der Wachstumsprozesse. Stand auch diese Seite der Natur unter der Herrschaft Jahwes, oder gab es noch andere Götter wie Baal, den die Kanaanäer verehrten, die es zu versöhnen und anzurufen galt? War Baal unabhängig von Jahwe und gleichermaßen mächtig? Oder waren Baal und Jahwe verschiedene Aspekte *einer* göttlichen Macht? Das gesamte Fundament des israelitischen Monotheismus war problematisch geworden.

Spuren dieser kritischen Phase der israelitischen Religion haben sich in der Bibel erhalten. Es scheint jedoch deutlich, daß zu einer gewissen Zeit Baal mit Jahwe gleichgesetzt wurde, das heißt, Baal wurde bloß als ein anderer Name für Jahwe betrachtet. Saul wie David gaben je einem ihrer Söhne einen Namen mit dem theophoren Element Jahwe bzw. Baal. Schließlich versagte jedoch dieser Synkretismus. Die alten Assoziationen, kultischen Praktiken und der Baalmythos konnten nicht vergessen werden. Die Existenz Baals wurde daher geleugnet, und der Name Baal verlor jegliche Beziehung zum Jahweglauben, obwohl einige Merkmale Baals in der Geschichte Jahwes beibehalten wurden. (6,7)

Vom jüdischen Leben 700-600 v. Chr. sind wenige Spuren erhalten. Dieser seltsame Räucheraltar (*rechts oben*, Detail *links*) wurde auf dem Tel Ta'anach, dem im ›Deborah-Lied‹ genannten Ta'anach gefunden: »Kanaans Könige stritten da zu Ta'anach an den Wassern Megiddos.« (Richter 5,19) Seine bizarre Mischung von menschlichen und tierischen Köpfen bleibt geheimnisvoll. (8,9)

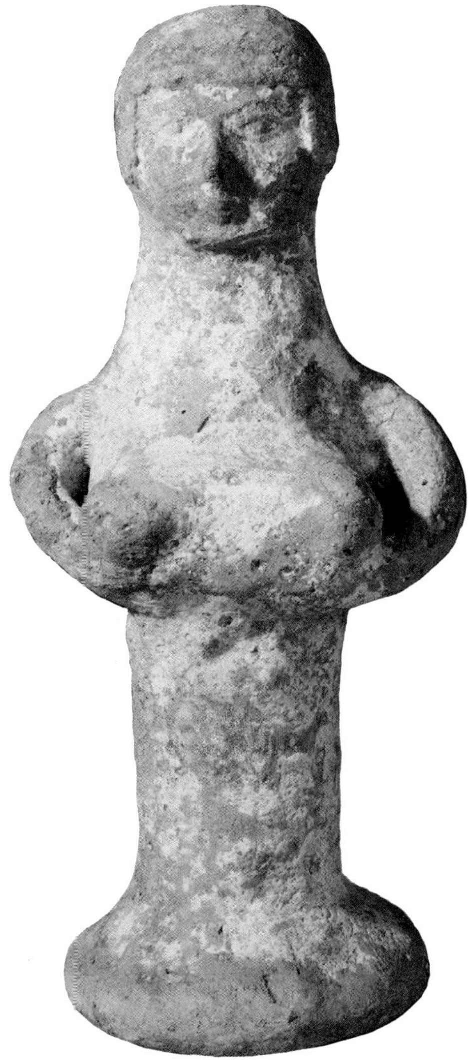

Die Verwandlung eines Nomadenstammes in eine seßhafte Gemeinschaft war jetzt vollzogen. Diese Kalkstein-Inschrift (*links*) aus Geser von ca. 950 v. Chr. ist ein Bauernkalender mit den monatlich auszuführenden Arbeiten. (11)

Eine Fruchtbarkeitsgöttin, die in der Nähe von Rahels Grab, Bethlehem, gefunden wurde (*rechts*), bezeugt dasselbe. Mit den ihre Brüste haltenden Händen gehört sie zu einem Typus kanaanäischer Kultfigurinen, die auf eine Zeit vor der israelischen Landnahme zurückgehen. (12)

Nach einem kurzen goldenen Zeitalter, in dem Israel unter David und seinem Sohn Salomo (gest. 922 v. Chr.) die größte Macht in der Levante war, spaltete sich das Königreich in die Königreiche Juda und Israel. In weniger als einem Jahrhundert zerfiel Israel, bedroht durch die wachsende Macht der Assyrer, und wurde zum Vasallen. Reliefs auf einer schwarzen Basaltstele von 814 v. Chr. (*unten*) zeigen Israeliten, die dem König Salmanassar III. Tribut darbringen; sie tragen westsemitische Kleidung mit einem langen Überrock, der den Juden und Phöniziern gemeinsam war. Der Tribut besteht aus Silber, Gold, Gefäßen und Bleibarren. (10)

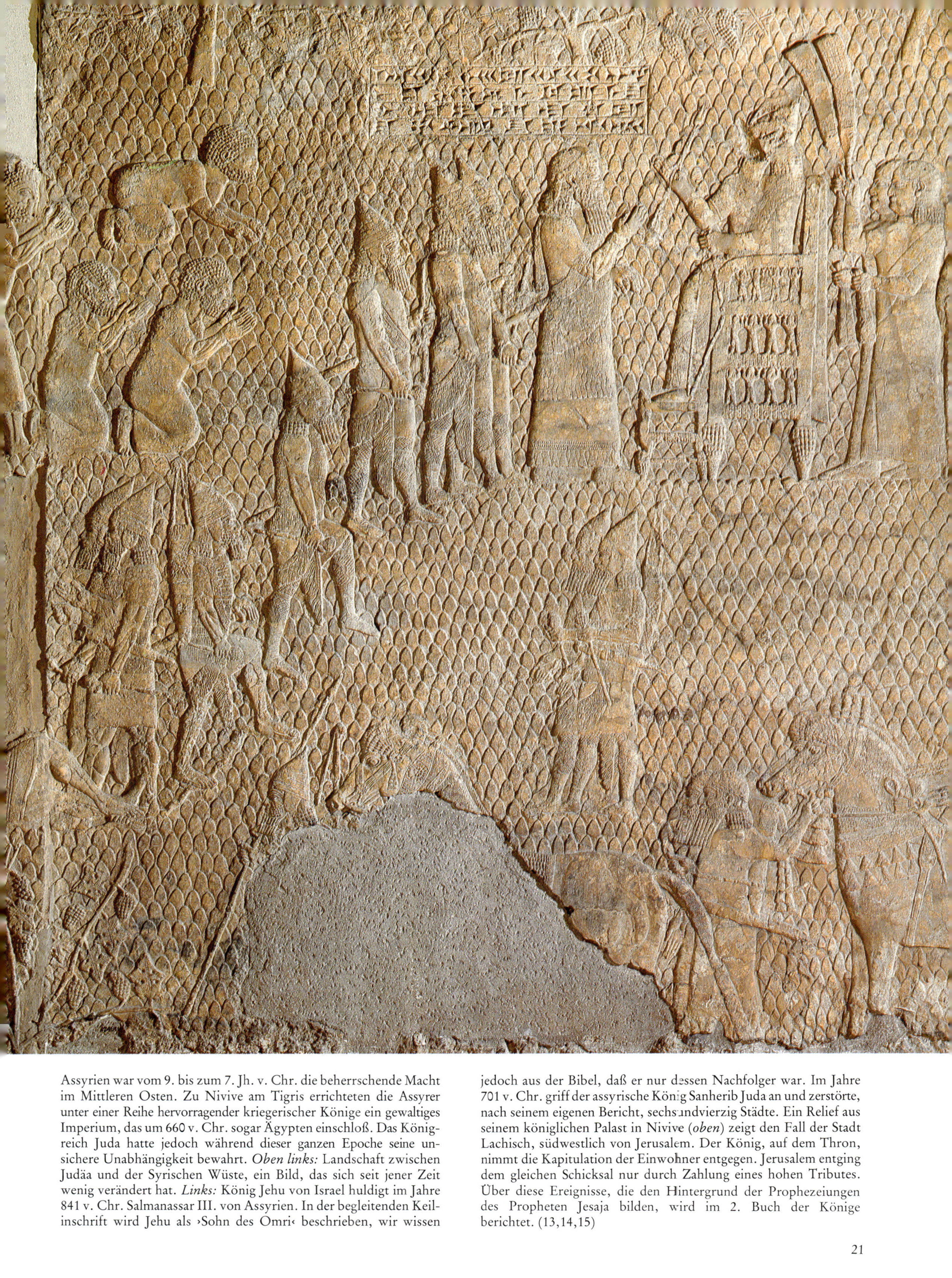

Assyrien war vom 9. bis zum 7. Jh. v. Chr. die beherrschende Macht im Mittleren Osten. Zu Nivive am Tigris errichteten die Assyrer unter einer Reihe hervorragender kriegerischer Könige ein gewaltiges Imperium, das um 660 v. Chr. sogar Ägypten einschloß. Das Königreich Juda hatte jedoch während dieser ganzen Epoche seine unsichere Unabhängigkeit bewahrt. *Oben links:* Landschaft zwischen Judäa und der Syrischen Wüste, ein Bild, das sich seit jener Zeit wenig verändert hat. *Links:* König Jehu von Israel huldigt im Jahre 841 v. Chr. Salmanassar III. von Assyrien. In der begleitenden Keilinschrift wird Jehu als ›Sohn des Omri‹ beschrieben, wir wissen jedoch aus der Bibel, daß er nur dessen Nachfolger war. Im Jahre 701 v. Chr. griff der assyrische König Sanherib Juda an und zerstörte, nach seinem eigenen Bericht, sechsundvierzig Städte. Ein Relief aus seinem königlichen Palast in Nivive (*oben*) zeigt den Fall der Stadt Lachisch, südwestlich von Jerusalem. Der König, auf dem Thron, nimmt die Kapitulation der Einwohner entgegen. Jerusalem entging dem gleichen Schicksal nur durch Zahlung eines hohen Tributes. Über diese Ereignisse, die den Hintergrund der Prophezeiungen des Propheten Jesaja bilden, wird im 2. Buch der Könige berichtet. (13,14,15)

## Der Weg ins Exil

Die großen Könige Assyriens haben ihre Taten auf monumentalen Reliefs aufgezeichnet, welche die kargen biblischen Erzählungen lebhaft veranschaulichen. *Oben:* Salmanassar III. im Kampf, ein Detail von den Bronzetoren seines Palastes in Balawat. (16)

Tiglat-Pileser III. (*links*) regierte von 744 bis 727 v. Chr. Das zweite Buch der Könige (16,10) berichtet: »Nun zog der König Ahas zur Begegnung mit Tiglat-Pileser, dem König von Assyrien, nach Damaskus. Und als er den Altar sah, der zu Damaskus stand, sandte er dem Priester Uria die Maße und das Modell des Altars... und der Priester Uria baute den Altar, genau nach der Weisung, die der König Ahas von Damaskus gesandt hatte.«(17)

»Was sonst noch von Hiskia zu sagen ist von all seiner kriegerischen Tüchtigkeit und wie er den Teich und die Wasserleitung gebaut und das Wasser in die Stadt geleitet hat, das steht ja geschrieben in der Chronik der Könige von Juda.« (2. Könige 20,20) Die »Wasserleitung« ist der Siloah-Tunnel, den Hiskia zur Versorgung Jerusalems für den Fall einer Belagerung wie der durch Sanherib im Jahre 701 gebaut hat. 1880 wurde dieser Tunnel ausgegraben und eine Inschrift (*rechts*) entdeckt, die beschreibt, wie die Arbeiter auf den entgegengesetzten Seiten begannen und sich in der Mitte trafen. (18)

Das Ende Judas kam 586 v. Chr. Assyrien wurde 611 von der Macht Babylonien erobert. Der babylonische König Nebukadnezar zerstörte Jerusalem und führte die Juden in eine weitere Gefangenschaft. Es gibt keine Reliefs, die dieses Ereignis darstellen, es muß aber der Szene in Lachisch sehr geähnelt haben, als die Israeliten von Sanherib fortgeführt wurden. Die Prophezeiung Jeremias' (34,2.3) wurde erfüllt: »So spricht der Herr: siehe ich werde diese Stadt in die Hand des Königs von Babel geben; der wird sie mit Feuer verbrennen und du selber wirst seiner Hand nicht entrinnen;... und du wirst nach Babel kommen.« (19)

## Mythologie und Nationalbewußtsein

Die Bedeutung des Auszuges aus Ägypten und der Sinn des Bundes Gottes mit Moses und seiner Erwählung des jüdischen Volkes zu seinem Werkzeug hat die Literatur der Israeliten von ihren frühesten Anfängen an durchdrungen. Die Redaktionsarbeit an den ersten Fünf Büchern Moses, wie wir sie kennen (die Tora), wurde vermutlich während des babylonischen Exils vollendet. Seitdem wurden die wichtigsten Ereignisse des nationalen »Mythos« in der Literatur und Kunst, zwar verschieden in Stil und Betonung, jedoch nicht in ihrem Wesen, wiederholt dargestellt. Die hier abgebildeten zwei Versionen von Moses' Zug durch das Rote Meer liegen ca. eintausend Jahre auseinander. *Rechts:* ein Fresko aus der Synagoge von Dura Europos am Euphrat, ca. 250 n. Chr. Moses ist zwei Mal, jeweils mit Gottes Händen über ihm, dargestellt. Links die ägyptische Armee, die die Israeliten verfolgt; rechts, wie sie von den zurückkehrenden Wassern überwältigt wird. (20)

Die gleiche Szene (*unten*) aus einer deutschen Haggada aus dem 15. Jh. Die Kinder Israels ziehen auf dem Trockenen durch das Rote Meer, verfolgt vom Pharao und seinen Reitern. Eine Rauchsäule trennt die Israeliten von den Ägyptern (Ex 14,19). Links ist der ›starke Ostwind‹ (Ex 19,21), der das Rote Meer teilte, dargestellt. (21)

ויוצאנו יי׳ ממצרים
ביד חזקה ובזרוע נט
נטויה ובמורא גדול
ובאותות ובמופתים

Das »Bitterkraut«, »Maror«, aus einer spanischen Haggada des 13. Jhs. Die Kräuter sind Symbol für die bittere Sklaverei der Juden in Ägypten. Die Mischung, in die sie getaucht werden, symbolisiert den Lehm und den Mörtel, aus dem die Juden Ziegelsteine machen mußten. Dies ist indessen eine spätere Erklärung, da eine ähnliche Mischung im hellenischen Gastmahl verwendet wurde. (22)

*Mazza,* ungesäuertes Brot, aus einer italienischen Haggada des 14. Jhs. Als die Israeliten Ägypten verließen, hatten sie keine Zeit, gesäuertes Brot zu backen, und mußten deshalb ungesäuertes mitnehmen. Drei Mazzot gehören zum Passah-Mahl: zwei sind das Brot für Sabbat und Feiertag, das dritte (das zerbrochen wird) das Brot der Bedrängnis. (23)

Der Anfang des Mahles (*links*): die Familie sitzt vor Brot, Wein und Kräutern, unten wäscht der Vorleser die Hände. Aus einer Haggada des 14. Jhs aus Barcelona. (24)

Während ein Diener Wein einschenkt (*rechts*), lädt die Frau des Hauses – am rechten Rand – eine Gruppe armer Leute zum Mahl ein. Diese Seite aus einer griechischen Haggada von 1583 enthält den aramäischen Abschnitt, in dem die Armen zu dem Mahl eingeladen werden. (26)

Das Passah-Fest, eines der drei jüdischen Wallfahrtsfeste, gedenkt des letzten Tages der Gefangenschaft der Israeliten, als Gott die Erstgeborenen Ägyptens schlug und Moses erlaubte, sie zum Sinai zu führen. Die Feiern dauern sieben Tage (in der Diaspora acht), das Hauptereignis ist jedoch die »Seder«-Zeremonie, die ein in der ersten Nacht zu Hause veranstaltetes Mahl zum Mittelpunkt hat, währenddessen das Haupt der Familie als Vorleser fungiert. Die herausragenden Merkmale des Seders sind (die für dieses Fest nicht spezifischen Teile sind durch ein Sternchen markiert): (1)* Heiligung (*Kiddusch*), der Segen über dem Wein; (2) Das Waschen der Hände vor dem Verzehr des Gemüses; (3) Verzehr von in Salzwasser getauchtem Gemüse; (4) Das Teilen einer der Mazzot, wobei deren eine Hälfte als *Afikomen* beiseite gelegt wird; (5) Erzählen der Geschichte des Auszuges; (6)* Waschen der Hände (vor dem Essen des Brotes); (7) Segen über dem ungesäuerten Brot und dessen Verzehr; (8) Segen über den Bitterkräutern und deren Verzehr; (9) Gleichzeitiger Verzehr der Mazza und der Bitterkräuter, gemäß der Verordnung Hillels; (10)* Verzehr der gewöhnlichen Mahlzeit; (11) Verzehr des *Afikomen,* der an das Passahlamm erinnert; (12) Der Tischsegen; (13) Hallel (Dankgebet), Psalm 113-118; (14) Schlußgebet.

Ein Passah-Teller aus Zinn, 18. Jh. aus Deutschland. In der Mitte sieht man die segnenden Hände, unter ihnen das Passahlamm und auf dem Rand die hebräischen Worte für Passah, Mazza und Bitterkräuter. (25)

Die vierzehn Stufen des Seder sind auf der gegenüberliegenden Seite dargestellt. Diese Miniaturen (*rechts*), in der Reihenfolge von oben rechts nach unten links, wurden 1739 von dem mährischen Künstler Nathan ben Simson gemalt; die zwei letzten Stufen sind verbunden. (27)

## Die Gesetzestafeln

Die Zehn Gebote, die Gott Moses auf dem Berg Sinai gegeben hatte, gehören sicherlich zu den ältesten Teilen der Bibel und dürften bis in die ihnen dort zugeschriebene Zeit zurückreichen. Wiewohl nicht der älteste Gesetzeskodex der Welt, ist der Dekalog von ungewöhnlicher Bedeutung, da er nicht eine Reihe von Rechtsentscheiden, sondern von apodiktischen Ge- und Verboten enthält. Wie der Exodus, so war auch die Übergabe der Tora (Lehre) an Moses seit den frühesten Zeiten ein beständiges Thema der jüdischen Kunst. Ein koptisches Holzrelief aus dem 6. oder 7. Jh. (*links*) zeigt einen bartlosen und ziemlich ›klassischen‹ Moses, der die Bundestafeln in einer Hand hält und von anscheinend mit Manna gefüllten Körben umgeben ist. (28)

Die Übergabe der Tora an Moses (*links*) aus dem Regensburger Pentateuch von ca. 1300. Die Illustration ist eher sinnbildlich als wörtlich zu nehmen. Sie bezieht sich auf einen in der Mischna ausgedrückten Gedanken (Sprüche der Väter 1,1): »Moses empfing die Tora am Sinai und gab sie weiter an Josua und Josua an die Ältesten.« (29)

Moses steigt mit den Tafeln den Berg hinunter (*gegenüber*), eine Seite aus der sogenannten Alba-Bibel, die Rabbi Moses Arragel von Guadalajara im Auftrag von Don Luis de Guzmán im Jahre 1422 aus dem Hebräischen ins Spanische übersetzte und kommentierte. Die Illustrationen wurden wahrscheinlich von christlichen Künstlern gemalt, jedoch sicherlich unter rabbinischer Aufsicht, da viele von ihnen spezielle rabbinische Deutungen wiedergeben und in der Tat auf die verlorengegangene jüdische Ikonographie zurückgehen könnten. Auf dieser Seite sind die Zehn Gebote auf Hebräisch geschrieben, sie wurden allem Anschein nach durch einen jüdischen Schreiber von einer doppelseitigen Miniatur abgeschrieben, der sie sehr ungeschickt mit der Gestalt des Moses verbunden hat. (30)

de malas condiçiones e redrar los daños de la republica. Sexto graçia del primero grado satisfazese ally do dixo yo so adonay tu dios que te saque de tierra de egypto en este mandamiento se entiende aver vn solo dios infinito syn prinçipio e syn fin el qual dios es prima causa non ayan conosçimiento ayan las gentes catolica mente saluo en la ley biujendo ¶ quantos de los trezientos mandamien-

tos o de todos seys seys çientos traquen en poner buenas opiniones çerca de dios son de la espeçia deste primero grado ¶ El segundo grado es non tener omne opinion errona çerca de la esençia de dios lo qual se satisfaze en el segundo mandamiento que dixo non tengas nin fagas aty dioses otros delante my asy que se sigue que quantos otros en los seys çientos e treze mandamientos asy afirmatiuos como negatiuos deste modo e apellido lleuaren son e se conduzen en este mandamiento ¶ El terçero grado es como seamos enpuestos en buenas condiçiones çerca de la gente lo qual se satisfaze ally do dixo onrra a tu padre e a tu madre en el qual mandamiento se concluyen en tar onor a los omes e a sus mayores asy general mente asy que se sigue que quantos otros mandamientos en los seys çientos e treze mandamientos deste modo e apellido lleuaren son de aqueste grado e non cosa nueua ¶ El quarto grado es quitar a los omes de malas condiçiones e redrar los daños de la republyca lo qual se satisfaze en los diez mandamientos ally do dixo non mates non forniques non furtes etc ¶ asy que se sigue que quantos otros mandamientos en los seys çientos e treze mandamientos que deste modo lleuaren e apellido son de aqueste grado e non es cosa nueua ¶ Asy my amigo que por estos x mandamientos se madre e raiz de aquestos mandamientos de los nuestro señor en las dos tablas de piedra en los quales sy dios tienes la ley fallaras en los x mandamientos ¶ E esta es la segunda premissa que tu mande. e en razon de la declaraçion de los mandamientos vso por eso dixe eso mismo que lo dexo de fazer por los declarar en los otros diez mandamientos que fallaras escriptos en el postrimero libro de la ley: plaziendo a dios:

de tu conpanero. non cobdiçies la muger de tu conpanero nin su sieruo nin su sierua nin su buey nin su asno nin cosa de lo de tu conpanero:

¶ Figura de moysen como desçia con las tablas de la ley en sus manos

## Die Tora-Rolle

Den Juden war das geschriebene Wort heilig und die Erhaltung von Geschriebenem ein wichtiges Anliegen. Die Tafeln des Moses scheinen eine Zeit vergegenwärtigen zu wollen, als die Schrift noch auf Stein gemeißelt oder in Ton gepreßt wurde. Diese Verfahren waren jedoch für die langen Texte, die nach der Rückkehr aus dem Exil normativ wurden, beschwerlich. In Ägypten wurde seit frühesten Zeiten (25. Jh. v. Chr.) Papyrus verwendet. Das haltbare, aber teuerere Pergament kam im 2. Jh. v. Chr. in Gebrauch. Aus beidem hat man zusammenhängende Rollen hergestellt. Als das gebundene Buch, der Kodex, seine Form und Funktion erlangte (ca. 1. Jh. v. Chr.), wurde für die Tora die Rolle weiterhin benutzt, da sie einen ehrwürdigeren Status hatte und bis heute hat; aus demselben Grund mußte und muß die Tora auch nach der Erfindung des Buchdruckes handgeschrieben sein. In Dura Europos (*rechts*) wird Moses sogar mit einer Rolle anstelle von Tafeln dargestellt. (32)

Die ältesten Bibelhandschriften sind die seit 1947 in Qumran am Toten Meer gefundenen. Die Jesaja-Rolle (*unten*) ist die besterhaltene und neben der Tempelrolle die längste – sieben Meter lang – mit vierundfünfzig Kolumnen. Sie datiert ungefähr aus dem 1. Jh. v. Chr. und überragt jeden bisher bekannten Text, da sie manchmal Lesarten bietet, die bisher dunkle Abschnitte klären. (31)

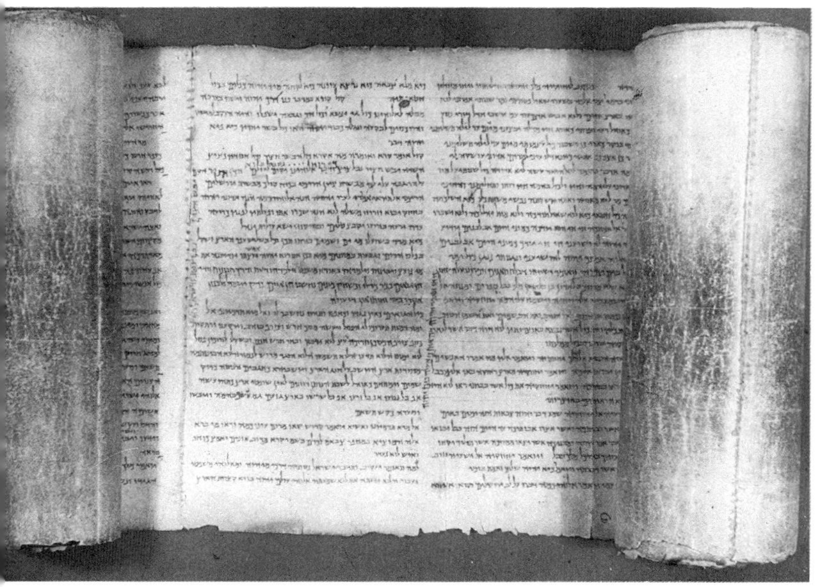

»Deine Kinder eilen herbei – da ziehen aus von dir deine Zerstörer und Verwüster.« So steht es in Jesaja (49,17) nach der autoritativen rabbinischen Vokalisation. Septuaginta und Vulgata lesen jedoch »Erbauer« anstatt »Kinder«. Woher stammte diese Lesart? Die Antwort kam aus der Jesaja-Rolle, wo in der Tat die Vokalisation für die Bedeutung »Erbauer« angezeigt ist. (Ausschnitt *unten*). (33)

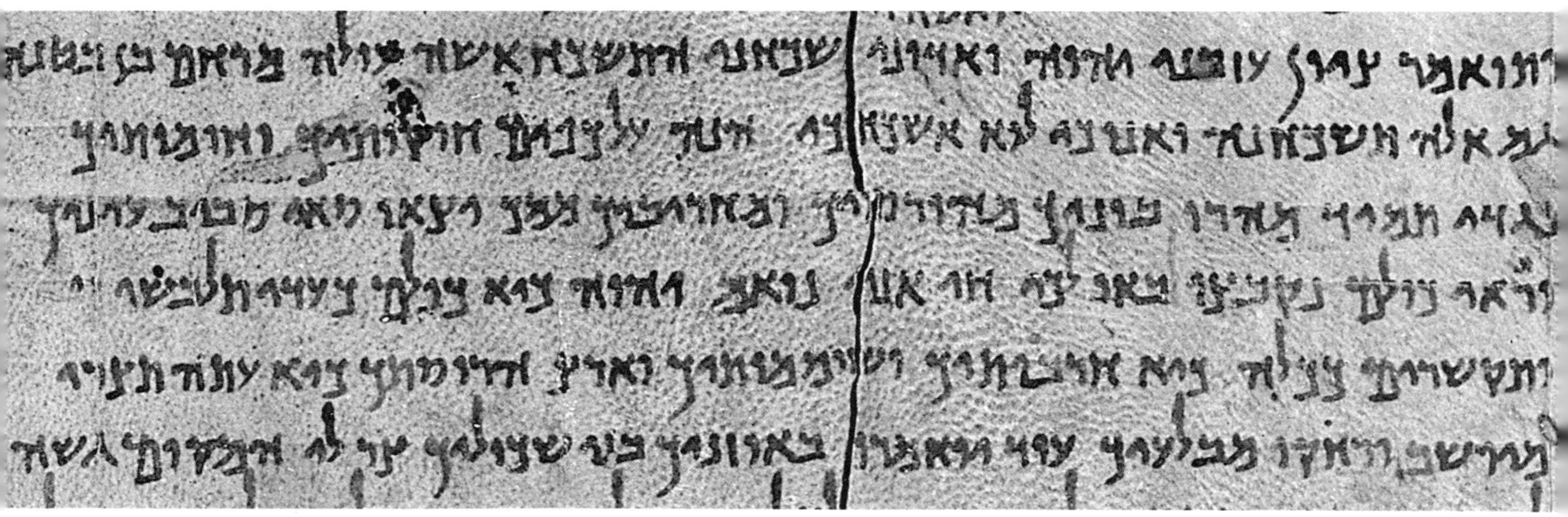

Die Rolle war in der Synagoge weiterhin in Gebrauch. Hier z. B., in einem deutschen Pentateuch von 1395, liest ein in einen Tallit, Gebetmantel, gehüllter Vorleser (baal qerija) aus einer auf einem Pult liegenden offenen Tora-Rolle. (34)

Um die Tora-Rolle aufzubewahren, wurden im Mittelalter kunstvolle Behälter gearbeitet, oft die prächtigsten Stücke der jüdischen Kunst. Dieser, aus kupferner Einlegearbeit mit Silber, wurde 1565 in Damaskus hergestellt. (35)

Das Emporheben der Rolle in einer Synagoge des 18. Jh. (*unten*). Die Rolle wird nach der Lesung der Gemeinde gezeigt, bevor sie zusammengerollt und eingehüllt wird. (36)

Ein türkischer Tora-Behälter in Silber aus dem frühen 18. Jh. (*unten*), er hält sich eng an die zeitgenössischen islamischen Formen und Muster. (37)

Die Fünf Bücher Moses – die Tora (die Lehre) – bilden das Fundament des Judentums. In ihrer endgültigen, wahrscheinlich während des babylonischen Exils abgeschlossenen Form erzählen sie die Geschichte der Menschheit von der Schöpfung bis zum Betreten des Gelobten Landes durch das Volk Israel, außerdem vom Bundesschluß zwischen Gott und seinem Erwählten Volk und von den Zehn Geboten. Diese herrlichen Titelseiten zu den Fünf Büchern stammen aus einer deutschen jüdischen Bibel des 13. Jh., die Buchstaben sind das erste Wort des jeweiligen Buches. Ihre Ikonographie ist eine merkwürdige, obwohl charakteristische Mischung aus jüdischem Symbolismus und christlichen Konventionen. *Oben links:* Genesis. *Oben rechts:* Exodus. *Unten links:* Leviticus. *Unten rechts:* Deuteronomium. Die vielleicht interessanteste Darstellung ist die von Numeri (*gegenüber*). Die vier Ritter stellen vier der Stämme dar, nämlich die Führer der vier Lager der Israeliten (siehe Nr. 2), Juda, Ruben, Ephraim, Dan, mit ihren Emblemen auf den Fahnen, der Löwe Judas etc. In den Ecken, verschiedene Arten Serafim (das Wort Serafim bedeutet im Hebräischen auch Schlangen); der eine rechts unten scheint ein Ofan zu sein, ein radartiger Engel (Ofan = Rad) mit vielen Augen, wie in Ezechiel 1,15.18 beschrieben. (38,42)

וידבר

## »So sollt ihr es machen«

Zusammen mit der Tora gab Gott Moses detaillierte Anweisungen zum Bau der Bundeslade und zur Gestaltung ihrer Gefäße und Geräte: »Genau nach dem Urbild der Wohnung und nach dem Urbild aller ihrer Geräte, das ich dir zeigen werde, so sollt ihr es machen!« (Ex 25,9) Als Jerusalem die Hauptstadt des seßhaften Israel wurde, wurden all diese zu einer dauernden Einrichtung im Tempel. Der christlichen Ikonographie fast unbekannt, wurden die Tempelgeräte in den jüdischen Bibeln oft dargestellt.

In einer sehr frühen, von 929 datierenden Bibel aus Palästina oder Ägypten ist die Bundeslade dargestellt (*links*). Oben die Lade mit den darin befindlichen Tafeln. Darunter die Menora und auf den Seiten das Mannagefäß, ein Altar und Aarons Stab. (43)

Der Messianische Tempel: »Glücklich der, der wartet und das sehen wird« lautet (auszugsweise) die Inschrift rund um den Rand dieser zwei Seiten (*unten*) einer französichen Bibel von 1299. Links der Altar für Tieropfer im äußeren Tempelhof, mit einer schrägen Rampe auf einer Seite und einem »Netz aus Erz« (Ex 38,4). Darunter das Gefäß mit Wasser zur Waschung, mit sehr sorgfältig gearbeitetem Fuß, und unten die »Feuerpfanne«, »Fleischhaken«, Spieß und Töpfe zum Sprengen. In der anderen Kolumne der goldene Altar innerhalb des Heiligtums, auf dem nur Räucherwerk dargebracht wurde, mit zwei Trompeten und einem *Schofar*. Auf der Seite rechts breiten zwei Cherubim über dem Allerheiligsten ihre Flügel aus; unter ihnen die Bundestafeln in der Lade; dann zwei Schalen für Weihrauch; sodann der Schaubrottisch mit sechs Laiben in jedem Fach. In der letzten Kolumne die Menora und unten die Stäbe von Moses und Aaron (blühend) und das Gefäß mit Manna zwischen ihnen. (44,45)

»Sodann sollst du einen Leuchter aus reinem Gold machen...« (Ex 25,31). Auch für die Menora sind im Buche Exodus genaue Anweisungen gegeben: die sieben zweigförmigen Arme, die Lage der ›Knospen‹ und ›Blüten‹ (so im Hebräischen), die Lichtscheren und Pfannen, die von dem untersten Zweig herunterhängen. Diese Darstellung (*gegenüber*) ist aus einer wahrscheinlich in Spanien geschriebenen Bibel von 1385. (46)

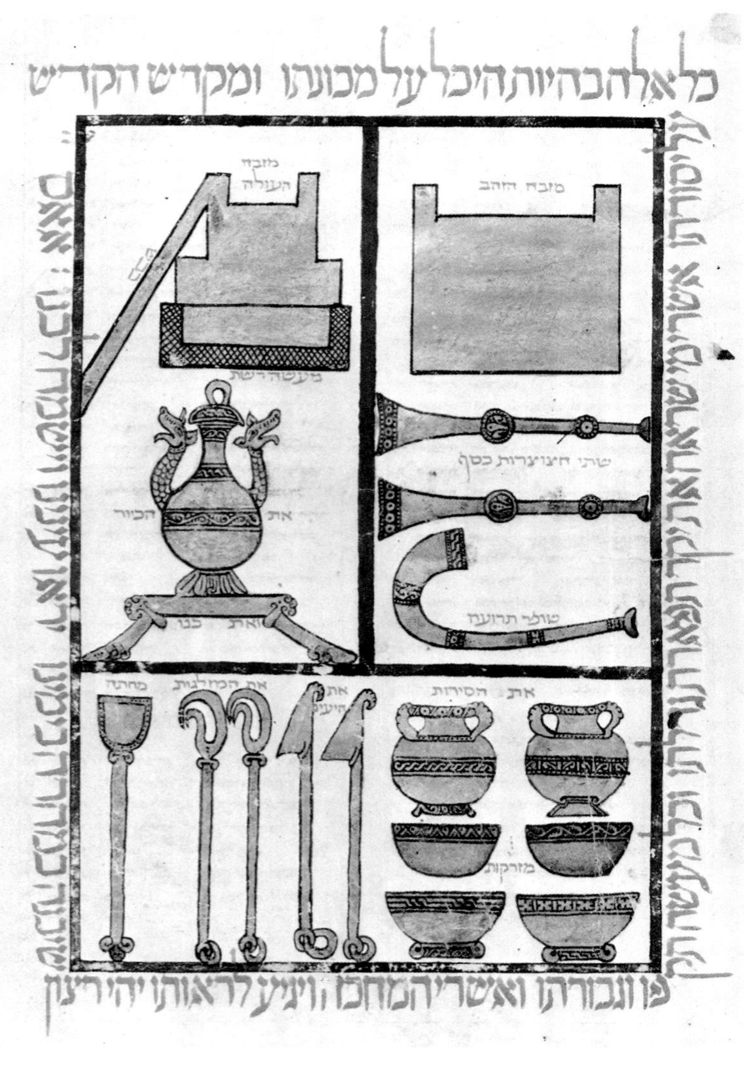

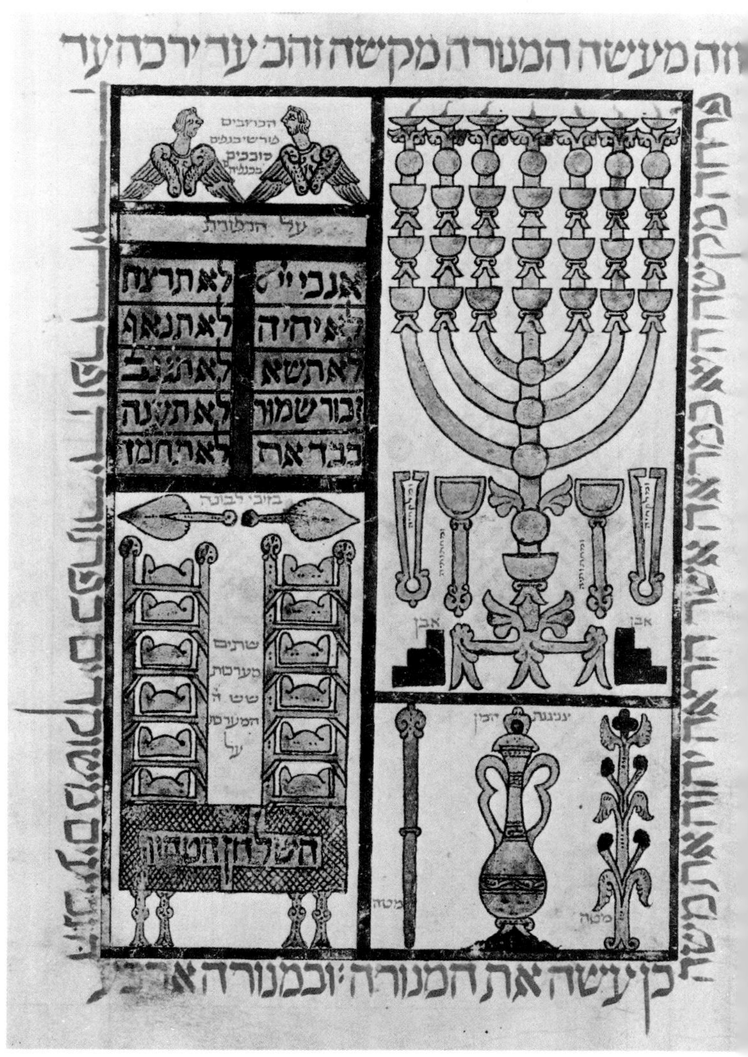

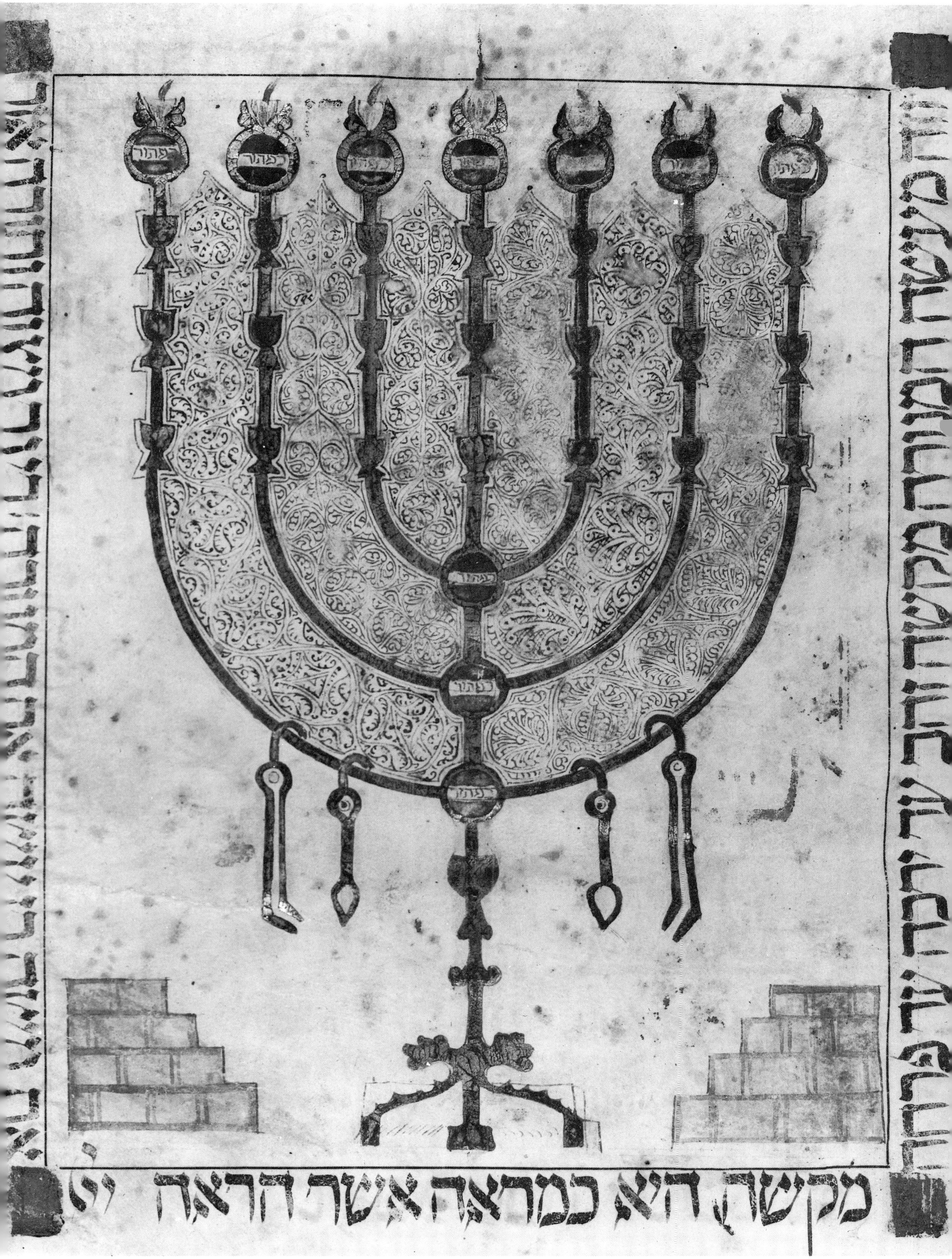
מקשה היא כמראה אשר הראה יי

»Du sollst deinen Brüdern einen zum König über dich setzen... und wenn er dann auf seinem Königsthrone sitzt, soll er sich eine Abschrift dieses Gesetzes in ein Buch schreiben lassen... und soll darin lesen sein Leben lang, damit er den Herrn, seinen Gott, fürchten lerne und alle Worte dieses Gesetzes und dieser Satzungen getreulich halte, daß sich sein Herz nicht über seine Brüder erhebe.« (Deut. 17,15-20) Für die Juden war der König ein fehlbarer Mensch, der oft Zurechtweisung brauchte. Diese nordfranzösische Miniatur von 1278 zeigt den König Salomo beim Lesen seiner Abschrift der Tora, wie es das Deuteronomium vorschreibt. (47)

1

# Das vorexilische Judentum

H.W.F. SAGGS

Eines der Rätsel der Geschichte des Nahen Ostens, ja der Weltgeschichte ist, daß eine politisch unbedeutende Größe, das alte Volk Israel, später als Juden bekannt, zur Geburtsstätte zweier Weltreligionen – Judentum und Christentum – werden sollte und auch noch auf die Vorstellungen und Institutionen einer dritten – des Islam – starken Einfluß ausübte. Fortdauerndes Erinnerungszeichen an diesen Einfluß ist die Bedeutung, die die alte israelitische Hauptstadt Jerusalem für alle drei Religionen weiterhin besitzt. Die unbestreitbare Tatsache, daß die alten Israeliten weitaus größere religiöse Bedeutung für die Welt gewannen als irgendeiner ihrer Zeitgenossen, unterscheidet sie von anderen Völkern und läßt ein einzigartiges Element in ihrer Kultur vermuten. Aber will man auf die Annahme eines direkten göttlichen Eingreifens verzichten, ist es leichter, diese Einzigartigkeit zu erkennen, als sie genau zu bezeichnen, während selbst bei Anerkennung des göttlichen Elements das Problem der Ereignisse und der Institutionen, durch die die behauptete göttliche Führung wirkte, bleibt.

Die Nomenklatur des zur Diskussion stehenden Volkes und seiner Kultur ist verwirrend. Die üblich verwendeten Termini sind ›Israel‹, ›Israelit‹, ›Jude‹ und ›jüdisch‹ sowie ›Hebräer‹. Obwohl diese Begriffe in einigen Zusammenhängen austauschbar erscheinen, sind sie keine Synonyme und die drei Gruppen haben je ihre eigene Geschichte und ihre bestimmte Bedeutung.

Der Begriff ›Israel‹ ist innerhalb des biblischen Kontextes zweideutig. Im engeren Sinn ist er der Name des Königreiches in Nordpalästina, das gleichzeitig mit dem südlichen Schwesterstaat Juda zwei Jahrhunderte lang, bis 722 v. Chr., bestanden hat. Im weiteren Sinn wird der Begriff sowohl in der Bibel als auch von modernen Theologen als religiös-ethnischer gebraucht, um damit nicht nur die Völker der beiden erwähnten Königreiche zu einer kulturellen Gruppe zusammenzufassen, sondern auch die Gruppen der Vorväter, von denen die Bevölkerungen der beiden Königreiche beanspruchten abzustammen. Eine verwandte Form, die in der Bibel ebenfalls häufig zur Bezeichnung einer weiteren religiösethnischen Einheit vorkommt, ist *Bne Jisrael,* ›Söhne Israels‹; sie ist der Grund für den Gebrauch des Ausdrucks ›Israeliten‹, zur Bezeichnung des Volkes und der Kultur, für deren spätere Phasen die Termini ›Jude‹ und ›jüdisch‹ gebraucht werden.

Der Ausdruck ›Jude‹ ist abgeleitet von der lateinischen und griechischen Form von ›Judäer‹, dem hebräischen *Jehudi,* das im Akkadischen als *Ja(h)udai* belegt ist. Seine hebräische und akkadische Form sind seit dem 8. Jahrhundert v. Chr. belegt, als der Begriff hauptsächlich ein Mitglied der Bevölkerung des kleinen Staates Juda in Südpalästina mit seiner Hauptstadt Jerusalem bezeichnete, der bald der einzige Teil jenes alten israelitischen Kulturkreises bleiben sollte, der in einer unabhängigen, politischen Einheit überlebte. Obgleich der Staat Juda nur einen Teil des ursprünglichen israelitischen Gebildes darstellte, gab es zweifellos ein kulturelles und ethnisches Kontinuum zwischen ihm und dem früheren Israel im weiteren Sinn; darum kann der Ausdruck ›jüdisch‹ angemessen als spätere Entsprechung für ›Israelit‹ gelten.

Der dritte Begriff – ›Hebräer‹ – scheint, wenngleich er nicht nur im modernen Sprachgebrauch, sondern offensichtlich auch in der Bibel als Synonym für ›Israelit‹ gebraucht wird, dennoch eine besondere Nuance zu besitzen. In der Mehrheit der biblischen Belege wird er nämlich so verwendet, als ob er zu, durch oder im Zusammenhang mit Fremden gebraucht wird. Ursprünglich kann der Ausdruck eine größere ethnische Gemeinschaft bezeichnet haben, in der die Israeliten sich selbst als eine Untergruppe ansahen. Diese Möglichkeit wird nahegelegt durch den philologischen Zusammenhang zwischen ›Hebräer‹ (›*ivri*‹) und dem Personennamen Heber (›*ever*‹, Gen 10, 24-25 und 11, 15-16), dem eine große Anzahl Nachkommen zugeschrieben wird, einschließlich Abra(h)am. Es gibt jedoch noch eine andere Möglichkeit, den Ursprung dieses Begriffs zu erklären. Die erste Person, die in der Bibel ausdrücklich ›Hebräer‹ (›ivri‹) genannt wird, ist Abra(h)am (Gen 14,13), in einem Zusammenhang, in dem es keinen positiven Hinweis auf die Verwendung von ›*ivri*‹ als ethnischer Bezeichnung gibt. Vielmehr kann es dort als Terminus zur Bezeichnung einer sozialen Klasse verstanden werden. Dies läßt die Möglichkeit zu, daß der Gebrauch von Heber als gedachtem Eponym und angenommenem Vorfahren Abrahams erst sekundär entstanden ist, nachdem ›*ivri*‹ in einem ethnischen Sinne mißverstanden worden war. Für positive Gründe, ›*ivri*‹ als ursprünglich soziale Bezeichnung zu verstehen, sind wir auf außerbiblische Zeugnisse angewiesen. In vorderorientalischen Texten des zweiten Jahrtausends begegnet häufig der Begriff *habiru,* der möglicherweise etymologisch und vielleicht historisch mit ›*ivri*‹ (›*ibri*‹) in Zusammenhang zu bringen ist. Ganz bestimmt bezog sich der Terminus *habiru* mehr auf eine soziale Schicht als auf eine ethnische Gruppe, und seine Bedeutungsskala enthielt auch die Vorstellung von ›landloser Wanderer‹, ›staatenlose Person‹. Diese Beschreibung könnte auf Abraham, auf den die Israeliten, wie auch einige andere Gruppen traditionellerweise zurückgeführt werden, zutreffen.

Die Hauptquellen für die Geschichte Israels, und für

ihre früheren Abschnitte die einzigen, sind in der Bibel zu finden. Die weiteren Aspekte der Bibel und ihre Bedeutung für das Judentum schildert das Kapitel von Hyam Maccoby, für die Verwendung der Bibel als historischer Quelle muß jedoch auch hier ihre komplexe Literargeschichte bedacht werden. Sie ist nicht ein Buch, sondern eine ganze Gruppe von Büchern mit den verschiedensten Literaturgattungen und Entstehungszeiten, die aus theologischen Gründen redigiert wurden. Während die Anerkennung dieser Tatsache in keiner Weise die religiöse Bedeutung der Bibel für Juden oder Christen in Frage stellt, so hat sie jedoch notwendig zur Folge, daß das, was wie eine einfache Darstellung historischer Tatsachen erscheint, nicht immer als solche gesehen werden muß.

Der Bibel in ihrer endgültigen Fassung liegen schriftliche und mündliche Quellen zugrunde, die aus einem Zeitraum von ungefähr einem Jahrtausend stammen. Einige der mündlichen Überlieferungen, hauptsächlich Teile offenkundig alter Lieder, von denen einige im Pentateuch zu finden sind oder wie z.B. das ›Deboralied‹ (Ri 5), gehen auf die Zeit vor dem Ende des zweiten Jahrtausends zurück, während die jüngsten Teile der Chronik und des Buches Daniel aus dem zweiten Jahrhundert v. Chr. stammen. Allein die Tatsache aber, daß ein Buch in der jetzt vorliegenden Form späten Ursprungs ist, schließt die Möglichkeit nicht aus, daß Traditionen beträchtlichen Alters darin verarbeitet wurden.

Den Hauptblöcken des historischen Materials in der Bibel gab der Endredaktor eine nur oberflächliche Einheit, die offensichtlich einen gerade verlaufenden Bericht von Gottes Taten an den Israeliten von frühester Zeit an darstellen soll. Im Verlauf dieser Darstellung dienen israelitische Überlieferungselemente dazu, einige der normativen Phasen dieser Geschichte abzuschließen oder sie miteinander zu verbinden. Die bekanntesten aus der frühen Geschichte sind der Abrahamsbund, der Exodus aus Ägypten, die Toraoffenbarung am Sinai und die Besiedelung des Landes Kanaan (Palästina). Sie werden als Stationen einer kontinuierlichen Entwicklung dargestellt, an denen neue Wendungen in Gottes Heilsplan abzulesen sind: Gott forderte Abraham auf, seine Heimat zu verlassen und nach Palästina zu wandern, dort schloß er einen Bund mit ihm und versprach, seine Nachkommen zu einem großen Volk zu machen, die dieses Land besitzen sollten. Dieser Bund wurde Abrahams Sohn und Enkel – Isaak und Jakob – erneut bestätigt. Die Umstände brachten die Nachkommen des letztgenannten nach Ägypten, wo sie zu Sklaven wurden. Gott führte sie durch Moses, dem er sich erneut offenbart hatte, von dort heraus, und erneuerte am Sinai seinen Bund mit Israel, indem er ihn durch ein Gesetzeskorpus erweiterte. Sodann führte er sie zur Eroberung und Landnahme nach Palästina, wo sie die Kanaanäer vertrieben und unterwarfen.

Dies alles erscheint sehr plausibel. Jedoch sind innerhalb dieser übergreifenden und künstlichen Einheit an verschiedenen Punkten unterschiedliche Traditionen und Schwerpunkte zu erkennen, und es ist eine der Hauptaufgaben der modernen Wissenschaft, hinter diese sich widersprechenden Einheiten zurückzufragen. Die Historizität jeder einzelnen dieser Traditionen bis hin zur Landnahme und Besiedelung Kanaans wurde bereits angezweifelt. Wenn auch die moderne Wissenschaft dazu neigt, für die Haupttraditionen einen historischen Kern anzunehmen, so differiert doch die Bewertung jener Traditionen im einzelnen erheblich.

Besonders schwierig ist es, die biblischen Quellen als Geschichte zu bewerten. Außer den üblichen Interpretationsproblemen, die für alle alten Dokumente gelten, erwächst ihnen eine weitere Schwierigkeit. Da die Bibel eines der wesentlichen Elemente des religiöskulturellen Hintergrunds der westlichen Welt ist, sind die biblischen Traditionen über die israelitischen Ursprünge in hohem Maße von theologischen Interpretationen jüdischer, christlicher und atheistischer Provenienz überlagert worden. Dies hinderte jedoch die moderne Literatur- und Geschichtsforschung nicht, zu einem Konsens in den Hauptfragen zu kommen. Dennoch bleiben Fragen offen, in denen die Meinungen der Interpreten auseinandergehen, besonders wenn sie bewußt oder unbewußt durch theologische Überlegungen gefärbt sind.

## Abraham, Isaak und Jakob

Die Ursprünge Israels sind nach der biblischen Tradition untrennbar mit Abraham verbunden. Die Historizität der Erzväterüberlieferung von Abraham, Isaak und Jakob verlangt daher eine eingehende Untersuchung bezüglich ihres Wertes für die Geschichte des frühen Israel. Es stellt sich ein doppeltes Problem: welche Historizität (und welche Chronologie) kann den Väterüberlieferungen zugesprochen werden und in welchem Sinn können die Erzväter als Vorfahren der späteren Israeliten gelten? Hält man an der traditionellen Bedeutung der Erzväter für die Ursprünge Israels fest, so bleibt noch das weitere Problem der Beschaffenheit der Erzväterreligion.

Die biblischen Erzählungen geben einen chronologischen Rahmen, der die Erzväter Abraham, Isaak und Jakob in der früheren Hälfte des zweiten Jahrtausends ansiedelt. Die Geschichtlichkeit dieser Tradition wurde von einigen modernen Wissenschaftlern bezweifelt, von anderen verteidigt. Diejenigen, die die Historizität jener Erzählungen zurückweisen, führen an, daß sie aus einer viel jüngeren Zeit stammen und aus theologischen Erwägungen verfaßt worden seien. Jene dagegen, die sie verteidigen, behaupten die indirekte Bestätigung ihrer Sicht durch archäologische Zeugnisse, hauptsächlich der Keilschrifttexte.

Zwei Gruppen von Keilschrifttexten wird in diesem Zusammenhang Bedeutung zugemessen. Die eine stammt von rund 1800 v. Chr. aus der Stadt Mari am mittleren Euphrat, während die andere Tontafeln aus der Zeit um 1500 v. Chr. umfaßt, die aus mehreren Städten in der Nähe von Kirkuk in Irak stammen, von denen Nuzi die wichtigste ist. Die erstere Gruppe erhellt das Ende einer Periode, in der Amurru (Amoriter) genannte Nomaden sich in Mesopotamien angesiedelt hatten, und die letztere gibt Einsicht in Gesetz und Bräuche eines Volkes mit dem Namen Horiter (Hurriter), das im nördlichen Mesopotamien und Syrien verbreitet war. Das Hauptargument für die Heranziehung solcher Parallelen ist, daß die Vätererzählungen Lebensumstände widerspiegeln, wie sie die Keilschrifttexte (und andere) ebenfalls zeichnen und demnach am besten in die erste Hälfte des zweiten Jahrtausends passen, besser als in jede andere Zeit. Eine adäquate Behandlung der verschiedenen Argumente würde eine eingehende Prüfung philologischer und sozialgeschichtlicher Fragen erfordern, – kurz gesagt beruhen zwei der Hauptargumente auf Formen von Personennamen und gesellschaftlichen Bräuchen. So ist das keilschriftliche Äquivalent des Namens Jakob in Texten der ersten Hälfte des zweiten Jahrtausends gut belegt und auch die Form des Namens Isaak paßt gut hierher, obgleich der Name selbst nicht zu finden ist. Entsprechendes wurde für den Namen Abram geltend gemacht (alternativ: Abraham), aber hier ist der Sachverhalt weniger klar. Im Zusammenhang mit den Gebräuchen wird argumentiert, daß einige der Ereignisse, die in den Vätergeschichten berichtet werden – so der Diebstahl des Hausgottes Labans durch seine Tochter Rachel in Genesis 31, 19 –, nur im Lichte von Sitten sinnvoll werden, die die hurritischen Gesetze der Nuzi-Texte widerspiegeln. Im speziellen Fall von Rachel wird argumentiert, daß ein Zusammenhang zwischen Erbrechten und den Hausgöttern bestand. Einige der Belege wurden zweifellos überinterpretiert, und das Beispiel von Rachel ist in der Tat ein Fall, in dem es keinen endgültigen Beweis dafür gibt, daß – wie behauptet wurde – physischer Besitz der Hausgötter auch Erbrechte mit sich brachte. Dennoch bleiben auch hier Hinweise, daß Elemente der Erzväterüberlieferung tatsächlich aus Traditionen der ersten Hälfte des zweiten Jahrtausends herrühren.

Die Ergebnisse, die in dieser Frage erlangt werden, bestimmen dann jeweils den Punkt, an dem man die israelitische Kultur beginnen läßt. Man ist berechtigt, in den Erzväterüberlieferungen echte Erinnerungen an eine traditionsbildende Phase israelitischer Kultur zu sehen, selbst wenn diese nicht als direkter historischer Bericht verstanden werden, und in diesem Fall kann man die Ursprünge Israels in die Mitte des zweiten Jahrtausends v. Chr. ansetzen. Wenn, auf der anderen Seite, den Erzväterüberlieferungen jegliches Element mit historischem Hintergrund bestritten wird und sie nur als Retrospektive theologischer Konzeptionen einer späteren Epoche angesehen werden, so bleibt keinerlei erkennbarer Anhaltspunkt für die Ursprünge Israels vor dem Exodus aus Ägypten im 13. Jahrhundert – als frühestem Zeitpunkt. Unser Standpunkt ist der, daß die Patriarchenüberlieferungen sowohl in unserer Hauptquelle für die frühe israelitische Geschichte – der Bibel – ein zu großes Gewicht haben und auch mit außerbiblischen Sachverhalten zu auffällig übereinstimmen, als daß die Anfänge der israelitischen Kultur von ihnen getrennt werden könnten.

Die geographische und ethnische Herkunft der Erzväter bleibt dunkel, obwohl zwei negative Überlieferungen erwähnt werden müssen. Die eine betont, daß ihre letztliche Herkunft nicht aus Palästina war; während es möglich erscheint, daß gerade diese Hervorhebung ein späteres Stadium religiös-kultureller Spannungen zwischen Israeliten und Kanaanäern widerspiegeln kann, so erscheint der dahinterliegende Anspruch für die frühen Herkunftstraditionen so elementar, daß er nicht außer acht gelassen werden kann. Die zweite Überlieferung, in Josua 24, 2 u. 14-15, betont, daß die Vorfahren der Israeliten vor Abraham sich in ihrer Religion nicht von ihren Nachbarn unterschieden; dies ist ein Hinweis, daß die Israeliten ihre fernen Vorfahren nicht für eine Sondergruppe hielten, sondern als Teil einer größeren kulturellen Gemeinschaft.

Der Herkunftsort Abrahams wird in Josua 24,2 als »jenseits des (Euphrat)-Stromes und im hebräischen Text von Gen 11,31 und 15,7 (nicht in der griechischen Überlieferung) genauer mit Ur in Chaldäa angegeben; letzteres wird allgemein mit der ursprünglich sumerischen Stadt Ur im südlichen Irak identifiziert. Dabei ergibt sich allerdings das Problem, daß unseres Wissens chaldäische Stämme nicht vor dem Jahr 1000 v. Chr. in die Gebiete von Ur eingedrungen waren und somit das »in Chaldäa« ein Widerspruch zur angenommenen Frühdatierung Abrahams bedeuten würde. Aus diesem und aus anderen Gründen, speziell der willkürlichen Hypothese, wonach Abraham ein Kaufmann aus einem mit Haran (Gen 11,31) in Verbindung gestandenen Handelszentrum gewesen sein müsse, argumentieren manche Wissenschaftler, müsse Ur in Chaldäa einen Ort in Anatolien im Norden von Haran bezeichnen.

Bejaht man die südliche Identifikation von Ur so, läßt dies die Möglichkeit zu, daß Abraham direkt von der sumerisch-babylonischen Kultur beeinflußt war, insbesondere aber von deren Religion. Auf dieser Basis sind Hypothesen vorgetragen worden, die für die Ursprünge der israelitischen Kultur nicht unbedeutend wären. Die weitestgehende Hypothese dieser Art bringt Abrahams Proto-Monotheismus mit dem Mondkult in Verbindung. Hauptargument dafür ist, daß in den beiden Zentren, mit denen Abraham in Verbindung gebracht wird – Ur und Haran –, die Haupttempel dem Mondgott geweiht waren, zum andern wird behauptet, daß einige Personennamen aus Abrahams Umgebung (Terach, Sara, Laban, Milka) lunare Bedeutung hätten. Dies entbehrt jedoch einer substantiellen Grundlage. Die vermuteten lunaren Beziehungen in den Namen stützten sich ausschließlich auf die Etymologie (einiges davon ist zweifelhaft) und sind gänzlich hypothetisch. Es gibt außerdem bis zur Mitte des ersten Jahrtausends v. Chr. keine Hinweise auf das Vorkommen – weder in Ur noch in Haran – irgendwelcher Vorstellungen, die den Mondkult mit irgend etwas anderem in Verbindung bringen als mit dem üblich weitverbreiteten Polytheismus Mesopotamiens.

Als gleichermaßen spekulativ erweist sich der Versuch, der postulierten Verbindung Abrahams mit Südmesopotamien noch die Einarbeitung von Elementen mesopotamischer Mythen – wie der Sintflutgeschichte – in die israelitische Literatur zuzuschreiben, da es viele andere mögliche und passendere Zeiten und Wege der Übermittlung gegeben hat. Während es annehmbar erscheint, daß die Abrahamstradition von einer Verbindung mit dem südlichen Ur eine historische Grundlage hat, bedeutet dies indessen nicht mehr, als daß der Hirtenstamm, zu dem Abraham gehörte, ursprünglich über ein Weidegebiet verfügte, das sich im Süden entlang des Euphrat bis Ur erstreckte.

Eine weiterverbreitete Überlieferung verbindet die Erzväter mit dem Gebiet von Haran, dort, wo Syrien und Anatolien aufeinandertreffen. Es gibt außerbiblische Hinweise, die vermuten lassen, wenn auch nicht beweisen, daß diese Tradition nicht ganz unbegründet ist. Die relevanten Belege enthalten Ortsnamen, die für das Gebiet um Haran in Keilschrifttexten bezeugt sind und die einigen Personennamen in den Erzvätergeschichten entsprechen; so hat, um nur ein Beispiel zu nennen, der Personenname Nahor eine Entsprechung in dem Ortsnamen Nahur(u). Dies scheint eine ursprüngliche Erinnerung einer Verbindung zwischen Abrahams Sippe und dem Haran-Gebiet zu bestätigen. Die biblische Überlieferung trägt diese Verbindung der Erzväter mit Haran über Abraham hinaus; danach blieb, als Abraham Haran verließ, um nach Palästina aufzubrechen, der Rest seiner Verwandtschaft dort. Aus ihnen ließ Abraham für seinen Sohn Isaak eine Frau erwählen, und auch sein Enkel Jakob heiratete Frauen aus demselben Gebiet.

Die Jakobsüberlieferung hält die Angehörigen des Erzvaters rund um Haran für Aramäer; dies kann verschieden interpretiert werden. Obwohl aramäische Ele-

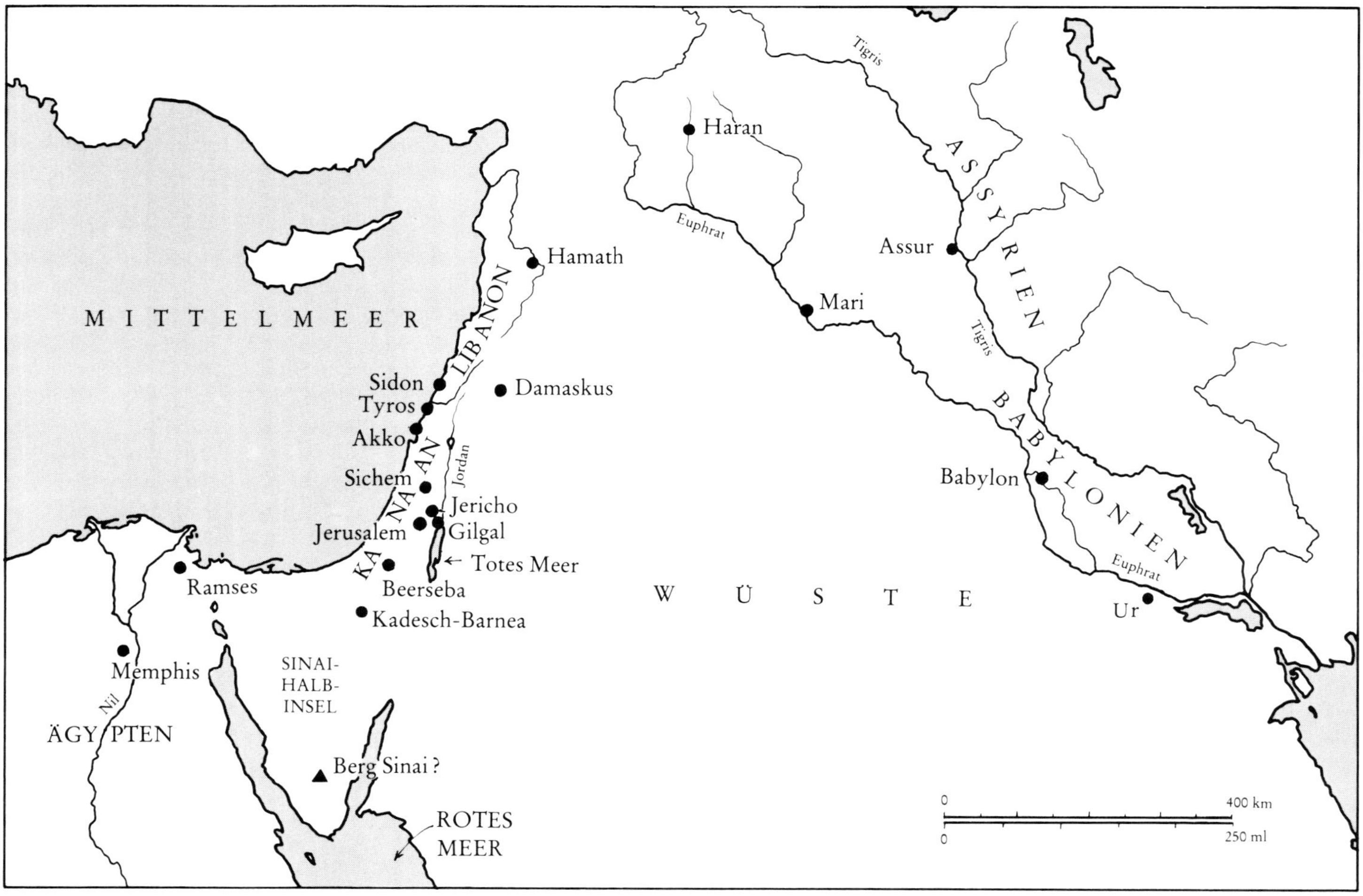


*Die Länder der Bibel zur Zeit des Exodus. Das biblische Ur der Chaldäer bleibt für uns etwas dunkel, aber die Ortslage Haran kann mit den Erzvätern in Verbindung gebracht werden; von dort nämlich zogen die ersten israelitischen Stämme durch das palästinische Hochland nach Kanaan. Nach der Sicht mancher Gelehrter waren es möglicherweise die von Norden nach Syrien und Mesopotamien eindringenden hurritischen Stämme, die Jakob und seine Leute dazu veranlaßt haben, nach Ägypten auszuwandern, wo bis zu ihrem wunderbaren Exodus, vermutlich um die Mitte des 13. Jh., vier Jahrhunderte vergingen, über die fast nichts bekannt ist.*

mente in diesem Gebiet bestimmt im 11. und möglicherweise bereits im 13. Jahrhundert existiert haben, sind die Belege für eine beträchtlich frühere aramäische Anwesenheit in diesem Gebiet zweifelhaft. Mithin besteht die Möglichkeit, daß eine alte Erinnerung an eine Verbindung zwischen den Erzvätern und dem Gebiet um Haran durch die ethnisch-sprachliche Situation einer späteren Zeit eingefärbt worden ist, außer man datiert Jakob beträchtlich später als 1500 v. Chr. (dem spätesten zur biblischen Chronologie passenden Termin). Dem gegenüber muß eine besondere Überlieferung in Deuteronomium 26,5 beachtet werden, wonach es ein aramäisches Element unter Israels Vorfahren gegeben hat; dort wird der fromme Israelit aufgefordert zu sagen: »Ein umherirrender Aramäer war mein Vater.« Der Abschnitt in seiner vorliegenden Form erhielt eine sekundäre deuteronomistische Überarbeitung, wonach der »umherirrende Aramäer« speziell Jakob sein soll; während aber dieses sekundäre Element außer acht gelassen werden kann, ist die ursprünglich kultische Formel bestimmt alt und die Feststellung, daß es in den Anfangsstadien von Israels komplexer ethnischer Zusammensetzung ein wesentliches aramäisches Element gegeben habe, muß in Betracht gezogen werden. Dies bedeutet wiederum, daß die Israeliten sich ihrem ethnischen Ursprung nach nicht als von ihren Nachbarn unterschieden betrachteten. Das Fehlen ethnischer Exklusivität blieb unter den Juden bis nach dem Exil erhalten, und es gibt genug biblische Hinweise auf Mischehen mit Angehörigen der meisten Nachbarvölker oder auf soziale Verbindungen, die die Möglichkeit zur Mischehe enthielten. Die Israeliten hielten sich nicht nur für Nachkommen aramäischer Vorfahren, von den beiden Hauptstämmen Ephraim und Manasse berichtet die Tradition darüber hinaus, daß sie halb ägyptischen Ursprungs seien, da ihre Stammväter aus der Verbindung Josefs mit ägyptischen Frauen entsproßten (Gen 41, 50-52).

### Das Wesen der Gottheit

Das Wesen der Religion der Erzväter ist für die Ursprünge der israelitischen Kultur von Bedeutung, da die spätere Traditionsbildung sie als Träger einer göttlichen Offenbarung ansieht, die die nachfolgende israelitische Geschichte nachhaltig beeinflußte. Früher beschrieb die Wissenschaft die Erzväter-Religion als einen primitiven Animismus, der durch die Verehrung von heiligen Bäumen, Steinen und Brunnen gekennzeichnet sei, von denen (so wurde behauptet) Spuren in den Texten erhalten seien (Bäume, Gen 12,6; 13,18; 18,1; 21,33; Steine, Gen 28, 18. 22; Brunnen, Num 21, 17). Dies wird jedoch der mächtigen Tradition nicht gerecht, die die Erzväter mit einer bedeutenden religiösen Entwicklung in Verbindung bringt und in Abraham einen charismatischen Führer sieht.

Die Erzvätererzählungen gebrauchen eine Anzahl verschiedener Namen und Attribute für die Gottheit, und obwohl diese Erzählungen den Eindruck vermitteln, daß all diese verschiedenen Begriffe von Anfang an nur alternative Namen des einen Gottes waren, gibt es Hinweise, daß die ursprüngliche Situation anders war. Eine neue Sicht der Dinge brachte der Aufsatz »Der Gott der Väter« von Albrecht Alt vom Jahre 1929. Seine Analyse des Sachverhaltes ist folgende: Vor dem Eintritt der Erzväter nach Palästina haben die dort ansässigen Proto-Kanaanäer an bestimmten Heiligtümern Lokalgottheiten (*'elim;* Singular, *'el*) verehrt. Einige der deutlichsten Hinweise auf die frühen Kulte an bestimmten Orten sind El Bet-El in Bet-El (Gen 35, 7), El Olam (der ›Ewige Gott‹) in Be'er-Scheva (Beerseba) (Gen 21, 33) und El Roi (›Gott des Schauens‹) in Be'er-Lachai-Roi, nahe Kadesch (Gen 16, 13-14). Obwohl diese Begriffe in den biblischen Texten auf den Gott angewandt werden, den die jeweiligen Erzväter verehrten, ist dies nach Alt eine sekundäre Entwicklung. Alt sah das Konzept der Erzvätergottheit als davon ziemlich verschieden, und zwar von einer besonderen Art, die mit dem Nomadentum (die neuere Forschung spricht hier von Halb-Nomadentum) der Erzväter in Verbindung gebracht werden muß. Ein Kennzeichen dieses Kultes war nach Alt, daß die Gottheit keinen Eigennamen besaß, sondern daß man sich ihr mit einem Appellativ zuwandte, das den Namen des ersten Verehrers einschloß, wie ›der Gott Abrahams‹ oder ›der Mächtige Jakobs‹. Als Folge des Nomadentums ihrer ursprünglichen Verehrer war der Typus des Vätergottes charakteristischerweise nicht ortsgebunden.

Alt hielt Abraham, Isaak und Jakob für drei ursprünglich nicht miteinander verbundene Führer von Sippen. Er glaubt, daß nach der Besiedlung Palästinas durch proto-israelitische Stammesgruppen, die eine Erinnerung an diese Sippenführer bewahrt hatten, die an den lokalen Heiligtümern der Siedlungsgebiete verehrten proto-kanaanäischen Gottheiten mit der Gottheit identifiziert wurden, die mit dem Namen des jeweils eigenen Stammvaters in Verbindung stand. So wurde von einer Gruppe der El Bet-El in Bet-El mit dem Gott Jakobs identifiziert; eine andere Gruppe sah in dem El Olam des Heiligtums von Beerseba den Vätergott ihres Stammvaters, den sie bereits als ›Schrecken Jakobs‹ kannten, während eine andere proto-israelitische Gruppe, zu der auch der Stamm Juda gehörte, in dem Gebiet von Hebron die lokale Gottheit des Heiligtums von Mamre mit dem Gott Abrahams gleichsetzen konnte.

Durch Beziehungen (Alt spricht von Wallfahrten) zwischen den einzelnen proto-israelitischen Gruppen wurden dann im Laufe der Zeit der Gott Abrahams, der Gott Isaaks und Jakobs zu einer einzigen Gottheit; und parallel dazu entwickelten sich Erzählungen, die die Erzväter Abraham, Isaak und Jakob in ein Vater-Sohn-Enkel-Verhältnis brachten.

Alt unterscheidet dann davon ein späteres Stadium in der Entwicklung, als der als Israel bekannte Stämmeverband mit einem Gott Jahwe entstand. Jahwe konnte dann als in derselben Beziehung zu ganz Israel stehend gedacht werden, wie die göttliche Macht, die in der Form von ›Vätergöttern‹ zu den jeweiligen Gruppen der früheren Offenbarungen gestanden hat. Dadurch war es dann möglich, den Väter-Gott direkt mit Jahwe zu identifizieren, und aus diesem Grunde geben die biblischen Erzählungen in ihrer endgültigen Form diese Situation wieder. Nach dieser Sicht enthält die spätere Gottesvorstellung Israels wenigstens drei ursprünglich unterschiedliche Elemente.

Alts Hypothese erfuhr späterhin eine wichtige Modifikation. Aus außerbiblischen Belegen geht hervor, daß Begriffe wie El Bet-El und El Olam im Kontext der proto-kanaanäischen Religion weniger verschiedene kleine Lokalgottheiten bezeichneten, als vielmehr verschiedene Erscheinungen des einen Gottes El. Dieser El war der höchste Gott im Pantheon der alten seßhaften Völker Palästinas und Syriens. Für das Verständnis der Erzväterreligion ist dies von entscheidender Bedeutung. Als die Proto-Israeliten unter den Proto-Kanaanäern zu siedeln begannen, muß, um einen direkten Synkretismus zu ermöglichen, der Gott der Väter Eigenschaften besessen haben, die im Einklang mit denen standen, die für den El des proto-kanaanäischen Pantheon charakteristisch waren. Aber die wesentlichsten Merkmale, die El, so wie wir ihm im proto-kanaanäischen Pantheon begegnen, vor den anderen Göttern herausheben, waren, daß er der höchste Gott des Pantheon sowie Schöpfer und Vater des Menschen war. Für den ursprünglichen Glauben der Erzväter vom Gott der Väter bedeutet dies, daß es – wenn auch nur latent – eine Vorstellung davon gab, daß die Gottheit Herr des Universums und Vater der ganzen Menschheit war. Allerdings, so wie es keinen Hinweis darauf gibt, daß der Erzväter-Glaube expressis verbis den Monotheismus verkündigte, kannte er gleichzeitig doch kein offenkundiges Pantheon. Daher gibt es gute Gründe, die dafür sprechen, daß ihr Glaube bereits den Keim zum Universalismus und Monotheismus in sich trug, obwohl es zu viel gesagt wäre, wollte man behaupten, die Religion der Erzväter sei universalistisch und monotheistisch gewesen.

Einer der Faktoren, die zur Entstehung dieser Situation beitrug, mag die gesellschaftliche Form der Patriarchen-Sippe gewesen sein. In der alten Welt waren Sozialstrukturen und Religion stark miteinander verwoben. Eine Gesellschaft wie die Mesopotamiens war äußerst komplex, und dies spiegelt sich in ihrer Religion wider. Die Zivilisation Mesopotamiens bestand ursprünglich aus zahlreichen Siedlungen in Form von Stadtstaaten, und lange vor dem Ende des dritten Jahrtausends entwickelte sie eine sehr komplexe Organisation und Spezialisierung im Handwerk. So besaß in dieser Situation nicht nur jede ursprüngliche Siedlung ihren eigenen Gott oder Göttin, sondern auch jedes Handwerk und jeder Lebensbereich wurde mit einer eigenen Gottheit in Verbindung gebracht. So entstand eine Vielzahl von Gottheiten, wobei die meisten auf ihren eigenen Wirkungsbereich beschränkt blieben. Das endgültige Pantheon Mesopotamiens bildete so eine Synthese aus einer Anzahl kleinerer lokaler Pantheons. Im Gesamtpantheon schließlich kamen die höchsten Götter dieser lokalen Pantheons zu einer Gruppe von Gottheiten mit universalem Aspekt zusammen, obwohl selbst hier die Notwendigkeit, sie zu korrelieren, die Tendenz entstehen ließ, die Verantwortung eines jeden einzelnen dieser obersten Götter auf einen bestimmten Bereich des Universums zu beschränken. Eine vergleichbare Situation herrschte in der vorwiegend agrarischen Gesellschaft der Proto-Kanaanäer mit ihrem Hauptgott El, obwohl dort das Pantheon kleiner und dementsprechend Spiegelbild des weniger komplexen Hintergrundes war. Im Gegensatz dazu gestalteten sich die sozialen Strukturen der Stämme um die Erzväter relativ einfach, soweit die spärlichen Belege ein Urteil zulassen. Die Gruppen selbst waren klein, ohne Teil einer größeren, erkennbaren sozialen Einheit zu sein. In ihnen fehlte im Grunde genommen eine Arbeitsspezialisierung oder eine soziale Schichtung, außer der Unterscheidung zwischen Stammesführer und Stammesmitgliedern. Da es so an klar abgegrenzten Gebieten des Lebens fehlte, fehlte dementsprechend auch ein realer Antrieb für eine Religionsstruktur, in der Gottheiten für jeweils verschiedene Bereiche des Lebens zuständig wären. Die Auffassung von der göttlichen Macht blieb daher ungeteilt, reflektierte somit die Situation des einzelnen ungegliederten Stammes unter seinem Anführer.

In einer Hinsicht jedoch unterschied sich die Religion der Erzväter nicht von der ihrer Zeitgenossen. El war zum Beispiel der Schöpfer und war mächtiger als eine bloße Lokalgottheit, wie etwa Anu, Enlil und Enki im sumerisch-babylonischen Pantheon. Obwohl diese anderen Hauptgötter wirklich universal waren, hatte doch die Tatsache, daß sie Götter in einem ausgedehnten Pantheon waren zur Folge, daß ihre Unmittelbarkeit für den Menschen durch die Existenz anderer Götter, die für einen bestimmten Bereich des menschlichen Lebens Zuständigkeit besaßen, eingeschränkt wurde. In der Religion der Erzväter, in der es kein offenkundiges Pantheon gab, fiel alles, was den Menschen betraf, in die direkte und unmittelbare Verantwortlichkeit des Gottes, der die eine wirkliche Gottheit war. So kamen dann die von den Erzvätern stammenden Traditionen dazu, den ›Gott der Väter‹ als den anzusehen, der persönlich mit dem einzelnen Menschen vertraut ist, und dies in einer Weise, wie es bei den Hauptgöttern der Pantheons, selbst bei solchen wie El, der doch den Titel ›Vater der Menschen‹ trug, gewöhnlich nicht der Fall war. Die Abrahamsüberlieferung trug somit den Keim einer neuen Auffassung von Gott als Person, als einzelner, in sich, und nicht lediglich als Schöpfer der Menschheit in mythischen Vorzeiten, sondern als einer, der hier und jetzt um jeden einzelnen Menschen besorgt war. Dies schloß auch eine neue Sicht von der Würde und Bedeutung des Individuums ein. Diese Einheit, der Universalismus und der ethische Aspekt in der Gottheit waren bereits in der Erzväterüberlieferung angelegt, erhielt aber ihre volle Entfaltung erst, nachdem diese mit dem dynamischen Kult des mit dem Namen Moses verbundenen Gottes Jahwe verschmolz.

## Das Erbe Ägyptens?

Die Moses-Überlieferung ist ein weiterer Komplex, der überaus vielfältige Interpretationen erfuhr. Obwohl diese Überlieferung mit Hilfe der Josephsgeschichte künstlich mit der der Erzväter verbunden wurde, ist sie doch von anderem Ursprung. Selbst die biblische Erzählung zeigt dies noch durch den ausdrücklichen Bruch, den sie zwischen Erzväter und Moses setzt (Ex 1, 6).

Eine zentrale Überlieferung der Bibel schreibt dem frühen Israel vor seiner endgültigen Niederlassung in Palästina einen Aufenthalt in Ägypten zu, und einiges an wesentlichen Bestandteilen des späteren Israel deutet darauf hin, daß es eine solche Erfahrung gemacht hat, wenngleich starke Gründe dafür sprechen, daß, wie immer auch diese Ereignisse gewesen sein mögen, sie nicht alle Gruppen des späteren Stämmeverbandes, der zu Israel wurde, betroffen haben.

Besondere ägyptologische Hinweise, die die biblische Überlieferung von der Zeit in Ägypten stützen könnten, gibt es nicht. Die Erwähnung der Stadt Ramses in Ex 1, 11, die als Vorratsstadt teilweise von israelitischen Sklaven gebaut wurde, bietet jedoch einen Schlüssel für die Chronologie, seit bekannt ist, daß Pharao Ramses II. (ca. 1304 - 1237 v. Chr.) eine Stadt Per-Ramses bauen ließ, auf die sich der biblische Name beziehen muß. Dies läßt die Sklaverei und den Exodus in das 13. Jahrhundert datieren. Für dasselbe Jahrhundert jedoch gibt es den ersten außerbiblischen Hinweis auf Israel. Eine Inschrift des Nachfolgers von Ramses II., Merneptah (1236 - 1223 v. Chr.), berichtet von einem ägyptischen Vorstoß nach Palästina, »Israel liegt öde, sein Same ist nicht mehr«. Chronologisch gesehen ist es nicht unmöglich, daß Israeliten Ägypten während der Herrschaft Ramses II. verlassen haben und durch seinen Nachfolger in Palästina erobert worden wären. Andererseits stellt dies nicht die einzige Lösungsmöglichkeit dar. Der Begriff ›Israel‹ in der Merneptah-Stele kann sich nicht auf den später so benannten Stämmeverband beziehen, sondern nur auf ein bereits in Palästina vorhandenes Element, dessen Name später auf eine größere Gruppe übertragen wurde, von der Teile aus Ägypten ausgezogen waren.

Es wurde vermutet, daß jene frühe Berührung Israels mit Ägypten direkte Auswirkungen auf die Entwicklung der israelitischen Kultur gehabt habe, insbesondere, daß die Entstehung des Monotheismus in Israel auf eine Bewegung innerhalb der ägyptischen Religion im 14. Jahrhundert zurückgeführt werden könne.

Ein ägyptischer Ursprung für den Monotheismus kann jedoch kaum angenommen werden, da die Religion Ägyptens von frühesten Zeiten an ausgesprochen polytheistisch war, wobei jenen Gottheiten besondere Bedeutung zukam, die Aspekte der Sonne darstellten. In der Zeit Amenophis IV. (alias Echnaton; 1379 - 1362 v. Chr.) gab es den bewußten theologischen Versuch, eine Form des Sonnenkultes zum einzigen Kult aufzuwerten. In diesem reformierten Kult besaß die Sonnenscheibe zentrale Bedeutung.

Einige Wissenschaftler vertraten die Ansicht, daß die Theologie Echnatons einen echten Monotheismus darstellte und er es war, der die spätere Lehre von Moses beeinflußte. Aus mehreren Gründen ist dies indessen unannehmbar. Erstens war das Kernstück des gesamten ägyptischen Kults seine Ausrichtung auf die Sonne, während von der Religion des Moses kaum glaubwürdig behauptet werden kann, daß Jahwe als Sonnengottheit gedacht wurde. Zweitens muß der sogenannte Monotheismus des Echnaton im Lichte seiner eigenen Göttlichkeit gesehen werden, eine Haltung, die der des Moses gänzlich entgegensteht. Drittens gilt es zu beachten, daß die Reform Echnatons sogar auf die ägyptische Religion außerhalb seiner südlichen Hauptstadt oder auf die Zeit nach seinem Tod kaum Auswirkungen hatte. So ist es wenig überzeugend, daß sie die Proto-Israeliten im Delta von Ägypten, weit von Echnatons Hauptstadt entfernt, ein Jahrhundert nach seiner Herrschaft nachhaltig beeinflußt haben sollte.

Während die biblischen Texte Moses und die Ursprünge Israels vor einen teilweise ägyptischen Hintergrund stellen, wissen sie doch nichts von einem positiven ägyptischen Einfluß auf die Religion des Moses. Das geographische Gebiet, in das sie die mit Moses verbundenen wichtigsten religiösen Entwicklungen versetzen, ist in der Tat nicht Ägypten, sondern der Sinai, wiewohl die Texte den Eindruck eines direkten Zusammenhanges zwischen den Ereignissen in Ägypten und dem Sinai erwecken. Es wurde jedoch mit verschiedenen Argumenten behauptet, die Verknüpfung von Exodus- und Sinaiüberlieferung sei sekundär. Das weitestgehende Argument bestreitet jeglichen direkten Zusammenhang zwischen irgendwelchen historischen Ereignissen und der Exodus- oder Sinaiüberlieferung. Danach sind diese Überlieferungen überhaupt nicht von historischen Ereignissen abzuleiten, sondern haben ihren Sitz im Leben in Kultlegenden von Festen, die an verschiedenen Orten Palästinas verankert waren. Dabei sei in einem immer wiederkehrenden Fest an einigen Kultzentren im israelitischen Palästina (Gilgal und Sichem wurden vorgeschlagen) die Erneuerung des Bundes mit Jahwe gefeiert worden, wobei auch das göttliche Gesetz verlesen worden sei. In einem bestimmten Stadium habe der Ritus des Festes eine historische Interpretation erfahren, woraus schließlich die Sinaiüberlieferung in der uns vorliegenden Form entstanden sei. Die Exodus-Passah-Überlieferungen ließen sich entsprechend erklären. Gegen eine solche Argumentationsweise lassen sich Bedenken erheben, nämlich, daß in einem Kult wohl Überlieferungen bewahrt werden, es aber keinen Hinweis dafür gibt, daß Überlieferungen durch einen Kult aus dem Nichts geschaffen werden können. Während es demnach glaubhaft ist, daß der Kult als Mittel zur Bewahrung alter Traditionen wichtig war, kann man dennoch getrost hinter den Kult, der die Überlieferung bewahrt hat, zurückgehen, um die Überlieferung selbst und ihre mögliche historische Grundlage zu untersuchen. Selbst bei diesem Ansatz können Exodus- und Sinaitradition noch als getrennte Überlieferungskomplexe verstanden werden. Obwohl sie beide letztlich wirkliche historische Ereignisse widerspiegeln, so kann man argumentieren, kommen sie doch getrennt von den Vorfahren zweier ursprünglich verschiedener proto-israelitischer Gruppen.

Die Auffassung, die Exodus- und Sinaiüberlieferung voneinander trennt, beruht hauptsächlich auf der Tatsache, daß, obwohl beide eindeutig alt sind, es eine Reihe von Bibelstellen gibt, in denen auf eine von ihnen in offensichtlicher Unkenntnis der anderen verwiesen wird. Die Analyse, die zwei getrennte, wenn auch parallele Ketten historischer Ereignisse annimmt, trennt jedoch notwendigerweise die Gestalt Moses entweder von der einen oder der anderen Überlieferung und übersieht damit wichtige Teile des vorliegenden Befundes. Die Offenbarung Jahwes am Sinai und die Theophanie, bei der die Tora gegeben wurde, verlangen zu ihrer Übermittlung eine charismatische menschliche Gestalt. Deshalb muß Moses (oder jemand, der genau die gleiche, Moses zugeschriebene, Funktion besaß) von Anfang an zur Sinaiüberlieferung gehört haben. Wendet man sich nun der Exodustradition zu, zeigt sich, daß hierbei das entsprechende Argument für die wesentliche und notwendige Verbindung mit Moses weniger stark ist. Die Überlieferungen von den Zehn Plagen in Ägypten und von der Einsetzung des Passah sind ursprünglich nicht an die Gestalt des Moses gebunden. Andererseits aber ist der Name ›Moses‹ ägyptischen Ursprungs. Dies kann keine Erfindung der Überlieferungen sein, da die Bibel so offensichtlich in Unkenntnis der Tatsache ist, daß sie eine falsche etymologische Erklärung des Namens gibt, den sie aus dem Hebräischen ableitet (Ex 2, 10). Man kann deshalb nicht umhin, zu schließen, daß Moses in ursprünglicher Verbindung mit Ägypten sowie mit dem Sinai stand. Die Trennung der Ägypten- und Sinaitraditionen schafft für das Verständnis beider Überlieferungen mehr Probleme als sie lösen kann.

Die Exoduserzählung gipfelt in der Einsetzung des Passah (Pesach), eines zentralen Festes der israelitischen Religion und des Judentums während seiner ganzen Geschichte, das zugleich von entscheidender Bedeutung ist für die christliche Theologie von Karfreitag und Ostern. Das Passah besitzt zwei konstitutive Elemente: das Lammopfer und das Essen ungesäuerten Brotes und von Bitterkräutern. Es besteht nun ein offensichtlicher kultureller Zusammenhang zwischen Lamm und Hirten einerseits und ungesäuertem Brot und Ackerbauern andererseits. Von daher gewinnt die Hypothese an Glaubwürdigkeit, wonach dem Ritus des Passahfestes zwei alte, ursprünglich voneinander verschiedene Feste zugrundelagen, wobei das eine aus einer Hirtengesellschaft stammt und das andere aus einer Agrargesellschaft, wobei letzteres nach der Niederlassung in Palästina übernommen wurde. Exodus 8, 27 läßt außerdem vermuten, daß die Proto-Israeliten bereits vor der Einsetzung des Passah in der Wüste ein Hirtenfest mit einem Opfer gefeiert haben; dies macht es wahrscheinlich, daß die traumatische Flucht aus Ägypten in der israelitischen Tradition mit einem noch älteren nomadischen Hirtenfest verbunden wurde. So haben bereits die Israeliten vor ihrer endgültigen Niederlassung ihre Geschichte als eine Geschichte interpretiert, die den Absichten ihres Gottes folgte. Einen Plan in der Geschichte zu erkennen, wurde daher zu einem der markantesten Merkmale altisraelitischen Gedankensgutes. Es ist deshalb bedeutsam, dieses Anzeichen seines Wirkens bereits vor dem Ende des zweiten Jahrtausends zu erkennen.

Nach der Hauptüberlieferung führte Moses die unterdrückten Israeliten aus Ägypten heraus zur Sinaiwüste hin. Dort werden zwei wichtige Zentren erwähnt: Kadesch-Barnea und der Berg Sinai (er wird an anderer Stelle Horeb genannt). Kadesch-Barnea ist mit der fruchtbaren Oase 70 km südlich von Be'er-Scheva (Beerseba) zu identifizieren. Die Lage des Berges Sinai dagegen ist äußerst unsicher, obwohl er wahrscheinlich im Bereich der Sinaihalbinsel zu lokalisieren ist.

Nach den Erzählungen der biblischen Tradition besitzt der Sinai zwei für die endgültige Entwicklung der israelitischen Religion höchst bedeutsame Topoi: die Offenbarung des Jahwenamens bei der Berufung des Moses und den Bund mit Israel mit der Gabe der Tora nach dem Exodus. Kulturgeschichtlich betrachtet sind beide nur verschiedene Seiten ein und derselben Sache.

Exodus 6, 3 und 3, 13-15 betrachten die Offenbarung des Jahwenamens als ein Ereignis von großer Tragweite in der israelitischen Geschichte. Während die dazu in Widerspruch stehende Stelle Genesis 4, 26 davon redet, daß Jahwe unter diesem Namen seit ältesten Zeiten verehrt wurde, muß der Abschnitt in Exodus ein religions- und kulturbildendes Stadium irgendeiner Gruppe widerspiegeln, die keine frühere Überlieferung von Jahwe kannte und in der Folge eine dominierende Rolle bei der Interpretation der Überlieferungen Israels spielte.

Der menschliche Rahmen des Ursprungs der Jahweverehrung stand oft zur Diskussion. Versuche, die die Form des Jahwenamens aus Keilschrifttexten aus der Zeit vor Moses ableiten wollten, gingen von falschen philologischen Voraussetzungen aus. Eine andere, eher haltbare These geht davon aus, daß der Name letztlich aus der Sippe der Keniter unter den Midianitern im Sinai, südlich von Palästina, stamme, mit denen Moses nach der Überlieferung in enger Verbindung stand. Der Stammvater der Keniter war der Brudermörder Kain, und Genesis 4, 15 erwähnt das ihm von Jahwe auferlegte ›Kainszeichen‹. Dies scheint darauf hinzuweisen, daß die Keniter seit prähistorischen Zeiten Jahwe-Verehrer waren und sie als solche an Stammestätowierungen oder Brandzeichen zu erkennen waren. Bereits lange Zeit in Südpalästina ansässige proto-israelitische Gruppen, die seit alters mit den kenitischen Nachbarn im

Süden befreundet waren, hätten dann die Überlieferung von einer Jahweverehrung, die auf Urzeiten zurückgeht, gekannt. Andererseits konnte auch ein Sippenführer wie Moses, der gerade aus Ägypten zum Sinai gekommen war, den göttlichen Namen Jahwe bei seiner ersten Begegnung mit den Kenitern kennengelernt haben. Dies jedoch weiterzuverfolgen ist fruchtlos, denn unbestreitbar bleibt, daß, selbst wenn ein Jahwe-Kult anderswo und früher bei anderen Gruppen als der Mosegruppe bekannt war, er sich nirgendwo zu der Bedeutung entwickelte, die er in Israel von der Zeit des Moses an erlangte.

Von größter Bedeutung bleibt allerdings die Art und Weise, in der der Jahwe-Kult des Moses, mit seiner dynamischen Auffassung vom Bund, gestützt auf ein göttliches Gesetz, das alle Mitglieder der Gemeinschaft verbindet, die Fähigkeit entwickelte, sich mit all den sich von verschiedenen Stammvätern ableitenden Gruppen zu verbinden, aus denen letztlich Israel entstand. Unter den Elementen, die Israel konstituierten, waren dann auch jene, die die Erzväterüberlieferungen vom ›Gott der Väter‹ tradierten, die ihrerseits mit der proto-kanaanäischen Vorstellung vom höchsten Gott El in Verbindung gekommen waren. Eine theoretische Möglichkeit der Verbindung dieser drei Überlieferungselemente wäre eine Zuordnung ihrer verschiedenen Gottesauffassungen innerhalb eines Pantheons gewesen. Mit einiger Glaubwürdigkeit lassen sich in der Tat geringe Spuren für diese Möglichkeit finden, zumindest für die Beziehung von Jahwe und El. Das deutlichste Beispiel, das für diesen Beweis angeführt werden kann, ist Deuteronomium 32, 8-9, wo der Höchste (hebräisch: Eljon, ein Titel von El) erwähnt wird, der die Nationen unter die Söhne Gottes (des Pantheons) aufteilt, wobei Jahwe Jakob (das Volk Israel) zu seinem Erbe erhält. Selbst wenn alle der wenigen Beispiele in dieser Weise zu verstehen wären, ist doch deutlich, daß dies eine Entwicklungsrichtung war, die keine größere Bedeutung in der Religion Israels erlangte. Was sich allerdings in der Tat ereignete, war, daß die anderen alten proto-israelitischen Gottesvorstellungen fast vollständig aufgenommen und mit dem Jahwe der mosaischen Offenbarung verschmolzen wurden.

Wie bereits früher erwähnt, gibt es keinen Beweis für einen positiven ägyptischen Einfluß auf die Entwicklung der israelitischen Religion. Möglicherweise kann aber ein negativer aufgezeigt werden. Ein ägyptischer Hintergrund könnte ein Grund für das Scheitern der Entwicklung eines Pantheons gewesen sein, als die drei unterschiedlichen Gottesauffassungen – von Jahwe, dem ›Gott der Väter‹ und El – zusammentrafen. Es ist viel darüber diskutiert worden, ob die Religion des Moses eigentlich als Monotheismus zu bezeichnen sei – das Hauptargument dagegen ist, daß in den mit Moses verbundenen biblischen Traditionen kein deutlicher Hinweis auf eine absolute Leugnung anderer Götter außer Jahwe zu finden ist. Es gibt jedoch die mächtige Tradition, wonach Jahwe für Moses ein ›eifersüchtiger Gott‹ war, der keine Verehrung einer anderen Gottheit neben sich duldete. Selbst wenn daher der Begriff ›Monotheismus‹ im strengen Wortsinn in diesem Zusammenhang nicht gerechtfertigt erscheint, ist es angemessen, den Glauben des Moses anti-polytheistisch zu nennen. Dies kann mit dem Moses zugeschriebenen, gemischt hebräisch-ägyptischen Hintergrund in Verbindung gebracht werden, wonach Moses (und die mit ihm verbundene Gruppe) zwar mit der ägyptischen Kultur bekannt, nicht aber voll in ihr integriert war und die Formen der ägyptischen Religion mit ihrem ausgeprägten Polytheismus und Theriomorphismus aufs heftigste zurückwies. Als Beispiel für Moses' heftige Reaktion dagegen kann die Geschichte von der Zerstörung des goldenen Kalbes (Ex 32, 1-20) angesehen werden.

## Der Dekalog

Nach der Hauptüberlieferung wurde, als Israel mit Moses den Berg Sinai erreichte, dort ein Bund geschlossen, wobei die Tora offenbart (wörtlich: übergeben) wurde. Aus literarischen Gründen muß die Herkunft eines Großteils des vorliegenden pentateuchischen Gesetzeskorpus mit Sicherheit der Zeit nach der Landnahme zugeordnet werden. Sein zentrales Element, der Dekalog von Exodus 20, 2-17, den das Deuteronomium 5, 7-21 wiederholt, gehört jedoch zu einer anderen Kategorie, und es gibt keine unüberwindbaren literarischen Schwierigkeiten, seinen Ursprung (in seinem ältesten Stadium) der Tradition der Zeit des Moses zuzuordnen. Selbst dann ist er noch nahezu ein Jahrtausend jünger als die ältesten uns jetzt aus einigen Gesetzessammlungen bekannten Gesetze des Alten Orients, die noch älter als die des Hammurabi (1792 - 1750 v. Chr.) sind. Die größte Bedeutung des Dekalogs liegt daher auch nicht in seinem Alter, sondern in seiner Form und seinem Inhalt. Seiner Form nach steht er allein unter den übrigen Gesetzeskorpora des Alten Orients. Andere Gesetzesgruppen, einschließlich einiger im Pentateuch, sind von kasuistischer Form, d.h. sie sind in der Weise von Entscheidungen für bestimmte Rechtsfälle formuliert. Solche Bestimmungen fußten letztlich wohl auf Entscheidungen, die in bestimmten Rechtsfragen durch Richter (durch den Herrscher oder seinen Rechtsvertreter) getroffen wurden. Von Moses selbst werden uns solche Entscheidungen überliefert (Ex 18, 16). Nur im Dekalog und einigen anderen Abschnitten des Pentateuch haben wir Gebote in apodiktischer Form, d.h. in Form eines absoluten Ge- oder Verbots. Während jedoch diese Form sich in Gesetzen sonst nirgends findet, gibt es Anzeichen davon in internationalen Verträgen zwischen Lehnsherren und Vasallen. Dies führte einige Wissenschaftler zu dem Schluß, daß diese Rechtsvorstellung die literarische Form des Dekalogs beeinflußt habe, im Sinne eines Vertrags zwischen Jahwe, als Lehnsherrn, und Israel, als seinem Vasallen. Selbst wenn dies die Form der Gesetze erklärt, bleibt es doch höchst bezeichnend, daß diese Auffassung vom Recht als eines Vertrages oder Bundes nur in Israel entstand. Dahinter läßt sich eine grundsätzlich andere Haltung vermuten. Von einigen der anderen Gesetzessammlungen des Alten Orients glaubte man in der Tat, daß sie ihre Autorität letztlich von einem Gott herleiteten. Ihre Form aber – wie z.B. »wenn ein Mann einen entlaufenen Sklaven in seinem Haus beherbergt . . ., so soll dieser Hauseigentümer zu Tode gebracht werden« (Kodex Hammurabi) – implizierte doch – selbst wenn auch göttliche Sanktionen im Hintergrund gestanden haben mögen –, daß die Verpflichtungen des Menschen gegenüber der Gesellschaft und Individuen bestanden. Ganz anders im Dekalog: Auch wenn der Gegenstand des Ge- und Verbotes sich auf die Gesellschaft oder auf einzelne bezieht, so gilt nach ihm doch, daß jegliche Form der Verfehlung ein direktes Vergehen gegen Jahwe selbst war.

Nun könnte angeführt werden, daß dies bloß darauf hinweist, daß in Israel Gott die Personifikation der Gesellschaft oder der Gemeinschaft darstellte, was somit der Auffassung des Soziologen Durkheim entspräche, wonach Religion die Art und Weise ist, mit der die einzelnen die Beschaffenheit ihrer Gesellschaft und deren Beziehung zum einzelnen darstelle. Selbst wenn man Durkheims soziologische Sicht als grundsätzlich richtige soziologische Analyse akzeptiert, bleiben doch gravierende Differenzen in der Haltung Israels und der seiner Nachbarn in bezug auf die Gesellschaft auszumachen. Der Unterschied liegt darin, daß Israel sein ganzes Leben als unter der direkten Aufsicht und Sorge Gottes stehend betrachtete, wogegen in Mesopotamien die menschlichen Einrichtungen, die ein Staatswesen repräsentierte, zwischen dem Menschen und Gott standen.

Nehmen wir an, daß der Dekalog seinem Ursprung nach auf die Zeit vor der endgültigen Niederlassung in Palästina zurückgeht, so folgt daraus, daß bereits eine Gemeinschaft bestanden haben muß, für deren Leben diese Gesetze zentrale Bedeutung gehabt haben müssen. Die Bibel in ihrer jetzt vorliegenden Form zeichnet diese Gemeinschaft, als wäre sie schon Israel. Es ist jedoch ein historisches Faktum, daß es vor der Landnahme mehrere getrennte Gruppen gab, die Überlieferungen mit sich brachten, die dann später zu denen der kulturellen Einheit Israel wurden. Es vermeidet Verwirrungen, wenn man diese frühen verschiedenen Gruppen Proto-Israeliten nennt, anstatt sie anachronistischerweise als Einheit Israel zusammenzufassen oder eine bestimmte Gruppe von ihnen für diesen Namen auszuwählen.

Fassen wir die Situation vor der Landnahme zusammen: bestimmte Haltungen kann man bereits unter den Proto-Israeliten als vorhanden erkennen, seien sie nun bereits offen zutage liegend oder latent vorhanden, die sich später mit zu dem entwickelten, was das israelitische Denken von dem seiner Zeitgenossen deutlich abhob. So gab es bereits in der Gruppe der Ägypten-Erfahrung Zeichen eines Glaubens an eine göttliche Führung in der Geschichte. Unter der Gruppe der Sinai-Theophanie (wahrscheinlich war es dieselbe Gruppe, obwohl dies von manchen Forschern bestritten wird) gab es den Glauben, daß Jahwe einen Bund mit ihr schloß, in dem der Mensch die Königsherrschaft Jahwes anerkannte und ihm zur Treue verpflichtet war, während Jahwe sie zu seinem auserwählten Volk machte. Unter der Gruppe, die die Erzväterüberlieferungen mit sich brachte, waren der Universalismus und Monotheismus angelegt.

Diese verschiedenen Glaubensauffassungen kamen nach der Landnahme und Niederlassung im Lande zusammen. Mit letzteren bezeichnen wir die Phase der israelitischen Geschichte, in der die Stämme Israels schließlich in Palästina erschienen, bestimmte Gebiete besetzten oder beanspruchten und als Gruppen behandelten, die gegenseitige Verantwortung trugen. Der Beginn dieser Phase ist in das Ende des 13. Jahrhunderts zu setzen. Die ›Landnahme‹ birgt einige historische Probleme in sich, so sehen einige Wissenschaftler in diesem Prozeß keine stufenweise, langsame Entwicklung, sondern eine militärische Invasion, und sie weisen dementsprechend den Ausdruck ›Landnahme‹ zurück und sprechen statt dessen von einer ›Eroberung‹. Gestützt wird diese Sicht durch das Buch Josua Kap. 1-12, das das ganze Unternehmen der Landnahme als Eroberung darstellt, und Ausgrabungen haben gezeigt, daß eine Anzahl der in diesen Kapiteln als von den Israeliten angegriffen erwähnten Städte zu einer Zeit zerstört wurden, die mit der vermutlichen Zeit der israelitischen militärischen Bewegung zusammenfällt. Dieser Beweis bleibt indessen zweifelhaft, denn zum einen wurden die meisten jener Ortslagen vor der Entwicklung moderner archäologischer Methoden ausgegraben, weshalb die Datierung der Zerstörungsschichten äußerst fragwürdig bleibt, und zum andern ist die Identifikation einiger Ortslagen mit Städten, die Josua 1-12 erwähnt, nicht über alle Zweifel erhaben. Mehr noch, es gibt keinen Beweis, daß die Zerstörung der genannten Städte durch die Israeliten erfolgte und nicht durch die Philister, die zur gleichen Zeit in Palästina einfielen. Gegen die Annahme einer plötzlichen israelitischen Eroberung Palästinas sprechen auch eine Anzahl biblischer Textstellen, wobei einige auf eine Landnahme vom Süden her hindeuten und nicht via Transjordanien, wie es Josua 1-12 darstellt. Andere Überlieferungen lassen den Schluß zu, daß es Erzvätergruppen gab, die bereits lange vor der Zeit Moses in Palästina siedelten. Nimmt man diese Überlieferungen zusammen, so widersprechen sie dem Bild einer plötzlichen militärischen Eroberung und deuten vielmehr darauf hin, daß die später als Israel bekannte Nation aus verschiedenen Gruppen zusammenwuchs, die auf verschiedenen Wegen, zu verschiedenen Zeiten und unter verschiedenen Umständen nach Palästina gelangt sind.

Eine gänzlich andere Lösung zur Frage nach den israelitischen Ursprüngen schlug G. E. Mendenhall vor, der jegliche größere Einwanderung nach Palästina bestritt. Er sieht vielmehr die sogenannte ›Landnahme‹ oder die ›Eroberung‹ als einen Prozeß, der sich im Lande selbst abspielte. Er bestreitet zunächst die traditionelle Sicht, wonach der Stämmeverband Israels einen früheren nomadischen Hintergrund voraussetzt, und er interpretiert dann die ›Eroberung‹ im Lichte der Amarna-Briefe neu. Letztere sind Dokumente aus dem 14. Jahrhundert, welche die Herrscher von Stadtstaaten in Palästina und Syrien an den ägyptischen Pharao, den damaligen Oberherrn dieser Gebiete, geschrieben haben. Sie enthalten Warnungen vor möglichen Angriffen auf die Städte durch Leute, die *Habiru* genannt werden, die man gewöhnlich für Invasoren hält. Mendenhall zeigt, daß dies eine unbewiesene Vermutung sei. Vielmehr seien jene *Habiru*, so argumentiert er weiter, wurzellose Bauern, die ihr Untertanenverhältnis aufgekündigt haben und sich politisch den bestehenden Stadtstaatregimen entzogen haben. In der Entwicklung, aus der dann das spätere ›Israel‹ hervorging, sieht er einen dem entsprechenden, nur wenig später erfolgten Prozeß. Demnach sei der größte Teil des späteren Israel nicht aus eingewanderten nomadischen Gruppen abzuleiten, sondern aus Gemeinschaften, die lange Zeit in Palästina ansässig waren. Politisch gesehen war dies keine Eroberung, sondern ein Bauernaufstand. Die Ideologie dazu stellte eine kleine dynamische Immigrantengruppe, die der Sklaverei in Ägypten entflohen war und, da sie keine übergeordnete menschliche Gemeinschaft zu ihrem Schutz besaß, einen Bund mit dem Gott Jahwe geschlossen hatte. Die verschiedenen Bauern-Gruppen, die sich ihnen anschlossen, übernahmen dann auch den zentralen Gedanken vom Bund mit Jahwe und wurden so zu ›Stämmen‹ Israels. Diese Hypothese, die einen Rahmen bereitstellt, in dem die Begriffe ›Hebräer‹ und ›*Habiru*‹ nahtlos ineinander verzahnt sind, baut stark auf unbewiesene Annahmen über die Beschaffenheit der *Habiru* der Amarna-Briefe und trägt einer Reihe von biblischen Überlieferungen nur unzulänglich Rechnung.

Bei allen Interpretationen der Landnahme-Überlieferungen herrscht Übereinstimmung darüber, daß es die zuletzt angekommenen Exodus- und Sinaigruppen waren, die den Bundesgedanken mit Jahwe nach Israel brachten. Läßt man die genauen Einzelheiten über den Vorgang seiner Einführung beiseite, so wird deutlich, daß es eine geistige Volksbewegung war, von einer Art, die im Alten Vorderen Orient zuvor (und kaum danach) sonst nicht bezeugt wird. Soweit man es verfolgen kann, war dies das erste Mal, daß der Gedanke einer Beziehung zur Gottheit, die alle Mitglieder der Gemeinschaft einbezog und Forderungen an die einzelnen stellte, artikuliert wurde. Es ist nicht zu leugnen, daß es frühere geistige Bewegungen gegeben hat oder daß andere frühere Völker göttlich verordneten Verhaltensregeln unterworfen wurden. Aber diese Verhaltensregeln galten als Teil der Weltordnung und nicht als von einer Gottheit in einem *geschichtlichen* Akt direkt verordnet, in einer Weise, die jeden einzelnen zu ihrer Einhaltung verantwortlich machte. Frühere geistige Bewegungen, wie die der religiösen Erneuerung durch Echnaton in Ägypten oder das Infragestellen geltender Werte in der ägyptischen und sumero-babylonischen Weisheitsliteratur, betrafen immer nur eine kleine Elite, nicht aber die ganze Gemeinschaft.

### Jahwe und Ba'al

Die israelitische Landnahme, wie immer sie aussah, brachte Spannungen mit sich: die dominierende Gedankenwelt einer Gruppe mit Lebensweisen der Wüste traf auf eine agrarische und später urbane Lebensweise. Diese Spannungen schlossen soziale und religiöse Dimensionen ein. Eines der Hauptprobleme im unmittelbar religiösen Bereich war die Beziehung Gottes zur Fruchtbarkeit der Natur. Unter der alten seßhaften Bevölkerung Kanaans gab es Kulte, die besonders die Beziehung Ba'als und anderer Götter zur Fruchtbarkeit herausstellten. Aber Jahwe, der neue Gott, stand ursprünglich mit der Wüste und den Bergen des fernen Sinai im Zusammenhang, ohne Überlieferung einer Fruchtbarkeitsthematik. Bis zur völligen Verdrängung Ba'als stellte sich ständig die Frage: war Ba'al ein anderer Gott neben Jahwe, mit Kräften, die für eine Agrargesellschaft von Bedeutung waren und die Jahwe nicht besaß, oder waren Ba'al und Jahwe nur verschiedene Aspekte einer einzigen göttlichen Macht? Sicherlich gab es auch die letztere Ansicht, als echten Synkretismus, in dem Jahwe mit Ba'al gleichgesetzt wurde. So gute Jahweverehrer wie Saul und David konnten sehr wohl einem Sohn einen Namen mit dem theophoren Element Ba'al und einem anderen einen mit dem Jahwes geben; z.B. Sauls Söhne Eschba'al (»Mann Baals«) und Jonathan (: »Jahwe gab«, 1 Chr 8, 33) und Davids Söhne Be'eljada (: »Ba'al weiß«, 1 Chr 14, 7) und Jedidja (: »Liebling Jahwes«, 2 Sam 12, 25). Es gab sogar hebräische Personennamen, die die Gleichsetzung »Jahwe ist Ba'al« (Ba'alja, 1 Chr 12, 5) ausdrücklich behaupten.

Wiewohl dieser Synkretismus noch für den Beginn der Königszeit annehmbar schien, wurde er dann aber von den Propheten, den Hauptsprechern des mosaischen Jahweglaubens kompromißlos zurückgewiesen. Obgleich historische Faktoren hier mitgewirkt haben, war der Hauptgrund der, daß diese Gleichsetzung theologische Probleme mit sich brachte. Die Identifikation des ›Gottes der Väter‹ mit El war den Proto-Israeliten noch ohne große Spannungen möglich, weitgehend deshalb, weil El im kanaanäischen und verwandten Pantheons überflüssig geworden war. In den Texten aus Ugarit von 1400 v. Chr., die die frühe kanaanäische Religion widerspiegeln, ist El in der vorherrschenden Mythologie, obwohl höchster Gott, weniger bedeutsam als Ba'al, und seine mythologischen Bezüge verblaßten bereits deutlich. Folglich betonte dann, zur Zeit der israelitischen Landnahme, die vorherrschende Mythologie gerade nicht die Merkmale von El, die mit der Gottesvorstellung der Erzväter unvereinbar gewesen wären. Ba'al jedoch war noch wirksam, mit einer völlig intakten Mythologie und einem damit verbundenen Kult, mit Elementen, die mit dem Jahweglauben der Sinaibund-Gruppe unvereinbar und ihm verabscheuungswürdig waren.

Das dem Jahweglauben wohl am meisten zuwiderlaufende Element war die Kultprostitution des Ba'al-Kultes. In der Gottesvorstellung der Erzväterüberlieferung und der frühen Moseszeit gibt es keinerlei Hinweise auf die Sexualität, und dies wahrscheinlich nur deshalb, weil sie nicht das Endprodukt einer religiösen Entwicklung von prähistorischen Zeiten an gewesen ist. Das feminine Element war in den Gottesvorstellungen des Alten Orient außerhalb Israels weit verbreitet und reicht bis in die neolithische Zeit und noch früher zurück, was durch Figurinen von Muttergottheiten aus vielen prähistorischen Ortslagen gut bezeugt ist. Obwohl die Rolle der Göttinnen in der noch greifbaren historischen Zeit im großen und ganzen teilweise abnahm, worin sich die nun entwickelte, vom Manne beherrschte Gesellschaft widerspiegelt, blieben doch die Göttinnen, die direkt mit der Sexualität verbunden waren, allenthalben verbreitet. Dies fand seinen Ausdruck in sexuellen Handlungen als Teil des Kultes, insbesondere im Raume Kanaans. Dieser Aspekt der kanaanäischen Religion war – obwohl vom offiziellen Jahweglauben verboten – so unmittelbar mit den agrarischen Lebensverhältnissen im alten Palästina verbunden, daß es nahezu unmöglich war, ihn gänzlich auszuschalten. Während der Königszeit wurde er zur Begleiterscheinung des Jahwe-Kultus an lokalen Heiligtümern, die wir als Kulthöhen kennen, und faßte sogar bis zur Kultreform des Königs Josia im letzten Viertel des 7. Jahrhunderts im Tempel von Jerusalem Fuß. Josia zerstörte »die Wohnungen der Kultprostituierten (heiligen Weiber), die beim Tempel des Herrn waren« (2 Kön 23, 7).

Neben diesen religiösen Spannungen gab es auch andere Spannungen, die, obwohl in religiöser Terminologie formuliert, hauptsächlich sozialer Art waren. Palästina besitzt eine große Anzahl an Ökosystemen auf kleinem Gebiet, mit klimatischen Verhältnissen, die von subalpinen bis zu tropischen gehen, und Landschaftsformen, die von der Wüste bis (in der Antike) zum gemäßigten und tropischen Wald reichten. Der israelitischen Gesellschaft war es gelungen, einen weitaus größeren Teil des Ganzen zu besetzen als irgendeiner einzelne Gruppe zuvor. Daraus erklärt sich das Fehlen einer einzigen einheitlichen Sozialstruktur, obwohl das Leben überwiegend agrarisch und nur teilweise urban ausgerichtet war. Es konnten daneben jedoch noch andere Lebensweisen überdauern, Lebensweisen, die die frühere semi-nomadische Wüstenzeit, die mit dem Jahweglauben vor der Landnahme verbunden war, betonten und vielleicht idealisierten. Dies trug dazu bei, daß die sozialen Einrichtungen der Agrargesellschaft und der Stadtkultur – letztere mit ihrer Neigung, das Individuum und die Familie dem Staat unterzuordnen – Gegenstand der Kritik blieben. Am deutlichsten ist dies an der Gruppe der Rechabiten zu erkennen, die nomadischen Idealen folgte, in Zelten lebte und sich weigerte, Wein zu trinken, Häuser zu bauen oder Felder zu bestellen (Jer 35, 8-10).

Diese Bewegung spielte bei einer gewalttätigen antiba'alistischen Palastrevolution im Nordreich in der Mitte des 9. Jahrhunderts eine nicht unerhebliche Rolle (2 Kön 10, 15-17).

Die Rechabiten waren eine extremistische Minderheit, aber einige derselben Momente der Sozialkritik finden sich in ausgeglichenerer und einflußreicherer Gestalt bei den Propheten wieder. Amos (5, 21 – 6, 6) richtete sich gegen Elemente im Jahwekult, die den agrarischen Gesellschaftsformen zuzurechnen sind, die aber nichts mit dem Glauben der Wüstenzeit zu tun hatten. Hosea (2, 14-15) stellte die Lage Israels seiner Zeit der Zeit der »frühen Jugend« in der Wüste gegenüber. Jesaja (5, 8) protestierte gegen den Mißbrauch, der aus der Habsucht nach eigenem Land erwuchs.

In der Geschichte von Naboths Weinberg (1 Kön 21, 1-16) wird die Spannung zwischen dem alten Jahweglauben der Vor-Landnahme-Zeit und der langen Tradition der agrarischen und städtischen Gesellschaft der Kanaanäer eindrucksvoll veranschaulicht. Es geht hierbei um die Frage des Lehnsbesitzes. König Ahab von Israel wollte einen Weinberg in der Nähe seines Palastes, der Naboth gehörte, und bot ihm fairerweise (vom ökonomischen Standpunkt aus gesehen) im Tausch einen besseren oder einen entsprechenden Kaufpreis an. Naboth aber weigerte sich, da es sich um einen Erbbesitz handelte.

Nach altisraelitischer Auffassung gehörte alles Land allein Jahwe und er hatte es bei der Landnahme bestimmten Familien anvertraut, weshalb es unveräußerlich war. Ahab war enttäuscht, nahm es aber hin. Für Ahabs Frau aber, die von den Vorstellungen der städtischen Gesellschaft der kanaanäisch-phoenizischen Handelsstädte Tyrus und Sidon her dachte, war Land selbstverständlich ein Besitz, der wie alles andere auch verkauft werden konnte.

Für die israelitischen Überlieferungen waren die illegalen Maßnahmen, die sie nunmehr ergriff, um Naboths Weinberg zu erhalten, abscheulich und lösten einen ernsthaften Konflikt zwischen den altisraelitischen und kanaanäischen Sozialvorstellungen aus, oder, in religiöser Begrifflichkeit, zwischen dem Glauben an Jahwe und Ba'al.

Spannungen dieser Art dienten dazu, das Ausmaß der Bindung der israelitischen Religion an eine bestimmte Gesellschaftsform oder ein bestimmtes Ökosystem zu begrenzen.

So waren es gerade die Grundsätze des Jahweglaubens, die besonders hervorgehoben wurden: die israelitische Religion entwickelte sich deshalb, mehr als jede andere ihrer Zeitgenossinnen, zu einer Form, die auf Grundsätzen beruhte, die sich in der Praxis mit bestimmten Einrichtungen und Orten stark verbinden konnten, die aber ihrem Gehalt nach unabhängig vom Zeitgeist einer Epoche oder von Gesellschaftsformen und Orten blieben.

Das Überleben der Religion Israels im Judentum, nach den traumatischen Ereignissen von 586 v. Chr. mit der Zerstörung der heiligen Stadt Jerusalem und ihres Tempels, dem Ende der offenbar zentralen Institution des Königtums und der Verschleppung der einflußreichsten Schicht der Bevölkerung aus ihrem Land, ist wesentlich diesem Faktor zuzuschreiben.

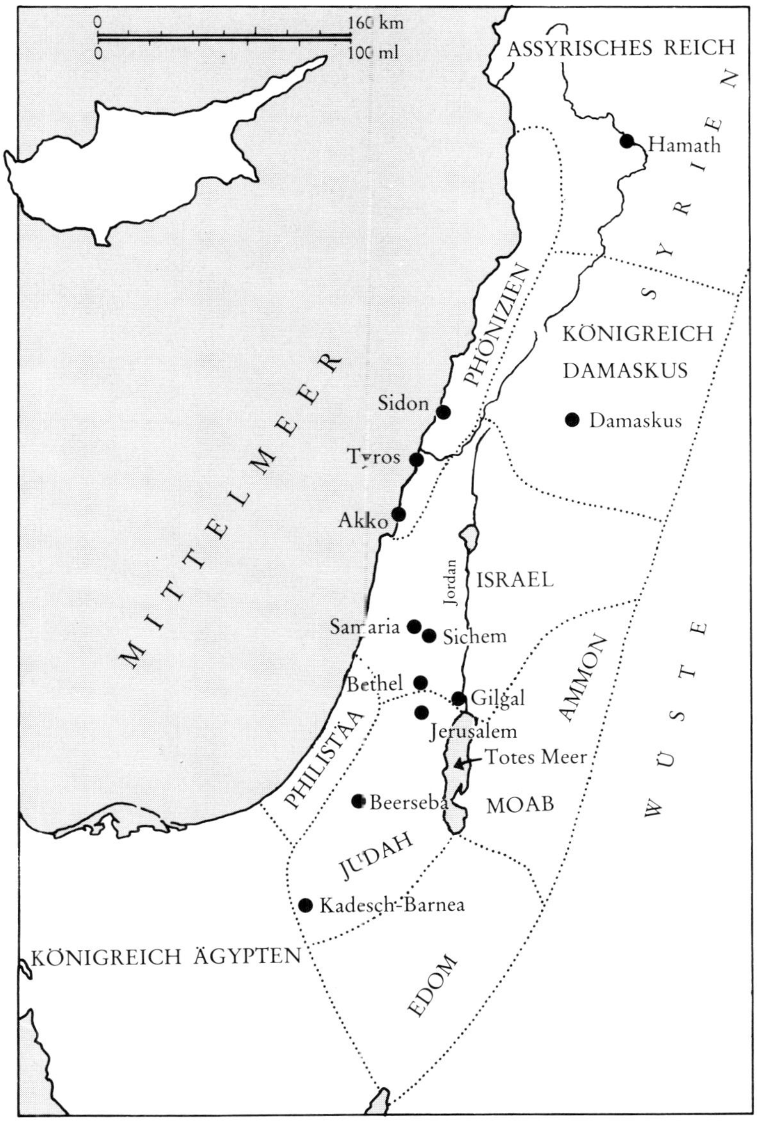


*Die Königreiche Israel und Juda ca. 785-745 v. Chr. Die Unterschiede zwischen diesen beiden Königreichen können, bis zum gewissen Grad, der Grund für das Überleben Judas nach dem Fall des Nordreichs sein. Obwohl Juda bedeutend kleiner war und sein Land weniger fruchtbar, war die Bevölkerung homogen, der davidischen Dynastie gegenüber loyal und durch die Verehrung Jahwes geeint. Das Nordreich war außerdem durch Streitigkeiten mit seinen nördlichen Nachbarn, den Aramäern von Damaskus, geschwächt. Schließlich wurde Damaskus 732 v. Chr. durch Tiglatpileser, dem ehrgeizigen König des Assyrischen Reiches, niedergeworfen, während Israel zehn Jahre später unter dessen Nachfolger fiel.*

## Das israelitische Königtum

Obwohl die israelitische Religion an kein bestimmtes politisches System gebunden war, muß sie im Zusammenhang der politischen Situation, in der sie stand, gesehen werden. Deshalb soll kurz die israelitische Geschichte vom Beginn der Königszeit bis zum Ende der beiden Königreiche betrachtet werden. Trotz einiger Detailprobleme verläuft sie relativ geradlinig. Der Druck der umgebenden Völker führte zum Auftreten von charismatischen Heerführern, von denen schließlich einer, Saul, vom Stamme Benjamin, kurz vor 1000 v. Chr. zum König gesalbt wurde. Nach Sauls Niederlage und Tod in der Schlacht gegen die Philister folgte David. Unter David und seinem Sohn Salomo wurde Israel dann für kurze Zeit die beherrschende Macht der Levante. Bei Salomos Tod (922 v. Chr.) spalteten sich die nördlichen

Stämme ab und bildeten ein eigenes Königreich Israel, während die südlichen Stämme als Königreich Juda weiter bei der Dynastie Davids verblieben. Beide Königreiche standen in wirtschaftlichen, militärischen und diplomatischen Beziehungen zu ihren Nachbarn, hauptsächlich zu den Phoeniziern an der Küste des Libanon und zu den Aramäern von Damaskus und Hamat. In der Mitte des 9. Jahrhunderts hatte Israel im Bündnis mit Damaskus und Hamat seine erste militärische Begegnung mit Assur, einem expandierenden Staat, der sich in der zweiten Hälfte des 8. Jahrhunderts ausbreitete, um Syrien und Palästina zu seinen Vasallen zu machen. Assur machte 722 v. Chr. dem Nordreich Israel ein Ende, während die davidische Dynastie bis zur Vernichtung des Staates Juda durch den babylonischen König Nebukadnezar im Jahre 586 v. Chr. weiter bestand.

Zwei der Hauptpunkte aus der Zeit der Königreiche gilt es zu beachten, nämlich die aus der Institution der Monarchie sich ergebenden Folgen auf die israelitische Entwicklung und die Auswirkungen der kulturellen Kontakte mit den Nachbarvölkern. Wiewohl dies neue Faktoren waren, war die Reaktion Israels auf sie durch seine frühere Geschichte vorherbestimmt.

Die Institution des Königtums wurde Israel durch äußeren Druck aufgezwungen. Dies steht historisch außer jedem Zweifel und wird auch von den biblischen Texten angenommen. Ähnliche Faktoren können auch bei anderen Völkern wirksam geworden sein, aber verschiedene Voraussetzungen zeitigen verschiedene Konsequenzen. Die Verbindung der Vorstellung eines Bundesverhältnisses zu Jahwe mit der Institution des Königtums brachte in Israel zwei miteinander in Konflikt stehende Reaktionen hervor. Die eine sah den alten Bund zwischen Jahwe und der davidischen Dynastie als wieder in Kraft gesetzt. Diese Neuinterpretation wurde zweifellos von der Königspartei gefördert. Die andere jedoch stand dem feindlich gegenüber, sie glaubte, daß jetzt der menschliche König die Autorität, die seit dem ersten Bundesschluß Jahwe, dem göttlichen Herrscher alleine gehörte, beanspruche. Die biblischen Texte lassen jene beiden rivalisierenden Vorstellungen sehr deutlich erkennen. Die daraus resultierende Spannung hatte wichtige gesellschaftliche Folgen: sie trug dazu bei, die Entstehung eines orientalischen Despotismus unmöglich zu machen. Als gegen Ende der Herrschaft Salomos oder später im Nordreich unter Ahab und dem Einfluß seiner Frau Isebel eine solche Entwicklung drohte, machte sich die alte Vorstellung wieder geltend und verdrängte die drohende Tyrannei. Da das Königtum erst sehr spät eingeführt wurde und die ältere Tradition der Königsherrschaft Jahwes lebendig geblieben war, hat man sich stets daran erinnert, daß der König von Israel oder Juda ein Mensch unter Menschen und wie sie den Gesetzen Jahwes unterworfen war. Er selbst war niemals, wie der König von Tyrus (Ez 28, 2), ein Gott und absolut. Der König David konnte daher von einem Propheten im Namen Jahwes in die Schranken verwiesen werden, und er nahm die Zurechtweisung auch an (2 Sam 12, 13). Die Tatsache, daß der König wie die Ärmsten des Landes den Gesetzen Jahwes unterworfen war, betonte die Gleichheit aller Menschen und trug mit zu der Entwicklung der Vorstellung bei, die den Wert des Individuums in sich betonte und nicht nur als Teil einer sozialen Gruppe (Ez 18, 19-20).

Eine zweite Konsequenz der ambivalenten Haltung gegenüber dem Königtum war, daß Israel als kulturelle Größe für seinen Fortbestand nicht von dieser Institution abhängig wurde. Wichtig wurde dies, wie bereits erwähnt, dann für das Überleben der Idee von einem ›Israel‹ nach dem endgültigen Verlöschen der Monarchie mit dem Fall Jerusalems 586 v. Chr. Obwohl der König vier Jahrhunderte lang für den Kult am Tempel in Jerusalem zentral gewesen war, konnte die Grundsubstanz israelitischen Glaubens und israelitischer Zivilisation letztlich ohne König leben.

Die administrativen Einrichtungen, die das Königtum begleiteten, waren die Hauptkanäle für die kulturellen Kontakte mit anderen Nationen und für das Eindringen fremder Institutionen in das israelitische Leben. Salomo führte eine Verwaltung nach ägyptischen Mustern ein, die ägyptische Kultureinflüsse zur Folge hatte. Wenn die Bibel sich über Salomos ›Weisheit‹ (1 Kön 5, 9 ff) äußert, vergleicht sie diese vorzugsweise mit ›der Weisheit Ägyptens‹ und erklärt darüber hinaus: »er redete von den Bäumen, von der Zeder auf dem Libanon bis zum Ysop, der aus der Mauer wächst. Auch redete er von den großen Tieren, von den Vögeln, vom Gewürm und von den Fischen«. Diese Details lassen für die zugrundeliegenden literarischen Formen einen deutlichen Einfluß sowohl von Mesopotamien als auch von Ägypten erkennen, wobei bei Salomo unmittelbar der ägyptische Einfluß dominiert. In der Tat wird von einem Abschnitt im Buch der Sprüche (22,17 - 23,12), das traditionellerweise dem Salomo zugeschrieben wird, allgemein anerkannt, daß es von einem bekannten ägyptischen Werk abhängig ist.

Auch das Königtum brachte auf dem Wege politischer Heiraten weitere Fremdeinflüsse mit sich. Es wurde darauf hingewiesen, daß die Kultstätten, die Salomo für seine fremden Frauen bauen ließ, Religionspraktiken einführten, die der israelitischen Tradition entgegengesetzt waren (1 Kön 11, 1-8). Wahrscheinlich brachte jedoch auch der Bau des Jahwe-Tempels durch Salomo letztlich genauso viele Fremdeinflüsse mit sich. Der Nachschub an Versorgung mit Holz aus dem Libanon hatte erhebliche Kontakte Israels mit den Phoeniziern zur Folge (1 Kön 5, 8-12). Die Tatsache, daß die Bronzearbeiten Handwerkern phoenizischer Herkunft anvertraut wurden (1 Kön 7, 13-14), gab offenbar Raum für die Einführung phoenizischer Kultgegenstände, wie der Bronzesäulen Jachin und Boas (1 Kön 7, 15-22).

Die wirtschaftlichen und militärischen Beziehungen der israelitischen Könige haben die Israeliten wohl gleichermaßen fremden Einflüßen ausgesetzt, wie sie andere Völker mit israelitischen Vorstellungen bekannt machten. Die Überlieferung, nach der Salomo in Hamat Vorratsstädte bauen ließ (2 Chr 8, 3-4), kann wohl die Erinnerung an israelitische Handelskolonien in Syrien bewahrt haben, während 1 Kön 20, 34 genau solche Kolonien der Syrer in Samaria und der Israeliten in Damaskus erwähnt. Ein Militärbündnis zwischen Israel, Damaskus und Hamat gegen die assyrische Invasion 853 v. Chr. wird von assyrischen Quellen bezeugt und ein ähnliches Bündnis zwischen Israel und Damaskus ein Jahrhundert später von 2 Kön 16,5. Das Erstarken der assyrischen Macht in Palästina brachte mit dem Vasallenstatus der israelitischen Könige weitere Fremdeinflüsse mit sich. Aus einem assyrischen Monument wissen wir, daß König Jehu von Israel oder sein Vertreter 841 v. Chr. persönlich einen Tribut an den assyrischen König zu entrichten hatte und daß genau einhundert Jahre später Ahas von Juda seinen Oberlehnsherrn Tiglat-Pileser III. in Damaskus aufsuchte, was nach 2 Kön 16, 10-15 Änderungen im jerusalemer Kult mit sich brachte.

## Die Notwendigkeit zu Veränderungen

Israel war jedoch nicht nur für fremde Vorstellungen offen, es war vielmehr fast unvermeidbar, daß es von seinen Nachbarn auch Institutionen übernahm, da die mit dem Jahweglauben des Moses verbundene Gesellschaftsform aus sich selbst nicht alle für ein seßhaftes Leben in Palästina notwendigen Institutionen zur Verfügung stellen konnte. Gerade letzteres wurde von manchen erkannt, und eine mögliche Folgerung daraus war die Auffassung, daß, wenn die Jahwe-Religion der Moseszeit nicht den gesellschaftlichen Rahmen für ein seßhaftes Leben auf agrarischer Basis bereitstellte, diese agrarische Lebensgrundlage falsch sei. So dachten speziell die Rechabiten. Meist dachte man weniger extrem und akzeptierte die neuen Institutionen. Einige Gruppen, die zur Einheit ›Israel‹ stießen, hatten, wie bereits ausgeführt, nicht an den Wanderzügen der Ägypten-Sinai-Gruppen teilgenommen, sondern waren schon Ackerbauern mit eigenen Überlieferungen und Gewohnheiten. Damit war eine starke Grundlage für die Lebensweise der ganzen späteren israelitischen Gemeinschaft bereitgestellt, vorausgesetzt, sie konnte dem Rahmen des mosaischen Jahweglaubens angepaßt werden. Dies verlangte eine entsprechende genaue Prüfung. Das Ergebnis war, daß einige alte Agrarbräuche, so das Fest der ungesäuerten Brote, neu interpretiert und übernommen wurden, was schließlich zur Einrichtung des Passahfestes führte. Andere Praktiken, die gefährlich anstößige Beziehungen zu kanaanäischen Kulten hatten, wurden verboten. Ein Beispiel für ein solches Verbot ist die drei Mal wiederholte Warnung, nicht das Böcklein in der Milch seiner Mutter zu kochen (Ex 23, 19; 34, 26; Dtn 14, 21), wahrscheinlich verboten, weil dies ein magischer Fruchtbarkeitsritus in der kanaanäischen Religion war.

Die Notwendigkeit Institutionen zu übernehmen und sie gleichzeitig vom Jahweglauben her überprüfen zu müssen, war ein weiteres Element der oben erwähnten Spannung. Dies hatte gewichtige Folgen, die mit dazu beitrugen, Israel von seinen Zeitgenossen zu unterscheiden. In keiner antiken Gesellschaft war der Geist von Kritik und Verwerfung so stark ausgeprägt wie in Israel.

Keine der antiken Gesellschaften war gänzlich statisch. Alle mußten, um überleben zu können, sich den Umständen anpassen, jedoch waren die meisten jener Gesellschaften ausgesprochen konservativ. Ein gutes Beispiel dafür bietet das alte Mesopotamien, wo der Glaube vorherrschte, daß die Strukturen des Bestehenden von den göttlichen Mächten vorherbestimmt waren: eine absichtliche Veränderung müßte also in den Geruch der Zerstörung der Ordnung der Dinge selbst geraten. Die Änderungen, die trotz dieses Weltbildes unausweichlich geschahen, wurden gewöhnlich nicht bewußt vorgenommen, sondern ereigneten sich schrittweise, oftmals fast unmerklich und gewöhnlich nicht explizit. Gewiß gab es selbst in Mesopotamien gelegentlich vorsätzliche Versuche zu Reformen der alten Institutionen, diese waren jedoch selten und meist unbedeutend. Veränderungen, die sich dennoch ereigneten, wurden gewöhnlich nicht als mit früheren oder anderweitigen Gewohnheiten im Konflikt stehend dargestellt und enthielten auch keine bewußte Zurückweisung alter oder anderer Bräuche. Ein gutes Beispiel ist die Antwort Mesopotamiens auf eine Mondfinsternis im späten ersten Jahrtausend. Zu dieser Zeit hat man die Gesetze des Mondumlaufs zur Genüge verstanden, um eine Mondfinsternis genau vorherzuberechnen, dennoch wurde eine religiöse Zeremonie praktiziert, welche die den Mond angreifenden Dämonen vertreiben sollte. Das logischerweise unvereinbare alte und neue Verständnis einer Mondfinsternis existierte wegen des Konservativismus Mesopotamiens Seite an Seite.

Ein Hauptfaktor für diese konservative Haltung in Mesopotamien und Ägypten war die sehr lange Zeit eines wohl organisierten zivilisierten Lebens und dessen Institutionen, die ein Gefühl für Kontinuität und Dauer schufen. Im Gegensatz dazu war Israel als Staat (später als Staaten) ein Neuling und seine Einwohner wußten sehr wohl, daß ihre Überlieferungen einen Mangel an Institutionen für einen Staat aufwiesen, die sie darum von den Nachbarn übernehmen mußten. Es gab daher auch nicht das Gefühl, daß die jetzige Lebensweise seit Urzeiten die der Vorfahren war, und so führten die verschiedenen früheren geschichtlichen Umstände Israels dazu, daß den alten Lebensstilen weniger Reverenz erwiesen wurde. Statt des Zwangs, alte Lebensstile zu bewahren oder sie mit neuen vereinbaren zu müssen, konnten die Israeliten zur Zeit der Seßhaftwerdung und danach bereitwilliger als andere alte Kulturvölker oder später etablierte Völker, die stark unter deren Einfluß standen, alte Konzepte oder Bräuche entschieden zurückweisen, wenn sie mit gerade anstehenden und für ihre Lebensweise direkt wichtigen Vorstellungen in Konflikt standen.

Ohne diese von seinem Jahweglauben erzeugte Haltung, die Israel zur Kritik befähigte, hätten der Synkretismus und die kulturellen Kontakte Israels Religion in einen Ableger des Ba'alkultes verwandelt und die Staaten Israel und Juda hätten für die Weltgeschichte kein anderes Vermächtnis hinterlassen als die zeitgenössischen Staaten Palästinas und Syriens. In der Tat kann man sagen, daß, von einem politischen Standpunkt aus gesehen, gerade der Staat Israel, der kanaanäischen Einflüssen weniger erfolgreich widerstanden hatte als das schwächere Juda, dieses Schicksal teilte, wiewohl berücksichtigt werden muß, daß bestimmte Aspekte des Nordreiches – z.B. einige seiner Traditionen, besonders die des Elohisten im Pentateuch oder Teile seiner Bevölkerung (Jer 41, 5) – weiter im Jahweglauben Judas und in der folgenden Entwicklung des Judentums eine Rolle spielten. Zur Wahrung seiner Identität angesichts der Kräfte politischer Entwicklungen und des Synkretismus war für den Jahweglauben Kritik und Zurückweisung unbedingt vonnöten.

Den Geist der Zurückweisung und der Kritik reflektiert die Bibel in verschiedenster Weise. Man wird seiner gewahr im Bilderverbot, das Gottesdarstellungen verbietet, und das Praktiken widerspiegelt, die die Israeliten gewißlich gut kannten, während ihm in manchen Teilen auch eine feindliche, gegen die Institution des Königtums gerichtete Tendenz zugrunde liegt. Vor allem jedoch wurde diese Haltung bewußt von den Propheten artikuliert.

## Die Rolle des Propheten

Die Prophetie als religiöses Phänomen war nichts Israel eigenes. Die Verkündigung der Botschaft eines Gottes durch einen inspirierten Menschen, gewöhnlich im Zustand der Ekstase, ist in mehreren anderen Teilen des Alten Orient über eine lange Zeit hin belegt. In allen Zivilisationen des Alten Orient suchten die Völker Verbindung mit dem Übernatürlichen, das entweder als unpersönliches Schicksal oder als bestimmte Gottheit oder als Gruppe von Göttern gedacht war. Die Absicht war, dem Gläubigen Kenntnis der Zukunft zu vermitteln, so daß er sein Leben zu seinem besten Vorteil hin ausrichten oder die göttlichen Mächte zu einem Eingreifen zu seinen Gunsten bewegen konnte. Ursprünglich war die Prophetie nur eine von mehreren Techniken, die die Israeliten zu diesem Zweck benutzen konnten. Die Alternativen waren meist Träume und die ›Urim und Tummim‹ (Dtn 33, 8; 1 Sam 28, 6), ein Orakel, das wahrscheinlich auf der zufälligen Glückswahl zweier Steine beruhte, entweder in der Weise des Lose-Ziehens oder des Münzen-Werfens. Die Prophetie in Israel erfuhr jedoch eine Entwicklung, die sie einzigartig werden ließ.

Eine vollständige Erklärung dieser einzigartigen Entwicklung der Prophetie Israels ist nicht möglich, aber Faktoren, die dazu beitrugen, können wohl ausgemacht werden. Wie bereits erwähnt, brauchte man zum Weissagen keine göttliche Person. So gab es in verschiedenen Teilen des Alten Orient Formen des Weissagens, die, obgleich Gottheiten in ihrem Zusammenhang mit erwähnt werden, dennoch ein unpersönliches Schicksal hinter dem Lauf der Dinge zur Voraussetzung hatten. Solche Formen des Weissagens konnten auch unter den Proto-Israeliten existiert haben, und ›Urim und Tummim‹, die später im Sinne des Jahweglaubens neuintepretiert wurden, deuten ihrem Ursprung nach darauf hin. Die Übernahme des mosaischen Jahweglaubens, in dem ein eifernder Gott Jahwe zu allen Zeiten das Schicksal der Völker überwachte, machte es erforderlich, daß die einzig annehmbare Form der Weissagung die einer direkten Botschaft von Jahwe war. ›Urim und Tummim‹ konnten zwar neu interpretiert werden, aber die Technik, die am besten der neuen Forderung gerecht werden konnte, war die Prophetie, bei der eine Botschaft durch einen Menschen in einem psychischen Zustand weitergegeben wird, der darauf hinwies, daß er von der Gottheit ergriffen war und sie durch ihn sprach. Wiewohl dasselbe Phänomen aus dem zweiten Jahrtausend in Mari bekannt ist, war es dort jedoch von sekundärer Bedeutung, insofern als die angeblich von der Gottheit auf dem Wege der Prophetie empfangenen Botschaften erst durch eine Leberschau überprüft werden mußten. Dies deshalb, weil die Leberschau eine lange Geschichte und eine Reihe von mit ihr verbundenen Texten von hohem, durch eine lange Schrifttradition geweihtem Ansehen hinter sich hatte. In Israel dagegen, wo eine ähnlich lange literarische Hochkultur fehlte, gab es nichts, das die Prophetie anderen Formen der Weissagung unterwerfen konnte. Daher konnte sich dort mit dem Bedürfnis nach einer direkten Botschaft von Gott die Prophetie unangefochten entwickeln.

Von gleicher Wichtigkeit für die israelitische Prophetie war die Tendenz des Propheten, eine Verbindung mit dem Kult zu entwickeln. Inwieweit dies allgemeingültig war und sich in festen Formen vollzog, ist Gegenstand kontroverser Diskussion. Dabei sieht ein extremer Standpunkt den kultischen Status der Propheten als so weitverbreitet und generell an, daß selbst die kanonischen Propheten der Bibel Kultpropheten mit offiziellem Status gewesen seien. Bestimmt gab es Propheten, die eine offizielle Rolle in Staatsangelegenheiten spielten, wie es 1 Kön 22, 5-12 zeigt, wo der König vor einem Feldzug 400 Propheten befragt.

Ursprünglich und typisch für die Prophetenbotschaft war – in Israel und anderswo – ihre Kürze und ihr Bezug auf ein spezielles Problem, wie das eben angeführte. Aber schon sehr früh begannen jedoch manche israelitische Propheten ihre eigene Botschaft im Licht des mosaischen Jahweglaubens zu interpretieren. Das Ansehen der israelitischen Propheten, ihre oftmalige Nähe zu der zentralen Staatsverwaltung, brachten sie in eine besonders mächtige Stellung, in der sie zum Verhalten des Königs, der Herrscherkreise oder generell der israelitischen Gesellschaft Stellung beziehen oder es kritisieren konnten. Als Mittler der Botschaft Gottes genoß daher der Prophet so etwas wie eine Immunität, selbst dann, wenn die Botschaft ein anklagender Tadel war, denn selbst der skrupelloseste Herrscher hätte kaum gegen einen solchen Mann zu handeln gewagt. Wie bereits erwähnt, konnte der Prophet Nathan König David zu Beginn seiner Herrschaft im Namen Jahwes wegen Ehebruchs und Mordes Vorhaltungen machen (2 Sam 12, 9). Der Prophet Elia war im folgenden Jahrhundert der Wortführer der Verurteilung König Ahabs und seiner Frau Isebel wegen deren Landraub (1 Kön 21, 19), und Elisa war – nach einer biblischen Überlieferung – sogar Urheber einer Revolution gegen eine nordisraelitische Dynastie als Antwort auf deren Missetaten (2 Kön 9, 1-13).

Dieser Geist der Kritik und Verwerfung fand seinen gewaltigsten Ausdruck bei den kanonischen Propheten des 8. Jahrhunderts. Gegen Mitte dieses Jahrhunderts richtete sich die Anklage des Propheten Amos gegen eine ganze Reihe von Erscheinungen im Leben Palästinas, dabei noch weit über die beiden israelitischen Königreiche hinausgreifend: er schalt die Grausamkeiten im Krieg (Am 1, 3, 6, 11, 13; 2, 1), richtete sich gegen die Unterdrückung der Armen (2, 6-7; 4,1; 8,6) sowie gegen Mißbräuche, die mehr mit dem Kult verbunden waren. Die Botschaft des Hosea, der kurz nach Amos wirkte, wandte sich zwar weitgehend direkt gegen den Synkretismus mit dem Ba'alskult, aber er verband dies mit der Anklage sozialer Mißstände, die durch das Abweichen vom mosaischen Jahweglauben bedingt waren und mit der Anklage der Einmischung in die internationale Politik, die eine Folge der Verwerfung des alten theokratischen Ideals war. In den Sprüchen Jesajas – gleichermaßen gegen soziale Mißstände gerichtet – ist das politische Moment wesentlich stärker ausgeprägt, worin die historische Situation zum Ausdruck kommt. Sie war zur Zeit von Jesajas Auftreten im letzten Drittel des 8. Jahrhunderts durch die assyrische Expansion bestimmt, die die beiden israelitischen Königreiche in ihre Machtsphäre zu bringen gedachte. Jesaja wandte nunmehr die Grundgedanken des Jahweglaubens sogar auf die internationale Politik und andere Völker an.

Trotz der sozialen Dimensionen in ihren Lehren, wäre es falsch, sie vorrangig als soziale oder sogar politische Reformer anzusehen. Ihre Motivation entsprang keinem bestimmten Reformprogramm, sondern der Absicht, die Werte des Jahweglaubens zu erneuern und alle Institutionen und Entwicklungen nach seinen Maßstäben zu beurteilen und zu hinterfragen. Diese prophetische Kritik allen Verhaltens, das vom Jahweglauben abweicht, war jedoch in ihrer Auswirkung von ungeheurer sozialer Kraft. Auch andere Völker des Alten Orient waren nicht ohne soziale Mechanismen, mit denen überkommene Werte gefestigt werden konnten, oder sogar Mittel, mit denen die öffentliche Meinung auf die Herrscher einwirken konnte; soweit unsere Hinweise allerdings reichen, war Israel (in dem weiteren religiös-kulturellen Sinn) das einzige Volk des Alten Orient, in dem die Gesellschaft als ganze und ihre Anführer ständig diesem öffentlichen Urteil ausgesetzt waren. Es ist ein signifikantes Zeichen des israelitischen Lebens, was auch zu seinem Überleben im Judentum beitrug, nachdem alle anderen seiner Zeitgenossen als erkennbare Nationen längst zu existieren aufgehört hatten, daß all seine Werte und Grundprinzipien deutlich und klar formuliert waren. Dies stellte den Rahmen bereit für den Wiederaufbau der Gesellschaft nach der Katastrophe des Falls von Jerusalem durch Nebukadnezar 586 v. Chr. und der Zerstörung der alten Sozialordnung, mit dem König an ihrer Spitze.

Dieser Geist der Kritik an Institutionen, Ereignissen und Menschen im Lichte der Forderungen des Jahweglaubens ist, obgleich er hauptsächlich in der Prophetie lebendig war, auch in einigen nichtprophetischen israelitischen Schriften zu finden. So zum Beispiel in den biographischen Abschnitten in Teilen der Samuelbücher, hauptsächlich in 2 Sam 19-20, die von Ereignissen um den König David berichten und wahrscheinlich nicht lange nach seiner Herrschaft entstanden sind. Diese Literaturgattung hat keine vergleichbare zeitgenössische Parallele. Es ist richtig, daß die Geschichtsschreibung zu dieser Zeit oder sogar weit früher in anderen Kulturen des Alten Orient begonnen hat, aber sie hält in keiner Weise einem Vergleich mit der Lebendigkeit und der Objektivität der Geschichte des davidischen Hofes stand. Das israelitische Material besitzt einen epischen Geist mit der Direktheit der Biographie. Wo die Geschichtsschreibung über Könige sonst im Alten Orient aufzuscheinen beginnt, läßt sie meist den König selbst sprechen und beschränkt sich gewöhnlich auf die Beschreibung der Leistungen (reale oder beanspruchte) des Königs auf militärischem, wirtschaftlichem und kultischem Gebiet. Anders als in den Geschichten um David, gibt es dort keinen Versuch, eine ganze Persönlichkeit mit all ihren Schwächen und Stärken zu schildern. Dieser Aspekt israelitischer Geschichtsschreibung spiegelt die unterschiedliche Haltung gegenüber der Bedeutung des Individuums wider: der König selbst wird als Mensch beurteilt nach seinen Stärken und Schwächen. Er wird an einem Maßstab gemessen – am Jahweglauben. Dies ist nicht bloß eine Sache des Unterschieds zwischen Israel und den anderen Völkern, hinsichtlich dessen, daß die Macht des Königs eingeschränkt wird. Dies gab es auch sonst: bei den Hethitern wird speziell beschrieben, daß der König dem Gesetz unterworfen sein sollte, während aus Mesopotamien eine literarische Komposition stammt, die die üblen Folgen behandelt, die aus königlicher Unterdrückung entstehen könnten. Diese Überlegungen behandelten jedoch königliches Verhalten als eine allgemeine Angelegenheit, während die Geschichtsschreibung in 2 Sam 19-20 individuell ausgerichtet war. Sie enthält den biographischen Bericht eines bestimmten Individuums, das, obwohl König, als Mensch beurteilt wird.

## Ein Heilsplan für das jüdische Volk

Oft wurde behauptet, daß nicht nur in den soeben behandelten Schriften eine spezifisch israelitische Haltung zu erkennen sei, sondern daß dies für die gesamte alte Literatur Israels gelte. Diese behauptete spezifische Besonderheit wurde verschieden formuliert. Einige – wie die Vertreter der oberflächlichen Antithese, wonach Jahwe in der Geschichte wirkte, die anderen Götter aber in der Natur – sind so übersimplifiziert, daß sie viele Fakten schlicht nicht zur Kenntnis nehmen. Treffender könnte man etwa sagen, daß die Israeliten die Geschichte als Entfaltung eines göttlichen Planes verstanden, während die anderen Völker des Alten Orient das menschliche Leben innerhalb eines von den Göttern ein für alle Mal in grauer Vorzeit gesetzten Rahmens sich abspielen sahen. Doch auch dies ist noch einzuschränken, insofern als diese Bestimmung nicht absolut genommen werden darf, denn ohne Zweifel gibt es Spuren der jeweils anderen Einstellungen auf jeder Seite. Auch die Bibel kennt eine Reihe urzeitlicher göttlicher Bestimmungen, die einen dauernden Rahmen für das menschliche Leben abgaben. So war der Ablauf der Jahreszeiten bestimmt (Gen 8, 22), die Institution der Blutfehde (Gen 9, 6), die Heirat (Gen 11, 24), die Geburtswehen (Gen 3, 16), der Verfall des Körpers zu Staub nach dem Tode (Gen 3, 19). Umgekehrt war auch den anderen Völkern die Vorstellung von einem göttlichen Plan in der Geschichte nicht ganz unbekannt. Dies kommt in assyrischen Königsinschriften oft deutlich zum Ausdruck, insbesondere in Verbindung mit der Absicht des Nationalgottes Asur, die königliche Dynastie zu erhalten und das assyrische Großreich weiter auszudehnen, was durchaus dem entspricht, daß Jahwe die Absicht hat, die Dynastie Davids zu erhalten und das ganze Volk Israel zu bewahren. So war der Unterschied der Anschauungen zwischen den Israeliten und ihren Zeitgenossen mehr eine Sache der Betonung denn eine von Grundsätzlichem. Wirklich bestehende Unterschiede können mit der bereits erwähnten Tatsache in Verbindung gebracht werden, daß die Grundhaltung Mesopotamiens (und die der meisten anderen Gesellschaften des Nahen Ostens) konservativer war als die israelitische und Änderungen und Entwicklung als für das menschliche Leben nicht unvermeidlich ansah.

Diese unterschiedliche Auffassung, obgleich sie nicht als absolut verstanden werden darf, genügte, um dem israelitischen Denken ein Unterscheidungsmerkmal aufzuprägen.

Im Grunde ist der ganze Pentateuch davon geprägt, daß die Geschichte sich als Gottes Plan entfaltet. Ebenso die Bücher Josua, Richter, Samuel und Könige, die nach jüdischer Terminologie zu den ›Vorderen Propheten‹ gehören. Ganz besonders im Richterbuch ist die Vorstellung ausgeprägt, daß Gott die menschliche Geschichte überwacht. Not und Unglück führt die Isrealiten dazu Jahwe anzurufen, Jahwe läßt ihnen einen Retter erstehen, der Retter erkämpft dem Volke Sicherheit, die Sicherheit führt zu Trägheit und zum Verlassen der Wege Jahwes und dies bringt erneute Not; der Kreislauf beginnt von neuem, wiewohl nicht mechanistisch, da Jahwe in jedem Stadium erneut direkt eingreift.

Bezeichnend ist die Benennung ›Vordere Propheten‹ für die Bücher Josua, Richter, Samuel und Könige. Sie handeln in der Regel nicht von Propheten, noch beanspruchen sie von Propheten geschrieben zu sein, und nach moderner Auffassung würden sie im Grunde als Geschichtsbücher gelten müssen. Aus altisraelitischer Sicht heraus sind sie jedoch ein Stück Prophetie, darin, daß sie historische Ereignisse als Ergebnisse eines Planes sehen, den Jahwe überwacht. Dieses Einssein von Geschichte und Prophetie mit dem gemeinsamen Element der Offenbarung eines göttlichen Heilsplanes spiegelt sich auch in der Tatsache wider, daß Abraham, der Empfänger von Gottes Verheißung, die im späteren Israel zur Erfüllung kam, Prophet genannt wurde (Gen 20, 7) und man Moses, durch den die Tora Gottes gegeben wurde, für den größten aller Propheten hielt (Dtn 34, 10).

2

# Die Bibel

HYAM MACCOBY

Die hebräische Bibel ist für die Juden die zentrale und endgültige Offenbarung Gottes. Keine weitere Offenbarung muß sie ergänzen, sie bedarf einzig der Auslegungen, der Entscheidungen, der Umformungen und Klärungen, wie sie die jüdische Gemeinschaft durch ihre Entscheidungsgremien in drei Jahrtausenden praktischer Lebenserfahrung im Lichte der Bibel immer wieder formuliert hat. Diese Sicht unterscheidet sich natürlich sehr stark von der Art wie Christen das beurteilen, was sie ›Altes Testament‹ nennen. Das ›Alte Testament‹ stellt für die Christen ein unvollständiges, noch vorläufiges Offenbarungsstadium dar. Ihren Vollsinn finden Begriffe wie ›Heil‹, ›Erlösung‹ und ›Rechtfertigung‹ nach dieser Auffassung erst in der Offenbarung, die das Neue Testament verkörpert. Zugleich gilt ihnen das ›Alte Testament‹ als Zeugnis der wiederholten Verfehlungen der Israeliten (später Juden genannt), die ihnen anvertraute Aufgabe und Offenbarung zu verstehen oder in die Tat umzusetzen. Diese Verfehlung gipfelt dann in der Verwerfung Jesu, die das Neue Testament beschreibt, womit die Juden aufhörten, das besondere Werkzeug Gottes zu sein. Die Juden andererseits sehen in den Verfehlungen und Sünden – wie sie die hebräische Bibel beschreibt – einen Spiegel, der Demut bewirken und Selbstzufriedenheit verhindern soll.

Hier soll nur die Bedeutung der hebräischen Bibel für die Juden beschrieben werden, in welcher Weise sie deren Kultur und Geschichte beeinflußt und geformt hat. Sofort stellt sich die Frage: Welche Bibel ist gemeint? Meinen wir die Bibel, wie sie schließlich in der Zeit zwischen Esra und der Entstehung der Mischna (400 v. Chr. - 200 n. Chr.) redigiert und kanonisiert wurde, oder meinen wir die Bibel in den verschiedenen Stadien ihrer Entstehung? Was hieß aber Bibel in der Zeit des Moses? Was in der Zeit König Davids? Oder was zu der Zeit der josianischen Reformen im 7. Jahrhundert v. Chr.? Oder in der Zeit vor und während des babylonischen Exils, während des Wirkens der Propheten Jesaja, Jeremia und Ezechiel? Die hebräische Bibel ist – anders als z.B. der Koran – nicht das Werk einer einzigen Epoche oder einer einzigen Person, sondern ein Sammelwerk, das eine Spanne von ungefähr tausend Jahren umfaßt, eine Zeit also, vergleichbar mit der gesamten englischen Literaturgeschichte von Beowulf bis T. S. Eliot. Kann man daher sinnvoll von dem Einfluß solch eines langen und heterogenen literarischen Erbes auf ein Volk oder auf eine Kultur sprechen? Gibt es in der Bibel ein einheitliches Thema?

Wir müssen hier eine einflußreiche moderne Auffassung von der Bibel anführen, die hauptsächlich mit dem Namen Julius Wellhausen (1844 - 1918) verbunden ist. Nach Wellhausen hat die hebräische Bibel kein einheitliches Thema, sondern ist durchgängig von dem Konflikt zwischen Stammesdenken und Universalismus geprägt. Die prophetische Bewegung wollte den universalen Monotheismus verbreiten, das Volk aber und die nicht-prophetischen Schriftsteller auf der anderen Seite waren nicht in der Lage, sich über eine Stammesreligion zu erheben, in welcher Jahwe lediglich der Gott des israelitischen Volkes war. Ein grundlegender Wandel habe dann zur Zeit des babylonischen Exils stattgebunden. Das ganze Volk (jetzt Juden und nicht mehr Israeliten genannt) wandte sich vom Götzendienst zum Monotheismus hin. Nach dem Exil entstand jedoch – immer noch in der Sicht Wellhausens – unter dem Einfluß Esras und der Priesterkaste eine neue Form des Partikularismus, der für das ganze Judentum (erst jetzt zu Recht so genannt) typisch sein sollte. Dies war nun eine nationalistische Form des Monotheismus, in welcher Gott, trotz seiner universalen Eigenschaft als Schöpfer des Himmels und der Erde, nur an seinem auserwählten Volk, den Juden, Anteil nahm, während die übrige Welt der Verdammung oder der Vergessenheit preisgegeben war. Nach dieser Sicht war dann auch das Judentum, in der Prägung Esras und der Priester, gesetzlich und ritualistisch, da Gesetz und Ritus mittels der Gesetzesobservanz und der Reinheitsgebote die Funktion hatten, die Juden von den anderen zu unterscheiden. Weiter sollten sie die Juden als auserwähltes Volk bestätigen, indem sie es ermöglichten, durch die peinlich genaue Einhaltung unzähliger Vorschriften, Verdienste vor Gott aufzuhäufen. Es waren demnach die nachexilischen Priester, die P (die Priesterschrift des Pentateuch) hervorbrachten, sie mit dem früheren Material verbanden und so die Tora formten. Allerdings behielt man die prophetischen Bücher bei, denn es gab ja auch einsame Stimmen gegen den Partikularismus in nachexilischer Zeit (z. B. Jona). Insgesamt gesehen entwickelte sich aber das Judentum in der nachexilischen Zeit im Geiste Esras und brachte schließlich den Talmud hervor. Das wahre Erbe der universalistischen Linie der hebräischen Bibel, so wird behauptet, sollte Jesus und die christliche Kirche sein.

### Eine einheitliche Lebensanschauung

Die Forschung des 20. Jahrhunderts, hauptsächlich die der Archäologie, hat indessen gezeigt, daß diese Theorie fast vollständig falsch ist. Der wesentlichste Faktor, der die Theorie Wellhausens von der Entwicklung der biblischen Religion hervorgebracht hat, war, wie heute erkennbar ist, die protestantisch-christliche Theologie. Für sie schien es axiomatisch, daß jede Inanspruchnahme von Gesetz und Ritus Zeichen religiöser Degeneration war. Konsequenterweise wurden die Teile der Bibel, die dieses Thema aufwiesen, von Wellhausen spät datiert, und dementsprechend wird die Priesterschaft als ohne Wurzeln in der frühen israelitischen Religion angesehen. Jedoch hat die Archäologie gezeigt, daß z. B. die Partien über das Wüstenheiligtum (Tabernakel), das die Wellhausen-Schule als Erfindung der Vorstellung der priesterlichen Schreiber betrachtet, durchaus auf authentischen Traditionen beruht, da ähnliche Tabernakel in alten semitischen Religionen gefunden wurden. Mehr noch, die Archäologie hat auch Wellhausens Theorie widerlegt, nach der das Opfersystem von P spät zu datieren sei. Soziologie und Anthropologie haben ebenso zu einem wachsenden Ansehen der Rolle von Gesetz und Ritus in der Religion und in der Kultur generell beigetragen.

Dennoch besitzt Wellhausens Theorie in nichtwissenschaftlichen Kreisen immer noch einen großen Einfluß und lebt in gewissen Fragestellungen sogar noch in der Wissenschaft fort. Viele Humanisten, die nicht an das Christentum glauben, halten es dennoch in der von Wellhausen gesehenen Weise dem Judentum für überlegen. Man findet häufig Hinweise auf ›den Stammesgott des Alten Testaments‹, eine Simplifizierung der Meinung Wellhausens, die die Hälfte seiner dialektischen Oppositionen ausläßt. Die Auffassung, daß das Judentum nach Esra die Botschaft der Propheten vernachlässigte und damit gesetzlich und partikularistisch wurde, ist immer noch weit verbreitet, trotz der Widerlegungen von George Foot Moore, Travers Herford, James Parkers und zuletzt E. P. Sanders.

Jedoch hat sich mittlerweile das Meinungs-Klima erheblich verändert, und es ist jetzt möglich, ohne Rückgriff auf eine Theorie einer gespaltenen Persönlichkeit eine Darstellung der Bibel und ihrer Wirkung auf Juden und Judentum zu geben. Die hebräische Bibel ist nicht hoffnungslos gespalten, sondern bietet eine einheitliche Sicht des Lebens, in welcher Universalismus und Partikularismus in Eintracht miteinander bestehen und sich sogar gegenseitig beinhalten. Diese einheitliche Sicht des Lebens wurde bis in die Zeit von Esra und in nachbiblische Zeiten weitergegeben und inspirierte das ganze spätere Judentum. Die behauptete Dichotomie von Israel und Judentum gibt es nicht; die religiöse Kultur Israels ist unteilbar.

Das heißt nicht, daß es keine Entwicklung des Denkens innerhalb der Bibel selbst oder auch im späteren Judentum gäbe. Aber es ist eine Entwicklung innerhalb einer einzigen klaren Weltanschauung. Es ist die fortwährende Entfaltung einer Idee, die auf einer überwältigenden Gemeinschaftserfahrung beruht. Dies bedeutet nicht, daß wir nach der Kritik an Wellhausens Thesen zu einer traditionell vorkritischen Auffassung über die Bibel zurückkehren müßten wie der, nach der die Tora Wort für Wort nach Gottes Diktat von Moses niedergeschrieben wurde. Wellhausens Leistung der Trennung von verschiedenen Quellenschriften im Pentateuch ist noch immer weitgehend gültig. Die Existenz von vier Hauptquellen im Pentateuch (J, die jahwistische; E, die elohistische; D, die deuteronomische; und P, die priesterliche) wird weiterhin von den meisten Wissenschaftlern angenommen. Der menschliche Ursprung der Bibel, ihr schrittweises Anwachsen durch Neuausgaben und Redaktion, die Tatsache, daß viele der darin enthaltenen Quellen weit später niedergeschrieben wurden als die Ereignisse, die sie beschreiben, und daß sie nicht durch die Autoren geschrieben wurden, denen sie in der Tradition zugeschrieben werden – all dies hat sich durchgesetzt und bedeutet für uns heute nun, daß die wissenschaftliche Forschung für die Erforschung der Bibel die gleichen Kriterien verwenden muß, die auch auf andere alte literarische Werke angewandt werden. Diese Arbeitsweise schließt jedoch nicht die Möglichkeit aus, daß das so bearbeitete Literaturwerk Züge und Eigenheiten aufweist, die ohne Parallelen sind.

## Die Quellen

Wie nun ist die hebräische Bibel entstanden und wann begann ihr Einfluß auf das Volk? Die Antwort muß etwa so lauten: Seit ältesten Zeiten scheint es bei den Israeliten heilige Schriften verschiedenster Art gegeben zu haben, ohne daß sie allerdings bis zum Jahre 700 v. Chr. – kurz nach der Zerstörung des Nordreiches – als Buch, dem eine zentrale Bedeutung zugeschrieben worden wäre, Gestalt angenommen hätten. Erst von dieser Zeit an begann das im Gebiet von Juda (daher der Name: Judäer oder Juden) übriggebliebene Volk zum Volk des Buches zu werden.

Es läßt sich klar erkennen, daß es unter den Israeliten spätestens seit der frühen Königszeit (ungefähr 1000 v. Chr.) eine kraftvolle Literatur gegeben hat. Einige der Kriegslieder, wie das ›Deboralied‹, stammen aus einer sogar noch früheren Zeit, der Zeit der Richter. Viele für uns verlorene Schriften, die nicht in den Kanon aufgenommen wurden, sind in dieser Zeit entstanden. Das einzige, was wir von ihnen kennen, sind ärgerlicherweise nur ihre Titel, die von Zeit zu Zeit in der Bibel erwähnt werden: »das Buch der Kriege des Herrn« (Num 11, 14), »das Buch des Wackeren« (Jos 10, 13 und 2 Sam 1, 18), »die Chroniken der Könige von Israel« (1 Kön 14, 19) sowie viele prophetische Schriften. Mehr noch, die israelitischen Schriften setzen eine Kenntnis der Literatur anderer, älterer Nationen des Nahen Ostens voraus. Die Sintflutgeschichte der Genesis geht auf eine klassische babylonische Erzählung zurück, wiewohl sie im Sinne des hebräischen Monotheismus stark umgeformt wurde. Eine faszinierende Bestätigung des Alters und der Authentizität der literarischen Quellen der Bibel wurde erst kürzlich entdeckt. Die Ausgrabungen in der Stadt Ebla zeigten, daß die Erzählung von den fünf ›Städten im Tale‹ (einschließlich Sodoms und Gomorrhas) in Genesis 14 auf Tatsachen beruht. Es ist erstaunlich, daß die Quellen, aus denen die biblischen Schriftsteller schöpften, sich als bis zum Jahre 2250 v. Chr. zurückgehend erwiesen haben – und diese scheinen schriftliche Quellen gewesen sein.

Ein sehr interessantes Beispiel für die Verwendung früheren Materials ist die Aufzählung der Generationen vor der Sintflut in der Genesis. Dabei wird die Stammesliste der Keniter verwendet, allerdings mit dem Unterschied, daß der von den Kenitern verehrte Stammvater Kain in der Bibel wegen des Opfers seines Bruders Abel als Mörder bezeichnet wird (vgl. Romulus und Remus).

Angesichts der biblischen Verwendung von schriftlichem Material aus der Zeit lange vor Moses liegt kein Grund vor, die Möglichkeit auszuschließen, daß die

Bibel ebenso schriftliches Material aus der Zeit des Moses oder sogar von Moses selbst Verfaßtes eingearbeitet oder wenigstens umformuliert hat.

Eine ganze Gattung biblischer Literatur, die aus einer nicht-israelitischen Kultur stammt, ist die Weisheitsliteratur (wie z.B. das Buch der Sprüche). Sie leitet sich hauptsächlich von der Weisheitsliteratur Babylons und Ägyptens ab. Und in der Tat macht die Bibel auch keinen Versuch, die nicht-israelitische Herkunft dieser Literaturgattung zu verbergen, zumal vieles davon nicht-israelitischen Gestalten zugeschrieben wird (Hiob, Agur, Lemuel, Etan, Heman, Kalkol, Darda).

Es gab also eine israelitische Literatur, bevor es eine Bibel gab. Einige dieser vorbiblischen Schriften hatten kultische Bedeutung. Besonders heilig waren die steinernen Gesetzestafeln, die in der Bundeslade im Allerheiligsten aufbewahrt wurden. Es scheint, daß es noch weitere Schriften gab, die hohes Ansehen genossen und die als ›Erinnerungen‹ oder ›Zeugnisse‹ aufbewahrt wurden. Eine von ihnen wird Ex 17, 14 genannt: »Danach sprach der Herr zu Mose: schreibe dies zum Gedächtnis in ein Buch und schärfe es Josua ein . . .«. Einige visionäre Prophetenschriften wurden als Weissagungen sorgfältig aufbewahrt. Mehr noch, es gab religiöse Gesetzeskorpora, die als Gebote Gottes vom Sinai galten, sie unterschieden sich von Region zu Region und waren auch nicht in einem einzigen autoritativen Buch zusammengestellt.

Die Veränderung kam mit der sogenannten ›deuteronomischen Bewegung‹. In der Regierungszeit des Königs Josia von Juda (640 - 609 v. Chr.) »wurde ein Buch gefunden« und zum König gebracht – so berichtet das zweite Königsbuch (22). Als der König es las war er entsetzt und leitete, von den Ausführungen dieses Buches geführt, eine große Reform ein. Die Tatsache, daß dieses Buch »gefunden« wurde zeigt, daß die Existenz eines heiligen Buches oder einer Bibel zu dieser Zeit keineswegs allgemein bekannt war. Daß der König anscheinend hauptsächlich wegen der Strafandrohungen dieses Buches gegen die Abgötterei erschrocken war, läßt vermuten, daß dieses Buch nicht den ganzen Pentateuch umfaßte, sondern nur das Deuteronomium, das eine Anzahl solcher Drohungen kennt. Viele Wissenschaftler nehmen an, daß das Buch zu dieser Zeit nicht »gefunden«, sondern vielmehr verfaßt worden sei. Einige Erwägungen machen jedoch wahrscheinlich, daß das Buch aus schon etwas früherer Zeit stammt, nämlich aus der Zeit von Josias Großvater Manasse, der von Israels Gott abgefallen war und sogar den Tempel in Jerusalem in einen Ort des Götzendienstes umgewandelt hatte. Manasses Vater war der fromme König Hiskia, dessen Herrschaft ein Hauch messianischer Glorie umfing, als das Königreich Juda wie durch ein Wunder vor dem assyrischen Ansturm verschont geblieben war. Im Lichte des Schocks und der Schuld von Manasses Abfall ist das Deuteronomium entstanden, als Banner und Anhaltspunkt für die Treuen, und wurde so zum Kern der Bibel.

Andere ältere Schriften, mit den Erzväterüberlieferungen, den Traditionen vom Auszug aus Ägypten, von der Sinaioffenbarung ebenso Gesetzeskorpora – alles was also in verschiedenen Gebieten längst im Umlauf war, ohne jedoch kanonische Geltung erreicht zu haben, wurde von den Anhängern der deuteronomischen Bewegung gesammelt und in einem fünfbändigen Buch, das die Tora (wörtlich: Lehre) werden sollte, herausgegeben. Die deuteronomische Bewegung unternahm nach und nach auch die Herausgabe und Redaktion der Geschichtsbücher auf der Grundlage bereits existierender schriftlicher Überlieferungen. Sie schilderten die Geschichte des Volkes Israel von der Zeit der Landnahme bis zu ihrer eigenen Gegenwart. Zu dieser Zeit waren die Schriften der Schriftpropheten noch nicht Teil des Kanon, aber sie waren im Umlauf und wurden als Weissagungen geachtet (vgl. z.B. die Haltung gegenüber den Prophezeihungen des Micha, der zur Zeit des Königs Hiskia auftrat, Jeremia 26, 18-19).

Die Antwort auf die Frage nach dem frühen Einfluß der Bibel kann darum etwa so beantwortet werden: die Religion Israels war nicht von vorneherein eine Religion mit einem Buch als ihrem Mittelpunkt. Das Judentum hatte seinen Grund vielmehr in einem Ereignis, nämlich dem Auszug aus Ägypten. Dieses Ereignis war bereits früh der Anlaß zur Entstehung von Überlieferungen verschiedenster Art, aber es dauerte eine lange Zeit, ungefähr 700 Jahre, bis zur Entstehung eines Buches, das das Ereignis und seine Folgen zusammenfaßte und das die zentrale Bedeutung für das Denken und den Gottesdienst erlangen sollte, die die Bibel seither besitzt. Dieses Buch war eher eine Antwort auf die Gefahr als der Ausdruck jener ursprünglichen Kraft, welche die Religion ins Leben rief. Das Buch kam aus der Religion, nicht die Religion aus dem Buch.

Das Gesagte wollte indessen keine radikale Unterscheidung zwischen dem Judentum vor dem Entstehen der Bibel und dem danach vornehmen. Im Gegenteil, die Bibel ist nur eines der Elemente, in denen der Glaube des Judentums selbst sich Ausdruck verschaffte. Sie ist gewiß eine Form von entscheidender Bedeutung, denn in der Bibel finden wir die Kraft des Judentums in seiner höchsten Ausdrucksform; und nachdem sie einmal zum Kanon erhoben war, wurde sie selbst ein Kraftzentrum eigener Art, die ein ganzes Erziehungsprogramm in sich barg, eine Lern- und Lehrweise, einen Hort des Geistes und der Kultur, der zu Exilszeiten und in den Zeiten der Not an die Stelle der leichter verwundbaren Institutionen und Stützen wie Land, Tempel und Priesterschaft rückte. Dennoch wäre es ein großer Fehler, anzunehmen, daß die deuteronomische Bewegung oder die andere, ihr parallel verlaufende, große Bewegung der Prophetie die Begründerin des jüdischen Monotheismus gewesen sei. Die Bibel ist vielmehr der Endpunkt einer ausgedehnten Phase des israelitischen Monotheismus – eine Phase, die in mehrfacher Hinsicht größere Lebenskraft besaß als nachfolgende Perioden. Um dies ganz zu verstehen, müssen wir (bevor wir zu den Inhalten und Gliederungen der Bibel selbst kommen) nach dem Wesen der Ur-Erfahrung, die hinter der Bibel steht, fragen. Diese Erfahrung gab der Bibel letzten Endes ihre Hauptthemen, ihre Einheit und das Prinzip ihrer Entwicklung.

## Die Bedeutung der Befreiung

Alles in der Bibel geht auf eines zurück: auf die Befreiung Israels aus dem ›Sklavenhaus‹ in Ägypten. Dies ist das große Ereignis, das Israel als Gottes Eingreifen in die Geschichte erfuhr. Dieses Ereignis gab der ganzen Menschheitsgeschichte ihren Sinn: alle frühere Geschichte führte darauf hin und alle nachfolgende Geschichte ging von da aus – dies war nicht nur ein Ereignis in der Geschichte eines einzelnen Volkes, sondern ein Ereignis in der Weltgeschichte. Der eine Gott des Universums, Schöpfer des Himmels und der Erde »erhörte

*Die früheste noch vorhandene hebräische Bibelhandschrift (abgesehen von den Handschriften aus Qumran) ist der Kodex Kairo aus der karäischen Synagoge in Abbasija. Die Handschrift wurde 895 n. Chr. von dem bekannten masoretischen Gelehrten Moses ben Ascher aus Tiberias geschrieben und enthält nur die Vorderen und Hinteren Propheten. Diese Seite enthält Josua 5,12-6,12, über den Fall Jerichos.*

das Schreien« der Kinder Israels, die unter der Unterdrückung litten, und griff ein, um ihnen zu helfen, jenem niedrigsten, kleinsten und verachtetsten Volk auf Erden (Dtn 7, 7):

> Denn frage doch nach den frühern Tagen, die vor dir gewesen sind, von dem Tage an, da Gott Menschen auf der Erde schuf, und von einem Ende des Himmels bis zum andern, ob je solch große Dinge geschehen oder je dergleichen ist gehört worden, ob je ein Volk die Stimme Gottes hat aus dem Feuer reden hören, wie du sie gehört hast und am Leben blieb, oder ob je ein Gott versucht hat, herzukommen und sich ein Volk mitten aus einem (andern) Volk herauszuholen durch Prüfungen, durch Zeichen und durch Wunder, mit Krieg, mit starker Hand und ausgestrecktem Arm, durch große und furchtbare Taten wie das alles der Herr, euer Gott, vor deinen Augen in Ägypten für euch getan hat. (Dtn 4, 32-34).

Solch ein beispielloses Ereignis war nicht ohne Ziel geschehen: es konnte nicht nur ein bloßer Akt politischer Befreiung sein, sondern war die Auserwählung Israels (ohne deren eigenes Verdienst, Dtn 9,5) für eine große Bestimmung. Sie sollten das Volk Gottes sein, das ein neues Gebot der Liebe und der Gerechtigkeit in einem heiligen Land ausführen würde. Sie sollten die Menschheit zu einem neuen Ideal von Gemeinschaftsleben führen. Die Herausführung aus Ägypten schuf das Bewußtsein für eine gewaltige Aufgabe und einen Geist der Bilderstürmerei, der nichts in der alten Welt als noch verehrungswürdig gelten ließ.

Die hebräische Bibel kann nicht ohne ihr Zentrum, die Erzählung vom Exodus, verstanden werden. Die Geschichte vom Exodus wird im Pentateuch überliefert, und deshalb ist der Pentateuch (oder die Tora) für die Juden bei weitem der wichtigste Teil der Bibel (so wie für Christen die Evangelien, die das Geschehen und die Geschichte vom Werden der Christenheit erzählen, der wichtigste Teil des Neuen Testamentes sind). Es ist wahr, daß die Bibel nicht mit dem Exodus, sondern mit der Geschichte der Menschheit seit ihrem Anfang beginnt. Dies schmälert jedoch keineswegs die zentrale Bedeutung des Exodus aus Ägypten. Im Gegenteil, die Bedeutung des Exodus wird noch vermehrt, wenn er in einem universalistischen Rahmen als das Ereignis erscheint, auf den die Erschaffung der Welt und des Menschen hinzielen. Diese universalistische Einbettung ist um so überraschender, als das Volk Israel seinen Ursprung als Volk gerade nicht wie andere Völker bis zu den Anfängen der Welt zurückverfolgt. Es wird geradezu offen als ein Volk von Emporkömmlingen dargestellt, als zu-spät-Gekommene im Vergleich zu den großen Zivilisationen von Ägypten und Babylonien. Es gibt keinen Versuch, die Geschichte Israels der Geschichte der Welt gleichzustellen. Im Gegenteil, gerade ihre Bedeutungslosigkeit und Geringheit wird betont. Es ist das Ereignis, das bedeutsam ist, nicht seine menschlichen Teilnehmer. Es ist der diesen Ereignissen innewohnende tiefere Sinn, theologisch, moralisch und politisch, der die Geschichte des Exodus zu einer Lehre oder Tora, einem Programm oder einer Agenda für die Menschheit werden läßt.

Wo immer sonst in der Bibel die Moral des Volkes Israel sinkt, sei es durch Unglück oder durch sein eigenes Fehlverhalten, ist es gerade die Geschichte des Exodus, der sie sich zur Erneuerung und geistigen Erquickung zuwenden. »Als Israel aus Ägypten zog, das Haus Jakobs aus dem Volk fremder Zunge, da ward Juda sein Heiligtum, ward Israel sein Königreich« (Ps 114). Ebenso ist es in Zeiten der Hingabe an Gott gerade diese Geschichte, die Propheten und Anführer ins Gedächtnis zurückrufen. »Denn sie sind dein Volk und Eigentum, das du aus Ägypten, aus dem Schmelzofen, herausgeführt hast« (1 Kön 8, 51). Welche historischen Fakten wirklich hinter dieser israelitischen Überzeugung liegen, nach der gerade Israel Gegenstand jenes ehrfurchtgebietenden Ereignisses der Menschheitsgeschichte wurde, ist in der Wissenschaft viel erörtert worden. Manche bestritten, daß der Exodus je wirklich stattgefunden habe. Sie sehen in ihm eine ›Historisierung‹ eines kanaanäischen Frühlingsfestes oder einen Mythos der Wiedergeburt. Diese Frage soll hier nicht weiter verfolgt werden, allein, die Beharrlichkeit und die Stärke solch einer Überzeugung verweisen doch auf ein historisches Ereignis, das eine ungeheure Naturkatastrophe gewesen sein könnte, die es den in Ägypten versklavten Israeliten zu fliehen ermöglichte. Wie immer, seit der frühesten für uns erreichbaren Zeit in der Geschichte Israels gab es die Überzeugung von der Befreiung aus Ägypten, und es war diese Überzeugung, die das Judentum und die Bibel formten.

Die Tatsache, daß die Religion Israels mit einem Sklavenaufstand begann, ist von höchster Bedeutung für die Einschätzung dieser Religion wie auch der Bibel. Die hebräische Bibel beschwört die Israeliten unablässig, niemals zu vergessen, daß sie einst Sklaven in Ägypten waren. Sogar der Sabbat ist in dieser Erinnerung begründet (»und sei dessen eingedenk, daß du Sklave gewesen bist im Lande Ägypten . . . darum hat dir der Herr,

*Seite aus dem frühesten Palästinischen Targum (einer freien Übersetzung der Bibel ins Aramäische, mit gelegentlichen kommentierenden legendenhaften Erweiterungen). Dieses Targum gilt als zeitgenössisches Zeugnis für die Religion und die Sprache der Juden zur Zeit der Geburt des Christentums. Es wurde verloren geglaubt, bis man zwischen 1950 und 1960 eine im vorigen Jahrhundert in die Bibliothek des Vatikans gelangte vollständige Abschrift entdeckte, den Kodex Neofiti I. Die abgebildete Seite enthält Genesis 4,14-5,1. Jeder Vers beginnt mit den beiden ersten Worten in Hebräisch, gefolgt von der Übersetzung des ganzen Verses ins Aramäische. Die Targum-Literatur hat sich aus dem Brauch entwickelt, die wöchentlichen, in der Synagoge vorgelesenen Tora- und Prophetenabschnitte ins Aramäische zu übersetzen und zu erklären.*

dein Gott, geboten, den Ruhetag zu halten.« Dtn 5, 15). Wo immer dem Armen und dem Fremden gegenüber Güte geboten ist, wird an Ägypten erinnert (z.B. Dtn 10, 19).

Die Erfahrung der Sklaverei sollte nie vergessen werden, da sonst die ägyptische Form der Tyrannei in Israel selbst auftauchen könnte. Im Passahfest wird die Erfahrung von Ägypten jährlich wieder lebendig.

Ein ganz wichtiger Schritt, mit dem das Bewußtsein vergangener Sklaverei in die Tat und in soziale Verhaltensweisen umgesetzt wurde, war die neue Haltung gegenüber Führung und Regierung, die sich in Israel entwickelte. In Ägypten war der König ein Gott. Durch den israelitischen Monotheismus war dies entschieden ausgeschlossen. Da es nur einen Gott gibt, stehen alle Menschen als Gottes Geschöpfe auf einer Stufe. Die Verkörperung dieser neuen Haltung ist die hebräische Bibel. Im Buche Samuel wird die Institution des Königtums als Zeichen der Verfehlung gewertet, als die Annahme des Zweit-Besten (1 Sam 8). Unbarmherzig kritisiert die hebräische Bibel die jüdischen Könige. Sogar die Besten von ihnen, selbst jene, die als Messias und Retter – wie David und Salomo – angesehen wurden; auch sie werden wie Menschen dargestellt, deren Sünden umfassend aufgezeichnet werden.

Der König war nicht länger ein magisches Wesen, kein Bindeglied zwischen der Welt der Götter und der Welt der Menschen. Er war bloß ein Mensch, der zufällig Macht besaß und der – für den Fall des Mißbrauchs seiner Macht – sorgfältig überwacht werden mußte. Der König sollte, laut dem Deuteronomium (Dtn 17, 18-20), ein eigenes Gesetzbuch besitzen, um ständig darin zu lesen, »daß sich sein Herz nicht über seine Brüder erhebe«. Einer, der ständig den König beobachtete und stets bereit war ihn zurechtzuweisen, wenn es notwendig sein sollte, war der Prophet, wie Elia, ein nicht in der Gesellschaft etablierter Außenseiter, der trotzdem anerkannt und verehrt wurde. Der König durfte nicht als Priester amtieren. Die empfindliche Dreiteilung der Macht, in der die Autorität zwischen König, Priester und Prophet (oder Lehrer) aufgeteilt wurde, war ein Ergebnis der Freiheit, das Vermächtnis der Sklavenzeit in Ägypten.

Indem er die Israeliten rettete, machte Gott sie zu seinen eigenen Sklaven. Künftig konnten sie deshalb nicht mehr Sklaven eines Menschen sein. »Denn meine Knechte sind sie, die ich aus dem Lande Ägypten herausgeführt habe; sie sollen nicht als Sklaven verkauft werden« (Lev 25, 42). Sklaverei [im Sinne eines unbegrenzten Eigentumsrechtes an Volksgenossen]* war damit innerhalb Israels abgeschafft [und einer Lohnkechtschaft gewichen]*, obwohl sie als dauernde Institution unter anderen Völkern der Welt, die von Gott nicht befreit worden waren, anerkannt blieb; an einem Tag jedoch, in fast unvorstellbarer Zukunft, sollten alle Völker frei sein. Der biblische Grundsatz, wonach Knechtschaft für Gott Freiheit von der Knechtschaft von Menschen bedeutet, wurde im späteren Judentum herangezogen, um alle Formen sozialer Freiheit zu rechtfertigen. Der babylonische Rabbi Rav aus dem 3. Jahrhundert n. Chr. gebrauchte ihn zum Beispiel, um zu beweisen, daß ein Arbeiter jederzeit das Recht besaß, seine Arbeit niederzulegen, selbst mitten am Arbeitstag.

Psychologisch gesehen kommt im Exodus ein Ringen um Erwachsensein und Verantwortung zum Ausdruck. Befreiung oder Erlösung wird als Beginn, nicht als Entbindung vom Kampf auf dem Weg in ein sorgloses Himmelreich betrachtet. In der Wüste sehnen sich die Israeliten zuweilen nach den »Fleischtöpfen Ägyptens«; das heißt nach der kindlichen Abhängigkeit der Sklaverei. Die Freiheit bringt harte Prüfungen und einen langen Erziehungsprozeß mit sich, in dem Moses als Lehrer um die Anerkennung hoher Werte kämpft. Sogar der Eintritt ins Gelobte Land ist nicht das glückliche Ende, sondern nur der Beginn eines langen Kampfes, um die Lehrjahre der Wüste nun in die soziale und politische Wirklichkeit umzusetzen. Die Mythen und Legenden, mit denen die Bibel die Geschichte des Exodus umgibt, dienen nur zu seiner Verstärkung. Vertrieben aus dem Garten der Kindheit, hat Adam im Schweiße seines Angesichts zu leben, wissend um den Unterschied zwischen Gut und Böse. Es gibt Schuld beim Erwerb dieses Wissens, aber es gibt auch die Möglichkeit der Vollendung. Der Mensch »ist geworden wie einer von uns« (Gen 3, 22), sagt Gott zu den Engeln.

Man muß sich davor hüten, diese Geschichte mit den Augen späterer christlicher Theologie zu lesen. Die Sünde Adams entließ ihn aus seiner geschützten Stellung, aber versetzte ihn in die eines verantwortlichen Wesens, fähig, die Tora zu empfangen. Ohne den Sündenfall hätte es keinen Sinai gegeben.

Das Thema der Verantwortung, ihr Ruhm und ihre Schwierigkeit ist bereits in den frühen Geschichten der Bibel enthalten, in denen der jüngste Sohn der älteste

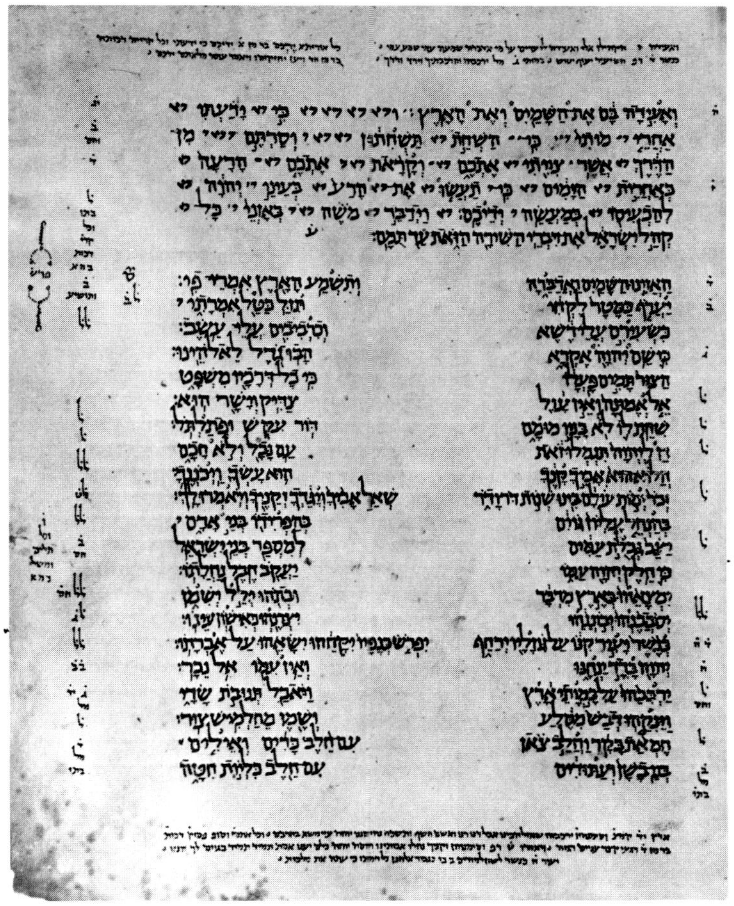

*Aus dem Bibel-Kodex von Aleppo, einer äußerst wichtigen frühen Handschrift, um 920 v. Chr. von dem berühmten Masoreten Aaron ben Ascher geschrieben. Diese Seite enthält Deuteronomium 31, 28-32, 14, den Anfang des ›Abschiedsliedes Moses‹ mitsamt seiner Prosa-Einleitung. Die Verzierung oben links markiert den Anfang des neuen Wochenabschnittes. Die charakteristische Art der Aufteilung sowohl der Einleitung als auch des Liedes erlaubt, das Manuskript als authentisches Werk des Aaron ben Ascher zu erkennen. Der Aleppo-Kodex enthält ca. zwei Drittel der Heiligen Schrift.*

sein will (Jakob, Joseph), dabei aber seine älteren Brüder verdrängt und so zum Brennpunkt von Entscheidungen und Verantwortung wird. Israel, das Kind unter den Nationen, verdrängt die großen Reiche, Reiche, alt und mit großer Vergangenheit, Ägypten und Babylon, und wird Gottes »erstgeborener Sohn« (Ex 4, 22). Obwohl Jakob ein ›Verdränger‹ (eine mögliche Bedeutung des Namens) ist, geschieht dies nicht aus habgierigem Ehrgeiz, sondern weil er einen Traum vom Erwachsensein weit über dem seiner älteren Brüder hatte. Die antiken Nationen waren in Götzendienst versunken, der Abhängigkeit bedeutete. Ihre kunstvoll entwickelten Systeme sind im Grunde genommen statisch, da sie den Menschen in den immer wiederkehrenden harmonischen und unveränderlichen Kreislauf der Natur hineinstellen wollen. Die Hierarchie der Gesellschaft, mit dem Gott-König an der Spitze, spiegelt nur die Hierarchie des Himmels wider. Israel fegte beide hinweg: die irdische und himmlische Hierarchie. Die Sterne in ihren Bahnen, die Sonne und der Mond, die von allen Nationen der Antiken Welt angebetet wurden, sie waren für Israel auch nur Geschöpfe, dem Menschen, der Krone der Schöpfung an Rang nachgeordnet. Die Nabelschnur, die den Menschen mit der Natur verbindet, ist durchschnitten. Der Mensch ist freigelassen in eine unvorhersehbare Welt, der ganzen Wirklichkeit gegenübergestellt oder Gott, der in den heidnischen Systemen als das unpersönliche Schicksal im Hintergrund blieb, unbarmherzig und unerbittlich, das gelegentlich Verderben brachte, Verderben für beide: Götter und Menschen, das aber im Tagesablauf außer acht gelassen werden konnte. Israel tritt jedoch in ein persönliches Verhältnis mit dieser letzten Macht, indem es alle Sicherheiten hinter sich läßt. Im Exodus greift diese Macht mit erstaunlicher Kraft in die menschliche Geschichte ein und versetzt so Israel auf einen Lebensweg, der nicht mehr zyklisch ist, sondern sich fortentwickelt. Auf dieser geraden Linie gerät Israel ins Straucheln, mit vielen Verfehlungen und Versäumnissen, einem Ziel entgegen, das menschlichem Wagnis Sinn gibt und das es wegführt von einem animalischen Königtum hin zur Vernunft und Freiheit.

Die ›Erlösung‹ des Exodus ist eine irdische Erlösung. Das Judentum ist keine Jenseits-Religion. Das bemerkenswerte Fehlen von Hinweisen auf ein Leben nach dem Tode oder auf andere nicht-weltliche Seligkeiten in der Bibel kann nicht einfach als ›primitiver‹ Mangel an Spiritualität erklärt werden. Es war eine absichtliche Reaktion auf die Betonung einer jenseitigen Welt, wie sie die anderen Religionen der Antike, besonders Ägypten betrieben. Der Exodus war die Befreiung aus wirklicher, physischer Sklaverei. Daher war dem Judentum keine Definition von Freiheit, die diese im rein geistigen Bereich ansiedelte, so daß Programme materieller und politischer Freiheit unnötig würden, annehmbar. Die ›Erlöser‹, die von Zeit zu Zeit unter den Israeliten auftraten (z. B. Gideon, Simson), waren alle Erlöser aus materieller Knechtschaft, gleich dem ersten Erlöser Moses. Die Tendenz des Judentums ist daher anti-mystisch. Das Problem des Lebens wird nicht darin gesehen, wie man aus der materiellen Welt in eine Welt des Geistes entfliehen könne, sondern wie eine materielle Welt in eine Welt der Freiheit und Gerechtigkeit verwandelt werden kann. Dieses Motiv ist sogar in der hebräischen Schöpfungsgeschichte implizite enthalten. Da der Mensch »im Bilde Gottes« (Gen 1, 27) erschaffen wurde, war sein Leben in allein menschlichen Kategorien wertvoll. Die Tora, als Gesetz, gilt für Geschöpfe mit Körpern, mit Gefühlen und Wünschen; doch diese sind mit Gottes Billigung geheiligt und daher von kosmischer Bedeutung. Hier begegnet uns das, was ›normale Mystik‹ genannt wurde, d.h. eine Mystik ganz alltäglicher Dinge, von denen jedes seine Rolle bei der Gestaltung wahren menschlichen Lebens zu spielen hat. Daher bedarf es keines Strebens nach außer-menschlicher Erfahrung oder einer Vereinigung mit dem Göttlichen, im Sinne einer Selbstaufgabe oder Selbstvernichtung, wie es nicht-jüdischen Formen der Mystik gemein ist. Der Mensch kann eine unbestreitbare Unabhängigkeit von Gott erreichen, die ihn wie Abraham, Gottes »Freund« oder sogar Gottes Kritiker (vgl. Gen 18, 25: »Der aller Welt Richter ist, sollte der nicht Recht üben?«) werden läßt. Diese Auffassung, wonach der Mensch seine Aufgabe erhielt, die auf der Erde zu verwirklichen ist, drücken die Psalmen aus: »Die Himmel sind Himmel des Herrn, aber die Erde hat er den Menschenkindern gegeben« (Ps 115).

Die überwältigende Erfahrung des Exodus war damit in einen Rahmen von Kosmogonie und Legende gestellt, und all dies, um die Bestimmung einer Bande entlaufener Sklaven unter einem begeisterten Anführer zu bekräftigen: eine Gesellschaft auf der Grundlage der Würde des Menschen aufzubauen, eine Gesellschaft nicht mit der Ethik des Stärkeren oder auf der statisch hierarchischen Vollkommenheit, die der Kurs der Sterne vorschrieb. Die Grundsymbole des Exodus, der Verleihung

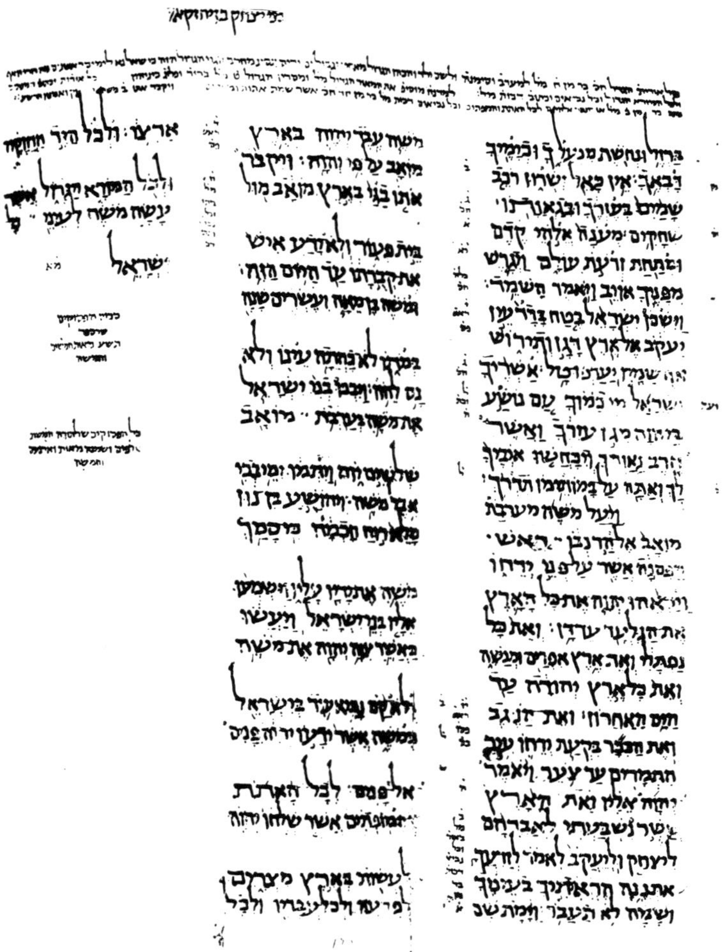

*Diese Seite (Deut 33,25 bis zum Ende) stammt aus einem wichtigen Bibelmanuskript des 10. Jh., geschrieben von einem unbekannten Schreiber in Irak oder Syrien. Die Masora Magna (Textanmerkungen) schließt mit der Angabe der Zahl der Verse in der gesamten Tora: 5845.*

der Tora, der Wüste, des Gelobten Landes bestimmen den Grundton der Bibel und formten das religiöse Bewußtsein der Juden in einer Weise, daß sie sogar noch in den Gedanken von Juden wahrnehmbar sind, die (wie Karl Marx) ihr eigenes Judesein zurückweisen. Statt einer Mythologie von Göttern und Göttinnen wird die jüdische Mythologie menschliche Geschichte, die durch ihre verschiedenen Abschnitte hindurchschreitet bis zur Wiederherstellung des Gartens Eden, wenn »die Wüste erblüht, gleich der Narzisse« (Jes 35, 1). Im Exodus ist auch der vor allem in der Prophetie verbreitete Gedanke eines messianischen Zeitalters angelegt, in dem die menschliche Anstrengung ihre Erfüllung erreichen wird, wenn die ganze Menschheit zum Erwachsensein gelangt ist und zu einem Leben ohne Krieg und Ausbeutung.

## Das Deuteronomium: Der Angelpunkt

Wir wollen uns jetzt der Frage zuwenden, wie die hebräische Bibel sich bis zu ihrem Abschluß entwickelte. Den Angelpunkt dieser Entwicklung bildet das Buch Deuteronomium, das wahrscheinlich um 700 - 650 v. Chr. während der traumatischen Herrschaft Manasses verfaßt wurde. Vor dieser Zeit existierte kein zentrales, kanonisches Buch. Es gab wohl viel schriftliches Material, das mehr oder weniger Hochachtung genoß. Daneben gab es auch mündlich überliefertes Material. Beides, schriftliches wie mündliches Material, nahm die verschiedensten Formen an, je nach seinem Verwendungszweck: Gesetzessammlungen, Gebete, Psalmen, Segenssprüche, Berichte vom Exodus, Richter- und Königschroniken, Prophetenweissagungen, Sagen aus der Zeit vor dem Exodus, Klagelieder, Hymnen, Deklarationsformeln für die Weihe von Opfergaben am Tempel und vieles andre mehr (die Aufdeckung dieses Proto-Materials im biblischen Text, in den es eingewoben ist, leistete die sogenannte ›Formgeschichte‹). Das Material konnte im Detail von Region zu Region und je nach den Kreisen, die es verwendeten (priesterliche, prophetische, volkstümliche, höfische), verschieden gewesen sein; sie alle hatten jedoch eine gemeinsame Anschauung und gemeinsame Voraussetzungen: die Erwählung Israels, die Befreiung aus Ägypten, die Gabe der Tora am Sinai, die Einheit Gottes. Die Bibel als solche bestand noch nicht, sie war gleichsam noch in der Literatur zerstreut, in den täglichen und kultischen Ausdrucksformen des ganzen Volkes. Dieses Material gelangte schließlich in die biblische Komposition, so daß das Volk Israel die Bibel weitgehend aus der Erfahrung ihrer Errettung und ihrer alltäglichen Erfahrung des Funktionierens einer Heils-Gesellschaft schuf.

Das Deuteronomium war damit der erste Versuch, all jenes Material zu einem einzigen Buch zu sammeln, das von nun an eine dauernde und zentrale Einrichtung des Judentums bilden sollte. Nur im Deuteronomium finden wir den einzigen ausdrücklichen Hinweis auf das »Buch der Tora«. In ihm findet sich die Anweisung (Dtn 31, 26): »Nehmet dieses Torabuch und leget es . . .«, im Allerheiligsten, »neben die Bundeslade« – die Lade, die die Tafeln mit den Zehn Geboten beherbergte. Diese beiden Tafeln aus Stein mag man als die ursprüngliche Bibel betrachten, als den ersten geschriebenen Kanon. Nun mußten sie durch ein Buch ergänzt werden (eine beschriebene Pergamentrolle), das die gleiche Heiligkeit und Autorität besitzen sollte.

Das Deuteronomium ist ein literarisches Meisterstück. Dem Sammelwerk wurde durch seine Form als Rede des Moses an die versammelten Israeliten kurz vor seinem Tode Einheitlichkeit, Dramatik und Pathos verliehen. Moses erzählt die Geschichte des Exodus und die des Zuges durch die Wüste, freilich nicht in natürlicher Reihenfolge, sondern wie sie sich im Verlauf seiner bewegenden Ermahnung ergibt. Eine derart gestaltete Komposition war nur dann möglich, wenn die intendierte Leserschaft mit dem ganzen Erzählstoff vertraut war, was als selbstverständlich gelten kann (so wie ein homerischer Sänger die ›Ereignisse‹ um Troja an einem beliebigen Punkte aufgreifen und davon ausgehen konnte, daß die Zuhörer die dahinterliegende Geschichte kennen würden). Die Einfachheit und zugleich hohe Redekunst dieses Buches sind äußerst bemerkenswert und tragen so sehr den Stempel eines individuellen Stiles, daß die im selben Stil einhergehenden, die Übergänge markierenden Schlüsselpassagen der historischen Bücher mit Gewißheit einer deuteronomischen Hand zugeschrieben werden können.

Das Erscheinen und die Rezeption des Deuteronomiums gab den Anstoß für die Redaktion eines umfassenden Torabuches, das die ganze Geschichte des Exodus in einem universalgeschichtlichen Rahmen und mit einer Zusammenfassung der Sinaioffenbarung erzählen sollte. So entstanden die vier anderen Bücher des Pentateuch, hauptsächlich auf der Basis von – wie es scheint – zwei halb-kanonischen Texten, von denen der eine unter dem Volk im Umlauf war (JE, eine Verflechtung der beiden sogenannten Quellenschriften des ›Jahwisten‹ und ›Elohisten‹), der andere unter den Priestern (P, die sogenannte Priesterschrift). Das Zusammenordnen dieser Texte setzte vor dem babylonischen Exil ein und wurde wahrscheinlich noch während des Exils vollendet. Als der jüdische Staat im 5. Jahrhundert v. Chr. unter Esra wieder errichtet wurde, stand an dessen Anfang die Tora oder der Pentateuch, als sein Hauptpfeiler und seine geistige Stütze. Weitere kanonische Bücher kamen unter Esra und seinen Nachfolgern hinzu, die die Geschichte des Gottesvolkes auf seinen neuesten Stand brachten. Das ›Buch des Moses‹ (wie es im Buche Esra, Nehemia und der Chronik genannt wird) bewahrte seine Vorrangstellung als Hauptoffenbarung und als Bericht der Wunder der Befreiung, mit denen die Anwesenheit Gottes bei der Konstitution Israels als Volk bestätigt wurde.

## Die Inhalte der Bibel

Die Inhalte der hebräischen Bibel beschreibt man am besten nach den in ihr enthaltenen Gattungen.

*Historische Schriften:* Zu ihnen gehören die Bücher Josua, Richter, Samuel und Könige, die eine fortlaufende Chronik vom Tode Moses bis zur Zerstörung des Tempels und zum babylonischen Exil ergeben. Diese Bücher gelten der Tradition als die ›Vorderen Propheten‹ (da man glaubte, sie seien von Propheten verfaßt worden), obwohl ihr Inhalt nicht ›prophetisch‹ im Sinne von ›seherisch‹ oder orakelhaft ist (die wirklichen Prophetenbücher der Bibel sind demnach die ›Hinteren Propheten‹). Außerdem finden sich einige historische Prosa-Abschnitte inmitten der poetischen Propheten-Schriften. Hierher gehören auch die beiden Chronikbücher, wiewohl sie von den genannten etwas verschieden, da sie sehr viel spätere (4. Jahrhundert v. Chr. zur Zeit des Zweiten Tempels) Neubearbeitungen der älteren Werke sind.

Die historischen Schriften gehören in gewisser Hinsicht zu dem bemerkenswertesten Teil der ganzen Bibel, obwohl sie in einem einfachen und zuweilen prosaischen Stil geschrieben sind. Der Aufstieg und Fall der Nationen wird in ihnen als die Erfüllung einer dem Menschen von Gott gestellten Aufgabe verstanden. Sie sind keine bloßen Hofannalen (wie die babylonischen Chroniken), sondern sie geben ein Gesamtkonzept der Universalgeschichte, das auf eine endgültige Erfüllung hindeutet. Diese historischen Schriften vermitteln trotz ihrer Schematisierung (nach der ein nationales Unglück einer nationalen – entsprechend oft übertriebenen – Sünde, zugeschrieben wird) ein lebhaftes Gefühl echten menschlichen Lebens. Es sind wirkliche Menschen, die leiden, sich freuen, lieben, hassen, helfen, verraten, intrigieren, kämpfen und fliehen.

Die Geschichte dieser Schriften haben sich dem Denken der westlichen Welt eingeprägt: der Tod Simsons, die Jugend Samuels, Davids Kampf gegen Goliath, der Tod Absalons, das Gebet Salomos, der Besuch der Königin von Saba, die Auseinandersetzung Elias mit Ahab und viele andere. Der mit dem Gedanken einer übergreifenden planvollen Absicht verbundene Sinn für Aktualität bewerkstelligt die Verschmelzung von Universalismus und Partikularismus, die für das Judentum typisch ist: der Gedanke, daß Gottes Plan sich gerade im Kampf

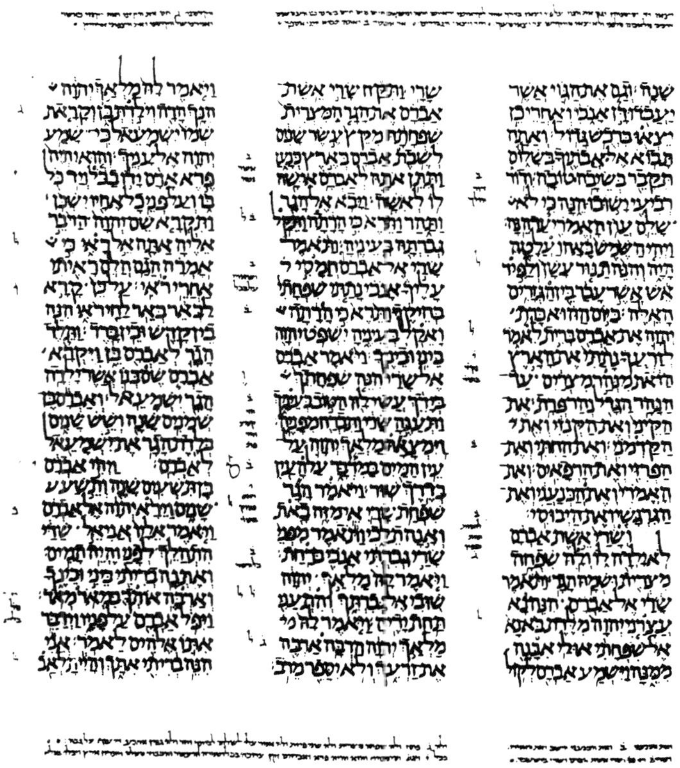

*Eine Seite aus der frühesten vollständigen Bibelhandschrift, dem Kodex Leningrad B 19a, geschrieben im Jahre 1008. Sie gilt als Repräsentant der Vokalisierung der Ben-Ascher-Schule, die von den jüdischen Autoritäten als der Ben-Naftali-Schule (beide in Tiberias) überlegen angesehen wurde. Sie wurde der dritten Ausgabe der Biblia Hebraica (Stuttgart, 1937) zugrunde gelegt und erhielt so den Vorzug vor der Rabbinerbibel des Jakob ben Chajim ben Adonja (veröffentlicht durch Bomberg). Diese Seite enthält Genesis 15,14-17,4. Die Kapitelanfänge sind durch einen großen Buchstaben (Samech) am rechten Rand markiert. Die Masora Parva findet sich an den Rändern, die Masora Magna oben und unten.*

des materiellen Lebens, mit all seinen Rückschlägen und Entgleisungen, seinen Weg zu einer Lösung bahnen muß.

*Poesie:* Nationalepen oder -sagen sind meist in Versen geschrieben. Daß die wichtigste Erzählung der hebräischen Bibel dagegen in schlichter, nüchterner Prosa geschrieben ist, ist für ihre ›Alltags-Mystik‹ und für ihre Nutzbarmachung des täglichen Lebens zu Zwecken, die anderswo nur Göttern oder halbgöttlichen Helden vorbehalten sind, symptomatisch. Dennoch spielt die Poesie in der Bibel eine wichtige Rolle. Sie tritt hervor in Augenblicken besonderer Gefühle oder Inspiration: bei der Feier eines Triumphes, dem Beklagen einer Niederlage, der Ausschmückung eines prophetischen Spruches, beim Zelebrieren einer kultischen Handlung. Die Poesie ist eine ältere Ausdrucksform als die Prosa; demgemäß sind einige der ältesten Abschnitte der Bibel poetischer Natur, wie z.B. das Schilfmeerlied (Ex 15), die Segenssprüche des Bileam (Num 24), der Jakobs- und Mosessegen (Gen 49 und Dtn 33) und die Klage Davids über Saul und Jonathan (2 Sam 1). Die hebräische Poesie unterscheidet sich von der Prosa durch einen anderen Rhythmus und teilweise verschiedenen Wortschatz. Jedoch ist sie nicht metrisch, wie der griechische Vers, mit genauer Regelung der Silben und Akzente. Man kann sie eher freien Versen vergleichen, wiewohl einige Gelehrte wenigstens ansatzweise gewisse Regeln erkannt haben. Ihr Grundmuster ist die rhythmische Wiederholung, der sogenannte Parallelismus Membrorum: z. B. »Wie lieb-

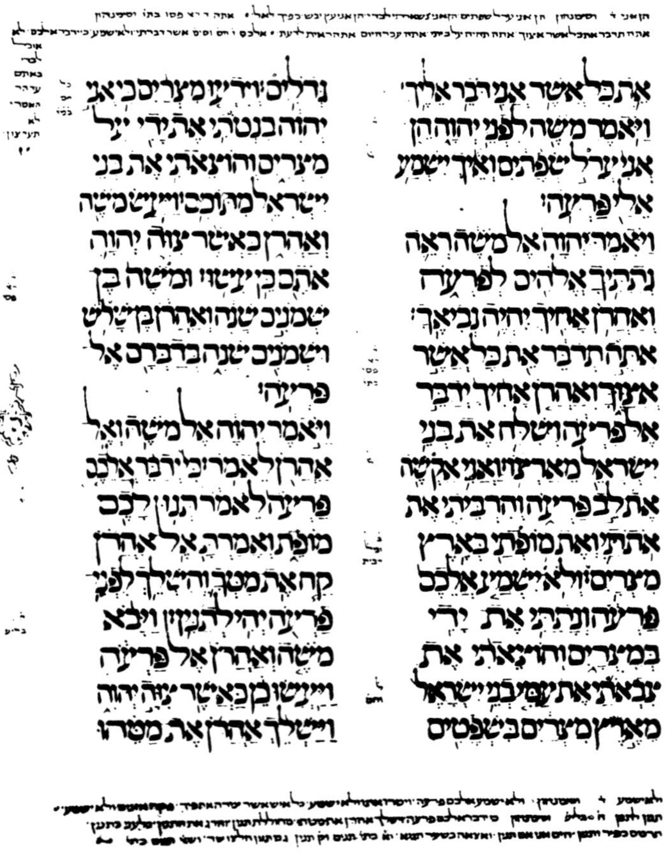

*Kodex Hillel, eine spanische Bibelhandschrift, 1241 in Toledo von Israel ben Isaak ben Israel von einem sehr alten Manuskript, das als »der Hilleli« bekannt ist, abgeschrieben, welches geraume Zeit vor dem Jahre 1000 von Hillel ben Moses ben Hillel geschrieben worden war. Diese Seite enthält Exodus 6,29-7,10. Der verzierte Buchstabe auf der linken Seite markiert das Ende eines Abschnittes.*

lich sind deine Zelte, o Jakob, deine Hütten, o Israel!« (Num 24,5). Sie verwendet häufig einen rätsel- und orakelhaften Stil, kann aber auch in die Unmittelbarkeit heftiger Gemütsbewegungen übergehen, sei es aus Entrüstung oder aus Pathos. Ihr eignet vor allem eine lyrische Form, und sogar umfangreiche poetische Werke, wie das Hohelied oder die Bücher der Propheten, sind in Wirklichkeit Sammlungen relativ kurzer Gedichte.

Eine Ausnahme stellt das Buch Hiob dar, das zwar teilweise Prosa ist, aber doch die umfangreichste zusammenhängende poetische Komposition der hebräischen Bibel enthält, die durch die Form eines Dramas zusammengehalten wird.

Während die prophetischen Schriften (vgl. den nächsten Abschnitt) öffentliche Publikumsdichtung religiös-politischer Art enthalten, ist das Buch der Psalmen eine große Sammlung individueller Dichtung. Obwohl viele dieser Lieder für die musikalische Aufführung während des Tempelgottesdienstes gedacht waren, ist ihr Stil dennoch meist von persönlich-individueller Frömmigkeit geprägt. Es ist erwähnenswert, daß diese Psalmen keine magische Absicht verfolgen. Sie kennen weder Beschwörungen noch Zauberformeln, mit deren Hilfe durch die Wirkung von Gesetzen einer übermenschlichen Wirklichkeit quasi automatische Wirkungen hervorgerufen werden sollen. Statt dessen sind sie Ausdruck einer persönlichen Begegnung zwischen dem Menschen und Gott. Der Dichter bringt sein Leid vor Gott oder äußert seine Freude und Dankbarkeit und seine persönliche Betroffenheit von Gottes Eingreifen in der Geschichte. Das Bemühen, die Magie zurückzudrängen und abzuweisen, kennzeichnet die gesamte hebräische Bibel, aber in den Psalmen tritt die Wirkung dieses Bemühens auf das geistige Leben am klarsten zutage.

Ein Buch mit Dichtungen eigener Art scheint das Hohelied zu sein, eine Sammlung von Liebeslyrik ohne religiöse Absicht. Diese anmutig sinnlichen Gedichte mit ihrem Lob der Braut und der Zwiesprache der Liebe entstammen wahrscheinlich den Hochzeitsfeiern des Volkes und überliefern darum trotz ihrer späten Endredaktion zweifellos viel altes Gut. Wir haben hier Berührung mit der Folklore des israelitischen Volkes, das seine gelebte Erfahrung zur Bibel beisteuert. Die späteren Ausleger haben mit Hilfe allegorischer Deutung auch diese Gedichte des Hohenliedes mit den Themen der Auserwählung und Erlösung in Verbindung gebracht und so seinen Platz im Kanon gesichert. Gerade in ihrer säkularen Bedeutung als Lieder menschlicher Liebe sind sie indessen in einer Bibel, die so sehr die Freuden dieses weltlichen Lebens preist (vgl. z.B. Ps 104), nicht fehl am Platze.

*Die prophetischen Bücher (die ›Hinteren Propheten‹):* Die Schriften der Propheten sind eine poetische Kategorie, die ohne Parallele in der Weltliteratur dasteht. Ihr Stil gleicht zuweilen orakelhaften und ekstatischen Ausdrucksweisen in anderen antiken Sprachen, nicht aber ihr hoher ethischer Anspruch und ihre weltumfassende Vision.

Beschreibungen von prophetischen Gestalten, wie z.B. Elia, finden sich vor allem in den historischen Schriften der Bibel, wo sie allerdings mehr in der Rolle von Wunder-Tätern als in der von Lehrern auftreten. Demgegenüber wird von den großen Schriftpropheten, die selbst Schriften hinterlassen haben, nur Jesaja (und vielleicht Jona) in den historischen Schriften der Königsbücher erwähnt. Es scheint demnach, daß die Schriftpropheten eine Bewegung bildeten, die von der deuteronomischen, die die historischen Schriften redigierte, unterschieden war.

Der erste Schriftprophet war Amos. Er lebte im 8. Jahrhundert v. Chr. In seinem Werk erscheinen charakteristische Themen der Bewegung: der Vorrang der Ethik vor den Vorschriften des Kultes, die Ankündigung des Gerichts über eine Gesellschaft, die nicht auf Brüderlichkeit beruht, die Polemik gegen die Klasse der Reichen. Spätere Schriftpropheten fügten ein weiteres Thema hinzu: die endgültige Bekehrung der Welt zur Religion Israels.

Die Schriftpropheten repräsentieren eine Entwicklung oder Veränderung in der israelitischen Religion, wenngleich nicht in der Weise, wie einige Wissenschaftler annehmen wollen. Die Propheten waren nicht die Begründer des Monotheismus, denn er gehörte seit dem Exodus zum Glauben Israels. Sie waren auch nicht die ersten, die den Monotheismus mit der Ethik verbanden; auch dies war eine frühere Entwicklung, wie leicht aus der Geschichte von Sodom und Gomorrha, der öffentlichen Verurteilung Davids durch den Propheten Nathan und der Ahabs durch Elia sowie den ethischen Vorschriften der Gesetzessammlungen zu erkennen ist. Sie waren allerdings die ersten, die Ethik als höchsten Ausdruck des Monotheismus verstanden, und die ersten, die eine klare Unterscheidung zwischen der Gottesverehrung im Kult (den sie für fast symbolisch hielten, obwohl sie ihm seine ihm gebührende Stelle nicht streitig machten) und einer Gottesverehrung im Erweis von Taten der ›Barmherzigkeit‹ (oder Liebeserweis, hebräisch: Chesed) am Nächsten, die sie für das Wesentlichere

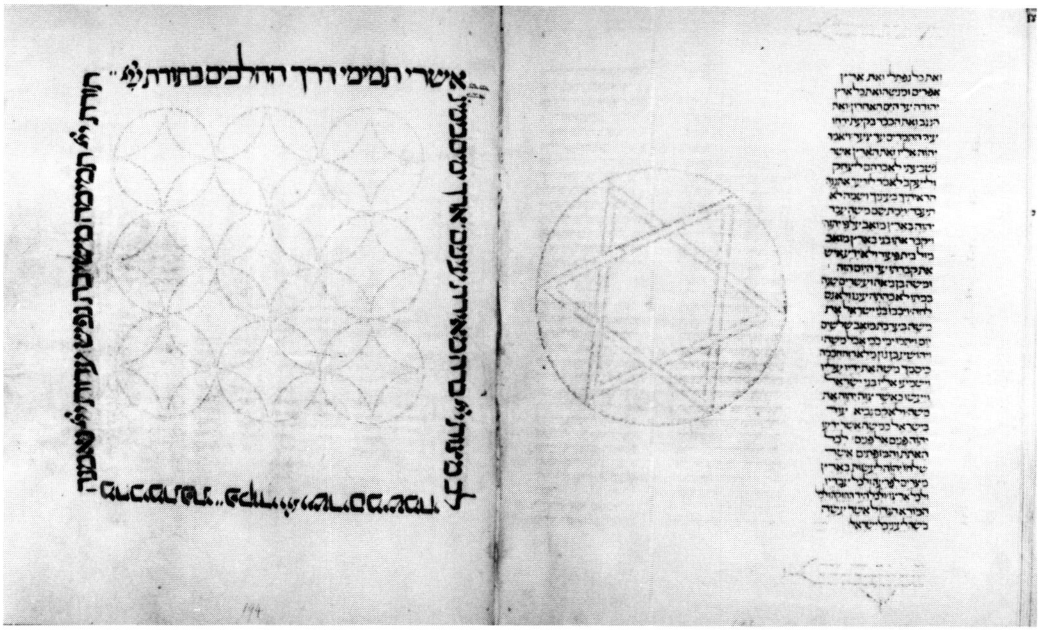

*Zwei Seiten aus der Merwas-Bibel, 1307 von Josef ben Jehuda Merwas für einen berühmten Höfling des Königs Alfonso von Kastilien, Mosche ben Josef Jehuda ha Nassi (der Fürst) geschrieben. Die Seite rechts enthält das Ende von Deuteronomium mit mikrographischen Zeichnungen aus den Worten der masoretischen Anmerkungen. Das Rechteck aus den fetten Buchstaben (links) besteht aus folgenden Bibelversen: Psalm 119,1, Psalm 19, 8-9 und Sprüche 3,16 (letzter Buchstabe aus Platzmangel ausgelassen). All diese Verse preisen die Tora.*

hielten, womit sie gleichsam der inneren Logik des Monotheismus Rechnung trugen. Bei den früheren Generationen lag die Betonung auf den ›machtvollen Taten‹ Gottes, durch die er Israel zu einem bestimmten Zweck auserwählt hatte. Erst nach und nach wurde man sich des Sinnes dieser Erwählung bewußt. Zuerst schien sie ein Zeichen des Wohlwollens, ein Geschick, von dem nicht erwartet werden konnte, es auf den Rest der Menschheit auszudehnen. Die heidnischen Nationen konnten darum selbst nicht einmal für ihren Götzendienst schuldig gesprochen werden, denn nur die besondere Erfahrung Israels befähigte es zu der Vorstellung eines Monotheismus. Die wachsende Erkenntnis der ethischen Natur Gottes brachte die Erwartung mit sich, daß die gesamte Menschheit aus einem allgemeinen Gefühl für die Ethik zum Monotheismus und zu einer weltweiten Herrschaft geführt werde, in der »die Erkenntnis Gottes« weltweiten Frieden und Bruderschaft hervorbringen würde. Solch ein Gedanke fehlte gewiß auch nicht im frühen Judentum (z.B. im Gebet Salomos, 1 Kön 8, 41), wird aber erst in der klassischen Prophetie, besonders bei Jesaja zu einem zentralen Thema:

> Denn von Zion wird die Weisung ausgehen, und das Wort des Herrn von Jerusalem ...
> kein Volk wird wider das andere das Schwert erheben, und sie werden den Krieg nicht mehr lernen
> (Jes 2, 3-4).

Diese eschatologische Vision, eine konsequente Folge des Monotheismus mit seinem die Menschheit und die sich widerstreitenden Antriebe der menschlichen Seele vereinigenden Impuls, ging dem Judentum nie wieder verloren.

*Die Weisheitsliteratur:* Eine andere Art Universalismus wird in der biblischen Weisheitsliteratur sichtbar. Wie bereits erwähnt, steht sie außerhalb des Rahmens der Heilsgeschichte Israels und ist der Ausfluß einer Weisheit, die der ganzen Menschheit gemeinsam ist. Sie ist monotheistisch (denn sie betrachtet beide, Polytheismus und Atheismus, als Torheit), aber sie kehrt zu einem Monotheismus einer alten (fiktiven), uranfänglichen Welt vor Entstehung des Polytheismus zurück. Solomo, der Archetyp eines Weisen, dem die Verfasserschaft der ›Sprüche‹ und des ›Prediger‹ zugeschrieben wird, war ein Israelit, dies wird jedoch in den genannten Werken nicht betont. Nur teilweise gehört das Buch Hiob – eine ursprünglich nicht-israelitische Erzählung – zu dieser Literaturgattung, denn es überschreitet sie, indem es die der alten Weisheitsliteratur für wesenhaft geltende Verbindung von Tugend und Reichtum leugnet. Im Buch Hiob hinterfragt die Weisheitsliteratur ihre eigenen Voraussetzungen. Hiobs schmerzliches Fragen bringt am Ende eine das menschliche Fragen zum Verstummen bringende Epiphanie Gottes hervor; damit ist die Weisheit zum ›Sturm und Drang‹ der Offenbarung durchgedrungen – in eine Welt, in der man nichts versteht, außer daß Gott das Schweigen gebrochen hat.

*Die apokalyptische Literatur:* Das Buch Daniel ist im Kanon das einzige Beispiel für eine Literaturgattung, die zur Zeit des Zweiten Tempels überaus beliebt war, die apokalyptische Literatur, die behauptet, durch Visionen aufzeigen zu können, wie alle Dinge in einer letzten Katastrophe und im Endgericht zur Lösung kommen werden. Diese Visionen unterscheiden sich von der klassischen Prophetie durch ihr Interesse an ›geheimen‹ Informationen und weniger an utopischen Hoffnungen; sie sind voller Chiffren und verschlüsselter Botschaften. Solche apokalyptischen Schriften entstanden aus einem Gefühl der Ohnmacht und der Frage, warum sich der Triumph Israels über den Götzendienst so lange verzögerte. Die Antwort waren kunstvolle Einteilungen der Geschichte in Epochen: Sobald das ganze Schema seinen Weg durchschritten hat, würde die Erlösung nahen. Die klassische Prophetie hat sich damit nicht befaßt. Sie wollte vielmehr durch Tadel und Gerichtsandrohung aufgrund der religiös-politischen Situation der Zeit Israel zur Umkehr führen. Einige apokalyptische Elemente finden sich bei Ezechiel, jedoch ist sein Standpunkt noch der der klassischen Prophetie; er mag vom Winde fortgetragen werden und Visionen haben, aber sein Ziel bleibt eine aktuelle Botschaft an Israel. Die große Masse apokalyptischer Schriften wurde aus dem Kanon als ohne wahre Inspiration entstanden ausgeschlossen. Man verweigerte sogar (dem nur teilweise apokalyptischen) Daniel den prophetischen Status und verwies ihn zu den ›Schriften‹ (Hagiographen). Die von den apokalyptischen Schriften am meisten beeinflußten Sekten waren

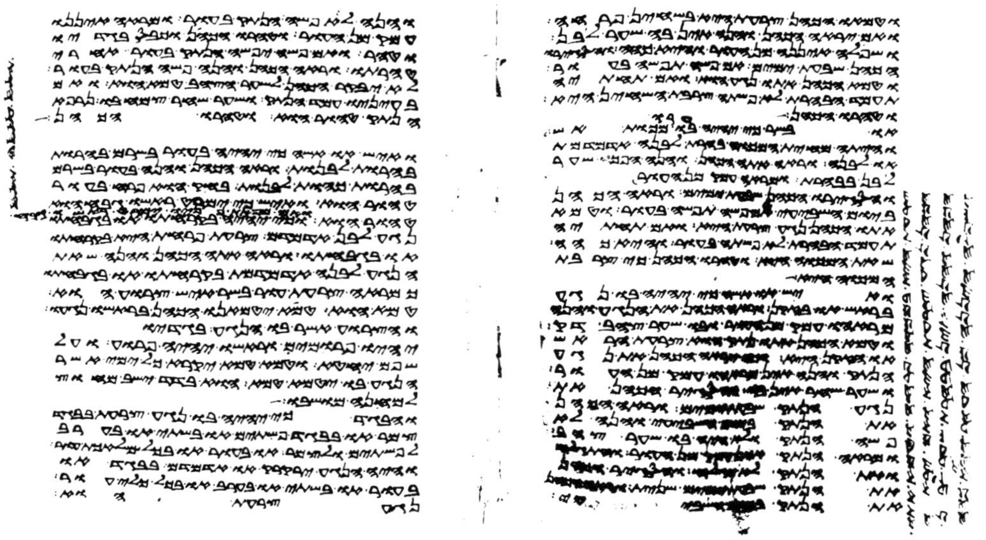

*Ein samaritanischer Pentateuch, 1468-69 in Nablus von Ab Nasana ben Sadaka geschrieben, enthält diese Seite aus Leviticus 13, 20-49, die von den Aussatzbestimmungen handeln. Der Schreiber hat unachtsamerweise die Verse 25-26 (rechte Kolumne) ausgelassen und das Fehlende am Rand nachgetragen (ein ähnlicher Fehler findet sich in der linken Kolumne). In der rechten Kolumne unten rechts hat der Schreiber das Material so geordnet, daß die Wiederholungen des Wortes (ha-neteq, »Aussatz«) senkrecht untereinander stehen. Trotz der Fehler gefällt die Handschrift wegen ihrer kühnen, reizvollen Schrift.*

die von Qumran und die christliche Kirche, die solche Werke noch überlieferte, nachdem das Judentum sie aufgegeben hatte.

*Gesetzliche Schriften:* Die Schriften außerhalb des Pentateuch, soweit sie bisher beschrieben wurden, enthalten wenig gesetzliches Material. Nicht deshalb, weil das Gesetz in nachmosaischer Zeit für unwichtig erachtet worden wäre; im Gegenteil, das Gesetz wurde für so bedeutend gehalten, daß es auf den heiligsten Teil der Bibel, den Pentateuch, die Tora im engeren Sinne begrenzt blieb und ihm dort die Autorität als der Uroffenbarung vom Sinai zuteil wurde. Keinen anderen Propheten als Moses selbst hielt man für würdig, Mittler des göttlichen Gebotes zu sein. Bemerkenswerter ist jedoch – angesichts der Praxis anderer Staaten des Mittleren Ostens –, daß nicht ein einziges Gesetz, das ein König erlassen hatte, in der Bibel erhalten ist. Das Recht war keine Sache der staatlichen Ordnung, sondern des geistigen Lebens. Das Gesetz steht im Zentrum der Religion Israels.

Die Hochschätzung des Gesetzes begann nicht nach dem Exil, wie einige behaupten, sondern war von Anfang an Teil der Religion. Viele Religionen gründen in der Überzeugung, daß Freiheit und Liebe mit dem Gesetz unvereinbar seien; in der israelitischen Religion galt gerade die entgegengesetzte Überzeugung: Freiheit und Liebe können nur mittels des Gesetzes Ausdruck finden. Die radikale Veränderung der Gesellschaft verlangte nach einer neuen Verfassung auf neuen Prinzipien der Brüderlichkeit. Große Erneuerungen (wie sie die Französische oder Amerikanische Revolution brachten) sind immer wieder Anregungen für das Recht, hauptsächlich dann, wenn der dahinterstehende Impetus der Achtung des menschlichen Körpers und der menschlichen Gemeinschaft entspringt.

## Das göttliche Recht

Das Recht der Tora unterschied sich in vielerlei Hinsicht von den zeitgenössischen Rechtssystemen. Es ließ das Gesetz transzendent sein, indem es direkt von Gott abgeleitet wurde. Die Unterscheidung zwischen Gesetz und Moral, ebenso zwischen profanem und religiösem Recht war damit hinfällig. Mit der Idee des Bundes, der nicht nur das Individuum, sondern das ganze Volk, das die Gebote beachten sollte, einschloß, war die Verschmelzung von profanem und religiösem Recht erreicht. Das ganze Recht wurde somit zur Verfassung, die jedes Individuum zu halten gelobte. Für jeden einzelnen war es daher erforderlich, das Recht zu studieren und zu kennen. Bereits im ältesten Stadium des Torarechtes, dem Bundesbuch im Exodus (Ex 20,22 - 23,33), zeichnen sich diese Grundzüge ab.

Im Gesetz selbst wird auch der dem Individuum neu gegebene Wert reflektiert (eine Folge seines utopischen Geistes). Nicht das Eigentum, sondern das Leben ist jetzt der höchste Wert. Eigentumsdelikte werden mit erstaunlicher Nachsicht gehandhabt, während Mord nicht wie in benachbarten Kodizes mit finanzieller Entschädigung noch mit der Bestrafung eines Stellvertreters gesühnt werden kann. Mord gilt als ein Verbrechen wider Gott, nicht als eines gegen Menschen.

Unter dem Einfluß der hebräischen Bibel hat das Judentum immer empfunden, daß das Recht eine Hauptquelle des religiösen Lebens darstellt. Wohlklingende Gefühle, selbst solche wie das »Du sollst deinen Nächsten lieben wie dich selbst« (Lev 19, 18), werden ohne Definition in einem Verhaltenskodex als nutzlos erachtet. Aufgabe des Gesetzes ist es, alle menschlichen Situationen zu bedenken, um zu erkennen, was die Nächstenliebe unter allen möglichen Umständen konkret bedeutet. Das Recht wird so zu einer Wissenschaft vom Verhalten, deren Grundansätze sich bereits in der Bibel finden, es muß jedoch in neuen Zeiten unter neuen Umständen ständig weiterentwickelt werden. Ein Grundstock an Erkenntnissen über Weisen praktizierter Nächstenliebe ist niedergelegt und wird weitertradiert, damit nicht jede Generation aus dem Nichts heraus mit nur gutem Willen und wohlgemeinten Maximen von neuem beginnen muß.

Außer den ethischen Geboten und Bestimmungen über die Verpflichtung zur Entschädigung bei Verletzungen oder Raub (vgl. besonders Ex 21-23) enthält die Tora, hauptsächlich im Priestergesetz, kultische Vorschriften. Sie beinhalten die Beachtung eines Sabbat- und Festkalenders, den Dienst am Zentralheiligtum mit seinen Priestern und deren Gewänder, Vorschriften über die Tieropfer, ebenso Reinheitsvorschriften für den Tempelbezirk. Diese Gesetze stehen hauptsächlich im Buche Leviticus. Viele Einzelheiten dieser Regelungen sind Kulten anderer Nationen des Nahen Ostens entnommen. Dem Kult des einen Gottes sollte es weder an Schönheit und Würde fehlen, mit denen andere heidnische Kulte so verschwenderisch verfuhren, noch an einem Jahres-

*Daniel Bomberg, ein Christ aus Amsterdam, der sich in Venedig niedergelassen hatte, hat im Jahre 1525 eine Rabbinerbibel gedruckt. Es war sein zweiter Versuch, der Prototyp aller späteren Rabbinerbibeln wurde. Von dem Gelehrten Jakob ben Chajim ben Adonja herausgegeben, war sie der erste gedruckte Text, der die Targumim (aramäische Übersetzungen), die maßgeblichen jüdischen Kommentare und die Masora enthielt. Diese Seite (Genesis 43,29 bis 44,11, über Josef und seine Brüder) bietet einen Raschi-Kommentar auf der rechten und einen Ibn-Esra-Kommentar auf der linken Seite. Der Bibeltext ist die fettgedruckte Kolumne, die Kolumne links daneben das Targum Onkelos. Die Masora in zwei Teilen: die Masora Parva (sehr kurze Bemerkungen am Innenrand) und die Masora Magna, über dem Text und links unten. Der klare Druck der winzigen Vokalzeichen, Akzente und musikalischen Notationen war eine sehr große technische Errungenschaft für die damalige Zeit.*

zyklus, der in Prunk und Freude dem heidnischer Nationen nicht nachstehen sollte. Solche Anleihen bei anderen Kulten wurden jedoch in einer Weise gemacht, daß sie den Monotheismus nicht kompromittierten. Die heidnischen Bräuche erhielten neue Bedeutungen. So verloren zum Beispiel die Opfer im Judentum ganz ihre magische Funktion. Neben die Sühne wirkenden Opfer trat die Auffassung von der Sühne wirkenden Wiedergutmachung und Reue. Auch die Reinheitsvorschriften besaßen kaum mehr die Bedeutung exorzistischer Praktiken, die Dämonen und böse Geister vertreiben sollten. Sie dienten vielmehr der angemessenen Durchführung des Tempeldienstes. Mehr noch, die ganzen Zeremonialgesetze waren der Ethik untergeordnet. Die Propheten, jene Hüter des wahren Judentums, warnten regelmäßig vor Tendenzen, die dem Zeremonialgesetz substantielle und nicht zuvörderst symbolhafte Bedeutung zumessen wollten. Dies war keineswegs eine neue, von den Propheten nun plötzlich erfundene Haltung. Sie begegnet uns bereits in älteren Quellen (vgl. 1 Sam 15,22). Das Neue bei den Schriftpropheten lag vielmehr in dem Gedanken, daß ethische Verfehlungen zur Vernichtung des Staates und nicht nur zu individueller Vergeltung führen.

Die Kritik, die hebräische Bibel vertrete einen engen Ritualismus, entbehrt jeder Grundlage. Selbst das Priestergesetz tut dies nicht. Andere übliche Vorurteile gegen die hebräische Bibel müssen kurz erwähnt werden. Einige davon sind schlechterdings falsch, bedingt durch Verwirrung und Ignoranz.

Da ist z.B. die Rede von dem ›grimmigen und eifersüchtigen Stammesgott des Alten Testaments‹. Demgegenüber ist zu betonen, daß der Gott der hebräischen Bibel in keiner Weise stammesgebunden ist, er vielmehr vom ersten Vers der Genesis an als der Gott des ganzen

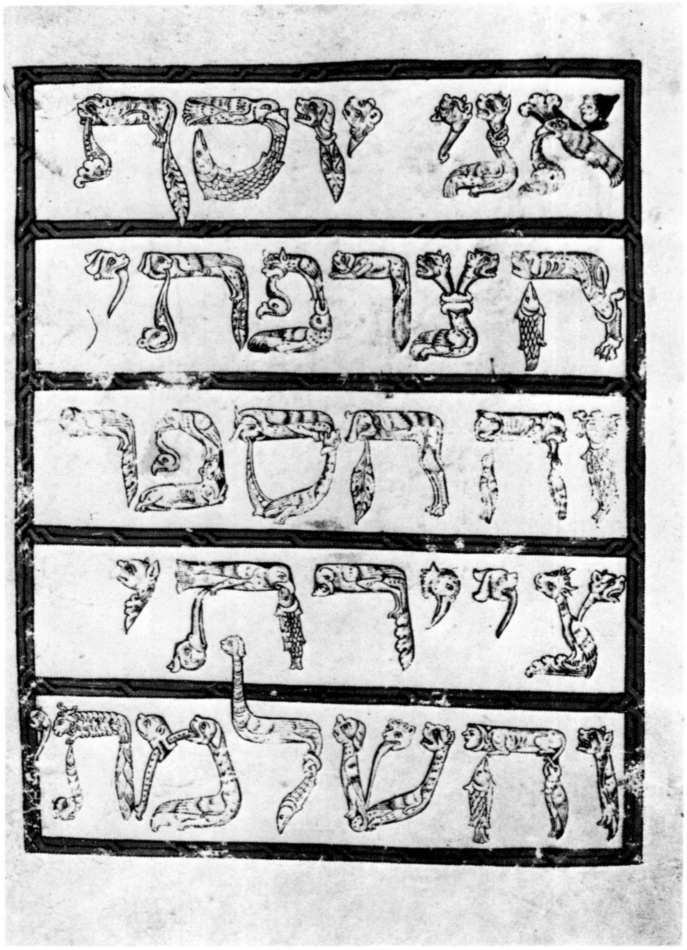

*Das Kolophon einer hebräischen Bibel war die Stelle, an der der Schreiber oder Illustrator gelegentlich seinen Namen schreiben oder sich in zusätzlicher ornamentaler Ausgestaltung ergehen konnte. Dieses, in grotesken Buchstaben in Form von Tieren, Vögeln und Fischen aus einer Bibel von 1299-1300 lautet:*

Universums erscheint. Zwar hat er Israel zu seinem besonderen Werkzeug auserwählt, nicht aber im Sinne einer rassischen Überlegenheitsvorstellung. Israel blieb sich vielmehr bewußt, daß es diese Erwählung nicht aus eigenem Verdienst erlangte und daß es eines der kleinsten und schwächsten Völker ist. Das Wort ›eifersüchtig‹, das man besser mit ›eifernd‹ wiedergibt, bedeutet so etwas wie ›unnachgiebig‹. Er ist ›eifernd‹, das Recht zu fordern und Unrecht zu verfolgen und keine anderen Götter neben sich zu dulden.

Der Gott der hebräischen Bibel ist nicht schmeichelhaft – er kann ein brennendes Feuer sein, dem man sich nicht unachtsam nähern soll. Auch paßt er nicht leicht in die Fesseln menschlicher Moralvorstellungen. Daneben wird jedoch immer wieder Gottes Gnade hervorgehoben, seine väterliche Liebe für den Menschen, für den er Wege zur Rechtfertigung bereitgestellt hat, die Einhaltung ethischer Vorschriften und eine Buße, ohne schreckliche Selbstverstümmelungen, ohne Menschenopfer oder halbgöttliche Erlöser.

Gott ist kein abstraktes Prinzip, wie der unbewegliche Beweger der griechischen Philosophen, sondern eine Person, die Liebe fühlt, Zorn, Freude und Kummer, und im Gebet angesprochen werden kann. Er ist nicht verborgen, sondern »nahe allen, die ihn anrufen« (Ps 145). Von den Menschen verlangt er keine ständigen Selbstbeschuldigungen oder Schuldgefühle, denn seine Gnade zu erhalten ist nicht schwer: ». . . denn dieses Gesetz . . . ist für dich nicht zu schwer und nicht zu ferne . . . sondern ganz nahe ist dir das Wort, in deinem Mund und in deinem Herzen, daß du danach tun kannst« (Dtn 30, 11-14). Das Volk Israel ist mit dem Bundesschluß in die Nähe Gottes gerückt, so daß es sein ganzes Leben in Seiner Gegenwart lebt. Es verspürt daher mit besonderer Heftigkeit Gottes ganze Liebe, aber auch seinen ganzen Zorn, wie ein bevorzugtes Kind, das in Gefahr steht, den Vater besonders schwer zu enttäuschen.

Aber Israel ist nicht das ausschließliche Ziel seiner Liebe. Propheten (z.B. Elia und Jona) werden geschickt, um nicht-israelitischen Nationen die göttliche Botschaft zu verkünden, und aus anderen Nationen werden Proselyten angenommen (z. B. Ruth, die Vorfahrin Davids!). Nicht-israelitische Weise und Fromme werden beschrieben (z. B. Noah, Hiob, Jetro). Gott, der Vater des Universums, liebt alle Menschen und Tiere: »Sein Erbarmen waltet über all seinen Werken« (Ps 145, 9).

Gegenüber dem gesetzlichen Teil der hebräischen Bibel wird ferner oft eingewandt, daß er grausam und rachsüchtig sei und auf dem Vergeltungsprinzip beruhe. Dies rührt von der falschen Auslegung des Gebotes »Auge um Auge, Zahn um Zahn, Hand um Hand, Fuß um Fuß, Brandmal um Brandmal, Strieme um Strieme« (Ex 21, 24-25) her, das man wörtlich verstanden hat. Andere Teile dieses Gesetzeskorpus zeigen indessen, daß dieses Verständnis irrig ist. Man beachte z.B. Vers 19 im gleichen Kapitel, der eine finanzielle Entschädigung für eine fast tödliche Verletzung vorsieht. In dem sehr alten vor-israelitischen Kodex, dem der Ausdruck »Auge um Auge« entnommen wurde, mag ein wörtliches Verständnis gemeint gewesen sein, in der Bibel jedoch (wie auch in parallelen Kodizes wie etwa dem des Hammurabi) sollten solche Wendungen lediglich das moralische Grundprinzip vermitteln, daß derjenige, der ein Unrecht begeht, dieses Unrecht zunächst internalisieren mußte, um aus dem dermaßen nachempfundenen Schmerz und der Buße darüber dann den angemessenen Schadenersatz leisten zu können. Dies entspricht der psychischen Wirklichkeit, die auch späteren jüdischen Formulierungen zugrundeliegt, wie z.B. der von Hillel (60 v. Chr. - 20 n. Chr.): »Was du haßt, füg auch deinem Nächsten nicht zu«. [Bedenkenswert ist auch die von A. Alt vorgetragene These, daß die Talionsformel ihren Ursprung gerade in der stellvertretenden Ablösung einer eigentlich der geschädigten Gottheit zukommenden gleichwertigen Ersatzleistung hat. Die Formel deklarierte demnach die tatsächlich gegebene Geldentschädigung als vollwertigen Realersatz.]*

Ein weiterer, zum Teil berechtigter Vorwurf ist, daß die hebräische Bibel heftige Ausfälle gegen die Feinde Israels enthalte. Dazu gehören der Fluch über Amalek (Ex 17,14), das Gebet um Rache an Babylon in Psalm 137 und die Prophezeiungen Nahums gegen die Assyrer. Diese Abschnitte besitzen freilich nicht die Höhe der über die Völkergrenzen hinausgehenden Botschaft, die wir bei Jesaja finden. Aus den Tiefen der Niederlagen und aus der Verzweiflung heraus sind sie immerhin verständlich. Eine Parallele finden wir im Neuen Testament, z.B. in der Verfluchung Kapernaums durch Jesus (Mt 11,23).

Ernsthafter ist schon die behauptete Billigung der Ausrottung der kanaanäischen Vorbewohner Israels. Im Buch Exodus wird den Israeliten eingeschärft, die Kanaanäer nicht auszurotten, sondern sie zu »vertreiben« (Ex 23, 28-32). Hinter all diesen Aussagen, die in ihrer Befremdlichkeit nicht herabgemindert werden sollen, steht wohl der Gedanke an einen völligen Neubeginn der Eingewanderten, die sich nicht an dem ›heidnischen‹ Unwesen der Urbewohner beteiligen sollen.

Die Erlaubnis, die Kanaanäer aus »ihrem Besitz zu vertreiben«, wurde indessen niemals auf eine generelle Erlaubnis, alle ungläubigen Nationen zu vertreiben, ausgedehnt.

Nur das Heilige Land sollte vom Götzendienst befreit werden. In Wahrheit schlossen sich jedoch viele der Kanaanäer der israelitischen Gemeinschaft an. Im biblischen Text gibt es keine Grundlage, die israelitische Landnahme zur Rechtfertigung christlicher Eroberungen in Südamerika oder anderswo zu benutzen. Längst wurde der Wissenschaft klar, daß die Terminologie der deuteronomistischen Schule, die die Vernichtung der Kanaanäer einschärft, am ›Schreibtisch geschaffen‹ (Weinfeld) wurde. Sie war Bestandteil einer Polemik gegen den Götzendienst, die Manasses Abfall im 7. Jahrhundert v. Chr. folgte.

In der hebräischen Bibel finden sich unzählige Gewalttaten. Man hält nicht die andere Wange hin, sondern kämpft, wenn man angegriffen wird, oder verteidigt, was man für verteidigenswert hält. In der Hitze revolutionärer Stimmung geschehen grausame Dinge. Aber ebenso gibt es ein starkes Gespür für die Grenzen der Gewalt und für die Heiligkeit des Lebens. Willkürliche Rache wird als Ausdruck des Hasses und der eigenen Befriedigung angesehen. Statt dessen gibt es das bindende Gebot, wonach private Fehden gebannt werden. Selbst die Strafe wird hier zu einer Form der Liebe, weil sie gegen das Verbrechen, nicht aber gegen den Menschen gerichtet ist, der Buße übt, indem er die fällige Strafe ableistet.

Ein anderer Einwand gegen das biblische Gesetz gilt seinem angeblichen anti-feministischen Zug. Viele Vorwürfe davon sind Mißverständnisse. Dtn 22,20 meint z.B. nicht, daß eine unverheiratete Frau, die ihre Jungfräulichkeit verloren hat, hingerichtet werden soll – wie sollte dann das Gesetz, das von einem Mann fordert, die Frau zu heiraten, die er verführt hat (Ex 22,15), wohl je wirksam geworden sein? Das biblische Recht kann ohne das ihm zugehörige kasuistische Recht nicht verstanden werden (ebensowenig wie das römische Gesetz auf der Grundlage der Zwölf Tafeln oder das angelsächsische Recht auf der des ungeschriebenen Gewohnheitsrechtes kritisiert werden kann). Im großen ganzen können die Gebote, die Frauen betreffen, im Vergleich zu ihrem Alter als aufgeklärt gelten. Sie wurden in der Praxis ständig verbessert, wie die Apokryphen und der Talmud zeigen. Frauen gegenüber bezeugt die Bibel große Achtung: den vier Ahnfrauen, Mirijam, Debora, Hulda (alle sind Prophetinnen), Hanna, Abigail, Ruth und Esther. Man vergleiche auch das Lob der idealen Frau in Spr 31.

**Der Abschluß des Kanon**

Die eigentlichen Gesetzeskorpora der Tora sind äußerst einfach und summarisch. Sie können niemals das ganze Recht, nach dem die Gesellschaft verwaltet wurde, gewesen sein. Es muß Ergänzungen und Sammlungen von Rechtsfällen gegeben haben, in die die Entwicklung des Rechtes unter den wechselnden Umständen aufgenommen war. Was geschah mit all diesem ergänzenden Präzedenzrecht? Die Antwort muß lauten: daraus entwickelte sich das sogenannte ›mündliche Gesetz‹, das ein Teil der ›Mündlichen Tora‹ ist. Erst nach der Schaffung des biblischen Kanon wurde die mündliche Überlieferung des Präzedenzrechtes besonders beachtet. Die Existenz eines schriftlichen Kanon ließ für eine gewisse Zeit eine Abneigung dagegen entstehen, Schriften, die in Konkurrenz zum Kanon treten könnten, offiziell zu verbreiten. Sie wurden vielmehr im Gedächtnis eingeprägt und dann nur in mnemotechnischer Form niedergeschrieben.

Währenddessen erhielt der Kanon nur schrittweise seinen letztgültigen Umfang. Der erste Teil, der als Heilige Schrift anerkannt wurde, war die Tora im engeren Sinne, d.h. der Pentateuch. Sie wurde erst zur Zeit der Rückkehr aus dem Exil und der Wiedererrichtung des Zweiten Tempels vollendet, wie aus den Büchern Esra und Nehemia zu erkennen ist. Auch der zweite Abschnitt des Kanon, die ›Propheten‹ (Nevi'im), zu denen auch die sogenannten ›Vorderen Propheten‹ (die historischen Bücher) zählen, ging wohl damals seinem Abschluß entgegen, wurde allerdings nicht vor dem 14. Jahrhundert v. Chr. endgültig abgeschlossen, wobei die nachexilischen Propheten, Haggai, Sacharja und Maleachi hinzukamen.

Den letzten Teil des Kanon bildeten die sogenannten ›Schriften‹ (Ketuvim), die jedoch bis in eine sehr viel spätere Zeit im Flusse blieben. Erst gegen Ende des 1. Jahrhunderts n. Chr. erhielt dieser Teil seinen endgültigen Umfang, wiewohl es Hinweise gibt, daß er selbst noch später ungewiß blieb. Welche Bücher zu den ›Schriften‹ gezählt werden sollten, war selbst bei den Weisen der mischnischen Zeit noch umstritten (Meinungsverschiedenheiten gab es bezüglich des Prediger, Esther und

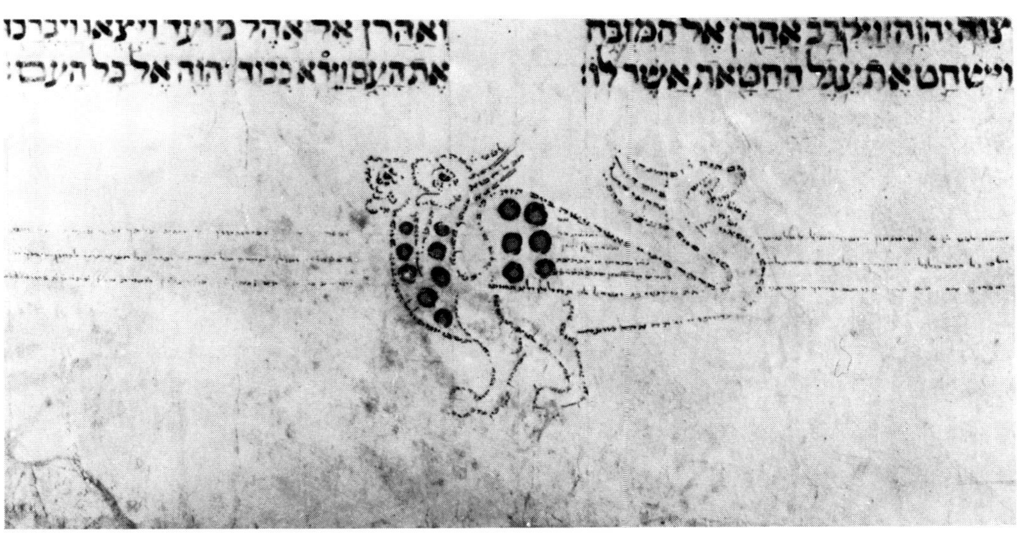

*Mikro-Schrift, so winzig, daß sie praktisch mit bloßem Auge unlesbar ist, wurde zu einer merkwürdigerweise weitverbreiteten Manier in mittelalterlichen jüdischen Handschriften (vgl. S. 130, Abb. 5). Dieses Kolophon zu einer Bibel, geschrieben 1301 von Joschua ben Abraham ibn Gaon von Soria in Spanien, hat die Form eines vielköpfigen Vogels, gebildet aus Zeilen in kleinster Schrift.*

des Hohenliedes). Absolute Einigkeit herrschte dagegen über den Umfang der Tora, während bei den Propheten lediglich bezüglich Ezechiels, wegen seiner vom Pentateuch abweichenden kultgesetzlichen Bestimmungen Uneinigkeit bestand.

Durch die griechische Übersetzung der Bibel, die Septuaginta, erhalten wir Hinweise über die Entwicklung des Kanon im 3. Jahrhundert v. Chr. Diese älteste Übersetzung der hebräischen Bibel wurde begonnen, als der Kanon noch nicht abgeschlossen war, wurde allerdings noch durch andere Übersetzer bis nach Beginn der christlichen Zeit fortgeführt. Die Septuaginta folgt jedoch (außer im Pentateuch) einer von der hebräischen Bibel abweichenden Anordnung ihrer Bücher. Sie ist in drei thematische Abschnitte geordnet: in einen geschichtlichen, einen poetischen und einen prophetischen. Ferner sind in der Septuaginta Bücher enthalten, die der hebräische Kanon ausschloß (unter anderen Tobit, Judith, Makkabäer), wenngleich ihre Anzahl je nach Ausgabe verschieden ist. Die frühen Übersetzungen der Septuaginta geben wertvolle Hinweise auf ein früheres Textstadium (d.h. gegebenenfalls auf eine variierende Textrezension), so daß der hebräische Text oft nach dem griechischen verbessert werden kann, wiewohl der griechische Text dem hebräischen nicht generell vorzuziehen ist. Die Übersetzung der Septuaginta wurde für den Bedarf der hellenistischen Juden in Alexandria angefertigt, dann aber von den Juden aufgegeben, aber von der christlichen Kirche übernommen. Die hebräische Bibel blieb danach die einzige Quelle weiterer jüdischer Übersetzungen, z.B. ins Griechische und Aramäische.

Die hebräische Bibel bestand nach Abschluß des Kanon schließlich aus 24 Büchern, wobei allerdings die zwölf kleinen (d.h. kürzeren) Propheten als ein Buch gezählt werden, ebenso Esra und Nehemia. Spät war auch die Aufteilung der Samuel-, König- und Chronikbücher in je zwei Teile, zumindest was die hebräische Bibel betrifft (vgl. die Ausgabe von Bomberg, 1521), wenngleich sie schon in der Septuaginta zu finden ist. Auch in der Anordnung der prophetischen Bücher und der ›Schriften‹ bestanden noch lange Unterschiede. Erst mit der Erfindung des Buchdruckes kristallisierte sich die jetzige Anordnung heraus. Die Luther-Bibel hat die thematische Gliederung der Septuaginta übernommen. Jahrhundertelang war die Bibel nicht ein einziges Buch, sondern eine Sammlung von Schriftrollen (die Frage der richtigen Reihenfolge war somit wahrscheinlich eine Frage der Bibliothekslagerung). Die ersten Kodizes oder zusammenhängenden Bücher der hebräischen Bibel erschienen erst im frühen Mittelalter. Bis zum heutigen Tag wird die Tora für den synagogalen Gebrauch mit der Hand auf Pergamentrollen geschrieben, wie bis in die jüngste Zeit auch andere biblische Bücher, die fünf Rollen *(Megillot):* das Hohelied, Ruth, die Klagelieder, Prediger und Esther.

Die Geschichte der Überlieferung des hebräischen Bibeltextes ist äußerst komplex. Die neueren Funde von Qumran und Massada haben neues Licht auf sie geworfen. Sie bestätigen, daß der Text zur Zeit der persischen und griechischen Herrschaft noch nicht endgültig festgelegt war, wiewohl sie zugleich bezeugen, daß der für die Juden später durch Schriftgelehrte und die Textexperten der Masoretenschule als autoritativ festgelegte Text genauso alt wie jeder andere war und weniger verbesserungsbedürftig ist, als man ursprünglich dachte.

Das Erscheinen der Bibel in ihrem Endstadium (aber auch schon davor) hatte eine tiefe Wirkung auf das Denken und den Charakter des jüdischen Volkes. Von nun an waren sie ein Volk des Buches. Das Studium der Bibel wurde zu einer heiligen Sache und die Person des Gelehrten genoß hohes Ansehen. Lernen wurde jedoch nie als Vorzug einer bestimmten Schicht angesehen, und so führte denn auch die Betonung des Studiums nicht zu einer Entwicklung von Klassen, sondern mehr zu dem Leitbild einer allumfassenden Bildung. Die Bibel wurde zum Mittelpunkt eines das ganze Volk einbegreifenden Bemühens um Bildung. Die neue Schicht der Weisen, der Schriftgelehrten und Rabbinen rekrutierte sich aus allen sozialen Gruppen. Obwohl Esra, der erste Schriftgelehrte, ein Priester war, verlor der Schriftgelehrtenstand sehr schnell seinen priesterlichen Charakter und wurde zu einer klassenlosen intellektuellen Elite, die sich nur nach ihrem intellektuellen Vermögen zusammensetzte und ihre Weisheit und Einsichten dem ganzen Volk weitergab. Dieses Lernen, in dessen Mittelpunkt die Bibel stand, hatte nichts Esoterisches an sich. Es gab auch keine Geheimnisse, die durch Initiationsriten oder andere Qualifikationen hätten erworben werden müssen. Zwischen den Gelehrten und den gewöhnlichen Menschen bestand auch keine unüberbrückbare Kluft. Ganz im Gegenteil, vom Gelehrten wurde erwartet, daß er sich nicht nur durch öffentliche Vorträge, sondern auch durch die Umsetzung seiner Kenntnisse in praktische Arbeit als Richter oder Schlichter von Streitfällen als verständig erweise. Gelehrsamkeit als Selbstzweck war nicht geschätzt.

## Die Nachfolgeliteratur

Das stetige und intensive Studium der Bibel führte zwangsläufig zu einer umfangreichen Sekundärliteratur, die nun ihrerseits auch wieder zum Gegenstand des Studiums wurde. Die Mündliche Tora entstand wie gesagt durch das Erscheinen der Schriftlichen. Sie war das in der Schrift ausgelassene erklärende und ergänzende Material, das für die Durchführung des praktischen und rechtlichen Lebens dennoch unentbehrlich blieb. Dieses Material wurde ›tradiert‹ oder ›herabgereicht‹ (um einen Ausdruck des Josephus und der rabbinischen Literatur zu verwenden), teilweise von Mund zu Mund, teilweise durch das Nachahmen im Brauche, teilweise aber auch in Form schriftlicher Sammlungen, die ausschließlich für den privaten Gebrauch bestimmt waren. Dieses traditionelle Material erfuhr dann seinerseits in einem riesigen Korpus neuer Entscheidungen und exegetischer Anmerkungen seine Ergänzung, bis schließlich die Hemmungen gegen eine offizielle schriftliche Niederlegung des gesamten Materials überwunden wurden und die Mischna (gesetzliche Texte) und der Midrasch (erbaulich-exegetische Texte) im 2. und 3. Jahrhundert n. Chr. Gestalt gewannen. Unter den hellenistischen Juden Alexandrias entstand eine andere Art hauptsächlich auf griechischen Formen der Philosophie und der Literaturkritik basierende Ergänzungsliteratur. Diese in griechischer Sprache verfaßte Literatur war ohne Hemmungen niedergeschrieben worden, da sie mit dem kanonischen Status der Schriften keinesfalls konkurrieren konnte. Die bedeutendste Gestalt dieser jüdisch-hellenistischen Exegese der Bibel, die mit Hilfe der Allegorie Kategorien der griechischen Philosophie an sie herantrug, war Philon von Alexandria, der weniger Einfluß unter den Juden als auf die Exegeten und Theologen der christlichen Kirche gewann.

Die Geschichte der jüdischen Bibelexegese ist ein unermeßliches Gebiet. Die Talmudim und Midraschim wurden die Behältnisse der Mündlichen Tora und der palästinensischen Exegese nach Esra. Sie enthalten nicht nur die Sammlungen des 2. und 3. Jahrhunderts n. Chr., sondern auch noch weiteres bis ins 6. Jahrhundert hinaufreichendes gesetzliches und exegetisches Material. Gelehrter sein hieß dann nicht nur die Bibel, sondern auch diese ganze ergänzende Literatur kennen. Das Bibelstudium war jetzt, sozusagen als Grundstudium, der erste Schritt des Bildungsweges. Die talmudische Exegese wurde zur Wissenschaft und Methode verfeinert.

Es gab allerdings auch Widerstand gegen diese Überlagerungen der Bibel. So gab es nicht nur Protestbewegungen gegen alles außerbiblische Lernen (voran die im 8. Jh. entstandene Bewegung der Karäer, d.h. ›Schrift-Leute‹), sondern auch unter den Talmudisten bewahrte sich eine anhaltende Tendenz, von den spitzfindigen Auslegungen Abstand zu nehmen und zum einfachen Wortsinn des Textes zurückzukehren. So entstand die Theorie vom mehrfachen Schriftsinn, nach der der Text auf verschiedenen Ebenen interpretiert werden konnte. Eine davon war immer auch der wörtliche Sinn (»Ein biblischer Text verliert niemals seinen wörtlichen Sinn«, sagt der Talmud). Diese Theorie vom mehrfachen Schriftsinn hat sich dermaßen eingebürgert, daß man sogar spielerische Deutungen vortragen konnte, die aber mehr als Ausdruck eines geradezu liebenden Verhältnisses zum Text angesehen wurden, denn als wirklich in ihm enthaltene Möglichkeit. Im Mittelalter stand so ein breites Spektrum exegetischer Möglichkeiten bereit: die allegorische, die mystische, die rechtshermeneutische und die spielerische. Vom 11. Jahrhundert n. Chr. an verstärkte sich die Tendenz, zum einfachen Wortsinn zurückzukehren und die Bibel – mit Hilfe der sich entwickelnden wissenschaftlichen hebräischen Grammatik – ohne die talmudischen und midraschischen Kommentare zu lesen. Die Hauptvertreter dieser Bewegung waren Abraham Ibn Esra und David Kimchi, deren biblische Kommentare häufig von den christlichen Hebraisten der Reformation verwendet wurden.

Gleichzeitig mit der Hinwendung zum einfachen Wortsinn des Textes kam eine neue mystische Richtung auf, die in [in Anlehnung an die alte Midraschliteratur]* jedem Wort der Bibel esoterische Bedeutungen zu finden glaubte – eine Bewegung, die im Sohar, dem Hauptwerk der spanischen Kabbala, in Gestalt eines mystischen Kommentars zur Tora, gipfelte.

*Die Tora muß noch immer auf einer Pergamentrolle von Hand geschrieben sein. Diese Radierung von E.M. Lilien zeigt einen alten Schreiber in Polen oder Ostgalizien während des Ersten Weltkrieges.*

Alle Erneuerungsbewegungen des Judentums kehrten immer wieder zur Bibel zurück und schöpften aus ihr neue Lebenskraft. Die Vielfalt jener vergangenen Antworten, die in der exegetischen Literatur reichhaltig zu finden sind, zeugen oft von persönlichen Begegnungen mit der Bibel. Dennoch gibt es immer nur einen Weg, auf dem ein Jude solch eine Begegnung erfahren kann: im liturgischen Gottesdienst, in der Synagoge und im Haus, in dem die hebräische Bibel eine so bedeutende Rolle spielt. Die Erfahrung des Exodus wird in der Liturgie des Sederabends am Passahfest neu belebt. Der Bund wird im jährlichen Zyklus der Toralesung erneuert. Mit den Psalmen, die in großer Zahl Eingang in das Gebetbuch gefunden haben, drückt der Jude Hingabe, Dank, Lob und Reue aus. Und in der täglichen Schma-Rezitation kommt die zentrale Botschaft mit den Worten des Deuteronomiums, jenem für die Entstehung der Bibel wichtigsten Buch, zum Ausdruck: »Höre, Israel, der Herr ist unser Gott, der Herr ist einzig. Und du sollst den Herrn, deinen Gott, lieben von ganzem Herzen, von ganzer Seele und mit all deiner Kraft« (Dtn 6,4-5).

# II
# ZEITEN DES UMBRUCHS

## Die Juden und die Großmächte der Alten Welt

## Der Talmud

## Tora und Midrasch

## Jüdische Musik

Die Juden und Rom: Ein klassisches Kapitell, das eine Platte mit einer gemeißelten *Menora* (siebenarmiger Leuchter), einem *Schofar* (Widderhorn), *Lulav* (Palmzweig) und *Etrog* (Zitrusfrucht) trägt, symbolisiert die Weise, in der das Judentum gelernt hat, mit den Großmächten der Mittelmeerwelt in Koexistenz zu leben. Unter der Herrschaft des Persers Kyros kehrten die Juden 538 aus dem babylonischen Exil zurück. Das Persische Reich wurde 330 von Alexander dem Großen zerstört. Seiner kurzen Herrschaft folgten zwei Jahrhunderte unruhiger Rivalität zwischen seinen hellenistischen Nachfolgern, den Seleukiden in Syrien und den Ptolemäern in Ägypten. Im ersten Jh. v. Chr. wurden die Seleukiden ihrerseits gezwungen, sich der Weltmacht Rom zu beugen. Während dieser ganzen Epoche von über fünfhundert Jahren haben die Juden ihre Integrität als Nation bewahrt, zuweilen durch einen Kompromiß und zuweilen durch das Ausspielen der einen Macht gegen die andere. Wenn ihnen das Glück günstig war, wie während der Zeit der Makkabäer, sannen sie darauf, ihre politische Unabhängigkeit zu behaupten. Häufiger jedoch waren sie der einen oder der anderen Großmacht untertan und besaßen nur eine begrenzte Autonomie. Schließlich, im Jahre 70 n. Chr., dem großen Wendepunkt in der jüdischen Geschichte, sind alle Versuche eines Kompromisses und der Diplomatie gescheitert. Der Tempel wurde zerstört, die Juden wurden ihrer Heimat beraubt, und nach und nach schwand das Zentrum des Judentums aus Palästina in die jüdischen Gemeinschaften in anderen Ländern... die Diaspora. Jedes der drei großen Reiche – das Persische, das Hellenistische und das Römische – hat seine Spuren in der jüdischen Kultur hinterlassen, wiewohl kaum in der Lehre und im Glauben. Das Judentum konnte den Putz der Klassik übernehmen, ohne ihr zu verfallen. Diese Säule (*gegenüber*) mit ihren Akanthusblättern, Voluten und perlenschnurartigen Verzierungen stand auf der einen Seite der Apsis der Synagoge von Ostia bei Rom. Ihre Errichtung scheint in die Zeit vor der Tempelzerstörung zurückzureichen, die gegenwärtigen Überreste datieren jedoch aus dem 3. oder 4. Jh. n. Chr., als Ostia ein blühender, kosmopolitischer Hafen war. Zwischen den Säulen hing wahrscheinlich der Vorhang, der den Tora-Schrein verhüllte. (1)

## Unter drei Großmächten

Von der persischen Periode sind nur wenige materielle Spuren erhalten geblieben; wir müssen uns auf das Zeugnis geschriebener Geschichte und von Münzen stützen. *Unten:* eine Silbermünze, 4. Jh. v. Chr., geprägt in Jerusalem, mit einem Adler und der Inschrift ›Jehud‹, dem offiziellen aramäischen Namen für Judäa nach der Rückkehr aus dem Exil. (2)

»Jehiskia« lautet die Inschrift auf dieser Silbermünze aus der persischen Periode; gemeint ist wahrscheinlich der bei Josephus erwähnte Hohepriester. *Unten:* Münze aus derselben Zeit; Kopf nicht identifiziert. (3,4)

In der hellenistischen Welt lebten die Juden zum größten Teil in Frieden und Wohlstand. Jüdische Gemeinden blühten in den großen städtischen Zentren wie Alexandria. Jüdische Denker, wie Philo Judaeus, schrieben in Griechisch, und eine griechische Bibelübersetzung (die Septuaginta) hat die Tora und die Propheten dem nichtjüdischen Publikum zugänglich gemacht. Die Juden ihrerseits haben sich viele Elemente des Hellenismus angeeignet. Der unter Herodes wiederaufgebaute Tempel hatte weitgehend griechischen Stil, so auch die Gräber und die Mausoleen, die man seit dem 2. Jh. v. Chr. im Kidrontal, außerhalb Jerusalems, errichtete. Das sogenannte »Grab des Absalon« (*oben*) ist teilweise aus dem Fels gehauen, mit ionischen Säulen und dorischem Fries, und teilweise als Bau ausgeführt. Das »Grab des Sacharja« (*unten*) ist ebenfalls aus dem lebenden Felsen gehauen. Hinter diesen Monumenten liegen kleinere Gräber und Katakomben. (5,6)

»Jahr zwei« und »Jahr drei« lautet die Inschrift auf diesen beiden in Jerusalem zwischen 67 und 69 n. Chr. geprägten Münzen. Die erste (*oben*) aus Silber mit einem Kelch; die andere aus Bronze und mit einer Amphore. Die in diesen Münzen gezählte Zeit der jüdischen Freiheit dauerte nur vier Jahre. (8,9)

Dieser Kompromiß ging 66 n. Chr., als der Aufstand gegen die römische Herrschaft in Jerusalem entflammte, zu Ende. Die Niederlage, im Jahre 70, war – wie viele Juden vorausgesehen hatten – unvermeidlich und machte der politischen Freiheit der Juden für fast neunzehn Jahrhunderte ein Ende. Die Römer rissen den Tempel nieder und trugen als Zeichen ihres Sieges seine Schätze, einschließlich der Menora, nach Rom (*oben* Relief auf dem Titusbogen in Rom). (7)

Der letzte Aufstand war der des messianischen Führers Simon Bar Kochba im Jahre 132. Die Münzen (*unten*) aus seiner Regierungszeit bezeugen die jüdischen Hoffnungen auf ein neues Zeitalter. Sie zeigen den Tempel, zwei Trompeten und eine Leier. Aber innerhalb von drei Jahren wurde auch Bar Kochba von den Römern niedergeworfen und damit der zunächst letzte Versuch der Rückgewinnung jüdischer Eigenstaatlichkeit in Palästina. (10,11,12)

## Die Künste des Friedens

Der Palast des Herodes auf der Bergfeste Massada. Der gewaltige Felsen im Wüstenland am Toten Meer ist wegen der Ereignisse des Jahres 73 n. Chr. legendär geworden. Hier hielten nach dem Fall Jerusalems die jüdischen Freiheitskämpfer noch drei Jahre lang der römischen Armee stand. Als die Niederlage bevorstand, begingen sie Massenselbstmord. Massada war zuvor eine luxuriöse Erholungsresidenz des Herodes, gebaut und geschmückt nach dem vorherrschenden hellenistischen Geschmack, einschließlich der Fresken (*oben*). Der Palast hat die Felsformation in einer Reihe von auf natürlichen Stufen absteigenden Gemächern geschickt ausgenützt. (13,15) ▷

Salomos Urteil: Das Vorhandensein dieser traditionellen jüdischen Geschichte unter den Ausschmückungen eines Hauses in Pompeji *(unten)* scheint auf eine gut etablierte jüdische Kolonie in dieser Stadt vor 79 n. Chr. hinzudeuten. Andererseits machen die starken karikaturistischen Züge dieses Gemäldes seinen direkten jüdischen Ursprung unwahrscheinlich. Salomo sitzt auf einem Podium zwischen zwei Beratern. Die echte Mutter kniet und fleht zu seinen Füßen, während ein Soldat sich anschickt, das Kind entzweizuhauen. (14)

# Der ›Ort der Versammlung‹

»Synagoge« ist das griechische Wort für das aramäische *kenischta*, das sowohl die Versammlung als auch den Ort der Versammlung bezeichnet. Vor der Tempelzerstörung waren die Synagogen bloße Zimmer für Unterricht und Gebet; nach der Zerstörung, als das Gebet an die Stelle des Opfers als Mittelpunkt der jüdischen Liturgie trat, wurden sie die alleinigen Zentren für den Gottesdienst der Gemeinden. *Oben*: gemeißeltes Paneel aus Kafr Jasif mit einer Reihe abstrakter Muster und, oben links, einer stilisierten Menora und Riechgefäßen. *Oben rechts*: Haupteingang zur Synagoge in Bir-Am, 3. Jh. n. Chr. *Rechts*: die rekonstruierten Reste der Synagoge in Kapernaum, damals eine blühende Stadt an den Ufern des See Genezareth. (16,17,19)

»Verbot für jeden Nichtjuden, die Abschrankung zu überschreiten und in den Bezirk des Heiligtums einzudringen. Wer immer ergriffen wird, der wird selbst für den Tod, der daraus folgen wird, verantwortlich sein.« Diese griechische Inschrift (*unten*) war wohl an allen Toren des Tempels in Jerusalem angebracht, die vom Heidenvorhof zu dem Hof, den nur Juden betreten durften, führte. Diese Bestimmung wurde unter den römischen Stadthaltern beibehalten. (18)

*»Es gibt nur einen Gott«*: Eine Inschrift in griechischer Sprache, die aus einer Synagoge in Palästina stammt. Inmitten der vorherrschenden polytheistischen Religionen Griechenlands und Roms bekennt sie den jüdischen Monotheismus. (20)

An der einen Seite der Bundeslade einige der bekannten Symbole, die nunmehr das Standardrepertoire der jüdischen Ikonographie bildeten: die *Menora*, der *Schofar* und die Räucherkelle. Dieses Mosaik war Teil des Fußbodens einer Synagoge in Bet-Schean und stammt aus dem 6. Jh. n. Chr. (21)

Eine rätselhafte Mischung aus jüdischen und heidnischen Elementen erscheint in der Ausschmückung dieser frühen Synagogen, vergleichbar der Mischung jüdischer und christlicher Elemente, die man in mittelalterlichen Illuminationen findet. Das Mosaik in Ma'an (*unten*) bestand ursprünglich aus fünfundfünfzig Medaillons, von denen nur ganz wenige erhalten geblieben sind. Die *Menora*, die Löwen von Juda, der *Schofar* und die zwei *Etrogim* (Zitrusfrüchte) sind ziemlich einleuchtend. Aber weshalb die Tauben, der Vogel im Käfig und die Elefanten? E. R. Goodenough glaubt, daß viele dieser Symbole, sogar die Löwen und die Tauben, zu einer popularisierten Form einer aus hellenistischen Kulten übernommenen und dem Judentum angepaßten Mystik gehörten. (23)

Der *›Stuhl des Moses‹* war traditionellerweise in Synagogen aufgestellt und für den Lehrer der Tora reserviert. Das Matthäus-Evangelium (23,2) erwähnt die Tatsache, daß die »Schriftgelehrten und die Pharisäer auf Moses Stuhl sitzen«. Die Inschrift auf diesem aus der Synagoge in Chorasin gedenkt des Namen Judan ben Jischmael, der »gemacht hat diese Stoa (Synagoge) und ihre Stufen«. (22)

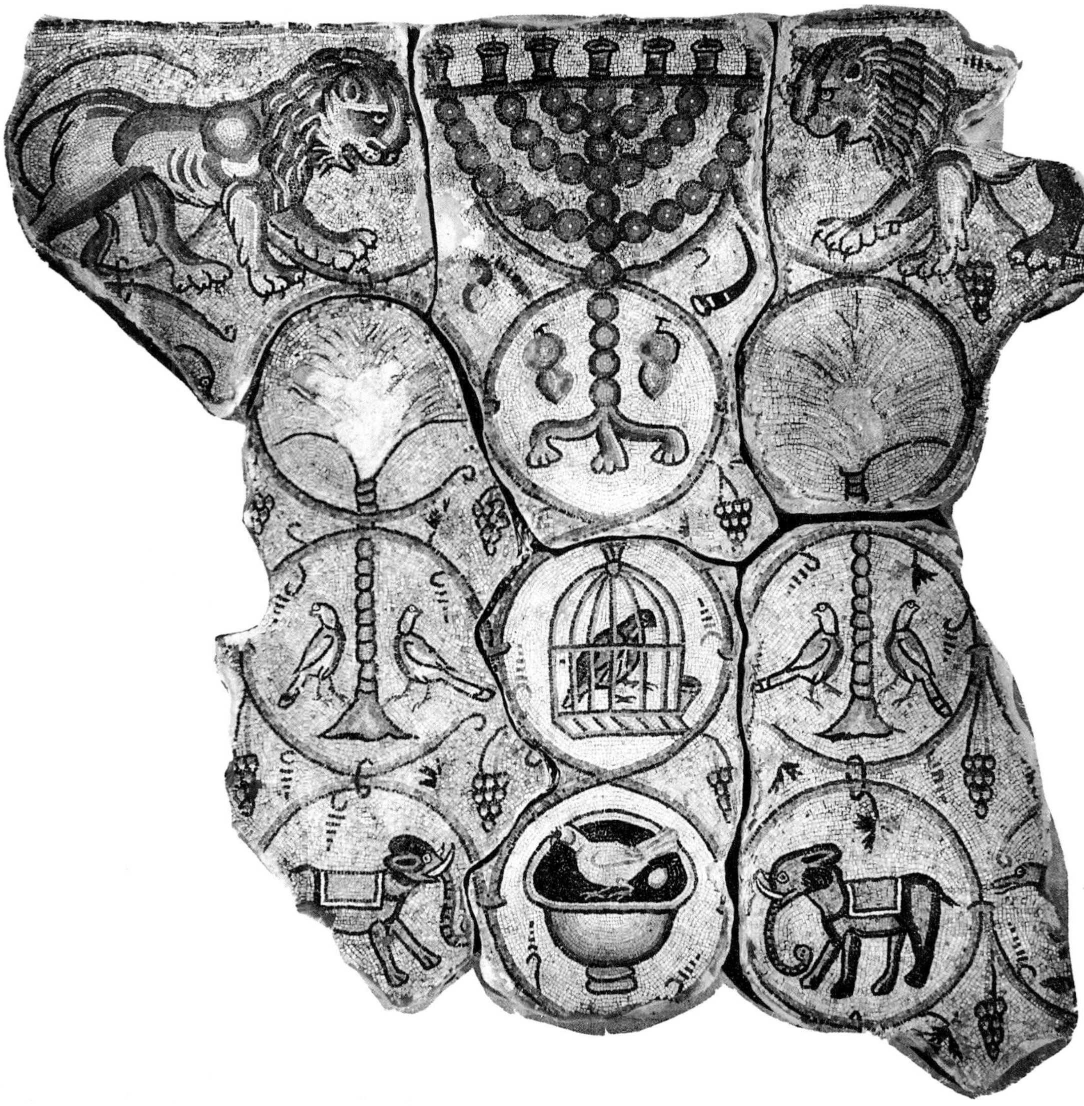

## Die mittelalterliche Synagoge

Als Zentren des religiösen Lebens wurden die Synagogen der Mittelpunkt des jüdischen Gemeindelebens im Europa des Mittelalters. In einer spanischen Haggada aus dem 14. Jh. (*links*) hält einer links die Tora-Rolle in seinen bedeckten Händen. Unter ihm die Bundestafeln. Die Gemeinde zeigt Männer und Frauen zusammen, obwohl sie in Wirklichkeit wohl getrennt waren, außer wenn sie gerade als Familie eintraten. (24)

Die älteste noch erhaltene Synagoge in Europa ist die sogenannte Altneusynagoge in Prag (*gegenüber*). Sie stammt aus dem 13. Jh. und ist im Stil der vorherrschenden Gotik der christlichen Bauten ähnlich. Das Hauptschiff (reserviert für die Männer – die Frauen sitzen auf einer Galerie am Ende) hat ein Rippengewölbe und ist durch Säulen zweigeteilt. Die Mitte ist durch ein Eisengitter abgegrenzt. Am Ende des Raumes befindet sich der Schrein mit den Tora-Rollen. (27)

Predigt in einer spanischen Synagoge des 14. Jhs. Vieles vom Dekor, z. B. die hängenden Lampen, läßt islamischen Einfluß erkennen. (26)

Eine italienische Haggada (*links*), 1435 illuminiert, zeigt eine Szene mit Männern und Jünglingen, die den *Tallit* tragen. Vor dem Schrein hält einer eine in ein rotes Tuch gehüllte Tora-Rolle. Die Tiere in den Ecken stellen wahrscheinlich die vier ›Lager‹ der zwölf Stämme dar. (25)

## Die Musik Israels

»Wenn nun der böse Geist über Saul kam, nahm David die Laute und spielte; dann wurde es Saul leichter und besser, und der böse Geist wich von ihm.« (1 Sam 16,23) Die Macht der Musik ist in der Bibel eindrücklich bezeugt. Zahlreiche musikalische Ereignisse werden beschrieben und eine ganze Reihe Instrumente erwähnt. Aber die Frage, wie diese Musik geklungen hat, wird wohl nie beantwortet werden können. Außerhalb Europas findet sich vor dem 19. Jh. kaum notierte Musik. Der Versuch, antike Musik durch das Studium von Volkstraditionen zu rekonstruieren, muß gewagt bleiben. Die Gestalt auf dieser Terrakotta-Plakette (*links*), jetzt im Museum in Aleppo, wurde überzeugend als der junge David identifiziert, obwohl Davids Instrument, der *Kinnor* (1 Sam 16,16.23), zuweilen mit Harfe wiedergegeben, neuerdings eher als Instrument aus der Familie der Lyra betrachtet wird. (28)

Holzblas- und Saiteninstrumente waren gewiß schon im Alten Israel bekannt. Grobe Figurinen aus dem 9.–7. Jh. v. Chr. (*unten*) bezeugen dies, obwohl sie uns wenig über ihre exakte Form oder die Art, wie sie gespielt wurden, sagen. Die erste, eine Figur, die eine kleine an die Brust gehaltene Leier spielt, stammt aus Aschdod; die zweite, zwei Frauen, die auf einem Tamburin und einer Doppelflöte spielen, stammt aus den Ausgrabungen von Achsiv; die dritte ist ein Ausschnitt aus einem Räucheraltar, der wahrscheinlich einen Doppelflöten- und einen Leierspieler darstellt. (29,30,31)

»David aber...tanzte mit aller Macht vor dem Herrn her.« (2 Sam 6,5). Das zweite Buch Samuel (Kapitel 6) berichtet, wie David die Bundeslade nach Jerusalem brachte, wodurch er die Stadt zum Zentrum des religiösen Lebens der Nation machte. »So führten David und das ganze Haus Israel die Lade des Herrn unter Jubel und Schofarklang hinauf. Michal aber, die Tochter Sauls, hatte zum Fenster hinausgeschaut, während die Lade des Herrn in die Stadt Davids einzog; und als sie den König David vor dem Herrn hüpfen und tanzen sah, da verachtete sie ihn in ihrem Herzen. Nachdem man aber die Lade des Herrn hereingebracht, stellte man sie an ihren Platz, in das Zelt, das David für sie aufgeschlagen hatte. Danach brachte David vor dem Herrn Brandopfer dar und Heilsopfer. Und als David mit den Brandopfern und Heilsopfern fertig war, segnete er das Volk im Namen des Herrn der Heerscharen und gab allem Volk, der ganzen Menge Israels, Männern und Frauen, einem jeden einen Brotkuchen, ein Stück Fleisch und einen Rosinenkuchen, dann ging alles Volk nach Hause. Als aber David heimkam, die Seinen zu begrüßen, ging ihm Michal, die Tochter Sauls, entgegen und sprach: wie würdig hat sich heute der König Israels benommen, da er sich heute vor den Mägden seiner Knechte entblößt hat, wie nur gemeine Leute sich entblößen.« Dieses eigenartige ägyptische Marmorrelief aus ca. dem 2. oder 3. Jh. n. Chr. scheint eine Funktion beim Laubhüttenfest gehabt zu haben. In der Mitte sieht man den nackten König David, in seinen Händen etwas wie Kastagnetten. Rund um den Rand ein Frauenkopf (Michal, die aus dem Fenster schaut), ein totes Kalb (er hatte zuvor »einen Ochsen und ein junges Mastkalb« geopfert), Olivenzweige (das Friedensopfer) und elf der »Brotkuchen«. (32)

## Geistliche und weltliche Musik

»Da griff die Prophetin Mirjam, Aarons Schwester, zur Handpauke, und alle Frauen zogen hinter ihr her mit Handpauken und im Reigen und Mirjam sang ihnen vor: Singt dem Herrn, denn hoch erhaben ist Er; Roß und Reiter warf Er ins Meer.« (Ex 15,20) So beschreibt das Buch Exodus den Siegestanz Mirjams nach der Durchquerung des Roten Meeres. Dies ist einer der frühesten Berichte eines musikalischen Ereignisses, das häufig in der Haggada dargestellt wird. Diese Miniatur (*gegenüber*) stammt aus der spanischen Goldenen Haggada des 14. Jh. (33)

Der Schofar ist eines der ältesten Instrumente der Welt. Er wird in der Bibel erwähnt und trotz seiner beschränkten Tonskala – er kann nur die rudimentärsten Laute hervorbringen – blieb er weiterhin am Neujahrs- und Versöhnungstag in Gebrauch. In der rabbinischen Literatur wird ihm die Macht zugeschrieben, das göttliche Urteil zu mildern und die Mächte des Bösen zu bannen, was in dieser, aus dem 13.–14. Jh. stammenden Miniatur aus einem deutschen liturgischen Text für den Versöhnungstag angedeutet scheint. Einen Fuß auf einen Schemel zu stellen, so glaubte man, könne die Macht des Teufels bei seinem Versuch, den Schofarbläser zu verwirren, unschädlich zu machen. (34)

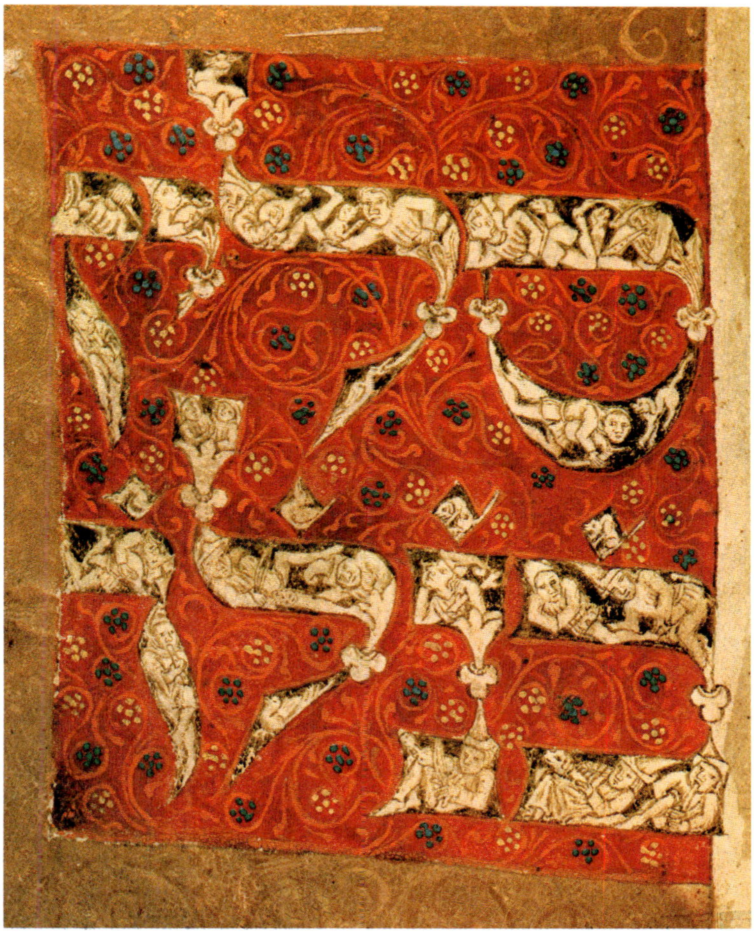

Winzige, groteske Figuren, viele von ihnen auf Musikinstrumenten spielend, bevölkern die Buchstaben dieses 1471 in Deutschland geschriebenen *Siddur* oder Gebetbuches. Eine hat ein blockflötenartiges Instrument, eine andere eine Laute und eine dritte, ungefähr in der Mitte, ein violinartiges, mit Bogen gespieltes Instrument. Die mittelalterliche Konvention der ›bevölkerten Buchstaben‹ wurde offensichtlich der hebräischen Schrift angepaßt, wobei Tiere als diakritische Punkte dienten. (35)

Fünf Musiker (*unten*) schmücken eine Seite aus einer im 15. Jh. in Barcelona gefertigten Haggada. Der erste spielt den Tabor und die Flöte, der zweite eine Fiedel, der dritte eine Laute, die stark dem islamischen *'ud* ähnelt, der vierte den Dudelsack und der fünfte Kesselpauken. Diese eröffnet den Abschnitt des Passah-Ritus, der der Mazza, dem ungesäuerten Brot, gewidmet ist. (36)

*Das Zicklein, das der Vater für zwei Susim* kaufte.*

*Dann kam die Wildkatze, die das Zicklein fraß.*

*Dann kam der Hund, der die Wildkatze fraß.*

*Dann kam der Stock, der den Hund schlug.*

*Dann kam das Feuer, das den Stock verbrannte.*

*Dann kam das Wasser, das das Feuer löschte.*

*Dann kam der Ochse, der das Wasser soff.*

*Dann kam der Schlächter, der den Ochsen schlachtete.*

*Dann kam der Tod, der den Schlächter raffte.*

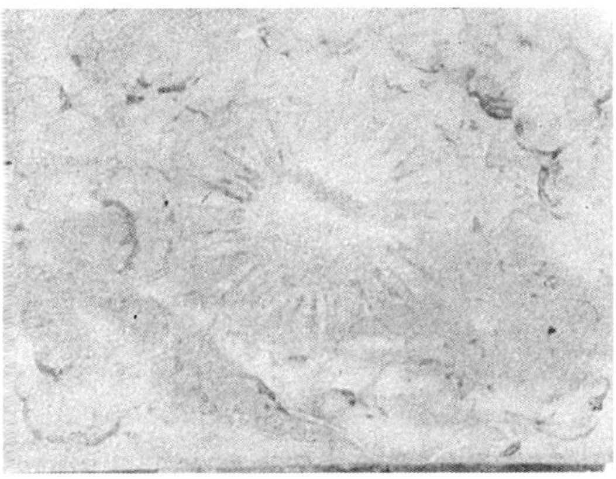

*Dann kam der Heilige, gesegnet sei Er, der den Todesengel schlachtete. (Dieser Rahmen wurde offensichtlich freigelassen, da Gott nicht bildlich dargestellt werden kann.)*

Das »Zicklein, das der Vater für zwei Susim kaufte« ist ein altes jüdisches Lied, das am Ende der Haggada gesungen wird, wobei jeder Vers die vorangehenden wiederholt. Wie viele Volkslieder, verbirgt sein vermeintlich unsinniger Text einen allegorischen Sinn. Einige Kritiker glauben, daß es bis auf die Zeit der Großmächte zurückgehe und den Aufstieg und Fall der Reiche Babylon, Persien, Griechenland und Rom, die Israel gepeinigt haben und untergegangen sind, widerspiegele. Andere hingegen wollen ein deutsches Vorbild finden. Diese Illustrationen stammen aus einer Rotterdamer Haggada von 1739. (37)

**Silbermünzen*

Der Tanz ist nach Davids Vorbild weiterhin Ausdruck religiöser Feier geblieben. Ein Teil von *Sukkot* (Laubhüttenfest) ist das Fest des Wasserschöpfens. Nach dem Talmud jonglierte Rabban Simeon ben Gamliel, der Vorsitzende des Sanhedrin, im 1. Jh. n. Chr. mit acht brennenden Fackeln, »die er in die Höhe warf und wieder auffing«. Dieser gestickte Behang aus dem 18. Jh. zeigt andere akrobatische Kunststücke, die der Rabbi für *Sukkot* empfohlen hat. (38)

Jüdische Musikgruppen wurden zum bekannten Bild im Europa des 17. und 18. Jh. Oft in Zünften organisiert, haben sie an Familienfeiern und festlichen Gelegenheiten, wie Hochzeiten, teilgenommen. Dieses Aquarell (*rechts*) wurde 1830 in Polen gemalt. Es zeigt eine Musikergruppe mit einem Cellisten, einem Zymbalisten, einem Zitherspieler und einem Geiger. (39)

Für die Chasidim ist das Leben eine Gottesgabe, die mit Tanz, Lied und Freude zelebriert werden muß. Das große Zeitalter des Chasidismus war das 18. Jh., aber er besteht noch in unseren Tagen. Diese Chasidim wurden 1941 von Chaim Groß gezeichnet. (40)

## Der Wein

Die Symbolik von Wein, Weinberg und Trauben war seit den Tagen Moses' ein Teil der jüdischen Ikonographie. Jesaja verwendet die Metapher des Gärtners und des Weinberges für Gottes Enttäuschung über das Volk Israel: »Mein Freund hatte einen Weinberg auf fetter Bergeshöhe... und er bepflanzte ihn mit edlen Reben... und er hoffte, daß er edle Trauben brächte, doch brachte er herbe Frucht... ich will euch kundtun, was ich meinem Weinberg tun will, ich will seinen Zaun entfernen, daß er abgeweidet wird... und ich werde ihn wüst liegenlassen, nicht beschnitten soll er werden, noch behackt... denn der Weinberg des Herrn der Heerscharen ist das Haus Israel, und die Männer Judas sind seine Lieblingspflanzung.« (Jes. 5) Weinblätter oder Weintrauben kommen mit einer ähnlichen Bedeutung auf jüdischen Münzen vor. *Oben links:* eine Münze vom ersten jüdischen Aufstand, 68 n. Chr. *Oben rechts:* Weinblätter und Trauben auf dem Tympanon der Altneusynagoge in Prag. Zwölf Weintrauben symbolisieren die zwölf Stämme. (41,42)

Ein Stuckfries in der Synagoge des Tránsito in Toledo, 1366, mit parallelen Inschriften in Hebräisch und Arabisch ist ein ergreifendes Zeugnis der Harmonie der beiden Kulturen in jener Zeit. Die Künstler waren wahrscheinlich Muslime. (43)

»Sie pflanzten Weinberge, die brachten alljährlich Früchte«, sagt Psalm 107 (V. 37). Weinberge waren ein Zeichen für geordneten Frieden und Wohlstand, die Weinernte ein Symbol von Gottes Segen. Hier vier Beispiele von Traubenmotiven in verschiedenen Kontexten. *Rechts*: der gestickte Saum einer Tora-Hülle von 1741 aus Prag, mit der Weinranke, die eine salomonische Säule umrankt. (47)

»Dann kamen sie ins Tal Eschkol und schnitten daselbst eine Rebe mit einer Weintraube ab und trugen sie an einer Stange zu zweien.« (Nr. 13,23). Die Geschichte von den Kundschaftern, welche zum Beweis der Fruchtbarkeit des Heiligen Landes Trauben zurückbrachten, wurde häufig dargestellt. Eine rabbinische Eigentümlichkeit der Alba-Bibel (*oben*) ist, daß sie das »zwischen zweien« auf zwei Stangen, nicht auf zwei Männer, bezogen, interpretiert, und so acht Männer zeigt, vier an jeder Stange. (44)

Trauben als Symbol des Stammes Levi (*rechts*) auf einem kleinen persischen Seidenteppich von ca. 1850 (s. S. 157, Abb. 84) und (*unten*) auf einem Grabstein des Jüdischen Friedhofs in Prag. (45,46)

Als eine Beschwörung des Bundes zwischen Mensch und Gott sind die im Segen erhobenen Hände ein Symbol, das die ganze jüdische Geschichte begleitet. Sein vorjüdischer Ursprung kann jedoch aufgewiesen werden. Eine kanaanäische Stele aus dem 13. Jh. v. Chr. (*links*) zeigt zwei zu einer Sonnenscheibe und einem Halbmond erhobene Hände, den Symbolen des kanaanäischen Mond- oder Sonnengottes. Die Stele wurde in Hazor in der Nähe des Sees Genezareth gefunden. (48)

Der letzte Segen: zu den gebräuchlichsten Symbolen auf jüdischen Grabsteinen gehören segnende Hände. Dieser (*links*) stammt aus dem 17. Jh. und befindet sich auf dem alten Jüdischen Friedhof in Prag. Das Sprechen des Priestersegens »Der Herr segne dich und behüte dich« war eine der wenigen Funktionen, die den Priestern nach der Tempelzerstörung geblieben sind. (49)

Im synagogalen Ritus finden sich die segnenden Priesterhände auf verschiedenen liturgischen Gegenständen. *Oben*: eine Tora-Krone aus Silber und Gold von 1793. Der Brauch, Tora-Rollen mit Kronen zu schmücken, ist besonders für die östlichen Länder charakteristisch, allerdings stammt dieses Beispiel aus Deutschland. Diese Krone ist mit dem Namen des Stifters versehen und mit Edelsteinen geschmückt. *Rechts*: eine Hängelampe aus einer südmarokkanischen Synagoge, mit einer islamischen Hand, einem gleichermaßen weitverbreiteten und wohltätigen Symbol. *Unten*: Teil eines bemalten Glasfensters aus der Großen Portland-Street-Synagoge in London aus den sechziger Jahren dieses Jahrhunderts. *Unten rechts*: Umschlag eines Haggada-Manuskriptes, geschrieben 1740 in Deutschland, mit einer Darstellung der Krone und der segnenden Hände. (50,53)

Der Talmud besteht aus der Mischna und ihrer Erörterung, der *Gemara*. Er hat als Autorität den zweiten Rang nach der Bibel. Diese Seite stammt aus einem deutschen Manuskript von Ascher ben Jechiels Kommentar zur Mischna aus dem 14. Jh. Es ist der Anfang des Traktates *Jebamot* (über Schwagerehen), der sich mit den gesetzlichen Problemen befaßt, die entstehen können, wenn ein Mann die Witwe seines verstorbenen Bruders heiraten soll (was geschieht z.B., wenn sie seine eigene Tochter ist?). Das mit so viel Phantasie illuminierte Wort heißt »fünf« (eigentlich die erste Hälfte des Wortes »fünfzehn«); die kleine Figur unten soll vielleicht den Kommentator oder den ursprünglichen Autor darstellen. (54)

Die Rabbinen Gamliel und Elasar, Randporträts aus einer griechischen Haggada, wahrscheinlich 1583 auf Kreta geschrieben. (55,56)

3

# Die Juden und die Großmächte der Alten Welt

ZVI YAVETZ

Es ist eine Binsenwahrheit, daß die Unkenntnis der Forscher, die sich mit Neuerer Geschichte befassen, in der Fülle des Materials begründet ist, während die Ignoranz der Althistoriker von der Dürftigkeit der vorhandenen Quellen herstammt. Das Problem ist beinahe überwältigend bei allen Themen, die mit Außenpolitik zu tun haben, und nicht unbedingt charakteristisch für die jüdische Geschichte. In der Antike gab es keine Ministerien für Auswärtige Angelegenheiten, und kein Archiv, das sich mit der Gestaltung und Formulierung von Außenpolitik beschäftigte, ist erhalten geblieben. Außerdem erfahren wir nur selten etwas über die Denkweise derer, die entscheidenden Einfluß auf den Verlauf der Außenpolitik ausübten. Das, was wir dennoch wissen, ist allzu oft nur bruchstückhaft, seine Bewahrung reiner Zufall. Wissenschaftler, die an dem interessiert sind, was die Politologen den ›Beschlußfassungsprozeß‹ nennen, kommen in Verlegenheit, wenn es sich um die Antike handelt.

Wie hätte sich ein klassischer Philologe über die Entdeckung eines Papyrus oder einer Inschrift gefreut, mit einem Bericht über ungezwungene Tischgespräche von Senatoren, ihre Unterhaltungen auf dem Weg zum Senat, ihren Klatsch in Wandelhallen und Foyers. Solche Berichte hätten ihm viel tiefere Einsichten verschafft als die Analyse eines jeden Kommas in einem Senatus Consultum (förmlicher Senatsbeschluß), durch die zwar das Endprodukt aufgezeigt wird, aber nichts von dem dazu verwandten Rohmaterial. Doch nicht genug mit diesen Mängeln, es gibt noch weitere Hindernisse zu überwinden. Die Historiker der Antike, auch jene, die eingehend über die Entwicklung politischer Institutionen und das Verhalten gewisser Gesellschaftsschichten berichteten, taten sich nicht besonders hervor, wenn sie Themen behandelten, die man heute schlechthin ›Auswärtige Angelegenheiten‹ nennt. Sicherlich ist Thukydides die Ausnahme, die die Regel bestätigt. Bis zum heutigen Tage fühlen sich Historiker außerstande, den revolutionären Sprung von Herodots naiven Interpretationen des Ausbruchs der Persischen Kriege zu der klassischen Beschreibung der Peloponnesischen Kriege des Thukydides zu erklären. Selten ist es modernen Geschichtsforschern gelungen, die wahren Beweggründe für Kriegsausbrüche so überzeugend zu umreißen, wie sie Thukydides für die Peloponnesischen Kriege beschrieb: Angst, Sucht nach Ruhm und Geldgier. Man muß mit Bedauern feststellen, daß nach Thukydides nur wenige Geschichtsschreiber seinem Beispiel folgten. Die meisten sahen in dem Trachten dieses oder jenes Führers nach territorialer Ausdehnung eine ausreichende Begründung für den Ausbruch eines Krieges. Bei Josephus lesen wir einfach, daß ein ägyptischer König in den Krieg zog, weil er Asien erobern wollte. Ein römischer Geschichtsschreiber sah Hannibal nicht nur als den *casus belli,* sondern auch als *causa belli* des Zweiten Punischen Krieges. Eine Beschreibung von politischen, strategischen oder wirtschaftlichen Interessen, die einen entscheidenden Einfluß auf den Kriegsausbruch gehabt haben mögen, fehlt merkwürdigerweise fast immer.

Außerordentlich störend ist die mangelhafte Berücksichtigung der durch soziale Gruppen bedingten Hintergründe. Niemand kann sich mit einem Gemeinplatz wie »die Juden wollten . . .« oder »die Römer erstrebten . . .« zufriedengeben. Es ist durchaus notwendig zu wissen, welche Juden und welche Römer gemeint sind, denn niemals gab es eine monolithische Auffassung von Außenpolitik. Zur Zeit eines jeden Krieges gab es leidenschaftliche Protagonisten für den Krieg ebenso wie weniger Begeisterte oder gar entschiedene Kriegsgegner. Eine Analyse der kriegswütigen Gesellschaftsschichten könnte uns einen tieferen Einblick in die verborgenen Beweggründe der Außenpolitik geben als ein trockenes amtliches Dokument, das in einem Archiv aufbewahrt wird. Dazu nur ein Beispiel: Es ist eine allgemein akzeptierte Tatsache, daß die Punischen Kriege (264 - 241 v. Chr. und 218 - 202 v. Chr.) einen Wendepunkt in der römischen Geschichte bedeuteten. Zum ersten Mal wurden enorme Mengen von Hilfsmitteln und Material in Überseegebieten eingesetzt. Die Kriege breiteten sich aus, und römische Bauern wurden ihre ersten Opfer. Sie konnten sich nicht erlauben, ihre Äcker lange zu vernachlässigen. Wir wissen nichts über die Diskussionen im Senat, die zu dem Beschluß führten, die Straße von Messina zu überqueren, und niemand weiß, was jeder einzelne Senator im Sinne hatte. Wir wissen nur von erregten Verhandlungen und daß die Familie der Claudier die ›Hurrapatrioten‹ waren. Nicht einmal die Schriften eines so wichtigen Geschichtsschreibers wie Polybius können unsere Wißbegierde befriedigen, und die 230 Jahre nach den Ereignissen entstandenen, bruchstückhaften Berichte des Livius helfen uns nicht weiter. Versuche wurden unternommen, die Zusammensetzung der verschiedenen Faktionen mit Hilfe von eingehenden prosopographischen Studien zu eruieren, eine Art Untersuchung, die zwar der Alten Geschichte wichtigen Auftrieb gab, das Problem jedoch nicht löste; denn in vielen Fällen sind zwar die Namen der Senatoren bekannt, aber nicht ihre Ansichten.

Infolgedessen gibt es mehr Vermutungen (deren Bewertungen sich von Generation zu Generation ändern)

*»Schema, Diener des Jerobeam«: Die Inschrift auf diesem Siegel bezeugt seine Zugehörigkeit zur Zeit der Herrschaft Jerobeams (783-743 v. Chr.). Das Königreich Israel befand sich damals in einer typischen Situation: Zwischen drei mächtigen Imperien – Assyrien, Babylonien und Ägypten – seine Autonomie mittels Kompromiß und Diplomatie erhaltend.*

als gegenständliche, auf konkreten Beweismitteln begründete Antworten auf solche grundlegenden Fragen wie die, ob Rom eine Reihe von Überseefeldzügen aufgrund einer lange vorausgeplanten Strategie unternahm oder ob es zufällig in diese Abenteuer hineingezogen wurde. Vorsichtigere und weniger zu Verallgemeinerungen geneigte Historiker sind zu verstehen, wenn sie ihren kühneren Kollegen vorwerfen, sie hätten das Pferd beim Schwanze aufgezäumt, aus Folgen Schlüsse auf Absichten gezogen und ihre Argumente auf dem berüchtigten Prinzip *post hoc ergo propter hoc* beruhen lassen. Vorsichtige Historiker zogen ein Eingeständnis ihrer Unkenntnis gewagten Vermutungen vor – *praestat enim se nescientem fateri quam hariolari!* Sie konzentrierten sich auf die Feststellung von Tatsachen und lieferten so den nachfolgenden Generationen das Rohmaterial, so daß diese ihm Form geben und es interpretieren können. Diese Historiker empfahlen das Studium solcher Themen, für die sich autoritatives Beweismaterial finden ließ. Kollegen, die zeitgenössische Terminologie auf Alte Geschichte anwendeten, erweckten ihren Verdacht, der wohl berechtigt war, wenn gewisse Forscher keine Hemmungen hatten, Begriffe wie ›römischer Imperialismus‹ (Tenney Frank), ›antiker Antisemitismus‹ (Heinemann), ›römische Bourgeoisie‹ (Rostovtzeff) oder ›Sozialismus und Kommunismus in der antiken Welt‹ (Pöhlmann) zu verwenden. Diese Kritik war nicht immer berechtigt. Rostovtzeff wußte sehr wohl, daß die hellenistische Bourgeoisie nicht die der Französischen Revolution war, und Tenney Frank kannte den Unterschied zwischen dem römischen Imperialismus des 2. Jahrhunderts v. Chr. und dem britischen des 19. Jahrhunderts ausgezeichnet. Sie wollten nichts anderes, als für den Laien antike Phänomene illustrieren, und jeder von ihnen konnte sich auf den Altmeister Mommsen berufen, der niemals zögerte, den Begriff ›römischer Junker‹ zu benutzen. So wurden Versuche, Alte Geschichte mit modernen Ausdrücken zu beschreiben, niemals völlig aufgegeben. Ebenso wie sich vor zwei Jahrhunderten Historiker gegen Altertumsforscher auflehnten, so protestieren Gelehrte der Gegenwart gegen diejenigen, die sich an das Prinzip *quod non est in actis, non erat in vita* klammern. In Wahrheit ist nicht alles in antiken Quellen Aufgezeichnete zuverlässig richtig, und die Aussage eines Geschichtsschreibers der Antike, daß der und der sich das und das zum Ziel gesetzt hatte, beweist noch nichts. In den meisten Fällen ist es gescheiter, sich auf Tatsachen als auf angebliche Absichten zu verlassen; wenn Polybius behauptet, die Römer seien gegen die Dalmatier in den Krieg gezogen, um einer Verweichlichung ihrer Armee vorzubeugen, so sollte das cum grano salis genommen werden. Dennoch mag sich gelegentlich ein Versuch lohnen, Schlußfolgerungen aus Absichten zu ziehen, allerdings nur unter der Bedingung, daß diese Folgerungen nicht an den Haaren herbeigezogen werden. Wichtig ist auch: Das Fehlen eines Konzepts in alten Texten beweist nicht zwangsläufig, daß das Problem in der Antike nicht bestand.

Oft ist es umschrieben, und wir brauchen nur die richtigen Fragen zu stellen, um durchaus befriedigende Antworten zu bekommen. Dies war zum Beispiel der Fall in einem kürzlich erschienenen, ziemlich überzeugenden Buch von E. Luttwak über die *Grand Strategy of the Roman Empire*.

Natürlich kommt der Begriff ›Großstrategie‹ in den Schriften von Tacitus oder Livius nicht vor, doch wird kein Klassiker, der Luttwaks Buch gelesen hat, dessen Postulat von der Hand weisen können, daß die Römer keinen Clausewitz gebraucht hätten, um ihre militärischen Unternehmen der Disziplin ihrer politischen Ziele unterzuordnen. Man muß den Römern auch einräumen, daß sie – selbst ohne die Fachkenntnis der Systemanalyse zu besitzen – sehr wohl verstanden, ein umfassendes Sicherheitssystem zu entwerfen, sei es durch Intellekt oder durch Eingebung. Die sorgfältige Prüfung der antiken Quellen führt uns zu der Tatsache, daß die Römer in den Feinheiten der Abschreckung ebenso wie in ihrer Begrenzung wohl versiert waren. In diesem Fall darf man sogar einen Schritt weiter gehen: ein chinesischer Gelehrter, der sich mit der Analyse römischer Strategie beschäftigt, könnte gut und gern beweisen, daß die Römer sich nach dem von einem chinesischen Weisen aufgestellten Grundsatz gerichtet hätten: »Den Feind besiegen ohne ihn zu bekämpfen, ist der Gipfel des Könnens. Im Krieg ist es von äußerster Wichtigkeit, die Strategie des Feindes anzugreifen; das Nächstbeste ist, seine Bündnisse zu sprengen. Seine Armee anzugreifen, sollte der letzte Ausweg sein.« Tiberius Caesar hat Sun Tzu nie gelesen, doch wäre es leicht, mit einigen lateinischen Zitaten aus Tacitus zu beweisen, daß er (zumindest an der deutschen Grenze) nach diesen Grundsätzen handelte.

Diese einführenden Bemerkungen hatten den Zweck, die Schwierigkeiten aufzuweisen, denen sich ein Forscher der griechischen und römischen Geschichte gegenübersieht, wenn er sich mit außenpolitischen und strategischen Problemen beschäftigt; doch sind diese Schwierigkeiten geringfügig im Vergleich zu denen, die bei einer Betrachtung der Außenpolitik zur Zeit des Ersten und Zweiten Tempels auftauchen, dies, obwohl man den Eindruck haben könnte, dieses Problem wäre in der jüdischen Geschichte nicht so kompliziert. Juden wissen mehr über ihre Vorfahren als Franzosen, Jugoslawen, Rumänen oder Türken über Gallier, Illyrer, Dakier oder Kappadoken wissen. Hebräische und aramäische Quellen blieben erhalten; Talmud und Midrasch bilden eine Fundgrube für Information über die jüdische Religions-, Geistes-, Rechts- und sogar Sozialgeschichte. Diese Quellen sind jedoch für politische Geschichte und besonders für das Problem der Beziehungen zu den damaligen

Großmächten völlig unzureichend. Andererseits sind griechische und lateinische Autoren jener Zeit nicht nur voreingenommen (und wer ist das nicht?), schlimmer noch als ihr Vorurteil ist ihr Mangel an Interesse und Verständnis für interne politische Probleme, ein Mangel, der eine Analyse der Außenpolitik unmöglich macht. Offenbar erachteten sie dieses Thema nicht als wichtig genug.

Ich möchte hier auf einige Probleme eingehen, die sicherlich die Führungsspitze zur Zeit des Zweiten Tempels beschäftigten, auch wenn sie nicht in unserer eigenen Fachsprache formuliert waren.

### Das Problem: Ägypten, Assyrien und Babylonien

Es gab Zeiten, da Howard Fast in sowjetischen literarischen Kreisen hohes Ansehen genoß; seine Bücher wurden nicht nur uneingeschränkt gelobt, sondern auch sowjetischen Schriftstellern und Dichtern als Beispiel empfohlen. Sein Buch über die Hasmonäer wurde jedoch nie ins Russische übersetzt. Ein sowjetischer Kritiker, nach dem Grund für diese Unterlassung gefragt, erklärte einmal, dieses sei das Musterbeispiel für ein Buch, das mit sozialistischem Realismus nichts zu tun habe. Kein kleines Volk könne eine Großmacht besiegen (es sei denn, es agiere als Handlanger für eine andere Großmacht), und der Slogan der Hasmonäer, die Wenigen hätten die Vielen besiegt, müsse ein für alle Male als falsch aufgezeigt werden.

Ich werde hier nicht die Gültigkeit dieses Satzes diskutieren, möchte aber betonen, daß der sowjetische Kritiker auf ein schwerwiegendes politisches Problem hingewiesen hat, von dem das zweite jüdische Staatswesen von der Rückkehr aus dem babylonischen Exil (538 v. Chr.) bis zur Zerstörung des Zweiten Tempels (70 n. Chr.) heimgesucht wurde: Wie kann ein kleines Volk, umgeben von anderen kleinen – und nicht immer freundlichen – Völkern überleben, und das in einem Gebiet, das immer die hegemonialen Interessen dieser oder jener Großmacht erweckt hatte, die den Nahen Osten nicht nur in eine Durchgangsstraße, sondern so oft auch in ein Schlachtfeld verwandelten? Die Möglichkeiten sind zahlreich, doch nicht unbegrenzt; hier sollen nur die offensichtlichen erwähnt werden: 1. Eine kleine Nation kann durch ihre Abhängigkeit von einer Großmacht überleben, dadurch, daß sie ihre außenpolitische Manövrierfähigkeit wissentlich aufgibt; 2. sie kann durch Bündnisse mit den kleineren Nachbarländern die Einmischung einer Großmacht vereiteln; 3. sie kann eine aggressivere Außenpolitik betreiben, die kleineren Nachbarländer unterwerfen, selbst ein Mini-Imperium in dem Gebiet werden und dann eine Großmacht auf die Vorteile hinweisen, die sich für sie ergeben würden, wenn sie sich auf dieses Mini-Imperium stützen könnte; sollten mehrere Großmächte an dem entsprechenden Gebiet interessiert sein, könnte eine Schaukelpolitik zwischen ihnen versucht werden; 4. schließlich könnte sie sich bemühen, der großen politischen Arena fernzubleiben, jede eigene außenpolitische Initiative aufzugeben und die Großmächte zu überzeugen, daß diese Neutralität gegen keine von ihnen gerichtet ist und nur den Interessen eines kleinen Volkes und so dem Interesse aller Beteiligten dient.

Diese ›Modelle‹ sind keineswegs fiktiv, und man braucht nur einen Blick auf die Balkanländer zu werfen, um die Existenz solcher Möglichkeiten von der Wirklichkeit bestätigt zu finden. Für die Rumänen, die Bulgaren und die Serben war es durchaus nicht einfach, ihr Staatsschiff durch die gefährlichen Klippen der ottomanischen Übergriffe und das wachsende Interesse des zaristischen Rußland an ihrem Gebiet bis in die Periode zu navigieren, da auch der österreich-ungarischen Monarchie die Vorgänge dort nicht gleichgültig waren. Waren sich die Juden nach ihrer Rückkehr aus dem babylonischen Exil dieser Probleme bewußt? Sie müssen es gewesen sein, denn die Geschichte der Königreiche Israels und Judäas enthält genug lehrreiche Beispiele und – was auch immer den Juden gefehlt haben mag – sie haben nie an einem Mangel historischer Erinnerungen gelitten.

*König Usia hat das Königreich Juda von 807 bis 754 v. Chr. regiert. Die Geschichte seiner Herrschaft wird im 2. Buch der Könige erzählt. Während der Zeit des Zweiten Tempels wurden seine Gebeine in Jerusalem umgebettet und der neue Bestattungsort mit dieser Inschrift versehen: »Hierher wurden die Gebeine von Usia, dem König von Juda, gebracht, nicht öffnen!«*

Die letzten Jahre vor der Zerstörung des Ersten Tempels können mit wenigen Worten geschildert und mit kurzen Bibelzitaten belegt werden. Die Existenz einer organisierten pro-babylonischen oder pro-ägyptischen Partei ist kaum nachzuweisen, ebensowenig werden wir jemals den Inhalt der Diskussionen erfahren, die zweifellos zwischen den verschiedenen Gruppen geführt wurden. Zitate aus der Bibel können nur beweisen, daß Königen und Propheten die Probleme der politischen Orientierung wohl bekannt waren.

Davids Königreich war nicht von langer Dauer. Es entstand in einer Zeit, als Ägypten durch interne Schwierigkeiten geschwächt war und die Hethiter vollauf damit beschäftigt waren, Eindringlinge von Übersee zurückzuwerfen; Babylonien war noch keine Großmacht, während Assyrien erst an den Anfängen seiner Entwicklung zu einem Imperium stand. David nutzte dieses Vakuum, doch nach Salomons Tod wiederholte sich eine solche Konstellation nicht. Vom 8. bis zum 6. Jahrhundert spielten im Norden Assyrien und Babylonien, im Süden Ägypten eine entscheidende Rolle.

Das Königreich Israel wurde von dem Dilemma zerrissen, ob es sich mit dem benachbarten König der Aramäer

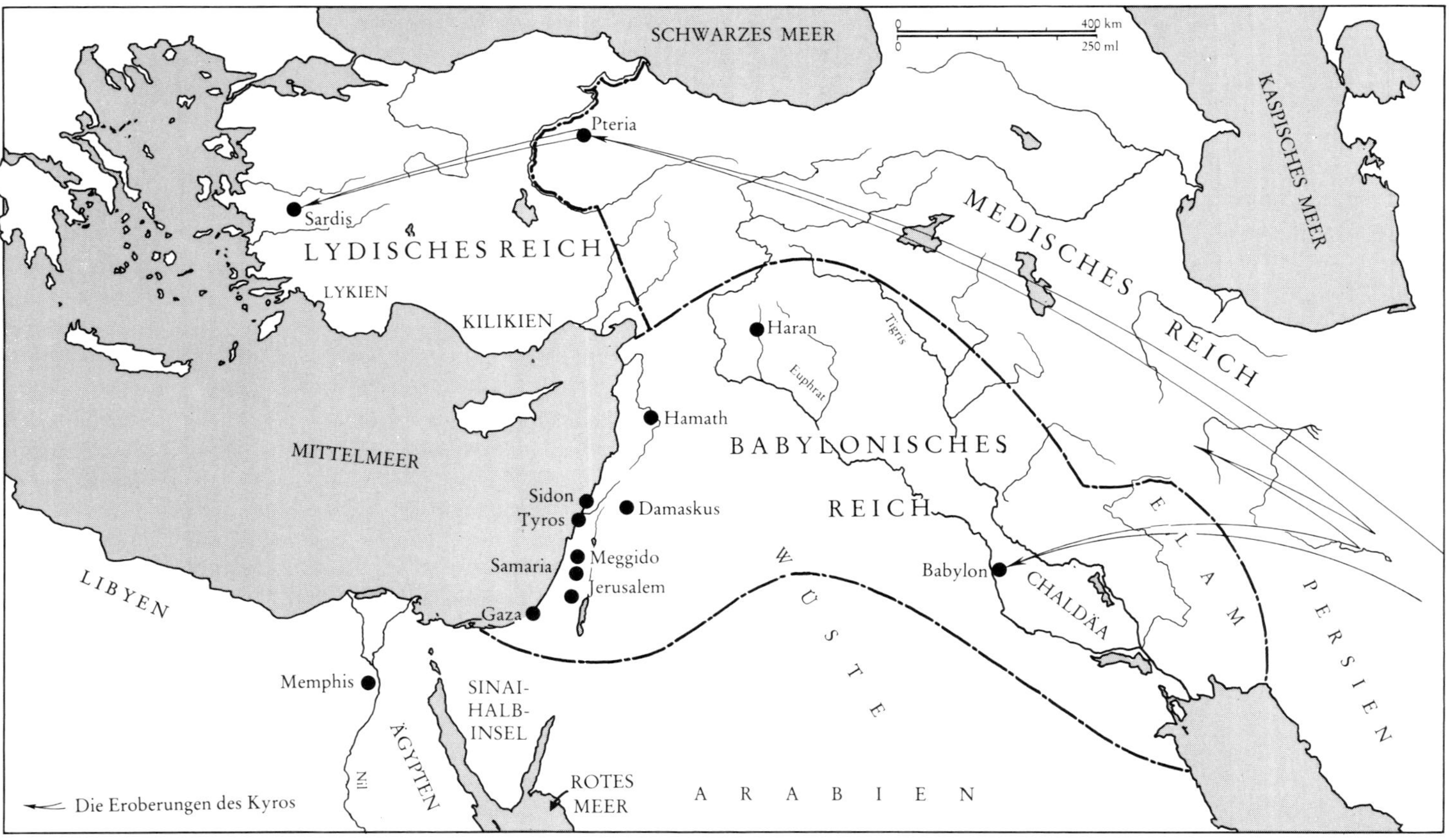


*Das Babylonische Reich zu Beginn der persischen Eroberung, ca. 612-539 v. Chr. Mit dem Fall Ninives, 611 v. Chr., hat der Chaldäer Nabopolassar über ein Imperium von bis dahin nicht gekannter Größe Herrschaft erlangt. Nebukadnezar, sein Sohn, unterjochte Syrien, Palästina und Phönizien; er zerstörte 586 v. Chr. Jerusalem und schickte viele Tausende von Juden ins Exil. Juden wurden sie seitdem genannt, da von allen Stämmen nur ein Teil Judas übriggeblieben war. Aber die Herrlichkeit Babyloniens war kurz, da Kyros in schneller Folge das Reich der Meder im Norden, dann Lydien, und schließlich 538 das Babylonische Reich eroberte.*

verbünden oder ein Vasall des zwar weiter entfernten, doch mächtigeren Assyrien werden sollte. Während der Jahre 735 - 733 schloß sich Pekach, der Sohn des Remaljah, Rezin, dem König der Aramäer an, rebellierte gegen den Assyrer Tiglatpileser und versuchte, den König von Juda zu einer Beteiligung an dem anti-assyrischen Bündnis zu zwingen. Dies ist ein klassischer Versuch, eine kleine Entente gegen einen Giganten – Assyrien – zu bilden. Doch der Prophet Jesaja warnte den König vor diesem Abenteuer.

> Hüte dich und bleibe ruhig! Fürchte dich nicht und dein Herz verzage nicht wegen dieser beiden rauchenden Stummel von Brandscheiten bei dem lodernden Zorn Rezins und der Aramäer und des Sohnes Remaljahs. Deshalb weil Aram (Syrien), Ephraim und der Sohn Ramaljahs Böses wider dich beschlossen haben, und sprechen: »Hinauf gegen Juda wollen wir ziehen, es bedrängen und es für uns erobern und dort den Sohn Tabels zum König machen« – so spricht der Herr: Es kommt nicht zustande und soll nicht geschehen! Denn das Haupt von Aram ist Damaskus und das Haupt von Damaskus ist Rezin. Noch fünfundsechzig Jahre und Ephraim wird zertrümmert werden, so daß es kein Volk mehr ist. (Jesaja 7,4-7)

Zu diesem Zeitpunkt wurde Juda verschont, und sogar im Königreich Israel behielt die pro-assyrische Partei die Oberhand. Pekach, der Sohn Remaljahs, wurde ermordet; in der Chronik von Tiglatpileser finden wir den lakonischen Bericht: »Sie töteten ihren König Pekach und ersetzten ihn durch Hosea.« Doch auch Hosea, Sohn des Ela, überdauerte nicht lange. In den Tagen Salmanassars (726 - 722 v. Chr.) verleitete ihn der König von Tyrus zum Aufstand gegen Assyrien. Die Strafe ließ nicht lange auf sich warten. Im Jahre 724 belagerte und bedrohte Salmanassar Samaria. Die Hauptstadt von Israel hielt sieben Jahre stand, fiel jedoch 721, in den Tagen Sargons. Das Königreich Israel wurde zur assyrischen Provinz; die Elite des Volkes, hohe Beamte, Priester und Eisenschmiede, wurden nach Mesopotamien verbannt und durch Angehörige anderer Stämme ersetzt. In Samaria wurde eine Militärsiedlung errichtet. Diese Ereignisse werden im Zweiten Buch der Könige und in den Annalen von Sargon fast identisch beschrieben; in den letzteren wurde noch die Zahl der Verbannten von 27.960 hinzugefügt – was auch immer der Wert dieser akribisch genauen Angabe sein mag. Das Königreich Israel ist nie wieder erstanden, und das Schicksal der Zehn Stämme wurde ein wichtiges Thema für Mythos und phantasievolle Erzählungen.

Auch das assyrische Weltreich überdauerte nicht. Ninive, »der Wohnort der Löwen« (Nahum 2,11) fiel im Jahre 611 v. Chr. Babylonien nahm seinen Platz ein. Der junge und tatkräftige Josia, der in Judäa regierte, sah sich vor einem ähnlichen Dilemma wie hundert Jahre zuvor Pekach, der Sohn des Remaljah. Doch statt zwischen dem nahen Syrien und dem fernen Assyrien zu schwanken, hatte er zwischen dem nahen Ägypten und dem weit entfernten Babylonien zu wählen. Er muß wohl im Gedächtnis behalten haben, daß man Ägypten nicht trauen konnte, dem »geknickten Schilfrohr, das einen jeden, der sich darauf stützt, in die Hand dringt und sie durchbohrt« (2 Kön 18,21). Es ist einleuchtend, ihm die logische Annahme zuzuschreiben, daß er durch Vertrauen auf einen weit entfernten babylonischen König größere Handlungsfreiheit erlangen könnte als unter den wachsamen Augen des benachbarten Ägypten. Die Unterstellung solcher Überlegungen erscheint angemessen. Einige Bibelzitate sprechen für sich selbst, und das Problem ist nicht allzu kompliziert. Solange Assyrien die einzige starke Macht im Norden war, unterstützte Ägypten jeden potentiellen Gegner Ninives; daher waren die Beziehungen zwischen Judäa und Ägypten nicht feindlich. Doch nach dem Fall Assyriens änderte sich die Lage. Josia wollte verhindern, daß der Pharao Necho Palästina als Durchgangsstraße benutzte, als ob sie ihm gehöre. Er versuchte ihn bei Megiddo aufzuhalten, wurde zu Beginn der Schlacht durch einen Unglücksfall verwundet und erlag seinen Verletzungen im Jahre 609 v. Chr. Wenige Jahre später (604 v. Chr.) wurde der ägyptische König von den Babyloniern niedergeworfen, doch ist es sehr zweifelhaft, ob die Geschichte einen anderen Lauf genommen hätte, wenn Josia nicht auf dem Schlachtfeld gefallen wäre. Je näher die Babylonier den Grenzen Judäas kamen und je bedrückender ihre Gegenwart wurde, desto sicherer mußte ein Rebell erscheinen. Tatsächlich hörte das Problem der Orientierung an einer Großmacht seit der Schlacht von Megiddo und bis zur Zerstörung des Tempels (586 v. Chr.) und vielleicht bis zur Ermordung Gedaljas nie auf, die Könige Judas zu plagen.

Politologen mögen sagen, daß mehr als ein ›Modell‹ aufgezeigt wurde. Zwar fehlen Einzelheiten, doch sind die grundlegenden Tatsachen wohlbekannt. Eine verhältnismäßig mächtige pro-ägyptische Partei entstand, und die Warnungen der Propheten blieben unbeachtet. Vergebens rief Jesaja aus: »Wehe denen die sich auf den Weg nach Ägypten machten, ohne meinen Mund befragt zu haben, um sich zu schützen mit dem Schutze des Pharao und im Schatten Ägyptens Zuflucht zu suchen . . . dessen Hilfe eitel und nichtig ist. Darum nenne ich es ›das zum Schweigen gebrachte Ungetüm‹.« (Jes 30, 1.2.7). Niemand hörte auf Jeremia: »Nennt den Namen des Pharao, des Königs von Ägypten: ›Toben, das die Zeit verpaßt hat!‹ . . . Eine stattliche Kuh ist Ägypten, die Bremsen aus dem Norden fielen über sie her . . . denn ein Tag des Verderbens ist über sie ausgebrochen, die Zeit ihrer Heimsuchung« (Jer 46,17-20), und seine entschiedene Aufforderung: »Dient dem König von Babel, so bleibt ihr am Leben. Warum soll diese Stadt verwüstet werden?« (Jer 27,17) stempelte ihn in den Augen der herrschenden Schicht zum Verräter.

Dennoch bestand zweifellos neben der pro-ägyptischen auch eine pro-babylonische Partei, die zwar entschieden schwächer war, doch in den kurzen Katastrophenperioden die Oberhand gewann. Dies war auch nach dem ersten Exil 579 v. Chr. der Fall, als die Bewohner von Juda erfahren mußten, wie sich die unheilvolle Voraussage Jeremias bewahrheitete: »Der König von Babylon wird gewißlich kommen und dieses Land verwüsten« (Jer 36,29). Zedekia, der neue, von den Babyloniern eingesetzte König, einer der Söhne Josias, bewies seinem Schutzherren kaum ewige Treue. Doch wandte er sich dieses Mal nicht an die Ägypter; wahrscheinlich hatte er nicht vergessen, was diese seinem Vater in Megiddo angetan hatten. Er versuchte, eine kleine Entente zu gründen, um sich mit deren Hilfe von den Fesseln der Großmächte zu befreien. Im Jahre 593 v. Chr. trafen sich Vertreter von Amon, Moab, Tyrus und Sidon in Judäa. Einzelheiten über diese Verhandlungen sind uns nicht bekannt, doch ist klar, daß die Bemühungen erfolglos blieben. Zedekia hisste 588 allein das Banner des Aufstandes gegen Babylonien. Das Ende ist nur zu gut bekannt und bedarf keiner weiteren Beschreibung. Im Jahre 586 wurde Jerusalem erobert, der Tempel verbrannt, die Stadtmauern geschleift und die führenden Persönlichkeiten des Landes nach Babylon verbannt. Zedekias Fluchtversuch scheiterte. Er wurde gefangen und in Ketten in die Verbannung geführt, nachdem er hatte mit ansehen müssen, wie sein Sohn gefoltert wurde. Über Juda wurde Gedalja, der Sohn des Achikam, als Gouverneur eingesetzt. Dieser versuchte, mit den Überbleibseln der ihm verfügbaren Mittel Juda zu rehabilitieren, und blieb Babylonien treu ergeben. Im Lande blieben fast nur die Armen zurück, wie Jeremia bezeugt: ». . . von den geringen Leuten, die nichts hatten, ließ Nebusaradan, der oberste der Leibwache, etliche im Lande Juda zurück und gab ihnen Weinberge und Äcker« (Jer 39,10).

Nicht alles schien verloren, doch Gedalja wurde von einer Gruppe von Fanatikern ermordet, die nicht bereit waren, sich mit der Kapitulation vor den Babyloniern abzufinden. Weder haben wir Beweise dafür, daß die Mörder im Dienste von Ägypten handelten, noch dafür, daß die Ammoniter ihre Hand im Spiel hatten. Tatsache ist, daß wir nichts Genaues über die Motive wissen, doch können wir diese Frage nicht übergehen, ohne einige Mutmaßungen anzustellen. Sicher waren Gedaljas Mörder fanatische Anhänger der Unabhängigkeit Judas. Sie weigerten sich, die Verlegung der Verwaltung von Jerusalem nach Mizpa zu akzeptieren; sie weigerten sich, Gedalja als legitimen Herrscher Judas anzuerkennen und widersetzten sich wütend der Beschlagnahme von den Vertriebenen gehörenden Ländereien und deren Übergabe an die Habenichtse von Jerusalem und Juda. Vielleicht hofften sie, mit dem Mord ein politisches Ziel erreichen zu können, doch ihre Hoffnungen wurden enttäuscht. Die Babylonier zogen dem rebellischen Juda die Zügel noch fester an. Zwar bemühte sich Jeremia, die Bevölkerung zu beruhigen, doch vergeblich. Viele waren in panischer Angst vor Vergeltungsmaßnahmen der Babylonier und flohen nach Ägypten, den greisen Jeremia mit sich schleppend, dessen Stimme danach nie mehr gehört wurde. So endete die Geschichte des Ersten Tempels.

Wahrscheinlich sah im Jahre 586 v. Chr. niemand den kommenden Fall Babyloniens voraus. Doch so geschah es – nur als es geschah, gab es bereits kein Juda mehr, das die Vorteile dieser Entwicklung hätte nutzen können. Unter persischer Hegemonie hatte alles von neuem zu beginnen. Niemand weiß, welchen Lauf die jüdische Geschichte genommen hätte, wäre der Erste Tempel nicht zerstört worden. Doch fühlt man sich eigentlich von der Frage verfolgt, ob die Propheten tatsächlich den gesamten Vorgang vorausgesehen haben. Offensichtlich sind die Versuche, Jeremia und Ezechiel als ›Realpolitiker‹ zu beschreiben, unangebracht und mißglückt. Ihre Prophezeiungen auf die engen Grenzen der politischen Zweckdienlichkeit zu reduzieren, ist eine grobe Vereinfachung. 399 zog sich Sokrates den Zorn der Behörden in Athen nicht nur deshalb zu, weil er Kritias' und Alkibiades' Freund oder weil sein öffentliches Image das eines ›Feindes der neuen Demokratie‹ war. Ebensowenig waren es rein politische Motive, die die Propheten Israels dazu bewegten, ihren Zorn auszugießen. Von ihrem Standpunkt aus hatte der König von Juda die jüdischen moralischen Grundsätze weitgehendst abgeschafft, Grundsätze, die im religiösen Sinne heilig waren. Der König von Juda hatte sich dem König von Babylon gegenüber zur Treue verpflichtet. Diese Verpflichtung hielt er nicht ein und brach so sein Wort. Gerade davor warnte Ezechiel ausdrücklich:

> Denn er ist meineidig geworden, und hat den Vertrag gebrochen, und siehe, er hatte doch seinen Handschlag gegeben und doch dies alles getan; er wird nicht heil davonkommen! Darum spricht Gott, der Herr: So wahr ich lebe, ich werde seinen bei mir geschworenen Eid, den er mißachtet, und den vor mir geschlossenen Vertrag, den er gebrochen hat, über sein Haupt bringen. Ich werde mein Fanggarn über ihn ausspannen, daß er sich fange in meinem Netze, ich werde ihn nach Babel führen und dort werde ich mit ihm ins Gericht gehen wegen des Treubruchs, den er an mir begangen hat. (Ez 17,18-20).

Es ist möglich, daß diese Worte nicht ganz auf taube Ohren fielen. Nachdem die Juden ihre Lektion so bitter gelernt hatten, festigte sich bei ihnen die Tradition, Verträge nicht aus opportunistischen Gründen zu brechen. Von da an bemühten sie sich, in den Augen von Nichtjuden als ein Volk zu erscheinen, das seinen Wohltätern gegenüber loyal ist und seine feierlichen Übereinkünfte nicht verletzt. Offensichtlich besteht diese Tendenz in der legendären Überlieferung von Alexanders Eroberung Palästinas im 4. Jahrhundert v. Chr. fort. Flavius Josephus berichtet, daß Alexander nach der Eroberung von Damaskus, Sidon und Tyrus einen Brief an den Hohen Priester der Juden schickte mit der Bitte, seine Armee mit Lebensmitteln zu versorgen und ihm die Geschenke zu übergeben, die früher als Tribut an Darius abgeliefert worden waren. »Der Hohe Priester weigerte sich mit der Begründung, er habe Darius geschworen, nicht gegen ihn die Waffen zu ergreifen.« Unter dem Gesichtspunkt der ›Realpolitik‹ wäre es zweifellos zweckdienlich gewesen, die Verpflichtung gegenüber einem dem Verfall nahen Persien zu ignorieren, zumal zu dieser Zeit die politische Abhängigkeit Judas von Persien nicht stärker war als seinerzeit die Gedaljas von Babylonien. Überdies wissen wir aus einer Keilschrifttafel, daß während des Feldzuges von Artaxerxes III. gegen Ägypten (345 v. Chr.) viele Juden an das Kaspische Meer verbannt worden waren und deshalb ein Widerwille gegen die persische Herrschaft wohl berechtigt war. Dennoch hatte die Führung Judas keine Eile, Alexanders Gunst durch einen Bruch des Bündnisses mit Persien zu gewinnen, und man darf annehmen, daß dieses würdevolle Verhalten Alexander mehr beeindruckte als die opportunistischen Tricks der Samaritaner.

Doch ich greife voraus und möchte auf die Geschichte Judas von der Zeit des Kyrus bis zur hellenistischen Ära zurückkommen. Eine neue Art der Beziehungen zu einer Großmacht entstand.

## Persien, Alexander und die hellenistischen Monarchien

Der Fall Babylons gab den Juden möglicherweise die Zuversicht, daß niemand, der sie bedrängte und verfolgte, der Vergeltung entgehe.

Zuerst müssen die Juden leiden, weil sie für ihre eigenen Sünden bestraft werden, bis der Allmächtige, wenn Ihm die Zeit reif scheint, diejenigen seinen Zorn fühlen läßt, die Sein Volk mißhandelt haben. Die Zehn Plagen und der Auszug aus Ägypten waren nicht das letzte Beispiel. Assyrien zerstörte das Königreich Israel auf brutale Weise und wurde nach kurzer Zeit von Babylonien niedergeworfen. Babylonien zerstörte Juda, um seinerseits von Persien vernichtet zu werden usw. Die Aufzählung von Unterdrückung und Vergeltung könnte man vom Römischen Reich bis in unsere Tage fortsetzen. So singen die Juden am Vorabend des Passahfestes das Lied von der »Wildkatze, die kam und das Zicklein fraß, das der Vater für zwei Susim (Silbermünzen) kaufte, dann kam der Hund, der die Wildkatze fraß, dann kam der Stock, der den Hund schlug . . .«, ein Lied, das viele als allegorische Darstellung des Aufstiegs und Falls der Reiche ansehen, die Israel Schaden zufügten.

Physisch hatten die Juden im babylonischen Exil nicht zu leiden. Berosus zufolge teilte König Nebukadnezar den Gefangenen Wohnorte in den am günstigsten gelegenen Gegenden Babyloniens zu. Die Juden bauten sich Wohnhäuser, pflanzten Weinberge und beteten für den Frieden des Landes, in dem sie lebten. In ihrem Herzen jedoch »weinten sie an den Wassern Babylons« und gelobten, Jerusalem nie zu vergessen. So hatten sie im tiefsten nationalen Sinne keinen Grund, den Zusammenbruch Babylons zu beklagen, und nahmen die Perser mit offenen Armen auf.

König Kyros war der Inbegriff des heidnischen Liberalismus und polytheistischer Toleranz. Im Jahre 538 v. Chr. ließ er seine berühmte, in der jüdischen Geschichte verewigte Erklärung ergehen, mit der er den Juden erlaubte, in ihr Land zurückzukehren. Ganz nebenbei sei bemerkt, daß diese Erklärung viel weniger zweideutig ist als so manche moderne Deklaration.

Kyros gestattete den Juden, ihren Tempel wiederaufzubauen. Er gestattete ihnen, Opfer zu bringen und die heiligen Gefäße, die Nebukadnezar geraubt hatte, zurückzuholen, und befahl seinem Schatzamt, die Kosten zu übernehmen. Doch verbot er ausdrücklich den Wiederaufbau der Stadtmauern, und nirgends in der Erklärung ist auch nur ein Hinweis auf eine Rückgabe der politischen Freiheit und Autonomie zu finden. Hier einige Auszüge aus dem Text:

> Der Herr, der Gott des Himmels, hat mir alle Königreiche der Erde gegeben und mir befohlen, ihm ein Haus zu bauen zu Jerusalem in Juda. Wer immer unter euch zu seinem Volke gehört, Gott sei mit ihm, und möge er nach Jerusalem hinaufziehen und das Haus des Herrn bauen . . . (Esra 1,2-3).

Man braucht nicht mit einigen modernen Theologen der Meinung zu sein, die Juden hätten unter persischer Herrschaft aufgehört, eine Nation zu sein und wären eine Religionsgemeinschaft geworden. Ebensowenig war Juda eine Theokratie. Der Tempel besaß keine Latifundien, die Priester lebten von freiwilligen Gaben der Gläubigen. Priester und Leviten hatten großen Einfluß und wurden von der persischen Regierung einer militärischen Aristokratie vorgezogen. In Wirklichkeit behielt der Hohe Priester nun nur noch die Autorität in geistlichen Angelegenheiten, während die politische Macht in den Händen des vom persischen König eingesetzten Satrapen lag. Man darf nicht vergessen, daß selbst Esra ein königlich Bevollmächtigter war, der nicht nur mit der Untersuchung der in Juda herrschenden Zustände beauftragt war, sondern auch befugt, das Gesetz Moses unter den Juden zu verbreiten (Esra 7,14.25). Der Wiederaufbau des Tempels wurde nicht nur auf Geheiß des Gottes Israel unternommen, sondern auch auf Befehl der persischen Könige Kyros, Darius und Artaxerxes (Esra 6,14).

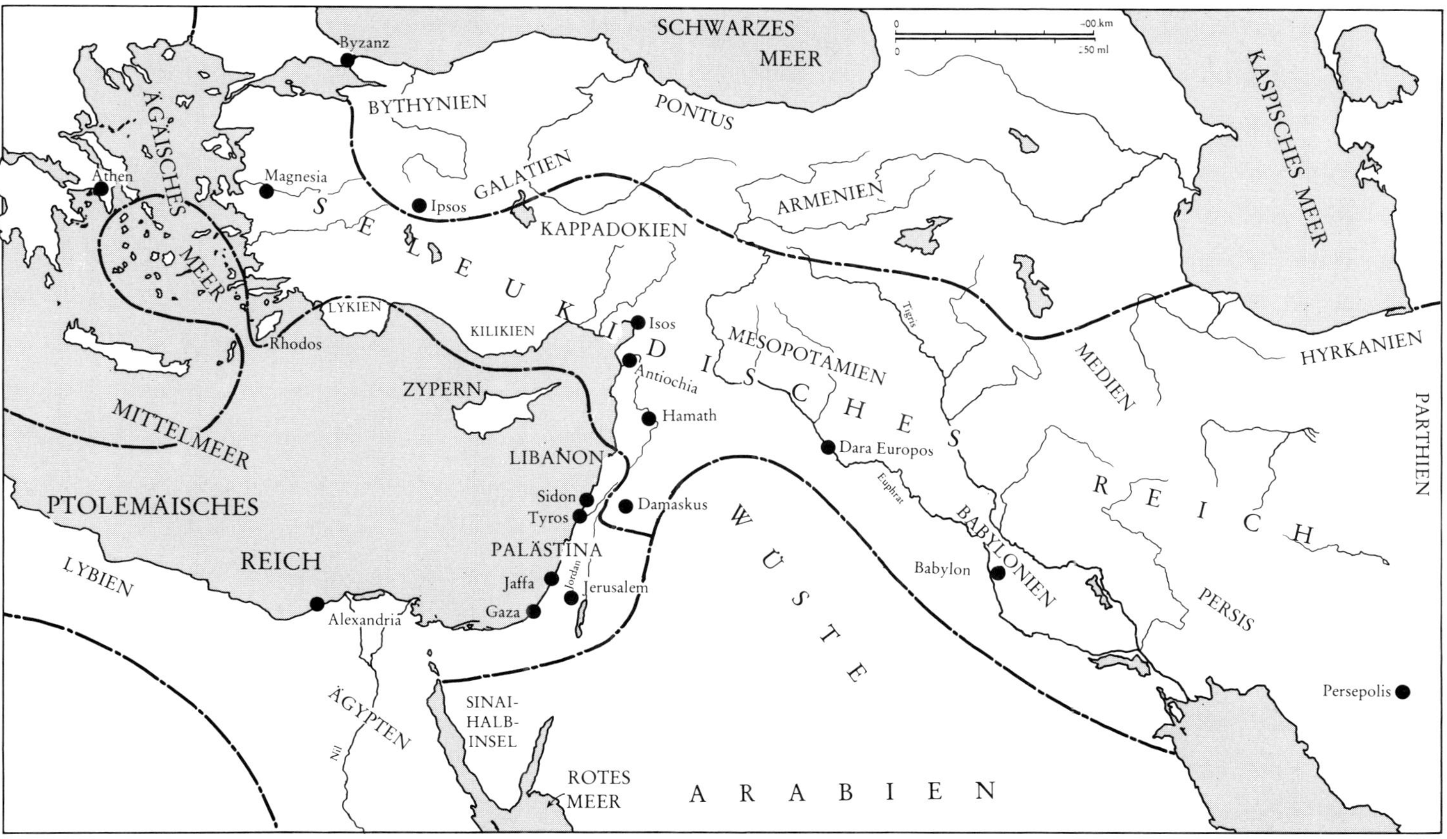


*Die Rivalität zwischen den Königreichen der Ptolemäer und der Seleukiden, ca. 187 v. Chr. Während der Zeit Alexanders »war die Erde ruhig vor ihm«, doch nach seinem Tode folgte das Chaos, und die Juden befanden sich in dessen Mitte. Cöle-Syrien wurde zur vordersten Verteidigungslinie der Ptolemäer, aber sie wurden von den Seleukiden unter Antiochus III. geschlagen. Die Juden haben den Seleukiden geholfen, die Ägypter aus der Zitadelle in Jerusalem zu vertreiben.*

Natürlich handelte auch Nehemia als Beauftragter des Königs und nicht als Repräsentant der jüdischen Bevölkerung. Nach Ablauf seiner Amtszeit wurde er durch einen nichtjüdischen Satrapen namens Bagoas abgelöst. Man kann schwerlich behaupten, die Herrschaft der Satrapen sei ideal gewesen oder die Juden hätten allzu glücklich unter ihnen gelebt. Vor allem war ihr Land winzig. Der Bezirk Judäa – und tatsächlich war es nicht mehr als ein Bezirk – umfaßte eine Fläche von etwa 2500 qkm, die sich von Beth-El bis Beth-Zur und vom Toten Meer bis zum Flachland von Lod erstreckte. In den Quellen finden wir zahlreiche Hinweise, daß zumindest die ersten Satrapen mit eiserner Hand regierten und schwere Steuern eintrieben. Doch sie befreiten die jüdische Führung von dem Dilemma, eine Orientierung auf eine andere Großmacht zu finden, ein Dilemma, das sie im letzten Jahrhundert des Bestehens des Ersten Tempels verfolgt hatte. Im Jahre 525 v. Chr. eroberte Kambyses Ägypten, und für den Nahen Osten, vom Hindus bis Äthiopien, begann die Periode eines persischen Friedens, die alle Hoffnungen auf die Befreiung vom persischen Joch und die Wiedererlangung von Freiheit und Selbständigkeit mit Hilfe einer anderen Großmacht aussichtslos machte. Es gab keine andere Großmacht. Das paßt in den Rahmen unseres ersten ›Modells‹, mit der Einschränkung, daß diese Situation nicht von den Juden gewählt, sondern ihnen aufgezwungen worden war.

Deshalb wurden jetzt andere Prioritäten gesetzt, nämlich geistige und religiöse Kristallisierung sowie soziale und wirtschaftliche Konsolidierung. Die Tätigkeit Esras und Nehemias bestätigt dies. Sogar die Reibereien mit den Samaritanern hatten starke religiöse Schattierungen, obwohl auch hier wirtschaftliche und politische Untertöne nicht fehlten. Die Konkurrenz mit den Samaritanern fand ihren Ausdruck vor allem in dem Versuch, die Gunst des Großkönigs zu gewinnen, doch niemand dachte an einen Aufstand, um die Unabhängigkeit zu erzwingen.

Auch nach der Eroberung Judäas durch Alexander den Großen trat keine Änderung dieser Situation ein. Dieses Mal fand die Konkurrenz zwischen Juden und Samaritanern in dem legendären Treffen zwischen Alexander dem Großen und dem Hohen Priester von Jerusalem ihren Ausdruck. Diese Geschichte ist voller Erfindungen und Anachronismen, und hier ist nicht der Platz, sie zu analysieren. Es ist unschwer zu beweisen, daß Alexander nie in Jerusalem war und sich also auch nie vor dem Hohen Priester verbeugte. Doch der tiefere Sinn ist wichtig. Vor allem lag hinter der Erzählung die Absicht, die Nachricht zu verbreiten, daß Alexander den Juden gestattete, nach Art ihrer Vorväter zu leben. Er befreite sie in den Brachjahren von Abgaben und stimmte auch ihrer Bitte zu, den Juden von Babylonien und Persien ein Leben nach ihren eigenen Traditionen zu gestatten. Zur gegebenen Zeit verweigerte er den Samaritanern ihre Anerkennung als Juden, obwohl sie ihm erklärt hatten, sie seien die Nachfahren von Manasse und Ephraim. Josephus Flavius bemerkt dazu verächtlich: »So waren die Gepflogenheiten der Samaritaner; ging es den Juden schlecht, so hielten sie sich von ihnen fern, doch ging es ihnen gut, so erinnerten sie sich ihrer Abstammung von Joseph, Manasse und Ephraim.«

Die ›glücklichen Tage‹ unter der Herrschaft einer einzigen Großmacht waren von kurzer Dauer. Das Königreich Alexanders zerfiel unmittelbar nach dessen Tod, und Palästina wurde zu einem von den Ptolemäern in Ägypten und den Seleukiden in Syrien umstrittenen Gebiet. 320 v. Chr. fiel Ptolemäus in Palästina ein und befolgte so – bewußt oder intuitiv – die Politik der Pharaonen, die oft darauf ausgerichtet war, Syrien unter ägyptische Oberhoheit zu bringen. Leider wissen wir nicht mehr über Ptolemäus' Absichten, der vielleicht Napoleons Diktum vorgriff, daß die Herrschaft über Palästina unerläßlich für die Verteidigung des Niltals sei. Diodorus sagt (mit der Lakonik, die ich schon in meiner Einführung erwähnte): »Ptolemäus erkannte, daß die geographische Lage Phöniziens und Coele-Syriens (zu dem ganz Palästina von den Bergen des Libanon bis zur ägyptischen Grenze gehörte) im Verhältnis zu Ägypten außerordentlich vorteilhaft war, und konzentrierte seine Anstrengungen darauf, diese Länder in seine Gewalt zu bringen.«

Ich kann in diesem Rahmen nicht in Einzelheiten gehen; möge es genügen zu sagen, daß Palästina während der Diadochenkriege oft die Herrscher wechselte, daß die Bevölkerung vielen Leiden ausgesetzt war und daß erst nach der Schlacht von Ipsos (301 v. Chr.) eine Stabilisierung eintrat.

Nach vielen Jahren sinnlosen Blutvergießens wurde klar, daß niemand über ein vereinigtes alexandrisches Reich herrschen und Frieden nur auf Grund einer Teilung und durch Kompromisse ermöglicht werden konnte. Der vorsichtige Ptolemäus nahm nicht an der letzten Schlacht teil und konnte deshalb keinen Anteil an der Siegesbeute beanspruchen. Doch blieb er nicht müßig: Bevor Seleukus Zeit hatte, sich von den Kämpfen zu erholen, eroberte Ptolemäus Coele-Syrien. Hier kann nicht untersucht und beurteilt werden, wer in diesem Streit recht hatte und ob es zutrifft, daß die formelle Oberhoheit über Palästina in Seleukus' Händen, die tatsächliche aber in denen von Ptolemäus blieb.

Für ein Verständnis des weiteren Geschehens ist ein Satz bei Diodorus entscheidend: »Seleukus beabsichtigte – wegen seiner Freundschaft mit Ptolemäus – im Moment nicht, die Frage aufzuwerfen, sondern sie zu gegebener Zeit wiederaufzugreifen und dann zu beschließen, wie man sich Freunden gegenüber zu benehmen habe, die ärgerliche Ansprüche stellen.« Anscheinend verzichtete Seleukus schweren Herzens auf Palästina, doch er verzieh Ptolemäus niemals seine Habgier.

Tatsächlich ist das dritte Jahrhundert eine Periode ständiger Spannung zwischen Syrien und Ägypten, eine Spannung, die sich in fünf Kriegen niederschlug, und Palästina war in diesem Konflikt ein nicht unwesentlicher Streitpunkt, besonders bei den diplomatischen Verhandlungen im Jahre 218 v. Chr. zwischen Antiochus III. von Syrien und Ptolemäus IV. Philopator von Ägypten. In den Jahren 221 - 219 stieß Aniochus III. nach Süden vor, eroberte Tyrus und Akko und belagerte Dor. Die Ptolemäer versuchten, den Konflikt durch Verhandlungen beizulegen, doch ihre diplomatischen Bemühungen blieben erfolglos. Antiochus nahm nach kurzer Ruhepause seine Offensive wieder auf, eroberte mühelos das obere Galiläa, überschritt den Jordan und erreichte schließlich Samaria, nachdem er auch den Berg Tabor und Bet-Sche'an genommen hatte. Die Ptolemäer reorganisierten ihre Streitkräfte, gingen zum Gegenangriff über und schlugen Antiochus vernichtend bei Rafiah im Jahre 217 v. Chr.

Wieder einmal kam Palästina unter ägyptische Herrschaft, doch dieses Mal nur für eine kurze Zeit. Nach dem Tod von Ptolemäus IV. (im Alter von fünf Jahren) bestieg Ptolemäus V. Epiphanes den Thron (204 v. Chr.). Prompt nutzte Antiochus III. die Schwäche Ägyptens aus zu einer Zeit, in der die Regenten vergebens versuchten, Ruhe und Ordnung wiederherzustellen: 201 fiel er in Coele-Syrien ein und nahm Rache für die Schande von Rafiah durch einen entscheidenden Sieg bei Paneas (heute: Banjus) über den ägyptischen General Skopas und leitete damit die endgültige Vertreibung der Ptolemäer aus Palästina ein. Im Jahre 199 begann die Hegemonie der Seleukiden.

Jerusalem fiel widerstandslos in Antiochus' Hand; er wurde sogar vom Ältestenrat mit jubelndem Beifall empfangen. Dieser Gesinnungswandel bedarf einer Erklärung. Er trat erstens nicht plötzlich ein; zweitens sollte man nicht unterstellen, der Beifall sei einstimmig gewesen und daß nach hundertjähriger ägyptischer Herrschaft keinerlei Überbleibsel pro-ägyptischer Elemente existierten; und drittens lohnt es sich, die Pro-Seleukiden-Partei genau zu betrachten, um zu eruieren, was sie bewegte, den Ptolemäern den Rücken zu kehren. Ich hatte schon erwähnt, daß zur Zeit des Ersten Tempels eine pro-ägyptische Partei einer pro-babylonischen gegenüberstand, doch die spärlichen uns verfügbaren Quellen nicht ermöglichen, die gesellschaftlichen Elemente, aus denen die beiden Gruppen sich zusammensetzten, zu analysieren und eine solche Analyse mit Zitaten aus Primärquellen zu belegen. Die Unfähigkeit, soziale und wirtschaftliche Prozesse mit außenpolitischen Umschwüngen in Zusammenhang zu bringen, führt zu Berichten, die zwar informieren, doch wenig zum Verständnis beitragen.

Im vorliegenden Abschnitt stehen wir auf festerem Grund, doch selbst hier haben wir uns vor den Gefahren reiner Mutmaßung zu hüten. Ein Satz im Buche Daniel (11,14) verhüllt mehr als er erhellt, doch läßt er keinen Zweifel daran, daß der Kampf um die Orientierung auf eine Großmacht – gegenstandslos während der persischen Herrschaft – in aller Schärfe wieder aufkam: »Und in jenen Zeiten werden viele wider den König des Südens aufstehen, auch aus deinem Volke werden Söhne von Gewalttätigen sich erheben, damit die Weissagung sich erfülle, und sie werden zu Fall kommen.« Ob der Ausdruck »BNE PARIZE« mit »Söhne der Gewalttätigen« oder einfach mit »Räuber« zu übersetzen sei, wird von der mordernen Wissenschaft immer noch diskutiert. Jedoch ließ sich der Hl. Hieronymus in seinem Kommentar zum Buch Daniel durch Ungewißheiten weniger beirren und erklärte: »Während der Kämpfe zwischen Antiochus dem Großen und den Generälen des Ptolemäus wurde das Land Judäa in zwei Gruppen gespalten: Die eine unterstützte Antiochus, die andere Ptolemäus.« An der Spitze der Pro-Antiochus-Partei stand der Hohe Priester Simon der Gerechte, und seine Loyalität wurde großzügig belohnt. Der König war tief beeindruckt vom Eifer der Juden, ihm zu dienen, von dem glänzenden Empfang, den sie ihm bei seinem Einzug in Jerusalem bereiteten sowie von der wohlwollenden Haltung des Ältestenrats, der ihm nicht nur half, die ägyptische Garnison aus der Zitadelle zu vertreiben, sondern ihn auch mit reichlichem Proviant für seine Soldaten und seine Elefanten versorgte. Die Juden erhielten ihre Belohnung unverzüglich: In Anerkennung ihrer Frömmigkeit wurden ihnen Opfertiere, Wein, Öl, feines Mehl, Getreide und Salz zugeteilt. Der König befahl, den Bau des Tempels zu vollenden, einschließlich der Säulengänge und aller anderen nötigen Gebäudeteile. Importiertes Holz sollte zollfrei sein. Den Mitgliedern des Ältestenrats, Priestern, Schriftgelehrten und Tempelsängern sollte die Kopfsteuer, Kronsteuer und Salzsteuer erlassen werden. Eine Verordnung, deren Ziel die Wiederbevölkerung von Jerusalem war, verfügte eine dreijährige Steuerfreiheit für alle, die schon dort wohnten, oder die sich verpflichteten, dort innerhalb einer gewissen Zeit wohnhaft zu werden. Diese und ähnliche Privilegien wurden in einer Reihe von Erlassen in Bausch und Bogen gewährt und können allesamt in einem Satz zusammengefaßt werden: Die Juden durften nach dem Gesetz ihrer Väter leben.

War dieser Zustand wirklich so anders als die Bedingungen, die unter dem ägyptischen Regime geherrscht hatten, und hatte Ptolemäus die Juden gezwungen, die Traditionen ihrer Vorfahren zu verleugnen? Die Antwort ist entschieden negativ. Die Periode der Ptolemäer war im allgemeinen eine ruhige, und es gab keine Aufstände. Unter persischer Herrschaft bestand keine Möglichkeit für die Entwicklung einer jüdischen politischen Führerschaft. Infolgedessen wurde der Hohe Priester zwangsläufig zum Vermittler zwischen Judäa und der hellenistischen Monarchie. Trotz ihrer Hochachtung vor dem Hohen Priester waren jedoch die Ptolemäer nicht der Ansicht, daß er der alleinige Mittelsmann zwischen der Bevölkerung von Judäa und den ägyptischen Behörden sein sollte. Andere Machtzentren entstanden, auf die ich noch zurückkommen werde. Genüge es hier zu erwähnen, daß Antiochus eine grundlegende Änderung einführte: Er erkannte den jüdischen Hohen Priester und seinen Ältestenrat als die höchsten Vertreter Judäas und Jerusalems an. Nicht nur die Stellung des Hohen Priesters wurde durch die königlichen Befehle gestärkt, sondern auch die übrigen Priester genossen größere Privilegien als bisher – sie wurden von Steuern befreit. Und noch wichtiger: Die Gebote der Tora erhielten die Kraft öffentlichen Rechts:

> Kein Fremder darf das Innere des Tempels betreten, was ja auch den Juden nach dem Gesetze ihrer Väter nur erlaubt ist, wenn sie entsprechende Reinigungen vorgenommen haben. Niemand darf ferner Fleisch von Pferden, von Maultieren, wilden oder zahmen Eseln, von Leoparden, Füchsen oder Hasen, oder anderen Tieren, deren Genuß den Juden verboten ist, in die Stadt einbringen. Es ist auch ungesetzlich, die Häute dieser Tiere in die Stadt zu bringen oder solche Tiere in der Stadt zu halten, sondern es dürfen nur die zu den Opfern verwendeten Tiere, durch deren Darbringung Gott versöhnt werden soll, in der Stadt vorhanden sein. Und jeder, der diesen Vorschriften zuwiderhandelt, hat den Priestern eine Buße von 3.000 Silberdrachmen zu entrichten. (Josephus Flav. Jüd. Altert. XII 3,4).

Dies mag wohl erklären, warum Priester, Schriftgelehrte und die Ausleger der Tora dazu neigten, Antiochus dem Ptolemäus vorzuziehen. Doch genügt es nicht, den Einfluß der Parteigänger der Seleukiden zu erklären, deren Existenz kaum unter Zweifel steht.

Die Antwort dafür haben wir in anderer Richtung zu suchen, und zwar nicht gerade auf dem Gebiete der Religion. Einer der bedeutsamsten Prozesse, ohne den wir diese Periode keinesfalls verstehen können, war die Hellenisierung einer gewissen Gesellschaftsschicht in Judäa. Dieser Prozeß begann nicht erst mit der Eroberung Jerusalems durch Antiochus, sondern viele Jahre früher.

Einst hatte man geglaubt, daß griechische und mazedonische Siedler, die nach Alexanders Tod in den Orient auswanderten und sich hauptsächlich in den Städten

*Ein Grabstein vom jüdischen Friedhof in Rom. Die Darstellung der Menora war üblich, die des Schreins mit den Tora-Rollen seltener. Die Inschrift ist in Griechisch, der* lingua franca *der römischen Welt.*

niederließen, die Verbreiter hellenistischer Kultur im Osten waren. Es wurde auch angenommen, diese Entwicklung habe auch Palästina nicht übergangen. Tatsächlich wurden dort in der hellenistischen Periode mindestens dreißig griechische Städte gegründet, und es lohnt sich, wenigstens einige zu erwähnen: Akko, Stratons-Turm (später Caesarea), Apollonia (nahe dem heutigen Herzlia), Jaffa, Aschdod, Askalon, Gaza und Rafiah entlang der Mittelmeerküste; die Dekapolis im Norden und Osten des Landes (Transjordanien), d.h. Scythopolis (Bet Sche'an), Hippos (Susita), Pella (Fahil), Philadelphia (das alte Rabbat Ammon) und andere.

In den letzten fünfzig Jahren hat die sorgfältige Untersuchung der hellenistischen Kultur im Osten so manchen Mythos beseitigt, und es wurde festgestellt, daß die griechische Kultur nicht bis in die unteren sozialen Schichten in Asien und Afrika durchsickerte, welche ihrer Religion, ihrer Sprache und den Gebräuchen ihrer Vorväter die Treue bewahrten. Überall ist die Landbevölkerung konservativer und nicht willens, sich von den Traditionen ihrer Ahnen abzuwenden. Der Orient bildet keine Ausnahme, und das mag vielleicht einer der Gründe sein, weshalb ein Jahrhundert der Existenz von griechischen Städten in Palästina keine Spuren in Judäa hinterließ. Doch sind auch andere Umstände in Betracht zu ziehen.

Die Zahl der gebürtigen Griechen und Mazedonier, die sich wirklich in Palästina niederließen, war gering. Einige waren demobilisierte Soldaten, die beschlossen, nach ihren langjährigen Feldzügen im Osten zu bleiben. Andere waren verarmte Bauern oder glücklose Kaufleute vom griechischen Festland, die versuchen wollten, ihren Lebensstandard durch Auswanderung zu verbessern. Sie waren weder Missionäre griechischer Kultur und Zivilisation, noch waren sie ausgezogen, um Homers Dichtung und Platos Philosophie unter den Barbaren zu verbreiten. Wahrscheinlich verstanden sie selbst nicht sehr viel davon. Ihr wesentliches Vermächtnis an die nach Alexanders Tod gegründeten Städte war die Sprache selbst – Griechisch wurde zur offiziellen Landessprache –, auch wurden Einrichtungen wie Boule (Stadtrat), Gymnasium, Ephebeion usw. gegründet. Die Mehrheit der Stadtbevölkerung war orientalischer Herkunft. Sie akzeptierte diese äußerlichen Erscheinungen hellenistischer Zivilisation, aber mehr auch nicht. Das trifft für das gesamte Gebiet zu. Die meisten Einwohner der griechischen Städte in Palästina waren Syrer, frühere Phönizier, Nachkommen der Samaritaner, der Edomiter und der Philister. Man sollte sich von dem Namen einer Stadt wie Apollonia nicht allzu sehr beeindrucken lassen. Ihre Hauptgottheit war weder der Apollo von Delphi noch der von Delos, sondern der alte phönizische Reschef (›Brand‹, ›Pest‹). So war nur die äußere Schale griechisch, während der Kern orientalisch blieb und ein religiöser Synkretismus entstand, der die Forscher bis zum heutigen Tag fasziniert. Apollonia ist nur *ein* Beispiel. Dagon (Gott der Fruchtbarkeit) blieb die Hauptgottheit von Aschdod, Aschtoret (Göttin der Fruchtbarkeit) die von Askalon, und da diese Gottheiten für die Bevölkerung von Judäa nicht gerade Neuerscheinungen waren, ließen sich nur sehr wenige Juden verführen, vom Gotte Israels für einen Dagon oder einen Reschef abzulassen. Der Hellenismus durchdrang Judäa, doch auf eine andere Art, nicht durch den Einfluß der griechischen Städte, sondern als Folge von persönlichen Beziehungen, die sich zwischen einigen Juden und den ptolemäischen Behörden entwickelten; und – wie in allen orientalischen Ländern – die ersten, die unter den Einfluß gerieten, waren die Reichen und die Mächtigen, jene Reichen und Mächtigen, die in den Schriften von Ben Sira erwähnt sind, der die zwischen diesen und den unteren Gesellschaftsschichten bestehende Spannung darlegte. Doch war diese Spannung kein Phänomen, das seinen Ursprung in der hellenistischen Zeit hatte. Sie erscheint bereits in den Schriften Nehemias, dessen Sozialreform gegen diese reichen und mächtigen Juden gerichtet war (Neh 5,7): »Ich ging aber mit mir zu Rate, und stellte dann die Vornehmen und die Vorsteher zur Rede, und sprach zu ihnen: ›Wie? Ihr treibt einer gegenüber dem anderen Wucher?‹ Und ich setzte gegen sie eine große Versammlung an . . .« Die Aufhebung von Schulden schmerzte zwar die reichen Geldverleiher immer, doch meistens nur für kurze Zeit, da eine Reform dieser Art niemals dazu angetan war, die Struktur der Gesellschaft und ihres Besitzrechts grundlegend zu ändern. Nach einer vorübergehenden Erleichterung blieb alles beim alten – die Reichen blieben reich und die Armen arm. So entstanden auch die reichen ›Scheichs‹ in Palästina und Jordanien mit ihrem unbestreitbaren Einfluß auf die Landbevölkerung.

Die Ptolemäer konnten sich nicht leisten, Palästina ausschließlich durch den Hohen Priester zu regieren. Deshalb machten sie außerordentliche Anstrengungen bei der Suche nach zusätzlichen Verbündeten und fanden solche unter den wohlhabenden Grundbesitzern, von denen uns manche aus verschiedenen Papyri bekannt sind. Jeddous war ein mächtiger Mann; und Tobias, der Vater des Joseph ben Tobias, sollte eine wesentliche Rolle bei der Verbreitung des Hellenismus in Judäa spielen. Der Vorgang ist einfach zu erklären: Die Tobiaden waren Juden, die in Transjordanien lebten, mit Ländereien in der Gegend von Rabbat Ammon, jedoch niemals ihre Beziehungen zu Jerusalem abbrachen. Als einer der Tobiaden eine Tochter der Oniaden (die Familie des Hohen Priesters von Jerusalem) heiratete, wurde dieses Verhältnis noch enger. Im Gegensatz zur Jerusalemer Aristokratie waren die Tobiaden Kosmopoliten, mit ausgezeichneten Beziehungen zu ihren nichtjüdischen Nachbarn. Als um die Mitte des 3. Jahrhunderts v. Chr. zwischen dem Hohen Priester und dem ägyptischen König ein heftiger Disput über Steuerfragen ausbrach, bot Joseph ben Tobias seine guten Dienste an und reiste nach Ägypten, wo es ihm gelang, einen für beide Parteien annehmbaren Kompromiß auszuhandeln. Auch er selbst erlitt in der Affäre keinen Verlust: Der König ernannte ihn zum Steuereinnehmer und bewies ihm so seine Anerkennung. Das System, ortsansässige Dynasten zu Steuereinnehmern zu ernennen, war für die ägyptische Regierung sicherlich vorteilhaft und zweckdienlich. Hatte sie doch nun einen Mittelsmann für die Steuereintreibung und brauchte keinen eigenen bürokratischen Apparat aufzubauen, sogar wenn sie notgedrungen dem örtlichen Steuereinnehmer eine kleine bewaffnete Truppe zur Verfügung stellen mußte, deren Aufgabe es war, der Bevölkerung ihre Widerspenstigkeit auszutreiben.

Leute wie die Tobiaden mußten häufig nach Ägypten reisen, und man darf annehmen, daß sie so den örtlichen griechischen Dialekt erlernten. Auch ist es unwahrscheinlich, daß sie, wenn sie an der Tafel ihrer Gastgeber in Alexandria speisten, sich allzu streng an die mosaischen Speisegesetze hielten. Sie blieben Juden – doch sehr verschieden von denen in Jerusalem, die auf striktester Befolgung aller mosaischen Vorschriften bestanden. So blieben die Beziehungen zwischen Judäa und Ägypten an die fünfzig Jahre ohne irgendwelche ernsthaften Störungen.

Doch das ptolemäische Ägypten war ein zentralistisches und bürokratisches Königreich. Die meisten Ländereien waren in königlichem Besitz, der König selbst war der Hauptbankier, für Privatinitiative, Freiheit und Autonomie war wenig Raum. Die griechischen Städte waren nicht gerade die größte Sorge der Ägypter, insbesondere da das Städtewesen bei der geringen Anzahl von Städten in Ägypten die Politik kaum beeinflußte.

Die seleukidische Monarchie andererseits war nicht so homogen und infolgedessen nicht so zentralistisch. Sie benutzte drei Gruppen als Instrumente der Macht: Städte, Völker und Fürsten, während die Zentralregierung an sich ziemlich zerbrechlich war. Offensichtlich fand die Bevölkerung Judäas an diesem pluralistischen System mehr Gefallen als an dem monolithischen Zentralismus Ägyptens, und sie wartete auf den günstigen Augenblick, wenn eine Schwächung Ägyptens mit einer seleukidischen Option zusammenträfe, zumal die proägyptischen Elemente in der Aristokratie, nervös über den immer stärker werdenden Druck aus Alexandria, zu der Ansicht gelangten, daß sie unter den Seleukiden größere Handlungsfreiheit gewinnen könnten.

Natürlich waren nicht alle Tobiaden von den Ptolemäern enttäuscht. Einer der Brüder, Hyrkanus, bewahrte ihnen die Treue bis zu seinem letzten Atemzug, doch nachdem seine älteren Brüder und die Oniaden – die Familie des Hohen Priesters – einmal ihre Loyalität gewechselt hatten, war Judäa reif für die Übernahme durch den Seleukiden Antiochus III. Jerusalem bereitete ihm einen freundlichen Empfang, und daher seine großzügigen Verordnungen. Und doch war das ideale Verhältnis zwischen Jerusalem und Antiochia nicht von langer Dauer. Weder glich Antiochus IV. (Ephiphanes) seinen Vorgängern, noch blieb der Charakter der Hohen Priesterschaft unverändert. Judäa trat in eine der stürmischsten Perioden seiner Geschichte ein. Der Weg führte zur Unabhängigkeit, und das Problem der Beziehungen zu den Großmächten nahm neue Formen an. 190 v. Chr. wurde Antiochus III. bei Magnesia geschlagen. Rom, das gerade das westliche Mittelmeer erobert hatte, tauchte am Horizont auf. Unter der Losung, daß es Freiheit und Autonomie der griechischen Städte gegen die hellenistischen Monarchen verteidige, eroberte es Griechenland und bedrohte dann Antiochos.

Alexander der Große war mit Pauken und Trompeten über den Nahen Osten hereingebrochen, Rom betrat ihn auf Katzenpfoten, so daß sein Kommen unbemerkt blieb. Vor diesem Hintergrund und im Hinblick auf den wachsenden Einfluß der Hellenisierer in Jerusalem sollte man den Aufstand der Hasmonäer betrachten.

**Unabhängigkeit**

Der Wechsel von der ptolemäischen zur syrischen Hegemonie über Judäa unterlag äußeren und inneren Einflüssen. Ägypten büßte so viel an Kraft ein, daß es wieder zum »geknickten Schilfrohr« wurde, während sich im Norden neue Hoffnungen abzeichneten – nicht Böses, wie einst Jeremia (6,1) prophezeit hatte. Unter den Angehörigen der zerstrittenen Oberschicht bildete sich eine Faktion, welche die Seleukiden den Ptolemäern vorzog. Ein Teil der Oniaden sowie der Tobiaden unterstützte Antiochos bei der Einnahme Jerusalems. Der Hohe Priester, Simon der Gerechte, übte auf diesen Umschwung entscheidenden Einfluß aus, eine Tatsache, die nicht ohne Konsequenzen blieb: Von diesem Zeitpunkt an war der Hohe Priester nicht nur der höchste religiöse Würdenträger in Judäa, sondern auch die wesentliche politische Persönlichkeit. Es ist zweifelhaft, ob dies seine vorausgeplante Absicht war, doch entwickelte sich diese Tendenz, nachdem sie einmal in Bewegung gesetzt war, mit eigener Dynamik.

Hier ist der Ort, eine methodische Bemerkung einzuflechten: Bedeutende Gelehrte ließen sich tief von dem Kosmopolitismus, der Aufgeschlossenheit und der Toleranz der Tobiaden beeindrucken – im Gegensatz zu der Bigotterie, der Engstirnigkeit und der Xenophobie der Chasidim. Ein Satz aus dem Buch der Makkabäer (I, 1,11) brachte sie zu dieser Auffassung: »Laßt uns hingehen und Verbrüderung suchen mit den Völkern rings um uns her; allerlei Übel ist ja über uns gekommen, seitdem wir uns von ihnen absonderten.« Diese Gelehrten fanden die Hellenisierer vergleichbar mit dem aufgeklärten Reformjudentum im Deutschland des 19. Jahrhunderts im Gegensatz zu den orthodoxen Juden, die keinen Schritt von der Halacha abzuweichen bereit waren. Diese Gelehrten irrten. Der Hellenismus der Tobiaden stand auf keinem höheren Niveau als der anderer Länder, in denen – ebenso wie in Palästina – nur die äußerlichen Merkmale westlicher Kultur übernommen wurden. Euripides und Aristoteles wurden von den jüdischen Hellenisierern nie studiert, die eine Turnhalle (Gymnasium) einer Akademie und ein Hippodrom einem Theater vorzogen. In Wirklichkeit war der jüdische Hellenismus das erste Zeichen des aufkommenden Levantinismus. Außerdem sahen sich die jüdischen Hellenisierer ebensowenig als Träger griechischer Kultur und Zivilisation wie die griechischen Einwanderer im Osten. Die Tobiaden hatten nicht den Ptolemäern die Treue gebrochen und sich der Monarchie der Seleukiden zugewandt, weil sie hofften, mit deren Hilfe griechische Kultur in Judäa verbreiten zu können. Ihr einziges Ziel war, mit Hilfe des Seleukidenkönigs stärkeren Einfluß auf das Amt des Hohen Priesters zu gewinnen, ein Amt, das sie viel mehr als politisch denn als religiös ansahen.

Diese Einstellung ist nicht überraschend. In jenen Tagen konzentrierte sich im Tempel enormer Reichtum. Seit undenklichen Zeiten hatten Juden aus Asien und Europa ihre Spenden und Abgaben an den Tempel geschickt. Außer dem Tempel existierten keine öffentlichen Geldmittel. So waren die Versuche (der gelehrten Forschung), zwischen politischen und religiösen Angelegenheiten zur Zeit des Zweiten Tempels zu unterscheiden, nicht gerade überzeugend. Politik und Religion waren eng miteinander verflochten, und im Augenblick, da das Amt des Hohen Priesters eine politische Funktion wurde, ließ die Korruption nicht lange auf sich warten. Nie hatte es eine klare Unterscheidung zwischen privaten und öffentlichen Einlagen gegeben, da beide in der Schatzkammer des Tempels deponiert wurden; eine andere gab es einfach nicht.

Solange nun zwischen Oniaden und Tobiaden harmonische Zusammenarbeit bestand, nahm niemand Notiz von der wirtschaftlichen und politischen Schlüsselstellung des Hohen Priesters. Doch als Onias III., der Sohn Simons des Gerechten, für Hyrkanus Partei ergriff, den abtrünnigen Tobiaden, der den Ptolemäern die Treue bewahrt hatte, begannen die anderen – den Seleukiden ergebenen – Tobiaden, gegen ihn zu intrigieren. Sie vergrößerten ihre Gefolgschaft dadurch, daß sie eine einflußreiche Familie an sich heranzogen, an deren Spitze die Brüder Menelaus, Simon und Lysimachos standen. Zuallererst mußten sie Onias III. stürzen, und es gelang ihnen, dessen Bruder Jason (dessen hebräischer Name einmal Josua gewesen war) zu überreden, das Amt des Hohen Priesters von Antiochus Epiphanes zu kaufen. Gewiß war für dieses Unternehmen Loyalität zu Syrien eine *conditio sine qua non,* doch gab es dazu noch ein nicht weniger bedeutsames Faktum: Zum ersten Male konnte ein fremder Eindringling Einfluß auf die Ernennung des Hohen Priesters in Jerusalem ausüben. Die Quelle für all dieses ist ein obskurer und seit Jahrhunderten umstrittener Absatz:

> Als aber Seleukus starb und Antiochus, den man Epiphanes nannte, ihm auf den Thron folgte, erschlich sich Jason, der Bruder des Onias, das Amt des Hohen Priesters, indem er dem König bei einer Unterredung 360 Talente Silber und noch 80 Talente aus anderen Einkommensquellen versprach. Er versprach zusätzlich dazu weitere 150, wenn ihm gestattet werde, eine Ringschule und einen Übungsplatz für Jünglinge zu bauen und die Jerusalemer als Antiochier zu registrieren. Da der König dies bewilligte, führte Jason, sobald er die Herrschaft ergriffen hatte, bei seinen Landsleuten griechische Sitten ein (2 Mak 4,7-10).

Heute bestehen kaum Meinungsverschiedenheiten über die Bedeutung dieses Passus: Offensichtlich wurde Jason Hoher Priester durch Bestechung des Königs und erhielt gleichzeitig die Erlaubnis, Jerusalem in eine griechische ›polis‹ mit Namen Antiochia umzuwandeln.

Alles das geschah im Jahre 175 v. Chr., dem Jahre, das gewöhnlich mit der hellenistischen Reform in Jerusalem identifiziert wird. Was war die wahre Bedeutung dieser Reform? Sicher war sie nicht dazu bestimmt, das sogenannte orthodoxe Judentum abzuschaffen und es durch ein progressiveres zu ersetzen. Die Umwandlung Jerusalems in eine griechische Stadt war im wesentlichen keine kulturelle, sondern deutete eine engere Integration Judäas in das Seleukidische Reich an. Sie führte zu politischen und wirtschaftlichen Oligarchien unter

Jason und Menelaus. Bis 175 v. Chr. war der Status der Juden im Reich der Seleukiden der eines ›ethnos‹ (Volk), doch im pluralistischen System der Seleukiden hatte der ›ethnos‹ nur marginale Bedeutung. Ein ›ethnos‹ war berechtigt, nach althergebrachten Traditionen zu leben, doch das war alles. Die Grundlage des seleukidischen Reiches und die Säulen seiner politischen Struktur waren die Städte. Die Städte hatten größere Autonomie, verfügten über ihre eigenen Stadträte und waren berechtigt, ihre eigenen Münzen zu prägen. Die Erhebung Jerusalems zur ›polis‹ sollte vor allem den Angehörigen der Oberschichten nützen, da nicht alle Einwohner automatisch Bürger werden konnten. Angehörige der unteren Klassen würden zu ›Metöken‹ oder ›katoikoi‹ – Bürger zweiter Ordnung – werden. Diese Unterschichten hingen an den Traditionen ihrer Ahnen, waren weniger assimiliert und hatten keinerlei Interesse an der hellenistischen Reform, sie widersetzten sich ihr ganz unverblümt. Diese Umstände führten zu neuen Spannungen zwischen der traditionsgetreuen Stadt- und Landplebs in Judäa und den aristokratischen Hellenisierern Jerusalems.

Jason mißfiel es, nurmehr ein Werkzeug in der Hand des Atiochus zu sein, und weigerte sich schließlich, dem König den gesamten Tempelschatz zur Verfügung zu stellen. Als dieser Versuch, mehr Unabhängigkeit zu gewinnen, bekannt wurde, gab es für ihn keinen Weg mehr, sich aus der Falle zu befreien, die man ihm gestellt hatte. Durch eine Reihe von Intrigen verdrängte ihn Menelaus, genauso wie Jason Onias III. verdrängt hatte. Jason floh nach Jordanien und Menelaus wurde Hoher Priester, dem König ein untertäniger Diener. Diese Situation allein könnte die Revolte der unteren Schichten gegen die hellenisierende Oligarchie erklären. Doch wird der Aufstand der Makkabäer noch verständlicher, wenn zwei zusätzliche Fakten in Betracht gezogen werden: der Verfall von Antiochus' internationalem Prestige sowie seine bösartigen Verordnungen gegen die jüdische Religion. Hier ist die Stelle, an der wir unser Augenmerk auf Antiochus' Feldzug in Ägypten und Roms Erscheinen auf der Bildfläche richten müssen.

Nach der Schlacht bei Zama im Jahre 202 v. Chr. hatte Rom im westlichen Mittelmeer die absolute Vorherrschaft. Karthago war es verboten, sich über seine Grenzen in Afrika hinaus auszubreiten. Der Numidier Massinissa wurde Vasallen-König Roms; Sizilien, Korsika, Sardinien und Spanien waren römische Provinzen geworden. Rom konnte sich mit Zuversicht dem Osten zuwenden.

Die Begriffe ›divide et impera‹ und ›balance of power‹ (politisches Gleichgewicht) erscheinen in keinem antiken Text, doch in Anbetracht der Vorgänge in den internationalen Beziehungen jener Tage ist es nicht überraschend, daß diese Ausdrücke (irrtümlich) Rom zugeschrieben werden. Die einfache Tatsache ist, daß Rom vom 3. Jahrhundert v. Chr. an keinem seiner Nachbarn den Status einer Großmacht ermöglichte. Es war bereit, gegen jeden Nachbarstaat in den Krieg zu ziehen, der auch nur die geringsten Andeutungen von Großmacht-Gelüsten zeigte. Zu Beginn des 2. Jahrhunderts schaltete es den König von Mazedonien aus, und mit seinem Sieg über Antiochus III. Bei Magnesia (190 v. Chr.) setzte es dem Traum der Seleukiden, eine Weltmacht zu werden, ein Ende.

Der Friede von Apameia (128 v. Chr.) diktierte Antiochus III. einen Tribut von 10.000 Talenten Gold und 90.000 Scheffel Getreide, zwang ihn, Kleinasien bis zum Taurus zu verlassen, seine Kriegsflotte und seine Elefanten aufzugeben und vor allem sich zu verpflichten, niemals einen Verbündeten Roms anzugreifen. Von der Zeit Magnesias bis zu den Tagen Antiochus' IV. waren die Seleukiden bemüht, sich mit Roms Vorherrschaft abzufinden, jede Provokation zu vermeiden und den schlafenden Löwen nicht aufzustören. Doch diese Haltung änderte sich grundlegend im Jahre 169 v. Chr.: Antiochus IV. Epiphanes fiel in Ägypten ein, nachdem Ptolemäus VI. versucht hatte, Palästina zurückzugewinnen. Die Römer mischten sich nicht sofort ein, da sie vollauf mit Perseus von Mazedonien beschäftigt waren. Doch nach ihrem Sieg bei Pydna (168 v. Chr.) beschlossen sie, Antiochus' Ehrgeiz ein Ende zu setzen. Sie entsandten C. Popillius Laenas, der Antiochus rundheraus den Befehl erteilte, seinen Angriff auf Ägypten einzustellen. Als Antiochus versuchte, die Angelegenheit zu diskutieren, erfand Popillius eine ganz neue Methode der Diplomatie: Mit seinem Stab zog er einen Kreis um den König und verbot diesem, aus dem Kreis herauszutreten, bevor er eine Antwort gäbe. Antiochus war in seiner Jugend als Geisel in Rom gewesen und hatte dort seine Erziehung erhalten. Er kannte und verstand Roms Einstellung gegenüber dem Osten und war sich klar darüber, daß es Popillius ernst meinte. So räumte er Ägypten ohne weitere Einwände und zog sich zutiefst gedemütigt nach Syrien zurück, beschloß jedoch, auf dem Heimweg im unruhigen Jerusalem Gesetz und Ordnung wiederherzustellen.

Die jüdische nationale Erhebung hatte soziale Untertöne. Die Makkabäer und ihre Anhänger erhoben sich vor allen Dingen gegen die jüdischen Hellenisierer in Jerusalem, gegen jene Oligarchie, die versuchte, Jerusalem in eine griechische Stadt und den ärmeren Teil seiner Bevölkerung in Bürger zweiter Klasse umzuwandeln. Die Angehörigen dieser Oligarchie galten als Handlanger des Antiochus, und die Rebellen waren entschlossen, sie aus der Hohen Priesterschaft zu verjagen und in Judäa die traditionelle Lebensweise wiedereinzuführen. Politische, soziale und wirtschaftliche Faktoren von religiösen zu trennen, ist müßig. Sie waren alle miteinander verflochten, und so ist auch der Passus im Buch der Makkabäer zu verstehen: »Hierauf versammelte sich zu ihnen [Mattathias und seine Freunde] eine Schar von Chasidim, tapfere Männer aus Israel, lauter solche, die willig den Gesetzen gehorchten« (I, 2,42). Und so wurde das Banner des Aufstandes erhoben.

Vor nicht zu langer Zeit wurde angeregt, die Chronologie des Hasmonäeraufstands von neuem zu überprüfen, und die gängige Ansicht, die bösartigen Anordnungen Antiochus' wären Anstoß zur Revolte gewesen, sei irrig. A. Tscherikover dachte, daß es genau umgekehrt war: Als Antiochus nach Jerusalem kam und feststellen mußte, daß die Chasidim einen Kleinkrieg gegen seinen Protegé Menelaus in Szene gesetzt hatten, beschloß er, diese Rebellen durch eine Reihe von Verordnungen zu schwächen, wie etwa das Verbot, den Sabbat einzuhalten oder den Ritus der Beschneidung durchzuführen. Er befahl außerdem, Altäre zu errichten, auf denen Schweine und andere Tiere geopfert werden sollten, »den Greuel der Verwüstung« (Schikuz Meschomem), von dem Daniel spricht (Dan 11,31). Erst daraufhin habe sich die Revolte ausgebreitet und zum Unabhängigkeitskrieg entwickelt.

Die erste Phase des hasmonäischen Befreiungskrieges dauerte drei Jahre und führte dazu, daß Judas der Makkabäer nach einer Reihe eindrucksvoller Siege ganz Judäa kontrollierte, Jerusalem eroberte (mit Ausnahme der Festung Akra, die erst 142 v. Chr. eingenommen wurde), den Tempel reinigte und weihte und den Kult des Gottes von Israel wieder einführte. Nach Hunderten von Jahren der Knechtschaft entstand ein unabhängiger Staat, dessen Überleben jedoch zunächst keinesfalls gesichert war; der internationale Durchbruch kam erst mit der Anerkennung des neugegründeten Staates durch das römische Weltreich. Es lohnt sich, den Vertrag zwischen dem Zwergstaat des Judas Makkabäus und dem römischen Imperium, der im Jahre 161 v. Chr. unterzeichnet wurde, im Wortlaut wiederzugeben:

> Möge es den Römern und dem Volke der Juden zu Wasser und zu Lande immerdar wohl gehen und Schwert und Feind ihnen fern bleiben! Wenn aber zuerst Rom oder irgendeinem seiner Bundesgenossen im ganzen Bereiche ihrer Herrschaft Krieg drohen sollte, so soll das Volk der Juden mit willigem Herzen Hilfe leisten, wie es die Umstände von ihnen fordern. Doch werden sie den (feindlichen?) Kämpfern Lebensmittel, Waffen, Geld und Schiffe weder geben noch verschaffen, wie es Rom gut dünkte; vielmehr werden sie ihren Verpflichtungen nachkommen, ohne etwas dafür zu nehmen. Sollte jedoch den Juden zuerst ein Krieg drohen, so werden auch die Römer bereitwillig Hilfe leisten, wie es die Umstände von ihnen fordern. Doch sollen den Hilfstruppen Lebensmittel, Waffen und Geld nicht gegeben werden, soweit es Rom nicht von selbst gut dünkt. Und sie werden dieser Verpflichtung ohne Hinterlist nachkommen. Auf Grund dieser Bestimmung also schlossen die Römer einen Vertrag mit dem Volke der Juden. Falls aber die Einen oder die Anderen nachträglich etwas beifügen oder streichen wollen, so mögen sie es nach ihrem Belieben tun, und was sie beifügen oder weglassen soll Geltung haben. Was die Schädigungen betrifft, die der König Demetrius ihnen zufügen könnte, haben wir ihm Folgendes geschrieben: Warum hast du unseren Freunden und Bundesgenossen, den Juden, ein so schweres Joch auferlegt? Werden sie also noch weiter über dich Klage führen, so werden wir ihnen zu ihrem Rechte verhelfen und dich zu Wasser und zu Land bekriegen (1 Mak 8,23-32).

Hier scheint es angemessen, eine Pause einzulegen und noch einmal die zu Anfang erwähnte Behauptung des sowjetischen Kritikers zu betrachten, daß ein kleiner Staat niemals einen großen besiegen könne. Diese ›Wahrheit‹ läßt uns den Verlauf des Unabhängigkeitskrieges der Hasmonäer ebensowenig verstehen wie die nationalistische und fast mystische Einstellung, die den Sieg einer gerechten Minderheit – die dem *Einen* Gott und Seiner Anbetung diente – als Triumph über eine korrupte und sündige Mehrheit begreift.

Doch da die Zahl der Historiker, die in allem Ernst vom »Wunder des Sieges der Hasmonäer« sprechen, sich ständig verringert, ist es wichtiger, sich mit den ›Superrationalisten‹ auseinanderzusetzen.

Den Makkabäeraufstand und die Gründung eines unabhängigen Hasmonäerstaates zu unterschätzen, wäre abwegig. Dies war mehr als ein Intermezzo zwischen dem Fall der Seleukiden und der Übernahme der Herrschaft durch Rom, wie etwa Eduard Meyer dachte. Ein kleines Volk, das für seine Existenz und seine Unabhängigkeit kämpft, lediglich als Instrument einer Großmacht zu bezeichnen, wäre eine Niederträchtigkeit.

Das Entstehen des Hasmonäerstaates ist die historische Konsequenz eines echten Entwicklungsprozesses, der

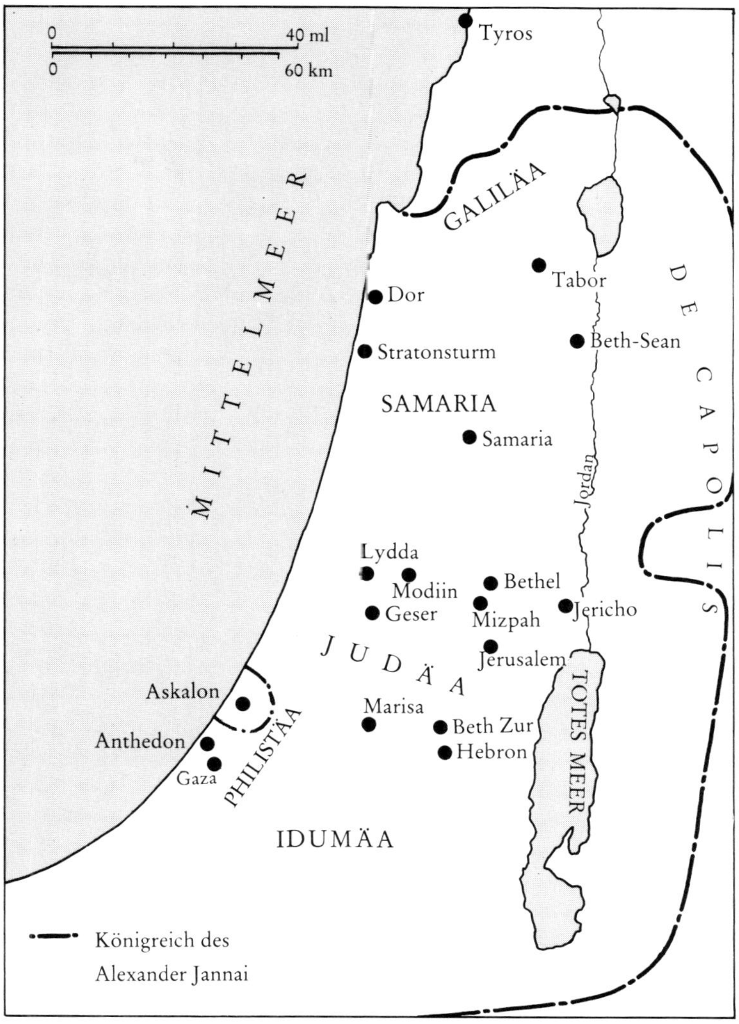


*Palästina zur Zeit der Makkabäer, ca. 168-163 v. Chr. An die ruhmreichen Taten der Makkabäer erinnert alljährlich das Chanukka-Fest, das von Judas Makkabäus anläßlich der Reinigung des Tempels gestiftet wurde. Das politische Geschick von Judas Makkabäus, sich mit Rom zu verbünden, führte zu einer echten, wiewohl kurzlebigen Unabhängigkeit. Am Ende haben jedoch interne Streitigkeiten Juda unter das schwere Joch Roms gebracht.*

nicht nur in Palästina vor sich ging, sondern einen weiten Bogen dieses Bereichs umspannte. Der Hellenismus war nirgends tief verwurzelt, und je schwächer die Zentralregierung der Seleukiden wurde, desto weiter schritt der Zerfall fort. Zipoetes von Bithynien, Mithridates von Pontus sowie Ariarthes von Kappadokien fielen vom Reich ab und gründeten schließlich von Königsfamilien geführte unabhängige Staaten. Die Oberschichten all dieser Länder nahmen zwar den äußeren Aufputz des Hellenismus an, die meisten sprachen griechisch, gründeten griechische Institutionen und standen unter dem Einfluß der griechischen Religion, doch verzichteten sie nie auf ihre nationalen Interessen und kämpften für ihre Unabhängigkeit. Der Hasmonäerstaat war keine Ausnahme. Judas der Makkabäer bekämpfte erbittert den Apollonius, der in Jerusalem eine ›Pfaffenherrschaft von Ausländern‹, eine ›Nation eines fremden Gottes‹ errichtete und Jerusalem in einen ›Wohnsitz von Fremdlingen‹ verwandelte. Die Siedler waren keine Griechen vom griechischen Festland, sondern syrische Soldaten, die in den Armeen der Seleukiden gedient hatten. Ihr Gott war nicht Zeus, sondern der syrische Ba'al Schamin (Himmels-Ba'al), und dies war der »Greuel der Verwüstung« des Buches Daniel. Gegen ihre tyrannischen Handlungen erhoben sich Mattathias und seine Söhne

– nicht gegen die griechische Kultur und Zivilisation. Sie verschmähten weder griechische Namen (Hyrkanos, Aristobulus) noch griechische Institutionen oder politische Gepflogenheiten. Ihr Ziel war, wie ein hervorragender Gelehrter einmal sagte, einen hellenistischen Staat auf jüdisch-nationaler Grundlage zu errichten.

Von Anfang an bewiesen die Hasmonäer scharfsinniges Verständnis des in diesem Gebiet herrschenden Systems internationaler Beziehungen. Der Vertrag vom Jahre 161 v. Chr. zwischen Rom und Judäa ist Beweis dafür, und die Umstände, die dazu führten, daß Judas darin als Gleichgestellter betrachtet wurde, möchte ich hier kurz beschreiben.

Demetrius I. von Syrien, der ältere Bruder des Antiochus Epiphanes, bestieg den Thron im Jahre 162 v. Chr. Rom war über diese Entwicklung nicht sehr glücklich und zog es vor, dem Satrapen von Babylonien, Timarchos, seine Unterstützung zuteil werden zu lassen. Demetrius wehrte sich und versuchte, seine Autorität vor allem durch die Beseitigung der Unabhängigkeit des Hasmonäerstaates zu festigen. Mit der Vernichtung Judäas betraute er zwei seiner besten Generäle, Bakchides und Nikanor (den Gouverneur von Judäa). Der König selbst übernahm die Ostfront. Doch am 13. Adar 161 erfocht Judas der Makkabäer einen glänzenden Sieg. Nikanor fiel in der Schlacht, und der Tag des Sieges wurde viele Generationen lang als Nationalfeiertag begangen.

Judas wußte nur zu gut, daß Judäa keine Chance hatte, für unbegrenzte Zeit allein gegen das seleukidische Reich und gegen die feindselige griechisch-syrische Bevölkerung Palästinas durchhalten zu können. Deshalb war sein ganzes Trachten auf den Versuch ausgerichtet, zu einem Vertrag mit Rom zu gelangen. Die Initiative ging von ihm aus. Er beschloß, Eupolemus, den Sohn des Johannes, und Jason, den Sohn des Eleasars, nach Rom zu entsenden. Ihre Aufgabe war es, die Römer davon zu überzeugen, daß ›das Königreich der Griechen Israel zu Sklaven machte‹ und ein Vertrag mit Judäa nicht unvereinbar mit römischen Interessen sei. Ihre Mission wird im Buch der Makkabäer folgendermaßen beschrieben:

> So reisten sie denn nach Rom, obwohl der Weg sehr weit war, begaben sich in die Ratsversammlung und hoben an: ›Judas der Makkabäer, seine Brüder und das ganze Volk der Juden sandten uns zu euch, um mit euch in Bundesgenossenschaft und Friedensbund zu treten, und damit wir als eure Bundesgenossen und Freunde aufgeschrieben würden! (1 Mak 8,19-20).

Abgesehen von rhetorischer Stilisierung ist dieses Dokument zweifellos authentisch. Der Text wurde vielfach durch häufige Hin- und Rückübersetzungen entstellt. Er erreichte uns in einer griechischen Fassung. Er war für das erste Makkabäerbuch aus dem griechischen Original ins Hebräische übersetzt worden und hernach aus diesem wiederum ins Griechische. Das Original befand sich in den Archiven des Tempels, und der Autor des ersten Makkabäerbuches dürfte keine Schwierigkeiten gehabt haben, es dort einzusehen. Da ähnliche Dokumente – Verträge zwischen Rom und kleineren Ländern – uns aus Inschriften bekannt sind, besteht kein Grund, die Authentizität dieses Dokuments zu bezweifeln. Außerdem ist klar, daß der Vertrag auch im besten Interesse Roms lag, eben des Rom, das sich weigerte, Demetrius, den Feind Judäas, anzuerkennen. All dies wird auch von einem römischen Geschichtsschreiber bestätigt, der berichtet: »Als die Juden sich gegen Demetrius erhoben und um Roms Freundschaft baten, waren sie die ersten im Osten, die ihre Unabhängigkeit erlangten, denn in jenen Tagen pflegten die Römer großzügig auf Kosten anderer zu sein.«

Nirgends sind wirkliche Beweise für die Behauptung zu finden, Judäa habe als Werkzeug Roms gedient. Das Gegenteil ist richtig. Judas Makkabäus verstand – sei es durch korrekte Abschätzung der Lage, sei es aus Instinkt –, daß Syrer und Ägypter so sehr an Macht und Einfluß eingebüßt hatten, daß man sie kaum noch als Imperien ansehen konnte. Unter ähnlichen Umständen waren die Königreiche Juda und Israel zur Zeit des Ersten Tempels zu hoher Blüte gelangt, nachdem es ihnen gelungen war, ihre schwächeren Nachbarn zu besiegen. Gegen Großmächte wie Babylonien oder Assyrien hatten sie keine Chance. In den Tagen der Makkebäer lag die Situation nicht anders. Die handelnden Figuren änderten sich, doch nicht die Handlung.

Rom war eine gewaltige Großmacht und stets dazu bereit, mit Feinden seiner Nachbarn Bündnisse zu schließen. Als es gegen Pyrrhus kämpfte, verbündete es sich mit Karthago, um sich dann gegen dieses zu wenden, sobald Pyrrhus unterlegen war. Es ist also nicht überraschend, daß es sich mit Judäa alliierte, als der Seleukidenkönig sein Gegner war.

Leider gibt es nur sehr wenig Material darüber, was im 2. Jahrhundert v. Chr. Römer über Juden und Juden über Römer wußten – beide wahrscheinlich nur sehr wenig. Nicht allein hatten die Juden keine Ahnung vom sozialen Gefüge römischen Lebens, es war ihnen nicht einmal bekannt, daß zwei Konsuln an der Spitze des römischen Staates standen, und glaubten, sie hätten es nur mit einem einzigen zu tun. Sicherlich begriffen sie nicht die ausschlaggebende Bedeutung der *clientela* (Schutzgenossenschaft). Ein Klient könnte als ein Unterlegener, Schwacher definiert werden, der dem Schutze eines Stärkeren anvertraut ist, und als Gegenleistung für diesen Schutz gewisse Dienste leistete und Bedingungen erfüllte. Die Römer nannten diesen Zustand *in fide alicuius esse. Fides* deutete ein Vertrauensverhältnis an, also eine prinzipielle moralische, jedoch keine gesetzliche Verpflichtung. Die Ursprünge der *clientela* sind dunkel, doch kann ihre Wichtigkeit im römischen sozialen und politischen Leben niemals übertrieben werden. Sie ist klar erkennbar nicht nur zwischen dem freigelassenen Sklaven und seinem Patron, sondern auch zwischen einer Gemeinschaft, die sich im Kriege unterworfen hatte, und der siegreichen Stadt (oder Nation).

Seit dem Erscheinen von Ernst Badians *Foreign Clientela,* das inzwischen klassisch geworden ist, kann eine Untersuchung römischer Außenpolitik, die diesem besonderen Verhältnis nicht Rechnung trägt, nicht mehr durchgeführt werden. Häufig lesen wir von Verträgen zwischen dem mächtigen Rom und irgendeinem kleinen Land, in denen beide Vertragspartner als gleichgestellt erscheinen. Solche Verträge sind als *foedus aequum* bekannt, doch sollte man sich von der Terminologie nicht beirren lassen. Wenn die Römer einen kleinen Partner als *socius et amicus,* also als Verbündeten und Freund des römischen Volkes, bezeichneten, so hieß das keineswegs, daß sie ihn als Gleichen betrachteten. In einem solchen Fall bedeutete *amicus* Klient, und die Römer erwarteten, daß er sich als solcher betrug. Nicht alle ›Freunde‹ verstanden das sogleich und hatten eine harte Lektion zu lernen.

So muß auch der Vertrag zwischen Rom und Judäa verstanden und mit den Verträgen Roms mit drei weiteren kleinen, unabhängigen Gemeinschaften zusammen gesehen werden: mit der kleinasiatischen Stadt Kibyra, mit Methymna (Lesbos) und mit der Insel Astypalaea im ägaischen Meer. Der Vertrag mit Astypalaea wurde im Jahre 105 v. Chr. unterzeichnet und zeigt in vielen seiner Klauseln deutliche Ähnlichkeit mit dem 161 mit Judäa geschlossenen. Glücklicherweise ist die Inschrift erhalten, und es mag aufschlußreich sein, aus ihr zu zitieren:

> . . . Sollte irgend jemand Krieg gegen das Volk von Astypalaea führen, so soll das römische Volk dem Volk von Astypalaea beistehen. Und sollte irgend jemand zuerst Krieg gegen das römische Volk führen, so soll das Volk von Astypalaea Hilfe leisten gemäß den Verträgen und Eiden, die zwischen dem römischen Volk und dem Volk von Astypalaea bestehen. Wenn Volk und Senat (jeder der beiden Parteien) übereinstimmend wünschen, diesem Vertrag etwas hinzuzufügen oder abzuziehen, so soll das erlaubt sein . . . (Corp. Inscr. Graec. 2485).

Es ist geradezu ein Witz zu lesen, daß eine Insel von 98 $km^2$ dem allmächtigen Rom Beistand leisten sollte, doch zweifellos hob der Vertrag die Stimmung der Astypalaeer.

Das Verhältnis zu Judäa war nicht anders. Der Vertrag brachte ihm keine unmittelbaren handgreiflichen Vorteile, und bis zur echten Unabhängigkeit hatte Judäa noch einen langen, dornigen Weg vor sich, aber seine Stimmung erhielt enormen Auftrieb durch die formelle Anerkennung von seiten der größten Weltmacht.

Nachdem Judas Makkabäus auf dem Schlachtfeld gefallen war, wurde sein Bruder Jonathan immer noch als syrischer Beamter betrachtet, und dieser machte verzweifelte Anstrengungen, zwischen den verschiedenen syrischen Herrschern zu manövrieren. Erst unter Simon erlangte Judäa volle politische Unabhängigkeit: Im Jahre 142 wurde die Akra (›hellenistische‹ Festung innerhalb Jerusalems) erobert, und 140 wählten sie »in einer großen Versammlung der Priester und des Volkes und der Obersten des Volkes und der Vornehmsten des Landes . . . Simon für immer [zu] ihrem Anführer (Hegemon) und Hohen Priester . . . und Feldherrn (Strategos) . . . Volksfürsten (Ethnarches) (1 Mak 14,28.41.42.47).

Unter Simon und seinem Sohn Hyrkanus begann die Gebietsexpansion Judäas, doch erst nach dem Tode von Antiochus VII. (Sidetes) nahm der Einfluß der Seleukiden in Palästina ein Ende. Im Jahre 104 nahm Judas alias Aristobulus den Titel König an, und unter Alexander Jannai beherrschte das Königreich der Hasmonäer ganz Palästina – von Galiläa im Norden bis zur ägyptischen Grenze im Süden. Simon eroberte Jaffa und machte es zu einem jüdischen Hafen und sicherte so dem jüdischen Staat einen Zugang zum Meer. Johannes Hyrkanus überrannte Edom und zwang die Edomiter, zum Judentum überzutreten, Aristobulus besiegte die Ituräer, die in der Nähe der libanesischen Grenze ansässig waren, und zwang sie, Juden zu werden. Jannai eroberte Gadara, Pella, Gerasa und Gamela in Transjordanien, Rafiah und Anthedon an der Mittelmeerküste und zerstörte Gaza. Um den historischen Tatsachen gerecht zu werden, lohnt es sich zu betonen, daß die Hasmonäer sich niemals als Eroberer betrachteten. Als Antiochus Sidetes die Rückgabe der Städte Jaffa und Gezer forderte, erhielt er eine bezeichnende Antwort, die im Ersten Buch der Makkabäer erhalten ist: »Wir haben weder fremdes Land genommen noch uns fremden Guts bemächtigt, sondern des Erbes unserer Väter, das von unseren Feinden zu einer gewissen Zeit ungerechterweise in Besitz genommen worden war. Wir aber halten, da wir nun günstige Gelegenheit haben, unserer Väter Erbe fest.« (15,33-34)

Während all dieser Eroberungszüge vernachlässigten die Hasmonäer niemals ihre Beziehungen zur Römischen Republik. In der Zeit Simons veröffentlichte der römische Konsul eine Proklamation zugunsten der Juden und sandte sie an verschiedene Länder und griechische Städte, in denen Juden ansässig waren. Aus offiziellen Dokumenten ist bekannt, daß Johannes Hyrkanus im Jahre 134 das traditionelle Bündnis mit Rom erneuerte. Der römische Senat seinerseits war nicht weniger interessiert, die expansionistischen Gelüste Antiochus' VII. einzudämmen. Dieses Interesse wird durch einen formellen Senatsbeschluß illustriert:

> Insofern als . . . die Abgesandten der Juden – hochachtbare Männer und Verbündete – die Angelegenheit der Erneuerung des Wohlwollens und der Freundschaft besprochen haben, die sie früher den Römern wahrten, und als Zeichen der Verbundenheit einen goldenen Schild brachten . . . ist verfügt worden, ein Verhältnis des Wohlwollens und der Freundschaft mit ihnen (den Juden) zu gestalten, ihnen alles zu gewähren, was sie erbaten und den Schild, den sie brachten, anzunehmen. (Josephus Ant. XIV, 8,5)

Doch verließen sich die Hasmonäer nicht ausschließlich auf das ferne Rom. Als sie gegen die Seleukiden auszogen, bemühten sie sich um gute Beziehungen zum ptolemäischen Hof, und gleichzeitig betrieben sie mit dieser klugen Außenpolitik die Verstärkung ihrer Streitkräfte, und so ist es nicht überraschend, daß Judäa gegen Ende des 1. Jahrhunderts eine Militärmacht wurde, der Rechnung getragen werden mußte.

Oft wird angenommen, die Juden hätten viele Jahre durchhalten können, hätten sie nur ihre innere Einigkeit bewahrt, wären nicht von den Geboten der Tora abgewichen und wären den Spuren der ersten Hasmonäer gefolgt. Doch mit dem Zunehmen der gesellschaftlichen Polarisierung (die im Buch Henoch beschrieben ist), den wachsenden Konflikten zwischen Pharisäern und Sadduzäern und dem allgemeinen Widerstand gegen die Konzentration politischer und religiöser Macht in den Händen des Hasmonäerkönigs sei das Land so geschwächt worden, daß es Pompeius wie eine reife Frucht in die Hände gefallen sei.

Nach dieser Auffassung war es der Bürgerkrieg, der im Jahre 67 zwischen Hyrkanus II. und seinem Bruder Aristobulus ausbrach, und die verräterische Rolle, die Antipater, der Idumäer, spielte sowie das Eingreifen Pompeius', der kam um zu vermitteln, was zum Ende der judäischen Unabhängigkeit führte.

Diese Auffassung ist indessen nicht unproblematisch: Kennt denn die Geschichte ein Beispiel dafür, daß eine längere Periode von Eroberungen die soziale Struktur im Lande des Eroberers nicht beeinflußt hätte? War etwa Athen vor dem attisch-delischen Bündnis dasselbe Athen wie das Athenische Reich? Waren die Eroberungen der Römischen Republik nicht etwa der unmittelbare Grund für die sozialen Unruhen, die im Jahre 133 v. Chr. die Gracchen auf den Plan brachten? Und schließlich – ist es vorstellbar, daß die Eroberungen des Hyrkanus und Alexander Jannais ohne Einfluß auf die sozialen Verhältnisse in Judäa bleiben konnten?

Doch zurück zu den tatsächlichen Geschehnissen: Der Bürgerkrieg erleichterte Pompeius' Intervention, doch auch ohne ihn hätte Rom die Handlungsfreiheit seines überheblichen hasmonäischen Klienten eingeschränkt. Nachdem Pompeius Jerusalem erobert und das Allerheiligste betreten hatte – jedoch ohne den Tempelschatz anzurühren –, ging er dazu über, das Gebiet Judäas zusammenzustützen. Die griechischen Städte entlang der Küste und östlich des Jordans wurden der unmittelbaren Hoheitsgewalt des Gouverneurs der neu errichteten Provinz Syrien unterstellt. Hyrkanus II. wurde sein monarchischer Titel abgesprochen; er blieb für sein verkleinertes Gebiet nur als Hoher Priester verantwortlich. Judäa selbst wurde noch nicht in eine römische Provinz umgewandelt, doch Hyrkanus war dem römischen Gouverneur der Provinz Syrien unterstellt. Die Tage der *foedus aequum* zwischen Rom und Judäa waren vorüber. Der letzte Hasmonäerkönig wurde zum Klientfürsten nach dem System, das die Römer der Annexion vorzogen, um weitabgelegene Territorien unter Kontrolle zu halten. Letzten Endes sollte auch dies in eine Annexion auslaufen, aber bis dahin vergingen noch viele Jahre, nämlich bis die Römer zur Überzeugung kamen, daß alle anderen Wege, sich das Gebiet gefügig zu machen, gescheitert waren.

## Rom und Parthien

Die beharrliche Frage, mit der wir uns an diesem Punkt auseinanderzusetzen haben, ist, ob der Weg vom Verlust der Unabhängigkeit im Jahre 63 v. Chr. zur Zerstörung des Tempels im Jahre 70 n. Chr. unabwendbar war. Doch vor den Versuch einer Beantwortung sollte der Hinweis gesetzt werden, daß in einer Hinsicht die Situation, die im Jahre 63 v. Chr. bestand, vielleicht der des Jahres 538 v. Chr. ähnlich schien: Pax Romana anstatt Pax Persica, wobei Judäa für sich das Risiko der Wahl der Außenpolitik gesichert hatte.

Der gesamte Mittlere Osten fiel einem mächtigen Reich in den Schoß. Hätte Judäa sich gefügt, so wie es sich zur Zeit Esras und Nehemias gefügt hatte, so wäre es vielleicht möglich gewesen, die Tragödie des Exils abzuwenden. Doch wie die meisten Analogien ist auch diese irrig. Das 6. Jahrhundert war nicht das 1., Rom war nicht Persien, und jetzt erschien am Horizont Parthien und erweckte ein Fünkchen Hoffnung für jene, die es ablehnten, sich in ihr Schicksal zu ergeben. Doch vor allen Dingen war Judäa, nachdem es einmal die Unabhängigkeit gekostet hatte, schwerlich bereit, wieder die Erniedrigung hinzunehmen, die es von den Makkabäern erdulden mußte. Zweifellos gab es eine allgemeine Opposition gegen die letzten Hasmonäer, und zweifellos verziehen die Untertanen ihrem König nie, daß er sich weigerte, das Amt des Hohen Priesters abzugeben, doch die Alexander Jannai umgebenden Greuelgeschichten sollten mit Vorsicht gelesen werden. In jenen Kapiteln stützte sich Josephus stark auf Nikolaus von Damaskus, der – um Herodes zu preisen – die Hasmonäer übermäßig verleumdete. Doch die Wahrheit kann nicht vertuscht werden.

Mit der Eroberung Jerusalems durch Pompeius und mit dem wachsenden Einfluß Antipaters und seiner Söhne auf die Politik Judäas lebte die Sympathie für die Hasmonäer wieder auf, bis sie sich hin und wieder in irrationale Höhen verstieg. Die Sünden der späteren Hasmonäer gerieten bald in Vergessenheit, und der Name Makkabäus wurde Synonym für Freiheit und Autonomie.

Die wesentlichen Ereignisse der Zeit von 63 bis 40 v. Chr. waren kurz umrissen folgende: Hyrkanus regierte nur de jure, die tatsächliche Macht lag in den Händen Antipaters des Idumäers; die politische Linie war klar und eindeutig – bedingungslose und uneingeschränkte Loyalität für Rom. Hyrkanus' Bruder Aristobulus gab seinen Kampf gegen Rom niemals auf. Er entfloh aus der Haft und stieß auf keine Schwierigkeiten, sich in Judäa eine Anhängerschaft zu schaffen. Viele waren übriggeblieben, die Hyrkanus als Verräter ansahen, der die Unabhängigkeit an Rom verkauft hatte. Doch letzten Endes schlug auch Aristobulus' Versuch fehl, und er wurde als Gefangener nach Rom geschickt.

In der römischen Geschichte war dies die Periode der Dynastenkämpfe, oder – wie es in den Lehrbüchern heißt – die Zeit der Triumvirate. Für Antipater war es nicht einfach, die politische Szene Roms richtig zu überblicken, und bei seinen Bündnissen mit den verschiedenen Dynasten hatte er mit großer Vorsicht vorzugehen. Loyalität zum einen führte zwangsläufig zum Bruch mit dem anderen, und es war außerordentlich schwierig vorauszusehen, wer die Oberhand behalten würde. Zunächst wahrte Antipater Pompeius die Treue, doch sobald er von dessen Niederlage bei Pharsalus im Jahre 48 v. Chr. hörte, ging er kaltblütig zu Julius Caesar über. Hyrkanus beeinflußte die ägyptischen Juden, Caesar zu unterstützen, und gewann so die Gunst des Diktators. Bei Beginn der Auseinandersetzung zwischen Caesar und Pompeius schlug sich Aristobulus auf Caesars Seite, und wer weiß, was das Ergebnis dieser Verbindung gewesen wäre, hätten nicht Pompeius' Freunde Aristobulus vergiftet. Als Caesar seinerseits sah, daß ihm Hyrkanus und Antipater treu ergeben waren, entzog er seine Gunst dem Antigonos, dem Sohn des Aristobulus, und trieb ihn so in die Arme der Parther.

Inzwischen festigte Antipater seine Macht in Judäa. Er ernannte seine Söhne Herodes und Phasael zu Strategoi in Jerusalem bzw. Galiläa. Dieser Opportunismus machte sich bezahlt. Caesar beließ zwar Hyrkanus im Amt des Hohen Priesters, doch ernannte er Antipater zum Procurator (Epitropos). Die Juden erhielten die Erlaubnis, die Mauern von Jerusalem wiederaufzubauen, und später wurden ihnen auch die Gebiete, die Pompeius ihnen genommen hatte, zurückgegeben. Wichtiger als alles andere war die Rückgabe von Jaffa, »das die Juden seit alten Zeiten besessen hatten, seit sie einen Freundschaftsvertrag mit den Römern schlossen«.

Man darf annehmen, daß zwischen den Juden und Caesar ein wohlwollendes Verhältnis bestand, und lateinische Quellen berichten von der Trauer der Juden, als Caesar 44 v. Chr. an den Iden des März unter den Dolchen seiner Mörder fiel. In der Tat war ihr Los unter Caesar, verglichen mit der Zeit unter Pompeius, erheblich besser. Hyrkanus wurde als Ethnarch und Hoher Priester anerkannt und diese beiden Ämter wurden auch seinen Nachkommen versprochen, und den Juden wurde gestattet, nach der Tradition ihrer Vorväter zu leben. Hyrkanus erhielt den Titel *socius et amicus populi Romani*, Judäa durfte im Hafen von Jaffa Steuern und Zölle erheben, und Hyrkanus wurde von der Pflicht befreit, für die römischen Armeen in Judäa eine Garnison zur Verfügung zu stellen. Und dennoch war die allgemeine Stimmung in Judäa nicht so freundlich wie man anneh-

*Schon vor der Zerstörung des Zweiten Tempels im J. 70 n. Chr. gab es Synagogen in Jerusalem; von ihnen ist nur ein Überbleibsel erhalten. Diese griechische Inschrift berichtet über den Bau einer Synagoge, eines Gästehauses und eines Ritualbades durch einen führenden jüdischen Bürger, dessen Name auch in Griechisch angegeben ist: Theodotus.*

men könnte. Nur so läßt sich das Auftreten der ersten Zeloten – von Josephus »Räuber« genannt – erklären. Tatsache ist, daß Herodes ihren Anführer Ezechias und viele seiner Anhänger ohne Gerichtsverhandlung hinrichten ließ, eine Schandtat, die folgenschwere historische Konsequenzen haben sollte. Ezechias der Galiläer wurde der Vorläufer einer großen antirömischen Bewegung und von allen verehrt, die sich der römischen Herrschaft nicht unterwarfen.

Die Zeloten empfanden die Pflicht, Bodensteuer zu entrichten, als Zeichen der Knechtschaft und damit der Erniedrigung, und sahen darin die Symbole der römischen Herrschaft und nicht etwa in den Ehrentiteln, die Hyrkanus zugestanden worden waren. Die Juden verziehen niemals die Verachtung, die Herodes bei seinem Vorgehen gegen Ezechias für das jüdische Gerichtswesen bezeugt hatte, noch sein hochmütiges Betragen vor dem Sanhedrin in Jerusalem. Was immer auch Herodes unternahm, um als Führer der Juden akzeptiert zu werden, war zum Scheitern verurteilt. Zwar sollte er später König der Juden werden, doch niemals ein jüdischer König.

Nach der Ermordung Caesars sahen sich Antipater (der im Jahre 43 vergiftet wurde) und seine Söhne vor einem Dilemma. Die römische Regierung war alles andere als beständig, handelte oft unberechenbar, und die Entscheidung, wen zu unterstützen, war nicht leicht.

In dieser Zeit des Bürgerkrieges in Rom schwankten die kleinen Fürsten und Klientenkönige im Osten zwischen den verschiedenen Dynasten. Zunächst schienen Brutus und Cassius die Oberhand zu behalten, doch sie wurden 42 v. Chr. bei Philippi geschlagen. Der Osten fiel an Antonius, aber in Rom festigte Octavian, Caesars Adoptivsohn, seine Machtstellung. Hyrkanus, Herodes und Phasael neigten nicht dazu, sich riskante Spekulationen zu erlauben. Antonius war in der Nähe und gewann bald ihre Unterstützung. Er ernannte tatsächlich Phasael und Herodes zu Tetrarchen für die jüdischen Gebiete. Doch Friede wollte nicht über das Land kommen.

Im Jahre 40 v. Chr. überrannten die Parther den gesamten Nahen Osten, und Antigonus, der Sohn des Aristobulus, der keine Chancen hatte, unter römischer Herrschaft wieder zur Macht zu gelangen, überredete die Eindringlinge aus dem Osten, ihn als gesetzlichen Herrscher über Judäa wiedereinzusetzen.

Dieses Intermezzo (40 - 37 v. Chr.) kann in Kürze beschrieben werden. Als Antigonus auf der jüdäischen Szene erschien, sammelten sich um ihn begeisterte Anhänger, ebenso wie sie es bei seinem Vater getan hatten. Phasael und Hyrkanus versuchten mit ihm zu verhandeln, wurden aber verhaftet und in Ketten gelegt. Der vorsichtigere Herodes entkam nach Petra. Die Parther setzten Antigonus auf den Thron, schnitten Hyrkanus die Ohren ab, um zu verhindern, daß er je wieder Hoher Priester würde, und verbannten ihn aus Judäa. Doch Herodes gab nicht auf. Es gelang ihm, Alexandria zu erreichen, von wo er sich nach Rom einschiffte. Dort gewann er die Gunst Octavians und wurde im Jahre 40 in einer Vollversammlung des Senats offiziell als König von Judäa anerkannt. Zur gleichen Zeit gelangten Antonius und Octavian zu einer vorläufigen Übereinkunft, die es Herodes leicht machte, sich mit beiden ins Einvernehmen zu setzen.

In Samosata, der Stadt in Kleinasien, traf er sich mit Antonius, und dieser beauftragte Sosius, ihm alle militärischen Mittel für die Rückeroberung Judäas zur Verfügung zu stellen. Ohne Zweifel war Antigonus in Judäa viel beliebter als Herodes, doch ob das Volk glücklich über die Besatzung der Parther war, ist eine andere Frage. Die von den parthischen Besatzern begangenen Plünderungen erweckten eine Empörung, die der gegen die Römer nicht nachstand.

Sosius nahm Jerusalem im Jahre 37 v. Chr. zusammen mit Herodes, der inzwischen Mariamne, die Enkelin von Hyrkanus dem Hasmonäer geheiratet hatte. Antigonus wurde gefangen und dann in Antiochia umgebracht.

So traf den letzten Hasmonäer dasselbe grausame Schicksal, das im 6. Jahrhundert v. Chr. den letzten judäischen König, Zedekia, getroffen hatte. Hätte es zu Antigonus' Zeiten einen Propheten gegeben, so hätte dieser sicherlich die Parther als »geknicktes Schilfrohr« bezeichnet. Die Parther hatten kein bestimmtes Interesse, den Nahen Osten zu erobern. Ihre Invasion war eine Episode, der die Pläne des römischen Renegaten Labienus, die Parther gegen Rom zu vereinigen, zu Grunde lagen.

Doch sein Erfolg war von kurzer Dauer. Parthien war kein zentralistisches Reich, sein König hatte alle Mühe, die zahlreichen parthischen Fürsten zusammenzuhalten, denn diese zogen Separatismus den nationalen Interessen vor.

Nach dieser Episode blieben keinem ernsthaften Staatsmann Illusionen, man könne mit Hilfe der Parther die Römer vertreiben. Sogar die unbedeutende pro-parthische Gruppe, die übriggeblieben war, sah sich durch den Gang der Ereignisse gezwungen, all solche Hoffnungen fahren zu lassen. Für Herodes jedoch gab es kein Zögern. Für ihn existierte nur eine einzige Orientierung, und zwar die nach Rom. Auch sein Dilemma, ob er Antonius oder Octavian zur Seite stehen sollte, verschwand nach der Schlacht bei Actium (31 v. Chr.), und er löste sein Problem mit der unnachahmlichen Schlauheit und Geschicklichkeit, die so charakteristisch für seine gesamte Amtszeit ist. Er selbst hätte wahrscheinlich seine Art der Außenpolitik als Pragmatismus bezeichnet. Er vergaß nie, daß er zwar Rom loyal bleiben mußte, ohne sich jedoch auf diesen oder jenen Dynasten festzulegen.

Antonius herrschte von 37 bis 31 im Osten. Herodes war ihm treu ergeben, hatte aber wenig Freude an seiner Loyalität. Antonius mußte Kleopatra beschwichtigen und tat das auf Herodes' Kosten, indem er ihr Chalkis und die phönizischen Städte entlang der Küste sowie die Ebene von Jericho übergab. Diese Gebietsabtrennungen trafen Herodes' Prestige, und es ist nicht überraschend, daß er kein so enthusiastischer Gefolgsmann von Antonius blieb, sobald die Feindseligkeiten zwischen diesem und Octavian ausbrachen; er verhielt sich vielmehr neutral unter dem Vorwand, sein Feldzug gegen die Nabatäer nehme ihn voll in Anspruch. Als er vom Ausgang der Schlacht bei Actium hörte, schlug er sich auf die Seite des Siegers Octavian und blieb diesem treu, wofür er großzügig belohnt wurde: Octavian gab ihm die Ebene von Jericho zurück sowie Gaza, Antidon, Jaffa, die Festung Stratons-Turm, Samaria und die Städte der Dekapolis in Transjordanien, die Pompeius vom judäischen Reich abgetrennt hatte. Offensichtlich war jede außenpolitische Alternative unzulässig, zumal niemand Lust hatte, das Abenteuer des Antigonus zu wiederholen.

Die Dankbarkeit, die die Römer Herodes stets entgegenbrachten, fand ihren besonderen Ausdruck in einer Senatssitzung, über welche Josephus berichtet:

> Er (Octavian) berief den Senat, in dem Messala und Atratinus den Herodes vorstellten, von den trefflichen Taten seines Vaters und von seiner eigenen Gesinnung gegen die Römer berichteten; sie traten zugleich auch den Nachweis an, daß Antigonus Feind des römischen Volkes sei, und zwar nicht nur deshalb, weil er einst so schnell wie möglich Streit mit Rom angezettelt hatte, sondern auch deshalb, weil er jetzt mit Hilfe der Parther die Herrscherstellung angetreten habe, ohne nach den Römern zu fragen. Darauf entstand Unruhe im Senat, und als Antonius auftrat und erklärte, im Blick auf den Partherkrieg sei es vorteilhaft, wenn Herodes die Königswürde habe, da stimmten alle zu. (Josephus, Jüd. Krieg I § 282)

Diese Information findet in zahlreichen anderen Quellen Bestätigung. Doch sollte man sich von dem Titel »König« nicht irreführen lassen. Herodes war zwar König, aber ein typischer Klientenkönig, wie die Römer dieses Amt verstanden. Seine Autorität, besonders in bezug auf die Außenpolitik, war beschränkt. Er durfte seine eigenen Gesetze erlassen, Münzen prägen und sogar von sich aus in einen Krieg ziehen, solange seine Kriegsziele nicht mit weitreichenderen römischen Interessen kollidierten. Er war nicht dem Gouverneur der nächstgelegenen römischen Provinz unterstellt und war allein verantwortlich für die innere Sicherheit und für den Schutz der Bodenschätze des Landes – doch war er verpflichtet, eine jährliche Abgabe zu leisten. Im allgemeinen war Herodes klug und umsichtig genug, die Grenzen seiner Kompetenz nicht zu überschreiten. Doch im Jahre 9 v. Chr. riskierte er einen Feldzug gegen die Araber, ohne vorher Roms Erlaubnis einzuholen. Wütend schrieb ihm Augustus einen strengen Brief, in dem er ihn ohne Umschweife wissen ließ, daß er, während er ihn vorher als Freund angesehen hätte, ihn von nun an als Untertan behandeln werde. Das war also die wirkliche Bedeutung eines *rex socius et amicus populi Romani.*

Josephus faßte seine Herrschaft in einem einzigen kurzen Satz zusammen: »Er war ein Mann gleich grausam gegen alle, jähzornig und verächtlich gegen Gesetz und Gerechtigkeit.« Selbst Augustus war entsetzt über seine Grausamkeit und bemerkte einmal, er wäre lieber Herodes' Schwein als sein Sohn. Griechisch formuliert war diese Bemerkung besonders giftig: *Hys-Hyos* (Genitiv) heißt Schwein, *Hyios* – Sohn, und Herodes, als Jude, würde niemals Schweinefleisch angerührt haben. In der jüdischen Überlieferung wurde Herodes als hinterlistig wie ein Fuchs beschrieben, und niemand bedauerte, daß er elend umkam. Doch die Juden haßten ihn nicht nur wegen seiner Grausamkeit und Tyrannei. Sie konnten nicht einmal Anerkennung für seine Bemühungen um das wirtschaftliche Wohlergehen Judäas aufbringen, oder dafür, daß er den Tempel in nie zuvor gesehenem Glanz wiederaufbaute. Der Bruch zwischen ihm und den führenden Pharisäern ging viel tiefer. Herodes war der typische, hellenistische, autokratische Herrscher, der gezielt den Einfluß des Sanhedrin und des Hohen Priesters einschränkte und Judäa mit Gewalt in den Rahmen der Pax Romana einzwängte. Er glaubte an Roms Mission, unter den Nationen der Welt Frieden zu erzwingen, sah keinen Konflikt zwischen römischen und jüdischen Interessen und wurde bewußt zum Pionier des Kaiserkults im Osten.

Er hielt kleinere Zuwiderhandlungen gegen die jüdische Tradition für unbedeutend im Vergleich zu den Vorteilen, die dem jüdischen Volk aus einer völligen Integrierung in das Römische Reich erwüchsen, und in dieser Einstellung lag der Kern des Konflikts. Eine solche Auffassung der Erlösung lief dem Geiste des jüdischen Volkes zuwider. Es beharrte in seinem Glauben, daß die Erlösung nicht in menschlichen Händen liegt, sondern in denen Gottes, der sie durch seinen Messias auf Erden bringen wird zu einer Zeit, wenn die Juden seiner würdig sein werden. Nur das wird die wahre und endgültige Erlösung sein, ein Kompromiß ist unannehmbar. Daß in dieser Nation verschiedene Messiasse auftraten, überrascht nicht, und gerade vor diesem Hintergrund muß die Geschichte des Messianismus untersucht werden.

Dieser Konflikt zieht sich wie ein roter Faden durch die jüdische Geschichte des 1. Jahrhunderts n. Chr., von den Tagen des Herodes bis zum Fall der Festung Massada im Jahre 73.

Im Rahmen dieses Aufsatzes ist eine detaillierte Beschreibung der Ereignisse nach Herodes' Tod nicht möglich: Die Verwandlung Judäas in eine römische Provinz, die hoffnungsvolle Episode der Regierung Agrippas I., die Leiden und Entbehrungen des jüdischen Volkes unter den römischen Prokuratoren und schließlich das Entstehen und Wachsen der Bewegung der Zeloten.

Josephus machte dies zum Hauptthema seines literarischen Werks, und eine sorgfältige Analyse seines Buches *Der jüdische Krieg* bringt uns zu folgender Formulierung seines zentralen Themas: Wiewohl Josephus behauptet, der Zweck seines Buches sei, die von den Römern Unterworfenen (d.h. die Juden) zu trösten und andere vom Versuch einer Revolte abzuschrecken, ist doch das wahre Motiv, das sich durch sein gesamtes Werk zieht, zu zeigen, daß sowohl die Juden als auch die Römer große Nationen sind, daß der Krieg zwischen diesen beiden Nationen nicht unvermeidlich und friedliche Koexistenz eine reale Möglichkeit gewesen wäre, hätten nicht wilde Extremisten auf beiden Seiten – verbrecherische Zeloten auf der einen und habgierige Prokuratoren auf der anderen – die beiden Nationen in einen unnötigen Zusammenstoß gezerrt. Mit anderen Worten: Auf beiden Seiten gab es Gute und Böse, und die Tatsache, daß die Bösen die Oberhand behielten, führte die Tragödie herbei.

Josephus stellt Titus als den guten Römer dar, der niemals beabsichtigte, den Tempel zu brandschatzen, und der von den Römern – im Gegensatz zur jüdischen Überlieferung – als Liebling der Menschheit beschrieben wurde. Die jüdische Seite hatte Ananus, den Hohenpriester. Er wird als Mann von außerordentlicher Weisheit beschrieben, der möglicherweise die Stadt Jerusalem hätte retten können, wäre es ihm nur gelungen, den mörderischen Extremisten zu entkommen.

Hier ist nicht der Platz, die Authentizität der Schriften des Josephus zu untersuchen, doch eins muß gesagt werden: Josephus log nur, wenn er sein eigenes Verhalten während des Krieges entschuldigen mußte. Ihm war klar, daß niemand seinen Verrat und sein Überlaufen zur römischen Seite verzeihen würde. Gern wäre er als ein zweiter Ananus in die jüdische Geschichte eingegangen, dessen Mißgeschick es war, die Hoffnungslosigkeit der Situation sehr früh eingesehen zu haben. Er versuchte zu klären, daß ihm ohnehin niemand geglaubt hätte und daß ihn, wäre er auf der jüdischen Seite geblieben und hätte dort für seine Überzeugung gekämpft, das gleiche Schicksal getroffen hätte, das Ananus ereilte. Josephus' Versuch, sich als einen neuen Jeremia hinzustellen, schlug fehl. Die Juden waren nicht bereit, einen Abtrünnigen, der in Titus' Hauptquartier saß und von dort aus Mäßigung empfahl, mit einem Jeremia zu vergleichen, der innerhalb der Mauern des belagerten Jerusalem Verständigung mit den Babyloniern predigte.

Doch sein verräterischer Charakter macht Josephus ebensowenig automatisch zum schlechten Historiker, wie seine Ethik seine Fähigkeit beeinträchtigt, eine politische Situation zu analysieren. An ihm in dieser Beziehung etwas auszusetzen, ist kaum möglich. Er verstand, daß der jüdische Staat während der ganzen Geschichte seiner Unabhängigkeit niemals eine Großmacht wie Babylonien, Assyrien oder Ägypten hätte besiegen können. Ein Sieg über Ammoniter, Moabiter oder Philister war zwar möglich, doch immer war es imperativ, sich das Wohlwollen einer Großmacht zu sichern, vorzugsweise einer weit entfernten. Genau das war die Politik, die Judas Makkabäus eingeschlagen hatte, der während seines Kampfes gegen das verfallende Seleukidenreich sich um ein Bündnis mit Rom bemühte. Um Tacitus anzuführen: ». . . als die Mazedonier im Abstieg waren, der Partherstaat noch in den Kinderschuhen steckte und die Römer noch weit entfernt waren, ergriffen die Juden die Gelegenheit, ihre eigene Monarchie zu gründen.«

Der Krieg, der zur Zerstörung des Zweiten Tempels führte, war von Anfang an aussichtslos, ebenso wie im Krieg gegen die Babylonier im Jahre 586 v. Chr. keinerlei Chance auf Erfolg bestand. Das war die Botschaft, die Josephus zu vermitteln hoffte, als er Agrippa II. eine Rede in den Mund legte, »um Irregeleitete zu Verstand zu bringen . . . und um zu vermeiden, daß gute Bürger die Konsequenzen der Fehler einer Minorität zu tragen hätten«. Agrippa II. sagt in dieser Rede, daß die berechtigten Klagen gegen einzelne römische Prokuratoren noch nicht zu einem Krieg gegen Rom berechtigten, und zwar einmal, weil viele große Staaten sich Rom schon unterworfen hätten (Sparta, Mazedonien usw.), und von diesem Standpunkt aus gesehen die Versessenheit der Zeloten auf Unabhängigkeit reichlich spät käme, und zweitens, weil ein Unterschied zwischen einem Krieg gegen einen kleinen Nachbarn und einem solchen gegen eine Großmacht bestehe: »Nehmt ihr wirklich an, ihr zieht in einen Krieg gegen Ägypter und Araber? Wollt ihr eure Augen vor der Macht des römischen Weltreichs verschließen und euch weigern, eure eigene Schwäche abzuschätzen?« Und schließlich ist es unmöglich, allein und ohne Verbündete Krieg gegen Rom zu führen. Niemand wird den Juden in einem Krieg gegen die Römer zur Seite stehen. Nicht einmal die jüdische Diaspora wird einen Finger rühren. Deshalb ist der Krieg schon vor dem ersten Schwertstreich verloren.

Moderne Geschichtsforscher haben müßige Versuche unternommen, den Fall des Zweiten Tempels durch Anspielungen auf Bürgerkrieg, interne Konflikte und persönliche Rivalitäten unter den Juden zu erklären. Bei allem Zögern, die Frage »was gewesen wäre, wenn« in historische Untersuchungen einzuflechten, ist es doch zulässig zu behaupten, daß das Römische Reich nicht besiegt worden wäre, auch wenn eine einheitliche, harmonische Zusammenarbeit zwischen allen jüdischen Parteien bestanden hätte. Die jüdischen Freiheitskämpfer waren sicherlich untadelig, doch stand der Umfang der römischen Macht außerhalb ihres Begriffsvermögens. Ein Herodes hätte niemals rebelliert. Tatsächlich gab es viele Juden (und hier braucht ihre soziale Zusammensetzung nicht untersucht zu werden), die für das, was die Römer in Judäa getan hatten, des Lobes voll waren. Mit Hochachtung sprachen sie von den von ihnen erbauten Marktplätzen, Brücken und Badehäusern. Nicht einmal der Talmud schreckt vor einer Anerkennung der guten Taten römischer Herrschaft zurück. Doch zahlreiche andere Juden – und wahrscheinlich bildeten sie die Mehrheit – waren weniger beeindruckt, und auch der Talmud weiß eine unterschiedliche Version zu überliefern: »Alles, was (die Römer) einrichteten, taten sie nur für ihren eigenen Bedarf, die Marktplätze für ihre Huren, die Badehäuser für ihr Vergnügen und die Brücken, um Brückengeld zu kassieren.«

Zeloten lassen sich niemals von rationalen Argumenten überzeugen und zahlen deshalb immer einen hohen Preis. Man kann die Katastrophe auf jüdische Starrköpfigkeit, Intoleranz und religiösen Fanatismus zurückführen. Nicht von ungefähr betonte Tacitus, daß »der Eigensinn dieses störrischen Volkes Vespasian mit Groll erfüllte«. Doch sollte nicht vergessen werden, daß im Altertum die heftigsten Konflikte, die zwischen Juden und Nichtjuden ausbrachen, sich gegen Könige richteten, die als liberal, aufgeklärt und tolerant galten. Antiochus Epiphanes, Titus und Hadrian sind typische Beispiele. Alle drei verfolgten die Juden mit dem erklärten Ziel, sie zu zwingen, nicht anders als andere zu sein.

Tatsache bleibt, daß die Juden – ohne Seneca gelesen zu haben – den schlimmsten Tod der besten Knechtschaft vorzogen: *Praeferenda est spurcissima mors, servituti mundissimae* (Epistulae ad Lucilium 70,21).

4

# Der Talmud

JACOB NEUSNER

Nach der hebräischen Bibel, dem Tanach oder ›Alten Testament‹, ist der Talmud das einzige allumfassend einflußreich gewordene Dokument in der jüdischen Geschichte, und dies aus religiösen wie aus kulturellen Gründen. Der Talmud, der als Teil der Offenbarung der Tora an Moses auf dem Sinai gilt, wurde seit seiner Redaktion als die autoritative Interpretation der Heiligen Schrift und zugleich als selbständiges Korpus offenbarten Rechtes betrachtet. Die vom Talmud dem Bewußtsein eingepflanzte kulturelle Eigenart hat darüber hinaus die Kulturformen des jüdischen Volkes in den verschiedenen Ländern geprägt. Diese Eigenart – die Achtung vor der Vernunft, der Glaube, daß das gute Leben geordnet und vernunftgemäß sei, die Hochschätzung des logischen Denkens und eine hohe Meinung vom Vermögen des menschlichen Intellekts – hat ihre Ursache insbesondere im Studium des Talmud. Sie umfaßt gleichermaßen moralische und ethische Belehrung über die Nächstenliebe, die Achtung vor dem Recht und der Ordnung und die Überzeugung, daß ein gutes Leben ein Leben in Torastudium und Erfüllung der Gebote, der moralischen wie der jetzt als rituell verstandenen, sei, ein Leben in Werken der Nächstenliebe, die die bloße Forderung des Rechtes hinter sich lassen. Der Talmud hat so dem Juden den Weg gezeichnet, auf dem das gute Leben geführt wird.

Wenn wir indessen den Talmud als ein einziges Werk behandeln, irren wir. Es ist zwar richtig, daß die meisten, wenn sie vom ›Talmud‹ reden, an den Babylonischen Talmud denken, eine während des 6. und 7. nachchristlichen Jahrhunderts in Babylonien entstandene Kompilation, die aus einem palästinischen Gesetzes-Kodex vom ausgehenden 2. Jh. n. Chr. und der *Gemara,* einem während der folgenden drei oder vier Jahrhunderte angesammelten Kommentar zur Mischna, besteht. Es gibt jedoch noch einen weiteren Talmud, nämlich den im Lande Israel, d.h. Palästina, bis zum Ende des 5. Jahrhunderts n. Chr. entstandenen Jerusalemer oder Palästinischen Talmud, der gleichfalls aus eben jener Mischna, jedoch mit eigener *Gemara,* dem im Lande Israel vom dritten bis zum Ende des fünften Jahrhunderts n. Chr. entstandenen Mischnakommentar, besteht. Die Mischna ist ein umfangreiches und ursprünglich selbständiges Werk. Um sie gruppierten sich nicht nur die beiden *Gemarot,* sondern noch ein weiteres Korpus von Gesetz und Theologie, die von den beiden *Gemarot* unabhängige, doch häufig in ihnen zitierte, *Tosefta,* d.h. Supplement (zur Mischna). Zusammen mit dieser Literatur (der Mischna, Tosefta, Palästinischem und Babylonischem Talmud) brachten dieselben Autoritäten in denselben religiös-gesetzlichen Institutionen noch weitere umfangreiche Werke zur Exegese und Interpretation der hebräischen Bibel hervor. Sie wurden in verschiedenen Sammlungen als Auslegung zu den einzelnen Büchern des Pentateuch vereinigt, z.B. dem Midrasch Rabba zur Genesis, zu Exodus, Leviticus etc. Den Lehrern der Mischna werden überdies die Auslegungswerke zu den gesetzlichen Teilen der Bücher Exodus, Leviticus, Numeri und Deuteronomium zugeschrieben, die Mechilta (zu Ex), Sifra (zu Lev) und Sifre (zu Num u. Dtn). Wenden wir uns darüber hinaus dem in den *Gemarot* des Babylonischen und Palästinischen Talmud zusammengestellten Material zu, so sehen wir uns dort nicht einer durchgehenden, einheitlichen und harmonischen Diskussion gegenüber, sondern einer ziemlichen Vielfalt verschiedenartiger Materialien, die je ihren eigenen Zwekken dienen. Das heißt, daß wir ein ganz beträchtliches Literaturkorpus vor uns haben. Das alles ›Talmud‹ oder auch nur ›talmudische Literatur‹ zu nennen ist irreführend, wenn wir es aber dennoch tun, so bleibt zu bedenken, daß der Talmud nur eines der von den jüdischen Autoritäten der späten Antike hervorgebrachten Werke ist, und es ist nicht einmal sicher, daß nach ihrer Auffassung gerade er ihre zentrale und wichtigste Schöpfung war.

Das von jenen Autoritäten, den Rabbinen, geprägte und gestaltete Judentum nennt man das rabbinische (oder talmudische) Judentum. Davor gab es andere Formen des Judentums, jedoch ist das rabbinische in einer Weise erstarkt, daß es heute nahezu bei all den Juden vorherrscht, die sich auf die Offenbarung des Moses berufen und die Welt im Lichte der auf sie zurückgehenden Religionsform sehen. Als eine frühere Form von Judentum könnte man z.B. die mutmaßliche Antwort der Priester am Jerusalemer Tempel vor dessen Zerstörung im Jahre 70 n. Chr. auf die Frage nach dem zentralen Akt ihrer Religion anführen, die sicherlich die Tieropfer für den Herrn im Tempel genannt hätten. Demgegenüber hätten die messianischen Lehrer der Essener, deren Bibliothek man in Qumran am Toten Meer entdeckt hat, vermutlich ihr im Stande kultischer Reinheit nach den Reinheitsvorschriften des Buches Leviticus eingenommenes Gemeinschaftsmahl und die Erforschung der Bedeutung der Heiligen Schrift in und für das Leben ihrer Gemeinde als das für ihre Art Judentum Bedeutsamste genannt. Jenen Juden hingegen, die glaubten, Jesus sei der seit alters verheißene Messias, die sich aber dennoch zugleich als Juden fühlten, wird die Kirche des Petrus in Jerusalem, im Herzen des Judentums, gewißlich ein kennzeichnendes Symbol gewesen sein. Den Rabbinen der alten wie der neuen Zeit ist wiederum die Tora das zentrale Symbol des Judentums, die wichtigste religiöse Betätigung das Studium der Tora, die oberste Autorität der Gelehrte, der Rabbi; die alten Schriften werden gelesen als die Aufzeichnungen der Meister der Tora, angefangen von Moses, der »unser Rabbi« schlechthin genannt wird. Der dem Moses hiermit beigelegte Titel »unser Meister« ist indessen Zeichen einer beträchtlichen Neuinterpretation der Geschichte des biblischen Israel und lehrt uns, daß der Talmud an zentraler Stelle einer tiefgreifenden Reformierung des Judentums steht, die Vergangenheit, Gegenwart und Zukunft umschließt.

### Die Mischna

Um ein deutlicheres Bild von der komplexen rabbinischen Literatur der Spätantike zu gewinnen, sei der Teil von ihr herausgehoben, den die alten Rabbinen selbst für überaus wichtig erachteten, nämlich die Mischna, die in den rabbinischen Äußerungen zur Geschichte der rabbinischen Literatur dem Patriarchen Juda, dem Haupte der jüdischen Gemeinschaft Palästinas im ausgehenden zweiten und beginnenden dritten nachchristlichen Jahrhundert zugeschrieben wird. Was an der Mischna besonders auffällt, ist, daß sie als Teil der Moses von Gott am Sinai offenbarten Tora gilt – ein zweifellos außerordentlicher Anspruch! Wie denn kann die Mischna dem Patriarchen Juda zugeschrieben werden und zugleich die dem ›Moses am Sinai offenbarte Tora‹ sein? Das in dieser widersprüchlichen Aussage zutage tretende Offenbarungsverständnis ist verwunderlich und soll an gegebener Stelle erörtert werden.

Die Mischna, ein in sechs Ordnungen (Abteilungen) mit insgesamt 63 Traktaten unterteiltes Korpus rabbinischer Dicta, enthält ihre eigene theologische Beglaubigung. Das erste Kapitel des Traktates ›Sprüche der Väter‹ (*Pirke Avot*) stellt die Lehrer der Mischna ausdrücklich in eine ununterbrochene Traditionskette, die bis zum Sinai hinaufreicht:

> Moses empfing Tora [nicht: *die* Tora, d.h. nicht nur die *schriftlich* vorliegende *Tora*, s. unt.] am Sinai und reichte sie weiter an Josua und Josua den Ältesten und die Ältesten den Propheten und die Propheten reichten sie den Männern der ›Großen Versammlung‹.

Den Männern der ›Großen Versammlung‹, die vermutlich im 4. Jahrhundert v. Chr. lebten, folgen so hervorragende nichtbiblische Gestalten wie Schim'on der Gerechte, Antigonos aus Socho, Jose ben Joeser und Jose ben Jochanan, Josua ben Perachja und Nittai der Arbeliter, Juda ben Tabbai und Schim'on ben Schetach, Schemaja und Avtaljon und schließlich Hillel und Schammai. Mit Hillel und Schammai finden wir uns an der Schwelle des ersten nachchristlichen Jahrhunderts. Die Schüler, beziehungsweise ›Häuser‹ (Schulen), Schammais und Hillels eröffnen die Reihe der zahlreichen und bedeutsamen Namen, denen die Mischna den Löwenanteil ihres überlieferten Materials zuschreibt. Mit dieser von Moses bis zu Hillel und Schammai herabreichenden Traditionskette wird für die Mischna nicht nur eine in alte Zeiten hinaufreichende, sondern sinaitische Herkunft beansprucht.

Die Mischna ist Teil der sinaitischen Offenbarung an Moses, aber offenbar ein Teil, der nicht niedergeschrieben worden war – da die Heiligen Schriften nichts der Mischna entsprechendes enthalten – und von dem man deshalb glaubte, daß er mündlich formuliert und tradiert worden sei.

*Rabbi Jose der Galiläer, einer der großen Weisen, deren Meinungen im Talmud aufgezeichnet sind. Dieses Phantasieporträt schmückt den Rand einer spanischen Haggada aus dem 14. Jh.*

Folgt man dieser Darstellung, so ist die Mischna ein Teil der dem Moses am Sinai offenbarten Tora und muß folglich als ein grundlegendes Dokument aus der Geschichte des Judentums betrachtet werden. Zusammen mit ihren Kommentaren und dem um sie angesammelten Traditionsmaterial *(der Gemara)*, ist sie der recht eigentliche Anfang des Judentums, da man seit alters und bis in unsere Tage Judentum als ›von den talmudischen Rabbinen ausgelegte Schrift‹ definierte.

Was verstehen demnach die Mischna und die ihr zugeordneten Werke unter Tora? Tora ist ihnen zugleich ein *Buch* und eine *Betätigung*. Das Buch ist die geschriebene Bibel. Die Betätigung ist die mündliche (nicht niedergeschriebene) Offenbarung Gottes an Moses ›unseren Meister‹ auf dem Berge Sinai, die, zu ihrer Zeit, die Mischna hervorbrachte. So ist mit ›Tora‹ die ›gesamte Tora unseres Meisters Moses‹ gemeint, eine Tora in zwei Teilen, die sich durch die Art ihrer Formulierung und Tradierung unterscheiden. Der eine Teil ist niedergeschrieben, der andere wird memoriert. Beide zusammen bilden die Tora, und Tora-Lernen heißt, beide zu verbinden, hauptsächlich durch Memorieren und kritisches Erörtern des Gelernten (d.h. vornehmlich gemäß der Weise der *zweiten* Hälfte der Tora). Dem talmudischen Judentum gehören demnach die literarischen Texte zu den Gegebenheiten der Religion, und deren Auslegung kennzeichnet die Suche nach dem Heiligen und dessen Erfahrung. Nach Auffassung der Rabbinen der Antike und ihren Nachfolgern sucht man also Gott in einem ›Gottesdienst‹, der in einer besonderen Weise des Lernens und Studierens einer speziellen Art Literatur besteht.

Es wird dienlich sein, an dieser Stelle die Bedeutung

des Begriffes ›Tora‹ zu klären, den wir schon in mehr als einem Sinne gebrauchten und der im Verlauf der Geschichte des Judentums eine Vielfalt von Bedeutungen angenommen hat. Anfangs bezeichnete ›Tora‹ die ›Lehre‹ oder ›Unterweisung‹, aber schon bald nach der Entstehung der Tora-Literatur, um 450 v. Chr., meinte Tora ›die Tora‹, d.h. den Pentateuch, die sogenannten fünf Bücher Moses: Genesis, Exodus, Leviticus, Numeri und Deuteronomium. Im heutigen Judentum repräsentiert die Tora in Form einer Buchrolle, die diese fünf Bücher enthält, das Heilige, einen heiligen Gegenstand, im synagogalen Gottesdienst, der am Ehrenplatz aufbewahrt, in einer Prozession getragen, weitergereicht und – im Zentrum des Gottesdienstes – vorgetragen wird. Als jedoch gegen Ende des ersten nachchristlichen Jahrhunderts die Vorstellung von der gesamten Heiligen Schrift aufgekommen war, konnte ›Tora‹ auch die ganze geschriebene Bibel, das sogenannte ›Alte Testament‹, bezeichnen. Das rabbinische Judentum hat mit seinem Torabegriff im Sinne einer göttlichen Offenbarung auf den ältesten Gebrauch des Wortes zurückgegriffen und beanspruchte sogar für seine eigenen heiligen Werke und Lehrmeinungen *Tora,* d.h. göttliche Offenbarung, zu sein. Für die Mischna bedeutet dies: wenn die Mischna als Tora gilt, wird der Anspruch erhoben, daß Moses von Gott auf dem Berge Sinai die Tora in zwei Teilen erhielt, den einen geschrieben und den anderen mündlich, der im Gedächtnis bewahrt werden sollte. So viel ist indessen deutlich, daß man Mischna im Sinne eines konkreten Literaturwerkes und Mischna als Teil der Tora voneinander unterscheiden muß. Die Mischna als Literaturwerk hatte noch nicht bestanden, als man der ›Mischna‹ schon ihren Platz in der Tora des Moses zuschrieb. Auch der der Mischna angeschlossene Talmud wurde Teil dieser Tora des Moses, da man ihn für einen Teil der ›Mündlichen Tora‹ hält und so noch vieles mehr, das erst später entstanden, als heilig und darum als Tora erachtet wurde. Auf diese Weise fanden die um ca. 200 n. Chr. abgeschlossene Mischna, der Palästinische Talmud von ca. 450 n. Chr. und der Babylonische Talmud von ca. 500 n. Chr. (all diese Daten sind ohne letztlich sichere Anhaltspunkte mehr oder weniger vermutet) ihren Weg in die sinaitische Tora des Moses. Dieses eigenartige Phänomen werden wir nunmehr zu würdigen haben.

Den talmudischen Rabbinen blieb die Tora, d.h. die Offenbarung, bis ins frühe dritte nachchristliche Jahrhundert, wenn nicht noch länger, offen, ein unabgeschlossener Kanon. Die Mischna wurde von Menschen, die die Lehrer der Mischna persönlich kannten, als Teil dieser Tora betrachtet. Schemu'el (gest. 254 n. Chr.) und Rav (gest. 247 n. Chr.), die den Patriarchen Juda selbst gekannt haben konnten, kennen die Mischna als Tora. Es ist deshalb nicht verwunderlich, daß sie das Torastudium als den wesentlichsten Ort auf dem offenen Wege zum Heiligen erachteten, denn es ist gerade der Prozeß der *kabbala* und *masoret* – d.h. des Weiterreichens oder Tradierens –, aufgrund dessen sie die Mischna als Teil der mosaischen Offenbarung reklamieren. *So ist ihnen Tora, das Torastudium und -Lernen ein Weg, mosaisch-sinaitische Offenbarung zu erlangen,* und unter Transzendenz verstehen die Rabbinen das Empfangen göttlicher Offenbarung. Ein erstaunliches Phänomen, daß die Mischna von Menschen, die innerhalb der Jahrzehnte der Entstehung der Mischna lebten, mosaisch und sinaitisch genannt wird. Nach Auffassung der talmudischen Rabbinen ist die Tora, wie gesagt, ein noch nicht voller Korb, ein noch offener und unabgeschlossener Kanon. Da Juda, Me'ir, Schim'on, Jose und Schim'on ben Gamli'el aus der Mitte des 2. Jahrhunderts die wichtigsten Autoritäten der Mischna sind, konnten die Rabbinen des dritten und vierten Jahrhunderts nicht angenommen haben, daß der Offenbarungsprozeß vor tausend oder mehr Jahren zum Abschluß gekommen sei. Sie bedurften nicht der gängigen Routine der Pseudepigraphie, die ihre großen Gedanken Adam, Henoch oder den Jakobssöhnen zugeschrieben hat. Sie machen sich nicht einmal die Mühe, die Sprache der Mischna der biblischen anzugleichen, wie die Meister der essenischen Gemeinde in Qumran. Sie ahmen nicht die Formen der überkommenen heiligen Literatur nach noch verbergen sie sich hinter dem Gewand pseudepigraphischer Anonymität. Ihnen ist das Heilige und die Offenbarung zugänglich wie einstens Moses. Nichts was Moses gesagt wurde, könnte nicht auch ihnen gesagt werden.

Die Mischna ist ein Werk, das im Laufe der Redaktion formuliert wurde. D.h. die Mischna erhielt die ihr eigene sprachliche Form von denselben Männern, die das ihr einverleibte Material zu einem wohl komponierten und geordneten Werk sammelten. Diese Materialien stammten aus den zwei oder drei vorangehenden Jahrhunderten, jedoch wurden die ihnen früher gegebenen Formen von diesen Männern, die in eigener Verantwortung und im Vertrauen auf ihr eigenes überlegenes Urteil darüber, wie die Dinge zusammengestellt und formuliert werden sollten, völlig getilgt. Die Mischna geht in extrem stereotypen Sätzen einher. Der Umfang dieser Sätze ist außerordentlich begrenzt und man kann ihre wenigen Formen an den Fingern einer Hand aufzählen. Solche Sätze, z.B. von der Form ›Ist x so, dann ist y die Regel, ist x aber nicht so, dann ist y nicht die Regel‹, stehen in Dreier- oder Fünfergruppen. Ändert sich die Form, so wechselt das verhandelte Thema. Die Formen sind derart ausgefeilt und komponiert, daß die Mischna außerordentlich leicht zu memorieren ist. Die Autoritäten der Mischna, die im eigenen Namen sprachen, ohne sich die Mühe zu machen, ihre Gedanken etwa in den Mund Adams, Henochs oder ihrer eigenen Helden, z.B. Moses' oder Davids, zu legen und die sich nicht die Mühe machten, die Formen der Heiligen Schrift zu kopieren, haben um so entschlossener die Spuren der literarischen und ästhetischen Formen, in denen ihnen damals nahezu schon 300 Jahre altes Gedankengut überkommen war, getilgt.

Diese Tätigkeit der Redaktoren und Formulierer der Mischna blieb auf die Mischna beschränkt. Die sie begleitende Sammlung, die *Tosefta,* weist keine entsprechenden Anzeichen einer Formuliertätigkeit mit dem Ziel, das Memorieren zu erleichtern, auf. Auch in den späteren rabbinischen Werken finden sich keine derartige, ganze Kapitel und noch größere Redaktionseinheiten umfassende, sprachliche Strukturen, wiewohl man, wie es scheint, allenthalben kurze Formeln memoriert hat. Die Mischna ist einzigartig. Sie alleine wurde als Memorierliteratur gestaltet und nur für sie wurde mit Hilfe der erwähnten Tradentenkette dermaßen pointiert der Anspruch formuliert, daß Moses die Tora am Sinai empfing, sie an Josua weiterreichte und Josua den Ältesten und die Ältesten den Propheten und so weiter bis herab zu den in der Mischna genannten Lehrern, unter ihnen so späte wie Hillel und Schammai.

Die Rhethorik der Mischna schafft eine Sprachwelt, die der konkreten Realität einer vorgegebenen Zeit, Örtlichkeit oder Gesellschaft enthoben ist. Das außerordentlich eingeschränkte Repertoire grammatikalischer

Muster, in das die Gedanken zu allen Gegenständen gezwängt sind, ist ein symbolischer Ausdruck für die Auffassung, daß den Wechselfällen des Lebens umfassende unveränderliche und beständige Beziehungen zugrundeliegen. Es ist darum gleichermaßen das *wie* und das *was* in den Worten der Mischna, mit dem sie ihre Botschaft ausdrücken will. Die Schöpfer der Mischna wollen von aufmerkenden Ohren und Menschen mit aktivem Geist verstanden werden. Sie teilen deshalb das Grundlegende im Medium der Grammatik mit, unabhängig von der spezifischen Bedeutung der Worte und Fälle. Sie haben das Vertrauen, daß der Hörer vieles verbindet und die für ihn wichtigen Folgerungen selbst zieht. Die Mischna erwartet einen aktiven Geist, der lebhaft Anteil nimmt und fähig ist, Implikationen zu erkennen. Die Mischna fordert, daß man neben der memorierten Mitteilung die in der Syntax und Grammatik unausgesprochen enthaltene Botschaft erkennt, und sie erwartet von ihrem Hörer die Fähigkeit, beide zusammen zu sehen, um so zu noch tieferen Einsichten zu gelangen. Das überzeugende syntaktische Muster der Äußerungen zu verschiedenen Dingen schafft eine beachtliche Überzeugungskraft für diese so verschiedenen und divergierenden Fälle.

Die Mischna spiegelt demnach folgende beide Charakteristika des Denkens wider: zum einen das Bewußtsein um Ordnung und Ausgeglichenheit und zum andern den Glauben an die zentrale Bedeutung des Denkens für die Schaffung von Ordnung und Ausgeglichenheit. Das Denken bringt Einheit in die Vielfalt. Das Denken erkennt die Bedeutung und die Struktur, weil gerade das Denken – der Wille, das Verstehen und die Absicht des Menschen – es ist, das der Welt Bedeutung verleiht. Um ein konkretes Beispiel zu geben: Für die Rabbinen des zweiten nachchristlichen Jahrhunderts ist es die menschliche Intention, nicht die materielle Gegebenheit oder das automatische Wirken geistloser Gesetze, die bestimmt, was (rituell) unrein oder rein ist. In einem nach dem andern Fall auf dem Gebiete der Reinheitsgesetze kamen sie zu dem Schluß, daß das, was ein Mensch *denkt*, ausschlaggebend dafür ist, was unrein werden kann, und entscheidend für den Prozeß der Verunreinigung. So stellt die Schrift (Lev 11,34.37) z.B. fest, daß, wenn ein totes Kriechtier auf trockene Nahrungsmittel fällt, sie keinen Schaden nehmen, aber wenn sie feucht sind, unrein werden. Die Rabbinen des ausgehenden ersten und zweiten Jahrhunderts fügen jedoch hinzu, daß zufällig feucht gewordene Nahrungsmittel von der Quelle der Unreinheit nicht betroffen werden, sie bleiben rein und für Unreinheit unempfänglich. Nur wenn jemand z.B. mit Bedacht Wasser schöpft und es zu Weizen hinzugibt, wird der Weizen für die Unreinheit empfänglich.

Daraus folgt, daß, wenn man etwa zwei Haufen Weizen hat und auf einen von ihnen Regen gefallen ist, der andere aber von einem Menschen absichtlich angefeuchtet wurde, und dann auf beide ein totes Kriechtier fällt, nur der letztere unrein wird. Die beiden Weizenhaufen gleichen sich – außer bezüglich der Intention des Menschen. Das ist nur einer von Hunderten ähnlicher Fälle.

Für die Mischna wird, wie gesagt, beansprucht, daß ihre Autorität darin gründet, daß sie von Gott empfangene Tradition ist. Diese im Gedächtnis weitergereichte Tradition ist für die gesamte Tora wesentlich. In einer Welt, in der das Schreiben zur Routine gehörte, war das Memorieren etwas Besonderes. Wenn man etwas auswendig weiß, geschieht etwas, das beim Lesen und beim Nachschlagen in Büchern oder Schriftrollen nicht ge-

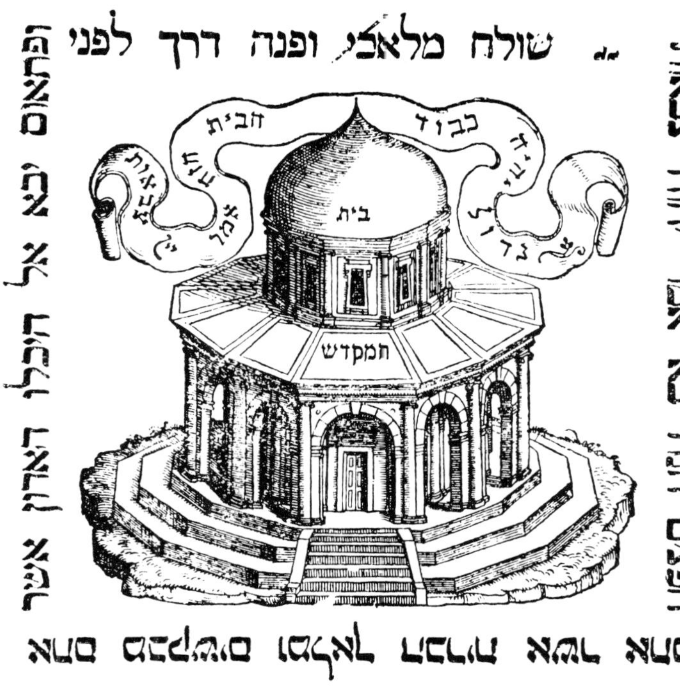


*Ein Holzschnitt, der den Tempel darstellt; aus der Ausgabe von Maimonides'* Mischne Tora, *der großen Kodifizierung der talmudischen Gesetze, gedruckt in Venedig 1524.*

schieht, nämlich daß man das Gelernte bei seinen täglichen Wahrnehmungen mit sich trägt, wenn man auf der Straße geht oder zu Hause sitzt, wenn man wach ist oder schläft. Der Prozeß des Formulierens durch Formalisieren und der ihm entsprechende Prozeß des Memorierens vorgeformter Fälle, der die Wahrnehmung des zugrundeliegenden Prinzipes, das die Fälle verbindet wie die Form ihren sprachlichen Ausdruck eint, fördern soll, dieser Prozeß erweitert die Grenzen der Sprache bis zu den äußersten Grenzen der Erfahrung, zu den Vorfällen des täglichen Lebens selbst.

Weisheitssprüche sind in allen Kulturen eine selbstverständliche Erscheinung, nicht aber die Reduktion aller Wahrheit gerade auf sie.

Diese Aussprüche in eine der inneren Struktur der Wirklichkeit korrespondierende einzige grammatische Struktur zu bringen, heißt, die Struktur der Sprache zu einer ontologischen Aussage werden zu lassen. Ist man einmal geübt, hinter den Fällen ein Prinzip und in den grammatischen Beziehungen bestimmte Muster zu erkennen, wird man auch in den konkreten Ereignissen des täglichen Lebens ein Prinzip und sie bestimmende Strukturen erkennen. Die Form der Mischna sollte der im Ablauf der konkreten Begebenheiten erkannten, ihnen nicht nur aufgezwungene, Formalisierung korrespondieren. Das ist offenbar nicht nur im ethischen Sinne zu verstehen, wiewohl die ethische Komponente selbstverständlich ist. Es hat vielmehr auch mit der natürlichen Welt und den Dingen zu tun, die ihren gewöhnlichen Ablauf unterbrechen. Der Mischna ist alles eine Sache von Beziehung, Umstand, festem und wiederkehrendem Wechselspiel. ›Ist x, dann gilt y, ist x nicht, gilt y nicht‹ – das ist die Gegebenheit, von der aus das Denken geprägt wird.

Der Weg, das Denken zu formen und zu erziehen, ist der, dem Ohr und damit dem Denken das dauernde Bewußtsein zu vermitteln, daß das Geschehen sich wiederholt, und daß Wiederholung Struktur und Ordnung und durch sie Ganzheit bedeutet. Was könnte besser sein, als das Denken mit formalisierten Sätzen zu sättigen, die Sinn in sich selbst und über sich hinausweisende Bedeutsamkeit enthalten. In solchen Sätzen ruht der Sinn in der Erkenntnis der *Beziehung*. Die Geschehensmuster sollen in der Vielfalt der Vorfälle und Ereignisse, die jene Muster selbst nicht artikulieren und feststellen, entdeckt werden. Ein im Memorieren mittels des Implizierten und des unterhalb der Oberfläche Liegenden geübtes Denken muß so unterrichtet und geübt werden, daß es Strukturmuster erkennt. Die Ordnung *besteht*, weil sie aufgedeckt wird, zunächst in der Sprache, dann im Leben. So wie der Kultus mit all seiner Obsession für eine genaue Beachtung der festgelegten Details von der geordneten Mitte zur Peripherie hin sich ergießende bedeutungsvolle Ströme aufzeigen konnte, so zeigte auch die Sprache der Mischna mit ihrer präzisen, obsessiven Konzentration auf wesensmäßige und feste Zusammenhänge, eine Ordnung tief in der ungeordneten Welt der Sprache, der Natur und des Menschen auf.

Auch wenn das rabbinische Judentum gewöhnlich als eine sehr ›traditionalistische‹ Religionsform beschrieben und die Mischna mit ihrer Betonung des Memorierens und des Gesetzesgehorsams als ein Dokument des Traditionalismus beschrieben wird, so ist die Mischna selbst doch kaum traditionalistisch – auch die Gemara bewahrte sich, wie wir noch sehen werden, der Mischna gegenüber einen gleichermaßen unabhängigen Freiraum des Denkens. Der Talmud als Ganzes ist alles andere als traditionalistisch im Sinne des Gemeinplatzes von Tradition als etwas Überkommenem, das Autorität über uns hat, einfach weil es seit alters überkommen ist. Das Fundament der mischnischen Weltanschauung ist der Glaube, daß die Offenbarung fortdauert und auch im Werk von Menschen der jüngsten Vergangenheit konkrete Formen annimmt. Mithin ist die Modernität das wesentliche Merkmal der Mischna, eine Modernität, die durch Abstrahierung der von ihr verhandelten Materie von einer bestimmten Zeit, einem bestimmten Ort und sogar von einem besonderen sprachlichen Kontext gewonnen wurde. Die spätere Geschichte der Mischna, ihre Fähigkeit, zwei sie kommentierende Talmudim aus sich hervorwachsen zu lassen, ihre unergründeten Implikationen, die spätere Generationen zu ihren Mischnakommentaren, deren Superkommentaren, zu ihren Decisionen (Teschuvot) zu speziellen Fragen des Toragesetzes und zu ihren Bemühungen, das Recht zu kodifizieren, anregte – sie bezeugen die anhaltende Modernität der Mischna.

Man muß darum die Frage stellen, warum die als Tora anerkannte Mischna einer Versteinerung als Tradition entronnen ist? Mir scheint, der Hauptgrund dafür ist in der Absicht der Redaktoren der Mischna selbst zu finden, die ihre Gedanken nicht als alte Tradition vortragen, sondern im eigenen Namen als lebendige Tora, und die auf diese Weise den Pfad fortdauernder Empfänglichkeit für Offenbarung durch den fortdauernden Gebrauch des Denkens offenhalten. Ich glaube, daß dies mit Bedacht geschah, gleich wie die Lehrer der Mischna die Namen früherer Autoritäten und die sprachlichen Formen alter geheiligter Werke absichtlich abgewiesen haben.

Indem der Patriarch Juda die Mischna in einer ihrer eigenen Gesellschaft im Grunde neutral gegenüberstehenden Ausdrucksweise formulierte (wiewohl sie sich natürlich auf die Gegebenheiten ihres Kontextes bezieht), hat er Sorge dafür getragen, daß sein Teil Tora leicht auf andere Orte und in andere Zeiten übertragen werden könnte. Durch ihre formelhafte Sprache transzendiert die Mischna die Begrenzungen ihrer eigenen Gesellschaft und Zeit. Die Medaille hat indessen eine zweite Seite. Die Mischna ist nicht nur wegen ihrer Verständlichkeit so brauchbar, sondern auch wegen ihrer *Unverständlichkeit*. Sie ist ein überaus doppeldeutiges Dokument, voller Interpretationsprobleme, leicht zu memorieren, jedoch extrem schwer zu verstehen. Die Mischna erlaubt nicht nur die Exegese, sie erfordert sie. Das erklärt das Entstehen der Talmudim. Man kann einen Abschnitt der Mischna in zehn Minuten auswendig lernen, aber es dauert ein Leben, seine Bedeutung zu eruieren und zu verstehen. Die Mischna birgt in sich, sogar in ihrer Sprache, ein beeindruckendes Zeugnis über die Gestalt der Wirklichkeit. Doch ist dieses Zeugnis so schwer erfaßbar, daß die Eleven der Mischna, die Talmudim und die spätere exegetische Literatur sich achtzehn Jahrhunderte mühten, seine Bedeutung (nicht alleine die konkrete Anwendung) nachzubuchstabieren.

Es ist keineswegs zufällig, daß die einflußreichsten Werke jüdisch intellektueller Kreativität wie der *Sohar*, das im 13. Jahrhundert im Namen von Autoritäten des zweiten Jahrhunderts entstandene Korpus mystischer Lehren, des Maimonides' Gesetzeskodex und der *Schulchan-Aruch* Josef Karos sich gerade auf die Mischna berufen. Der Sohar reklamiert für sich die selben Autoritäten wie die Mischna, als wollte er sagen: ›Das ist der zweite Teil der Tora der Mischna‹. Und Maimonides' Kompendium *Mischne Tora*, zwar Verbesserung von Sprache und deren Aufbau, ist nach dem Vorbild der Mischna gestaltet. Und ein dritter religiöser Genius des Judentums, Josef Karo, hörte die personifizierte Mischna zu sich sprechen und schrieb nieder, was sie ihm zu sagen hatte. Dies sind nur verschiedene Zeugnisse für die von der Mischna selbst geforderte weiterführende Exegese. Das erste pseudepigraphischer Natur, das zweite eine Nachahmung von Sprache und Form und das dritte als eine eigenartige Personifizierung des Werkes; sie alle blicken nach hinten, nicht nach vorne. Jedes von ihnen entspricht einer Verfahrensweise, wie sie früher schon als Antwort auf die geschriebene Tora eingeschlagen worden war. Der Sohar hält sich mit seiner Zuschreibung an eine alte Autorität an das Vorbild der Pseudepigraphen des ›Alten Testamentes‹, Maimonides wählt wie die essenische Gemeinde von Qumran das Vorbild der überkommenen sprachlichen Möglichkeiten eines heiligen Buches, und Josef Karo, der die personifizierte Mischna zu sich sprechen hörte, würde sich natürlich bei denen zu Hause gefühlt haben, die von einer personifizierten Tora oder Weisheit gesprochen haben.

## Der Babylonische Talmud – Mischna und Tosefta

Nachdem wir gesehen haben, wie und warum die Mischna Kommentare nicht nur fordert, sondern sie geradezu aus sich hervorwachsen läßt, wollen wir uns dem wichtigsten unter ihnen, der babylonischen *Gemara*, zuwenden. Was wir zunächst sehen werden, ist, daß die Mischna als Mischna – ein autonomer Teil der Tora – einem Prozeß der Erweiterung und Erörterung einzelner gedanklicher Einheiten – Perikopen – unterzogen wird. Auf diese Weise verliert die Mischna ihren unabhängigen Charakter. Der Kommentar verwischt mit seiner atomisierenden Zeilenkommentierung den Charakter des Mischnatextes als eines Werkens mit eigenem literarischen, juristischen und theologischen Charakter. Die zweite interessante Eigenart der *Gemara* (die allerdings in dem unten zu besprechenden Abschnitt nicht zutage tritt) ist ihre kritische Haltung der Mischna gegenüber. Gerade wie die Mischna ihre eigenständige Position gegenüber der geschriebenen Tora einnimmt und nicht deren Sprache nachahmt und sie auch nicht zum Beleg für die Richtigkeit der eigenen Lehrsätze anführt, so entwickelt die Gemara in ihrer Kommentierung der Mischna ihren eigenen Standpunkt. Was die Gemara an der Mischna besonders erstaunt, ist das Fehlen von Belegtexten, die vom Schrifttext zu den Lehrsätzen der Mischna führen. Sie zieht es daher vor, wo immer möglich, Belegtexte anzuführen, die der Mischna selbst unnötig erschienen. Die Mischna beansprucht, ein unabhängiger Teil der Tora zu sein, die Hälfte der Tora des Moses, ein Anspruch, der durch das exegetische Interesse der Gemara untergraben wird, indem sie die Mischna als im Grunde zweitrangig und von den Belegstellen – den Wahrheiten – der schriftlichen Tora abhängig darstellt.

Der beste Weg, zu einem Urteil über den Charakter der Gemara zu gelangen, ist, ein Beispiel aus ihrer immensen Fülle zu untersuchen, um zu sehen, wie sie aufgebaut ist und ihre Untersuchung führt. Da das Judentum der Ausführung eines jeden Details des Lebens die ernsthafteste Sorgfalt widmet, ist es dienlicher zu sehen, wie der Talmud eine rituelle Rechtsfrage behandelt, als etwa eine mehr praktische, ethische oder die Moral betreffende Angelegenheit. Dieser Abschnitt führt uns die Feierlichkeit vor Augen, die auch den geringsten Dingen des religiösen Lebens beigemessen wird, wie etwa der Weise, wie man einen Segensspruch über dem Weine spricht. Es zeigt sehr konkret, wie die talmudische Erörterung verschiedene Anweisungen, die das religiöse Leben des Judentums ausmachen, behandelt. Es ist gewiß leicht, das Folgende als Haarspalterei und Mückenseihen abzuqualifizieren, und aus gewissen Sichtwinkeln erscheint eine derartige Diskussion in der Tat auch als nichts anderes. Bedenkt man jedoch, daß das gute Leben für die Rabbinen des Talmud geordnet, einsichtig und verständlich und daß ihnen nichts am täglichen Leben der Kritik der Vernunft entzogen ist, darf man nicht verwundert sein, daß Mücken geseiht und Haare gespalten werden müssen. Wir wollen deshalb einen kleinen Abschnitt des Mischnatraktes *Berachot*, der von verschiedenen Segenssprüchen handelt, vornehmen und der Reihe nach einen Abschnitt der Mischna, das korrespondierende Supplement der Tosefta und schließlich die Bearbeitung dieses Abschnittes durch den Babylonischen und Palästinischen Talmud betrachten. Das wird uns eine Einsicht in den modus procedendi eines kleinen Teiles der Talmudim vermitteln, in ihre Argumentationsweise und Logik, welche die Hauptmasse dieser immensen Werke hervorgebracht hat. Das behandelte Stück steht am Anfang des achten Kapitels von *Berachot:*

A Dies sind die Streitpunkte zwischen der Schule (Haus) Schammais und der Schule Hillels hinsichtlich der Mahlzeit.

B Die Schule Schammais sagt:
Man spricht [an Feiertagen] den Segen erst über den Tag und danach spricht man den Segen über dem Wein.

Und die Schule Hillels sagt:
Man spricht den Segen erst über dem Wein
und danach spricht man den Segen über den Tag.

Das Kapitel beginnt mit einer Überschrift (A), die das Thema ankündigt und die Autoritäten benennt, deren Meinungen vorgetragen werden. Niemand kann der Meinung sein, daß die einzigen Bestimmungen bezüglich der Mahlzeiten von den beiden Schulen stammen, noch daß später niemand mehr Fragen oder Meinungen zu diesem Thema vorgetragen hätte. Auch sind dies nicht die einzigen Meinungsverschiedenheiten der beiden Schulen über die Mahlzeiten. Die *Gemara* zählt noch weitere auf.

Was wir hier vor uns haben, sind nur wenige Elemente aus einer viel umfangreicheren Tradition, die zur Redaktion und Bewahrung ausgewählt wurden. Was uns jedoch fehlt, sind jene Punkte, welche die für die Redaktion der Mischna Verantwortlichen übergangen haben. In einem gewissen Umfang ist dieses übergangene Material in anderen Kompilationen rabbinischen Materials erhalten oder findet sich in vereinzelten Stücken, nicht als Sammlungen, in der *Gemara*, wo sie als Traditionen der Lehrer des ersten und zweiten Jahrhunderts, der Tannaiten (d.h. Repetierer – die aramäische Wurzel ›tana‹ entspricht der hebräischen ›schana‹, die auch dem Nomen *Mischna* zugrundeliegt, mithin ›Mischna-Lehrer‹) gekennzeichnet werden, d.h. der Gelehrten, aus deren Aussprüchen das Material für die Mischna ausgewählt wurde.

Die erste Meinungsverschiedenheit (B) betrifft die Reihenfolge von Weinsegen und Segen zur Heiligung des Sabbattages.

Die Schule Schammais sagt, die Sabbatheiligung komme zuerst und danach der Weinsegen. Die Schule Hillels hingegen entscheidet umgekehrt. Die Mischna äußert sich nicht dazu, weshalb diese Segenssprüche überhaupt erforderlich sind und nicht zu deren Bedeutung. Es wird vorausgesetzt, daß man weiß, daß ›den Segen über den Tag sprechen‹ das Rezitieren des Weihe- oder Heiligungssegens meint und ›über den Wein segnen‹ das Rezitieren eines bestimmten Segens über dem Wein.

Nachdem wir schon feststellten, daß die Formulierungen der Mischna das Memorieren erleichtern sollten, ist man nicht überrascht, im Abschnitt B ein typisches mnemotechnisches Muster zu finden. Die Formulierungen für die Meinungen der beiden Schulen sind außer der Reihenfolge der Schlüsselworte, Tag – Wein gegenüber Wein – Tag, identisch. Der Rest des Kapitels weist ähnliche mnemotechnische Schemata auf. In lateinische Buchstaben transkribiert ergibt sich für B folgendes Bild:

MeBaReK 'aL *HaJOM* We 'aHaR KaK MeBaReK 'aL *HaJaJiN*
MeBaReK 'aL *HaJaJiN* We 'aHaR KaK MeBaReK 'aL *HaJOM*

Diese Worte weisen eine feste Reihenfolge und Ausgewogenheit zwischen den Dicta der beiden Schulen auf, wie leicht zu erkennen ist.

Wiewohl die Mischna, wie gesagt, den Grundstock des Talmud bildet, gibt es daneben eine weitere, fast gleich wichtige Traditionssammlung, die gleichfalls den Lehrern des ersten und zweiten Jahrhunderts zugeschrieben wird, nämlich die *Tosefta*, das Supplement zur Mischna. Im vorliegenden Falle konzentriert sich die Gemara in Wirklichkeit mehr auf die Erörterung der *Tosefta* als auf die der Mischna. Die Mischna verlieh dem Talmud zwar als Ganzem Form und Aufbau, dennoch zitiert unser Kapitel nach der Mischna die *Tosefta*, und sie liegt im Brennpunkt des Interesses.

Der unserer Mischnaperikope korrespondierende Toseftaabschnitt lautet wie folgt *(Tosefta Berachot* 6,1, S. 14):

*Die größte und aufwendigste Talmud-Ausgabe, die je gedruckt wurde, ist die Edition Wilna von 1880, deren Titelseite wir hier sehen. Sie geht auf Dutzende früher Handschriften zurück und enthält eine Fülle von Anmerkungen und Kommentaren späterer rabbinischer Gelehrter.*

A [Die] Streitpunkte zwischen der Schule Schammais und der Schule Hillels hinsichtlich der Mahlzeit.

B Die Schule Schammais sagt:
Man spricht den Segen erst über den Tag
und danach spricht man den Segen über dem Wein,
denn der Tag ist ja Ursache, daß der Wein herbeigebracht wird, auch ist bereits die Heiligung des Tages eingetreten noch ehe der Wein herbeigebracht war.

C Und die Schule Hillels sagt:
Man spricht den Segen erst über dem Wein
und danach spricht man den Segen über den Tag,
denn der Wein ist ja Ursache, daß der Heiligungssegen über den Tag gesprochen wird.
Eine andere Begründung:
Der Segen über dem Wein ist stets [gebräuchlich], aber der Segen über den Tag ist nicht stets [gegebräuchlich, sondern nur an gewissen Tagen]. Und von Stetigem und Nichtstetigem geht das Stetige vor.

D Und die Halacha [die verpflichtende Satzung] richtet sich nach den Worten der Schule Hillels.

Die *Tosefta* fügt den Entscheidungen der Mischna Begründungen bei. Die Auffassung der Schule Schammais wird in B erklärt: Man braucht den Wein, um den Heiligungssegen für den Sabbat zu sprechen. An einem gewöhnlichen Tag, der nicht Sabbat, braucht man keinen Wein vor dem Mahl. Deshalb ist es der ›Tag‹, d.h. seine Heiligung, der die Gelegenheit für die Verwendung von Wein schafft.

Der Tag ist aber schon zuvor geheiligt, denn seit dem Sonnenuntergang arbeitet man nicht mehr, der Sabbat hatte schon begonnen und vor dem Mahl hat man schon das Sabbatabendgebet verrichtet.

Deshalb spricht man den Heiligungssegen zuerst, dann den Segen über dem Wein.

Das Haus Hillels dagegen argumentiert, C, daß das Wesentlichere der Weinsegen sei, denn ohne den Wein spricht man überhaupt keinen Heiligungssegen für den Tag.

Deshalb segnet man zuerst über dem Wein und danach über den Tag. Der Schule Hillels wird eine weitere Begründung ihrer Entscheidung zugeschrieben: Den Wein muß man immer segnen, bevor man ihn trinkt, an allen Tagen der Woche. Mithin bedarf es des Weinsegens häufiger und andauernd. Darum soll man zuerst der häufigeren Verpflichtung nachkommen, dann der nur gelegentlichen, denn die erstere hat unter allen Umständen Vorrang. Die endgültige Entscheidung ist dann unter D gegeben. Die verpflichtende Regelung folgt, wie meist, der Auffassung der Schule Hillels.

Die *Gemara* verbindet nun die beiden Traditionsstücke und erörtert ihre Inhalte. Es ist ihr dabei allerdings selbstverständlich, daß das Ganze ein einziges nahtlos ineinandergehendes Rechtsgewebe darstellt. Sie beachtet nicht, daß die Beziehung der Traditionen untereinander und die Art und Weise ihrer Formulierung einer literarischen Analyse Problemstoff bieten könnte.

Wir wollen nunmehr nochmals die Mischna durchgehen und dann den entsprechenden Toseftaabschnitt mit ihr vergleichen. Der Überschuß der Tosefta wird kursiv gesetzt:

| *Mischna* (8,1) | *Tosefta* (6,1) |
|---|---|
| A Dies sind die Streitpunkte zwischen der Schule Schammais und der Schule Hillels hinsichtlich der Mahlzeit. | [Die] Streitpunkte zwischen der Schule Schammais und der Schule Hillels hinsichtlich der Mahlzeit. |
| B Die Schule Schammais sagt: Man spricht den Segen erst über den Tag und danach spricht man den Segen über dem Wein. | Die Schule Schammais sagt: Man spricht den Segen erst über den Tag und danach spricht man den Segen über dem Wein, *denn der Tag ist ja Ursache, daß der Wein herbeigebracht wird, auch ist bereits die Heiligung des Tages eingetreten noch ehe der Wein herbeigebracht war.* |
| Und die Schule Hillels sagt: Man spricht den Segen erst über dem Wein und danach spricht man den Segen über den Tag. | Und die Schule Hillels sagt: Man spricht den Segen erst über dem Wein und danach spricht man den Segen über den Tag, *denn der Wein ist ja Ursache, daß der Heiligungssegen über den Tag gesprochen wird. Eine andere Begründung: Der Segen über dem Wein ist stets [gebräuchlich], aber der Segen über den Tag ist nicht stets [gebräuchlich]. Und von Stetigem und Nichtstetigem geht das Stetige vor. Und die Halacha richtet sich nach den Worten der Schule Hillels.* |

Das Verhältnis der beiden Versionen zueinander ist deutlich. Die *Tosefta* hat die Tendenz, die knappen Bestimmungen der Mischna zu erweitern, im vorliegenden Falle in Form einer Ergänzung der Mischna.

**Der Babylonische Talmud – Gemara**

Das Gesagte führt uns zur Behandlung des Mischnaabschnittes im Babylonischen Talmud. Aus Raumgründen soll nur der erste Teil der Erörterung des Talmud zu unserer Mischna behandelt werden (Folio 51b). Der Talmud ist in zwei Sprachen, dem Hebräischen und dem Aramäischen, verfaßt. Der Gebrauch der einen oder anderen ist dabei keinesfalls dem Zufall überlassen. Gewöhnlich, wenn auch nicht immer, stehen die den Tannaiten (den Lehrern der Mischna-Zeit) zugeschriebenen und die als normative Bestimmung verstandenen Äußerungen in Hebräisch, die Anmerkungen und Erörterungen der Amoräer (der Lehrer der talmudischen Zeit) und Erzählungen dagegen in Aramäisch, ebenso die Anmerkungen der Redaktoren. Um den jeweiligen Gebrauch kenntlich zu machen, soll hier das Hebräische in Normaltype und das Aramäische kursiv gesetzt werden.

Zunächst muß man wissen, daß der Talmud davon ausgeht, daß in den ihm vorliegenden Quellen nichts gesagt wird, was selbstevident wäre – will sagen, Redundanz gibt es nicht. Auch die Anführung allgemein bekannter Dinge wird zurückgewiesen, gilt als schlechter Stil. Die im folgenden Talmudzitat erwähnte ›Hallstimme (wörtlich: ›Tochter einer Stimme‹, d.h. einfach ›Stimme‹), die ausgegangen ist‹, bezieht sich auf eine Geschichte über die Schulen Hillels und Schammais, die drei Jahre lang debattierten, bis eine vom Himmel erschallende Stimme die göttliche Entscheidung verkündete, daß beide Schulen zwar das Wort des lebendigen Gottes besäßen, das verpflichtende Gesetz aber der Schule Hillels folge. Übernatürliches Eingreifen in Rechtsangelegenheiten ist nichts eigentlich Auffälliges. Der Talmud entstand in einer Welt, in der es als selbstverständlich galt, daß der Himmel sich um die Angelegenheiten der Menschen kümmerte und sie darum beeinflußte oder in sie eingriff, und dies insbesondere bei den Angelegenheiten Israels und noch mehr bei denen der Rabbinen, von denen man glaubte, daß sie die Tora auf Erden in eben derselben Weise studierten wie Moses ›unser Meister‹ im himmlischen Lehrhaus.

*Gemara (Berachot 51b)*
A *Unsere Meister haben gelehrt:*
B Die Streitpunkte zwischen der Schule Schammais und der Schule Hillels ... [usw. – d.h. es folgt wortwörtlich der oben (S. 114) schon angeführte Toseftaabschnitt in voller Länge, der sodann im Folgenden erörtert wird.]
C *Wozu die* ›andere Begründung‹?

Das erste, das der Gemara auffällt, ist die zweite den Hilleliten zugeschriebene ›Begründung‹. Weshalb bedarf es für ihre Position *zweier* Begründungen, während für die der Schammaiten nur eine angeführt wird? Die Lösung:

> *Man könnte ja meinen dort* [bei der Meinung der Schule Schammais] *gibt es zwei* [Begründungen] *und hier* [bei der Meinung der Schule Hillels] *nur eine* [deshalb] *gibt es auch hier* [bei der Meinung der Hilleliten] *zwei* [Begründungen, wobei die zweite eben jene ›andere Begründung‹ ist, nämlich:] Der Segen über dem Wein ist stets [gebräuchlich], aber der Segen über den Tag ist nicht stets [gebräuchlich]. Und von Stetigem und Nichtstetigem geht das Stetige vor.

Die *Gemara* liest also in die Äußerung der Schammaiten zwei getrennte Begründungen hinein und erklärt, daß um des Gleichgewichtes willen auch den Hilleliten zwei Begründungen beigegeben wurden.

D Und die Halacha [die verpflichtende Satzung] richtet sich nach den Worten der Schule Hillels.

Die Feststellung der endgültigen Entscheidung ist der *Tosefta* entnommen, jedoch erhebt sich mit ihr ein neues Problem, denn die Halacha richtet sich gewöhnlich immer nach der Auffassung der Hilleliten:

> *Gewiß* [richtet sich die Halacha nach der Schule Hillels], *denn die ›Hallstimme‹ ist ja* [vom Himmel] *ausgegangen* [und hat die Entscheidung zugunsten der Auffassung der Hilleliten verkündet].

Weshalb dann diese ausdrückliche Feststellung? Für diese Frage wird sodann eine Antwort gesucht, wobei der rabbinische Glaube an die genannte Hallstimme, die einige Jahre nach der 70 n. Chr. erfolgten Zerstörung des Tempels ausgegangen sein soll, von Bedeutung ist.

E *Wenn du willst, kann ich antworten,* daß [jene ausdrückliche Feststellung] vor dem Ausgehen der Hallstimme [gemacht wurde].
F *Und wenn du willst, kann ich antworten,* daß [jene ausdrückliche Feststellung] nach dem Ausgehen der Hallstimme [gemacht wurde, war dann] allerdings im Sinne [der Meinung] Rabbi Jehoschuas [vonnöten], der sagte: ›Man beachtet [bei Rechtsentscheidungen] keine Hallstimme‹.

Zwei Antworten. Die eine lautet, daß die ›ausdrückliche Feststellung‹ vor dem Ergehen der Hallstimme formuliert wurde, die zweite, daß sie zwar nach deren Ergehen hier eingefügt wurde, jedoch gemäß der Auffassung jener, die trotz dieser Hallstimme ein übernatürliches Eingreifen in die Formulierung des Rechtes zurückweisen, wie z.B. Jehoschua ben Chanina, von dem berichtet wird, daß er in einem solchen Falle das Zeugnis übernatürlicher Wunder abgelehnt hatte.

Wollen wir den Abschnitt rekapitulieren. Der Talmud beginnt mit einer Zitierung des Paralleltextes zur Mischna aus der *Tosefta*, A. Unser Abschnitt ergänzt mithin die Mischna durch die *Tosefta*, um dann vor allem die letztere zu erörtern. Die *Tosefta* wird mit einer festen Formel, A, eingeführt, die anzeigt, daß eine tannaitische Quelle zitiert wird. Andere entsprechende Formeln sind z.B. *›wir haben gelernt‹*, für Mischnazitate, und *›es wurde gelehrt‹*, für anonyme tannaitische Traditionen. Diese aramäischen Formeln geben, gleich Fußnoten, Auskunft über die Quelle oder die Art der Autoritäten, die hinter den zitierten Materialien stehen.

Unter B wird die schon oben untersuchte Toseftastelle angeführt und unter C folgt deren Besprechung. Auf eine vorgehende Erklärung dieser Stelle wird verzichtet, da angenommen wird, daß sie verständlich ist. In C wird die Frage gestellt, warum die Hilleliten zwei Begründungen für ihre Auffassung geben. In der Antwort wird behauptet, daß auch die Schammaiten zwei Begründungen geben, nämlich (1) der Wein wird nur um des Sabbat willen gebracht, und (2) der Sabbat ist schon eingetreten, während der Wein noch nicht da ist. Die die Balance dazu schaffende ›andere Begründung‹ der Hilleliten wird sodann ohne Kommentierung angeführt.

*Die berühmte* Vogelkopf-Haggada *vom Oberrhein, um ca. 1300, stellt die rituellen Handlungen dar, die während des Passah-Ritus ausgeführt werden; um die Bestimmung des Bilderverbotes nicht zu verletzen, wurden die Menschen mit Vogelköpfen dargestellt. Diese Miniatur zeigt den Segen über dem Wein durch den Haushaltsvorstand.*

Die Erörterung der Toseftapassage wird danach unter D fortgesetzt. Die Feststellung, daß die gültige Satzung der Schule Hillels folge, wird als selbstverständlich erachtet, da dies gewöhnlich so zu sein pflegt. Mithin bedarf diese dennoch angefügte Feststellung einer Erklärung.

Das Problem wird unter E durch eine einfache ›historische‹ Antwort gelöst: D wurde vor dem Erschallen jener Hallstimme in den Text aufgenommen.

Unter F folgt eine etwas realere Antwort: Manche Rabbinen widersetzten sich der Anerkennung übernatürlicher Zeichen zur Festlegung des Rechtes durch den Himmel.

Unter ihnen vor allem Jehoschua ben Chanina (ca. 90 n. Chr.), der einem mit allerlei Wundern bewerkstelligten übernatürlichen Beweisverfahren Elieser ben Hyrkanos' entgegenrief: »Nicht im Himmel ist sie – die Tora« (Dtn 30,12), will sagen, auf der Erde ist die Entscheidung zu treffen! So wird D dem Jehoschua zugeschrieben, der himmlische Entscheidungen nicht anerkennt und deshalb einen irdischen, allein auf der Vernunft beruhenden Rat geben mußte.

**Der palästinische Talmud**

Wir wollen nun die Behandlung derselben Mischna im Palästinischen Talmud betrachten.

*Mischna 8,1 (Fol. 11 d)*
Die Schule Schammais sagt:
Man spricht den Segen erst über den Tag
und danach spricht man den Segen über dem Wein.
Und die Schule Hillels sagt:
Man spricht den Segen erst über dem Wein
und danach spricht man den Segen über den Tag.

A *Welche Begründung führen die Schammaiten an?*
[Sie sagen:]
Die Heiligung des Tages ist ja Ursache, daß der Wein herbeigebracht wird; überdies bestand doch die Pflicht zur Heiligung des [Fest-]Tages bevor der Wein herbeigebracht wurde.

*Welche Begründung führen die Hilleliten an?*
Der Wein ist ja Ursache, daß der Heiligungssegen über den Tag gesprochen wird.
Eine andere Begründung:
Der Wein ist stets [gebräuchlich],
die Heiligung ist nicht stets [gebräuchlich].
[Was stets gebräuchlich,
hat Vorrang vor dem,
das nur gelegentlich gebräuchlich.]

Die palästinische *Gemara* zitiert zunächst die verfügbaren Erklärungen der beiden Schulen aus der Tosefta. Alleine die Einleitung ist hinzugefügt ›welche Begründung ...‹

B R. Jose (ca. 150 n. Chr.) sagte:
Aus den Worten beider [folgt], daß im Falle von Wein und *Havdala*
[der Unterscheidungssegen, der am Sabbatausgang das Ende des Sabbat und den Beginn der Arbeitswoche markiert]
der Wein Vorrang hat.

Jose beginnt danach, die beiden Meinungen zu analysieren. Er will nachweisen, daß beide Schulen der Meinung sind, daß der Wein den Vorrang vor der *Havdala* genießt, d.h. daß man erst den Weinsegen und dann die *Havdala* spricht.

*Die Begründung der Schammaiten lautet doch,* daß die Heiligung des Tages Ursache ist, daß der Wein herbeigebracht wird, und hier hat der Wein demnach Vorrang, da die *Havdala* nicht Ursache für das Herbeibringen des Weines ist.

Da die Schammaiten meinen, daß der Anlaß für den Wein nach der Heiligung eben die Heiligung selbst ist, so gilt für den Fall bei dem das Gebet, wie bei der *Havdala*, nicht Anlaß für den Weinsegen ist, daß der Wein natürlich Vorrang vor dem Gebet hat.

*Die Begründung der Hilleliten lautet doch,* daß der Wein stets [gebräuchlich], die Heiligung dagegen nicht und deshalb der Wein zuerst kommt, da er stets [gebräuchlich], die *Havdala* dagegen nicht?

Da also die Hilleliten der Meinung sind, daß das Stetige vor dem Gelegentlichen Vorrang hat, werden sie zustimmen, daß der Wein vor der *Havdala* Vorrang hat. D.h. beide Schulen stimmen in diesem Punkte überein.

C Rabbi Mana [3. Jh.] sagte:
Aus den Meinungen beider [geht vielmehr hervor], daß im Falle von Wein und *Havdala* die *Havdala* vorangeht!

R. Mana will das Ganze auf den Kopf stellen. Die Meinungen beider Schulen lassen demgegenüber den Schluß zu, daß sie beide der *Havdala* vor dem Wein den Vorrang geben – gerade das Gegenteil von Joses Behauptung!

*Die Begründung der Schammaiten lautet doch,* daß die Pflicht zur Heiligung des Tages schon besteht, bevor der Wein herbeigebracht wird, kommt so nicht auch hier die *Havdala* zuerst, da die Pflicht zur *Havdala* schon besteht, bevor der Wein herbeigebracht wird?

Das Prinzip der Schammaiten ist, daß man die schon bestehende Verpflichtung – die Heiligung – vor jener erfüllt, die *noch* nicht besteht. Der Grund dafür, daß die Heiligung vor dem Weine kommt, ist der, daß man zum Heiligungssegen schon mit dem Sonnenuntergang verpflichtet ist, während der Wein erst später kommt.

*Die Begründung der Hilleliten lautet doch,* daß der Wein Ursache ist, daß der Heiligungssegen über den Tag gesprochen wird, und kommt so nicht hier die *Havdala* zuerst, da der Wein doch nicht Ursache für das *Havdala*gebet ist?

Die Hilleliten stimmen also deshalb mit Manas Behauptung überein, da sie dem Wein den Vorrang geben, wenn er Voraussetzung für ein anderes Gebet ist. Der Wein ist jedoch nicht Voraussetzung für das *Havdala*gebet.

D R. Se'ira [3. Jh.] sagte:
Aus den Meinungen beider [geht hervor], daß man die *Havdala* [auch] ohne, die Heiligung aber nur mit Wein sprechen darf.

R. Se'ira zieht aus dem vorangehenden den logischen Schluß, daß man die *Havdala* auch ohne, die Heiligung (Kiddusch) dagegen nur in Verbindung mit dem Weine sprechen könne. Die Hilleliten drücken diesen Sachverhalt klar aus: der Wein ist nicht Voraussetzung für die *Havdala,* weshalb sie ohne Wein gesprochen werden kann. Die Schammaiten sagen, daß die Heiligung des Tages Voraussetzung für das Sprechen des Weinsegens sei, nicht aber die *Havdala.* Also stimmen auch sie zu. Se'iras Ansicht scheint wohl begründet.

E *Dies ist die Meinung R. Se'iras, da R. Se'ira sagte:*
Man kann die *Havdala* über jeglichem alkoholischen Getränk sprechen, *hingegen soll man von Ort zu Ort gehen, um für die Heiligung* [Wein zu beschaffen].

Die Folgerung aus R. Se'iras Auffassung: Für die Heiligung muß man Wein beschaffen, die *Havdala* kann jedoch über jeglichem alkoholischen Getränk gesprochen werden.

Wollen wir nun auf die ganze Erörterung zurückblikken. Ein weiteres Mal kann man beobachten, daß das Interesse des Talmud dem Finden von Gründen für die Bestimmungen gilt. Diese werden erläutert, nach den Regeln der Vernunft kritisiert und schließlich an verwandten Bestimmungen getestet. Wie die babylonische, zieht auch die palästinische *Gemara* die *Tosefta* sehr stark heran. Ihre Erörterung der Tosefta neigt jedoch zu mehr Gründlichkeit und Systematik als die der babylonischen Gemara. Die Auffassungen beider Seiten werden untersucht, Fragen an die eine werden auch an die andere gerichtet, so daß durchweg eine vollkommene Ausgeglichenheit besteht. Schließlich werden neue Fragen gestellt und bearbeitet.

In A wird mit einem kurzen Überblick über die Begründungen der beiden Schulen das Forum bereitet. Dann ziehen B, C und D aus dem Vorangegangenen sich widerstreitende Folgerungen bezüglich der *Havdala.*

Nach Joses Auffassung, B, stimmen beide Schulen darin überein, daß der Wein vor der *Havdala* komme. Die Prinzipien der Schulen werden untersucht. Für die Schammaiten: Welches ist Voraussetzung für das andere? Die *Havdala* erfordert keinen Wein, deshalb hat der Wein Vorrang. Für die Hilleliten: Was ist ›stetig‹? Der Wein! Der Wein geht daher der *Havdala* voran. Demnach stimmen beide Schulen überein, daß der Weinsegen der *Havdala* vorangeht. Mana, im Abschnitt C, vertritt die entgegengesetzte Meinung. Wenn die Begründung der Schammaiten für den Vorrang des Heiligungssegens darin besteht, daß die Pflicht für ihn schon früher besteht, dann kommt auch die *Havdala* vor dem Wein, weil auch die *Havdala*pflicht schon vorher besteht. Wenn nach der Begründung der Hilleliten andererseits am Sabbatvorabend der Wein vorangeht, weil der Heiligungssegen nicht ohne den Weinsegen gesprochen werden kann, dann kommt am Sabbatausgang die *Havdala* zuerst, weil sie auch ohne Wein gesagt werden *kann.* Die Debatte wurde also ermöglicht, weil beide Schulen zwei Begründungen für ihre Auffassungen vortragen. Jose konzentriert sich auf je eine der Begründungen der Schulen und Mana auf die andere.

Se'ira, D, zieht den Schluß, daß nach der Meinung beider Schulen die *Havdala* auch ohne Wein gesprochen werden kann, nicht aber der Heiligungssegen. E, schließlich, gibt eine abstrahierende Formulierung der Auffassung Se'iras.

### Theologie und Literatur

Anhand der vorgetragenen Untersuchung einer einzigen gedanklichen Einheit ist der literarische Charakter des Talmud einsichtig geworden. Es bleibt noch, kurz die grundlegenden theologischen Überzeugungen des Talmud zu skizzieren.

Nach der Anschauung des Talmud ist Ordnung besser als das Chaos, Reflexion besser als wunderliche Einfälle, Entscheidung besser als Zufall, Vernunft besser als Gewalt. Der Talmud verfolgt das Ziel, die verschiedenen Bereiche des täglichen Lebens zu gestalten und die Beziehungen der Menschen untereinander so zu formen, daß alles einsichtig, wohl geordnet und verläßlich werde. Seine Auffassung ist, daß Ordnung und Vernünftigkeit nicht nur des Menschen Sache sind. Der Mensch ist in Gottes Bild erschaffen. Und der Teil des Menschen, der

*Ein anderes Detail aus der* Vogelkopf-Haggada *zeigt den Haushaltsvorstand beim Waschen seiner Hände vor dem Essen des in Salzwasser getauchten Gemüses. Die ganze Zeremonie des Sedermahls ist auf S. 26 beschrieben und illustriert.*

Gott gleicht, ist das, was den Menschen vom Tier unterscheidet: das Bewußtsein. Erst wenn wir unseren Verstand benutzen, handeln wir wie Gott.

Die gesamte Wirklichkeit wird dem kritischen Intellekt unterworfen und alles kann darum Heiligkeit erlangen. Die von der Mischna repräsentierte Tora offenbart, wie die Dinge sind, ob dies nun ihr wirklicher Stand an einem gewissen Ort oder zu einer gewissen Zeit sein mag oder nicht. Die Wirklichkeit übergeht das Partikulare und rührt vom Plan und Willen des Weltenschöpfers her, dem Fundament aller Wirklichkeit. Gott blickte in die Tora und erschuf die Welt gleich einem Architekten, der beim Bauen seinen Plänen folgt. Die einzige ganze Tora in zweifacher Gestalt liegt der einen fugenlosen Wirklichkeit zugrunde. Die Suche nach der unter der Vielfalt der trivialen Welt verborgenen Einheit – die Auffassung, daß in Vielem Eines offenbart wird – sind eine intellektualistische Ausdrucksweise für die theologische und metaphysische Vorstellung von einem einzigen und einzigartigen Gott, dem Schöpfer des Himmels und der Erde, dem Offenbarer einer einzigen ganzen Tora, dem Garanten für die Einheit und letztgültige Bedeutung allen menschlichen Handelns und aller Geschehnisse.

Gott ist das Vorbild für unseren Intellekt. Im Reflektieren der Tora dringt daher der Mensch in Gottes Absicht und Plan ein, erlangt Offenbarung im Studium der Tora. Die Rabbinen des Talmud glaubten, daß sie Tora studierten wie Gott im Himmel, ihre irdischen Schulen sind Abbild des himmlischen Lehrhauses. Gleich Gott legen auch sie *Tefillin* (Gebetsriemen) an; wie Gott die Kranken besucht, die Leidenden tröstet und die Toten bestattet, tun auch sie. Durch das Studium der Tora suchen sie dem himmlischen Vorbild nachzustreben, das Gott in seinem Abbilde offenbarte, und durch Moses und die Propheten bis zu ihrer eigenen Lehre herabgereicht hat. Wenn die Rabbinen der Mischna und des Talmud die göttliche Lehre des Moses, ›ihres Meisters (Rabbi)‹, lernen und sich vergegenwärtigen, tun sie dies wegen der im Himmel erkannten Ordnung, der vernunftgemäßen Gestalt der Wirklichkeit. Die Tora offenbart die Absicht Gottes, die Prinzipien, nach denen er die Wirklichkeit gestaltet. Die Tora wurde gemäß den Prinzipien dieser Wirklichkeit offenbart, sie wurden von den überaus modern denkenden Männern, den Rabbinen des zweiten Jahrhunderts, entdeckt, die die Mischna schufen und wußten, daß sie dies taten und dennoch einen Teil der Moses am Sinai von Gott offenbarten Tora nannten.

Die Weisen des Studierens und Lernens sind heilig, denn sie führen von der Erde zum Himmel hinauf, was das synagogale Gebet, das Fasten, oder andere, nur tolerierte, heilige Riten nicht vermögen. Vernunft heißt der Weg, Gottes Weg; heilig ist der, der versteht, klar zu denken und tief in die Geheimnisse der Tora, insbesondere ihrer so trivialen Bestimmungen, einzudringen. In ihrem Kontext enthalten diese Trivialitäten Offenbarung und vermitteln dem, der sie ergreift, die vollwirkliche Erfahrung des Heiligen. Die Aufgabe ist, wie ich eingangs sagte, daß wir über uns selbst hinausgehen, um die Wirklichkeit durch Interpretation dessen, was ist, im Lichte dessen was sein könnte und sollte, umzugestalten. Die Erfahrung der Heiligung *durch* den Intellekt und der Heiligung *des* Intellekts ist eine Weise der Transzendenz, die durch die Rabbinen des Talmud ein für alle Male offengelegt wurde.

## Theologie und Geschichte

Es bleibt zu fragen: welches ist die Gestalt dieser von Mischna und Talmud so sorgfältig und akkurat errichteten, mit Sinn und Bedeutung erfüllten Welt? Was der Talmud über die Welt zu sagen hat, kann man in einem Wort zusammenfassen: ›Heiligkeit‹. Und die den Talmud beschäftigende Frage ist, wie der Mensch im gewöhnlichen Alltag dieser Welt Heiligkeit erlangen und Gott ähnlich werden kann. Wir haben schon vermerkt, daß der Gedanke, daß dem Menschen die entscheidende Rolle zukommt, um den gewöhnlichen und unbedeutenden Dingen Sinn und Bedeutung zu verleihen, die Mitte der talmudischen Lebensanschauung bildet. Der Grund dafür ist, daß die Intention und der Wille des Menschen das Gewöhnliche in Heiliges verwandeln. Um nur ein unbedeutendes Beispiel anzuführen: wenn man einen Haufen mit hundert Äpfeln hat und zu irgendeinem Zwecke zwei von ihnen zur Seite legt, sind diese beiden Äpfel dadurch nicht heilig, geweiht oder konsekriert. Legt man sie aber mit der Intention, sie als Hebeopfer für den Priester abzusondern, beiseite, dann werden diese beiden Äpfel heilig und können von Nichtpriestern nicht verzehrt und zu profanen Zwecken nicht gebraucht werden. Wieder und wieder, in verschiedenen Bereichen des Rechtes, tritt die Bedeutsamkeit des menschlichen Willens ans Licht.

Für die Mischna und die aus ihr hervorgegangenen Kommentare stellt das Wollen des Menschen eine grundlegende Norm der Wirklichkeit dar, denn als die Mischna Gestalt annahm, war dem alten Israel nur der unbeugsame Wille des Volkes und die Hoffnung auf ein Überleben Israels geblieben. Das bezüglich Mischna und Talmud wichtigste Faktum ist, daß sie nach der Zerstörung des Zweiten Tempels im Jahre 70 n. Chr. und nach der mit Bar Kochbas Katastrophe durch die Römer erfolgten Verwüstung des südlichen Teiles des Landes Israel, des Gebietes von Judäa (132 - 135 n. Chr.), entstanden sind. Diese Ereignisse, in all ihrer Entsetzen auslösenden Eindringlichkeit, ließen die Fragen nach Sünde und Strafe, Sühne und Versöhnung wieder aufkommen, denen sich das alte Israel in den Nachwehen der ersten Tempelzerstörung im Jahre 586 v. Chr. gegenübergestellt sah. Doch jetzt war deutlich, daß die biblische Botschaft erneut gepredigt und vertieft werden mußte. Denn einstmals (586) hatte das Volk gesündigt und Sühne geleistet, und Gott hatte ihnen, wie sie glaubten, in der Rückführung in ihr Land und der Erlaubnis, den Tempel wieder zu errichten, vergeben. Nach der erneuten Tempelzerstörung im Jahre 70 n. Chr. hat sich die Frage nach dem ›warum‹ der Katastrophe und nach der Sünde, die damit bestraft werden sollte, zwangsläufig erhoben, allein, die Antwort auf die Frage war jetzt viel schwieriger. Der Grund dafür ist, daß die Israeliten, nachdem sie ein Mal gesündigt, gelitten, Sühne geübt und Versöhnung mit Gott erlangt hatten, nicht ohne Hemmungen erneut in diesen Prozeß eintreten konnten, ohne dem Zweifel zu entrinnen, daß dieses ganze System nicht mit den Ruinen des Tempels zusammengestürzt sei. Die Verwirrung einer zuvor geordneten Welt wird durch den Tempel selbst am eindrücklichsten symbolisiert, bei dem nicht ein Stein auf dem anderen geblieben war.

Die Betonung der Exaktheit, Genauigkeit und Ordnung, die in der mischnischen Sprache und Literatur und der talmudischen Analyse und Erörterung zutage tritt, muß vor dem Hintergrund des Chaos zum Ende des zweiten nachchristlichen Jahrhunderts und danach gesehen werden. In einer Zeit, in der die alten Sinngebungen und Gewißheiten offenbar keinen Sinn mehr aufzuzeigen und zu geben in der Lage waren, ist der starke Wille der Mischna, eine Welt der Exaktheit und der Ordnung zu errichten, eine feste Antwort und ein der Gewißheit entspringendes Bekenntnis, daß auch mitten im Chaos die Geordnetheit der Sprache verfügbar ist. Daraus folgt, daß es der menschliche Wille ist, der Einfluß hat auf die Geordnetheit der Welt, der durch bedachte Rede und bedachte Tat dem gewöhnlichen Leben Regelmäßigkeit und Verläßlichkeit verleiht. Das tägliche Handeln im irdischen Leben ist der einzige Bereich, in dem den Israeliten die Herrschaft verblieb, nachdem sie eine eigene Regierung, den Tempel und die Selbstverwaltung verloren hatten. Es war darum in diesem verbliebenen Bereich innerer Autonomie, dem Alltagsleben in Haus und Dorf, in dem der Israelit die mit Sinn und Bedeutung erfüllte Welt errichten und die Zufälle der Geschichte mit ihren Katastrophen und Enttäuschungen transzendieren konnte. Hier im Hause sollte er durch geformte Rede und ein Leben von endloser Gestaltetheit seinen Weg zu einer Welt über der Geschichte und jenseits der Zeit finden.

Ein sehr viel späteres Volkslied gibt dieser rabbinischen Auffassung klaren Ausdruck: die Völker der Welt glauben, daß ihre Könige Könige sind, aber der Heilige, gesegnet sei Er, ist der König, der über den Königen der Könige. Die Israeliten sollen der Herrschaft dieses höchsten Herrschers unterworfen sein und die Wirkungen seiner Herrschaft in all ihren Taten und Gebärden sichtbar werden lassen, sei es im Bereiche der Moral oder des Ritus, sei es zu Hause oder unter den Völkern.

Wendet man sich den konkreten Details des mischnisch-talmudischen Rechtes zu, erkennt man die den göttlichen Herrschaftsbereich umgrenzenden Hauptlinien, die Umrisse der Gottes Herrschaft unterworfenen Wirklichkeit. Die Mischna selbst ist, wie schon erwähnt, in sechs Teile gegliedert. Diese sechs Teile zeichnen uns das Bild des Lebens und der metaphysischen Wirklichkeit, die durch den Willen und die rechte Intention des Menschen geheiligt und der Gottheit geweiht werden sollen. Sie sind (1) *Sera'im*, Saaten, (2) *Mo'ed*, Zeiten, (3) *Naschim*, Frauen, (4) *Nesikin*, Schädigungen, (5) *Kodaschim*, geheiligte Dinge, (6) *Toharot*, Reines. Etwas detaillierter gesprochen umfaßt dieses Recht etwa folgende Bereiche: (1) Landwirtschaft und Abgabenrecht, (2) Fest- und Feiertage Betreffendes, (3) Familien- und Standesrecht, (4) Zivil- und Strafrecht, (5) Opfer, Schlachtungen, Heiligtum, (6) rituelle Verunreinigung und Reinheit, prinzipiell des Kultus, jedoch auch den Tisch zu Hause betreffend, der in reinem Stande zu halten ist, als wäre er der Altar des Herrn im jetzt zerstörten Tempel. Die beiden ersten Abteilungen zeigen, daß die Mischna die Ökonomie des Volkes, die hauptsächlich landwirtschaftlich war, und die Zeit und Jahreszeiten dem göttlichen Recht unterwirft und somit heiligen will. Sie beginnt gerade damit aus dem offensichtlichen Grunde, daß das Leben der israelitischen Gesellschaft auf einer landwirtschaftlichen Basis ruhte und in der Unterscheidung von Tagen, Wochen und Monaten durch den landwirtschaftlichen Kalender hindurch Gestalt annahm. Die dritte und vierte Abteilung betreffen die praktischen Fragen der Gesellschaft, die gleichfalls einer genauen Regulierung und der Heiligung unterworfen werden sollen: der Stand des Individuums, Eigentums- und Veräußerungsrecht, Familienrecht, der Schutz des Eigentums und Lebens vor krimineller Verletzung sowie die Organisation von Regierungsinstitutionen in der Gesellschaft. Die fünfte und sechste Abteilung behandeln den Gottesdienst im Tempel, die Durchführung des Tempelkultes, dessen Bewahrung vor heimlichen Gefahren und Verunreinigung, wie sie schon im Buche Leviticus beschrieben sind.

Diese letzten Abteilungen lassen indessen die dringliche Frage stellen, wer diese Gesetze ausführte. Denn es bestand ja kein Tempel, als die Mischna entstand, so daß weite Gebiete des Rechtes faktisch brach lagen. Beschreibt die Mischna demnach eine Welt, die ohne Bezug zur alltäglichen Realität steht? Die Teile des Gesetzes, die gehalten werden können, werden gehalten. Aber das Studium der Mischna und des Talmud umfassen das Ganze. Das bedeutet, daß die Mischna und der Talmud im Grunde eine Realität beschreiben, die einerseits gegenwärtig und andererseits erst künftig ist. Die Menschen begeben sich in diese Realität, indem sie über sie lernen, noch bevor sie sie in der Wirklichkeit erfahren. Das ganze Dasein ist einem innerlichen Prozeß des Lernens und der Reflexion unterworfen, wiewohl nur ein geringer Teil des Ganzen in ein konkretes Dasein treten mag. Das ganze Reich von Literatur und Recht, des Lernens und tiefer menschlicher Pein und Sehnsucht sollen dieses alte, nun darniederliegende Reich des Kultus und des Priestertums wiedererrichten, damit Gott im unablässigen Studium seiner Offenbarung gedient werde und dadurch, daß sie dieses Studium zum Antrieb und zur Bestimmung des Sinnes und der Bedeutung israelitischen Lebens werden lassen.

# 5

# Tora und Midrasch

## K. E. GRÖZINGER

Das alte Israel gleicht dem Nebeneinander einer Fülle von Rinnsalen und Bächen, die sich erst im Laufe der Zeit einander näherten, um sich schließlich nach einer Periode der Dammbrüche und Mündungen als breiter und geeinter Strom – wenn auch nicht ohne Seitenkanäle – in die fortschreitende Geschichte zu ergießen. Es war entstanden in der Auseinandersetzung der Religion der Vatergötter mit den Göttern des fruchtbaren Kulturlandes und des Gottes der Sinaioffenbarung und der Befreiung und wurde getragen von der Frömmigkeit von Familienverbänden, die zu Lokalheiligtümern mit ihrer Ortspriesterschaft pilgerten, von der größeren Bundesgemeinschaft der zwölf Stämme, von charismatischen Führern und ›Rettern‹ (den Richtern) und Königen, von ekstatischen Prophetenzirkeln, von Davids Jerusalemer Königsdynastie, von einzelgängerischen ›Schriftpropheten‹, von der Jerusalemer Tempelpriesterschaft mit ihren lokalen Kulttraditionen, die schließlich das gottesdienstliche Monopol errangen, von Ortsrichtern, die ein sakrales Recht verwalteten – ein vielfältiges Nach- und Nebeneinander verschiedener, oft konkurrierender Institutionen und Frömmigkeitsideale.

Demgegenüber, auf der Höhe der talmudischen Zeit, eine fast ausschließliche Konzentrierung der gesamten Religiosität und Kultur auf die Tora – Tora in dem umfassenden Sinne, wie sie zu Eingang des Kapitels zum Talmud beschrieben, zu der die ›Schriftliche Tora‹ (der Pentateuch und abgestuft auch die übrigen biblischen Bücher) und die ›Mündliche Tora‹ (das zunächst nur mündlich bewahrte nachbiblische Traditionsmaterial) gleichermaßen gehört. Sie ist das Brennglas, durch das die gesamte alte Kultur und Geschichte Israels nunmehr gesehen wird und durch das die alten Institutionen dieses Israel hindurchgehen mußten, um den ihnen jetzt angemessenen Ort zu erhalten: Die vielfältigen, oft parallelen Wege der Religion werden nun auf die Tora hin ausgerichtet – Offenbarungsempfang, Prophetie, häuslicher und öffentlicher Gottesdienst, auch das Recht und Gericht, sie alle sind an die Tora gebunden, an ihr Studium, ihre Erforschung, Rezitation und Auslegung. Die Führer der Religion sind nicht mehr Prophet, charismatischer Retter und Richter, König und Priester, sondern der Tora-Gelehrte und damit eigentlich das ganze Volk. Der Gottesdienst liegt nicht länger in den Händen der Priester, sondern wird vom Volk getragen, von den Torakundigen, den Schülern, den Predigern, den Vorbetern, die Teil der Gemeinde sind, und sich aus allen Ständen rekrutieren. Das ›Gotteshaus‹ ist ein Haus der Tora, das Haus der Versammlung, wo Worte der Tora erklingen (auch im Gebet), nicht ein Sakralbereich. Synagoge und Lehrhaus sind der Ort des Gottesdienstes, der Belehrung und auch des Rechtes. All das schöpft aus der Tora, ja ist in gewissem Sinne Tora, Tora als gelernte, erörterte, vorgetragene, gebetete, gesungene, im praktischen Tun vollführte, und somit Inbegriff der Religion und darum, nach Auffassung des Midrasch, Fundament der Welt.

Diejenigen Traditionen des alten Israel, die dieser neuen Mitte nicht entsprechen wollten, wurden verdrängt oder in einer der neuen Sicht entsprechenden Weise eingeengt und umgedeutet – das Königtum z.B. blieb (in Anknüpfung an biblische Traditionen) Gott alleine vorbehalten oder wurde in die Ferne messianischer Erwartung gerückt, gleichermaßen faktisch das Priestertum und der Tempel; die Prophetie galt als mit der Zerstörung des Ersten Tempels ein für allemal erloschen.

Dieser Entwicklung, die sich im Laufe von ungefähr vierhundert Jahren vollzogen hatte, war es zu danken, daß im Jahre 70 n. Chr. mit der großen Katastrophe (und dem vorangehenden römischen Eingreifen), die ein neuerliches emphemeres jüdisches Königtum, den Tempel mitsamt der religiösen und gesellschaftlichen Rolle der Priester und Leviten mit sich riß, nicht das Ende des Judentums gekommen war. Sie ermöglichte, daß ein Lehrhaus (das von Jochanan ben Sakkai in Javne) zu einem Neuanfang aus der Kontinuität werden konnte. Wie groß der Schock über den Untergang des Tempels auch gewesen sein mag – und er war sehr groß –, die jüdische Religion hatte sich bis dahin im Schatten des Tempels und seiner Priesterschaft Gottesdienst-, Frömmigkeits- und Gesellschaftsformen entwickelt, die den Sturz überdauern konnten, ja jetzt erst ihre volle Blüte zu entwickeln imstande waren.

Der Beginn oder das Vorhandensein dieser Bewegung wird von der hebräischen Bibel mit einer Begebenheit aus dem Ende des 5. vorchristlichen Jahrhunderts selbst bezeugt, bei der der Priester und Schriftgelehrte Esra die bis dahin aus dem babylonischen Exil zurückgekehrten und im Lande verbliebenen Judäer nach Jerusalem berief:

> Als nun der siebte Monat herangekommen war . . . versammelte sich das ganze Volk einmütig auf dem Platz vor dem Wassertor und man ersuchte Esra, den Schriftgelehrten, das Buch der Tora des Moses herbeizubringen, welches der Herr den Israeliten gegeben hatte. Da brachte der Priester Esra die Tora vor die Gemeinde, vor Männer und Frauen, vor alle, die es fassen konnten . . . und er las daraus auf dem Platze vor dem Wassertor vom frühen Morgen bis

zum Mittag, in Gegenwart von Männern und Frauen, überhaupt aller, die es verstehen konnten, und die Ohren des ganzen Volkes waren auf das Buch der Tora gerichtet ... Und Esra schlug das Buch vor den Augen des ganzen Volkes auf ... und es erhob sich das ganze Volk. Darnach pries Esra den Herrn, den großen Gott. Und alles Volk antwortete mit erhobenen Händen: Amen! Amen! Dann warfen sie sich nieder und neigten ihr Angesicht vor dem Herrn zur Erde ... und die Leviten unterwiesen das Volk in der Tora ... und sie lasen im Buche, in der Tora Gottes, Abschnitt für Abschnitt, und man erläuterte es, so daß die Leute auf die Vorlesung acht hatten (Neh 8).

Das entscheidende Datum der hier beschriebenen Versammlung ist, daß ein Buch, die Tora des Moses, im Mittelpunkt einer gottesdienstlichen Zusammenkunft steht und das dabei bezeugte Bemühen, das Vorgelesene durch Erläuterungen dem versammelten Volke verständlich zu machen. Jeder sollte es verstehen, denn sie ist die Belehrung (= Tora) von Gott, übermittelt durch Moses, von dem es in der Tora heißt: »Und es stand hinfort kein Prophet in Israel auf wie Moses, mit dem der Herr von Angesicht zu Angesicht verkehrte« (Dtn 34,10). Von ihm bezeugte Gott selbst: »Hört meine Worte! Wenn unter euch ein Prophet des Herrn ist, so offenbare Ich mich ihm in Gesichten und rede in Träumen mit ihm. Nicht so mit meinem Knecht Mose: er ist mit meinem ganzen Hause vertraut. Von Mund zu Mund rede Ich mit ihm, nicht in Gesichten und nicht in Rätseln, und die Gestalt des Herrn schaut er« (Num 12,6-8) – was Wunder, wenn der um ungefähr 180 v. Chr. schreibende Ben-Sira diese Tora mit der unergründlichen und doch zu erforschenden Weisheit Gottes selbst identifiziert (Sir 24) und der in den Sprüchen der Väter genannte (5,22) Ben Bagbag empfiehlt: »Wende sie hin und wende sie her, denn alles ist in ihr, schaue in sie hinein und werde grau und alt in ihr, und von ihr weiche nicht, denn es gibt nichts Köstlicheres als sie!«

Diese Tora, die die spätere rabbinische Literatur Gottes Bauplan für die Weltschöpfung sein läßt, Sein Ergötzen, wenn sie im Himmel auf Seinem Schoße ruht oder im Kreise der Engel vor Ihm singt und tanzt, bleibt mithin nicht auf den engen Begriff von ›Gesetz‹ – den sie mit umfaßt – beschränkt, sondern wird zur Quelle allen menschlichen Wissens um Gott, Schöpfung und den Menschen selbst. In ihr ist alles Wissen, alle Weisheit enthalten, sei es expressis verbis oder nur versteckt angedeutet, sie ist Gottes letztgültige Offenbarung. Auch was die Propheten sagten, konnte nach dieser Auffassung der Tora nichts Neues hinzufügen, sie sprachen nur aus, was in ihr ohnehin schon gesagt war. Auch die prophetische Verkündigung ist, nach den Worten des Midrasch, vom Sinai gegeben.

**Auswirkungen auf die Gesellschaft**

Diese klare Umschreibung des Ortes göttlicher Offenbarung konnte nicht ohne Folgen für das weitere Werden der Religion und der Gesellschaft bleiben. Nicht mehr der Prophet mit seinen ›Traumgesichten‹, auch nicht der Priester mit seinem ›Orakel‹ waren die ausschlaggebenden Mittler des Gotteswortes. An ihre Stelle trat – wenn auch erst allmählich und nicht ohne Kämpfe – der *Sofer*, der Schriftgelehrte, der *Doresch ha-Tora,* der Erforscher der Tora, wie ihn die Qumran-Texte nennen. Von seiner Arbeit ist fortan Weisung und Antwort auf die andrängenden Fragen der Gegenwart zu erhalten, und um ihn schart sich das Volk, um zu lernen und Unterweisung zu empfangen – er schickt sich an, den ›Erbadel‹ des Priestertums zu verdrängen, alleine die Gelehrsamkeit entscheidet, ein Ideal, welches das Judentum bis in die Moderne prägt.

Hier ist auch der Ort, an dem man die im Dunkeln liegende Entstehung der Synagoge, des *Bet ha-Kneset,* des Hauses der Versammlung, zu suchen hat – der früheste Nachweis einer Synagoge stammt aus der griechischen Diaspora Ägyptens in der zweiten Hälfte des dritten vorchristlichen Jahrhunderts. Die Synagoge ist der Ort der Unterweisung, des gemeinsamen Hörens und Erklärens der Tora, dem sich, wie bei der oben beschriebenen Versammlung Esras, das Gebet und der Lobpreis alsbald zugesellt haben wird, worauf die aus der Diaspora belegte Bezeichnung *Oikos Proseuches,* Haus des Gebetes, für die Synagoge hinweisen mag. Hier liegen die Anfänge des für die Antike umstürzenden Laiengottesdienstes der Synagoge – darum in manchen Zeugen auch ›Volkshaus‹ genannt –, der ohne Kultpersonal und Opfer alleine von der versammelten Gemeinde getragen wird. Ein weiterer Name für die frühe Synagoge, *Sabbateion,* benennt ein anderes Charakteristikum dieser Institution, ihre besondere Verbindung zur Sabbatfeier.

Es liegt im Wesen der Dinge, daß diese auf ein zu erforschendes Buch gerichtete religiöse Übung das Auftreten von Lehrerpersönlichkeiten und das Entstehen von Lehrhäusern, *Bet Midrasch, Jeschiva,* zur Folge hatte und – um möglichst das ganze Volk zu erreichen – schon in vorchristlicher Zeit in der Einrichtung von allgemeinen Schulen für Kinder und Jugendliche gipfelte, getreu der von den ›Männern der großen Versammlung‹ ausgegebenen Maxime: »stellet viele Schüler auf« (Sprüche der Väter 1,1).

Jochanan ben Sakkais bescheidener Wunsch vor Vespasian, dem Belagerer Jerusalems, »ich will nichts von dir als Javne, daß ich dort hingehe und meine Schüler unterrichte und Gebete in ihm einrichte und alle Gebote erfülle« (Avot de Rabbi Nathan c. 4/6), war demnach zunächst nicht mehr und nicht weniger als eine unauffällige Fortführung eines ›Programmes‹, in dem die Macht des Pharisäismus und seiner Nachfolger, der Rabbinen, lag. Das Lehrhaus in Javne, das nach der Tempelzerstörung bald die Führung der palästinischen Judenschaft übernahm und damit das Erbe des Jerusalemer Synhedrion antrat, und dessen Vorsitzender, der Patriarch, *Nasi,* schließlich auch die Anerkennung der Römer erlangte, wurde alsbald zur zentralen Leitstelle des gesamten Judentums. Seine Mitglieder, die Gelehrten, bildeten die Rabbinen, die Toragelehrten, heran, verliehen ihnen die Ordination (Lehr- und Amtsbefugnis für Gemeindeämter), setzten Ortsgerichte ein und überwachten den Schulbetrieb und die Gemeindeverwaltungen, es war also zentraler Träger der jüdischen Autonomie im römischen Reiche. In ihm wurden schließlich, nachdem es infolge von Kriegswirren mehrmals den Standort gewechselt hatte, die in mehreren parallelen Lehrhäusern gesammelten Traditionen zur Feststellung des angesammelten Rechtsmaterials in der *Mischna* redigiert, die fortan die talmudische Gelehrsamkeit bestimmte. Die hier und in den anderen Lehrhäusern gebildeten Rabbinen waren auch die hervorragenden Prediger und Lehrer des Volkes, die die überaus bunte und vielseitige Midraschliteratur hervorbrachten, die uns im folgenden noch beschäftigen soll.

Von Palästina ausgehend entstanden auch in der blühenden und schon traditionsreichen Diaspora Babyloniens Lehrhäuser in Nehardea, Sura und Pumbedita, die nach dem vom christlichen Rom beschleunigten Niedergang des palästinischen Zentrums im beginnenden 5. Jahrhundert bis in die späte gaonäische Epoche im 11. Jh. das geistige Gesicht des Judentums entscheidend prägen sollten. Die Häupter der Akademien *(Jeschivot)* von Sura und Pumbedita, ab dem 6. Jahrhundert *Gaon* genannt, wurden aus der westlichen Diaspora um Entscheidungen in Fragen der gesamten jüdischen Gelehrsamkeit angegangen (in den *Sche'eltot* und *Teschuvot*, Anfragen und Antworten), und das Hauptwerk dieser Schulen, der Babylonische Talmud, sollte, von hier ausgehend, seinen Siegeszug in die gesamte jüdische Zerstreuung antreten. – Im Amte des Exilarchen, *Resch Galuta*, hatte die babylonische Judenschaft ihren dem Patriarchen entsprechenden Repräsentanten der weltlichen Herrschaft gegenüber.

## Der synagogale Gottesdienst

Mit der Synagoge als dem Versammlungsort der Laiengemeinde haben sich auch die Grundzüge des synagogalen Gottesdienstes kristallisiert. Im Zentrum dieses Gottesdienstes steht, wie gesagt, die Lesung der Tora, die zum Verständnis für das Volk schon sehr früh durch eine eigenartige Übersetzung, das *Targum*, ergänzt werden mußte. Das Targum ist meist nicht nur eine einfache Übertragung des hebräischen Textes in die aramäische Umgangssprache, sondern wurde wohl seit ihren Anfängen mit interpretierenden Zusätzen versehen, die zuweilen in predigthafte Einschübe ausarteten – als Pendant entstand in der hellenistischen Diaspora eine griechische Übersetzung der Tora, die *Septuaginta*, die indessen reine Übersetzung blieb. Es scheint, daß hier der Ausgangspunkt einer ausführlichen Predigttätigkeit liegt, die allerdings nicht unabdinglich zum Synagogalgottesdienst gehörte, und die ihren Niederschlag in der umfangreichen Midraschliteratur gefunden hat.

Neben die Toralesung treten als den Hauptstücken des synagogalen Gottesdienstes zwei Gebetskomplexe, das ›Bekenntnis‹ (die Rezitation des *Schma*) und das eigentliche ›Gebet‹ (hebräisch: *Tefilla*, d.h. das Achtzehngebet, *Schmone-esre*). Während das Bekenntnis – die Abschnitte Dtn 6,4-9; 11,13-21; Num 15,37-41 aus der Tora – ein solches recht eigentlich nur durch die frühjüdische Midraschdeutung wurde (s.u.), ist das ›Gebet‹ eine Sammlung von 18 bzw. 19 Segenssprüchen, deren eigentliche 13 Bitten für die Bedürfnisse des Volkes von der hymnischen Einleitung (3) und dem Abschluß mit Danksagung (3) umrahmt sind. Diese Festlegung auf 18/19 Segenssprüche galt zunächst nur deren 18 Grundthemen, nicht aber dem Wortlaut, der fast beliebig gestaltet und erweitert werden konnte und sollte, wie es der palästinische Talmud ausdrücklich fordert. Erst sehr viel später hat sich auch hierfür ein fester Wortlaut herausgebildet, wonach sich die schöpferische Neuformulierung auf andere Gebetsabschnitte, voran die häufig eingeschalteten *Pijjutim*, Poesien, konzentrierte. Sie waren in weiten Teilen poetisch verarbeiteter Midrasch und damit gleichsam poetische Predigt innerhalb der Gebete. Die beiden genannten Grundgebete waren schon in mischnischer Zeit (1. - 2. Jh. n. Chr.) durch weitere um sie gruppierte Gebetskomplexe erweitert. Erwähnenswert bleibt schließlich noch der Einfluß der frühen und späteren Mystiker, die den Gottesdienst durch zum Teil wortreiche ›numinose‹ Hymnen bereichert haben und ihm vor allem mit der *Keduscha* das Element der Öffnung des irdischen Gottesdienstes zum himmlischen Gottesdienst hin und dessen Vereinigung mit der Engelliturgie verliehen.

## Der Midrasch – Tradition und Neuschöpfung

Das bislang Gesagte erweckt den Eindruck, als sei das Entstehen des rabbinischen Judentums nichts als eine traditionalistische, ältestes vorexilisches und damit eigentlich antiquiertes Traditionsgut konservierende Bewegung gewesen – nichts wäre unrichtiger als dies! Schon die ersten Schriftgelehrten haben dieses Traditionsprinzip in äußerst dynamischem Sinne verstanden, wie Neh 10 eindrücklich dartut, wo Verpflichtungen aus der ›Tora des Moses‹ genannt werden, die sich *so* dort nirgends finden. Zweifellos hat der objektive Mangel an detaillierter Aussage in Recht und Theologie in dieser Tora von allem Anfang an eines Kommentars bedurft, eines Kommentars der lebendigen Tradition und des Brauchtums, in das sie schon immer eingebettet war und die darum recht eigentlich ihr zugehören, wiewohl sie nicht eigens aufgeschrieben sind, auch der Abstand in der Zeit und die veränderten Umstände ließen vieles unverständlich und nicht praktikabel erscheinen. Doch viel entscheidender für das Entstehen der Auslegung und Kommentierung war der Anspruch dieses Buches, letztgültige und allumfassende Offenbarung Gottes zu sein, in der alles zu finden sei. Damit wurde die Tora – im Verständnis des modernen Betrachters – viel eher ein Formalprinzip des Erkenntnisprozesses denn wirkliche Quelle neuer Erkenntnis. Von nun an konnte im Judentum nichts mehr zur Geltung gebracht werden, das nicht wenigstens formal der Tora ›entnommen‹ war. Diese Denkbewegung, die alles und jedes, das Alte wie das revolutionär Neue auf die Tora zurückzuführen hat, ist der Midrasch, das ›Forschen‹, ›Auslegen‹ und ›Vortragen‹ der Worte der Tora. Er hat es vermocht, die Tora des Moses nicht der Versteinerung und Antiquierung anheimfallen zu lassen, er war das Mittel der Tradition, des Bewahrens und der Neuschöpfung zugleich und hat das jüdische Denken durch die Jahrhunderte geprägt. Nach seinem Vorbild haben jüdische Denker aller späteren Zeiten selbst die umstürzendsten Gedanken in die Form des Midrasch, des Kommentars, gebracht, was zugleich verhinderte, daß die jüdische Theologie eine Systematik entwickelte – vereinzelte systematische religionsphilosophische Bemühungen sind unter dem Einfluß der griechisch-arabischen Philosophie entstanden, sie sind aber Lehngut geblieben, während im traditionellen Bereich sich das Denken im Kommentar behauptet hat.

Die jüdische Geistesgeschichte läßt sich daher angemessen als Auslegungsgeschichte der Tora beschreiben, und in der Tat stellt sich schon die Frühzeit vor und kurz nach der Zerstörung des Zweiten Tempels als rivalisierende Auslegung und gemeinsames Ringen um das richtige Verständnis der Schrift durch verschiedene Gruppen dar. Das Buch der Jubiläen ist nichts als eine midraschische Neubearbeitung der Genesis, so auch für ein umfassenderes Textstück die Antiquitates des Pseudo-Philo, ebenso Targum und das in Qumran gefundene ›Genesis-Apokryphon‹, die den Text durch Einfügung einzelner Wörter und längerer ›apokrypher‹ Passagen auslegen. Der Qumran-Pescher, die Sektenregel, Damaskusschrift, gesetzliche und typologische Deutungen nach dem Verheißungs-Erfüllungs-Schema im Neuen Testament, erweisen sich als nichts anderes denn als Teil des – zuweilen kontrovers geführten – Midrasch, der ›Deutung‹ der alten Schriften, die sich im rabbinischen Bereich in umfassenden Sammlungen – unter ihnen die beiden Talmudim – in der Form von Predigt oder fortlaufender Auslegung zu biblischen Büchern niederschlug.

Welche Bedeutung man dem Midrasch schon in der vorchristlichen Zeit beigemessen hat, mag die Auffassung der Qumran-Gemeinde dartun, die in ihm nichts geringeres als die von Deuterojesaja geforderte Wegbereitung für das Kommen des Herrn sah:

»›Horch es ruft: In der Wüste bahnet den Weg des Herrn; machet in der Steppe eine gerade Straße unserem Gott‹ (Jes 40,3). Das ist der Midrasch (Erforschung, Auslegung) der Tora, die Er durch Moses befohlen, daß man tue gemäß allem das Zeit um Zeit [von ihr durch die Forschung] offenbart und wie es die Propheten [schon] im Heiligen Geiste offenbarten« (Sektenregel 8,14). Hier wird zugleich eine Bindung des Handelns an die Auslegung gefordert, eine Bestimmung, die für die Rabbinen in gleicher Weise gilt. Gerade deshalb wäre es auch falsch, jüdisches Handeln und jüdische Ethik und Theologie mit Sätzen aus dem ›Alten Testament‹ beschreiben oder beweisen zu wollen, denn dafür ist nach jüdischem Verstande stets die Auslegung der Tradition, die nie zur Ruhe gekommen, zu konsultieren. Die geläufige Rede vom ›alttestamentarischen Gott‹ im Zusammenhang mit dem Judentum beruht daher neben einer bedauerlichen ›Tendenz‹ vor allem auf einem absoluten historischen Mißgriff.

Beachtenswert ist an dem angeführten Zitat noch die Theorie der stufenweisen Offenbarung der Tora durch die Forschung, die dem ›neu‹ Gefundenen absolute Heiligkeit und Gültigkeit sichert. Wiewohl auch im rabbinischen Midrasch zuweilen von solcher nach und nach erfolgenden Offenbarung gesprochen wird, dient dort zur Legitimation des ›Neuen‹ die Lehre von der ›Mündlichen Tora‹, die dem Moses am Sinai zusammen mit der Schriftlichen Tora übergeben worden sei – dazu vergleiche man den Beitrag von J. Neusner. Dem dort Gesagten bleibt allerdings hinzuzufügen, daß nicht nur Mischna und Talmud, sondern das gesamte Korpus der rabbinischen Literatur, d.h. also auch Targum und haggadischer, d.h. verkündigender, erzählender und erklärender Midrasch als Teil der Mündlichen Tora gelten. Sie ist die immerfort sprudelnde Quelle, besonders da, wo Worte der Tora zwischen Lehrer und Schüler erörtert werden.

## Der haggadische Midrasch

Der haggadische (aggadische) Midrasch ist (nach der Bibel) die Mutter aller jüdischen Theologie und der nichtgesetzlichen ›schönen‹, erzählenden und auch poetischen (Pijjut) Literatur der Juden. In ihm wurden die für das Judentum grundlegenden theologischen Vorstellungen formuliert, oder besser ›erzählt‹, in Gleichnissen, Anekdoten, Legenden, Erzählungen von zuweilen höchst bizzarem und ›unrealistischem‹ Charakter sowie mit Hilfe einer Reihe von Schlüsselbegriffen, die für umfassendere Vorstellungszusammenhänge und ›Wertvorstellungen‹ stehen. Sie alle wurden in dem umfangreichen Korpus der Midraschsammlungen wieder und wieder erzählt, umgestellt, mit neuen Pointen versehen, in neue Zusammenhänge gebracht, so daß der Hörer oder Leser die vom Prediger intendierte Aussage zuweilen gerade an diesen kleinen Veränderungen und Umstellungen erkennen muß, Neues also oft nur im Gewande der Redaktion, der Neuredigierung, ausgesprochen wird.

Der haggadische Midrasch will nach eigener Aussage die theoretisch-theologische Begründung der *Halacha*, der Satzung sein, sie will den Menschen zur Anerkennung von Gottes Gottheit und dadurch zur Befolgung seiner Gebote führen: »Willst du den Schöpfer der Welt erkennen, dann lerne *Haggada*, denn daraus erkennst du den Schöpfer der Welt und wirst an seinen Wegen (Geboten) hangen« (Sifre Deuteronomium § 49).

Und so zum Beispiel stellt die Haggada diesen Gott dar: Zu den Worten des ersten Gebotes, in denen Gott sich als Israels Gott proklamiert, »Ich bin der Herr, dein Gott« (Ex 20,2), stellt ein Aggadist die Frage:

> Warum wurden die Zehn Worte (Gebote) nicht am Anfang der Tora gesagt?
> Man erzählte ein Gleichnis:
> Wem ist das zu vergleichen? – Einem, der in eine Stadt einzog und zu den Bewohnern sprach: Ich will König über euch sein! Sie sprachen zu ihm: Hast du denn irgend etwas zu unserem Wohle getan, daß du König über uns werdest?
> Was tat er? Er errichtete ihnen eine Stadtmauer, baute eine Wasserleitung in die Stadt und führte ihnen Kriege.
> Dann sprach er wiederum zu ihnen: Ich will König über euch sein! Da sprachen sie: Ja! Ja!
> So auch der Herr: Er führte Israel aus Ägypten, spaltete ihnen das Meer, ließ ihnen das Manna herabfallen, ließ ihnen den Brunnen aufsteigen, trieb ihnen die Wachteln herüber und führte ihnen den Amalekiterkrieg. Dann sprach Er: Ich will über euch König sein [d.h. »Ich bin der Herr, dein Gott!«].
> Und sie sprachen zu Ihm: Ja! Ja! (Mechilta, S. 219).

Den *Darschanim* (Auslegern) ist auf dem Felde der Haggada die größte Freiheit gegeben, sie können an der Tora alles deuten, wie z.B. der eben zitierte, der aus der *Reihenfolge* der Schrifttexte die Lehre zieht, daß Gott erst etwas für sein Volk tun wollte, bevor er vor es träte, – darum stehen die Zehn Gebote nicht am Anfang der Tora! Die Darschanim schrecken dabei auch nicht vor den kühnsten Aussagen zurück, wenn es darum geht, einen ihnen besonders wichtigen Gedanken hervorzuheben, wie etwa den, daß ein solcher Gott-König wie der eben beschriebene auf die Akklamation eines Volkes angewiesen ist, um überhaupt wirklicher König zu sein. So wurde Gott nach verbreiteter rabbinischer Auffassung »gleichsam« erst König über die Welt, als Abraham auftrat und ihn als König ausrief:

> Solange unser Vater Abraham noch nicht in die Welt gekommen war, war der Heilige, Er sei gesegnet, gleichsam nur König über den Himmel, wie es in der Schrift [wo Abraham über die Vergangenheit spricht] heißt: »Der Herr, der Gott des *Himmels*, der mich aus meines Vaters Haus . . . genommen hat« (Gen 24,7). Aber als unser Vater Abraham in die Welt gekommen war, hat er Ihn zum König über Himmel *und Erde* gemacht, da es in der Schrift [wo Abraham über die Gegenwart spricht] heißt: »ich beschwöre dich bei dem Herrn, dem Gott des *Himmels* und dem Gott der *Erde*« (Gen 24,3). (Sifre Deuteronomium, S. 354).

Den kleinen Formulierungsunterschied innerhalb dieses einen biblischen Textabschnittes nahm der Aggadist zum Anlaß, die Bedeutsamkeit der Gottesakklamation einzuschärfen, die in der Menschheitsgeschichte mit Israels Stammvater Abraham eingesetzt hat und – das will der Prediger natürlich betonen – die zu eben diesem Zwecke von Israel mit der täglichen Rezitation des *Schma*-Gebetes weitergeführt werden soll. Dieser Midrasch ist somit zugleich ein Stück theologischer Geschichtsreflexion und Begründung für einen zentralen Teil des täglichen Gottesdienstes, wie unten noch deutlicher werden wird.

Ein wichtiges Thema im Umkreis der Gotteslehre ist das der *imitatio dei*. Der Mensch soll Gott nachahmen, seinen Alltag durch Gebotserfüllungen heiligen und so wahrhaft Gottes Ebenbild werden, von dem die Schöpfungsgeschichte spricht. Um Gottes nachahmenswerte Friedensliebe zu demonstrieren, findet ein Aggadist einen fast humorig augenzwinkernden Vorfall in der Schrift, in dem Gott die Gedanken Saras offenbar bewußt falsch wiedergibt:

> Bar Kappara sprach:
> Groß ist der Friede! – Sogar die Heilige Schrift redete im Pentateuch Lügen nur um Frieden zu stiften zwischen Abraham und Sara! Denn dort steht geschrieben: »Darum lachte Sara bei sich selbst und dachte: Nun ich welk bin, soll mich noch Liebeslust ankommen? Und auch *mein Herr [Abraham] ist alt geworden«* (Gen 18,12). Aber dem Abraham sagte Er [Gott] es nicht so, sondern: »Da sprach der Herr zu Abraham: Warum lacht denn Sara und denkt: Sollte ich wirklich noch Mutter werden können, *da ich doch alt bin?«* (Gen 18,13) (Leviticus Rabba 9,9).

Dasselbe kann indessen auch in wesentlich gehobenerer Diktion gesagt werden. So wird z.B. der Schriftvers Dtn 13,5 »Dem Herrn gehet nach . . . ihm dienet und ihm hanget an!« im Babylonischen Talmud (Sota 14a) so gedeutet:

> Was heißt »Dem Herrn gehet nach«? Kann das der Mensch . . . wo Er (Gott) doch verzehrendes Feuer ist!?
> Vielmehr mache der Mensch die Weise Gottes zu seiner Weise: Wie Gott Nackte bekleidet, . . . so kleide auch du Nackte, der Heilige, Er sei gesegnet, besuchte die Kranken, . . . so besuche auch du die Kranken, der Heilige, E.s.g., tröstete die Trauernden, . . . so tröste auch du die Trauernden.

In den ausgelassenen Abschnitten werden jeweils Beweisstellen aus der Schrift für Gottes entsprechendes Tun angeführt.

In die Reihe von Gottes vorbildlichem Handeln gehört üblicherweise auch das Bestatten der Toten – er hat Moses selbst begraben – und das Erfreuen der Braut mit Geleit, Tanz und Musik, wofür ein besonders anmutiges Beispiel von der ›Hochzeit‹ des ersten Menschenpaares gebracht wird:

> [Gott] führte sie [Eva] unter tausend Myriaden von Dienstengeln zum ersten Menschen [Adam] bei Jubelschall und Liederklang . . . und der ganze himmlische Hofstaat stieg mit ihnen in den Garten Eden herab, manche mit Harfen, Zymbeln und Lauten in der Hand und sie spielten (lachten) vor ihm wie Jungfern, und Sonne, Mond und die Sterne und die Glückssterne tanzten vor ihnen wie junge Mädchen (Bet ha-Midrasch, III, S. 60).

Es war die Aufgabe der Haggada, sich mit den Fragen der Zeit auseinanderzusetzen, der Erweiterung des Erkenntis- und Erfahrungshorizontes in Theologie und Philosophie Rechnung zu tragen. Konnte z.B. die Bibel (Dtn c. 4) zum Erweis der alleinigen Größe und Herrschaft von Israels Gott auf dessen mächtige Taten bei der Herausführung aus Ägypten verweisen und darauf, daß er am Sinai seine Stimme vom Himmel her hören ließ, konnte solches zur Zeit der Rabbinen offenbar nicht mehr als Erweis der alles übersteigenden Majestät des Gottes Israels genügen. Die Isrealiten haben von anderen Mächten im Himmel und auf – sowie unter – der Erde gehört, die mächtig sind und darum von den Völkern verehrt werden. Die jüdisch apokryphe Literatur selbst ist voll von himmlischen Mächten, Engeln und Fürsten, die Herrschaft über mancherlei lebenswichtige Bereiche ausüben, schließlich die in der iranischen Religion bekannte und von den Gnostikern verbreitete Auffassung von einer der guten Lichtwelt entgegengesetzten bösen Macht, der alles Übel in der Welt zu verdanken ist. Wider all diese Anfechtungen und Angriffe auf den jüdischen Monotheismus haben die Rabbinen Schriftstellen ausfindig gemacht, die es ihnen ermöglichten, diesen Zweifeln zu begegnen.

So war ihnen der im Rahmen der Sinaioffenbarung stehende Vers »Und Moses stieg zu Gott hinauf« (Ex 19,3) Beweis für eine den Himmelsreisen der Apokalyptiker und Merkavamystiker entlehnte Himmelsreise des Moses, der durch die sieben Himmel hinauf bis vor den Thron Gottes stieg, um dort die Tora zu empfangen. Bei dieser Reise treten ihm die schrecklichen Fürsten und Herrscher der Himmelshöhen entgegen, aber Moses vermag sie mit Gottes Hilfe zu überwinden und wird auch Zeuge, wie sie alle dem Gott Israels huldigen und sich vor ihm niederwerfen (Pesikta Rabbati 20).

Anderen Predigern war der Schriftvers Dtn 4,35, »Dir wurde gezeigt, damit du wissest, daß der Herr Gott ist, es gibt keinen mehr außer ihm«, Beleg dafür, daß dem ganzen am Sinai versammelten Volk Israel die sieben Himmel und die sieben Erden aufgerissen wurden, damit sie sähen, daß es neben Gott keine zweite Macht gibt:

> Am Tage der Toraoffenbarung riß der Heilige, Er sei gesegnet, den Himmel auf und zeigte Israel, was es oben gibt. R. Pinchas und R. Levi im Namen R. Schim'on ben Lakischs sagten:
> Der Heilige, Er sei gesegnet, riß ihnen die sieben Himmel auf, und so wie Er ihnen die oberen Gefilde aufriß, riß Er auch die unteren auf . . . Er sprach zu ihnen: *Seht*, daß es keinen anderen neben Mir gibt . . . Wollt ihr Meine Königsherrschaft auf euch nehmen, oder wollt ihr wie die Völker taten, euch aus den Engeln, die Mir dienen, einen Gott erwählen? . . . Sie aber sprachen: . . . Du bist unser Gott und Du bist unser Teil und Du bist heilig. Darum rufe ich zwei Mal täglich die Einzigkeit Seiner Gottheit und Seiner Königsherrschaft über mir aus, denn täglich sprechen sie: »Höre Israel *(Schma Israel)* der Herr ist unser Gott, der Herr ist einzig« (Dtn 6,4) (Deuteronomium Rabba, Liebermann, S. 65).

In solchen und ähnlichen Erzählungen wird gleichsam von ›Augenzeugen‹ belegt, daß die dualistischen Vorstellungen der Gnostiker falsch und der ›Gottesdienst‹ der anderen Völker Engel- und Sternendienst ist.

Das Gottesbild, das die verschiedenen Midraschim entwerfen, ist vielschichtig, unausgeglichen und oft widersprüchlich, eine Systematik wird nirgends angestrebt. Dieser Gott bleibt in seinem Verhalten widersprüchlich wie die Welt und ihre Geschehnisse, fest steht alleine seine Einzigkeit und seine unabänderliche Liebe zu Israel und all seinen Geschöpfen, auch durch das Gericht und die Strafe hindurch. Wo diese Grundauffassungen nicht angetastet werden, kann »jeder Jude seinen Gott denken wie er will: der Kabbalist als ein ›en sof‹, ein ›Endloses‹, ganz Jenseitiges, das dem menschlichen Denken nicht mehr zugänglich ist . . . der Merkavamystiker denkt sich seinen Gott als ein Wesen, das im äußersten Himmel, umgeben von zahllosen himmlischen Wesen, thront, der Philosoph hat Gefallen am reinen Geist. Aber wenn wir vom rabbinischen Judentum sprechen, das besonders in der Gottesvorstellung der legitime Erbe des biblischen Judentums ist, dann müssen wir überhaupt die Frage nach Transzendenz oder Immanenz Gottes fallen lassen. Das sind philosophische Begriffe, die dem rabbinischen Judentum ganz fremd waren. Es kümmerte sich auch nicht allzusehr um die Anthropomorphismen, die bildhaften oder konkreten Vermenschlichungen Gottes, die sich so häufig in der Schrift finden« (Goldberg, Weltreligionen, S. 92).

Die Rabbinen lassen Gott mitten unter Israel wohnen, lassen ihn demütig und erhaben sein, einen siegreichen Krieger und machtlos Unterlegenen zugleich, barmherzig und strengen Richter, einen, der in Liebe zu Israel sich verzehrt und sie dennoch ins Exil verstößt, um dann selbst mit ihnen ins Exil zu ziehen, wo er gleichsam mit ihnen seiner eigenen Erlösung entgegenharrt – derartige Gegensatzpaare sind ein Charakteristikum rabbinischer Gottesbeschreibung.

**Der Mensch, Tora und Israel**

Ein für jüdische Lebensauffassung und Menschenbild zentrales ›Dogma‹ ist das von der Freiheit des menschlichen Willens, mit dem das oft wiederholte »Es gibt einen Richter und es gibt ein Gericht« zusammenhängt. Der Mensch trägt selbst die Verantwortung für sein Tun und Handeln und wird dereinst dafür zur Rechenschaft gezogen.

Dies gilt, auch wenn an unzähligen Stellen im Midrasch ein Gott gezeichnet wird, dessen Erbarmen über den Menschen das strenge Rechtsprinzip verdrängt, und das Bewußtsein vom Angewiesensein auf Gottes Gnade allenthalben ausgesprochen wird.

Gott selbst, so beteuern die Rabbinen, nicht eine widergöttliche Macht hat dem Menschen bei seiner Erschaffung den Bösen Trieb eingepflanzt, damit er ein Leben lang gegen ihn kämpfe und ihn zum Guten wende und daran seinen freien Willen bewähre. Daß dieser dem Menschen von Gott eingepflanzte Böse Trieb, der zwar Ursache allen Übels in der Welt, dennoch gut sein müsse, ergibt sich dem aufmerksamen Bibelforscher notwendig aus dem über Gottes Schöpfung stehenden Urteil: »Und Gott sah alles, was Er gemacht hatte und siehe, es war sehr gut« (Gen 1,31) – ein Satz, der überaus ernst genommen wurde und Grundlage des generellen jüdischen Optimismus ist. Zu diesem Thema sagt Nachman im Namen Rabbi Schmuels anhand eben dieses Schrifttextes:

> »Siehe, es war sehr gut« – das ist der Gute Trieb (des Menschen), »*und* siehe, es war sehr gut« – das ist der Böse Trieb!
> Und ist denn der Böse Trieb »sehr gut«? – Ja, denn wäre nicht der Böse Trieb, würde der Mensch kein Haus bauen und kein Weib nehmen und Kinder zeugen, so sagt ja auch Salomo: »Und ich sah, daß alles Mühen und alles Gelingen nur Eifersucht des einen gegen den andern ist« (Pred 4,4) (Genesis Rabba 9,7).

Das kleine, im biblischen Text eigentlich verzichtbare Wörtchen »und« genügt diesem Prediger als Andeutung für seine Auffassung ›*und* der Böse Trieb war sehr gut‹! Diese für das ganze spätere Judentum typische Auffassung – mit Ausnahme der zum Teil asketischen Mystiker – läßt sich von den anerkanntermaßen zerstörerischen Trieben wie Neid, Eifersucht, Habgier und Sexualität nicht zu einer Weltflucht, Körperfeindlichkeit oder einem Armutsideal verleiten, sondern verleiht ihnen, zum Guten gewendet und in Gottes Dienst gestellt, eine positive Seite zur Erhaltung der Welt.

Im Kampf gegen die Verlockungen des Bösen Triebes und zu seiner Wendung zum Guten hat Gott jedoch den Menschen nicht alleine gelassen, sondern hat ihm ein ›Heilmittel‹ gegen den Bösen Trieb gegeben, er spricht zu ihnen:

> Meine Kinder, Ich habe den Bösen Trieb geschaffen und Ich habe euch die Tora als Heilkraut gegen ihn erschaffen. Und wenn ihr euch mit ihr befaßt, seid ihr nicht in seine Hand ausgeliefert (Babyl. Talmud, Kidduschin 30b).

Damit ist eine der vielfältigen Begründungen für das kontinuierliche Studium der Tora gegeben, das darum jedem frommen Juden nicht nur eine gebotene Pflicht oder ein Quell der Belehrung, sondern eine Hilfe und ein Weg zum eigenen Heil ist. Nicht nur dies, dem Studium der Tora in ihrem weitesten Verstande ist die Gegenwart Gottes selbst verheißen, wie R. Chananja ben Teradjon sagt: »Wenn zwei beisammen sitzen und zwischen ihnen sind Worte der Tora, dann ist Gottes Gegenwart *(Schechina)* mitten unter ihnen« (Sprüche der Väter 3,2), dies um so mehr, wenn sie in schöner Kantilene oder um Mitternacht gesungen wird. So verstanden eignen dem Studium der Tora geradezu gottesdienstlich-sakrale Züge, es ist eine Weise des Gottesdienstes, des Gotteslobes und der Vereinigung mit Gott.

Diese jüdische Form von Religiosität, im steten Studium, das, wie unablässig betont wird, zur Tat führen muß, findet ihren Ausdruck in der Vorstellung von der welterhaltenden Macht dieses Torastudiums durch Israel:

> . . . da lernst du, daß die Welt alleine auf der Tora gegründet ist. – Und sie hat der Heilige, E.s.g., Israel gegeben, damit sie sich mit ihr und ihren Geboten befaßten, Tag und Nacht, wie es in der Schrift heißt: »Und du sollst in ihr sinnen Tag und Nacht« (Jos 1,8) . . . denn um der Hüter der Tora willen hat die Welt Bestand . . . denn der Heilige, Er sei gesegnet, hat mit dem Schöpfungswerk vereinbart und ihnen (den Geschöpfen) gesagt: Wenn Israel die Tora . . . annimmt, ist es gut, wo nicht, stürze Ich euch ins Tohuwabohu zurück (Tanchuma Bereschit 1).

Israels unablässiges Studium der Tora wird somit zum Heil für die ganze Welt. Dieses Erwählungsbewußtsein

Israels kann noch in anderer Weise formuliert werden, hat aber stets die Ausrichtung von ›Erwählung für eine Aufgabe‹ und damit auch Erwählung zur Mühsal und zum Leiden, nicht Erwählung, weil sie die Besseren, sondern *obwohl* sie eines der kleinsten und schwächsten Völker sind – soviel bleibt allerdings Israels Verdienst, daß sie am Sinai die Tora angenommen haben, die Gott zuvor allen 70 Nationen der Welt angeboten hatte, die sie aber, aus freier Wahl, ablehnten.

Nach der Zerstörung des Tempels und der Demütigung durch Rom, die der christlichen Kirche als Zeichen der endgültigen Verwerfung Israels galten – so besonders der durch eine Naturkatastrophe und den frühen Tod des Kaisers Julian vereitelte Wiederaufbau des Tempels im Jahre 363 –, war auch den Israeliten ihre Erwählung durch Gott fraglich geworden, die nun die Kirche für sich beanspruchte. Die Prediger jener Tage mußten darum Gründe finden, die das große Unglück verständlich machen konnten, ohne die Erwählung und anhaltende Fürsorge Gottes für sein Volk in Frage zu stellen. Eine Sammlung solcher Überlegungen überliefert der Babylonische Talmud:

> Abbaje sprach:
> Jerusalem wurde nur deshalb zerstört, weil sie in ihm den Sabbat entweihten, wie die Schrift sagt: »sie verschlossen die Augen vor Meinen Sabbaten, so ward Ich unter ihnen entweiht« (Ez 22,26).
> Rabbi Abbahu sprach:
> Jerusalem wurde nur deshalb zerstört, weil sie in ihm die Schma-Rezitation am Morgen und Abend abgeschafft hatten, wie die Schrift sagt: . . . (Jes 5,11).
> Rav Hamnuna sprach:
> Jerusalem wurde nur deshalb zerstört, weil sie in ihm das Lehren der Schulkinder vernachlässigten, wie die Schrift sagt: . . . (Jer 6,11) . . . (Traktat Schabbat 119b).

Es werden noch die mangelnde Scham voreinander, die Gleichachtung von Groß und Klein, mangelnde gegenseitige Ermahnung, Verachtung der Schriftgelehrten und das Fehlen der Glaubensstarken genannt – ein Negativkatalog rabbinischer Ideale. Die hier vom Talmud zusammengestellten Gründe sind nur eine Auswahl aus einer größeren Vielfalt, die insgesamt versucht, die über das Volk gekommene Katastrophe – wie schon die biblischen Propheten und die Verfasser der Königsbücher taten – als Folge der eigenen Schuld und Verfehlung untereinander und gegenüber Gott aufzuzeigen – man beachte am Rande das Gewicht, das dabei der Lehre und dem Gelehrten zukommt.

Die in diesen Begründungen enthaltene Ermahnung zur Besserung und Neubesinnung wird zugleich zum Trost und zur Verheißung einer Wende, die Gott früher oder später herbeiführen wird, wenn Israel wieder auf den rechten Weg zurückgefunden hat. In diesem Sinne sagte Rabbi Schim'on bar Jochai: »Würden die Israeliten zwei Sabbate halten wie es sich ziemt, würden sie sogleich erlöst« – auch dies wird aus der Schrift erwiesen, da es dort *nacheinander* heißt: »Denn so spricht der Herr: Den Unbeschnittenen, die meine Sabbate halten und erwählen, was Mir wohlgefällt . . .« (Jes 56,4) und danach in V. 6-7: »die sich hüten, den Sabbat zu entweihen, . . . die will Ich zu Meinem heiligen Berge bringen und in Meinem Bethause erfreuen« (Bab. Talmud, Schabbat 118b).

Ein anderes durch die Tempelzerstörung aufgebrochenes Problem, das an die Grundfesten jüdischen religiösen Lebens rührte, war der damit verbundene Verlust des Ortes der Sühne für die Sünde des Volkes und des einzelnen. War jetzt, nachdem der Altar geschleift war, noch die Möglichkeit zur Sühne und damit ein wohlgefälliges Leben vor Gott gegeben? Die Sühnekraft des Tempels wurde auch von den Rabbinen voll anerkannt und ernst genommen, wie eine Fülle von entsprechenden Äußerungen belegt. Mit der Beantwortung dieser Frage steht und fällt darum die Möglichkeit, auch ohne diesen Tempel ein Gott wohlgefälliges, jüdisches Leben, im Sinne der Alten, zu führen. Eine kleine im Midrasch mitgeteilte Episode mit dem schon genannten Jochanan ben Sakkai führt uns die ganze Schwere der Frage und deren nicht eigentlich neue Beantwortung vor Augen:

> Rabban Jochanan ben Sakkai ging einmal aus Jerusalem hinaus und R. Jehoschua ging hinter ihm. Als er den zerstörten Tempel erblickte, klagte R. Jehoschua: Wehe uns, daß dieser zerstört, der Ort, an dem die Sünden Israels gesühnt werden. Da sagte Jochanan ben Sakkai zu ihm: Mein Sohn, laß dich's nicht betrüben, wir haben ja noch eine gleichwertige Sühne! Und welche ist sie? Das Erweisen von Werken der Nächstenliebe, wie es heißt: »Hulderweise will Ich und nicht Opfer« (Hos 6,6) (Avot de Rabbi Nathan c. 4).

Neben das hier genannte Sühnemittel treten noch eine Reihe anderer, wie das Studium der Tora (!), das Gemeindegebet und Almosengeben und auch der eigene Tod. Einige Rabbinen, unter ihnen Rabbi Akiva, sehen vor allem in den Züchtigungen, die Gott über den Menschen bringt, ein besonders wirksames Mittel der Sühne und Zeichen der Huld Gottes:

> R. Nechemja sagt:
> Geliebt [vor Gott] sind die Züchtigungen, denn so wie Opfer Sühne verschaffen, so schaffen auch Züchtigungen Sühne (Sifre Deuteronomium, S. 57).

Dieser Gedanke liegt einer weit verbreiteten jüdischen Märtyrerlegende zugrunde, nach der zehn fromme und gerechte Männer aus Israel den Märtyrertod durch die Römer erleiden zur Sühne für die Sünde der zehn Stammväter Israels, die ihren Bruder Josef nach Ägypten verkauften. Die überaus starke Verbreitung dieser Schrift mag darauf hinweisen, daß man in ihr über manchen Verfolgungen, die über Israel dahingegangen sind, Trost und Antwort gesucht hat. Nach dem letzten mißglückten Aufstandsversuch gegen die Römer unter dem Messiasprätendenten Bar Kochba in den Jahren 132 - 135 war die Selbsterforschung und das geduldige Tragen der Züchtigungen die am häufigsten geübte Reaktion auf die über das Volk hereinbrechenden Nöte – nicht der Griff zum Schwert, eher so wie es ein Prediger im Midrasch zu den Psalmen fordert:

> Wenn ihr in Not kommt, dann sprecht nicht:
> Wir wollen einen Krieg fechten, sondern [wie die Schrift sagt:] »der Herr wird für euch streiten« (Ex 14,14) und ihr sollt Ihm lobsingen (Midrasch Tehillim 4,13),

eine Einstellung, die Israel in tragischer Weise durch Jahrhunderte von Wanderungen durch die Exile bewahrte, in der Erwartung, daß Gott selbst bald sein Königtum errichten, die Exile einsammeln, den Messias heraufbringen und Jerusalem wiedererrichten würde.

**Im Jahreszyklus**

Die midraschische Predigt und Auslegung geleitet das Volk auch durch das liturgische Festjahr, um Sinn und Absicht der Feste und herausgehobenen Tage und der an ihnen geübten Bräuche zu erklären und zu deuten.

So zum Beispiel zum Neujahrsfest, dem jährlichen großen Gerichtstag, an dem über das Schicksal der Menschen im anstehenden Jahr entschieden wird und ab dem nochmals die Gelegenheit gegeben ist, durch Buße und Schofarblasen Gott an Isaaks Opferbindung zu erinnern, daß er das Verdienst seines unschuldigen Leidens zu ihren Gunsten anrechne. In Form einer Stiftungslegende erzählt der Midrasch, wie Gott bei der Opferbindung Isaaks zu Abraham sprach:

> Die Söhne Isaaks werden dereinst vor Mir sündigen und Ich werde sie zu Neujahr richten. Wenn sie aber wollen, daß Ich ihnen ein [sie läuterndes] Verdienst suche und für sie der Opferbindung Isaaks gedenke, dann sollen sie vor Mir in das Schofarhorn von diesem Widder stoßen . . . und Ich will sie erretten und von ihren Sünden befreien (Tanchuma wajjera § 23).

Andere Prediger meinen, die fremdartigen Schofarklänge sollen das Volk in Furcht und Schrecken versetzen und zur Buße anregen, oder den Satan verwirren, damit er versäume, sein – seit Hiob bekanntes – Anklägeramt wahrzunehmen.

Das Schavuot-Fest feiert das große Ereignis der Toraverleihung an Israel, das sie, wenn auch nur bis zur Sünde des Goldenen Kalbes, in einen Zustand paradiesischer Herrlichkeit versetzte (– dem Lohn der Tora!):

> R. Jochanan sprach:
> Am Tage, da sich der Heilige, Er sei gesegnet, auf dem Berge Sinai offenbarte, um Israel die Tora zu verleihen, da stiegen mit Ihm 60 Myriaden Engel herab. In der Hand eines jeden eine Krone, um damit jeden einzelnen der (60 Myriaden) Israeliten zu krönen.
> R. Abba bar Kahana sagte im Namen R. Jochanans: 120 Myriaden, einer setzte ihm die Krone auf und der andere umgürtete ihn (Pesikta Rabbati, S. 103).

Hierher gehören auch Erzählungen wie die schon angeführte Vereinbarung Gottes mit seiner Schöpfung, die an diesem Tage der Toraoffenbarung in höchster Unruhe war und bebte, ob Israel die Tora annehmen werde, um damit ihren Bestand zu sichern.

Der Midrasch verheißt schließlich dem Juden auch, daß man ihm am Sabbat eine besondere Sabbat-Seele vom Himmel her verleiht, damit er wöchentlich einmal mit seinem Schöpfer feiernd und ruhend ein Stück paradiesischer Herrlichkeit koste und den Sabbat als himmlische Braut empfange: Kommt, wir wollen hinausziehen, der Königin, der Braut entgegen!

**Orthodoxie – Orthopraxie?**

Der Midrasch deutet, erklärt, befragt und kommentiert das gesamte Leben des Juden. Er begleitet ihn auf Schritt und Tritt, ist ihm Trost, Ermunterung, Mahnung und Verheißung, er ist das Medium, in dem sich sein Denken ausdrückt und von dem sein Denken von Kindesbeinen an geprägt wird. Ist die halachische Literatur die juristische Arbeit zur Feststellung dessen, was zu tun, und die Arena zur Schärfung der Geisteskräfte, so ist die aggadische Literatur der Bereich der Ruhe und der Zwiesprache mit Gott, in der der Jude die Kraft und die Motivation für die minutiösen Details der Halacha empfängt, wo sein Geist gestärkt und sein Gemüt erquickt wird, wo er sich mit seiner Welt auseinandersetzt und seinen Schöpfer ›zur Rede stellt‹, wo er seine Beweggründe und Einsichten offenbart.

Der haggadische Midrasch, der noch nicht genügend als Entfaltung einer reichen jüdischen Theologie zur Kenntnis genommen wurde, läßt die unter Berufung auf Mendelssohn immer wieder aufgestellte Behauptung, das Judentum sei keine Orthodoxie, sondern Orthopraxie, zumindest als sehr verkürzte Sicht erscheinen. Zwar herrscht im Bereich der Aggada nicht die Strenge und Verpflichtung wie in der Halacha, aber auch im Judentum sind ›Glaubenskämpfe‹ ausgetragen worden, und schon der Talmud spricht denen einen Anteil an der ›Kommenden Welt‹ ab, die an der Auferstehung der Toten und an der himmlischen Herkunft der Tora zweifeln und sich den Lehren der Epikuräer verschreiben. Sehr viel mehr ist dogmatisch nicht festgelegt, aber wo es galt, Häresien abzuwehren, die etwa die Einzigkeit Gottes in Frage stellten, wurde immer wieder ›dogmatisch‹ formuliert, doch ohne solche Sätze zum unverbrüchlichen Kanon und Gesetz werden zu lassen, die nach dem Vorübergehen der Stunde der Not nicht wieder in den Hintergrund treten und modifiziert werden könnten. Die jüdische Existenz muß daher ohne den aggadischen Midrasch unverständlich bleiben und kann nur dem Unwissenden als tönerner Ritualismus erscheinen.

6

# Jüdische Musik

## AMNON SHILOAH

Das überkommene Erbe jüdischer Musik stellt sich als ein verworrenes Netz von Gruppen und Gemeinden und eine verblüffende Vielfalt von Stilen dar. Diese Vielfalt ist eine unmittelbare Folge der langen Zeit der Zerstreuung, häufiger erzwungener Wanderungen und wiederholter Entwurzelung großer Gemeinden. Die daraus folgende Konfrontation mit verschiedenen Musik-Kulturen hat unvermeidlicherweise den Musiktraditionen der Diaspora ihren Stempel aufgeprägt.

Die Frage, die sich zunächst stellt, ob man möglicherweise irgendwelche gemeinsamen Grundzüge in dieser Mannigfaltigkeit erkennen und unter dem Staub der Diaspora eine Spur aufdecken kann, die zurück zur Musik des Alten Israel führt. Diese dornige Frage war Gegenstand ausgedehnter Untersuchungen, doch blieben die Antworten im Bereich der Spekulation. Sie alle leiden unter einem außerordentlich gravierenden Nachteil – dem Fehlen musikalischen Belegmaterials. Aus der Zeit vor dem 19. Jahrhundert haben nur sehr wenige Beispiele musikalischer Notierung von außerhalb der europäischen Tradition überdauert. Die neuerliche Entdeckung eines notierten orientalischen Gesanges, den der normannische Proselyt Obadia im 12. Jahrhundert niedergeschrieben hat, ist zwar von sehr großem Interesse, gleicht aber nur einem Tropfen im Ozean der jüdischen Musikgeschichte. Bei unserer Suche nach konkreten Beispielen aus sogar der jüngeren geschweige den der fernen Vergangenheit sind wir über ein suchendes Tappen nicht hinausgekommen.

Einige Forscher glauben, daß eine letzte Quelle noch geblieben ist, nämlich das Studium der in der mündlichen Tradition, hauptsächlich in den Ländern des Nahen Ostens, erhaltenen jüdischen Musik; sie gehen dabei von der Annahme aus, daß sie Spuren älterer Formen enthält. Der Erfolg dieses Versuches wird davon abhängen, ob es gelingt, erstens jede individuelle Tradition mit der jeweiligen einheimischen Musik des Gastlandes zu vergleichen, um ihre Besonderheiten zu bestimmen, und zweitens, alle die auf diese Weise eruierten jüdischen Traditionen miteinander zu vergleichen, um auf einen eventuellen gemeinsamen Nenner zu stoßen. Solch eine intensive Untersuchung wurde bis heute noch nicht durchgeführt. Ein Versuch in kleinerem Maßstab wurde vor ca. sechzig Jahren von dem Pionier der jüdischen Ethnomusikologie, A. Z. Idelsohn, unternommen. Er sammelte, analysierte und verglich die vielen musikalischen Traditionen, die im damaligen Jerusalem noch existierten. Seine Arbeit war in vieler Hinsicht wertvoll, sein Glaube jedoch, daß die verschiedenen noch vorhandenen biblischen Kantillationen allesamt auf einen gemeinsamen präexilischen Archetypus zurückgeführt werden können, bleibt zweifelhaft.

### Die jüdischen Musiktraditionen

Heute, in demselben Jerusalem, an dem Ort, der Zeuge der höchsten musikalischen Errungenschaften des Alten Israel war, dauern eben jene Traditionen Seite an Seite fort, wiewohl in einem aus den neuen Kontakten resultierenden Wandel begriffen. Vor jenem hochverehrten Überrest des Tempels – der ›Klagemauer‹ – kann man noch immer Menschen verschiedener Physiognomie und Herkunft sehen, die Tag und Nacht die gleichen Psalmen Davids anstimmen und sie mit der gleichen Betonung und Hingabe, wiewohl mit verschiedener Intonation skandieren. Die gleichen Texte, die gleiche Sprache, die gleichen Weisen und Grundsätze der Wiedergabe, in diesen Psalmen wie auch in anderen biblischen Kantilenen und Gebeten, scheinen allesamt der Verschiedenheit ein Bild der Einheit zu verleihen. Je mehr wir uns indessen den komplexeren liturgischen Formen der Hymnodie nähern, um so deutlicher werden die Unterschiede im Stil, die in der nicht-synagogalen Musik schließlich eindeutig werden. In dieser letzteren Kategorie spiegelt die Mannigfaltigkeit der Sprachen und musikalischen Dialekte die Vielfalt der benachbarten Stile in viel stärkerem Maße wider als irgendeine speziell jüdische Tradition. Angesichts dieser Schwierigkeit, die jüdische Musik als eine homogene Einheit zu betrachten, werde ich daher versuchen, sie nach verschiedenen Stil-Familien zu gliedern. Es wird sich herausstellen, daß diese Stilfamilien ungefähr denen der jüdischen Dialekte entsprechen. Wiewohl man wegen der Vermischung von aus verschiedenen Orten und zu verschiedenen Zeiten zusammengeströmten Gruppen häufig mehrere Stil-Schichten innerhalb derselben Familie findet, neigen diese Unterschiede doch dazu, geringer zu werden und mit der Zeit zu verschwinden und vom vorherrschenden Stil assimiliert zu werden. In manchen Fällen jedoch bleiben sie als Zweige des Originalstils weiter erhalten.

Wir können sieben Hauptstränge musikalischer Traditionen oder Stile unterscheiden.

*Die jemenitische Tradition:* Sie ist eine der ältesten Musik-Traditionen. Die ersten Juden Jemens emigrierten zwischen 100 vor Chr. und 70 nach Chr. aus Palästina. Sie lebten verhältnismäßig isoliert, obwohl ihre Musik von Neger- und Nachbarstämmen vor und nach dem Aufkommen des Islam beeinflußt wurde, wie auch durch Wesenszüge äthiopischer und indischer Musik, was seinen Grund in der langen Besetzung des Jemen durch die Äthiopier und den Handelsbeziehungen zu Indien hatte. Dennoch bietet ihre Bibel-Kantilene, die nur die wichtigsten trennenden Akzente erkennen läßt, Belegmaterial für die frühesten Stufen des masoretischen Akzent-Systems – der *Te'amim.* Ihre Hymnen und Lieder sind reich an dichterischen Formen und Gattungen. Während ihres Vortrags treten sich Männer und Frauen durch antiphonisches und responsorisches Singen, rudimentäre Polyphonie und besondere Tonqualität gegenüber. Diese Gemeinschaft ist für ihre große Tanzbegabung und Tanzlust bekannt, und manche ihrer Tanzschritte wurden Vorbild für neue israelische Volkstänze. Ableger des jemenitischen Stils finden sich in der Tradition der kleinen Gemeinde von Cochin (Kochinkanayannur, Indien) und der äthiopischen Falaschas.

*Die babylonische Tradition:* Die jüdische Kolonie in Babylonien reicht bis zur Zerstörung des Ersten Tempels im 6. Jahrhundert vor Chr. zurück. Diese älteste Diasporaniederlassung spielte während vieler Jahrhunderte eine dominierende Rolle, ihre sehr alten Traditionen konnten jedoch dem überwältigenden Einfluß der nach der islamischen Eroberung im 7. Jahrhundert nach Chr. aufkommenden Musik nicht standhalten. Nur wenige archaische Elemente haben in gewissen Formen des Singens und in Klageliedern überlebt. Es ist außerdem möglich, daß einige weitere Merkmale der fernen Vergangenheit im Repertoire einiger kurdischer Juden dieses Gebietes erhalten sind. Aber trotz gewisser Besonderheiten und lokaler stilistischer Eigenarten kann man den im Kontakt mit der Musik der islamischen Welt entstandenen Stil als allen Gemeinden zwischen der Türkei und Tunesien gemeinsam betrachten. Die weltliche Musik der kurdischen Juden fällt jedoch nicht unter diese Kategorie. Als Folge neuerlicher Wanderbewegungen irakischer Juden nach Südostasien sind Ableger dieser Tradition auch dort anzutreffen.

*Die persische Tradition:* Diese Tradition, deren Wurzeln bis in biblische Zeiten hinabreichen, ist ein Sammelpunkt verschiedener musikalischer Stile. Sie zeigt mehr oder weniger dieselben Merkmale, die die persische Zivilisation bis zum heutigen Tag charakterisieren, d.h. eine besondere musikalische Expressivität, gemischt mit einem Gefühl von Trauer und mystischer Exaltation und dem Ideal einer stimmreichen Tonfärbung. Dieser Stil hat sich bis in die jüdischen Siedlungen Afghanistans, von Buchara, Georgiens und des Kaukasus verbreitet, wo er neben anderen Stilen gepflegt wird.

*Die westliche Mittelmeertradition:* An den westlichen Ufern des Mittelmeeres bewahrten alte Gemeinden in Italien, Griechenland und der Türkei Reste von Traditionen, die nach der Zerstörung des Zweiten Tempels entstanden sind. Diese Überbleibsel bestehen neben späteren und mächtigeren Traditionen fort.

*Die Maghreb-Tradition:* Die jüdischen Siedlungen im südlichen Marokko und dem Atlas-Gebirge sollen auf die Zeit des Zweiten Tempels zurückgehen, doch der Stil, der jetzt dort vorherrscht, ist bis zu einem gewissen Grade mit berberischen Elementen durchtränkt. Die einfache Bibel-Kantilene unterscheidet sich beträchtlich vom pan-sefardischen Gesang in anderen Teilen des Maghreb. Die Musik dieses Gebietes und die Volksmusik anderer nordafrikanischer Länder wurde nicht vom andalusischen Stil beeinflußt, der in den städtischen Zentren vorherrschend war.

*Der sefardische und portugiesische Stil:* Die Zeit zwischen 900 und 1495 n. Chr. sah die Blüte der geistlichen und weltlichen jüdischen Musik auf der Iberischen Halbinsel. Mit der Vertreibung der Juden aus Spanien und Portugal wanderte ein reiches Vermächtnis typisch kastilischer Hymnen und Volkslieder mit den Exulanten, das in den neuen Heimatländern getreu bewahrt wurde. Die eine Welle verbreitete sich über das Osmanische Reich, wo sie im Laufe der Zeit von der türkischen Tradition absorbiert wurde. Eine zweite Welle erreichte Marokko, und die dritte schließlich fand ihren Weg durch Portugal nach Italien, Amsterdam, Hamburg und London, wo sie in großem Maße verwestlicht wurde. In allen drei Verzweigungen werden jedoch mehrere Hymnen, besonders die der hohen Feiertage, noch immer mit den im Grunde gleichen Melodien gesungen. Das judäo-spanische *Romanzero* blieb auf ein kleineres Gebiet begrenzt, und die Kunstmusik Andalusiens, insbesondere die *Nuba* (eine Art Suite) wurde in den *Bakkaschot* (Bittgebeten) vieler jüdischer Zentren im Maghreb weitergepflegt.

*Die aschkenasische Tradition:* Die jüngste Tradition ist die der aschkenasischen Juden. Sie beginnt mit dem Ende der karolingischen Ära, nach 900. Die erste Ansiedlung erfolgte im deutschen und französischen Rheinland. Im 14. Jahrhundert haben die durch Verfolgungen hervorgerufenen Massenauswanderungen nach Polen und Rußland stattgefunden, wo die Einflüsse der slavischen Musik zum Entstehen des östlichen Zweiges führten. Wiewohl ein Unterschied zwischen dem östlichen und dem westlichen Zweig konstatiert werden muß, gab es doch einen beständigen Austausch zwischen beiden, so daß sie immer viele gemeinsame Merkmale besaßen. Ihre Bibel-Kantilene zeichnet sich dadurch aus, daß sie jedem Akzent ein anderes melodisches Motiv gibt. Die Konsolidierung der aschkenasischen geistlichen Gesangstradition erreichte ihren Höhepunkt in der Schule des gewöhnlich Maharil genannten Jakob ben Mose Möllin ha-Levi (ca. 1356 - 1427), dem die traditionellen *mi-Sinai* (vom Sinai)-Melodien zugeschrieben werden; er wird auch als der Patron der *Chassanut* (des musikalischen Vorsänger-/Vorbeter-Stiles) angesehen.

## »Der Vater all derer, die musizieren«

Unsere Hauptquelle für die Kenntnis der Musik des Alten Israel ist die Bibel. Der erste Topos, der dem Juval die Erfindung der Musik zuschreibt, findet sich in den Schöpfungserzählungen: »Juval, der wurde Vater all derer, die *Kinnor* (Zither) und *Ugav* (Schalmei) handhaben« (Gen 4,21). Diese Legende ist die Quelle altrabbinischer und mittelalterlicher Spekulation über den Ursprung der Musik. Schon manche Stellen im rabbinischen Midrasch sowie spätere jüdische und muslimische Kommentatoren betrachteten die Erfindung der Musik mit einer gewissen Feindseligkeit, die sie mit dem Götzendienst, der Verworfenheit und den satanischen Täuschungen in Verbindung brachten, die zur Sintflut geführt hatten. Interessanterweise wurde das Verdienst, die Musik erfunden zu haben, in muslimischen Quellen Juvals Vater, Lamech, zugeschrieben, und seine Klage (Gen 4,23-4) als das erste von Menschen gesungene Lied zitiert.

Nach der Sintflut tritt die Musik mit einer Vielfalt von Funktionen auf. Wir finden Trompeten in der Schlacht und den *Schofar* (Widderhorn) als Lärm-Strategen zum Erschrecken der Feinde. Bei Siegesfeiern sangen die Frauen und tanzten zur Musik von Handpauken. Das Singen von Totenklagen durch männliche oder weibliche Klagesänger ist gut bezeugt. Saiteninstrumente (Leiern) benutzte man in frühen Zeiten, um prophetische Inspiration anzuregen und zu therapeutischen Zwecken. Von Priestern geblasene Trompeten erklangen beim kultischen Ritus und bei den Opferzeremonien, aber auch bei Königskrönungen. Im gleichen Kontext finden wir den Gebrauch kleiner klingender Metallplättchen am Saume der hohenpriesterlichen Tunika. In der späteren Phase, gegen Ende der Zeit des Ersten Tempels, treten gewisse Formen organisierter Kultmusik hervor, die von Tempel-Sänger- und -Musikantenfamilien vorgetragen wurde.

Ein bedeutender Wandel dieser Kultmusik vollzog sich nach der Rückkehr aus dem babylonischen Exil und der Gründung des Zweiten Tempels, als sie die Form einer künstlerisch-heiligen Handlung annahm. Nachbiblische Quellen, wie die Mischna, die Schriften Philos, Josephus' und der Sektierer aus Qumran, wie auch archäologische Funde von Musikinstrumenten ergänzen unser Wissen und geben uns eine Fülle exakter Details über das große musikalische Ensemble, das am Kultus teilnahm, und über den Status der Musiker. Sie waren in vierundzwanzig Wachen organisiert. Jede Wache bestand aus mindestens zwölf Sängern, die zuweilen durch weitere Sänger, besonders durch Knabenstimmen, verstärkt wurden. Der Gesang wurde von zwölf Instrumenten, neun *Kinnorot* (Zithern/Leiern), zwei *Nevalim* (Harfe oder eine Art Leier) und einem Paar Zymbeln begleitet. Nach unseren Quellen wachten die Leviten, denen die Tempelmusik oblag, eifersüchtig über ihre Kunst und hüteten sich, sie anderen zu lehren. Das Buch der Psalmen lieferte den Löwenanteil der bei der Tempelmusik verwendeten Texte. Viele Psalmen enthalten musiktechnische Hinweise und Namen von Instrumenten, jedoch waren einige dieser Hinweise, die hauptsächlich am Anfang der Psalmen stehen, bereits zur Zeit der Septuaginta rätselhaft. Einige moderne Musikologen nehmen mit mittelalterlichen jüdischen Kommentatoren an, daß sie sich auf die Modi oder auf Melodien schon bekannter Lieder beziehen. Was die in den Psalmen genannten Instrumente anbelangt, gehören sie zu den neunzehn identifizierbaren, in der Bibel erwähnten Instrumenten, zu denen u.a. zwei Arten der Leier, die Trompete, die Klarinette/Flöte, die Pauke, die Zymbel und der *Schofar* (Widderhorn) gehören. Mit der Zerstörung des Zweiten Tempels im Jahre 70 n. Chr. verschwand die seinen Opferdienst verschönernde Musik für immer, zusammen mit den sie pflegenden Leviten. Aus dem gesamten Instrumentalensemble überlebte im jüdischen Brauch alleine der *Schofar*. Beschränkt auf das Vermögen von elementaren Signalen und Signalphrasen, wird der *Schofar* hauptsächlich am Neujahrs- und Versöhnungstag geblasen. Seine uralte magische Eigenschaft wurde durch kabbalistische Symbole und mystische Vorstellungen erheblich verstärkt, nämlich seine Funktion zur Milderung des Göttlichen Gerichtes und im Kampf gegen die Kräfte des Bösen.

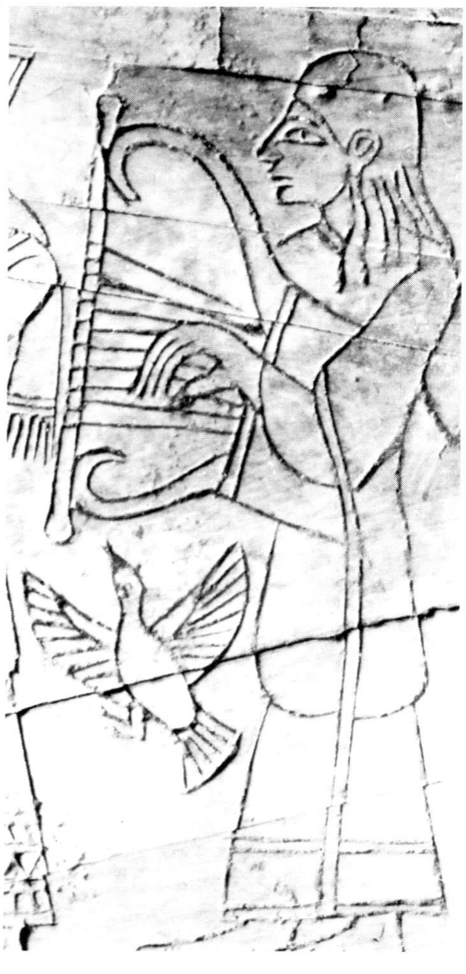

*Detail einer Elfenbeinschnitzerei aus Meggido (das Ganze ist auf S. 38 abgebildet), die einen frühen Typ einer Handleier aus dem 12. Jh. v. Chr. zeigt.*

**Die Entwicklung der synagogalen Musik**

Die Synagoge als Ort des Gottesdienstes war schon vor der Zerstörung des Zweiten Tempels aufgekommen, sie wurde jedoch erst danach zum Mittelpunkt des Gottesdienstes, in dem die Musik eine vielfältige Rolle spielte. An diesem Ort der Meditation ersetzte das intime Gebet den Pomp der Tempelmusik und die feine Instrumentalkunst der Leviten; das musikalische Element wurde zu einer diskreten Unterstützung des gesprochenen Wortes und zum einfachen Singen des Gebetes reduziert. In jener frühen Phase konnte jedwedes Mitglied der Gemeinde als ›der Abgesandte der Gemeinde‹ *(Scheliach Zibbur)* das Gebet anführen. Außer den einfachen Gebetsmelodien gab es gewisse Sangesformen (Kantilene) zum Vortrag der Psalmen, des Pentateuch und anderer biblischer Bücher. Der Vortrag der Psalmen, die Psalmodie, war durch deren poetische Form und Struktur bedingt. Die Psalmodie, die ein wichtiges Element im jüdischen und christlichen Gottesdienst wurde, ließ gewisse musikalische Muster von zweigliedriger Struktur, einen Rezitativgesang, der vom Eingangsmotiv und der Schlußphrase umrahmt ist, entstehen. Die ausgeprägte Zweiteiligkeit trug zur Entwicklung verschiedener responsorischer Vortragsweisen bei, bei denen der Text auf Sängergruppen verteilt wurde. Die alte noch überkommene Psalmodie mißachtet die später von den Masoreten den Psalmen beigefügten detaillierten Akzentzeichen. Es sei angemerkt, daß das Psalmensingen später abwechslungsreicher geworden ist und je nach seiner Funktion verschiedene Formen erhalten hat. So wird beispielsweise der Psalm 29 am Sabbat und an den Feiertagen zur Prozession der Rückführung der Torarolle in den Toraschrein wie ein festlicher Marsch gesungen. In Aleppo diente der um zusätzliche Texte erweiterte Psalm 92 bei der Zelebrierung der *Bakkaschot* (siehe unten) als Ausgangspunkt einer hochkomplizierten vokalen Improvisation und häufiger Wechsel von einem Modus zum anderen.

Die Lesung des Pentateuch, der Propheten und anderer biblischer Bücher im Gottesdienst und beim Studium erfolgt stets unter musikalischer Intonation, die festen Regeln und Bräuchen folgt. Die Praxis des Singens des biblischen Textes wird schon für das 2. Jahrhundert n. Chr. bezeugt. Diese Kantillation folgte mündlich überlieferten Bräuchen. Das musikalische Element mußte sich dabei dem Text vollkommen unterordnen. Geschriebene Akzentzeichen für die Lesung *(Te'amim)* entwickelten sich vom 6. Jahrhundert an aus verschiedenen graphischen Darstellungen. Das tiberische System, von Ahron und Moses Ben-Ascher (im 10. Jahrhundert) kodifiziert, wurde schließlich das einzig anerkannte System und bei allen jüdischen Gemeinschaften autoritativ. In keinem der Systeme wurde der Versuch gemacht, ein spezifisches melodisches Motiv für jedes Akzentzeichen aufzustellen, die vagen musikalischen Motive waren hauptsächlich als Stütze für die trennenden bzw. verbindenden Akzente gedacht und somit zur Betonung der grammatikalischen und syntaktischen Struktur des Textes. In der Praxis war so jedem Leser ein gewisses Maß an Freiheit gelassen. Darüber hinaus bestehen für den Pentateuch, die Propheten und für einige der Hagiographen besondere Regeln, und tatsächlich ist außer dem Pentateuch die Wiedergabe der Zeichen partiell und selektiv. Die Weise der Wiedergabe wird außerdem durch die verschiedenen Regionalstile (wie des jemenitischen, südmarokkanischen, nordmediterranen, sefardischen und des aschkenasischen) und durch den liturgischen und sonstigen Anlaß, der gewisse Varianten bedingt, beeinflußt. Beispielsweise unterscheidet sich die Intonation für den kollektiven Lerngesang in der Kinderschule *(Cheder)* von dem feierlichen und ausgeschmückten Stil bei einigen bestimmten festlichen Anlässen.

*In dieser ungewöhnlichen Miniatur aus einem hebräischen Psalter aus dem mittelalterlichen Italien dirigiert der Chorleiter, am Rand, seine fünf Sänger quer durch eine Textkolumne. Das Buch vor ihnen zeigt hebräische Buchstaben mit Neumen-Notation.*

## Das Entstehen des Pijjut

Der *Pijjut* (ein religiöser, meist vom Kantor verfaßter Hymnus zur Ausschmückung der feststehenden Gebete und mit Bezug auf die biblische Lesung) tauchte zum ersten Mal im 6. Jahrhundert in Palästina auf und wurde schnell zum integralen Teil der synagogalen Liturgie und zum bestimmenden Faktor in der Entwicklung der synagogalen und paraliturgischen Musik. Im Gegensatz zur Einfachheit der Gebets- und Schriftlesungskantilene, deren Hauptbestreben der Hervorhebung des Textsinnes galt, öffnete der musikalische Rahmen des *Pijjut* einen Weg zu neuen Auffassungen und Entwicklungen. Die Verwendung organisierter poetischer Kompositionen und symmetrischer Strukturen hatte zwangsläufig eine größere Bedeutsamkeit der musikalischen Komponente zur Folge. Gemäß einer Praxis, die in Bereichen mündlicher Tradition noch immer vorherrscht, waren Text und Melodie gewöhnlich von der gleichen Person geschaffen, die die Früchte ihres Talentes auch öffentlich darbot. Der *Pijjut* erforderte darum die Virtuosität eines begabten Schöpfers und Solisten und den Widerhall der Gemeinde, der ihn zum Komponieren und zur Erfüllung ihrer Erwartungen ermutigte. Auf diese Weise entstand die neue Funktion des professionellen Solosängers, des *Chassan* (Vorsängers). In der frühesten Phase wurde der *Pijjut* hauptsächlich als Solo vorgetragen. Nach und nach verstärkte sich jedoch die zunächst zurückhaltende Teilnahme der Gemeinden und führte in manchen *Pijjut*-Gattungen zur Einführung von Teilen mit Refraincharakter. Dies scheint auf die Existenz eines institutionalisierten kleinen Chores hinzuweisen, der den Solovortrag des *Chassan* begleitete. Über die dabei verwendete Musik, über ihre Natur und Herkunft wissen wir indessen nichts. Die lange Zeit, die diese Epoche von dem [wohl nur bedingt befolgten]* Bann der [Instrumental]*musik aus dem synagogalen Gottesdienst nach der Zerstörung des Tempels, 70 nach Chr., trennt, erlaubt die Annahme, daß die Vorsänger wenigstens teilweise Anleihen bei der zeitgenössischen Musik ihrer Umgebung gemacht haben.

Im 10. Jahrhundert begann auf der Iberischen Halbinsel eine neue Blüte des *Pijjut.* Unter dem Einfluß der arabischen Literatur führte der Dichter und Grammatiker Dunasch ben Labrat (nach 950) Prosodie und Formen arabischer Dichtung ins Hebräische ein. Die Zeit zwischen 900 und 1400 war Zeuge des Erblühens einer hebräischen religiösen Dichtung hymnodischen Charakters, die in der Liturgie fast aller jüdischen Gemeinschaften überdauert hatte. Das Aufkommen der neuen Strophenformen des (arabischen) *Muwaschach* (Hebräisch: *Schir Esor,* Gürtellied) mit ihrem frischen volkstümlichen Charakter hat auch die religiöse Hymnodie und die halb-religiösen Gesänge und Volkslieder geprägt. Viele dieser strophischen Lieder haben überlebt oder wurden im nordafrikanischen Korpus von *Bakkaschot* in der jüdisch-jemenitischen Hymnodie u.ä. nachgeahmt. Die Verwendung gemeinsamer Melodien einiger Klagelieder und Bußhymnen in den heute weit verstreuten sefardischen Gemeinden scheint auf eine gemeinsame Quelle, nämlich die aus Spanien stammende Tradition, hinzudeuten. Im Bereich des Volksliedes kann man das typisch kastilische Element, trotz der verändernden Einflüsse der neuen Gastländer, noch immer im Korpus des jüdisch-spanischen *Romanzero* erkennen.

Das 16. Jahrhundert markiert einen wichtigen neuen Schritt in der Entwicklung des *Pijjut* in einer mystischen Umgebung, nämlich der kleinen galiläischen Stadt Safed (Zefat), in der die Kabbalisten und Mystiker ihr Zentrum errichteten. Einige der grundlegenden kabbalistischen Konzepte gaben den Anstoß zur Steigerung der musikalischen Bedeutung gewisser Gebete und Feiern, wodurch die Entwicklung der liturgischen und außersynagogalen Musik in nicht geringem Maße beeinflußt wurde. Die Heiligkeit und die symbolische Bedeutung des Sabbat – als ›Königin‹ – trugen zur Entstehung solcher religiöser Hymnen und *Semirot* (Lieder für den häuslichen Gebrauch) wie »Lecha Dodi«: »Geh mein Geliebter, der Braut entgegen, das Antlitz des Sabbat laßt uns empfangen« und anderer, die Königin Sabbat und ihren Schöpfer verherrlichende Gesänge bei; die dort entstandenen Lieder, wie auch die Feier der drei Mahlzeiten als Königinnen-Mahle, verbreiteten sich in der gesamten Diaspora. Das Lieblingsthema des Mitternachtsgesanges, wenn Gott den Garten Eden betritt, um sich mit seinen Gerechten zu erfreuen, war für die Entwicklung der Mitternachtsvigil, wie auch für das nächtliche Singen der frommen Bruderschaften, etwa der ›Hüter der Morgenröte‹ in Italien, der *›Baruch scheamar*-Sänger‹ in Böhmen und das Singen der *Bakkaschot* (Bittgebete) in Syrien, in der Türkei und in Marokko von Bedeutung. In diesen Zentren wurde das Singen der

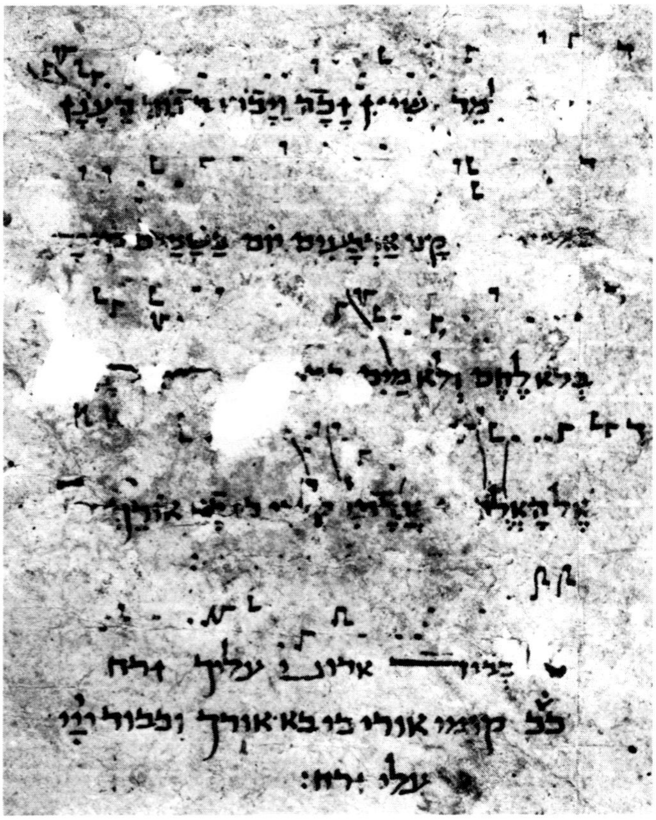

*Ein einzigartiges Dokument, das ein Licht auf die mittelalterliche jüdische Musik wirft, wurde unlängst entdeckt. Es ist ein Exzerpt aus dem* Pijjut *»Mi 'al Har Horev«, der für* Schavuot *(Fest der Tora-Offenbarung) oder* Simchat Tora *(Fest der Tora-Freude) bestimmt ist. Seine Melodie wurde im 12. Jh. von dem normannischen Proselyten Obadia in Neumen notiert. Der Text stammt von einem gewissen 'Amr und die Komposition, von einem unbekannten Autor, ist im Stil des westlichen monodischen Gesangs des Mittelalters: Eines der frühesten Noten-Dokumente in der Geschichte der jüdischen Musik.*

*Bakkaschot* der Höhepunkt des musikalischen Lebens, wo die besten Musiktalente eine komplizierte Kunstmusik vorführten, die sich nicht viel von der der Gastländer unterschied, jedoch vielfach Züge bewahrte, die aus dem geliehenen Repertoire schon verschwunden waren. Einer der führenden Dichter-Musiker des kabbalistischen Kreises in Safed war Rabbi Israel Nadschara (1550 - 1620), der die Musik in ihrem weitesten Sinne förderte. Viele seiner Hymnen wurden zu Melodien weltlicher spanischer und türkischer Lieder geschrieben.

## Die Wissenschaft von der Musik

Die erste wissenschaftliche Abhandlung über die Musik in der jüdischen Literatur erschien zur gleichen Zeit wie die ersten bekannten arabischen. Die wenigen theoretischen Kapitel und Abschnitte von jüdischen Autoren aus muslimisch regierten Ländern zeigen eine deutliche Abhängigkeit von arabischen Schriften. In der Tat ist das früheste Beispiel dieser Art, das Kapitel über die acht rhythmischen Tonarten (Modi) und ihren Einfluß auf die menschliche Seele im *Buch der Meinungen und Glaubenslehren* von Sa'adja al-Fajjumi Gaon (gest. 942), nur wenig mehr als eine Kompilation aus einem Werk des al-Kindi (gest. nach 870). Sa'adjas Interesse an der Musikwissenschaft erstreckt sich jedoch auch auf den Bereich der biblischen Exegese, und er liefert höchst verblüffende Erklärungen einiger dunkler, die Musik betreffender Passagen. In der Nachfolge der großen arabischen Theoretiker behaupten einige spätere jüdische Autoren, wie etwa Moses ibn Esra, daß alle Kenntnisse und Theorien über die Musik wie auch die Musikinstrumente ihren Ursprung in der Bibel haben. In späteren Zeiten führte diese Ansicht unter den provencalischen und italienischen Juden zu dem Glauben, daß ihre inbrünstige Pflege der Kunst und Musik die Wiederentdekkung ihres eigenen uralten Besitzes bedeutete.

Zwischen dem 12. und dem 14. Jahrhundert verlagerte sich die Szene musikalischer Aktivitäten in die Gebiete Nordspaniens, Südfrankreichs und Norditaliens. Hier hinterließ ein weiterer Einfluß, der der lateinischen Kultur, seine Spuren, z.B. in Levi ben Gersons (1288 - 1344) *De numeris harmonicis,* das er im Auftrag von Philippe de Vitry verfaßte, und in der hebräischen Übersetzung einer umfassenden lateinischen Abhandlung über die Musiktheorie durch Juda ben Isaak. Wichtiger sind die notierten Beispiele des Proselyten Obadia (12. Jahrhundert) und die Transkription der *Te'amim* in quadratische Notenschrift durch Salomo Minz (1483) und die nicht-jüdischen Humanisten J. Boeschenstein (1500), J. Reuchlin (1518) und S. Münster (1524).

## Chassan und Chassanut

Al-Samaw'al al-Maghribi, ein Autor des 12. Jahrhunderts, der zum Islam konvertierte, unterschied zwischen einem vom Vorbeter ohne Melodie gesungenen Gebet und dem *Chisana,* dem mit Melodie und Responsion der Gemeinde vorgetragenen *Pijjut.* Diese Äußerung zeigt die direkte und enge Beziehung zwischen dem *Pijjut* und dem Aufkommen der Funktion eines *Chassans* (Kantor), der über ein gewisses Maß musikalischer und dichterischer Kreativität verfügen sollte. In den Gemeinden außerhalb Europas kann man jedoch eine deutliche Unterscheidung zwischen der Funktion des *Chassan,* der das Gebet leitet, und an seiner Frömmigkeit und seinem persönlichen Ansehen gemessen wird, und dem *Pajtan*, dem *Pijjut*-Sänger und möglichen Schöpfer neuer Hymnen beobachten. Letzterer, der ein professioneller Musiker sein kann, tritt auch bei Familienfeiern auf. Seine Rolle in der Synagoge ist beschränkt und durch den Geist des Gebetes und der Andacht ausgeglichen. Er kann zuweilen einer der beiden Assistenten *(Somchin* oder *Mesammerim)* sein, die den *Chassan* bei Festlichkeiten unterstützen.

Der Terminus *Chassanut*, der spezifische Melodien und den Musikstil des Solosängers bezeichnete, ist eher mit der aschkenasischen Tradition verbunden, deren Normen dem Maharil, dem legendären Patron der aschkenasischen *Chassanut* zugeschrieben werden. Von ihm sollen die traditionellen *mi-Sinai*-Melodien stammen, die zum gemeinsamen Erbe der aschkenasischen Synagoge in West- und Osteuropa geworden sind. Diese Tradition wird auch durch den Gebrauch von typisch synagogalen Tonarten, der *Schtejger* (ein jiddischer Terminus, gleichbedeutend mit Modus/Tonart und Weise), charakterisiert. Der Brauch, dem Kantor zwei Assistenten beizugeben, hat in den aschkenasischen Synagogen eine besondere Entwicklung genommen. Vom 17. Jahrhundert an war einer der beiden Assistenten ein Kaben-Diskant, ›Sänger‹ genannt, der andere, ein Erwachsener, war der ›Baß‹. Sie begleiteten den Kantor mit kurzen improvisierten Figuren, die den Weg zur Einführung der Polyphonie in der synagogalen Musik ebneten. Der östliche Zweig der aschkenasischen *Chassanut* entwickelte einen emotionalen und dramatischen Stil, gemischt mit einer gewissen Virtuosität, was eine rabbinische Reaktion provozierte, in der den *Chassanim* »theatralischer« oder »opernhafter« Vortrag vorgeworfen wurde. Nichtsdestoweniger hat bis zum zeitgenössischen Wandel in Richtung formeller Kunstfertigkeit der traditionelle Solostil, als ›polnische‹ *Chassanut* bekannt, die meisten seiner typischen Züge bewahrt, insbesondere die Komposition melodischer Glieder, die wie eine Kette kleiner Bewegungen voranschreiten, das Vorherrschen der Variation und auch eine gewisse rhythmische Freiheit.

Im Laufe des Verwestlichungsprozesses hat sich die aschkenasische *Chassanut* einer Reihe bedeutsamer Änderungen unterworfen. Gegen Mitte des 18. Jahrhunderts haben die Kantoren begonnen, neue Kompositionen zu verfassen, um den Anforderungen der Virtuosität und der Entfaltung von Koloraturen zu genügen. Wiewohl die Grundstrukturen weiterhin der Traditionslinie entsprachen, waren die Melodien zumeist von der nachbarocken Musik geliehen.

## Der chasidische Niggun

Der Chasidismus entstand in Osteuropa in der Mitte des 18. Jahrhunderts, einer für die Juden bösen Zeit. Er hatte sehr schnell die Gunst der Massen gewonnen. Seine stark der Kabbala von Safed verpflichtete Lehre wird im Kapitel über die Mystik behandelt, nur eines sei hier erwähnt, nämlich die Auffassung, daß der Ausdruck der überschwänglichen Freude eine der religiösen Kardinaltugenden sei. Sie drückt sich sehr häufig in dem bekannten ekstatischen Tanz und dem *Niggun* (Spiel, Melodie) aus, einer Gesangsweise, die häufig zu bedeutungslosen Silben gesungen wird, deren Melodien auf die synagogalen Tonarten sowie ukrainische

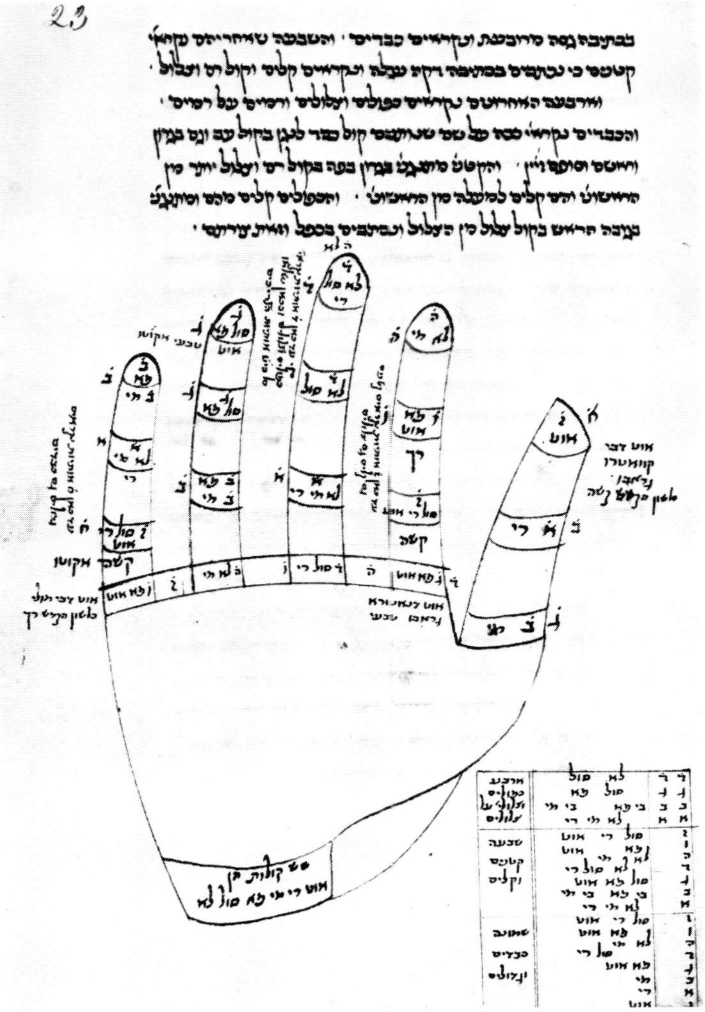

*Die Musik des jüdischen Mittelalters war stark von zeitgenössischen Schriften beeinflußt. Dieses Diagramm aus einer Abhandlung des 13. Jh., von Juda ben Isaak, ist eine hebräische Version der sogenannten »Guidonischen Hand« (nach Guido von Arezzo, dem benediktinischen Theoretiker des 11. Jh.) für den Unterricht im Hexachord: Der Lehrer zeigte mit dem Finger einer Hand auf die Gelenke der anderen, zwanzig insgesamt, um die Schüler an die Ordnung der Noten zu erinnern.*

und slawische Volkslieder- und Tänze zurückgehen. Man verstand sie als eine Überbrückung der Kluft zwischen dem ›Heiligen‹ und dem ›Profanen‹, auf der die Seele zur mystischen Erhebung gelangen konnte. Man glaubte, der emotionale Wert der Musik sei höher und stärker als der der gesprochenen Sprache, und daß der *Niggun* dem Unwissenden das Unerklärbare nahebringen könne, und sie ihrerseits im *Niggun* ihren naiven Gedanken, Wünschen und Gebeten Ausdruck verleihen könnten.

Die meisten chasidischen Führer liebten die Musik und waren begabt genug, selbst neue *Niggunim* zu komponieren. Die fruchtbarsten Schöpfer von *Niggunim* waren Jechiel Michael von Zloczow (gest. 1761) und Schne'ur Salman von Liadi (gest. 1813).

Dennoch entstammte der größte Teil des Materials für ihre Lieder der Volksmusik der nicht-jüdischen Umgebung. Dies empfand der Chasid keineswegs als würdelos, im Gegenteil glaubte er, daß auf diese Weise die Melodie aus ihrem unreinen Zustand gerettet und in den Stand der Heiligkeit zurückgeführt würde. Die chasidische Musik hat einen beträchtlichen Einfluß auf jüdische künstlerische Musikkompositionen und die israelische Volksmusik ausgeübt.

## Musik, Synagoge und Gesellschaft

Das zu verschiedenen Zeiten und an verschiedenen Orten erfolgte Eindringen der Kunstmusik in den synagogalen Gottesdienst ist auf mehr oder weniger großen rabbinischen Widerspruch gestoßen. Sogar in den frühen Stadien haben die Rabbinen die Hauptvertreter des *Pijjut* mit einem gewissen Argwohn betrachtet. Seit der Zeit des babylonischen Gaon Hai (ca. 1000) haben viele Talmudkommentare und Rechtsgutachten wiederholt vor der sensuellen und destruktiven, mit dem echten Gefühl der Frömmigkeit unvereinbaren Macht der Musik gewarnt. Außer einigen Fällen von Unnachgiebigkeit gab es jedoch stillschweigende Konzessionen bezüglich privater Feiern, wie Hochzeiten oder Beschneidungen, wie auch zu einigen Feiertagen, etwa dem karnevalsähnlichen Purimfest, dem *Simchat-Tora*-(Torafreuden-)Fest und den Halbfeiertagen. Diese Toleranz führte allerdings zu gewissen Mißständen, wie die zahlreichen rabbinischen Verdammungsurteile bezeugen.

Die aktive Beteiligung jüdischer Berufsmusiker am musikalischen Leben ihrer jeweiligen Länder scheint der bestimmende Faktor für die Einführung von Kunstformen in die jüdische Musik gewesen zu sein. Und in der Tat, wann immer Juden einen freien Zugang zum musikalischen Leben bekamen, traten begabte Musiker auf und hinterließen einen direkten oder indirekten Eindruck des Erbes ihrer eigenen Gemeinde. Sogar in manchen muslimischen Ländern, in denen die religiöse Einstellung die Aktivitäten muslimischer Berufsmusiker, insbesondere das Instrumentenspiel, zu begrenzen vermochte, haben jüdische Musiker Wege gefunden, ihrem Talent Ausdruck zu verleihen. So finden wir blühende jüdische Ensembles in Marokko, Persien, Buchara, der Türkei und später auch in Irak. Obwohl sie bei ihren jüdischen Stammesgenossen in Mißkredit standen oder getadelt wurden, rief man sie herbei, um die Feste zu verschönern und sogar an synagogalen Gottesdiensten und anderen religiösen Feiern, wie dem *Bakkaschot*-Singen, teilzunehmen. In Andalusien waren jüdische Musiker sowohl in der muslimischen wie christlichen Gesellschaft tätig.

Vom 16. Jahrhundert an wurden westliche Musiktechniken zunehmend in die synagogale Musik integriert. Diese Tendenz ist zuerst für Norditalien bezeugt. In den prosperierenden Gemeinden von Mantua, Ferrara und Venedig wurde die neue Strömung in theologischen Bewertungen und juristischen Entscheidungen zweier Rabbinen, Juda Moscato (gest. 1590) und Abraham Portaleone (gest. 1612), gutgeheißen. Ersterer verteidigte in seiner nach Ps 92,4 betitelten Predigt *Higgajon be Kinnor* (›Rauschendes Spiel der Leier‹, verstanden als ›Meditation mit der Leier‹) die Rechtmäßigkeit der Musikkunst im Judentum; Letzterer preist in seinem Buch *Schilte ha Gibborim* (Schilder der Helden) den levitischen Gesang und die Musikinstrumente des Tempels. Unter den vielen jüdischen Musikern und Komponisten, die am damaligen musikalischen Leben teilnahmen, ragte der berühmte Komponist Salomone de Rossi (ca. 1565 - ca. 1628) hervor. Er schrieb unter dem Titel *Lieder Salomos* dreiunddreißig Hymnen für die Synagoge im charakteristischen Stil der Epoche. Mit diesen synagogalen Chorkompositionen beabsichtigte er jedoch nicht, den traditionellen Synagogengesang zu ersetzen.

Ähnliches ereignete sich in Amsterdam, wo die blühende jüdisch-portugiesische Gemeinde, die begabte Musiker besaß, feierliche Kantaten bei jüdischen und nicht-jüdischen Komponisten in Auftrag gab. Einer der bekanntesten jüdischen Komponisten ist Abraham Caceres, der im frühen 18. Jahrhundert Kompositionen im zeitgenössischen Stil für die Synagoge schrieb. Auf dem Gebiet der populären und halb-professionellen Musik spielte in Zentral- und Osteuropa das Ensemble der *Klesmerim* (aus dem Hebräischen *Kle-Semer* = Musikinstrumente) eine wichtige Rolle im Prozeß der Verwestlichung. Solche Ensembles, zuweilen in Gilden organisiert, spielten von der zweiten Hälfte des 17. Jahrhunderts an in der jüdischen und nicht-jüdischen Gesellschaft auf. Sie verschönerten Familienfeiern und manche festliche Anlässe, sie spielten auf Jahrmärkten und in den Schankstuben, bei Prozessionen und feierlichen Begehungen. Für ihre besondere Kunstfertigkeit und Virtuosität bekannt, spielten diese Musikanten auf ihren Violinen, Cellos, Klarinetten und Zymbeln verschiedene Musikstile, von elegischen Melodien bis zu frivolen Tänzen.

## Die Reform im synagogalen Gesang und Gottesdienst

Wie in späteren Kapiteln noch erörtert werden wird, entstand zu Beginn des 19. Jahrhunderts unter den jüdischen Gemeinden Westeuropas eine Emanzipationsbewegung. Der Geist der Französischen Revolution und der Aufklärung, aber auch das Napoleonische Synagogendekret regten die bereits vorhandenen Tendenzen an, den synagogalen Gottesdienst zu reformieren.

Von dem Wunsch nach Integration in die umgebende Gesellschaft beflügelt, suchte die deutsche Reformbewegung das Judentum zu ›verschönern‹ und aus dem synagogalen Gottesdienst jedwede ›mittelalterliche Häßlichkeit‹ zu verbannen, die man für ein Symbol des – mit der Emanzipation unvereinbaren – Exilzustandes hielt. Der erste bekannte Reformator des synagogalen Ritus war Israel Jacobson (1768 - 1828). Im Jahre 1801 errichtete er in Seesen, Westfalen, eine Knabenschule, in der Musik unterrichtet wurde. Die Schüler bildeten einen Chor, der zu Orgelbegleitung deutsche Choräle sang. Jacobson schaffte die traditionelle Kantillation des Pentateuch und der Propheten wie auch die Gebetsmelodien ab und ersetzte sie durch bloße Deklamation, womit er zugleich das Amt des *Chassan* ausgeschlossen hatte. Jacobsons Reform wurde alsbald in Hamburg übernommen, wo sich die neue Richtung konsolidierte. Hier und anderswo wurden die choralartigen Hymnen für den ›Tempel‹, die bei besonderen Anlässen von einem gemischten Chor vorgetragen wurden, von christlichen Komponisten verfaßt. Viele Choralsammlungen dieser Art erschienen in der ersten Hälfte des 19. Jahrhunderts. Im Jahre 1845 befürworteten junge Reformrabbiner aus religiösen Gründen die Verwendung von Instrumenten in der Synagoge auch am Sabbat und Feiertagen.

Die von Jacobson eingeführte radikale Reform rief heftigen Widerstand hervor und blieb in der Tat auch auf einen gewissen Bereich der größten Gemeinden beschränkt. Später, in ihrem neuen Zentrum, den Vereinigten Staaten, wurde die Reformbewegung zu einem Motor, der die Schöpfung neuer bedeutsamer Kompositionen durch Komponisten wie Ernest Bloch, Arnold Schönberg und Darius Milhaud förderte. Zugleich hat sie mächtige Impulse zur wissenschaftlichen Erforschung der jüdischen Musik gegeben.

Die gemäßigte und weniger weitreichende Reform des Oberkantors von Wien, Salomon Sulzer (1804 - 1890), wurde zum Vorbild für viele europäische Synagogen und hinterließ einen tiefen Eindruck auf die nachfolgenden Kantorengenerationen in Europa und Amerika. Sulzer, ein begabter Musiker und Freund Schuberts, hatte nicht die Absicht, den traditionellen Gesang abzuschaffen, sondern wollte ihn in eine würdige und musikalisch ansprechende Form bringen. Sein Programm erläuterte er in der Einleitung zu seiner *Schir Zion* (Lied Zions) betitelten Sammlung synagogaler Lieder (Band I 1840, Band II 1866). Die Sammlung enthält Choralkompositionen und Rezitative mit Orgelbegleitung. Sein Ziel erreichte er durch den Verzicht auf die Brillianz der Koloratur des Kantoren-Solo und durch Ausschluß der improvisierten Begleitung der beiden assistierenden Sänger *(Meschorerim)*. Er ersetzte all das durch Kompositionen auf der Grundlage der im 19. Jahrhundert konventionellen Harmonien, die wohl geübtes Part-Singen erforderten. Im Laufe dieser Entwicklung verlor die jüdische Musik einige ihrer traditionellen Merkmale, wie ihren Modalcharakter, und wurde in westeuropäischem Sinne melodisch. Unter den hervorragenden Vertretern dieser Richtung sind Louis Lewandowski (1823 - 1894), der als erster authentische Orgelmusik in die Synagoge einführte, und Samuel Naumburg (1815 - 1880) zu nennen. Sulzers Lieblingsschüler, E. Birnbaum, brachte die Musik des ›verbesserten Gottesdienstes‹ in die Vereinigten Staaten.

**Musik in der Synagoge**

Die musikalischen Partien des synagogalen Gottesdienstes können grob in zwei Gruppen oder Gattungen gegliedert werden – die biblischen Texte sowie Gebete und Hymnen.

Von der ersten ist die Tora-Kantilene der Pentateuchlektionen an Sabbat und Feiertagen das Wichtigste, gefolgt von der Haftara, einem Prophetenabschnitt, der seinen eigenen Kantillationsmodus besitzt. Einige Abschnitte des Pentateuch, z.B. das ›Lied des Moses‹ (Dtn 32), werden im Gottesdienst auch unabhängig davon gesungen.

Zu besonderen Anlässen werden Bücher aus den Hagiographen (den Schriften) mit ihren je eigenen Melodien intoniert; Esther zu Purim, das Hohelied zu Passah, Ruth zu Schavuot (›Pfingsten‹), Prediger zu Sukkot (Laubhüttenfest) und die Klagelieder am neunten des Monat Av, dem Gedenktag der Tempelzerstörung.

Auch Psalmen werden zu verschiedenen Gelegenheiten vorgetragen. Psalm 29, zum Beispiel, erklingt beim Sabbat-Abendgottesdienst und in einigen östlichen Gemeinden – mit einer anderen Melodie – zur Toraprozession. Andere Psalmen eröffnen den feierlichen Gottesdienst der drei Wallfahrtsfeste (Passah, Schavuot und Sukkot). Die Psalmen 113 - 118 bilden zusammen das *Hallel*, das ›Loblied‹, das außer an den drei Wallfahrtsfesten an weiteren Feiertagen gesungen wird.

Zur zweiten Musikgattung – Gebete und Hymnen – gehören acht Kategorien:

1. Das *Achtzehngebet (Schmone Esre)*, eine Sammlung von Gebeten, die während der Zeit nach der Zerstörung des Zweiten Tempels entstanden ist. Sie enthält auch die Qeduscha, das *Trishagion* – »Heilig, heilig, heilig« – und den Priestersegen. An den hohen Feiertagen werden ihr mehrere Hymnen, u.a. eine Introduktion, beigegeben.
2. Das *Kaddisch*, ein aramäisches Preisgebet, erklingt mehrmals im Gottesdienst und gliedert ihn.
3. *Kabbala Schabbat* (das Empfangen des Sabbat); zu ihr gehört das schon erwähnte »Lecha Dodi«, das nach verschiedenen Melodien gesungen wird.
4. Hymnen, die den Gottesdienst eröffnen oder beschließen, wie »Jigdal Elohim«, eine poetische Fassung der dreizehn Glaubensartikel des Maimonides, »Adon 'Olam«, ein Preis des Weltenherrschers und Schöpfers, oder »En kelohenu«, »Keiner ist wie unser Gott«.
5. Bitthymnen um Regen (beim Laubhüttenfest) und Tau (zum Passah).
6. Klagelieder zum Gedenken an die Zerstörung des Tempels.
7. Bußhymnen *(Selichot)* für Neujahr- und Versöhnungstag *(Jom Kippur)*-Gottesdienste.
8. Die *Hakkafot* (Umzüge, Toraprozessionen um das Vorlesepult), gesungen beim Fest der Torafreude, dem Tag, an dem der Jahreszyklus der Pentateuchlesungen vollendet und erneut begonnen wird.

**Auf der Suche nach einem jüdischen Musikstil**

Das frühe 20. Jahrhundert war Zeuge der ersten Versuche, eine ›nationale‹ jüdische Musik zu kreieren. Unter dem Einfluß der nationalen russischen Schule begann Joel Engel in Moskau und die Gruppe junger jüdischer Komponisten und Musiker der Petrograder Gesellschaft für Jüdische Volksmusik (1908 - 1918), jüdische Volkslieder für Konzertdarbietungen zu sammeln und zu arrangieren. Sie integrierten dieses Material in ihre eigenen Kompositionen, mit dem Ziel, einen typischen Nationalstil zu begründen. Mitglieder dieser Gruppe schrieben gelegentlich Musik für das jiddische und hebräische Theater. Die Gruppe zerstreute sich nach 1920. Im Jahre 1938 emigrierten J. Engel und J. Stutschewsky nach Palästina, wo sie eine wichtige Rolle im Musikleben einnahmen; ihr Stil wurde jedoch bald durch andere nationale Tendenzen überschattet, nämlich der Mittelmeer-Schule. In Amerika wurden L. Saminsky, J. Ahron und J. Yasser von den amerikanischen Synagogen, die die Komposition neuer Synagogalmusik förderten, angeregt.

Die Transkription und Veröffentlichung mündlich überlieferten Materials begann in der Mitte des 19. Jahrhunderts und war hauptsächlich das Werk von historisch interessierten Kantoren, die über die schnelle Verbreitung des neuen Stiles der *Chassanut* besorgt waren. Die erste ernsthafte Untersuchung der traditionellen jüdischen Musik wurde in Amerika von E. Birnbaum unternommen. Im Jahre 1905 ging sein Schüler A. Z. Idelsohn nach Jerusalem, wo er, wie schon erwähnt, das musikalische Repertoire vieler orientalischer Gemeinden aufnahm und transkribierte. Sein zehnbändiger *Thesaurus der hebräischen orientalischen Melodien* wurde ein Eckstein für die jüdische ethno-musikologische Forschung. Eine zweite Welle systematisch dokumentierter Aufzeichnungen erfolgte nach der Gründung des Staates Israel im Jahre 1948. Die kontinuierliche Erforschung der jüdischen Musiktraditionen hat auf dem Gebiet der Musik und Ethno-Musikologie schon reiche Früchte hervorgebracht.

# III
# DIASPORA UNTER CHRISTENTUM UND ISLAM

## Die Juden in Spanien

## Die Juden in Byzanz und im mittelalterlichen Europa

## Die Juden in der islamischen Welt

### 6. - 16. Jahrhundert
### Von 1500 - heute

Das ganze Mittelalter hindurch standen die Juden vor dem Dilemma der Koexistenz, ob sie unter christlicher oder moslemischer Herrschaft lebten. In beiden Gemeinschaften waren die Juden eine fremde Minorität, nie frei von der Bedrohung durch Feindseligkeit und aktive Verfolgung. In dieser Situation gab es zwei widerstreitende Zwänge. Der eine war, sich zu assimilieren, was mit der Gefahr verbunden war, seine Identität zu verlieren und die Reinheit des Glaubens aufs Spiel zu setzen. Die andere war, sich abzusondern, zurückzuziehen, auf der absoluten Exklusivität des Judentums zu beharren, wodurch mehr Angst, Mißverständnisse und Agressionen bei den christlichen und moslemischen Nachbarn hervorgerufen wurden. Die Geschichte der Juden in Spanien zeigt, trotz ihrer ganzen Errungenschaften, die tragische Unmöglichkeit, diese zwei Haltungen in einer Welt zu versöhnen, in der religiöse Leidenschaften allgegenwärtig waren. Nachdem sie unter den Moslems Vertrauens- und Machtpositionen erreicht und danach den Übergang in eine christliche Herrschaft während der *Reconquista* durchgestanden hatten, wurden die Juden 1492 vertrieben, wodurch eine neue Diaspora entstand.

Eines der interessantesten Beispiele der Kooperation zwischen den Gemeinschaften in Spanien ist die Alba-Bibel, von deren Illustrationen einige bereits in früheren Abschnitten gezeigt wurden. Sie wurde 1422 von Don Luis de Guzmán, dem Großmeister des Ordens von Calatrava, in Auftrag gegeben. Da er mit der vorhandenen Übersetzung des Alten Testaments ins Kastilianische unzufrieden war, ersuchte er Rabbi Moses Arragel von Guadalajara um eine neue Übersetzung aus dem Hebräischen mit einem Kommentar und Illustrationen. Zur Hilfe bei christlichen Interpretationen schwieriger Passagen stellte er zwei Theologen aus Toledo zur Verfügung. Rabbi Moses war einverstanden. Das Werk wurde schließlich am 2. Juni 1430 vollendet und das Manuskript übergeben. Die hier reproduzierte prachtvolle, ganzseitige Illumination erinnert an dieses Ereignis. Don Luis sitzt in der Mitte auf dem Thron. An den Seiten, vor den zwei Türmen stehen die zwei Theologen, ein Franziskaner und ein Dominikaner. Zwischen ihnen, in kleinerem Format, sieht man die Mitglieder des Ordens von Calatrava bei der Ausübung von Wohltätigkeit: Sie speisen die Hungrigen, kleiden die Nackten, besuchen die Kranken, trösten die Trauernden, begraben die Toten. Am unteren Ende der Seite ist die Zeremonie der Übergabe des Manuskripts gezeigt. Umgeben von den Ordensmitgliedern, empfängt es Don Luis von dem knienden Rabbi Moses. Merkwürdigerweise ist die offene Seite mit dem Kapitel I der Genesis nicht in Hebräisch oder Kastilianisch, sondern im Latein der Vulgata.

Die Tatsache einer so glücklichen Zusammenarbeit zwischen Christen und Juden ist genauso erstaunlich wie beeindruckend. Wilde Verfolgungen hatten das Leben in Spanien seit mindestens dreißig Jahren gekennzeichnet, und nur noch sechzig Jahre sollten vergehen, bis jedem Juden in Spanien die schreckliche Wahl gestellt wurde, entweder Apostat zu werden oder ihre bisherige Existenz aufzugeben und ins Exil zu gehen. (1)

comer. beuer. calçar. uestir. visitar. consolar. enterrar.

## Spanien: die Verheißung

Eine Mischkultur scheint an den Wurzeln der spanischen Zivilisation zu liegen. *Oben*: Eine dreisprachige Inschrift auf einem Sarkophag aus Tortosa, ca. 5. Jh. n. Chr. In hebräischer, lateinischer und griechischer Sprache gedenkt sie eines Mädchens namens Meliosa, der Tochter des Rabbi Jehuda. (2)

Die islamische Kunst hat dem Judentum viel gegeben, so auch die Freude an abstrakten Mustern. Typischerweise jedoch hat der jüdische Schreiber auf dieser Seite aus einer Bibel des 15. Jh. die endlosen Verflechtungen in Worte verwandelt – in Verse aus den Psalmen in Mikroschrift. (5)

Christliche Herrscher haben von den Juden Ergebenheit gefordert. Das Familienwappen auf einem Siegel des Todros ha-Levi (*unten*) aus einer toledischen Familie, die gleichermaßen für ihre Staatsmänner und Kabbalisten berühmt war, stellt die drei Türme Kastiliens dar. (4)

Juden und Moslems huldigen einem christlichen König. Diese Inschriften (*oben links*) in Arabisch und Hebräisch, getrennt durch ein Band mit einem Löwen und einem Schloß, den Emblemen von León und Kastilien, schmücken die Wände von Ferdinand III. königlicher Kapelle in der Kathedrale von Sevilla. Ähnlich in der

Die Worte ›diese Mazza‹ zeigen, daß dies eine Seite aus der Haggada ist (*unten*), aber das Gitternetz aus kunstvoll ineinandergewobenen Linien ist, wie das Beispiel links, rein islamisch. In der Mitte befindet sich das merkwürdigste Detail von allen – eine Tür mit Angel und Schlüsselloch, einer Opferbüchse ähnlich. (7)

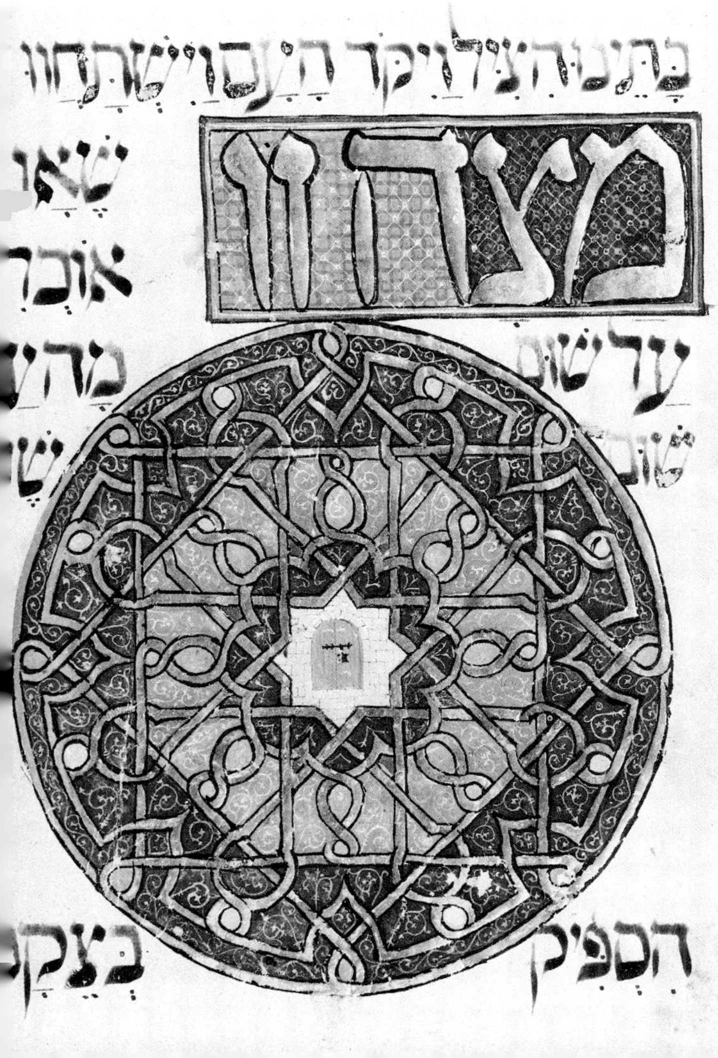

Ausschmückung der Tránsito-Synagoge in Toledo, wo eine Erinnerungsplatte (*oben rechts*) die jüdischen Wohltäter der Synagoge unter demselben königlichen Wappen nennt; die Stukkateure waren fast sicher Moslems, einige der Wörter sind Arabisch in hebräischer Schrift. (3,6)

Das Heilige Land ist für die Juden Spaniens ein mächtiges Symbol geblieben, und viele versuchten, dorthin zurückzukehren. Dieses Detail aus dem katalanischen Weltatlas von 1375–77 zeigt die Küste Judäas, Jerusalem, den Jordan und das Tote Meer. Die Kartographen, Abraham und Jehuda Cresces, waren Juden. (8)

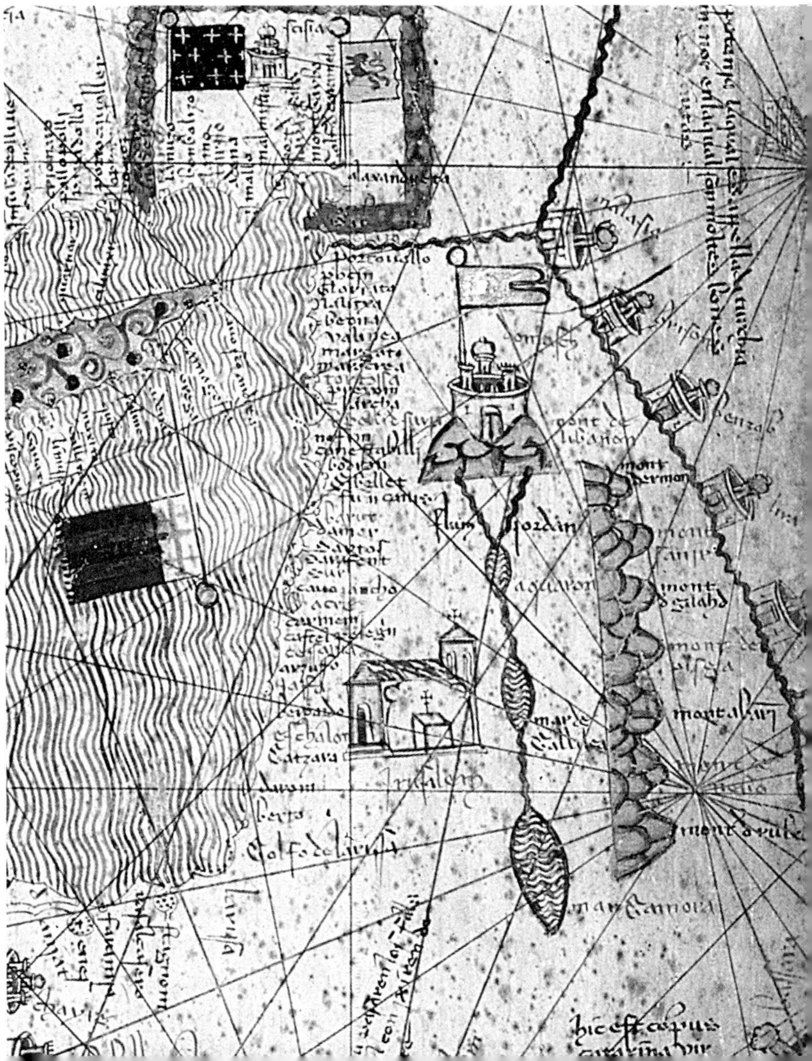

Das mittelalterliche Spanien war ein solches Geflecht von unterschiedlichen Kulturen, daß viele Werke nicht nur einer einzigen religiösen Gruppe zugeschrieben werden können. Die Tránsito-Synagoge (*links*) z.B. ist vermutlich eine Schöpfung moslemischer Handwerker in jüdischem Auftrag. Die das Mittelpaneel umrahmende Inschrift ist teils hebräisch und teils arabisch. Ähnlich mag die portugiesische Bibel (*oben*) in Zusammenarbeit mit christlichen Illuminatoren entstanden sein; die Wappen Kastiliens und Leóns erscheinen am Ende der Seite mit dem Ende des Zweiten Königsbuches. *Unten*: die Dekoration dieses Seder-Tellers enthält vier hebräische Wörter, drei von ihnen sind falsch geschrieben. War der moslemische Künstler schlecht instruiert oder bloß unachtsam? (9,10,11)

Der herrliche Synagogenteppich aus Spanien, jetzt in Berlin (*rechts*), ist eines der Geheimnisse jüdischer Kunst. Aus dem 14. Jh. stammend, gehört er zu den frühesten spanischen Teppichen. Seine Beziehung zur Synagoge scheint durch die Ähnlichkeit des oft wiederholten Musters mit dem Tora-Schrein erwiesen; der Stamm, der sie zusammenhält, ist deutlich ein stilisierter Lebensbaum. Ein moderner Jude würde zögern, eine solche Darstellung auf den Fußboden zu legen, wo man auf sie träte. Es ist jedoch gewiß, daß der Schrein in römischer und nachrömischer Zeit auf Mosaikfußböden (zum Beispiel in Bet Alfa) dargestellt wurde. In einigen der Schreinmuster findet sich der sechszackige (David-) Stern und, um die Sache noch mehr zu komplizieren, ein Band von kufischen Schmuckbuchstaben umringt das Ganze. (12)

Rabbi Moses erhält Anweisungen von dem Franziskanerbruder Arias, einem der Experten des Don Luis de Guzmán. (Man beachte, daß er, obwohl er ein hochangesehener Mann war, den diskriminierenden Fleck auf seiner Schulter tragen mußte, der auch auf dem Titelbild [Abb. 1] zu sehen ist.) Natürlich sollten die christlichen Interpretationen des Alten Testaments im Kommentar des Rabbi neben den jüdischen Ansichten enthalten sein. Aber es war ein echter Kulturaustausch. Rabbi Moses führt beständig traditionelle jüdische Interpretationen an. Der Tod von Moses, beispielsweise, wird in Deuteronomium 34, 5–6 folgendermaßen beschrieben: »Und Mose, der Knecht des Herrn, starb daselbst im Lande Moab nach dem Wort des Herrn...Und er begrub ihn im Tale, im Lande Moab, gegenüber Bet-Peor und niemand kennt sein Grab bis auf den heutigen Tag.« Das Wort, das mit »er begrub ihn« wiedergegeben wurde, kann auch »er wurde begraben« bedeuten, aber Rabbi Moses folgt der alten rabbinischen Auslegung, daß Gott selbst Moses begraben hatte, wie in dieser Miniatur dargestellt. (13,14)

## Assimilation: Ablehnung

Als die Christen die spanische Halbinsel zurückeroberten (ein langer und bitterer Prozeß, der viele Jahrhunderte dauerte), wurde die Lage der Juden zunehmend prekärer. Aber die Möglichkeit einer friedlichen Koexistenz war nie ganz ausgeschlossen. Viele Christen schätzten den Wert des jüdischen Beitrages zur Kultur und Gesellschaft, und sogar die höchst bigotten mußten ihre ökonomische Nützlichkeit anerkennen. Die Juden fungierten als Steuer-Pächter. Hofjuden hatten oft wichtige Vertrauenspositionen in der Regierung inne. Im Jahre 1465 hat Nuno Goncalves den Gerichtsvorsitzenden der portugiesischen Judenschaft (*unten*) in seinen St. Vincent-Altar aufgenommen, auf dem der Hof Heinrichs des Seefahrers dargestellt ist. (15)

Die in Spanien von der Kirche aktiv unterstützte christliche Judenfeindlichkeit verhärtete sich jedoch vom 14. Jh. an. Groteske Geschichten über den Haß auf Christus und die Jungfrau waren im Umlauf und wurden geglaubt. *Oben*: drei Episoden aus einer Handschrift vom Hofe Alfonsos X. Ein Jude stiehlt ein Bild der Madonna und des Kindes aus einem Schrein neben der Kirche; er ist dabei, es in den Brunnen zu werfen, als ihn die Teufel fassen und in die Hölle verschleppen. Geschichten über Hostienschändungen waren an der Tagesordnung. In einem venezianischen Gemälde (*unten*) versuchen die Juden, Hostien zu zerstören – sie zerhämmern sie, zerstückeln sie mit dem Schwert, kochen sie auf dem Feuer, jedoch vergeblich. *Rechts*: ein Detail aus einem katalanischen Werk aus dem 14. Jh., das die vorsätzlichen Irrtümer der Juden im einzelnen aufführt. Der Text im Paneel ist ein Teil der hebräischen Bibel (über den Aufruhr Korachs und Aarons Stab), bei dem die Juden, von den Teufeln geblendet, auf ihrer ›Fehlinterpretation‹ bestehen (d.h. sie sehen ihn nicht als die Präfiguration der Wahren Kirche). Durch solche Ansichten motiviert, erhoben sich 1391 in Sevilla die christlichen Massen und mordeten Tausende von Juden. Im Laufe eines Jahrhunderts wiederholte sich dieser Vorgang mehrmals. Zeiten des Blutvergießens wechselten mit Zeiten trügerischen Friedens. (16,17,18)

Der Befehl zur Vertreibung (*unten rechts*) wurde von Ferdinand und Isabella am 31. März 1492, kurz nach der Eroberung Granadas, unterzeichnet. Den Juden wurde eine Frist von drei Monaten gewährt, um ein Land zu verlassen, in dem sie länger als eintausend Jahre gelebt hatten. (19)

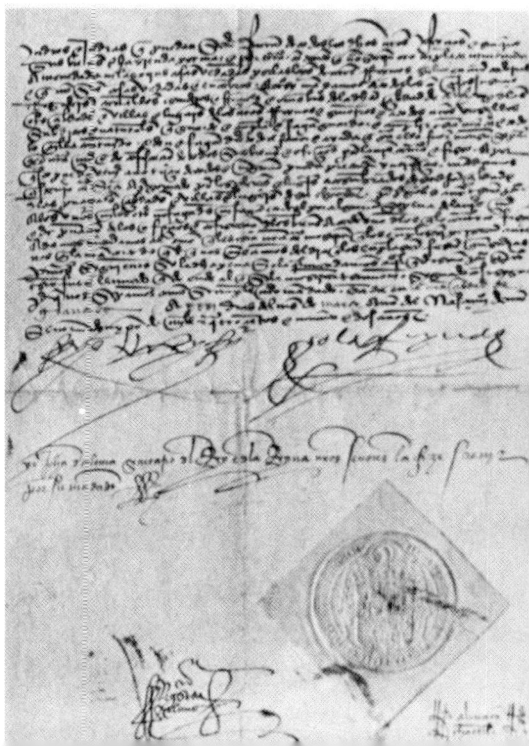

Die christlichen Einstellungen waren im kirchlichen Verständnis der Rolle der Juden in Gottes Plan begründet. Einerseits enthielt die hebräische Bibel (für die Christen das Alte Testament) die Vorbereitung und die Prophezeiung des Kommens Christi. Andererseits verwarfen die Juden Christus (eine Sicht, die in den Evangelien eindrücklich geäußert wird) und verharrten danach in vorsätzlicher Blindheit. Die Darstellung der Ecclesia, der christlichen Kirche, als einer Frau, die mit klarem Blick zu Gott schaut, und der Synagoge als einer Frau mit verbundenen Augen und einem gebrochenem Stab in der Hand, wurde zum Gemeinplatz der christlichen Ikonographie. Eines der frühesten Beispiele ist diese byzantinische Emailarbeit (*links*): Die Ecclesia fängt das Blut Christi in einem Kelch auf, während die Synagoge, noch ohne Augenbinde, sich von ihm abwendet. (21)

In der Theorie war die Rechtsstellung der Juden im mittelalterlichen Europa besser, als sie sich in der Praxis darstellte. Außerhalb Spaniens erfolgte die früheste christliche Gesetzgebung bezüglich der Juden in Byzanz, wo seit Jahrhunderten eine jüdische Gemeinschaft bestand. *Oben links:* ein goldenes Medaillon vom 8. Jh. aus Byzanz mit einer *Menora*, einem *Schofar*, *Lulav* und der enigmatischen griechischen Inschrift: »Für den Schwur Jakobs, des Führers, des Perlenverkäufers«. (20)

Der ›Sachsenspiegel‹ ist ein einzigartiger, zwischen 1220 und 1235 gesammelter Gesetzeskodex, wiewohl das früheste noch vorhandene Manuskript erst aus dem 14. Jh. stammt. Zwei Miniaturen daraus *(rechts)* illustrieren die die Juden betreffenden Gesetze. In der ersten wird die gesetzliche Gleichstellung des Juden mit dem Nicht-Juden bestätigt; mit seinem Spitzhut steht er in einer Gruppe vor dem Grafen von Sachsen. Nach der zweiten ist jeder, der einen Juden tötet, des Todes schuldig. (22,23)

Heiratsurkunden sind aus sehr frühen Zeiten erhalten. Diese, 1342 geschrieben, stammt aus Krems in Österreich. Solche Dokumente gehen auf die talmudische Zeit zurück und waren Teil der gesetzlichen Anforderungen für eine jüdische Heirat. Sie dienten vornehmlich dazu, die Interessen der Ehefrau zu schützen, indem die finanziellen Verpflichtungen des Ehemannes und die Summe, die die Frau im Scheidungsfall zu bekommen hatte, aufgeführt wurden. (24)

Die steuerliche Lage der Juden war nicht beneidenswert. Den jüdischen Gemeinden wurden als Ganzes häufig harte Steuern auferlegt, und es lag in der Verantwortung ihrer eigenen Räte, darauf zu achten, daß die Steuern bezahlt wurden. Manche (*Korobka*, Einkaufskorb genannt) wurden für Konsumgüter, besonders Schlachttiere, andere direkt auf das Einkommen erhoben. Diese Sammelbehälter (*rechts*), aus Sicherheitsgründen in der Galerie der Altneusynagoge in Prag eingebaut, stammen aus dem 17. Jh. (25)

Das Ghetto-Phänomen geht, entgegen landläufiger Ansicht, nicht eigentlich auf das Mittelalter zurück. Es begann sicher erst im 16. Jh. von Venedig aus (»Ghetto«, d.h. »Gießerei« war der Bezirk, in dem die Juden 1516 zu wohnen gezwungen wurden) in Italien, Deutschland und Osteuropa zu verbreiten, nachdem schon das dritte Laterankonzil im Jahre 1179 das Zusammenwohnen von Christen und Juden untersagt hatte. Die Ghettos waren oft von einer Mauer mit Toren umgeben, die nachts geschlossen werden mußten. Wiewohl dies eine schwere Beschränkung der jüdischen Freiheit war, konnte es auch zu ihrem Schutz dienen. Die meisten alten Ghettos sind jetzt zerstört, aber die Friedhöfe sind häufig erhalten geblieben. Der von Prag (*unten*) enthält dichtgedrängt Grabsteine aus mehreren Friedhöfen – ein ergreifendes Symbol des Ghetto-Lebens selbst. (26)

›Rabbi Jakob ben David‹, ist auf diesem Grabstein aus Basel zu lesen, › wurde am Sabbat getötet. sein Lohn ist im Garten Eden mit den übrigen Gerechten der Welt‹. Ein Hinweis, daß er bei einer Verfolgung umgebracht wurde. (27)

Auf diesen beiden Grabsteinen in Prag sind die Berufe eines Apothekers (*oben*) und eines Schneiders dargestellt. (28,29)

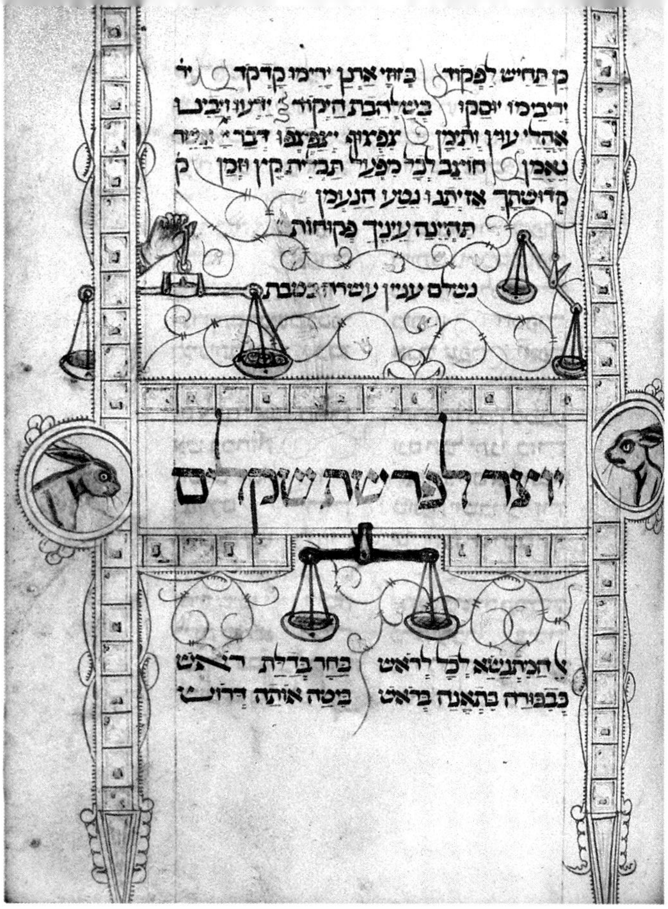

›Auf der Waagschale wiegen‹ war eine Metapher für das Gericht. Diese Seite aus einem deutschen Gebetbuch von 1379 enthält das Ende eines *Pijjut*, der von Buße und Sühne handelt, und den Anfang eines anderen, der sich auf den Sabbat Schekalim bezieht, an dem eine Geldsammlung für wohltätige Zwecke veranstaltet wird. (30)

Für Almosen. Ein Geldschrank, der im 17. Jh. in die Wand der Stara-(Alte-)Synagoge, in Krakau, Polen, eingebaut wurde. Der äußere Druck auf die Juden hatte ein hohes Niveau der Gemeindefürsorge zur Folge. (31)

Der Reichtum vieler europäischer Juden des 16. und 17. Jh. war die Folge ihres Sonderstatus: Das fachmännische Geschick im Finanzwesen war eine der wenigen Fähigkeiten, die sie kultivieren durften. *Oben*: Eine Goldmünze, geprägt zwischen 1546 und 1549 in der königlichen Münzanstalt zu Breslau von dem Prager Juden Isaak Meir, und ein jüdischer Hochzeitsring desselben Datums, mit eingelegten Edelsteinen und hebräischer Inschrift. (32,33)

Duftkräuterdöschen, die bei einer Havdala-Zeremonie am Ende des Sabbat verwendet werden, waren häufig aus kunstvoll gearbeitetem Silber. Dieses böhmische Beispiel (*unten*) ist als Turm mit vier Eckturmspitzen gestaltet. (34)

Bizarre Vorstellungskraft verwandelte hebräische Buchstaben oft in Gestalten aus der Phantasiewelt. *Oben*: Zwei gegenüberliegende Seiten aus einer Haggada aus dem 13. Jh. Auf der rechten Seite eine Zeile aus Flickwerk-Monstern mit menschlichen und tierischen Köpfen. Auf der linken Seite balancieren zwei menschenköpfige Vögel auf Stäben, die aus den Mäulern von zwei Greifen herausragen. *Rechts:* Eine andere menschenköpfige Gestalt, einem Hund gegenüber, während unten ein bunter Löwe einen anderen Stab stützt, der in ein menschliches Gesicht mündet. Auf der dritten Seite der gleichen Handschrift (*links*) ist der Buchstabe *alef*, der erste im hebräischen Alphabet, geistreich in einen Reiter auf einem Pferd verwandelt. (35,36,37)

Verschiedenartige Teufel, ein Vogel, der eine Blume pickt, und ein Jude mit blauem Gesicht und einem Spitzhut sind einige der seltsamen Darstellungen in den Buchstaben eines deutschen *Machsors*, eines Festgebetbuches, aus dem 14. Jh. (38)

Als die Juden von Konstanz dem neu gewählten Martin V. 1417 aufwarteten (*unten*) und ihm die Tora mit der Bitte übergaben, ihnen ihre Privilegien wieder zu gewähren, sagte er ungnädig: »Ihr habt das Gesetz, aber Ihr versteht es nicht. Das Alte ist vergangen und das Neue gefunden.« (39)

Für die Juden Deutschlands war das späte Mittelalter eine Zeit erneuter Verfolgung. Zur Zeit des schwarzen Todes hatte sie die aufgeschreckte Bevölkerung der Brunnenvergiftung mit dem Ziel der Zerstörung des Christentums beschuldigt, eine Anschuldigung, die im 16. Jh. wieder auftauchte (*unten*). (40)

## Das ›Wunder‹ der Genisa

Im Jahre 1896 kauften zwei englische Damen, die in Kairo ihre Ferien verbrachten, als Kuriosität einige fragmentarische hebräische Handschriften, die zum Verkauf angeboten wurden. Nach ihrer Rückkehr nach Cambridge zeigten sie sie Solomon Schechter, dem damaligen Dozenten für Rabbinica an der Universität. Er erkannte das Alter des Fundes, reiste nach Kairo und lokalisierte den Ort, aus dem die Manuskripte stammten – die *Genisa*, d.h. die Speicherkammer einer alten Synagoge. Es war ein alter jüdischer Brauch, einen unbrauchbaren heiligen Text nicht zu zerstören, sondern ihn einfach in einem Speicher abzulegen. Die Kairoer Genisa enthielt aber nicht nur aus dem Verkehr gezogene liturgische Texte; dort lag, praktisch neunhundert Jahre lang unangetastet, ein riesiger Schatz von Aufzeichnungen, die bis ins 10. Jh. zurückreichen und die alle Seiten des jüdischen Lebens betrafen – die religiösen, die beruflichen, die sozialen und die literarischen.

Schechter packte 100.000 Fragmente ein und schickte sie nach England. Dieses Bild zeigt ihn inmitten seiner Sammlung bald nach seiner Rückkehr nach Cambridge. Der Zustand der Handschriften erschwert ihr Studium, aber die Historiker haben eine Fülle neuer Informationen aus ihnen gewonnen, und es gibt darin noch genug, um Generationen damit zu beschäftigen. Plötzlich ist eine jüdische Gemeinde im mittelalterlichen Kairo so gut bekannt geworden wie eine von heute. (41)

Einige spektakuläre Seiten der Genisamanuskripte wurden schon vor Schechters Ankunft von privaten Sammlern mitgenommen und befinden sich jetzt in Bibliotheken in der ganzen Welt, diese drei (*links und rechts*) in Leningrad. Sie stammen aus einem im Jahre 1008 n. Chr. geschriebenen Pentateuch. Im ersten wurden Jesaja-Verse in einem diagonalen Muster angeordnet, die rundherum vom masoretischen Kommentar umschlossen sind. Die beiden anderen Seiten enthalten Huldigungen des Schreibers Samuel ben Jakob an seinen Patron, Mevorach ben Josef ha-Cohen; die eine in Form eines David-Sterns, die andere als stilisierter Tora-Schrein. (42,43,44)

Ebenfalls aus dem mittelalterlichen Ägypten stammen diese Blätter aus Bibel-Handschriften, die im 10. oder 11. Jh. geschrieben wurden. Das eine (*oben*), aus Deuteronomium 19, stammt von der Sekte der Karäer, die die Tora als die einzige Autorität anerkennt und den Talmud ablehnt. Es ist in drei Kolumnen geschrieben, darunter der masoretische Kommentar in kleinerer Schrift. Das andere (*unten*) mit Psalm 69 war einst am rechten Rand und unten dekoriert. (45,46)

Das pulsierende Leben der jüdischen Gemeinden in Ägypten ist nicht nur durch die Genisa-Dokumente lebhaft illustriert, sondern auch durch solche materielle Überreste wie diese Türen aus einer Synagoge in Fustat. Sie stammen aus dem 12. Jh., ihre tief eingeschnittenen Paneele zeigen eine Kunstfertigkeit, die sich von islamischer Arbeit derselben Periode in nichts unterscheidet. Der Sturz wurde im darauffolgenden Jahrhundert hergestellt und enthält eine Inschrift, die sich auf einen gewissen Rabbi Salomo bezieht: ›Unser Meister und Lehrer Salomo, der in seiner Jugend starb. Möge Gott ihn in Frieden ruhen lassen und möge Gottes Geist ihm Frieden geben‹. Die Zeit der Prosperität von Fustat ging damals zu Ende; vom 8. Jh. bis zum 12. Jh. war Fustat das Haupthandelszentrum des ganzen Fatimidenreiches, mußte schließlich jedoch dem nur einige Meilen entfernten jüngeren Kairo weichen. (47)

»Für Abraham und Mazliach, die Söhne Maimons« lautet die Widmung dieser anscheinend besonders prächtigen Pentateuch-Handschrift (*oben rechts*). Ihr Schreiber war Salomo-ha-Levi, das Datum 930. *Unten*: ein anderes Fragment aus demselben Manuskript zeigt die Tempelgeräte mit der Menora (vgl. S. 210, Abb. 30): Wie die zuvor abgebildeten Seiten gehörten auch sie zu den Genisa-Fragmenten, die nach Sankt Petersburg gebracht wurden, bevor Schechter sie erwerben konnte. (48,49)

## Hochzeit und Haus

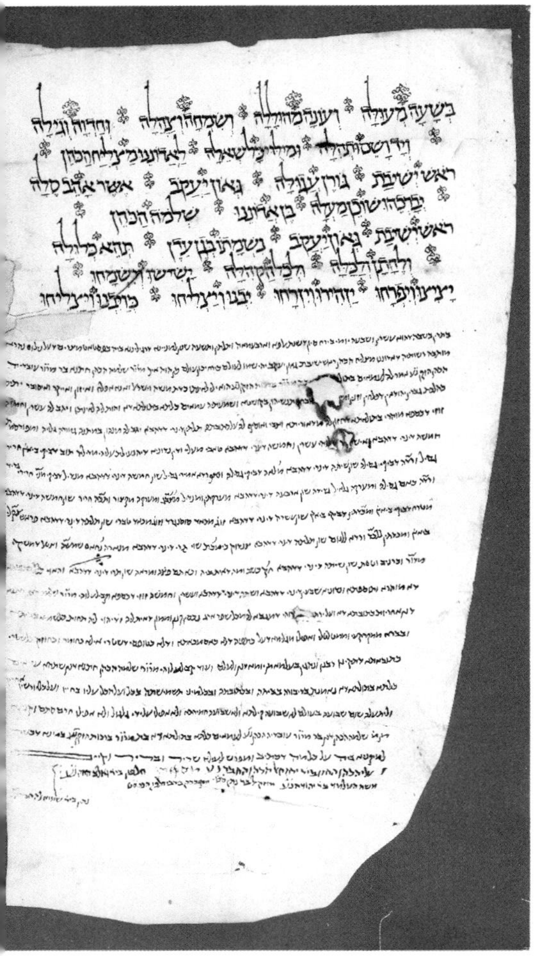

Ein Heiratsvertrag von 1128 (*links*) war eines der Dokumente aus der Kairoer Genisa. Er beginnt mit sieben Zeilen in Ornamentschrift (*gegenüber*, vergrößert), mit in Gruppen geordneten Buchstaben, die durch ein Zeichen wie ein Lilienwappen geteilt wurden. Dieser Abschnitt in gereimten Versen enthält Glückwünsche für das Brautpaar. Danach, in einer weniger kunstvollen, jedoch immer noch sehr schönen Schrift, folgen die mehr prosaischen Details. Es werden die Objekte aufgeführt, die ein junges Paar aus der jüdischen Mittelklasse gewöhnlich besitzen sollte, wie sie auf der aufgeschlagenen Doppelseite in Beispielen aus ungefähr derselben Zeit gezeigt werden. (50,51)

Das Halsband und der Metallteller konnten gleichermaßen der Besitz eines Juden oder eines Moslems gewesen sein. Das silberne Halsband hat drei Anhänger, Perlen und Halbedelsteine. Der Teller enthält den sechszackigen Stern, er ist sowohl ein islamisches wie jüdisches Symbol. (52,53)

Repräsentations- und Gebrauchsgegenstände: Ein Seidentuch, eine Keramikvase mit der Inschrift: ›Allen Segen‹ (die auch gleichermaßen jüdisch oder moslemisch sein könnte), und ein verziertes Bronzegefäß, wiederum mit dem sechszackigen Stern. Die Genisa-Dokumente vermitteln das Bild einer integrierten Gesellschaft, mit Anwälten, Ärzten und Kaufleuten, die bereitwillig zum allseitigen Wohl zusammenarbeiten. Die Juden waren in jener Zeit in den moslemischen wie in den christlichen Ländern fast ausschließlich Stadtbewohner. (54,55,56)

Dieses Buch wurde im 10. Jh. in Ägypten hergestellt, um den jungen Hebräisch-Schüler das Alphabet zu lehren. Auf der Titelseite die Menora. Auf der gegenüberliegenden Seite die drei ersten Buchstaben (vgl. dieses Alef mit dem phantasievollen in Abb. 37) mit verschiedenen darunter-geschriebenen Vokalen. Der Schreiber zeichnete die Konturen, während das Kind sie mit Farbstiften ausfüllte. Auf diese spielerische Weise lernte es Lesen und Schreiben. (57)

Diese ›Teppichseite‹ einer Karäischen Bibel aus dem 10. Jh. (*links*) könnte für die Anfangsseite eines Korans gehalten werden. Und, in der Tat, ist der hebräische Text dieser Handschrift in arabischen Buchstaben geschrieben. (58)

Das *Dajjenu* ist ein traditionelles Lied aus dem frühen Mittelalter, das in den Seder-Ritus Eingang gefunden hat. Sein Thema ist die Güte Gottes, und es besteht aus einer sich wiederholenden Formel, die stets mit »wenn« beginnt: »wenn er uns nur aus Ägypten geführt hätte… uns aber nicht das Meer gespalten hätte, *wäre es uns genug gewesen* (die Bedeutung des Wortes *Dajjenu*); wenn er uns nur das Meer gespalten hätte… und uns nicht die Tora gegeben hätte, wäre es uns genug gewesen…«. Auf dieser Seite aus einer Haggada aus dem 12. Jh. ist das Anfangswort »wenn« (von rechts nach links gelesen) ornamental abgesetzt. (59)

Babylonien hat nach der moslemischen Eroberung weiterhin eine jüdische Gemeinschaft beherbergt. *Unten*: Eine Seite aus einer Bibel aus dem 11. oder 12. Jh. in babylonischer oder persischer Schrift. Der Text aus Deuteronomium 32 ist von einem hübsch kolorierten Rand umgeben, außerdem ist er mit noch anderen Mustern wie dem Davidstern zwischen den Kolumnen geschmückt. Der masoretische Kommentar ist unten in einer Reihe von Halbkreisen angefügt. (60)

Der Jemen wurde ein bedeutendes Zentrum jüdischen Kulturlebens, insbesondere wegen seiner mystischen Schulen. Auf dieser ›Teppichseite‹ (*unten rechts*) aus einem Pentateuch aus San'a von 1468 tragen die oberen und unteren Paneele eine arabische Inschrift mit dem Datum und dem Namen des Schreibers. (61)

זה השער לי״י
צדיקים באו בו

Die Juden des ottomanischen Reiches erlangten Wohlstand und Einfluß auf vielen Gebieten – in Finanz, Handel und Gewerbe. 1547 schrieb ein französischer Reisender, daß die meisten Mediziner Juden waren. Diese kolorierte Radierung von 1568 (*unten*) bezeugt diesen soliden Wohlstand jüdischer Ärzte. Die Bildunterschrift berichtet, daß die Kopfbedeckung »eine hohe, scharlachrote Kappe« ist. (64)

Die Kalfas (Vorsteherinnen) des Harems waren häufig jüdisch. Diese, mit ihrem Amtsstab, ist nach der neuesten Mode der Jahre um 1720 - 30 gekleidet. (63)

Vor dem Schrein einer ottomanischen Synagoge aus dem 18. Jh. hing ein Vorhang (*links*), der auf den ersten Blick einem islamischen Gebetsteppich glich. Oben Worte aus Psalm 118; die Nische darunter könnte ein *Mihrab* sein, und ist die Zeichnung in der Mitte eine Menora oder eine Gruppe von Moscheelampen? (62)

Ein jüdischer Grabstein auf dem Friedhof in Istambul nach dem konventionellen ottomanischen Muster, aber mit einer hebräischen Inschrift. (65)

Jüdische Goldschmiede und Juweliere waren erst im 16. und 17. Jh. überall im ottomanischen Reich anzutreffen, ganz im Gegensatz zum christlichen Europa, wo sie von den Zünften ausgeschlossen waren. Im 19. Jh. jedoch neigte man dazu, sie aus den lukrati-

Die Unterhalter am Hofe des Sultans waren häufig Juden. Auf einer Seite aus dem ›Buch der Feiertage‹ sehen wir eine Prozession, die rund um das Hippodrom von Istambul veranstaltet wird (identifiziert durch die Säule und die dreiköpfige Schlange); in ihr drei Juden, die die bereits erwähnten roten Hüte tragen. Zwei von ihnen agieren als Steckenpferde mit lustigen Schabracken. (66)

Die moslemische Einstellung den Juden gegenüber war nicht immer voll Sympathie und Toleranz. Der Koran enthält mehrere abfällige Bemerkungen über sie, und in Vitae des Propheten werden sie in einer demütigenden Niederlage nach einer Schlacht bei Medina dargestellt. In dieser Darstellung des Ereignisses aus dem 16. Jh. tragen sie das zeitgenössische Kostüm mit dem roten Fez. (68)

ven Berufen durch restriktive Gesetze herauszudrängen. Dieses Detail, das einen jüdischen Juwelier an seinem Stand zeigt, stammt aus Murads III. ›Buch der Feiertage‹, eine Aufzeichnung der Vergnügungen im Istambul des 16. Jh. (67)

Die Synagogen des ottomanischen Reiches spiegeln den Stil der zeitgenössischen Moscheen wider, wie diejenigen der europäischen Länder dem der Kirchen ähneln. In diesem Beispiel aus Istambul befindet sich die *Bima*, die Empore, von der aus die Tora vorgelesen wird, auf der linken und der Tora-Schrein mit den darüber gemeißelten Bundestafeln auf der rechten Seite. (69)

Das im 19. Jh. verbreitete stereotype Bild des Juden könnte vielleicht die populäre Reaktion auf das Angleichen der Nicht-Moslems an die Moslems sein. *Links*: Zwei Marionetten, die einen jüdischen Musiker mit einem Temburin und einen reichen Juden mit dem Schlüssel zu seiner Geldkassette darstellen. (70)

Syrien: Ein Purim-Weinkrug aus dem 17. Jh. aus graviertem bernsteinfarbenem Glas. Die Inschrift auf dem Hals ist arabisch, auf dem Bauch hebräisch. (71)

Der Jemen: Eine Heiratsurkunde aus dem frühen 19. Jh. (*rechts*), reichlich verziert mit Bildern von Jerusalem und den anderen heiligen Stätten. Der eigentliche Text steht unter dem ganz aus Buchstaben zusammengesetzten Bogen. (72)

Saloniki: Ein Chanukka-Leuchter aus dem 18. Jh. mit einer neoklassizistischen Schnörkelverzierung und Akroterionformen. Die acht Vertiefungen unten sind für Öllampen, der Halter links (*Schamasch*) für die Einzellampe, die die anderen anzündet. (73)

Bagdad: Eine Heiratsurkunde von 1815. Im Gegensatz zu dem jemenitischen Beispiel hat sie abstrakte Muster, und ihr Hauptschmuck ist die sorgfältige Kalligraphie. (74)

Die Juden von Saloniki waren die im ottomanischen Reich am längsten ansässigen und einflußreichsten. Obwohl die Stadt 1912 von der türkischen in die griechische Herrschaft überging, zeigen alte Photographien noch im 20. Jh. das Fortbestehen der traditionellen Lebensformen.

Eine wohlhabende türkische Familie in Saloniki um 1890. Der Vater trägt einen türkischen Fez; die Mutter und die älteren Töchter tragen Kleider nach der Mode Westeuropas, während bei der alten Frau und den Kindern der Einfluß der lokalen griechischen Tracht erkennbar ist. (75)

Die Gemeindewohlfahrt hat bei den Juden unter ottomanischer Herrschaft eine lange Geschichte, die bestehenden Organisationen wurden auch unter den Griechen beibehalten. *Oben*: Zwei Waisenhäuser in Saloniki, 1926 photographiert. Das Motto an der Wand lautet: »Möget ihr lange leben«. (76,77)

Sarajewo, 1910: Eine reiche jüdische Familie in der serbischen Hauptstadt bei einer Hochzeit. Äußerlich gibt es wenig, wodurch man sie von der übrigen Bevölkerung unterscheiden könnte. (78)

Erziehung und Gesundheitswesen (*rechts*) waren durch Wohlfahrtsverbände organisiert, die sowohl von innerhalb wie von außerhalb des ottomanischen Imperiums finanziert wurden. Oben ein Bild von einer Schüleraufführung, vermutlich zum Thema des Judas Makkabäus. (79,80)

## Persische Juden

Die Juden in Persien haben sich in vielen Dingen ihres täglichen Lebens ihren moslemischen Nachbarn genähert; sie nahmen ihre Kleidung, künstlerische Konventionen und ihre Sprache an. Auf diesen Porträts einer Braut und eines Bräutigams *(links)* sind die Inschriften in Juden-Persisch, d.h. Persisch mit hebräischen Buchstaben geschrieben. Die Braut, die ihre Augen schminkt, heißt Rahel, der Bräutigam, der die Gitarre spielt, heißt Salomo. Sie datieren von ungefähr 1840 und sind in Qajar, dem typischen Stil der persischen Kunst jener Zeit, gehalten. *Unten*: Ein Heiratsvertrag aus ungefähr derselben Zeit, 1860; seine Sprache ist traditionsgemäß Aramäisch, aber die Ausschmückung enthält das nationale Emblem Persiens, den Löwen und die Sonne. (81,82,83)

Persische und jüdische Kulturtraditionen vereinen sich in diesem ▷ herrlichen Seidenteppich aus Zentralpersien um 1850. Das Hauptthema ist das Treffen von Salomo und der Königin von Saba. Auf den Stufen darunter finden sich gemäß einem Midraschtext Tierpaare aus Gold. Oben und auf den beiden Seiten die Symbole der zwölf Stämme (einige wiederholen sich in umgekehrter Reihenfolge links und rechts – in einem Fall ist es der Löwe Judas, wobei auch die Buchstaben verkehrt sind). Diese Symbole enden in einer Gruppe von Bäumen (Ruben); andere Themen, ebenfalls doppelt, führen die Sequenz weiter – die Grabstätte der Patriarchen, das Grab Rahels, Rama und das Grab Samuels, und unten (hier sind die beiden Seiten verschieden) zwei Synagogen, genannt »das Haus Jakobs« und »die Pracht Israels«. Am unteren Rand die Opferung Isaaks und die Auffindung Moses durch Pharaos Tochter, zwischen ihnen die West- (oder Klage-) Mauer des Tempels. (84)

ששכר
יהודה
לוי
שמעון
ראובן
מלכתשבא
לפנישלמה
כסאשלשלמההמלך
יונה נץ
גמל נמר
כבש זאב
שור אריה

Die Küsten Nordafrikas waren eine Zuflucht für einige 50.000 Juden, die 1492 aus Spanien vertrieben wurden; die jüdischen Siedlungen in dieser Gegend sind jedoch weit älter. Das Dorf Hara Kbira wird nur von Juden bewohnt; sie haben viel Islamisches angenommen. Auf dem Friedhof gibt es Gräber von jüdischen »Heiligen«, die sich kaum von den moslemischen »heiligen Männern« unterscheiden. (85)

Schneiderwerkstätten in Algerien (*unten*) gehörten zu den Unternehmungen, die von der Alliance Israélite gefördert wurden, um den Juden eine einträgliche Arbeit in Zeiten wirtschaftlicher Schwierigkeiten zu erhalten. Die Alliance wurde 1860 gegründet, unter anderem dank der Bemühungen von Adolphe Crémieux, die Juden vor Verfolgung zu schützen und sie »zur Ausübung nützlicher Handwerksberufe zu ermuntern«. (86)

## Der Maghreb

Die Töchter zweier wohlhabender jüdischer Familien aus Tanger und Algerien (*rechts*) in ihrer Festtagskleidung: In der Hauptsache maurisch, mit einem Hauch des Exotischen. Die erste trägt ein *hezam*, einen breiten, steifen Gürtel aus gesticktem Samt, die andere trägt einen Plastron, den reichgeschmückten Vorderteil des Mieders. *Unten rechts*: Ein Paar aus ungefähr derselben Zeit, Ausschnitt aus einem Familienbild, aufgenommen in Konstantin, Algerien. (87,88,91)

Ritualgegenstände haben eine lange Tradition. Sie wurden nur geringfügig dem Stil der Zeit und des Ortes angepaßt. All diese kommen aus dem Maghreb des späten 19. Jh. *Oben*: Ein silberner Chanukka-Leuchter; die acht Kerzen oder kleinen Öllampen werden während des achttägigen Festes der Reihe nach angezündet, bis alle brennen. *Oben rechts*: Eine silberne Zeigehand zum täglichen Lesen der Tora. *Rechts*: Ein Hochzeitsring; der hohle Würfel dient als Behälter für Duftkräuter. *Ganz rechts*: Eine Tora-Krone, die um den Tora-Behälter gelegt wird. (89,90,92,93)

»Hier ist nichts anderes als das Haus Gottes«: Die Inschrift auf diesen glasierten Ziegeln aus Isfahan, 18. Jh., stammt aus der Erzählung des Jakobstraumes in der Genesis (28,17). Der Stil ist der typisch persische seiner Zeit. Ein interessantes Detail ist die Schreibung der Gottesbezeichnung *Elohim*, die hier bewußt als *Elokim* geschrieben wird, eine übliche Praxis für den Gebrauch des Gottesnamens außerhalb des Gottesdienstes und der Segenssprüche, um den »Namen Gottes nicht vergeblich zu führen.« (3. Gebot). (94)

Eine algerische Synagoge um 1830, die dermaßen von islamischer Kultur beeinflußt ist, daß man sie leicht für eine Moschee halten könnte; nur würde es in einer Moschee keine Bänke geben. Die verhängte Einzäunung im Hintergrund scheint der Ort des Tora-Schreins zu sein. Die Frauengalerie befindet sich hinten. Diese Synagoge in der rue Chartres in Algier wurde 1837 zerstört. (95)

7

# Die Juden in Spanien

## HAIM BEINART

Von besonderer Bedeutung für das sefardische oder genauer gesagt spanisch-portugiesische Judentum wurde sein langes Verweilen in *einem* Gebiet, nämlich auf der Iberischen Halbinsel, wo es sich organisch und natürlich entwickeln konnte. Soweit wir wissen, siedelten sich die ersten Juden hier im 1. Jahrhundert an, vielleicht sogar noch vor der Zerstörung des Tempels. Die ersten kleinen Niederlassungen entstanden in Küstenstädten wie Tarragona und Tortosa. Nach dem Eindringen der Muslime wurden die Juden in beiden Teilen der Halbinsel, im muslimischen wie im christlichen, wohlhabend und einflußreich und trugen viel zum kulturellen und sozialen Leben beider Gebiete bei. Alles fand dann ein jähes Ende durch die Vertreibung aus Spanien im Jahre 1492 und fünf Jahre später durch die erzwungenen massenhaften Übertritte zum Christentum in Portugal. In diesem Kapitel soll versucht werden, einige Eckpfeiler freizulegen, auf denen das Judentum hier sein Dasein und seine schöpferische Wirksamkeit aufbaute; weiter geht es hier darum, wie die Juden ihre christlichen und muslimischen Nachbarn beeinflußten und wiederum von ihnen beeinflußt wurden, wie sie mit ihnen, zuweilen unter Spannungen, zuweilen in Harmonie zusammenlebten.

Die ersten jüdischen Siedler auf der Iberischen Halbinsel kamen unmittelbar oder über Rom aus dem Heiligen Land. Sie brachten eine palästinische Tradition aus der spätrömischen Periode mit sich, eine Tradition, die dann durch Einflüsse aus dem nationalen jüdischen Zentrum in Babylonien während dessen ganzer Blütezeit verstärkt wurde. Aus dieser sehr frühen Zeit sind noch ziemlich viele materielle Spuren erhalten, wie Beinurnen und Grabsteine. Auf einem Sarkophag in Tarragona steht in drei Sprachen: »Friede sei mit Israel und mit uns und mit unseren Kindern, Amen«, – ein einzigartiges Zeugnis jüdischer Kultur außerhalb des Heimatlandes. Eine andere, ebenfalls dreisprachige, in Tortosa entdeckte Inschrift berichtet von einem Mädchen Meliosa, der Tochter des Rabbi Jehuda (Juda), und in Elche verwendet ein Mosaik-Text in griechischer Sprache das Wort *Archisynagogos.* Neben diesen dreien gibt es noch viele andere Inschriften, die alle zusammengenommen gestatten, ein Bild dieser jüdischen Gemeinden am Ende der damals bekannten Welt zu entwerfen.

Noch aufschlußreicher sind die Beratungen der Synode von Elvira (Illiberis) im 4. Jahrhundert, denn hier versuchte man, durch mehrere Klauseln die Beziehungen zwischen Juden und Christen zu regeln. So durften die Juden zum Beispiel nicht die Felder von Christen segnen; ein Christ, der es zuließ, konnte für immer exkommuniziert werden. Offensichtlich war also ein jüdischer Segensspruch, von einem jüdischen Bauern über den Acker eines Christen gesprochen, allgemein begehrt – vielleicht ebenso wegen der Ratschläge, die der Jude nebenbei gab, wie wegen der Kraft des Segens. Andere Bestimmungen verboten den Christen und ihren Priestern, mit Juden Mahlzeiten einzunehmen, alles Schranken, die zwischen Juden und Christen errichtet wurden und auf kommende Ereignisse hinwiesen.

Die westgotische Herrschaft in Spanien dauerte vom Anfang des 5. bis ins frühe 8. Jahrhundert. Erst unter König Rekkared, der 586 vom arianischen zum katholischen Glauben übertrat, begannen die Verfolgungen der Juden mit entsprechenden Gesetzen, die er 589 erließ. Kirche und Staat waren sich jetzt in ihrer antijüdischen Politik einig, die sich von einer Synode zur nächsten verschärfte. 613 verlangte König Sisebut von den Juden in seinem Reich, entweder zum Christentum überzutreten oder das Land zu verlassen. Viele Juden wanderten nach Nordafrika aus, die Zurückgebliebenen bildeten die erste ›Converso‹-Gemeinde in Spanien. Die vierte Synode, die 633 in Toledo unter der Herrschaft von König Sisenand stattfand, formulierte eine neue Reihe von Beschränkungen: »Denjenigen, die von den Juden sind« – nämlich die zum Christentum übergetretenen Juden und ihre Nachfahren – wurde jedes öffentliche Amt versagt, falls es ihnen irgendeine Amtsgewalt über Christen verlieh. Es ist zwar nicht bekannt, ob die Juden bis dahin viele öffentliche Ämter innehatten, doch das Verbot zeugt jedenfalls von Mißtrauen. Aber seine eigentliche Wirkung tat es erst sehr viel später, als im 15. Jahrhundert öffentlich erörtert wurde, ob konvertierte Juden in einer christlichen Gesellschaft in ein öffentliches Amt berufen werden konnten.

Solange die Westgoten in Spanien noch herrschten, wurden die Juden unablässig bedrückt, so daß ihnen auch keine schöpferische Tätigkeit möglich war; Kirche und Staat bemühten sich gemeinsam, eine ungemischt christliche Gesellschaft durchzusetzen, in der es keinen Raum für Juden gab. Sonderbar genug galt trotzdem eine jüdische Eidesformel, die von den Juden und den Conversos bis 1492 gebraucht wurde, als Teil der Erklärung, mit der konvertierende Juden sich zu einer durch und durch christlichen Lebensführung verpflichteten.

Der westgotischen Herrschaft machte 711 der arabische Ansturm ein Ende; fast die ganze Halbinsel fiel den Eindringlingen wie eine reife Frucht in die Hände. Spanische Historiker des 15. Jahrhunderts haben die Juden beschuldigt, gemeinsame Sache mit den Arabern gemacht zu haben, obwohl durch nichts zu beweisen ist, daß sie es waren, die Musa und Tarik über die Meerenge riefen.

Konnte aber der Totalitarismus der Westgoten erwarten, daß sich ein unterdrückter Teil der Bevölkerung gegen einen Befreier wandte, der bessere Zeiten versprach? Es war eine Lektion, aus der, wie noch zu zeigen sein wird, eine spätere christliche Gesellschaft nichts gelernt hatte, als sie versuchte, einen Staat mit nur einem Glauben und nur einer Nationalität zu schmieden.

### Al-Andalus und die Reconquista

Die muslimische Invasion schuf zwar neue Voraussetzungen für das jüdische Leben, sich auf der Iberischen Halbinsel zu entfalten, aber aus dieser Zeit ist wenig über die Juden bekannt, die nach Al-Andalus (das muslimische Spanien) auswanderten. Besser sind wir über die Juden unterrichtet, die in den christlichen Enklaven des Nordens oder in der *Marca Hispanica* blieben, die Karl der Große an den Abhängen der Pyrenäen als Schranke gegen die Araber gründete. Aus Dokumenten geht hervor, daß Juden dort Ackerland und Weingärten besaßen, die sie kaufen, pachten oder verpachten konnten, und daß sie ihren Grund und Boden bestellten. Sie tauschten Grundstücke mit kirchlichen Körperschaften, mit Klöstern, Bischöfen und Pfarrern.

Gelegentlich wurden die entsprechenden Verträge in Hebräisch aufgesetzt und vom jüdischen Vertragspartner hebräisch unterzeichnet (bis zur Vertreibung ließ die Kirche in den Urkunden hebräisch verfaßte jüdische Eidesformeln gelten). Es war also wohl ein friedliches nachbarliches Verhältnis. Als die Christen dann das in der *Reconquista* den Arabern abgenommene Land wieder in Besitz nahmen, waren Juden unter den ersten Ansiedlern und erhielten deshalb volles Besitzrecht auf ihren Grund und Boden. Landwirtschaft war tatsächlich ihre Haupterwerbsquelle.

*»Damals sangen Mose und die Israeliten dem Herrn dieses Lied« (Ex 15): Das »Schilfmeerlied«, von einem gemalten Rand umgeben, aus einer Bibel aus Toledo von 1246. Toledo war zu dieser Zeit ein blühendes Kulturzentrum und besaß die wichtigste jüdische Ansiedlung in Spanien.*

In den von den Muslimen beherrschten Gebieten sahen sich die Juden aber rasch durch unerträglich hohe Besteuerung vom Landbesitz ausgeschlossen, so daß sie mehr und mehr in die Städte abwanderten. Dadurch veränderten sich ihre Lebensbedingungen entscheidend. Schon im 10. Jahrhundert erlebte Al-Andalus einen großartigen kulturellen Aufschwung der Juden. Unter Abd-ar-Rachman III. (912 - 61) und seinem Sohn Hakam II. (961 - 76) gedieh Córdoba, das damals eine halbe Million Einwohner hatte, zu einem Mittelpunkt der Gelehrsamkeit, besonders der jüdischen unter Rabbi Chasdai ibn Schaprut (um 915 bis etwa 970). Er war berühmt als Arzt, Gelehrter und Diplomat, heilte König Sancho von Léon von seiner Fettleibigkeit und erhielt zum Dank dafür zehn Festungen, über die er selbst die Landeshoheit innehatte. Chasdai verhandelte mit zwei bedeutungsvollen Gesandtschaften, von denen eine aus Byzanz kam, die andere 953 von Kaiser Otto I. geschickt worden war. Tief beunruhigt über das Schicksal der jüdischen Brüder im byzantinischen Reich, verhandelte er mit Helena, der Tochter von Romanos I. Lekapenos, über bessere Lebensbedingungen für die Juden. Chasdai schrieb auch an Joseph, den König der Chasaren, eines zentralasiatischen Volkes, das in Massen zur jüdischen Religion übergetreten war; er selbst sprach den Wunsch aus, das Königreich der Chasaren zu besuchen. Sein Palast wurde ein Mittelpunkt für jene ersten jüdischen Dichter, die die hebräische Dichtung in Spanien erneuerten. Er war der erste Hofjude im muslimischen Spanien.

Aus dem nächsten Jahrhundert ragt die Persönlichkeit des Dichters, Gelehrten und Staatsmannes Schemu'el (Samuel)-ha-Nagid hervor. Obwohl von bescheidener Herkunft, stieg er zum Wesir des Emirs von Granada auf. Er empfand sich als Werkzeug in der Hand der Vorsehung, von Gott gesandt, um für sein Volk zu kämpfen. Als die Juden in benachbarten Staaten wie Almeria und Sevilla verfolgt wurden, sah er darin einen Kriegsgrund und führte selbst die Armee ins Feld, um die Brüder zu retten. Es war die große Zeit für den jüdischen Stolz, der auf blühende talmudische Lehrstätten und Zentren der Gelehrsamkeit wie in Alisana (heute Lucena) weisen konnte; nicht umsonst nannte man Granada ›Gharnata al-Jahud‹.

Ein anderer wichtiger Mittelpunkt war Saragossa, wo der Jude Jekutiel Abu Isaak ibn Hasan lebte, der Berater von Mundir II., dem letzten Fürsten aus der Dynastie der Tudschibiten, war. In Städten wie Saragossa wurden die Grundlagen der Hebraistik gelegt, und der Dichter Schlomo ibn Gevirol (Salomo ibn Gabirol) schrieb: »Das Hebräische hat alles, was andere Sprachen besitzen, und mehr als das.« Doch es war eine trügerische Blütezeit: 1039 wurde der überaus gelehrte Rabbi Jekutiel, der nicht nur der jüdischen Gelehrsamkeit, sondern auch im allgemeinen Kulturleben versiert war, enthauptet. Und auch unter den christlichen Herrschern im Norden blieb das Schicksal der Juden völlig ungesichert.

Die Lage im Norden änderte sich, als man die berühmten Gebeine des Heiligen Jakob, des spanischen Schutzheiligen der Maurenkriege, entdeckte und mit ihrer Beisetzung in Compostela eine höchst einträgliche Pilgerstraße eröffnete. Juden gehörten zu den Ansiedlern der Gebiete, die man den Mauren wieder abgenommen hatte. Ihre Niederlassungen wurden durch beachtliche Privilegien gefördert. So war zum Beispiel zeitweilig die Strafe für die Ermordung oder Verletzung eines Juden ebenso hoch wie für die Tötung eines Ritters *(infanzon)* oder eines Priesters, wiewohl die Einwohner mehrerer Städte versuchten, die Strafe auf die für den Tod eines Bauern herabzudrücken. Jedes Gebiet hatte seine eigenen Gebräuche, aber im allgemeinen gelang es den Juden, sich die Mittel zu ihrem Schutz zu beschaffen. Kam es in Navarra zum Streit zwischen Juden und Christen, setzte der Herrscher selbst einen Streiter *(bastonarius)* ein, der sich für die Juden schlagen mußte.

In der zweiten Hälfte des 11. Jahrhunderts, vor allem unter der Herrschaft von Alfonso VI., breiteten sich die jüdischen Siedlungen im nördlichen Spanien beträchtlich aus; der Aufschwung hielt noch an, als die *Reconquista* nun auch Aragon und Katalonien erfaßte.

1085 nahm Alfonso VI. Toledo ein. Die Juden Toledos blieben im Südwesten der Stadt, wo sie über eine Festung verfügten, und bald entwickelte sich hier eine der wichtigsten jüdischen Niederlassungen in Spanien. Sie verdankte es weitgehend einer großartigen jüdischen Persönlichkeit im Dienst von König Alfonso: Josef ha-Nasi ben Ferrizuel (ibn al-Faruăsch Alkab ri), bekannter unter dem Namen Cidellus. Er stammte aus Cabra bei Granada, wurde Alfonsos Leibarzt und zum *Nasi* oder Leiter aller jüdischen Gemeinden in seinem Bereich ernannt. So konnte er den Juden beistehen, als die Provinz Guadalajara von Alfonso erobert wurde. Er rief die Brüder im muslimischen Spanien auf, in den christlichen Norden einzuwandern. In einem der ersten Gedichte in *Romance* (einem Vorläufer des Spanischen) verglich der große jüdische Dichter Jehuda ha-Levi seinen Landsmann Cidellus mit »einer frischen Brise, einem Sonnenstrahl in Guadalajara«.

Als *Nasi* verfügte Cidellus über eine beachtliche Machtfülle. Im Interesse der jüdischen Einheit verbannte er zum Beispiel die Karäer aus den wichtigsten jüdischen Niederlassungen; die Karäer waren eine jüdische Sekte, die den Talmud ablehnte und die Rückkehr zur Bibel empfahl. Cidellus' Amt – Leiter der Verwaltung und offizieller Vertreter der Juden am königlichen Hof in Steuerfragen, oberster Berufungsrichter in Fällen, an denen Juden beteiligt waren – erhielt sich in Kastilien bis zur Vertreibung unter dem Titel Rab de la Corte, in Portugal unter der Bezeichnung Arrabi mor. Natürlich war nicht jeder *Nasi* oder Rab de la Corte seines Amtes würdig oder gelehrt genug, um den Titel ›Rabbi‹ zu verdienen.

Status und Rechte der Juden in Spanien und Portugal wurden nicht nur durch die allgemeinen Gesetze bestimmt, sondern auch durch ein Korpus von der Krone anerkannter, lokaler Vorschriften und Gebräuche, die Fueros. Sie waren um so wichtiger, als sie organisch gewachsen waren, Jahrhunderte überspannten und heute noch viele Hinweise auf Probleme der jüdischen Niederlassungen in den verschiedenen Gebieten der Halbinsel geben. Es fällt auf, daß Juden und Christen in den Erklärungen der Fueros völlig gleichgestellt erscheinen. Die Pflicht, Beweise durch Zeugen beizubringen, galt für beide Parteien; jüdische Eidesformeln waren zugelassen, die Handelstätigkeit wurde unparteiisch geregelt. Hier läßt sich das Einmalige der spanischen Verhältnisse erkennen.

Im 12. und 13. Jahrhundert wurde Toledo zu einem Mittelpunkt europäischer Kultur. Der Aufschwung setzte in den Tagen Alfonsos VI. ein und erreichte seinen Höhepunkt unter Alfonso VIII. (1126 - 57), als der

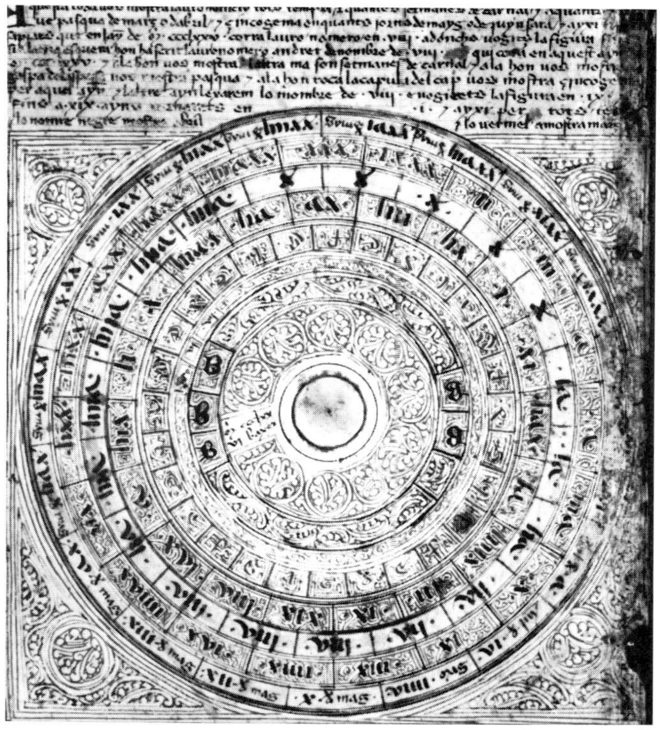

*Abraham Crescas, der Kartograph aus dem 14. Jh., hat für Heinrich den Seefahrer Karten gezeichnet und schuf den* Katalanischen Weltatlas. *Ein Detail aus dem ersten der acht langen Blätter im Atlas mit astrologischen Tafeln.*

Erzbischof Don Raimundo mit einer Gruppe von Juden und christlichen Klerikern ein Kollegium für Übersetzungen gründete. Es wurde schnell berühmt. Viele Schlüsselbegriffe der arabischen und hebräischen Literatur wurden ins Lateinische übertragen, eine Arbeit, an der sich die Juden besonders eifrig beteiligten. Der bekannte Mathematiker Juan de Sevilla – der zum Christentum übergetretene Juan Avendeuth oder Ibn David – übersetzte Texte aus Medizin, Philosophie und Astronomie und vermittelte dem Westen die Kenntnis vieler Werke von Plato und Aristoteles. Er übertrug auch *Die Quelle des Lebens* (Fons vitae) des ›jüdischen Plato‹ Solomo ibn Gabirol, ein Werk, das unterschiedliche Gedankengänge der verschiedenen Traditionen miteinander verknüpfte; es war in Arabisch verfaßt, das Gabirol ebensogut wie das Hebräische beherrschte. Eine andere Übersetzergruppe, der auch der Jude Maestro Pedro aus Toledo angehörte, übertrug im Laufe eines einzigen Jahres, 1143, den gesamten Koran. Hebräisch diente bis tief ins 14. Jahrhundert hinein häufig als vermittelnde Sprache. Maimonides' großes Werk *More Nevuchim* – »Führer der Unschlüssigen« – wurde 1190 abgeschlossen, und zwar in Arabisch, wurde aber erst durch die Übersetzung ins Hebräische und später ins Lateinische bekannt. Das Werk beeinflußte die christliche Scholastik nachhaltig, besonders Albertus Magnus und Thomas von Aquin.

Auch Schemtov ben Isaak ibn Ardutiel, besser bekannt als Santob de Carrión, trug wesentlich zur spanischen Kultur bei. Er lebte unter Alfonso XI. (1312 - 50) und sprach Hebräisch und Spanisch gleich geläufig. Sein hebräischer *Widduj* (Sündenbekenntnis) wurde Teil des *Musaf*-Gottesdienstes zu *Jom Kippur* (Versöhnungstag) nach sefardischem Ritus, während sein spanisches Werk *Proverbios Morales*, das die hebräische Ethik auf den allgemeinen Alltag bezieht, zu den grundlegenden Werken spanischer Sprache gehört und den jüdischen

Einfluß auf die Kultur des Mittelalters anschaulich macht; durch dieses Buch drangen jüdische Vorstellungen in Spaniens Literatur und Philosophie ein. Es lassen sich noch viele andere Namen hier erwähnen, für die Mathematik etwa Abraham bar-Chijja aus Barcelona; für die Kartographie wirkten Abraham Cresques (gest. 1387) aus Mallorca, sein Sohn Jehuda Cresques und Abraham Zacuto aus Salamanca, dessen *Almanach perpetuum* Ende des 15. Jahrhunderts Kolumbus bei den Berechnungen für seine große Reise half. Damals nannte der Dichter Fernán Pérez de Guzmán mit vollem Recht das jüdische Spanien – er dachte dabei an Córdoba – »ein zweites Athen«.

## Die Gestalt der Gemeinde

Hatte das spanische Judentum einen besonderen Charakter? Die meisten Züge teilte es schließlich mit den jüdischen Gemeinden anderer Länder. Die Juden lebten in Dörfern, in kleinen und großen Städten. Sie mochten reich, von bescheidenem Wohlstand oder arm sein (die Armen wurden von der Allgemeinheit unterstützt); unter ihnen waren Wissenschaftler, Studenten, gelehrte religiöse Würdenträger, Ärzte, Kaufleute und Handwerker auf allen Gebieten der Handwerkskunst; ferner Grundeigentümer, Pächter und Bauern. Soziale Spannungen gab es hier wie in jeder anderen Gesellschaft. Doch stabil waren die Verhältnisse nicht, zu häufig wechselten die Lebensbedingungen der Juden im Laufe der Zeiten und von einer Provinz zur anderen. Politische Änderungen führten oft zur Gründung neuer Gemeinden und Niederlassungen. In den Städten und Dörfern, die durch die *Reconquista* wiedergewonnen wurden, mußten sich alte Gemeinden jetzt dem Leben in einem christlichen und nicht mehr muslimischen Staat anpassen; ein Vorgang, der sich durch Jahrhunderte hinzog, aber in der letzten Phase, dem Krieg gegen Granada, schon Vergangenheit war. Die katholischen Herrscher beabsichtigten nie, das jüdische Element an der Besiedlung des eroberten Granada zu beteiligen, sondern hatten schon die vollständige Vertreibung beschlossen. Sie war das folgerichtige Ergebnis eines Prozesses, der 1391 begann und weitgehend von Pogromen, Zwangskonversionen oder freiwilligem Verzicht auf Glauben und Volkszugehörigkeit gekennzeichnet war. Die Krise des 15. Jahrhunderts in Spanien kündigte eine tiefgreifende Wandlung des jüdischen Lebens in ganz Europa an, deren Wirkung noch Hunderte von Jahren spürbar war.

Sehen wir uns die Struktur des jüdischen Gemeindelebens an; wir beginnen mit der Spitze: Das Phänomen des ›Hofjuden‹ wurde schon erwähnt. Jeder christliche König in Spanien hatte seinen Hofjuden, was ganz gewiß für die Juden günstig sein konnte, weil es ihnen Zugang zum Herrscher verschaffte, was aber doch ganz und gar im Interesse des Herrschers entstanden war. Denn im fiskalischen System fiel den Juden die Aufgabe zu, Geld zu beschaffen, entweder durch eigene Abgaben oder mittelbar durch die Leitung des Steuersystems. Hunderte von Jahren hindurch waren Juden Steuerpächter, von denen Geld erwartet wurde. Dabei ging es nicht einfach um eine geregelte Jahressteuer, die von Juden festgesetzt wurde: Was immer die Krone brauchte, von den Gehältern für den königlichen Hofstaat bis hin zum Taschengeld einer verschwenderischen Königin oder eines Prinzen, wurde auf diese Weise zusammengebracht. Mit den finanziellen Lasten, den ungerechten Forderungen und allen damit verbundenen, oft sehr harten Methoden identifizierte man schließlich die Juden; hier ist eine wesentliche Ursache antijüdischer Gefühle zu erkennen. Im Dezember 1491, als die Vertreibung schon beschlossene Sache war, mußten neue Mittel erfunden werden, damit die Juden als Steuereintreiber entbehrlich wurden und Kastilien und Aragon auch nach der Vertreibung noch ihre Schatztruhen füllen konnten. Tomás de Torquemada war der Erfinder dieser vorsorglichen Maßnahmen.

Die großen jüdischen Financiers waren in vieler Hinsicht Sprecher für ihre jüdischen Brüder. Manche von ihnen bewährten sich als eigenständige Persönlichkeiten, als treue Beschützer des Judentums. Eine Generation, die so großartige Führer hatte wie Mosche ben Nachman (bekannter als Nachmanides), der königlicher Berater von Jakob I. in Gerona war, und wie Salomo ben Abraham Adret in Barcelona durfte sich glücklich preisen. Nur eine so starke Persönlichkeit wie Nachmanides konnte dem Druck der Disputation von Barcelona im Jahre 1263 standhalten. König Jakob und der zum Christentum übergetretene Jude Pablo Christiani hatten das Streitgespräch veranstaltet, das vier Tage dauerte und in dem Nachmanides zweifellos intellektuell überlegen war. Trotzdem mußte er fliehen, weil er die christliche Religion angeblich geschmäht habe. Er begab sich ins Heilige Land und widmete sich ganz der Lehre, daß jeder Jude verpflichtet sei, ins Heilige Land zurückzukehren, und er baute eine Synagoge in Jerusalem. Viele Männer seines Schlags leisteten ihren Beitrag zum religiösen Leben des Judentums und taten alles, um die orthodoxe Lehre rein zu bewahren.

Natürlich war nicht jeder Hofjude ein Vorbild für seine Gemeinde – manche traten grob und anmaßend auf, bedrückten ihr eigenes Volk und äfften die Christen nach – und ihre Kinder folgten eilfertig ihrem Beispiel: Die Grenzlinie zwischen Assimilierung und Glaubensabfall war rasch überschritten. Um solchen Tendenzen zu begegnen, schrieb Menachem ben Serach 1376 sein Werk *Wegzehrung*, in dem er die grundlegenden Thesen des Judentums einfach und kurz zusammenfaßte. Doch der Gönner, dem er das Werk widmete, Don Samuel Abravanel von Sevilla, ließ sich kurz darauf taufen und wurde zu Juan Sánchez de Sevilla. Er war nicht der einzige, der diesen Schritt tat. Das also waren Männer, von denen die Juden Beispiel und Führung erwarteten! In vieler Hinsicht fällt ihnen die Verantwortung für die Krise des spanischen Judentums am Ende des 14. Jahrhunderts zu. Von der Beteiligung an den staatlichen Angelegenheiten einer christlichen Gesellschaft bis zur Konversion war der Weg nur kurz.

In dieser ganzen Zeit spielten die Juden eine wichtige Rolle für die Neubesiedlung der eroberten Gebiete, und es gibt sogar Beispiele dafür, daß sie in den Armeen kämpften, von denen die Muslime vertrieben wurden. In Gebieten wie Murcia, Valencia, La Mancha, Andalusien, Estremadura und auf den Balearen erhielten sie Landbesitz und Läden unter der Bedingung, daß sie sich dort mit ihren Familien niederließen.

Die Privilegien spanischer Könige ermöglichten den spanischen Juden eine einzigartige Entwicklung der kommunalen Organisationen. So gab es in Barcelona den ›Rat der Dreißig‹, in dem die oberen, mittleren und unteren Klassen vertreten waren. Ähnliche Ratsgremien kannte man in Saragossa, Gerona, Perpignan und anderswo. Was sie für das jüdische Gemeinwesen beschlossen, führten vollziehende Ausschüsse von Vertretern, den *Ne'emanim* (Verläßliche), durch. Die *Ne'emanim* wurden wegen ihrer moralischen Rechtschaffenheit gewählt, weil in der Theorie alle öffentlichen Angelegenheiten von ihnen abhingen. Die Praxis sah allerdings etwas anders aus: Es war üblich, daß eine Gruppe von Aristokraten, die ›großen Männer‹, in lokalen Angelegenheiten entschied; man könnte also von einer Oligarchie mit demokratischen Tendenzen sprechen. Dokumente erwähnen die *Berure Averoth* (wörtlich »Sündenrichter«). Sie sollten die Gemeindemitglieder vorladen, die das jüdische Gesetz übertreten hatten. Diese Einrichtung, die in Katalonien üblich war, wurde nach der Vertreibung auf jüdische Gemeinden im Osmanischen Reich übertragen. Die *Dajjanim*, Richter, die für eine bestimmte Periode oder auf Lebenszeit gewählt wurden, urteilten nach dem jüdischen Gesetz und nach Präzedenzfällen, auch dann, wenn es um Rechtsstreitigkeiten zwischen Juden und Christen ging. In Kastilien kannte man den ›Geschlossenen Rat‹ (Consejo cerrado), der sich ausschließlich aus Angehörigen angesehener Familien zusammensetzte und durch Gremien von ›Ältesten‹ regierte. Der Rat entschied in kommunalen Angelegenheiten allein. Er wurde durch die kastilischen Monarchen gefördert, weil sie in ihm ein Mittel erkannten, die Ordnung in der jüdischen Gemeinde zu sichern und andererseits die Gewalt der christlichen Gesellschaft zu mäßigen.

Die soziale Ordnung der jüdischen Gemeinde in Spanien wurde durch eine Reihe von Statuten festgelegt, die zur Leitung der gemeinsamen Angelegenheiten und als Richtlinien für die Lebensweise des einzelnen dienten. Dieses Volk wußte ja immer, was es erwartete, und wußte, wie es seine jüdische Lebensart den jeweiligen Verhältnissen anzupassen hatte: Die Statuten geben darüber Auskunft, wie das Gemeindeleben im einzelnen geregelt wurde. Sie legten die Einzelheiten der Rechtsprechung innerhalb der Gemeinde fest; sie zogen Grenzen für die persönlichen Beziehungen; sie bestimmten die Pflichten des einzelnen gegenüber der Gemeinschaft. Jede Gemeinde hatte ihre eigenen Statuten, die freiwillig anerkannt wurden – und gerade das gab dem spanischen Judentum einen besonderen Wesenszug. Aus solchen freiwillig übernommenen Traditionen und aus den Vereinigungen der Handwerker, die sich für kommunale Aufgaben zusammenschlossen, entstanden Gemeinschaften der gegenseitigen Hilfe und Mildtätigkeit. So gab es in Saragossa die Bruderschaft ›Täter der Barmherzigkeit‹, eine andere nannte sich ›Streber nach Rechtschaffenheit‹, eine dritte ›Nächte der Wache‹ (in denen um das Kommen des Messias gebetet wurde). In Huesca wurden die Verfügungen der ›Totengräber‹ vom König selbst erlassen. Für manche Fälle, wo sie notwendig gewesen wären, fehlten Gemeinschaften – es gab keine zur ›Befreiung von Gefangenen‹ oder für ›Heiratsfonds‹; in solchen Fällen wurde auf andere Weise geholfen. Es kam auch nicht zur Gründung einer Gebietsorganisation, wie sie nach den auf die Pest folgenden Pogromen im Königreich Aragon oder um 1430 auch in Kastilien vorgeschlagen wurde. Dennoch erkennt man aus den Statuten ein dichtes Netz öffentlicher und privater Beziehungen, das gelegentlich innere Krisen zu bestehen hatte, aber doch imstande blieb, die meisten Probleme der jüdischen Existenz in der Diaspora zu lösen. Sie Statuten blieben viele Generationen hindurch in Kraft, und die Juden, die aus Spanien vertrieben wurden, brachten sie in ihre neuen Gemeinden in Nordafrika, im Osmanischen Reich und anderswo hin.

Ein paar Hinweise noch auf die schöpferische und kulturelle Betätigung. Das spanische Judentum empfing seine Anregungen aus dem großen Zentrum für jüdische Gelehrsamkeit in Babylonien, das es kräftig unterstützte. Die hebräische Literatur in Spanien ist von tiefer Liebe und Sehnsucht zum Zion durchzogen, von Erinnerung an die große Vergangenheit und messianischer Erwartung für die Zukunft. Einige bedeutende Persönlichkeiten – Salomo ibn Gabirol, Schemu'el (Samuel) ha-Nagid, Jehuda ha-Levi und Ibn Ezra – werden in Kapitel 13 ausführlicher gewürdigt.

Auch in der Rechtswissenschaft leisteten die spanischen Juden Beachtliches. Jizschak (Isaak) Alfasi (1013 bis 1103), der aus Marokko stammte und sich im muslimischen Spanien niederließ, gehörte zu den ersten, die das jüdische Gesetz kodifizierten. Das Werk von Maimonides (1135 bis 1204), eine gewaltige philosophische, literarische und geistige Leistung, wurde zwar in Fustat (Kairo) verfaßt, entstand aber ganz aus sefardischem Geist. Ein anderer großer Rechtsgelehrter, Ja'akov (Jakob) ben Ascher (gest. 1340) verließ um 1290 mit seinem Vater und seiner Familie Deutschland und ließ sich in Toledo nieder, wo er seine *'Arba'a Turim* (Vier Reihen) verfaßte, ein Kompendium religiöser Praxis, ritueller Vorschriften und von Zivilgesetzen, in denen sich aschkenasische und sefardische Gelehrsamkeit geschickt verbanden.

Aschkenasische Traditionen fanden auch auf anderen Wegen Eingang in das spanische Judentum. Im 14. Jahrhundert kamen die für die aschkenasische Tradition kennzeichnenden asketischen Lebensanschauungen auf, dazu Doktrinen wie die des Kidduschha-Schem (wörtlich ›Heiligung des Namens‹, Verherrlichung Gottes durch Märtyrertum). Ihre Wirkung zeigte sich erst später in den Tagen der Prüfungen bei den Massakern von 1348/49, den Pogromen von 1391 und bei der Vertreibung von 1492. Um diesen knappen Überblick über das jüdische Recht in Spanien abzuschließen, soll noch Josef Karo (1488 bis 1575) genannt werden; er stammte aus Zamora, mußte aber schon in früher Kindheit Spanien verlassen und ließ sich endgültig in Safed in Palästina nieder. Sein großes Werk, der *Schulchan Aruch* (wörtlich ›Gedeckter Tisch‹) war tatsächlich eine endgültige Festlegung des talmudischen Rechtes, ausgewählt aus der Masse einander widersprechender rabbinischer Urteile. Die von Karo formulierten Vorschriften wurden in den nächsten zwei Jahrhunderten weit verbreitet und anerkannt. (Man sagte von dem großen Rechtsgelehrten Mosche Isserles aus Krakau, der das Werk Karos der polnisch-aschkenasischen Situation angepaßt hatte, er habe »nur das Tafeltuch gebracht«.)

Der wohl größte Beitrag des spanischen Judentums war die Kabbala, die von so ungeheurer Bedeutung für das Judentum und den menschlichen Geist überhaupt wurde. Spanien ist die Wiege der jüdischen Mystik, die sich von hier aus bis in alle Winkel der Welt, wo Juden lebten, ausbreitete. Doch dieses Thema ist dem Kapitel 11 vorbehalten.

## Die Entzweiung mit dem Christentum

Vom 14. Jahrhundert an verschlechterten sich die Beziehungen zwischen Juden und Christen ständig, bis hin zur Vertreibung von 1492. Wer war in erster Linie dafür verantwortlich? Es kann nicht bezweifelt werden, daß die Kirche lauter nach Einschränkung der Toleranz und nach härteren antijüdischen Verordnungen und drückenden Gesetzen rief. Papst Innozenz III. gab solchen Bestrebungen freie Bahn, unter Gregor IX. setzten sie sich fort. Sie gelangten im übrigen Europa leicht an ihr Ziel, nicht so rasch aber in Spanien. Lokale politische Rücksichten und die Bedürfnisse der *Reconquista* mäßigten die Forderungen der Kirche, die indessen zuweilen von den Regierungen von Kastilien oder Aragon doch so ernst genommen wurden, daß sie zu antijüdischer Politik führten. Die Einstellung zu den Juden wurde oft als Maßstab für den Gehorsam gegenüber Kirche und Papst angesehen, und der ständige Druck verurteilte vielerorts die jüdischen Gemeinden zur Stagnation.

Im 14. und 15. Jahrhundert trafen mehrere Ereignisse zusammen, um die Lage der Juden zu erschweren: Im Kampf gegen die Muslime, die jetzt nur noch Granada und sein Umland besaßen, trat Entspannung ein; der ›Schwarze Tod‹ und die ihm folgenden Pogrome fügten dem spanischen Judentum tiefe Wunden zu; Kastiliens härtere Religionspolitik begann sich gegen die Aragons durchzusetzen. Im Bürgerkrieg zwischen Peter dem Grausamen und seinem Bastardbruder Heinrich II. wurde die antijüdische Propaganda zum erstenmal ein wichtiges Politikum. Heinrich II. schleuderte antijüdische Schlagworte gegen den Bruder, dem er vorwarf, eine Marionette in jüdischen Händen zu sein. Allmählich verdichtete sich eine judenfeindliche Atmosphäre, und wenn auch Heinrich II., nachdem er an die Macht gekommen war und seinen Bruder umgebracht hatte, seine Politik änderte, war der Same doch auf fruchtbaren Boden gefallen. Um 1370 gab es in Sevilla viele Unruhen und antijüdische Aufstände, Vorboten des großen Pogroms von 1391.

Gleichzeitig vollzog sich im spanischen Judentum eine innere Spaltung, im Gemeindeleben wie auf sozialem Gebiet; sie bereitete in mancher Hinsicht den Boden für die Massenkonversionen, die auf die Pogrome folgten. Nach Angaben eines unbekannten Schriftstellers hatte das jüdische Dasein für viele wohlhabende und einflußreiche Juden seine innere Bedeutung verloren. Das geht auch aus dem bereits erwähnten Werk von Menachem ben Serach *Wegzehrung* hervor. Zweifellos reichten die Wurzeln der Krise, in die das spanische Judentum jetzt geriet, tief in die Vergangenheit zurück. Die tatsächlichen Angriffe auf jüdische Siedlungen begannen zur selben Zeit, als sich in den Gemeinden so etwas wie eine Abkehr von alten jüdischen Werten vollzog.

Die ersten Aufstände fanden am 4. Juni 1391 in Sevilla statt; von dem fanatischen Priester Ferrant Martinez aufgehetzt, plünderte der Mob jüdisches Eigentum, brannte es nieder und ermordete viertausend Juden. Von Sevilla aus verbreitete sich die Gewalttat wie ein Buschfeuer über Spanien. Viele Gemeinden wurden vernichtet; Tausende von Juden blieben ihrem Glauben treu und starben als Märtyrer, aber Tausende auch traten zum Christentum über, um ihr Leben zu retten. Die Existenz dieser 200000 Christen wider Willen wurde später zu einem der schwierigsten religiösen und sozialen Probleme in Spanien und in Spaniens überseeischen Gebieten.

Viele blühende Zentren jüdischen Lebens, darunter Barcelona, erholten sich nie wieder. Dagegen gelang es dem Philosophen und Talmud-Gelehrten Chasdai Crescas in Valencia und Burriana, die Gemeinden wieder zu organisieren. 1394 stimmte Mallorca der Ansiedlung von 150 Familien aus Portugal zu, die aber schon 1435 wieder vernichtet oder vertrieben wurden. Viele Juden flohen nach Nordafrika, eine Woge von Auswanderern strömte auch nach Erez (Land) Israel. So kam es zur Ausbreitung des sefardischen Judentums außerhalb Spaniens.

Unmittelbar nach den Massenübertritten bemühten sich Krone und Kirche, zwischen den neu Getauften und ihren jüdischen Brüdern Schranken aufzurichten, Juden und Konvertiten durften nicht in denselben Stadtvierteln wohnen – eine Vorschrift, die noch 1490 wiederholt werden mußte, denn wirklich getrennt wurden beide Gruppen erst durch die Vertreibung. Der Druck auf glaubenstreue Juden verstärkte sich. Die sogenannten Gesetze von Valladolid verlangten 1412, daß Juden in geschlossenen Stadtteilen leben mußten und weder als Ärzte noch in irgendeinem Handwerk tätig sein durften. Verboten war auch der Handel mit Christen, die jüdischen Gerichtshöfe wurden aufgehoben. Der Konvertit Pablo de Santa Maria hatte diese Verbote ins Werk gesetzt. 1413 berief der Gegenpapast Benedikt XIII. die berüchtigte Disputation von Tortosa ein, die 22 Monate dauerte. Die gelehrtesten Juden Aragons mußten mit dem Scholastiker Jeronimo de Santa Fé (vor seiner Konversion hieß er Jehoschua ha-Lorki) diskutieren. Da die Schiedsrichter sämtlich Christen waren, stand das Ergebnis von vornherein fest. Die Juden wurden wegen Gotteslästerung angeklagt und mit dem Tode bedroht.

Gleichzeitig nahmen die Dominikaner ihren Terror wieder auf, der nun die Juden in ganz Spanien heimsuchte. Einzeln und in Gruppen begaben sie sich deshalb zur Taufe nach Tortosa – das Ende des spanischen Judentums schien gekommen. In Valencia wartete ein Schiff, um Vicente Ferrer aus Mallorca zu holen; er sollte die Ehre haben, die letzten Juden in Spanien zu taufen und damit das ›Problem‹ ein für allemal zu lösen. Doch es ließ sich nicht so leicht lösen.

Die schrecklichen Ereignisse führten zu einer Neubewertung des jüdischen Lebens in Spanien. Ein Schüler von Chasdai Crescas, Josef Albo, der am Streitgespräch von Tortosa teilgenommen hatte, verfaßte sein *Buch der Grundsätze,* in dem er die Glaubenssätze des Judentums neu formulieren wollte. Schlomo Alamis *Ethischer Brief* versuchte, den Ursachen des Unheils, das die Juden betroffen hatte, nachzuspüren – »laßt uns unser Tun betrachten« – und fand es im inneren Zerfall. Ein anderer Schriftsteller, Schemtov ibn Schemtov, nannte sein Werk *Buch des Glaubens* und machte die zunehmende philosophische Aufklärung für die Krise verantwortlich. Das *Buch der Grundsätze* analysierte die Grundlage des Glaubens und hatte Antwort für die Zweifler bereit; aber die beiden anderen Werke waren ausdrücklich Nachforschungen nach den Wurzeln des Bösen, das die Juden befallen hatte. Solche Übungen in Selbsterforschung setzten sich in den folgenden Generationen fort.

Aber das spanische Judentum besaß starke innere Kraft zur Wiederbelebung. 1422 begann Rabbi Moses Arragel mit der Übersetzung der Bibel ins Spanische, wozu er einen Kommentar schrieb. Seine Arbeit war von Don Luis de Guzmán, dem Leiter des Ordens von Calatrava, angeregt worden. Die exegetische Arbeit wurde von zwei Mönchen, einem Franziskaner und einem Dominikaner, unterstützt. So zeigt dieses einzigartige Werk, daß trotz der vorherrschenden Stimmung gegen die Juden und trotz dem drohenden Konvertitenproblem persönlicher Einsatz immer noch großen Einfluß auf die jüdisch-christlichen Beziehungen haben konnte. Die Arbeit wurde in der kleinen kastilischen Stadt Maqueda durchgeführt und nach der Vollendung von Rabbi Moses' Übersetzung und Kommentar von einem christlichen Maler illuminiert, für uns heute ein Spiegelbild des Lebens des kastilischen Judentums in jener Zeit.

Bemerkenswert war auch der Konvent, den Abraham

Bienveniste aus Soria, der Rab de la Corte, 1432 in Valladolid einberief. Hier wurde der Versuch unternommen, eine neue Verfassung für die jüdischen Gemeinden zu schaffen – jüdische Erziehung aufzubauen und das jüdische Rechts- und Besteuerungssystem zu erneuern. Damit wollte man ein Bollwerk gegen die Elemente schaffen, die von innen die jüdische Gemeinde bedrohten, damit sollten zugleich Vorschriften für Maßhalten in Kleidung und Auftreten geschaffen werden. Diese Verfassung, die mit hebräischen Buchstaben in einem Gemisch aus Hebräisch und Kastilisch geschrieben wurde, war der Versuch, eine nationale Organisation zu schaffen – und für uns heute ist sie ein kulturelles Erbe von ungewöhnlichem Wert, weil sie zeigt, wie sich die Sprache der spanischen Juden entwickelte. Die Leiter der jüdischen Gemeinden hatten gehofft, das jüdische Gemeindeleben zu stärken. Aber es war zu spät. Das jüdische Leben konnte nach den festgelegten Vorschriften nicht neu belebt werden. Und keine Regierung half, denn Kastilien und Aragon litten selbst unter schweren Krisen, die Juden und Christen gleicherweise trafen.

## Die Vertreibung

Daß die christliche Gesellschaft bei der Lösung der Konvertitenfrage versagte, machte man den Juden zum Vorwurf, die ihren Gesetzen und ihrer Vergangenheit treu geblieben waren. Um 1460 brachte der Observanten-Mönch Alonso de Espina den Gedanken auf, alle Juden aus Spanien zu vertreiben. Sie waren 1290 aus England und 1306 aus Frankreich vertrieben worden, und wenn diese Länder so lange Zeit ohne Juden ausgekommen waren, mußte es Spanien doch auch möglich sein. Der Gedanke verdichtete sich, als die katholischen Herrscher Ferdinand von Aragon und Isabella von Kastilien auf den Thron kamen und durch ihre Heirat die beiden Königreiche zu einem einzigen christlichen Staat vereinigten – »eine Herde und ein Hirte«. Doch dieses Ziel konnte nur unter drei Voraussetzungen erreicht werden: Die Konvertiten mußten in das spanische Leben integriert, Granada mußte erobert und das jüdische Problem gelöst werden. Für diese Aufgaben stellten sich dem Staat zwei mächtige Verbündete zur Verfügung: Der Dominikaner Tomás de Torquemada, Prior von Santa Cruz in Segovia und Beichtvater der Königin Isabella; die andere Macht war die ›Santa Hermandad‹, eine Polizeitruppe, die in vielen Städten den Frieden durch gewaltsame Unterdrükkung von aufrüherischen Banden und plündernden Adligen sichern sollte.

Die spanische Inquisition begann 1481 in Sevilla ihr Wirken. Zwei Jahre später wurden die Juden aus Andalusien vertrieben, um von ihren konvertierten Brüdern getrennt zu werden; wir wissen nicht, wohin sich die Vertriebenen wandten. Im Kampf gegen Granada hatten die Juden hohe Belastungen hinzunehmen, denn tatsächlich lag die Bürde des Krieges auf den Schultern der schrumpfenden jüdischen Gemeinden, bis Granada 1491 fiel. Gleichzeitig setzte eine Welle von Verfolgung und antijüdischer Propaganda ein, die ihren Höhepunkt in der sogenannten ›Blut-Beschuldigung‹ der ›Santo Niño de la Guardia‹ von 1490/91 fand: Juden und Konvertiten wurden beschuldigt, ein Christenkind getötet zu haben, dessen Leiche nie gefunden wurde. Von Anfang bis Ende war die Geschichte erfunden; die Inquisition hoffte damit zu beweisen, daß sich die Juden zur Vernichtung des Christentums verschworen hätten. Man versuchte sogar, Abraham Senior aus Segovia, den letzten Rab de la Corte und einen der zuverlässigsten Berater von Königin Isabella, in die Verschwörung einzubeziehen. Obwohl die Krone den Beschuldigungen ein Ende machte, wurde tatsächlich eine Gruppe von Juden und Konvertiten auf dem Scheiterhaufen verbrannt.

Am 2. Januar 1492 zogen Ferdinand und Isabella triumphierend in Granada ein. Am 31. März unterzeichneten sie den Vertreibungsbefehl. Einen Monat lang versuchten die Juden verzweifelt, die Aufhebung des Befehls zu erreichen, aber obwohl sich Isaak Abravanel und Abraham Senior an den Verhandlungen beteiligten, wurde er nicht zurückgenommen. Torquemada und seine Anhänger setzten sich durch, die Würfel waren gefallen.

Der Befehl ging davon aus, daß die Juden selbst an ihrer Vertreibung schuld seien, denn solange sie in Spanien blieben, bestand keine Hoffnung, daß sich die Konvertiten von ihrer Vergangenheit freimachten. Also verhinderten die Juden angeblich, daß die Konvertiten in der christlichen Gemeinschaft aufgingen.

Es ist wichtig zu wissen, daß die Vertreibung keine wirtschaftliche Ursache hatte. Im Gegenteil, sie entvölkerte ganze Landstriche in einer Zeit, als die Regierung keinen Ersatz finden konnte, denn die Hoffnung trog, Konvertiten würden die fehlenden Plätze einnehmen.

Der Vertreibungsbefehl legte die Einzelheiten des Aufbruchs fest, Behörden bestimmten, welche Straßen benutzt, auf welche Weise Schutzgeleit in Dienst genommen werden konnte, was die Juden mit sich nehmen durften. Die Urheber des Befehls rechneten damit, daß viele Juden lieber zum Christentum übertreten als das Land verlassen würden, und hatten recht damit. Die übrigen Juden erkannten in ihrem Aufbruch einen zweiten Exodus und erwarteten, Gott werde für sie wieder Wunder tun wie für die Juden, die aus Ägypten zogen.

Wie reagierten die Juden auf die Vertreibung, wie weit waren sie darauf vorbereitet? Vor kurzem ist eine Studie über eine jüdische Gemeinde am Vorabend der Vertreibung beendet worden. Es war die Gemeinde von Trujillo in Estremadura, etwa fünfzig Familien, die rund hundertfünfzig Meilen von der portugiesischen Grenze entfernt wohnten. Hier scheinen die Juden völlig überrascht worden zu sein, ihre Führer hatten keine Ahnung von den Plänen, die in den Köpfen der katholischen Herrscher reiften. Bis zum letzten Augenblick war die Gemeinde völlig in inneren Auseinandersetzungen und mit offenen Streitigkeiten befangen, für die man oft den Schiedsspruch der staatlichen Macht anrief. Die Behörden taten alles, um das Land ruhig zu halten und die Juden in Sicherheit zu wiegen, damit sie um so wirksamer zuschlagen konnten, als der Tag gekommen war. Man gaukelte den Juden vor, daß ihnen nach dem Fall Granadas eine allgemeine Renaissance bevorstände. Der Schlag fiel also aus heiterem Himmel, sozusagen gegen alle Logik. Doch das spanische Judentum überließ sich nicht der Verzweiflung. Ungebrochen im Geist, bereiteten sie sich darauf vor, das Land zu verlassen, das über ein Jahrtausend ihr Land gewesen war. Drei Monate genügten ihnen, sich von der Vergangenheit zu lösen. Sogar ein Priester wie Andrés Bernaldéz, kein Freund der Juden, bewunderte sie widerwillig, als er sie davonziehen sah, – freudenvoll, vom Rhythmus der Tamburins begleitet, davon in eine unbekannte Zukunft. Die Zuflucht, die so viele von ihnen von Portugal erwartet hatten, erwies sich als trügerisch. Nach wenigen Jahren traf das gleiche Schicksal hier die sefardischen Neusiedler und das alteingesessene portugiesische Judentum.

8

# Die Juden in Byzanz und im mittelalterlichen Europa

A. GROSSMAN

Schon in römischer Zeit lebten Juden in Europa, vornehmlich an den Mittelmeerküsten, in Italien, auf dem Balkan, in Spanien; in geringerer Zahl waren sie auch im Norden, in Frankreich und sogar in Deutschland vertreten. Manche Juden, vor allem die, die in Deutschland siedelten, verließen nach der Zerstörung der römischen Städte im Jahre 476 ihren Wohnsitz, aber einige blieben im nördlichen und südlichen Frankreich.

Die jüdischen Ansiedlungen nördlich der Pyrenäen belebten sich im 9. und 10. Jahrhundert durch Einwanderer aus drei wichtigen Siedlungsgebieten, in denen die Juden seit Jahrhunderten gelebt hatten: aus Kleinasien, Italien und dem Balkan. Andere erreichten Frankreich von Spanien aus über die Provence. Sie waren mittelbar von den großen Wanderungsbewegungen in den muslimischen Kalifaten – von Babylonien aus nach Westen bis Spanien und Nordafrika – mitgezogen worden; dadurch erklärt sich auch, warum Juden des 11. Jahrhunderts in Frankreich und Spanien so oft Namen orientalisch-jüdischer Herkunft trugen. Über das Ausmaß und die Richtung dieser Wanderbewegungen wissen wir nichts Genaues, aber es läßt sich feststellen, daß die Anstöße dazu meistens wirtschaftlicher Natur waren; die Juden sind offenbar willig von den karolingischen Herrschern aufgenommen worden. Karl der Große und sein Sohn Ludwig der Fromme bemühten sich nachdrücklich um die Entwicklung des Landes und den Wiederaufbau der Städte, und die Juden mit ihren vielfältigen Sprachkenntnissen und ihren Verbindungen zum Osten – zu den Juden in den Kalifaten – waren hervorragend geeignet, die Rolle internationaler Händler erfolgreich zu übernehmen.

Manche dieser Juden erhielten königliche ›Schutzbriefe‹, die ihnen Schutz von Leben und Besitz zusicherten, und die Erlaubnis, nach den Geboten ihrer Religion zu leben; hinzu kamen Handelsprivilegien, Befreiung von Steuern und weitere Zugeständnisse. Andere erhielten Land als *feudum* und wurden zu Grundbesitzern im feudalen System.

Die bedeutende Rolle der Juden im Handel und bei der Entwicklung der Städte – die Ende des 10. und Anfang des 11. Jahrhunderts aufzublühen begannen – wurde noch Ende des 11. Jahrhunderts anerkannt. Bischof Rüdiger von Speyer verlieh 1084 den Juden eine Rechtsurkunde, in der er erklärte, warum er an der Zuwanderung von Juden in seine Stadt interessiert war: »Ich meinte, daß es die Ehre unseres Ortes tausendfach mehren würde, wenn wir auch Juden hierherziehen« (*Putavi milies amplificare honorem loci nostri si et Iudeos colligerem*, Aronius, *Regesten*, Nr. 168).

Die jüdischen Gemeinden dieser Städte waren damals in der Regel klein und bestanden meistens nur aus wenigen Hundert Menschen. Verhältnismäßig starke Konzentrationen jüdischer Bevölkerung gab es in den Städten der Provence, in den Rheinstädten und in Norditalien. Bereits in der ersten Hälfte des 11. Jahrhunderts lebten jüdische Gemeinden auch in Teilen von Polen (Krakau) und Rußland (Kiew).

Man schätzt die Zahl der Juden gegen Ende des 11. Jahrhunderts auf fast 20000 in Deutschland, etwas mehr in den über Frankreich, einschließlich der Provence, verstreuten Gemeinden. In ganz Europa – einschließlich Italien und England, wohin die Juden nach 1066 kamen – lebten noch nicht 100000 Juden; also viel weniger als in den Städten der muslimischen Kalifate, Babylonien hinzugerechnet.

Trotzdem entwickelte das westeuropäische Judentum im 11. und 12. Jahrhundert bedeutende Institutionen für die innere Ordnung der Gemeinden und zeichnete sich überhaupt allgemein durch schöpferische Geistigkeit aus; es übertraf auf einigen Gebieten sogar die glänzenden Leistungen des babylonischen Zentrums.

Die Pogrome und Massaker während des Kreuzzugs von 1096 wirkten sich nachhaltig auf den politischen Status und die Sicherheit der Juden aus, doch die Karte ihrer Verbreitung änderte sich kaum.

Im 13. Jahrhundert gab es Hunderte jüdischer Gemeinden in Bayern und Böhmen; das Einwanderungsgebiet dehnte sich immer weiter nach Osten aus, nach Polen und in die anderen slawischen Länder. In England mögen um 1290, als die Vertreibung einsetzte, zwischen 5000 und 10000 gelebt haben. Für Süditalien läßt sich aus Steuerlisten für das Jahr 1294 auf eine jüdische Bevölkerung von mindestens 10000 Menschen schließen. Als in Byzanz die Verfolgung der Juden 1261 aufhörte, wies man ihnen gute Wohngegenden in Konstantinopel an.

Aus allem geht hervor, daß die Zahl der Juden in Europa im 12. und 13. Jahrhundert zunahm. Im 13. Jahrhundert wuchsen Anzahl und Kopfzahl der jüdischen Gemeinden in Westeuropa, obwohl sie 1290 aus England vertrieben wurden und 1306 aus Frankreich – wohin sie allerdings 1315 wieder zurückkehren durften.

Große Schwierigkeiten traten nach den harten Erlässen von 1348 während der Pest ein. Hunderte von Gemeinden wurden vom ›Schwarzen Tod‹ dezimiert, Tausende von Juden kamen bei den Pogromen um. Das Judentum erreichte in Deutschland einen Tiefpunkt, der schon fast der Ausrottung nahekam. Vielen jüdischen Gemeinden wurde die Auswanderung befohlen, obwohl sich dann später eine ganze Reihe von Städten bereiterklärte, wieder Juden aufzunehmen, allerdings unter sehr viel härteren Bedingungen als zuvor. So wurden vielerorts die ›Judenstraßen‹, das Stadtviertel der Juden, erheblich verkürzt.

Da sich die Vertreibungen wiederholten, nahmen die Wohnorte der Juden etwas Provisorisches an. Viele Gemeinden versuchten, neue Einwohner zu gewinnen, um die Last der Steuern und Erpressungen, die viel größer war als zuvor, auf mehrere Schultern zu verteilen. Mosche Mintz schrieb 1456: »In dieser Stadt sind nur wenige Hausbesitzer, und die Bürde [der Abgaben und der Ausgaben für die Gemeinde] lastet schwer auf uns. Wir werben um Hausbesitzer, die mit uns die Last teilen wollen.« Von Vertreibungen betroffen wurden auch französische Gemeinden. Eine gleichzeitige verstärkte Auswanderung nach Polen wurde durch zwei Faktoren begünstigt: durch die Wellen der Vertreibung aus den europäischen Städten und durch die dringende Notwendigkeit, die polnischen Städte nach ihrer Zerstörung durch die Tataren wieder zu beleben. Gegen Ende des 15. Jahrhunderts gab es annähernd 60 jüdische Gemeinden im vereinigten Polen-Litauen; die Zahl der Juden stieg hier im 16. Jahrhundertdert und in der ersten Hälfte des 17. stark an – es war das erstemal, daß aschkenasisches Judentum in einem europäischen Staat eine so große Bevölkerungsgruppe bildete. Auch in der Ukraine gediehen die jüdischen Ansiedlungen, so daß es dort um 1648 115 Ansiedlungen mit mehr als 50000 Bewohnern gab.

Das jüdische Zentrum in Polen-Litauen und das Zentrum im Osmanischen Reich (das viele aus Europa vertriebene Juden aufnahm) waren gegen Ende des Mittelalters und zu Beginn der Neuzeit die beiden Schwerpunkte der intellektuellen und materiellen Leistungen.

## Der politische, ökonomische und soziale Status der Juden

Die wichtigsten Mittelpunkte jüdischen Lebens in Europa waren von Beginn des Mittelalters bis ins 9. Jahrhundert Byzanz, Süditalien, Apulien und Kalabrien (das weitgehend von Byzanz beherrscht war).

Aus mehreren literarischen Quellen geht hervor, daß die jüdischen Bevölkerungsgruppen dort verhältnismäßig zahlreich waren und daß viele religiöse Gelehrte in ihnen wirkten. Die Juden spielten eine wichtige Rolle für Handel und Wandel, und ihre wirtschaftlichen und politischen Verhältnisse waren im allgemeinen gut. Sie hielten regelmäßig Verbindung mit der lombardischen Hauptstadt Benevent und anderen italienischen Städten im Westen und Norden der Halbinsel, aber auch mit Ländern am östlichen Mittelmeer, darunter Erez Israel. Süditalien bildete also eine Brücke zwischen der christlichen und muslimischen Welt, obwohl es zum Teil selbst von den Muslimen erobert worden war.

In Italien konnten die Juden in der Regel ihr Gemeinschaftsleben nach eigenen Vorstellungen ordnen, Freiheit der Religionsausübung gehörte dazu. Dennoch kam es zu Gewalttaten gegen sie, vor allem 632 unter Kaiser Heraklios, 873 unter Basilieios und 932-36 unter Romanos Lekapenos. Das byzantinische Judentum hatte harte Schläge hinzunehmen, und die Verfolgungen unter Romanos Lekapenos veranlaßten die Juden, die süditalienischen Städte des byzantinischen Reichs zu verlassen und in die nördlicheren zu ziehen.

Die Einwanderung nach Mitteleuropa, die im 9. Jahrhundert begann, änderte sichtlich die Lage des Judentums. Der Schwerpunkt ihrer Kultur rückte allmählich nach Westen, in den Städten am Rhein blühte sie im 11. Jahrhundert auf. Juden waren vor allem als internationale Handelsherren beliebt, was sich in noch erhaltenen Rechtsurkunden spiegelt. Zum Handel gehörte die Einfuhr aus dem Osten, vor allem teure Kleidung, Gewürze (wichtig zur Konservierung der Nahrungsmittel), Luxuswaren und Sklaven.

Kaufleute überwogen in der jüdischen Gesellschaft Westeuropas, wie es klar aus Dokumenten jener Zeit hervorgeht. So heißt es in einer Abgabenregelung aus der zweiten Hälfte des 9. Jahrhunderts: »Die Kaufleute, das heißt, Juden und andere Kaufleute, sollen eine Marktabgabe leisten.« Man identifizierte also Kaufleute mit Juden.

In Frankreich befaßten sich viele Juden mit Weinbau, und manche unter ihnen besaßen feudalen Grundbesitz. Ludwig der Fromme befahl in einem Erlaß von 839, einer jüdischen Familie königliche Privilegien auszuhändigen, »mit denen wir verkünden und befehlen, daß die erwähnten Hebräer und ihre Nachkommen die Herren und Besitzer der vorerwähnten Güter sein sollen und daß ihnen alles gehören soll.« (Aronius, *Regesten*, Nr. 602).

Wenn auch die Juden im Karolingerreich als freie Menschen behandelt wurden, gab es doch vor dem Gesetz einen Unterschied zwischen ihnen und den Christen, weil sie dem Kaiser nicht den vorgeschriebenen christlichen Treueid leisten konnten. Sie mußten auch eine besondere Eidesformel sprechen (*more judaico*), wenn sie gegen einen Christen aussagten.

Die christliche Geistlichkeit, vor allem der höhere Klerus, trug die Hauptverantwortung für den Abbau des sozialen und politischen Status der Juden. Ihr Versuch von 938/39, eine antijüdische Gesetzgebung durchzusetzen, scheiterte zwar an der kaiserlichen Autorität, doch allmählich wuchs der Einfluß der Kirche bei den Massen wie im Kaiserhaus selbst. Auch der Machtzuwachs der städtischen Klassen wirkte sich gegen die Juden aus, vor allem in der zweiten Hälfte des 11. Jahrhunderts. Der Kampf zwischen Staat und Kirche, der 1077 mit Heinrichs IV. Canossagang seinen Höhepunkt erreichte, stärkte die Macht der Städtebewohner, die Heinrich benutzte, um den Aufstand des sächsischen Adels zu unterdrücken. Gerade die Städter empfanden aber die erfolgreichen jüdischen Kaufleute als Konkurrenz.

Wir besitzen jedoch viele Hinweise darauf, daß trotz der ›offiziellen‹ Haltung soziale Beziehungen und Freundschaften zwischen Juden und Christen im Alltagsleben häufig waren – Austausch von Geschenken und Grüßen, Beistand in Notzeiten und andere Bekundungen des gegenseitigen Wohlwollens. Daß ein Kirchenkonzil zu Metz im Jahre 888 gemeinsame Mahlzeiten von Christen und Juden verbot, läßt immerhin darauf schließen, daß solche Gemeinschaften häufig waren – und daß man sie fürchtete. Im 9. und 10. Jahrhundert erhielten viele Juden, vor allem die Frauen, christliche Namen oder Beinamen. Die Tatsache, daß die Juden bis zur Mitte des 11. Jahrhunderts nicht in abgegrenzten Stadtvierteln lebten, förderte natürlich auch den Austausch mit den Christen. So kann man sich nicht wundern, daß Juden aus freien Stücken zum Christentum übertraten – aber auch Christen, darunter Priester, zum Judentum. Kulturelle Beziehungen verbanden Juden mit dem höheren Klerus, wie etwa die Werke von Abogard von Lyon, die zwischen 820 und 828 verfaßt wurden, zeigen, die sich

*Öffentliche Disputationen zwischen jüdischen Gelehrten und dem christlichen Klerus, zuweilen faktisch Verhöre und zuweilen wirkliche Debatten, schwankten zwischen Beschimpfung und scheinbarer Freundschaft. Holzschnitt aus dem 16. Jh.*

auf Gedanken aus jüdischen Werken beziehen. Zur gleichen Zeit lebte in Fulda der Benediktinerabt Hrabanus Maurus, der in seiner biblischen Exegese den Kommentar eines seiner jüdischen Zeitgenossen *(Hebraeus moderni temporis)* vielfach heranzog. Die öffentlichen Streitgespräche zwischen christlichen Geistlichen und jüdischen Weisen machten natürlich beide Seiten mit den literarischen Werken der anderen bekannt. Solche Streitgespräche setzten sich in Frankreich, Deutschland und England bis ins 11. Jahrhundert fort. 1012 und 1015 nahmen Juden an dem Begräbnisritual für zwei Erzbischöfe von Magdeburg teil, 1075 an dem des Kölner Erzbischofs. Und noch während der Verfolgung versteckten viele Christen Juden in ihren Häusern.

## Die Pogrome von 1096 und ihre Folgen

Die grausamen Gemetzel an Juden während des ersten Kreuzzugs von 1096 wurden zum Wendepunkt für die Geschichte der Juden in Europa: Es waren die ersten Pogrome, die über jedes Maß hinausgingen. In West- und Mitteleuropa wurden überall jüdische Siedlungen überfallen. Dabei offenbarte sich die ganze Feindseligkeit der Massen gegen die Juden, denn die Masse, nicht etwa der Adel oder die Geistlichkeit, war der Urheber der Pogrome. Freilich kam es vor, daß Mönche gegen die Juden predigten, aber damit entsprachen sie nicht der offiziellen kirchlichen Einstellung, die im großen und ganzen schon von Gregor dem Großen (Papst von 590 bis 604) festgelegt worden war: Man solle die Juden demütigen, milden Druck auf sie ausüben und sie wirtschaftlich herausfordern, um sie zum Übertritt zum Christentum zu veranlassen, aber man dürfe sie weder töten noch mit antijüdischen wirtschaftlichen Maßnahmen allzu hart bedrücken. Doch für das gewöhnliche Volk waren die Juden jetzt die Christusmörder und die Feinde Gottes.

Die Verfolgungen störten das jüdische Leben nachhaltig, die Entfremdung zwischen beiden Religionen wuchs, um so mehr, als die Furcht der Juden vor ihrer christlichen Umwelt zunahm. Die Juden begannen jetzt selbst, sich stärker als in der Vergangenheit von ihrer Umgebung abzusondern, bis der soziale Kontakt zwischen den Angehörigen der beiden Religionen schließlich erlosch. Die Trennung hielt viele Generationen hindurch an.

Ein Symbol, das wieder beachtet und immer wertvoller wurde, war das Märtyrertum – *Kiddusch ha-Schem* (Heiligung des Gottesnamens) –, die Bereitschaft, lieber zu sterben, als den Glauben aufzugeben. Freilich retteten manche ihr Leben, indem sie äußerlich zum Christentum übertraten; die meisten von ihnen kehrten indessen bald mit Erlaubnis Heinrichs IV. zum Judentum zurück. Aber viele Juden brachten sich und ihre Familien um und verschonten auch die kleinen Kinder nicht. Sie empfanden sich als eine ausgezeichnete und auserwählte Generation, die sich der Prüfung stellen sollte wie einst Abraham, als er Isaak band.

Die Verfolgungen zeigten, daß das Kaisertum fast die einzige Macht in der christlichen Welt war, die Juden verteidigen wollte. Einige Bischöfe schützten sie in den Städten ihres Hoheitsgebiets oder versuchten es wenigstens, aber es waren nicht viele. Der Schutz, den das Reich gewährte, hatte seit dem 12. Jahrhundert entscheidenden Einfluß auf den politischen und rechtlichen Status der Juden. Eine der kaiserlichen Maßnahmen war, die Juden als ›zur kaiserlichen Kammer gehörig‹ *(servi camerae,* ›Kammerknechte‹) zu erklären. Sie wurden also als kaiserliches Eigentum behandelt. Die Krone hatte das Eigentumsrecht über die Juden und ihren Besitz, im Austausch für ihr Versprechen, ihnen Schutz zu gewähren und Leib und Gut zu verteidigen. Diese Ordnung lag ganz im Interesse der Krone, da die Steuern der Juden eine bedeutende Einnahmequelle bildeten. Kaiser Friedrich I. (Barbarossa) betonte die Pflicht der Krone zum Schutz aller Untertanen. In der Einleitung zum *Privilegium* von 1182 für die Regensburger Juden heißt es:

> Es ist die Pflicht unseres Reichs und eine Forderung der Gerechtigkeit und der Einsicht, die Rechte jedes unserer getreuen Untertanen zu achten, nicht nur derer, die dem christlichen Glauben angehören, sondern auch derer, die mit unserer Religion nicht übereinstimmen und so leben, wie es bei ihren Vorvätern der Brauch war. Wir müssen versuchen, ihnen zu gewährleisten, daß sie ihre Bräuche beibehalten können, und wir müssen ihr Gedeihen an Leib und Gut sichern. Deshalb verkünden wir allen getreuen Untertanen des Reichs, daß wir heute und in den kommenden Generationen um das Wohl aller Juden, die in unserem Reich leben, sehr besorgt sein werden; die Juden werden behandelt als zur Schatzkammer des Reichs gehörig, aufgrund der besonderen Rechte unserer gnädigen Herrschaft. (Aronius, *Regesten,* Nr. 314a).

Noch ausdrücklicher ließ Friedrich II. verkünden:

> Da man einen Herrn in seinem Diener ehrt, wird jedermann, der den Juden, unseren Dienern, Gnade und Freundlichkeit erweist, gewißlich in unseren Augen Gunst finden. (Aronius, *Regesten,* Nr. 403).

Es fehlt aber auch nicht an Beispielen, daß die Juden zu hohen Abgaben gezwungen wurden, einfach unter dem Vorwand, daß sie Eigentum des Kaisers seien. Und gerade der Schutz der Krone hinderte sie, der wachsenden Feindseligkeit der christlichen Massen entgegenzutreten – einer Feindseligkeit, die durch den Umstand verstärkt wurde, daß die Juden jetzt Geld gegen Zinsen auszuleihen begannen. Dieser Prozeß setzte im 11. Jahrhundert ein, und im England und Frankreich des 12. Jahrhunderts wurde der Geldverleih zur Haupttätigkeit der Juden; in anderen europäischen Ländern begann diese Entwicklung im 13. und 14. Jahrhundert.

Wie kam es überhaupt dazu? Lehnsmann im Feudalsystem zu sein, verlangte einen (christlichen) Ergebenheitseid für den Lehnsherren, und die Juden konnten ihn natürlich nicht leisten, so daß ihre Möglichkeiten in der Landwirtschaft von vornherein eingeschränkt waren. Nach und nach verdrängte man sie auch aus dem internationalen Handel, in Italien und in Westeuropa durch die Ausdehnung der Städte und die Vorzugsbedingungen für eingesessene Kaufleute, die meistens keine Steuern zu zahlen brauchten, während die Juden zu manchmal sehr hohen Abgaben gezwungen wurden. Kaufmannsgilden und Handwerkerinnungen waren von vornherein christliche Vereinigungen, die keine Juden aufnehmen wollten.

Auch die wachsende Unsicherheit auf den Landstraßen spielte eine Rolle, besonders nach den Pogromen des ersten Kreuzzugs im Jahre 1096. Viele Juden scheuten Handelsreisen. Die Frage nach dem religiös-legalen Status einer Frau, deren Ehemann auf eine Reise ging und dabei spurlos verschwand, wurde in der *Responsen*-Literatur häufig erörtert. (*Responsa Prudentia,* ein wichtiger Teil der rabbinischen Tätigkeit, bestanden aus Antworten, *responsa,* auf Fragen, die jüdische Gemeinden an gelehrte Rabbinen richteten).

Wucher, das Ausleihen von Geld gegen Zinsen, wurde von der mittelalterlichen Kirche streng verboten, besonders nach dem 12. Jahrhundert. Manche Christen (die Lombarden, die Einwohner von Cahors in Südfrankreich und andere) umgingen zwar das Verbot, aber damit wurde der Geldbedarf nicht gedeckt, der entstand, als die Städte wuchsen und sich immer mehr Einwohner am Handel beteiligten. Die vielen Hindernisse für den jüdischen Handelsmann, der seinem Beruf weiter nachgehen wollte, und der schwer zu befriedigende Geldbedarf der christlichen Gesellschaft zwangen den Juden allmählich in die Rolle des Geldverleihers. Darlehen wurden gegen Pfänder gegeben, die Pfänder verkauft, wenn das Geld nicht zurückgezahlt wurde – der Zinsfuß war damals außerordentlich hoch. All diese Umstände verstärkten den Haß auf die Juden und schufen das Bild des Blutsaugers, das ihnen jahrhundertelang anhing. Die Krone hatte den Vorteil, denn sie nahm den Juden einen großen Teil ihrer Einnahmen ab, so daß der Widerstand der Fürsten gegen den Geldverleih nicht allzu ernst gewesen sein kann.

In England, das damals von allen europäischen Ländern am besten verwaltet wurde, traf man Vorsorge, die Schuldscheine unter königlicher Aufsicht zu behalten – was dem König natürlich erlaubte, sein Einkommen von den Juden weiter zu erhöhen. Aber Eduard I. erließ 1275 ein Gesetz, das den Juden Geldverleih gegen Zinsen verbot, und als fünfzehn Jahre später ihr Wohlstand dank den hohen Abgaben, die er von ihnen erzwungen hatte, geschwunden war, vertrieb er sie aus England.

In allen europäischen Ländern befaßten sich im 13., 14. und 15. Jahrhundert immer noch einzelne Juden mit Handel. Manche handelten vom slawischen Osten aus, während andere als Zwischenhändler landwirtschaftliche Produkte an die städtischen Kaufleute verkauften. Doch innerhalb des Judentums waren sie jetzt in der Minderzahl.

**Blutbeschuldigungen: Wachsender Terror**

Die zuvor geschilderte Feindseligkeit gegen die Juden hatte immerhin eine gewisse Ursache in den wirtschaftlichen Verhältnissen. Doch nun kam ein Haß dazu, der gänzlich aus dem Aberglauben hervorbrach. Durch die Kirche aufgestachelt, begann die Umwelt die Juden buchstäblich als Teufel zu sehen, Geschöpfe nach dem Bilde des Satans. Auf diesem Hintergrund entstand die verbreitetste Beschuldigung der Juden im Mittelalter, die Blutbeschuldigung. Die Juden wurden angeklagt, das Blut kleiner Christenkinder zu trinken oder für Ritual und Hexenwerk zu verwenden. Die Verleumdung tauchte zuerst im Jahre 1144 im englischen Norwich, später immer wieder hier und da in Europa auf. Es half den Juden nicht, daß sie bei einer gründlichen Untersuchung, die Friedrich II. 1235 nach einer solchen Anklage in Fulda durchführen ließ, als völlig unschuldig befunden wurden; es half auch nicht, daß Papst Innozenz IV. gegen die Beschuldigungen vorging und sie als pure Verleumdung entlarvte. Sie tauchten immer wieder auf, bald hier, bald da. Die Massen glaubten so fest daran, daß sich die Blutverleumdung in verschiedenen Zweigen der mittelalterlichen Kunst niederschlug. Da wurden die Juden, die Christen marterten, und die Weisen, die Judas Ischarioth für seinen Verrat mit Silber belohnten, oft so gezeichnet und geschnitzt, daß sie als zeitgenössische Juden zu erkennen waren; Teufel und Engel der Vernichtung erhielten die Züge lebender Juden. In Mysterienspielen, die Jesu Folterung darstellten, glichen die verräterischen Juden auf der Bühne jüdischen Zeitgenossen.

Die kirchliche Führung wurde immer angriffslustiger. Beim vierten Laterankonzil von 1215, das von Innozenz III. geleitet wurde, erließ die Kirche besonders scharfe antijüdische Vorschriften. Unter anderem mußten die Juden jetzt auf ihrer Kleidung sichtbar ein Abzeichen tragen, das sie von den Christen unterschied: »Der Befehl ist erlassen worden, daß die Juden Kleidung tragen sollen, die sie von den Christen unterscheidet, doch darf dadurch nicht ihr Leben in Gefahr geraten.« Aber gerade das war die Wirkung der Verfügung, weil das Abzeichen sie als minderwertig und unerwünscht bloßstellte. Solche antijüdischen Maßnahmen führten zum Verbrennen des Talmud um 1240. Erst Jahre später erreichten die Juden von Papst Innozenz IV. die Erlaubnis, den Talmud zu besitzen und vor dem Verbrennen zu bewahren.

Diese verschiedenen Entwicklungen des 12. und vor allem des 13. Jahrhunderts bildeten den Hintergrund für die Gewalttaten gegen Juden zwischen 1298 und 1348, die in Deutschland besonders heftig wurden. Die Beschuldigungen und Verfolgungen wiederholten sich in immer neuen Wellen und erreichten ihren Höhepunkt während der Pest von 1348/49. Der ›Schwarze Tod‹, der fünf Jahre wütete, räumte unter den Bevölkerungen Europas auf; man schätzt, daß in Westeuropa fast ein Viertel der Menschen, nämlich 25 Millionen, daran starben. Eine sachliche Erklärung für die Pest – die von Mittelasien meistens durch Kauffahrtschiffe nach Westen

*Ein auf Juden hetzender Franziskaner, der im Jahre 1475 in Trient predigte, hat eine derart gespannte Atmosphäre erzeugt, daß ein Gerücht über ein verlorenes kleines Kind namens Simon schnell zu einer Blutanschuldigung wurde; der Prozeß, die Torturen und die Vertreibung erfaßten die ganze jüdische Gemeinde. Der zeitgenössische Holzschnitt stellt die angeblichen jüdischen Greueltaten dar.*

gebracht wurde – kannte man nicht, und es dauerte nicht lange, bis ›Satans Nachkommen‹, die Juden, beschuldigt wurden, daß sie die Brunnen vergiftet hätten, um die Christen auszurotten. Entsprechende ›Geständnisse‹ ließen sich durch die Folter erpressen. Gerüchte über die sogenannte Schuld der Juden verbreiteten sich rasch durch ganz Europa und führten überall, von Spanien bis Polen, zu erbitterten Überfällen. Am schlimmsten raste die Wut der Massen in Deutschland, wo Tausende von Juden verbrannt wurden. So kam es, daß Hunderte von Gemeinden in ganz Europa schließlich fast ausgemerzt wurden.

Aufgeklärte Christen protestierten gegen die falschen Beschuldigungen der Juden. Papst Klemens VI. verurteilte sie nachdrücklich und sprach von »gewissen Christen, die, vom Teufel angestachelt, die Ursachen der Seuche, mit der Gott das christliche Volk um seiner Sünden willen schlägt, in Giftmischerei der Juden sehen.« Der Papst erklärte, daß »die Habsucht gewisser Christen sie veranlaßt, auf Kosten der Juden, denen manche von ihnen große Summen schuldeten, zu profitieren.« So hatten also diese schrecklichen Pogrome einen wirtschaftlichen Hintergrund.

Der Papst bewies die Unschuld der Juden durch die Tatsache, daß die Seuche auch andere Länder der Welt, in denen keine Juden lebten, heimsuchte und daß Juden selbst unter ihren Opfern waren. Er drohte jedem, der es noch wagte, Juden anzugreifen, mit Exkommunizierung. Aber selbst seine wertvolle Hilfe schaffte die Verleumdungen und antijüdischen Ausschreitungen nicht aus der Welt.

Viele Städte, die Juden vertrieben hatten, waren bereit, sie wieder aufzunehmen, wenigstens für eine bestimmte Zeit. Doch viele westeuropäische Gemeinden, vor allem in Deutschland, erholten sich nie wieder. Die Pogrome und Vertreibungen veranlaßten die Juden zur Suche nach sicheren Wohngebieten, die sie in Osteuropa und im Mittelmeergebiet zu finden glaubten. Nun schwoll die nie ganz unterbrochene Auswanderung nach Polen an, denn Polen schien den Juden der sicherste Platz, »dessen Tore kein Feind oder Unterdrücker betreten werde«.

## Der Status der Juden in Polen und Litauen

Manche Ereignisse aus der Geschichte des Judentums im Europa des 9. bis 12. Jahrhunderts wiederholten sich in der des polnischen Judentums: Auf die Beteiligung am Handel, die für das Land so wichtig war und die Situation der Juden zunächst verbesserte, folgte eine allmähliche Verschlechterung ihrer Lage, bis sich Neid und Feindschaft allgemein ausbreiteten. Die Juden spielten eine bedeutende Rolle in den Handelsbeziehungen zwischen Polen, Ungarn und Böhmen und zwischen Polen und den italienischen Kolonien am Schwarzen Meer. Nach der Eroberung Konstantinopels durch die Türken im Jahre 1453 wurde der Landweg von Konstantinopel über Polen nach Mittel- und Westeuropa besonders wichtig. In den polnischen Städten drangen die Juden in immer neue Zweige des Handels ein, und ihr Status als bedeutende Kaufleute wurde in verschiedenen gesetzlichen Verfügungen verankert. Doch der Erfolg führte zu Spannungen zwischen ihnen und den Stadtbewohnern; so wurden im Mai 1494 die Juden von Krakau überfallen, im Jahr darauf aus Krakau ausgewiesen, ebenso aus anderen polnischen und litauischen Städten. Später gerieten sie durch ihre Verbindung mit den verhaßten oberen Klassen in neue Schwierigkeiten. Seit Mitte des 16. Jahrhunderts begann der polnische Adel, die Landstraßen zu sichern und Steppenland in der heutigen Ukraine zu kultivieren. Dazu brauchte er große Geldsummen, die man sich oft bei Juden holte. In vielen Fällen verpfändete man dafür den Grundbesitz; der Jude, der das Geld verliehen hatte, wurde oft gebeten, das Gut zu verwalten, weil man ihn für einen tüchtigen Verwalter hielt. Aber damit vertraten die Juden den habgierigen Adel und wurden deshalb von der schrecklich ausgebeuteten Landbevölkerung verabscheut. Die Spannung entlud sich später in den furchtbaren Pogromen von 1648 nach dem Kosakenaufstand; große Teile der jüdischen Bevölkerung in der Ukraine wurden vernichtet. Nun setzte die Wanderung nach Westen ein.

Zum Ende des Mittelalters wurde die Lage der Juden durch drei Entwicklungen bestimmt, die den Übergang vom Mittelalter zur Neuzeit begleiteten.

1. In Italien, zunächst 1516 in Venedig, wurde das Getto eingeführt. Andere Städte in Europa folgten. Die Juden mußten in einem besonderen Stadtviertel leben, das von den anderen Teilen der Stadt durch Mauern und Tore getrennt wurde. Juden durften nicht außerhalb des Gettos leben und es in manchen Fällen nicht einmal verlassen – eine viel spätere Entwicklung kündigte sich hier an. Freilich hatten die Juden bis dahin aus religiösen, sozialen und Gründen der Sicherheit auch in einer Straße oder einem Bezirk zusammengewohnt, aber der *Zwang*, sich jetzt innerhalb der Mauern einzuschließen, verdeutlichte einerseits ihre Unterlegenheit und Erniedrigung, weil sie anders als die übrigen waren (es sei hervorgehoben, daß nicht die Kirche die Errichtung von Gettos verlangte), andererseits ihre Unsicherheit und die Notwendigkeit, sie zu ihrem eigenem Schutz einzuschließen.

Die Gettos waren überfüllt und ungesund (allein im Venediger Getto lebten um die Mitte des 17. Jahrhunderts etwa 5000 Menschen). Manchmal gestatteten die Regierenden nicht die Ausweitung des Gettos, selbst wenn seine Einwohnerschaft wuchs, so daß es notwendig wurde, auf die vorhandenen Häuser Stockwerke aufzusetzen – wobei manchmal das Haus zusammenbrach.

2. Mit der Reformation brach seit 1517 die einheitliche

katholische Struktur des Christentums zusammen. Der Katholizismus hatte die Juden als fremdes, besonderes Element in der Gesellschaft behandelt. Jetzt aber unterschieden sich auch die Christen voneinander, und verschiedene Gruppen mußten in einer Art religiöser Toleranz Seite an Seite leben. Keines der beiden Lager – die jeweils das andere zu überzeugen versuchten – dachte je an die Aufnahme von Juden, doch in der Praxis erleichterte das bloße Vorhandensein von Konfessionen und Sekten Verhältnisse, die auch den Juden gestatteten, sich in die moderne Gesellschaft einzufügen.

Martin Luthers eigene Einstellung zu den Juden wechselte von einem Extrem zum anderen. Zunächst bot er ihnen sozusagen seine eigene Konfession an und predigte für ihre bessere Behandlung (vor allem mit der Schrift *Das Jhesus Christus eyn geborner Jude sey*). Als sie nicht darauf eingingen, wandelte sich sein Ton zu heftiger Feindschaft, und da er nicht durch die lange Tradition päpstlicher Mäßigung zurückgehalten wurde, übertraf sein Eifer bald den der Katholiken.

3. In den protestantischen Niederlanden bildeten sich Gruppen von Marrano-Juden oder Conversos, die Ende des 16. Jahrhunderts offen zum jüdischen Glauben zurückkehrten. Sie sammelten sich zuerst in Antwerpen, bald darauf in Amsterdam, das zu einem der wichtigsten Zentren jüdischen Lebens in Europa wurde. Viele Marranos gehörten reichen und angesehenen Familien in Spanien und Portugal an. Sie hatten großen Erfolg auf verschiedenen Gebieten der Wirtschaft, vor allem im internationalen Handel.

Zu Beginn des 17. Jahrhunderts zogen Gruppen von Marranos nach Nordwestdeutschland, wo sie einige Gemeinwesen gründeten, das berühmteste in Hamburg. Die Marranos pflegten ihre alten Beziehungen zu Spanien und Portugal, aber auch die Verbindung mit ihren Marrano-Brüdern in West- und Mitteleuropa, Italien, Nordafrika und im türkischen Reich. Auf diesen Verbindungen baute sich ihr großer Erfolg im Handel auf; aber auch ihr kultureller Einfluß war bedeutend.

## Die jüdische Gemeinde im mittelalterlichen Europa

Von Anfang an trat die jüdische Gemeinde in Westeuropa als ein lebendiger Körper auf, der all seine Glieder zusammenhielt. Die Vorstellung einer kommunalen Organisation stammte aus Erez Israel zur Zeit des Zweiten Tempels. Ihre Autorität und Kontrolle regelten alle Seiten individueller und öffentlicher Tätigkeit; das Schicksal des einzelnen war tatsächlich von der Wiege bis zur Bahre in die Gemeinschaft eingebunden. Einige ihrer Wesenszüge, die sich schon im 10. und 11. Jahrhundert herausbildeten, beeinflußten die jüdischen Gemeinden ganz Europas auf Jahrhunderte hinaus.

Die Gemeinde hatte drei Hauptaufgaben: Die Gebote des Judentums zu befolgen und die religiösen Erfordernisse zu beachten, sich um die Sicherheit von Leben und Besitz zu kümmern und für gegenseitige Hilfe in Notzeiten zu sorgen. Für diese Ziele wurde große Mühe aufgewandt: Viele Institutionen regelten die Aufgaben der Gemeinschaft: Armenkassen, Erziehungseinrichtungen, Synagogen, rituelle Badehäuser und Friedhöfe; auf den unterschiedlichsten Gebieten wurden Vorschriften erlassen, Steuern festgesetzt, gerichtliche Institutionen und ein Strafgesetz eingeführt: Die Gemeinde war ein Staat im Staate.

Die Entwicklung der jüdischen Gemeinde im mittelalterlichen Europa gliedert sich in drei Hauptperioden: das 10. und 11. Jahrhundert, danach die Zeit vom 12. bis zum Beginn des 14. Jahrhunderts; schließlich die Zeit nach 1348.

In der ersten Periode, als sich die Organisation der städtischen Gesellschaft im christlichen Europa noch herausbilden mußte, hatte die Gemeinde bereits mancherlei feste Formen für Institutionen und Verfahren. Das geht klar aus den *Responsen* von Meschullam, Sohn des Kalonymos, hervor, der in der zweiten Hälfte des 10. Jahrhunderts im norditalienischen Lucca lebte. Damals setzten die Gemeinden ihre Autorität über den einzelnen durch Exkommunikation, d.h. Ausschluß aus dem Leben der Ortsgemeinde, und Bußgelder durch – gegen den Einspruch der babylonischen Gelehrten, die den Brauch auf Erez Israel beschränkt sehen wollten. Bemerkenswert an diesen frühen Regelungen der Gemeinde war das »Unterbrechen des Gottesdienstes«, d.h. das Recht jedes Gemeindemitglieds, die Gebete in der Synagoge so lange aufzuhalten, bis seine Klage über ein ihm widerfahrenes Unrecht zu seiner Zufriedenheit erörtert worden war.

Das war nur einer der demokratischen Züge, die von Anfang an die Gemeinde kennzeichneten. Andere Quellen berichten, daß alle Gemeindeangehörigen in der Synagoge zusammenkamen, um ihre gemeinsamen Angelegenheiten zu besprechen. Zu Beginn des 11. Jahrhunderts war bereits entschieden worden, daß die Mehrheit das Recht habe, der Minderheit gegenüber ihren Willen durchzusetzen. »Ein einzelner ist überstimmt, und die Mehrheit ist befugt, einen Eid zu fordern, zu bannen, Geld zu beschlagnahmen und Vorschriften zu erlassen« (ein *Responsum* aus der ersten Hälfte des 11. Jahrhunderts, Kol Bo, Kapitel 142). Weiter galt, daß keine Gemeinde das Recht hatte, sich in die Angelegenheit einer anderen einzumischen, selbst dann nicht, wenn sie zahlenmäßig größer war oder mehr Gelehrte hatte. Jede Gemeinde war souverän und konnte Vorschriften nach ihren eigenen Bedürfnissen erlassen. Es wurde dabei ausdrücklich festgestellt, daß diejenigen die Leiter der Gemeinde seien, die dazu gewählten waren, selbst wenn sie nicht durch religiöses Wissen hervorragten. Rabbenu Gerschom, mit dem Beinamen »Licht des Exils«, – einer der größten Gelehrten des deutschen Judentums im Mittelalter – unterstreicht diesen Punkt: »Sogar der einfachste Mann ist, wenn er zum Oberhaupt der Gemeinde gewählt wurde, der wichtigste Mann.«

Damals gab es eine landesweite Führerschicht, die zu großen Markttagen in großen Städten zusammenkam, um die gemeinsamen Probleme aller Gemeinden zu besprechen. Fast alle uns bekannten Gemeindeführer stammten aus angesehenen Familien. Manche Gelehrte betonten sogar ausdrücklich, daß das Recht der Mehrheit auf Entscheidung von den ›Vornehmen‹ unter ihnen abhing, Männern, die durch Gelehrsamkeit und sozialen Status hervorragten: Man kann also bei den Gemeinden der damaligen Zeit nicht von echten Demokratien sprechen.

In der zweiten Periode, vom 12. bis Anfang des 14. Jahrhunderts, machte die jüdische Gemeinde in gewisser Hinsicht die Veränderungen mit, die damals in der christlichen Gesellschaft den Städten mehr Autonomie verschafften. Die absolute Macht der Mehrheit wurde eingeschränkt, dem Gemeindeoberhaupt im 13. Jahrhundert ein Ratsgremium zur Seite gestellt, was ungefähr dem Nebeneinander von Bürgermeister und Rat in den deutschen Städten entsprach.

Die dritte Periode, die auf den ›Schwarzen Tod‹ folgte, war für die Juden mit neuen Strafgesetzen, rücksichtslosen Verfolgungen und wiederholten Ausweisungen eine harte Zeit. Die Gemeinden durften ihr Oberhaupt nicht mehr mit der bisherigen Selbstverständlichkeit wählen, sondern mußten sich das Recht dazu durch große Geldsummen erkaufen. Die Gerichtsbarkeit – ob es sich um das Einziehen von Steuern oder um die Entscheidung in Strafsachen handelte – wurde beschnitten. Der Staat nahm sich seinen Teil der Bußgelder, die von jüdischen Gerichten verhängt wurden. 1407 setzte Kaiser Ruprecht einen Oberrabbiner (›Hochmeister‹) ein, wogegen die Juden sich bitterlich sträubten. Doch zur gleichen Zeit führten innere Spannungen zur Abwertung des Ansehens des Rabbinenstandes.

Diese Vorgänge veranlaßten seit Ende des 14. Jahrhunderts Versuche, zentrale Autoritäten einzurichten. Wo es glückte, bedeutete es, daß der Einfluß der reichen Familien (in Italien zum Beispiel der großen Bankiers) auf die Gemeinden stärker wurde.

Polnische Gemeinden hielten sich in der Regel an die aschkenasische Tradition in Fragen der Organisation und Form der Führung, doch die Beziehungen der Gemeinden untereinander waren anders, verwickelter. Zunächst konzentrierten sich die Gemeinden in Polen um ›Muttergemeinden‹, die für die kleineren mitverantwortlich waren. In den Ostgebieten Polens bildeten sich im 16. Jahrhundert größere Ratsgremien, zunächst aus vier Ausschüssen aus verschiedenen Gebieten oder ›Ländern‹ (Groß-Polen, Klein-Polen, Rußland und Lublin), später taten sich zehn zusammen. Um die Mitte des 16. Jahrhunderts versammelten sich die regionalen Ratsgremien zu gemeinsamem Vorgehen. Als ›Rat der vier Länder‹ übte dieses Gremium weltliche und religiöse Macht aus und bildete sogar ein Berufungsgericht für die jüdischen Gemeinden in Polen. 1623 wurde der Rat von Litauen gegründet.

Die kommunale Führung gliederte sich in drei Stufen. Erstens die Führungsspitze, eine kleine Zahl von Gemeindeoberhäuptern, die den Behörden gegenüber für die Gemeinde verantwortlich waren und deren Vorsitz von Monat zu Monat wechselte; zweitens die ›Guten‹ und drittens die kommunalen Amtsinhaber, zu denen die religiösen Richter und die Leiter kommunaler Einrichtungen wie Buchhaltung oder Waisenfürsorge gehörten.

Vorschriften, die 1595 in Krakau erlassen wurden, zeigen, daß die Macht der Gemeinde alle Seiten des jüdischen Lebens erfaßte: Die Art, Handel zu treiben, den Zinsfuß bei Darlehen, die Erziehung, die Wohltätigkeit und sogar die Reinlichkeit der Straßen. Die Regeln für die Wahl des Oberhauptes wechselten von einem Ort zum anderen; tatsächlich hatte mindestens ein Viertel der polnischen Juden kein Stimmrecht.

Die Ratsgremien von Polen und Litauen waren faktisch ›Regierungen‹, die sich mit weitgreifenden wichtigen Angelegenheiten der ganzen jüdischen Gemeinden befaßten und sich ziemlich oft versammelten, in Polen zweimal jährlich, in Litauen einmal in zwei Jahren. Ihre Macht, einschließlich der Strafgewalt, war groß, ihr Status überragte den aller anderen kommunalen Organisationen des mittelalterlichen Judentums.

Die Bedeutung der Gemeinde für das Bewußtsein des durchschnittlichen Juden spiegelt sich in der Tatsache, daß sich Hunderte von *Responsen* verschiedener Gelehrter aus allen Gebieten jüdischer Siedlungen damit befaßten. Mitte des 11. Jahrhundert entschieden die Gelehrten aus Deutschland und Frankreich, daß der Gehorsam gegen die Verordnungen der Gemeinde ein Teil der religiösen Pflichten sei. Selbst wenn eine Person vorher einen Eid geschworen hatte, daß sie einer Vorschrift nicht gehorchen wolle, wurde ihr Eid aufgehoben und sie mußte gehorchen, obwohl der Bruch eines Schwurs ansonsten mit außerordentlicher Strenge verurteilt wurde. Dem Gemeindemitglied wurde in diesem Fall »vom Berge Sinai« her befohlen, die Autorität der Gemeinde anzuerkennen. Der Zwang hatte zweifellos einen tieferen Grund: Für die Juden, die im Mittelalter verfolgt wurden, bedeutete die Freiheit, ihr internes Leben selbst zu gestalten, ein Symbol, eine Art Erinnerung an eine Vergangenheit, in der sie als freies Volk auf eigenem Boden gelebt hatten.

## Jüdische Gesellschaft und jüdische Familie

Die Struktur der jüdischen Gesellschaft im mittelalterlichen Europa wechselte von einem Ort zum anderen, von einer Zeit zur anderen. Sicherlich war sie nicht so streng hierarchisch wie im Babylonien des 11. Jahrhunderts, doch sie als wirklich demokratisch zu bezeichnen, wäre eine Übertreibung. Es gab weder soziale Gleichheit noch Chancengleichheit. Der Rang einer Familie gab den Ausschlag. Im 11. Jahrhundert hatten Angehörige von nur sieben Familien in Mainz und Worms ununterbrochen die wichtigsten Posten in ganz Deutschland und Frankreich inne, als Oberhaupt der Gemeinden, Oberhaupt der *Jeschivot* (Talmudschulen) und Toralehrer. Man kann ihre Vererbung über fünf Generationen bis herab zu den Verfolgungen von 1096 nachzeichnen.

In einer Anfrage der Gemeinde in Troyes in der Champagne hieß es, daß »die Kleinen unter uns auf die Großen hören und niemals in irgendeiner Sache gegen sie aufgetreten sind«. Aus dem Zusammenhang geht hervor, daß »die Großen« Juden von angesehener Herkunft und anerkanntem Status waren. Selbst die großen Gelehrten wie Raschi, der bedeutendste Gelehrte, den das mittelalterliche französische Judentum hervorbrachte, schrieb höchst ehrerbietig und bescheiden an die Angehörigen der großen Familien.

Wert und Bedeutung der Einzelfamilie und der Familientradition für das frühe deutsche Judentum spiegelten sich in seiner sozialen Struktur und beeinflußten offensichtlich auch das geistige Leben. Kinder hielten sich, auch wenn sie nichts davon verstanden, an die Bräuche der Vorfahren, deren Tun und Sitten als bindendes Präzedenz angesehen wurde; davon abzuweichen, war undenkbar. Auch im italienischen Judentum gab es eine Dynastie von Gelehrten, über die wir leider nur wenig wissen.

Im 12. Jahrhundert änderte sich das Bild. Unter den *Tosafisten* (Talmud-Auslegern, deren Arbeit als *Tosafot,* Ergänzungen, zum Werk ihres Meisters Raschi von Troyes angesehen sein wollte) waren manche, die auf keine angesehene Abstammung hinweisen konnten. Andererseits existierte aber unter den Chaside-Aschkenas (was soviel bedeutet wie die Frommen von Deutschland) des 12. und 13. Jahrhunderts in Deutschland eine strenge hierarchische Ordnung, die durch Status und Abstammung bestimmt wurde. Obwohl sie mit den anderen Juden mitempfanden und empfahlen, sie der Tora näherzubringen, predigten sie doch, daß »die Guten« für sich wohnen und nur innerhalb ihrer Gruppe heiraten sollten:

An einem Ort kamen nur ›gute‹ Leute zusammen, und sie hatten ›gute‹ Oberhäupter. Ein alter Mann sagte zu ihnen: »Wenn wir andere heiraten und andere uns heiraten, werden unsre Kinder ihren schlechten Wegen folgen. Deshalb sollten wir einen Bann aussprechen, daß niemand seine Tochter einem Mann geben soll, der nicht aus dieser Stadt ist, damit er nicht die Einwohner verdirbt; ebenso sollen wir keine Frau aus einem anderen Ort heiraten.« (*Sefer Chasidim,* hg. von Wistinetzki, Kapitel 1301).

Seit dem 13. Jahrhundert wuchs der Einfluß der Wohlhabenden auf die jüdischen Gemeinden. Daß trotzdem kaum Spannungen zwischen den Klassen entstanden, liegt offenbar an zwei Umständen. Erstens waren mit dem privilegierten Status der führenden Familie kein Recht und keine Aufsicht über die geringeren Brüder verbunden, ebensowenig irgendwelche materiellen Vorteile; außerdem mischten sich die Wohlhabenden nicht wie in Spanien in die christliche Gesellschaft und ahmten sie nicht nach. Die Zahl der Juden, die am deutschen Kaiserhof dienten, war klein. Zweitens fielen die Klassenschranken vor der Gelehrsamkeit. Ein einfacher Student durfte einen noch so angesehenen Lehrer anrufen, konnte in seinem Haus leben und ihn auf Reisen begleiten; das alles galt übrigens auch für die christlichen Schulen.

Äußerlich ähnelte den Hofjuden Spaniens die jüdische Intelligenz der Provence am meisten, die hochgebildet und wirtschaftlich gut gestellt war und mit christlichen Nachbarn auf gutem Fuß lebte. Doch das innere Gemeindeleben war sehr viel anders als in Spanien, und soziale Spannungen wie dort waren in der Provence unbekannt.

In Polen führte der große wirtschaftliche Aufschwung des 15. und 16. Jahrhunderts zum typischen Lebensstil der Wohlhabenden. Einige Moralisten wandten sich gegen die Leichtfertigkeit, die nach ihrer Meinung in das Leben der jüdischen Führungsschicht eingesickert war. Sie beanstandeten, daß allzu kostbare Kleidung getragen und allzu viele Festen und Banketts abgehalten wurden und tadelten, daß die Juden in Häusern wohnten, die sich eher für den polnischen Adel schickten. Es hieß sogar, daß dieser Lebensstil »die Aufmerksamkeit von der Erlösung« ablenke. Aber die Konflikte in Polen wurden nicht so heftig wie in Spanien, obwohl sich die Klassenunterschiede ausprägten und manche Gruppen durch ihren Reichtum einen bevorzugten Status einnahmen.

Der Stand der Rabbinen hatte eine Zeit der Belastungen durchzustehen. In Polen-Litauen, wo die Organisation stark war und einige hervorragende Rabbinen von der Allgemeinheit hoch geehrt wurden, hatte der gesamte Stand großes Ansehen. Doch in Deutschland, wo im 14. und 16. Jahrhundert aus dem Stand ein Beruf wurde – das heißt, daß der Rabbiner ein Angestellter der Gemeinde war –, litt sein Ansehen sichtlich im Kampf um die Autorität.

Vom Beginn der jüdischen Ansiedlungen im 9. und 10. bis ins 13. Jahrhundert hinein genossen die Frauen eine hohe soziale Stellung, die sich dann erst verschlechterte. Zu Beginn des 11. Jahrhunderts wurden zwei Gebote erlassen – wahrscheinlich durch Rabbenu Gerschom –, die sich nachhaltig auf die Struktur der jüdischen Familie auswirkten: Die Ehe mit mehr als einer Frau und die Ehescheidung von einer Frau gegen ihren Willen wurde verboten. Aus anderen Vorschriften dieser Zeit geht hervor, daß die Stellung der Frau in der jüdischen Gesellschaft besser als in irgendeiner anderen Religionsgruppe in den muslimischen Kalifaten war. Dafür spricht die Höhe der Geldsumme, zu der sich ein Mann beim Ehevertrag verpflichtete und die bei einer Scheidung oder im Falle seines Todes fällig wurde; es geht auch aus dem kostbaren Schmuck der Frauen und der Rolle hervor, die ihr für die wirtschaftliche Seite des Haushalts und für die Beziehungen zur christlichen Umwelt eingeräumt wurde. Wenn es sich um Haushaltsführung oder -kosten handelte, hatte die Frau in gewissen Fällen mehr zu bestimmen als der Ehemann.

Eine im 11. Jahrhundert in Frankreich und Deutschland eingeführte wichtige Regelung verbot die Auflösung einer Verlobung. Da es üblich war, die Kinder sehr früh miteinander zu verloben, bestand immer die Gefahr, daß einer der Partner nach Jahren das Verlöbnis aufzulösen wünschte. Aber die Gemeinden fürchteten, diese Lösung könne so aufgefaßt werden, als ob der Stammbaum der Familie einen Makel aufweise; und da in den kleinen Gemeinden, die damals in Deutschland üblich waren, ein Bruch der Verlobung sofort überall bekanntgeworden wäre, hätte er vermutlich auch das Verhalten der jüdischen Gemeinde beeinflußt. Die Gemeindeoberhäupter stellten in dieser und in anderen Vorschriften ausdrücklich fest, ihr Zweck sei, »die Töchter Israels nicht in Schande zu bringen«. In der Tat versuchten viele Juden in Frankreich und Deutschland, wie ausdrücklich festgestellt wurde, Lebensstile der christlichen Ritter und ihrer Frauen zu übernehmen.

Wie erwähnt, verschlechterte sich der Status der Frau im 13. Jahrhundert, doch nicht in den Kreisen der Chaside-Aschkenas. Hier erinnerten die zärtlichen Gefühle des Ehemannes für seine Frau, deren große Bildung und die bedeutende Rolle, die sie hier und da noch spielte, an die deutschen und französischen Gemeinden, wie sie zweihundert Jahre zuvor gewesen waren. Die Chasidim empfanden sich selbst als Elite innerhalb der jüdischen Gesellschaft und hoben sich auch tatsächlich von der sonst üblichen Norm ab, wie im folgenden gezeigt werden soll.

### Geistiges Schaffen

Das Mittelalter war eine Periode großer geistiger und künstlerischer Leistungen der Juden. Viele damals entstandenen Werke gelten heute noch als Klassiker und prägen jüdisches Leben und jüdische Anschauungen.

Die Wurzel der schöpferischen Kraft liegt in der Hingabe, mit der sich das europäische Judentum dem Studium der Tora widmete. Bibel, Midrasch und Talmud zu lesen, galt nicht nur als höchst verdienstliche Religionsübung, sondern überall auch als Ideal des mittelalterlichen Judentums. Daher stammte die große Sorge der Eltern um die Erziehung der Kinder, für die der einzelne und die Gemeinde beträchtliche Summen aufwandten. Schon im 11. Jahrhundert besaß jeder Schüler sein eigenes Buch, einen damals unerhört kostbaren Schatz. Diese Sorge um die Bildung fällt um so mehr auf, als die nichtjüdischen Massen damals noch Analphabeten waren.

Das deutsche und nordfranzösische Judentum entwickelte sich völlig anders als das spanische und portugiesische, obwohl die Gruppen keineswegs voneinander isoliert lebten. Vom 10. Jahrhundert an bestanden enge Handelsbeziehungen; viele Juden reisten aus Deutschland und Frankreich ebenso nach Spanien wie in die muslimischen Kalifate des Ostens. Kaufleute bildeten also eine wichtige Brücke zwischen den verschiedenen Kulturen, vermittelten mündliche Traditionen und brachten geschriebene Werke mit. Man darf daraus schließen, daß die unterschiedlichen Entwicklungen auf dem geistig-schöpferischen Gebiet und die scheinbare gegenseitige Nichtbeachtung der Zentren bewußt und beabsichtigt waren. Alle Teile der Diaspora bauten auf demselben geistigen Grund auf, vor allem auf der eindringlichen Hingabe an die verschiedenen Formen der jüdischen Rechtsliteratur: talmudische Exegese, Rechtskompendien und *Responsen.* Abweichungen gab es, aber keine eigentlichen Widersprüche; diese entstanden vielmehr aus der unterschiedlichen Einstellung zum Studium der Philosophie und zum Rationalismus allgemein.

Welches Zentrum gerade die Führung innehatte, richtete sich nach dem politischen, sozialen und wirtschaftlichen Status der Juden in den Zentren. Die Überlegenheit zeigte sich in den Anfragen in Sachen des religiösen Rechtes, die von auswärts an die Weisen eines Zentrums gerichtet wurden, und durch die Anerkennung dieser Weisen als höhere Autorität. Doch das europäische Judentum empfand sich dabei, besonders seit dem 12. Jahrhundert, als eine Einheit mit einer Tora und einem Lebensstil.

Vom 9. bis ins 10. Jahrhundert war das byzantinische Süditalien ein wichtiges Studienzentrum. Ein Teil seiner Angehörigen wanderte später nach Mittel- und Norditalien aus. Wie das ganze byzantinische Judentum war auch dieses Zentrum stark durch die babylonischen *Geonim* (sg. Gaon, Häupter der Talmudakademien und geistige Führer in nachtalmudischer Zeit) beeinflußt; daneben brachten die bequemen Verbindungen über See diese Gruppe in engen kulturellen Kontakt mit Erez Israel. Die Schriftsprache der italienischen Juden war das Hebräische, das sich im 8. Jahrhundert wiederbelebt hatte; man kann es jedenfalls daraus schließen, daß man auf zeitgenössischen Grabsteinen eher hebräische als griechische Inschriften findet.

Literarische Spuren dieser Periode zeigen, daß sich das italienische Judentum mit fast allen Gebieten jüdischer Literatur befaßte – mit Kommentaren zu Bibel und Talmud, mit der Niederschrift von halachischen (gesetzlichen) Werken, liturgischen Hymnen und homiletischer Literatur. Besonders das byzantinische Judentum beschäftigte sich damals und später mehr als irgendein anderes jüdisches Zentrum mit diesen Arbeiten.

Die historische Literatur ist durch den in Italien entstandenen *Sefer Josippon* (ein nachgearbeiteter hebräischer Josephus) von 935, ferner durch die genealogische Tafel der Familie Achimaaz vertreten. Auch die ersten Spuren des Studiums der jüdischen Mystik in Europa finden sich in Süditalien. Für das 13. Jahrhundert soll noch die andauernde Beschäftigung mit der Philosophie erwähnt werden.

Die Rolle des italienischen Judentums für das geistige Leben der europäischen Juden im Mittelalter war aus zwei Gründen wichtig: Erstens betätigte man sich hier wie kaum anderswo auf allen Gebieten des Schöpferischen. Zweitens stellte es den wichtigsten Kanal für die Übermittlung des geistigen Erbes von Babylonien und Erez Israel an das ganze westliche Judentum dar. Das italienische Judentum leistete auch einen besonders bedeutsamen Beitrag zur Entwicklung des großartigen Zentrums religiöser Gelehrsamkeit, das sich in der zweiten Hälfte des 10. Jahrhunderts in Deutschland herausbildete.

Dieses Zentrum in Deutschland blühte überraschend schnell auf. Bis zum Ende des 10. Jahrhunderts waren die meisten Gelehrten Europas (einschließlich der Provence, Frankreichs und Deutschlands) dem bedeutenden jüdischen Zentrum in Lucca zugewandt; doch Anfang des 11. Jahrhunderts übernahm die glänzende *Jeschiva* (Akademie) in Mainz die Führung; hier fanden sich jetzt Juden aus Nordfrankreich, der Provence und sogar aus Italien zusammen. Die verschiedenen Traditionen wurden sämtlich einbezogen, so daß sie einander befruchteten. Unter dem Einfluß der italienischen Einwanderer begann man hier sämtliche Schattierungen der zeitgenössischen jüdischen Literatur zu studieren. Bis dahin war die Bibel in Deutschland eine höchst wichtige Quelle der halachischen Entscheidungen für den Alltag gewesen, aber Mitte des 11. Jahrhunderts erkannte man in Deutschland wie in der übrigen Diaspora dem Babylonischen Talmud den ersten Rang zu. Es gibt auch keinerlei Hinweise auf das exakte theologische Studium, das im Christentum als Scholastik bekannt ist – wahrscheinlich, weil sie zu der Zeit aufblühte, als sich die Juden selbst von der übrigen Gesellschaft abzusondern begannen.

Auch in der Provence bildete sich im 11. und 12. Jahrhundert ein wichtiges geistiges Zentrum aus, das noch stärker mit Babylonien verbunden war als das Judentum von Italien und Deutschland. Die erhaltene Literatur zeigt, daß man sich auch hier auf Midrasch konzentrierte, offensichtlich unter dem Einfluß aus Italien. Auf allen Gebieten waren die Juden in der vordersten Reihe des kulturellen Fortschritts zu finden. Während sich in der christlichen Gesellschaft nur die ersten Knospen der neuen Blütezeit zeigten, waren alle jüdischen Gemeinden in Europa – auch im muslimischen Spanien – erfüllt vom Streben nach religiöser und allgemeiner Bildung, den beiden großen Idealen des Judentums. Die Zerstörung der Tora-Zentren während der Verfolgungen von 1096 versetzte der damaligen und späteren intellektuellen Entwicklung des aschkenasischen Judentums einen tödlichen Stoß.

Das 12. Jahrhundert brachte ganz Europa eine kulturelle Blütezeit, der jüdischen wie der christlichen Gesellschaft. Doch die Richtungen der Entwicklungen sind nur teilweise vergleichbar. In der ersten Hälfte des Jahrhunderts entstanden in Deutschland Chroniken, die das heldenhafte Ausharren jüdischer Märtyrer während des ersten Kreuzzuges schilderten und den christlichen Glauben bitter anklagten. Solche polemische Literatur tauchte im westlichen Judentum zum erstenmal auf, und wenn sie auch nicht als bedeutender Teil des jüdischen kulturellen Werkes anzusehen ist, entwickelte sie sich doch in verschiedenen Formen weiter. In Byzanz hatte sich ein aus Babylonien stammender Typ der Polemik schon im 10. Jahrhundert entwickelt, nämlich der gegen die Karäer.

Das wichtigste im Europa des 12. bis 14. Jahrhunderts verfaßte Werk war das der Tosafisten, das in Frankreich begonnen und in Deutschland und England fortgesetzt wurde. Dem Wesen nach ging es um ein vertieftes Studium talmudischer Fragen. Die Tosafisten wollten den in der zweiten Hälfte des 11. Jahrhunderts entstandenen großen Talmud-Kommentar Raschis erweitern und ergänzen, tatsächlich aber führten sie ein neuartiges, gründliches und scharfsinniges Studium der talmudischen Exegese ein; sie verdankten dabei viel den Methoden von Rechtswissenschaft und Scholastik, die damals in der christlichen Gesellschaft aufblühten.

Eine andere kulturelle Bestrebung dieser Zeit war die Bibelexegese. Sie begann in den aschkenasischen *Jeschivot* des 11. Jahrhunderts und erreichte ihren Höhepunkt in Nord- und Südfrankreich während des 12. und 13. Jahrhunderts. Auch diese Exegese wurde entscheidend mitgeprägt durch Raschis Bibelkommentar, der sogar manche christliche Bibelexegeten beeinflußte. Während sich aber Raschis Bibelauslegung weitgehend auf den Midrasch stützte, entwickelte sie sich danach immer stärker zu einer Eruierung des einfachen Wortsinnes *(sensus literalis-peschat)* hin. In der Provence wurde der Versuch gemacht, die verschiedenen Richtungen der biblischen Exegese zu vereinen. Auf der anderen Seite erfuhr die religiöse Dichtung in Deutschland und Frankreich, nachdem sie im 11. Jahrhundert ihren Höhepunkt erreicht und eine lebendige Kraft für die Formulierung der Ideale in der jüdischen Gesellschaft gebildet hatte, einen gewissen Niedergang.

In der Provence und in Spanien blühte ein anderer Zweig des geistigen Lebens auf, die Mystik, die im 11. Kapitel behandelt wird.

Im Deutschland des 12. und 13. Jahrhunderts entstand eine sehr bedeutsame Bewegung, die manche Kreise der jüdischen Welt für Jahrhunderte ergriff, die Bewegung der Chaside-Aschkenas. Wenn sie auch weder sozial noch philosophisch einheitlich war, sondern unterschiedliche Richtungen des Denkens aus verschiedenen Jahrhunderten und Regionen aufnahm, lassen sich doch einige allgemeine, beherrschende Züge erkennen. Viele volkstümliche Geschichten und Fabeln entstanden jetzt aus dem Verlangen, über den Buchstaben des Gesetzes, über die für alle Juden gültige Tora hinauszugelangen und zu einer moralischen Elite zu gehören. Gleichzeitig betonten die Chasidim, daß man den Mitmenschen verstehen und ihn, sogar den Nichtjuden, mit Rücksicht behandeln müsse. So wandten sie sich gegen den Brauch, von Christen die damals üblichen hohen Zinsen zu nehmen, und ihre Lehre enthielt eine bittere soziale Kritik an den Oberhäuptern, die sich nach ihrem Urteil nicht angemessen verhielten, sondern sich nur um die eigene Stellung und Ehre sorgten. Trotzdem predigten sie wiederum den Vorrang der Führenden, die wegen ihrer Familienherkunft und ihres Lebensstils gewählt worden waren. Wie schon erwähnt, empfahlen sie Eheschließungen zwischen »den Guten«, das heißt jenen, die Lehren und Methoden der Chasidim folgten.

Das Redigieren halachischer Bücher – geordnet nach Themen oder nach der Reihenfolge der Traktate im Babylonischen Talmud – hatte im Spanien des 11. Jahrhunderts eingesetzt, unter Maimonides im 12. Jahrhundert ihren Höhepunkt erreicht und wurde nun im 13. und 14. Jahrhundert in der Provence und in Deutschland zu Ende geführt. Warum? Solche Kompilationen, worauf Maimonides selbst hinweist, begleiten oft eine Zeit des Niedergangs der talmudischen Exegese. In den tragischen Perioden nach den Kreuzzügen stieg das Bedürfnis, Zusammenfassungen der Gesetze vorzulegen, die auch von den Leuten genutzt werden konnten, die selbst keine hervorragenden Gelehrten waren.

Das 13. Jahrhundert stand im Zeichen einer breiten Auseinandersetzung über die Frage der philosophischen Bildung. Sie entstand angesichts der Herausforderung, die Maimonides' Werk *Führer der Unschlüssigen* für den Glauben und die Praxis der Orthodoxie darstellte. Da Maimonides' Philosophie zu einem nationumspannenden Nachforschen und Erörtern anregte, war zu befürchten, daß sie zur Mißachtung mancher Gebote und zu einer Neuinterpretation von Teilen der Bibel als Allegorie führen könnte (und tat es auch in manchen Fällen). Die Auseinandersetzungen gerieten 1232 in eine Krise, denn in diesem Jahr belegten die Rabbinen von Nordfrankreich das Studium der Philosophie, auch den *Führer der Unschlüssigen,* mit einem totalen Bann. Die Aufklärer reagierten sofort. Juden in aller Welt erkannten, daß hier jüdische Gelehrsamkeit und Kultur auf dem Spiele standen. Jede Seite war sich sicher, daß sie auch vom religiösen Standpunkt aus völlig im Recht sei. Der Streit setzte sich noch in den tragischen Tagen der Verfolgung und Vertreibung fort (etwa der Ausweisung aus Frankreich 1306). Schließlich blieb man mancherorts beim Bann, aber ein allgemeiner Rückzug des christlichen Europa vom Rationalismus im 13. Jahrhundert und die harte Verfolgung der Juden im 14. und 15. Jahrhundert ließen die ganze Frage schließlich verblassen.

Seit dem 13. und vor allem im 15. Jahrhundert kam es zu folgenreichen Zusammenstößen zwischen der sefardischen und aschkenasischen Kultur, einer Begleiterscheinung der Verfolgungen. Manche Auswanderer verließen Spanien und sogar Westeuropa, um sich im Osmanischen Reich oder in Italien niederzulassen. Wiewohl beide Kulturgruppen ihre Eigenständigkeit bewahren wollten, führte das gegenseitige Kennenlernen natürlich zu wechselseitiger Beeinflussung, enthüllte aber auch Gegensätze und Unvereinbarkeiten. Im 16. Jahrhundert wurde Polen rasch zum bedeutendsten Zentrum des Tora-Studiums in Europa. Obwohl sich das polnische Judentum als Fortführung des aschkenasischen empfand, entwickelten sich seine *Jeschivot* in unterschiedlichen Richtungen mit einer Vielfalt verschiedener Standpunkte.

Der Lehrplan wurde jetzt fast ausschließlich auf den Talmud beschränkt. Bibelunterricht gab es kaum, und sogar vom Talmud nahm man sich nur die Traktate vor, die auf den Alltag bezogen werden konnten. Die Methode des Studiums, die zuerst im 15. Jahrhundert in den deutschen *Jeschivot* aufgetaucht war, bestand in Diskussionen und Kasuistik. Man ging davon aus, daß die verschiedenen Quellen der talmudischen Traktate völlig übereinstimmen und mit den Regeln der strengen Logik vereinbar, dazu in sich geschlossen und harmonisch sein müßten, und daß durch genügend gründliches Vergleichen und Nachprüfen alle scheinbaren Diskrepanzen in den Texten ausgeglichen werden könnten. Die Studenten ergingen sich daher in weithergeholten intellektuellen Übungen, deren Ergebnis schließlich oft mehr intellektuelle Schärfe als die Klärung des Problems war.

Neben der talmudischen Exegese gedieh nur noch das Studium später häufig kabbalistisch beeinflußter ethischer Moral-Literatur. Sie sollte dem Menschen einen wünschenswerten Lebenswandel vorzeichnen, beachtete aber dabei zeitgenössische soziale und intellektuelle Verhältnisse. Einige waren in Jiddisch geschrieben – eine Neuerung, denn in der frühen Zeit wurden in Deutschland sämtliche Werke nur hebräisch verfaßt. (In den muslimischen Kalifaten war Arabisch neben Hebräisch schon immer die Hauptsprache).

Noch ein anderer literarischer Zweig nahm im 15. und 16. Jahrhundert eine beachtliche Entwicklung – die jüdische Geschichtsschreibung. Dabei spielte auch der Umbruch, den das spanische Judentum nach der Vertreibung von 1492 durchmachte, eine Rolle.

Manche im mittelalterlichen Europa entstandenen Werke der rabbinischen Literatur, Liturgie und Philosophie gelten bis heute als Höhepunkt jüdischer Kreativität auf diesen Gebieten. Diese Leistung, die trotz all den unglaublichen Schwierigkeiten zustandegebracht wurde, macht das Mittelalter zu einer so entscheidenden Epoche der jüdischen Kulturgeschichte – entscheidender, als es für die Kulturgeschichte Westeuropas im ganzen war.

9

# Die Juden in der islamischen Welt
## Erster Teil: 6. - 16. Jahrhundert

SHELOMO DOV GOITEIN

Juden und Judentum standen an der Wiege des Islam. Dieses schicksalhafte Zusammentreffen hatte einen dauernden Einfluß auf die Eigenart der neuen Religion und wirkte bestimmend auf das Schicksal der Juden, die unter ihrer Herrschaft leben sollten.

Der Prophet Muhammad schuf eine Religion – den Islam, ein einzigartiges Buch – den *Koran* (Qur'an) und einen Staat mit einer machtvollen Armee. Seine größte Schöpfung aber, Vorbedingung für alle anderen, war sein Glaube an sich selbst, Gesandter Gottes zu sein, beauftragt, ein Buch zu »überbringen«, welches die Araber vor der Hölle erretten würde. Um es deutlich zu sagen, das ist die Weise, wie wir die Dinge darstellen. Für den wahren Gläubigen war es Gott, der dies bewirkte, nicht der Mensch, der von sich sagte: »Ich bin nur ein Mensch wie ihr« (Sure 18/111).

Die Bedeutung des neuen Glaubens kann an seinen Errungenschaften ermessen werden. Auf der politischen Ebene zeichnete er die Weltkarte neu, auf der geistigen vermochte er über vierzehn Jahrhunderte unzähligen Millionen die innere Ruhe religiöser Gewißheit zu vermitteln, die wenigen Auserwählten zu mystischer Erhebung anzuspornen und allen als sichere Leitung zu moralischer Lebensführung zu dienen.

Die Gefährten des Propheten spürten, daß mit ihm eine neue Welt entstanden war. Kurz nach Muhammad's Tod führten sie eine neue Zeitrechnung ein. Als ihren Anfang wählten sie das Jahr 622, in welchem Muhammad und seine Anhänger aus ihrer Geburtsstadt Mekka in die Oase Medina zogen, deren Einwohner durch die Anwesenheit einiger blühender jüdischer Siedlungen mitten unter ihnen für den Monotheismus empfänglich geworden waren.

Niemand bezweifelt heutzutage die Originalität des Propheten der Araber. Dies bedeutet aber nicht die Schöpfung aus dem Nichts. Ganz im Gegenteil. Muhammad wurde – in seiner frühen Phase – nie müde zu betonen, daß er den Arabern brachte, was andere schon empfangen hatten, und – nach seinem überwältigenden Erfolg – daß er vervollständigte, was andere begonnen hatten.

Die arabische Prägung der neuen Religion fand ihren Ausdruck in der Sprache ihrer Heiligen Schrift, in der Übernahme Mekkas und der umliegenden heiligen Orte als ihr zentrales Heiligtum und in zahlreichen arabischen Sozialvorstellungen und Bestimmungen, welche ihrem System einverleibt wurden. Es ist deshalb um so bemerkenswerter, wie gründlich der Islam Elemente des jüdischen Erbes absorbiert hat. Der *Koran* ist von Anfang bis Ende mit biblischen Anschauungen, Erzählungen und Ausdrucksweisen gefüllt. Auch sind erzählende Anspielungen auf nachbiblische, im besonderen jüdische Lehren enthalten. Der Glaube an die erlösende Kraft des Buches und an Moses als seinen Vorgänger in der Übermittlung einer himmlischen Schrift beherrschte den Propheten der Araber während seiner anfänglichen und formgebenden Phase. Er blieb sein ganzes Leben hindurch ›jüdisch‹. Der Islam teilte mit dem Judentum seinen strengen Monotheismus, welcher die ›Beigesellung‹ irgendeines übernatürlichen Wesens zu Gott verabscheut. Muslime wie Juden mißverstanden das Wesen der Dreifaltigkeit, indem sie diese als polytheistisch betrachteten, und verabscheuten ihre bildnerische Darstellung als Abgötterei. Das Wort *Islam* bedeutet ›ausschließliche und vollständige Unterwerfung‹. Wie die zweite Sure des *Koran* zeigt, wurzelt der Begriff in der Geschichte von Abraham, welcher in der jüdischen Tradition als der vollständig ergebene Diener Gottes beschrieben wird (die gleiche semitische Wurzel *slm* wird gebraucht, um den Gedanken der vollkommenen Ergebung auszudrücken). Wie im Judentum besteht der Gottesdienst in der Erfüllung der Gebote, moralischer und, im besonderen, ritueller, welche in einer genau vorgeschriebenen Weise ausgeführt werden müssen. Das Studium dieser Gebote, die im heiligen Gesetz niedergelegt sind, ist Gottesdienst. Der Islam ist, wie das Judentum, eine Religion der Taten und des Studiums.

Die in der islamischen Welt lebenden Juden waren sich dieser Ähnlichkeit bewußt. Dies beweist auch die Äußerung Abrahams, Sohn und würdiger Nachfolger von Moses Maimonides, welcher die Muslime als »solche, die unsere Art Religion angenommen haben« bezeichnet (wörtlich: die auf unseren Wegen wandeln), und der mit Bedauern feststellt, daß einige der Frommen des Islam würdigere Nachfolger der Propheten Israels seien als viele jüdische Zeitgenossen. Solche Einstellungen fanden auch in Taten ihren Ausdruck. Die Chronik einer hebräischen Familie aus dem 11. Jahrhundert berichtet von einem gelehrten und wohlhabenden Mitglied, welches Schenkungen für die Beleuchtung des Felsendomes zu machen pflegte. Muslimische Gesetzesbücher erörterten die Frage, ob die Annahme solcher Schenkungen zulässig sei, und beantworteten sie zustimmend.

### Schicksalhaftes Zusammentreffen

Eine so nahe Verwandtschaft setzt beträchtliche persönliche Berührung zwischen dem Einfluß gewinnenden Propheten und Vertretern der früheren Religionen voraus. Obgleich die mekkanischen Gegner Muhammads wiederholt auf seine Ratgeber anspielten, besitzen wir keine genaue Kenntnis über solche Beziehungen. »Und sie sagen: ›Das [d.h. die koranische Verkündigung] ist nichts als Schwindel, den er [d.h. Muhammad] ausgeheckt hat, und bei dem ihm andere Leute geholfen haben.‹ Und sie sagen: ›[es sind] die Geschichten der früheren [Generationen], die er sich aufgeschrieben hat. Sie werden ihm morgens und abends diktiert.‹« (aus Sure 25,4-5). »Es ist nur ein Mensch, der ihn unterrichtet.« Muhammad entgegnet darauf mit einer einfachen, aber höchst bezeichnenden Widerlegung: »Die Sprache dessen, auf den sie anspielen, ist nicht arabisch. Dies hingegen ist deutliche arabische Sprache« (Sure 16,103). Die sprachbewußten Araber hätten ihre Aufmerksamkeit niemals einer anderen Sprache als reinem Arabisch geliehen, nie einem *Ratana* (lingua barbara) oder dem den Juden eigenen Dialekt. »Und er [d.h. der Koran] ist vom Herrn der Menschen in aller Welt [als Offenbarung] herabgesandt . . . in deutlicher arabischer Sprache. War es ihnen [d.h. den zeitgenössischen Arabern] denn nicht ein Zeichen [für die Wahrheit der koranischen Offenbarung], daß die Gelehrten der Kinder Israels schon Kenntnis von ihm hatten? Wenn wir [Gott] ihn auf einen von den Nichtarabern herabgesandt hätten und er ihn [in seiner eigenen nicht arabischen Sprache] ihnen verlesen hätte, hätten sie nicht daran geglaubt« (aus Sure 26,192-9).

Auf jeden Fall waren in den Jahrhunderten, die dem Erscheinen des Islam vorausgingen, viele Juden in Arabien, und ihr Einfluß war fühlbar. Erwähnt wurde schon Medina (wo, nach den muslimischen Biographen, der Prophet seine Kindheit verbracht hatte). Dieses hebräisch-aramäische Wort ist von *din* (Gesetz) abgeleitet, und bezeichnet den Platz, wo Prozesse abgehalten wurden, und das ist die Hauptstadt. Von dort erstreckte sich das *Wadi al-Qura*, das Tal der Dörfer, nordwärts, das ebenfalls von Juden bewohnt war. Eine andere große Oase war *Chaibar*, wo, wie in Medina, die Juden Dattelpalmen zogen und in festungsähnlichen Turmhäusern lebten. Es gab auch andere jüdische Niederlassungen in Arabien und in der Nähe, wie die Fischerdörfer *Maqna* und *Elat*, welche das Tor nach Palästina bilden.

Medina beherbergte nicht nur die zwei ›Priesterstämme‹ *Quraisa* und *Nadir* (von den Arabern al-Kahinan, hebräisch: Kohanim, Priester, genannt), welche Bauern waren, sondern auch eine landlose Gemeinschaft von Gold- und Silberschmieden, die *Qaynuqa*. Zur Zeit Muhammads hören wir kaum etwas von jüdischen Kaufleuten. In einer rabbinischen Quelle des dritten Jahrhunderts werden die Juden Arabiens als landlose Kamelbesitzer und Weihrauchhändler beschrieben. Dies bedeutet, daß sie zu jener Zeit internationalen Handel in großem Stil betrieben, der ihnen aber später von Bewohnern Arabiens wie den unternehmerischen Einwohnern Mekkas entrissen wurde. Im vorislamischen Süd-Arabien, das man damals das Land der Sabäer (das biblische *Saba*) oder der *Himjariten* nannte, waren die Juden besonders einflußreich. Muslimische und christliche Quellen sprechen von himjaritischen Königen, die sich zum Judentum bekehrt hatten, und in einigen sabäischen Inschriften wird diese Annahme anscheinend bestätigt. Während heidnische Inschriften sich an eine Vielzahl von Göttern wenden, sind andere *Rachman*, d.h. dem All-Barmherzigen, allein gewidmet, und einige beschreiben ihn als den »Gott der Juden«. *Rachman* war eine lokale Gottheit, aber im Talmud ist dies ein übliches Appellativ für Gott.

Eine gründliche Untersuchung dieser Inschriften offenbart jedoch, daß die Könige und der Adel der *Himjariten* das Judentum nicht angenommen hatten. Sie huldigten einem judaisierten Monotheismus, der sich ernsthaft mit dem Leben nach dem Tod befaßte und, ähnlich wie die neue, hernach in Mekka verkündigte Religion, ein lokales Heiligtum zum Mittelpunkt hatte. Wäre der berühmte letzte ›jüdische‹ König von *Himjar, Dhu Nuwas*, »der Mann mit den Schläfenlocken« (die Inschriften nennen ihn *As'ar*), siegreich geblieben, wäre es den Juden wahrscheinlich unter seinem judaisierten Monotheismus nicht besser oder schlechter ergangen, als es ihnen später, im Islam, erging. Glücklicherweise kam 1969 eine zweisprachige, himjaritisch-hebräische Inschrift eines gläubigen Juden in Süd-Arabien ans Licht, welche uns in die Lage versetzt, eine Vorstellung der religiösen Welt der vorislamischen arabischen Juden zu gewinnen. Sie beschreibt die Einweihung eines Hauses, das auch als Synagoge diente, und für welches andere Juden (»Israel«) einen Beitrag geleistet hatten.

> Juda *JKF* [Familienname] baute sein Haus *JKRB* [Name des Hauses, möglicherweise mit der Bedeutung von ›Möge es gesegnet sein‹], stiftete und vollendete es . . . durch die Macht und Gnade seines Herrn, der seine Seele erschuf, des Herrn der Lebendigen und der Toten, des Herrn vom Himmel und Erde, der alles erschuf, und mit der Hilfe seines [Judas] Volkes Israel, und mit der Erlaubnis seines Herrn . . . des Königs von *Saba* . . ., und der Erlaubnis von . . . und seiner Stämme . . .« Der Zusatz in Hebräisch ist kurz: »Geschrieben von Juda, möge sein Andenken gesegnet sein, Schalom [Friede], Amen.

Diese Sorge um die Seele und das Leben nach dem Tode, und die Ehrfurcht vor Gott, der alles bewirkt, kennzeichnen die geistige Atmosphäre, in welcher Muhammad seine Berufung empfing.

Neuere gelehrte Studien über die religiöse und politische Biographie Muhammads sollten nochmals überprüft werden. Man scheint allgemein anzunehmen, daß es die Weigerung der medinensischen Juden war, ihn als Propheten anzuerkennen, welche Muhammad zwang, seine universalistische Annäherung an den Monotheismus aufzugeben und eine militante Religion eigenen arabischen Charakters zu bilden. Montgomery Watt, ein moderner Biograph Muhammads, geht sogar so weit, darzutun, daß der Islam eine jüdische Sekte geworden wäre und die Weltgeschichte einen anderen Lauf genommen hätte, wenn die Juden von Medina nicht so stolz, sondern ein wenig gefälliger gewesen wären.

Eine genauere Untersuchung des *Koran* und der vertrauenswürdigen historischen Überlieferung der Muslime vermittelt ein anderes Bild von Muhammads Entwicklung als Prophet und nationalem Führer. Sein ursprünglicher Entwurf war in der Tat universalistisch: das heißt, er glaubte, daß der eine Gott nur ein Buch zu geben hätte; die verschiedenen Religionen entsprächen dann verschiedenen Fassungen dieses einen Buches, und er, als sprachbewußter Araber, sah sich selbst berufen, eine Fassung in reinem, leicht verständlichem Arabisch zu überbringen. Als ein gottesfürchtiger Mann empfand er überdies eine natürliche Bindung an die *Ka'ba*, das alte Heiligtum seiner Geburtsstadt Mekka. Als er jedoch den Polytheismus seiner Landsleute, die Religion ihrer Väter, angriff und mit ihnen zu streiten begann, sah er sich gezwungen, den Monotheismus, zu dem er sich bekannte, näher zu betrachten. Zu seiner Bestürzung mußte er erkennen, daß nicht nur Juden und Christen, sondern auch die verschiedenen christlichen Glaubensgemeinschaften die anderen Glaubensbekenntnisse nicht als eine Fassung ihres eigenen Glaubens begriffen: jeder behauptete, der einzige und ausschließliche Besitzer von Gottes Botschaft zu sein, und sie weigerten sich folglich, Muhammads Anspruch, ein zu den Arabern gesandter Prophet zu sein, anzuerkennen. Diese Entdekkung bereitete ihm große Qual: jahrelang rang er mit dem Problem: wie konnte Gottes Offenbarung Uneinigkeit und Haß anstatt Einigkeit und Zusammenhalt unter seinen Gläubigen verursachen? Muhammads Zweifel lösten sich schließlich in dem Glauben, daß es Gottes unerforschlicher Wille war, daß seine Offenbarungen zu Uneinigkeit führen würden. Unter dieser Bedingung mußte Muhammads eigene Botschaft, als die letzte, auch endgültig sein. Die anderen monotheistischen Religionen waren rechtmäßig, hatten aber die Überlegenheit des Islam anzuerkennen. Diese Neuausrichtung Muhammads geschah in seiner Heimatstadt Mekka, lange bevor er und seine Anhänger zur Auswanderung nach Medina gezwungen wurden.

Muhammads religiöse Neueinschätzung hatte politische Folgen. Der Islam mußte herrschen; alle anderen Glaubensbekenntnisse mußten unterworfen werden. Die ersten, die von dieser neuen Vorstellung betroffen wurden, waren die Juden in Nord-Arabien, da es keine geschlossene christliche Siedlung in der Nähe gab. Als die Gesandten der wenigen neu konvertierten Araber Medinas zu Muhammad kamen, um mit ihm die voraussichtliche Auswanderung seiner Anhänger in ihre Oase zu besprechen, waren sie bestürzt, zu erfahren, daß er ihre jüdischen Nachbarn zu liquidieren gedachte. »Du wirst nach Medina kommen«, sagte einer von ihnen, »die Juden vernichten und nach der erfolgreichen Durchführung deines Planes nach Mekka zurückkehren und uns von unseren Bundesgenossen unbeschützt zurücklassen.« Muhammad versicherte ihnen, daß, wenn er sich erst einmal unter ihnen niedergelassen habe, er Medina niemals aufgeben und in seine Heimatstadt zurückkehren würde. Er hielt sein Wort, doch war das Schicksal der Juden Medinas, schon lange bevor Muhammad seinen Fuß auf den Boden dieser Oase setzte, besiegelt.

Wenn die Ereignisse sich so abgespielt haben, stellt sich die Frage, warum die medinensischen Teile des *Koran*, bei weitem der größte Teil des Buches, so viele Reden enthalten, die sich an die Kinder Israels, womit die Juden gemeint sind, oft auch an Juden und Christen zusammen richten? Die Antwort ist, daß die Reden eigentlich für die Ohren der Araber Medinas bestimmt waren. Für sie war es nicht leicht, ihre alten Verbündeten zu verraten und mit anzusehen, wie eine Anzahl von ihnen ausgeraubt und vertrieben und andere ermordet wurden. Viele Passagen im *Koran* und in den Schriften der muslimischen Historiker zeigen, wie schwierig es für Muhammad war, die einheimischen Araber zu beruhigen. Natürlich spielten auch materialistische Interessen eine Rolle. Die Häuser, Felder, Dattelpalmgärten und andere Besitztümer der Juden waren eine begehrte Beute, besonders für die besitzlosen Einwanderer aus Mekka.

Diese revidierte Darstellung der Biographie Muhammads läßt jedoch die Tatsache unberührt, daß der *Koran*, das heilige Buch des Islam, welches tagein, tagaus von Millionen von Muslimen gelesen und auswendig gelernt wird, neben vielen anerkennenden Stellen über die »Kinder Israels«, erniedrigende und feindliche Bemerkungen über Juden enthält. In den folgenden Jahrhunderten wurden solche Bemerkungen natürlich benutzt, um antijüdische Einstellungen zu rechtfertigen.

Als Muhammads Reich sich über Medina hinaus auf weit entfernte Orte ausdehnte, wurde eine andere Einstellung zum Umgang mit Nicht-Muslimen erforderlich. Man ließ sie, wo sie waren, und gewährte ihnen Sicherheit für Leben und Besitz; dafür mußten sie aber ihre Waffen, Rüstungen und Pferde abgeben und jährlich erhebliche Steuern entrichten. Zum Beispiel mußten die Juden von *Chaibar* die Hälfte ihrer Dattelernte abgeben und die Juden von *Maqna* ein Viertel ihrer Datteln, Fische und feinen Tuche, die von ihren Frauen gewebt wurden. Diese Abmachung bildete zwar einen Präzedenzfall, stellte aber auf keinen Fall, wie gleich ersichtlich sein wird, ein endgültiges Modell für die Behandlung von Nicht-Muslimen im Islam dar.

## Der Preis für Schutz und Duldung

Obgleich der *Koran* mehrere für die Juden unvorteilhafte Stellen enthält, unterscheiden die muslimischen Gesetzbücher nicht zwischen Juden und Christen. Den Grund dafür könnte man in der Situation des ersten, formativen Zeitabschnittes des Islam finden, als die Juden die muslimischen Armeen aktiv unterstützten, während die Christen als feindlich oder zumindest mit Mißtrauen betrachtet wurden.

Wie die Beispiele von *Chaibar* und *Maqna* zeigen, wurden sofort nach der Eroberung vertraglich bindende Abmachungen getroffen, oder richtiger, von den Siegern als Zugeständnisse gewährt. Vorschriften bezüglich der Stellung der Nicht-Muslime gehören in der Tat zum überwiegenden Teil in die früheste Zeit des Islam. Da die Situation sich von Ort zu Ort unterschied und während der ungefähr 150 Jahre der muslimischen Expansion sich dauernd veränderte, ist es fast unmöglich, die Entwicklung dieser Vorschriften bis zu ihrem ersten Erscheinen in den Gesetzesbüchern um 800 nachzuzeichnen. Dies war dann nicht der Endpunkt, sondern eher der Anfang einer diskriminierenden Gesetzgebung. Die muslimischen Herrscher gaben von Zeit zu Zeit Verordnungen bekannt, die das Los der Nicht-Muslime weiter verschlechterten, doch gelang es diesen oft, durch glückliche sozio-ökonomische Umstände begünstigt, der Strenge des Gesetzes zu entkommen. Mit dem späten Mittelalter jedoch gewann der muslimische Staat die Oberhand. Indem er das Leben der Nicht-Muslime unerträglich gestaltete, gelang es ihm, ihre einst blühenden Gemeinwesen in machtlose Minderheiten zu verwandeln, deren elendes Dasein dem Muslim ein immerwährender Beweis für die Überlegenheit ihrer Religion oder besser für deren ausschließliche Wahrhaftigkeit war.

Dies war auch die Absicht des ursprünglichen Gesetzes betreffs »derer, denen ein Buch gegeben wurde« (Juden und Christen), wie es von Muhammad zum Ende seines Lebens niedergelegt wurde, als er, auf der Höhe seines Erfolges, von Gott und sich in einem Atemzug sprach: »Kämpft gegen diejenigen – von denen, die die Schrift erhalten haben –, die nicht an Gott und den Jüngsten Tag glauben und nicht verbieten (oder: für verboten erklären), was Gott und sein Gesandter verboten haben, und nicht der wahren Religion angehören [kämpft gegen sie], bis sie kleinlaut aus der Hand Tribut entrichten!« (Sure 9,29). Die hier und in dem Teil über das späte Mittelalter beschriebenen endlosen Plagen sind nur Variationen des in diesem Vers vorgetragenen Themas. Andererseits wurde der gedemütigte Status der Christen und Juden als der Preis für ihren Schutz und die Duldung ihrer Religion betrachtet.

Gesetze gegen Nicht-Muslime wurden von Zeit zu Zeit abgefaßt, je nachdem, wie es die physischen und geistigen Bedürfnisse der muslimischen Gemeinde erforderlich machten. In der frühen Phase der Eroberungskriege wurde die jeweils einheimische Bevölkerung angewiesen, keine Waffen zu tragen und alles Kriegsmaterial abzugeben, wodurch sie der Mittel zur Verteidigung beraubt wurde. Als Gegenleistung versprach der Eroberer seinen Schutz. Dieser Schutz wurde *dhimma* genannt, was Verantwortlichkeit bedeutet. Folglich wurden Juden und Christen und Ähnliche als *Ahl al-Dhimma* oder als *Dhimmis* bezeichnet, Leute, die dieses Privileg genießen. Gute muslimische Herrscher und aufrechte Juristen nahmen diese »Verantwortlichkeit« ernst und schützten die Minderheiten gegen Ausbrüche des Mob und gegen den Fanatismus der weniger aufgeklärten Gelehrten.

Zum Kriegsmaterial gehörten auch Pferde. Pferde zu reiten war deshalb den *Dhimmis* generell oder zumindest mit den von den Arabern benutzten Sätteln verboten. Aus diesem Verbot entwickelte sich in späteren Zeiten, und zwar aus anderen Gründen, die nichts mehr mit der Sicherheit der eindringenden Muslime zu tun hatten, eine Überfülle drückender Verordnungen über das Reiten.

Eine andere Sicherheitsmaßnahme war die strenge Vorschrift, daß kein *Dhimmi* sich wie ein Araber kleiden oder frisieren durfte. Er sollte durch das Tragen eines Gürtels leicht erkennbar bleiben, so daß kein verräterischer Angriff auf umherschweifende Muslime geschehen könne. Dies war der Anfang einer periodischen Wiederholung von Gesetzen, die gezielt für die äußere Diskriminierung der Ungläubigen verfaßt wurden.

Um die Massen der Christen und Juden zu kontrollieren, wurde jedem von ihnen eine Kopf-Steuer auferlegt. Wie manche andere Auflage wurde diese von den vorangegangenen Reichen übernommen. Muhammad selbst besteuerte jeden Erwachsenen, männlich oder weiblich, mit einem Dinar (eine Goldmünze) oder dem entsprechenden Wert. Dies wurde wahrscheinlich schon von den Persern so gehandhabt, die vor ihm den Jemen beherrschten. Als die Araber Syrien eroberten, entdeckten sie, daß die Juden, allerdings nur die männlichen, der byzantinischen Regierung eine progressive Kopf-Steuer von einem, zwei, oder vier Dinaren entrichteten, je nach ihrem Vermögen. Die Sieger bevorzugten dieses System, das in den Gesetzbüchern, nicht aber immer in der Praxis maßgebend wurde.

Ein oder zwei Goldstücke im Jahr scheint eine eher bescheidene Auflage zu sein. Das war es nicht. Ein großer Teil der Bevölkerung, Städter eingeschlossen, lebten in Hungersnot.

Ein Lehrer verdiente oft nicht mehr als fünf Dirham (eine Silbermünze) in der Woche, was ungefähr sechs Dinar im Jahr bedeutet. Mit zwei Söhnen im Alter von, angenommen, elf und dreizehn Jahren, beläuft sich seine Kopfsteuer auf drei Dinar. In den alten Gesetzesbüchern ist vorgeschrieben, die Armen von der Steuerpflicht zu befreien. Wie die Briefe und Urkunden der Kairoer Genisa (s.u.) beweisen, wurde diese humane Bestimmung selbst während des Zeitraums »liberaler« fatimidischer Herrschaft (969-1171) nicht befolgt. Die Armen gingen häufiger für die Kopf-Steuer betteln als für Nahrung. Zahlten sie nicht, so wurden sie ins Gefängnis geworfen, wo sie schlimmste Behandlung und manchmal sogar den Tod zu erleiden hatten.

Als die Araber aus Arabien heraus in die großen Städte des fruchtbaren Halbmondes gelangten, waren sie überwältigt vom Glanz der Kathedralen und der Feierlichkeit der religiösen Verrichtungen, selbst von Leichenzügen, derer sie Zeuge wurden. Darüber hinaus begannen die Nachdenklichen unter ihnen die »Leute des Buches zu befragen«. Unter Berücksichtigung der Gestalt, welche die biblischen Geschichten im *Koran* erhalten hatten, kann man sich leicht vorstellen, daß die erhaltenen Antworten neue Fragen eröffneten. Außerdem blieb notwendigerweise die Verwaltung der neu eroberten Provinzen für lange Zeit in den Händen der Beamten, die sie schon vorher leiteten; so sah sich der Muslim gezwungen, sich der Autorität eines Nicht-Muslim zu beugen. Jetzt stand nicht mehr die körperliche Unversehrtheit, sondern die innere Überzeugung des wahren Gläubigen auf dem Spiel. Dieser Situation hat man durch eine lange Reihe von Verfügungen im muslimischen Gesetz, die den Umgang mit Nicht-Muslimen einschränken sollten, schnell abgeholfen.

Entsprechend der byzantinischen Synagogen-Gesetzgebung wurde die Errichtung neuer Gotteshäuser untersagt; über die Instandsetzung der alten gingen die Meinungen auseinander. Es war verboten, religiöse Zeremonien, wie Prozessionen oder das Blasen des *Schofar*, öffentlich inmitten einer muslimischen Umgebung abzuhalten und zur Schau zu stellen. In den neuen, von den Muslimen gegründeten Städten wurden natürlich Kirchen und Synagogen gebaut, denn die dort lebenden Christen und Juden kamen nicht ohne sie aus. Doch waren sie unscheinbar und von einem Wirrwarr sie umgebender Gebäude verdeckt. Auf Abtrünnigkeit vom Islam stand die Todesstrafe, und Nicht-Muslimen, die ihren Glauben unter Muslimen zu verbreiten suchten, drohte das gleiche Geschick. Sobald es möglich erschien, wurde die Beschäftigung von *Dhimmis* als Regierungsbeamte untersagt, eine Verordnung, die während der Jahrhunderte immer wieder erneuert werden mußte.

Im gleichen Maße, wie die Macht der Kalifen verfiel, versuchten sie sich durch die Belästigung der Nicht-Muslime in ein gutes Licht zu rücken. Der glücklose al-Mutawakkil verordnete, daß Juden und Christen gelbe Zeichen auf ihren Gewändern zu tragen hätten (ca. 850). Ganz offensichtlich wurde diese Verordnung nicht überall beachtet, denn das Tragen von Erkennungszeichen mußte von einem anderen Kalif ein halbes Jahrhundert später wieder eingeführt werden. Unter den Fatimiden Ägyptens scheint man von den diskriminierenden Kleidergesetzen abgekommen zu sein. Während der großen Verfolgung der Nicht-Muslime durch den exzentrischen Kalifen al-Hakim (996-1021) wurden diese Gesetze jedoch erneuert und verschärft. So wurden zum Beispiel Frauen, da man sie als auf ihre äußere Erscheinung bedacht kannte, für eine besonders beleidigende Demütigung ausgewählt, indem man sie zwang, Schuhe verschiedener Farben zu tragen. Al-Hakim selbst blies die Verfolgung bald ab, doch wurde die sinnreiche Erfindung bezüglich der Frauenschuhe ungefähr hundert Jahre später von einem Kalifen in Bagdad wieder aufgegriffen. Die Ajjubiden-Herrschaft Ägyptens und Syriens (ca. 1171-1250) war eine Zeit des Übergangs. Im späten Mittelalter waren Herrscher, Rechtsgelehrte und die Masse der Bevölkerung wie besessen von der Vorstellung, für eine möglichst schlechte Behandlung der Nicht-Muslime Sorge tragen zu müssen.

## Die sozio-ökonomischen Verhältnisse

So unterdrückt die Stellung der Juden im mittelalterlichen Islam auch war, kann sie doch nicht mit der in West-Europa verglichen werden. Massaker und Massenvertreibungen, so üblich sie dort waren, blieben in den islamischen Ländern praktisch unbekannt. Die Ursache für diesen Unterschied ist in den vollständig unterschiedlichen sozio-ökonomischen Bedingungen der Juden dieser beiden Bereiche zu suchen. In Europa bildeten die Juden winzige Fremdenkolonien und blieben von der Masse der Bevölkerung nicht nur durch Religion und Kultur (sie benutzten Hebräisch, nicht Latein als Literatursprache) geschieden, sondern auch durch ihre Beschränkung auf wenige verhaßte Beschäftigungen, welche sie zu Außenseitern und Gegnern des größten Teiles der Bevölkerung machten. Im Islam waren die Juden nicht die einzige Minderheit. Die Anwesenheit von bei weitem zahlreicheren christlichen Gemeinden bewahrte sie vor einer allzu schwerwiegenden Isolation. Außerdem waren die Juden in den islamischen Ländern Alteingesessene und auf fast allen Gebieten des Lebens tätig. Die Kairoer Genisa, eine Schatzgrube an Briefen und Urkunden, hauptsächlich vom 10. bis 13. Jahrhundert, erwähnt ungefähr 450 Berufe, die von Juden ausgeübt wurden, davon 250 aus Handwerk und Kunsthandwerk jeder Art. Die Arbeitsteilung war in jenen Tagen erstaunlich. Dies erklärt auch, warum Juden in so vielen Berufen zu finden sind.

Die Behauptung, daß Juden im Islam auf verachtete handwerkliche Berufe wie Gerber, Färber, Schlachter, Flickschuster oder auf Edelmetallberufe wie Goldschmiede oder Geldwechsler beschränkt waren, ist unhaltbar, zumindest was das hohe Mittelalter anbelangt. Muslime, selbst aus Gelehrtenfamilien, waren in allen diesen Berufen ebenfalls tätig. Eine andere Angelegenheit war das Färben. Die Farbe (und nicht der Schnitt) bestimmte den Reiz der mittelalterlichen Kleidung, und Färben mit den damals erhältlichen, primitiven (meist natürlichen) Farbstoffen war eine Kunst, deren Geheimnisse zu kennen den Juden allgemein zugesprochen wurde. Die Genisa zeigt, daß sie sich wirklich auf einzelne Färbeprozesse spezialisierten, wie z.B. die Herstellung von Purpur, und daß es Färber von hohem sozio-ökonomischem Rang gab. Das üblichste gehobenere Handwerk der Juden war das des Apothekers und Herstellers medizinischer Tränke.

Die auffallende berufliche und ökonomische Mannigfaltigkeit der jüdischen Gemeinde hatte zur Folge, daß die Juden nicht eine bestimmte soziale Klasse darstellten, sondern ziemlich gleichmäßig auf alle gesellschaftliche Schichten verteilt waren. Eine statistische Untersuchung der in der Genisa erhaltenen Familienunterlagen zeigt, daß dabei ungefähr 15 Prozent der in ihnen erscheinenden Menschen Bedürftige waren, 45 Prozent in bescheidenen Verhältnissen lebten, 20 Prozent zu der unteren Mittelklasse und 16 Prozent zu der oberen Mittelklasse gehörten, während die wirklich Reichen nur 4 Prozent der untersuchten Familien ausmachten.

Diese Vielschichtigkeit der jüdischen Gesellschaft bedeutete viele Berührungen mit der muslimischen Bevölkerung. Ein jüdischer Bäcker konnte von einem muslimischen Müller ein Darlehen erhalten; jüdische und muslimische Kaufleute arbeiteten zusammen und gingen sogar Partnerschaften ein (obwohl dies von den meisten religiösen Kodizes mißbilligt wurde); Ärzte beider Bekenntnisse arbeiteten im gleichen Krankenhaus als Kollegen zusammen; und selbst die offiziellen Vertreter der beiden Religionen, Richter und dergleichen, brachten sich gegenseitig Achtung entgegen, wenn sie nicht durch irgendwelche Vorfälle davon abgehalten wurden. Briefe der Genisa, von jüdischen Theologen, die auf Kadis (muslimische Richter) zu sprechen kommen, und ein berühmtes Gedicht zu Ehren des Moses Maimonides, vom obersten Kadi Kairos, Ibn Sana' al-Mulk, verfaßt, belegen dies.

Es erwies sich als ein glücklicher Umstand für die jüdische Geschichte, daß Babylonien (Irak) und die Nachbarländer, welche den größten Teil des jüdischen Volkes und seine zentralen Einrichtungen beheimatete, das politische, ökonomische und kulturelle Kernland der islamischen Welt wurden. Leider aber sind die Nachrichten über diesen Zeitabschnitt, nämlich das 8. und das 9. Jahrhundert, überaus spärlich. Die schrecklichen Wirren und Verfolgungen während des letzten Jahrhunderts des Persischen Reiches, das Entsetzen über die Eroberung durch Beduinenstämme und die unterdrückerische Verwaltung der Folgezeit mußten für die *Dhimmis* gräßliche Folgen gehabt haben. In dieser Zeit nämlich, während des 6. und 7. Jahrhunderts, wurden die letzten Reste einer jüdischen Bauernbevölkerung enteignet und sie flohen, wie andere auch, in die Städte, in denen sie eine proletarische Schicht bildeten. Kurz nach dem Auftreten des Islam waren die Juden jedenfalls zu einer ausschließlich städtischen Gesellschaft geworden.

Die jüdische Händlerschicht andererseits, welche um 200 zu hohem Ansehen gelangt war, war geschickt genug, aus den sich durch die Eroberung neu eröffnenden Möglichkeiten und, später, aus dem Aufblühen des islamischen Reiches Kapital zu schlagen. Als die Araber 672/73 die Insel Rhodos überfielen und von dort den berühmten Koloß (eines der ›Sieben Weltwunder‹ der antiken Welt) wegschleppten, verkauften sie dessen Metall an einen jüdischen Kaufmann. Er wog 880 Kamelladungen (ungefähr 44000 Pfund). Nur ein sehr reicher Händler konnte in der Lage gewesen sein, solch ein Geschäft abzuschließen. Das erstaunlichste Beispiel jüdischen Unternehmertums war die Gesellschaft der Radhaniten, deren Unternehmungen, zu Lande und zu See, die gesamte, damals bekannte Welt durchmaßen – von Frankreich, Spanien und Nord-Afrika im Westen bis Irak, Iran, Indien und China im Osten. Sie besuchten auch Konstantinopel, die Hauptstadt von Byzanz und das Land der Chasaren, ein Türk-Volk, welches damals das süd-östliche Rußland bewohnte. Daß Herrscher und Adelige der Chasaren sich zum Judentum bekehrt hatten, war mit Sicherheit dem Einfluß dieser großen jüdischen Händler zu verdanken. Eine kürzlich darüber erschienene Arbeit läßt mit hoher Wahrscheinlichkeit den Irak als ihre Basis annehmen.

Schon unter den Umajjaden von Damaskus beaufsichtigte ein Jude die Münzpräge des Kalifen (um 695). Juden blieben durch die ganze islamische Geschichte hindurch dem Münzprägen verbunden (meist als Unternehmer, nicht als Beamte). Da sie die schwächste der Minderheits-Gemeinden der islamischen Welt bildeten, konnte man ihnen vertrauen. Sie wußten nur zu gut, daß im Falle einer Veruntreuung niemand für sie eintreten würde. Die Darlehen, welche die berühmte Familie Ibn Pinchas dem Staatsschatz in Bagdad gewährte (frühes 10. Jahrhundert), sollte uns allerdings nicht verleiten, die Juden als die Rothschilds der islamischen Welt zu betrachten. Im allgemeinen hören wir mehr von Darlehen, welche Juden von Muslimen nehmen, als umgekehrt.

Im Laufe des 10. Jahrhunderts wurden der Irak und Iran in Folge vernichtender Kriege und von Mißwirtschaft verwüstet. Die wohlhabenden Muslime und Juden zogen nach Westen. Bald sind Flüchtlinge aus dem Osten als führende jüdische Familien in Nord-Afrika, Ägypten und später in Aden, Süd-Arabien, zu finden. Gestützt auf Kapital und Geschäftserfahrung entwickelte sich in den Mittelmeerländern ein blühender jüdischer Handel. Gegen Ende des 11. Jahrhunderts jedoch hatten die italienischen Seestädte die Kriegsflotte der Muslime und damit auch ihre Kaufleute vom Meer vertrieben. Die unternehmerischen Juden wandten sich dem Indienhandel zu und importierten Gewürze, Heilpflanzen, natürliche Farbstoffe, Eisen und andere orientalische Waren. Das 12. Jahrhundert war die große Zeit des jüdischen Indienhandels. Im 13. Jahrhundert aber hatte die muslimische Indien-›Hanse‹ der Karim eine Monopolstellung in diesem Handel inne. Der Umfang jüdischer Geschäfte und Unternehmungen wurde während des späten Mittelalters im allgemeinen sehr eingeschränkt, eine Entwicklung, die sich auf ihre soziale Stellung natürlich negativ auswirkte.

## Der Aufbau der Gemeinden

Im hohen Mittelalter vollzog sich auch ein tiefgreifender Wandel in der Regelung des Gemeindelebens der in der islamischen Welt lebenden Juden. Anfangs waren die alten Einrichtungen des Judentums in Babylonien, die sich in der späten Antike entwickelt hatten, das Exilarchat und die *Jeschivot* (Akademien für die höhere Bildung) noch intakt. Der Exilarch, der *Resch Galuta*, sollte nicht, wie es häufig getan wird, als das weltliche Haupt der Juden bezeichnet werden, denn die Juden waren eine religiöse, nicht politische Gemeinschaft. Er war eine Art Monarch, der beanspruchte, ein Nachkomme König Davids zu sein, ein Anspruch, den die muslimische Regierung anerkannte. Er ernannte, oder besser, bestätigte die Ernennung der *Geonim*, der Leiter der beiden *Jeschivot* von Sura und Pumbedita. Dies waren keine Erziehungsinstitute (kein ›Student‹ wurde jemals aufgenommen), sondern vielmehr Verbindungen gelehrter Mitglieder, die ihnen angewiesene Texte lasen und Fragen, welche den *Geonim* unterbreitet wurden, besprachen und entschieden. Beide, der *Resch Galuta* und die *Geonim*, wurden, nachdem ihre Ernennung den Beifall der jüdischen Gemeinde gefunden hatte, vom Kalifen eingesetzt, was durch die Aushändigung einer entsprechenden Urkunde und die Verleihung eines für jedes Amt besonderen Mantels vollzogen wurde. Im 10. Jahrhundert hatten der Exilarch und die zwei *Geonim* ihren Sitz in Bagdad. Die jüdische Bevölkerung des Irak und der angrenzenden Länder war in Regionen gegliedert, deren jede für einen der Würdenträger Beiträge aufbrachte.

Eine dritte *Jeschiva* war in Jerusalem. Nach der Eroberung von Ägypten und Palästina durch die Fatimiden (969) wurde ihr *Gaon* von den fatimidischen Kalifen als Haupt der Juden ihres Reiches anerkannt und mit den Rechten, Richter und niedere Beamte zu ernennen und die religiösen und Gemeindebelange der Juden ihres Bereichs zu beaufsichtigen, versehen. Sowohl er als auch die Richter benötigten bei jedem Thronwechsel im Kalifat ein Schreiben des neuen Kalifen, das ihre Einsetzung bestätigte.

In den Ländern, die einst dem Byzantinischen Reich zugehörten, wie Syrien, Palästina und Ägypten, standen die Gemeinden unter der Leitung der *Jeschiva* von Jerusalem. Daneben wurden wegen des Zustroms von Juden aus Irak und Iran überall ›irakische‹ Synagogen gegründet. In Gemeindebelangen, wie der Armenfürsorge und der Erziehung der Kinder, taten sich die beiden Ortsgemeinden meistens zusammen. An vielen Orten bestand noch eine dritte Gemeinde, nämlich die der Karäer (siehe unten).

Die örtliche Gemeinde, die *Kehilla*, war wie die *Jeschiva* eine vorislamische Einrichtung. Die Gemeinde wurde von einem Ältestenrat geführt, der für die Finanzen und sozialen Verpflichtungen Sorge trug. Die Ratsmitglieder unterstützten das geistige Oberhaupt in seinen richterlichen und anderen Aufgaben. Er wurde *Dajjan*, Richter, oder, wenn es sich um einen Gelehrten handelte, *Chaver*, Mitglied der *Jeschiva*, genannt. Diesen rabbinischen Gerichten gehörten meistens erfahrene Kaufleute an, die oftmals sogar überseeische Handelsbeziehungen unterhielten. Sie waren sehr rührig und leisteten viel für die jüdische Autonomie und den Zusammenhalt über die territorialen Grenzen hinweg.

Im Laufe des 11. Jahrhunderts, also schon lange vor dem Erscheinen der Kreuzfahrer, wurde Palästina durch die unaufhörlichen Kriege, welche zwischen den Fatimiden und verschieden Abtrünnigen und schließlich zwischen diesen und den Seldschuken und Turkmenen tobten, vollständigt verwüstet. Die *Jeschiva* war gezwungen, Jerusalem zu verlassen (ungefähr 1072) und begab sich nach Tyrus im Libanon und von dort nach Damaskus. Von diesem Schlag konnte sie sich nie wieder erholen. Ungefähr zur gleichen Zeit wurde Mevorach ben Sa'adja ha-Rofe zum geistigen Oberhaupt der Juden in Ägypten und den angrenzenden Ländern. Er war Ehrenmitglied sowohl der *Jeschiva* zu Bagdad als auch der in Jerusalem und übte zudem das Amt eines Hofarztes der Fatimidenkalifen aus. Er und seine Nachfolger ernannten Ortsrichter und andere Beamte, regelten öffentliche Angelegenheiten, entschieden religiöse Fragen und traten, wann immer nötig, für die Juden ein. Unter Abraham, dem Sohn des Moses Maimonides, wurde dieses hohe Amt, *Nagid* (Prinz) genannt, erblich und war fortan mit der Familie von Maimonides verbunden. Bei der Einrichtung dieser ungesunden Art von Amtsvergabe hat man sich an islamischen Vorbildern orientiert.

Eine ganz ähnliche Entwicklung ist auf einer örtlichen Ebene festzustellen. Der *Dajjan* wurde ein Kadi, d.h. er übte diesem entsprechende Funktionen aus und ersetzte mit seinen Funktionären die Laien-Räte, indem er für Finanzen und sozialen Verpflichtungen der Gemeinde Sorge trug. Auch die babylonischen *Jeschivot* hatten an dem allgemeinen Niedergang des Landes teil, in dem sie heimisch waren. Die unablässigen Hilferufe, die sie aussandten, machen deutlich, daß sie oftmals äußerste Armut litten. Die Berichte muslimischer Geschichtsschreiber aber erwähnen, daß in der ersten Hälfte des 13. Jahrhunderts die abbasidischen Kalifen noch regelmäßig die *Geonim* in ihr Amt einsetzten; letztmalig im Jahr 1250. Die Eroberung Bagdads durch die Mongolen im Jahre 1258 und die Ermordung des letzten abbasidischen Kalifen setzten diesen Beziehungen ein Ende.

## Kulturelle Veränderungen

Wie der Aufbau des jüdischen Gemeinwesens war auch die kulturelle Entwicklung der Juden in der islamischen Welt eine Verbindung von ursprünglich jüdischen Elementen, welche sich fortsetzen und sogar erblühten, mit islamischen Vorbildern, die man nachahmte und assimilierte. Diese jüdisch-islamische Symbiose hatte ganz entscheidenden Einfluß auf die Gestaltung der klassischen jüdischen Theorie und Praxis.

In der jüdischen Geschichtsschreibung wird diese Zeit als die ›gaonäische‹ bezeichnet, da die babylonischen *Jeschivot* und ihre Oberhäupter ihre unangefochtenen Autoritäten waren. Es war überall in der Diaspora der Wunsch der Juden, den Gesetzen Gottes entsprechend zu leben. Dem stellten sich aber immer wieder Schwierigkeiten in den Weg, verursacht durch neue Situationen oder unvollständige oder strittige Auslegung der heiligen Texte. Fragen einzelner Gelehrter oder Gemeinden wurden, nach vorheriger Prüfung durch die größten Gelehrten des betreffenden Landes, mit Schenkungen versehen nach Bagdad geschickt. Sie wurden dann in den *Jeschivot* erörtert und, nachdem die *Geonim* ihre ›Urteile‹ hinzugefügt hatten, in einer *Teschuva (Responsum,* Antwort) zurückgesandt. Tausende von Schriftstücken aus dieser Korrespondenz mit islamischen Ländern wie Spanien, Marokko, Tunesien und den Jemen sind erhalten geblieben. Zusammen mit systematischen Gesetzeswerken, welche einige *Geonim* in Aramäisch und Hebräisch verfaßt hatten, bildeten sie das in dieser Zeit geschaffene Korpus traditioneller jüdischer Gelehrsamkeit.

Inzwischen hatte der Islam jedoch sein eigenes Gesetz entwickelt. Da das jüdische Rechtswesen einen Teil der Rechtsordnung im islamischen Staat bildete, waren einige Anpassungen notwendig. Saadja al-Fajjumi (882-942) und andere *Geonim* schrieben systematische Abhandlungen über jüdisches Recht (und zwar sowohl ziviles als auch rituelles) auch in arabischer Sprache, wobei sie natürlich Termini und Anordnungsprinzipien aus dem islamischen Recht übernahmen. Der große und ›endgültige‹ Kodex jüdischen Rechts und Glaubens von Moses Maimonides, der in Hebräisch geschrieben ist, ist eine Synthese aus traditioneller jüdischer Gelehrsamkeit und islamischer Systematisierung.

Der Text der hebräischen Bibel mit Vokalisation und Akzenten für die Kantilene wurde dank der Anstrengungen der Masoreten, der Träger der jüdischen Tradition, im 8. und 9. Jahrhundert endgültig abgeschlossen. Es war jedoch das Beispiel der sprachbewußten Araber, welches die Juden dazu veranlaßte, grammatische Struktur und Wortschatz der Bibel und, bald darauf, des nachbiblischen Hebräisch zu studieren. Diese Tätigkeit hatte im Osten ihren Ursprung, wieder durch Saadja Gaon, fand ihre Vollendung aber im Westen der muslimischen Welt, besonders in Spanien, dem ›Grenzland‹ des Islam, wo man sich mit Hingabe dem reinen, klassischen Arabisch widmete. Die Beschäftigung mit dem Hebräischen entwickelte sich zu einem Hauptanliegen der jüdischen Intellektuellen dieses Landes. Das Werk der jüdischen Philologen Spaniens, vor allem im 10. Jahrhundert, blieb bis in moderne Zeiten hinein unübertroffen.

Die traditionelle hebräische Poesie, der *Pijjut,* erreichte in spätbyzantinischer Zeit seinen Höhepunkt in Palästina und blühte noch während der ersten Jahrhunderte des Islam. Frommer Eifer um die heilige Sprache veranlaßte die Juden, weltliche, teilweise sogar frivole Themen in die Poesie aufzunehmen, wobei sie sich im Aufbau der Verse und in der Ausdrucksweise an der arabischen Dichtung orientierten. Diese neue Poesie entstand fast ausschließlich in Spanien. Der wirkliche Höhepunkt einer jüdisch-arabischen Symbiose wurde jedoch in der hebräischen religiösen Poesie Spaniens erreicht; hier vereinigten sich jüdische Tradition, Glaube und Gefühl in höchst vollkommener Weise mit arabischem Versbau und Rhetorik.

Das Judentum bildete niemals einen festumrissenen Kanon von Glaubensvorstellungen. Doch erst das Beispiel der Vielfalt an Sekten und Häresien im Islam machte auf jene Schismen innerhalb des Judentums aufmerksam. Die wichtigste jüdische Sekte war die der Karäer, welche die Autorität der talmudischen Weisen, der Rabbinen, ablehnten und sich einzig auf die Bibel zu stützen behaupteten. Die Karäer, von denen viele hoch gebildet (und auch reich und mächtig) waren, machten als erste von der in der islamischen theologischen Literatur verwendeten Argumentationsweise fruchtbaren Gebrauch. Sie leisteten einen großen Beitrag dazu, daß die jüdischen Gebildeten sich dem intellektuellen Standard ihrer Zeit anpaßten.

In der späten Antike und in der Zeit des frühen Islam fanden jüdische Theologie und sonstige Reflexionen ihren Ausdruck im Midrasch, der in der Form von Kommentaren zu einzelnen Bibelversen eine große Vielfalt von Themen behandelt, die untereinander oft in rein assoziativer Weise verbunden sind (z.B. durch ein charakteristisches Wort usw.). Systematisches, logisches Denken, wie das des griechisch schreibenden Philo Judaeus von Alexandria, blieb der aramäisch sprechenden jüdischen Bevölkerung unbekannt. Die christliche Theologie jedoch nahm die griechische Philosophie auf, und so tat es auch der Islam. Arabisch wurde das Medium des logischen Denkens. Muslimische, christliche und jüdische Gelehrte versammelten sich im Bagdad des 10. Jahrhunderts, um rein philosophische Themen zu erörtern. Wenn die Schicht jüdischer Intellektueller dem Judentum nicht verlorengehen sollte, mußte die jüdische Religion in einer ihnen annehmbaren Weise dargestellt werden. Dies wurde im Laufe von drei Jahrhunderten, von Saadja Gaon bis Abraham Maimonides in einer Reihe von Werken unternommen, welche, ganz unterschiedlich in Charakter, Absicht und Qualität, für jüdisches Denken richtungsweisend wurden. Eines jedoch hatten sie gemeinsam: sie waren in arabischer Sprache verfaßt. Die reichlich in ihnen enthaltenen Zitate lassen davon ausgehen, daß die Verfasser mit der biblischen und nach-biblischen hebräischen Literatur bestens vertraut waren. Moses Maimonides hatte in den den Glauben betreffenden Abschnitten seines großen Kodex *Mischne Tora* bewiesen, daß rein spekulative Gedankengänge auch in hebräischer Sprache darstellbar waren, aber im 5. Jahrhundert des Islam war Arabisch schon zur Literatursprache der meisten in der islamischen Welt lebenden Juden geworden. Diese tief verwurzelte Anpassung der gebildeten Juden an ihre arabische Umgebung war nicht ohne Folgen.

## Das unheilvolle Spät-Mittelalter

Im späten Mittelalter eroberten die Mongolen große Teile der islamischen und der christlichen Welt. Muslimische Herrscher stützten sich seit alters auf eine Soldatenkaste, bestehend aus Sklaven, die aus fremden Ländern beigebracht wurden. Dieses Herrschaftssystem erreichte seinen Höhepunkt unter den Mamluken (1250-1517), die Ägypten, Palästina und Syrien unter sich vereinigten. Epidemien griffen um sich und wurden zu einer Geißel, das erste Mal mit der großen Pest in Ägypten 1201-50, um schließlich mit dem ›Schwarzen Tod‹ 1348-50 in einer katastrophalen Entvölkerung zu gipfeln. Schließlich entstand eine neue Weltmacht: das Osmanische Reich, das Kleinasien, die arabische Welt und einen großen Teil Europas beherrschte. Während seine machtvollen Herrscher prachtvollen Glanz entfalteten, hatten weite Schichten der Bevölkerung unglaubliches Elend zu ertragen. Die Juden wurden natürlich als verwundbarste Schicht besonders hart getroffen.

Im Grunde war der Zorn der Muslime gegen die Christen gerichtet. Die Präsenz der Kreuzfahrer in der Levante ging gerade erst zu Ende; in dem halben Jahrhundert vor der Bekehrung der westlichen Mongolen zum Islam (ungefähr 1295) verband diese mit den Christen ein lockeres Bündnis, das die islamische Welt bedrohte; die Muslime wurden aus Spanien vertrieben; und europäische Herrscher bedrohten mit ihren Angriffen Nord-Afrika. Das muslimische Gesetz und die Bevölkerung unterschieden jedoch zwischen Christen und Juden nicht, sie galten alle als *Dhimmis*. Wann immer über die Christen schwere Geldforderungen oder neue Schikanen verhängt wurden, wenn ihre Gotteshäuser zeitweilig geschlossen oder zerstört wurden, traf es die Juden mit ihnen. Hinzu kam noch, daß christliche Könige, die mit muslimischen Herrschern diplomatische Beziehungen unterhielten, sich für ihre Glaubensbrüder einsetzten. Die Juden aber verfügten über keinerlei Schutz.

Durch das Anwachsen eines religiösen Fanatismus im späten Mittelalter, ein für den Islam und das christliche Europa gemeinsames Phänomen, sahen sich die Herrscher veranlaßt, in der Verfolgung der Ungläubigen die Führerrolle einzunehmen. Die muslimischen Geschichtsschreiber geben uns endlose Listen von Verordnungen wieder, die von den Regierungen erlassen wurden, um die *Dhimmis* zu demütigen und ihnen das Leben zu erschweren. Im Jahre 1301 mußten Juden sich gelb kleiden, während den Christen Dunkelblau aufgezwungen wurde. Ein Brief der Genisa berichtet schon für 1250 aus Kairo von einem behördlichen Herold, der an einem Sabbat morgens und abends ausrief, daß jeder Jude oder Christ, der ohne das verordnete Erkennungszeichen oder einen bestimmten Gürtel zu tragen auf der Straße angetroffen wird, sein Recht auf Besitz und Leben vertan habe. Den *Dhimmis* war auch das Reiten untersagt, nicht nur auf Pferden und Maultieren, sondern auch auf Eseln, deren Kaufpreis mehr als zehn Dirham betrug. Bald darauf wurde ihnen das Reiten überhaupt (ausgenommen bei Reisen) untersagt, was, besonders für Standespersonen, eine äußerst schmerzhafte Demütigung bedeutete. Ein muslimischer Historiker berichtet, wie 1247 in Bagdad ein *Gaon* und sein Gefolge, nachdem jener vom Wesir und vom Oberkadi seine Bestallungsurkunde erhalten hatte, auf dem Rückweg, den sie zu Fuß antraten, von einigen Leuten angegriffen und mit Steinen beworfen wurden; die Schuldigen wurden dann aber gefaßt und bestraft. Das Werfen mit Steinen war nicht so bemerkenswert, daß es den Verfasser zu dem Bericht veranlaßt hätte, äußergewöhnlich war vielmehr das Eingreifen der Regierung zum Schutze der *Dhimmis*.

Ein Reisebericht aus Ägypten um die Mitte des 13. Jahrhunderts erwähnt, daß die dort lebenden Juden entweder Amtsschreiber oder Ärzte waren. Hundert Jahre später heißt es: »Jeder Zollbeamte ist ein Jude«. Wenn diese Aussagen auch übertrieben sind, deuten sie doch auf die Unsicherheit so exponierter Berufe. Zwar sorgten sie einerseits für ein gewisses Ansehen, brachten aber andererseits einen starken Publikumsverkehr mit sich. Fromme Muslime wetterten in ihren Schriften gegen die Einstellung von *Dhimmis* als Amtsschreiber und Ärzte, und die Herrscher erließen immer mal wieder Bestimmungen, die ihren Beamten nur die Wahl zwischen Konversion und Entlassung ließen. Verordnungen, die den jüdischen Ärzten die Behandlung von Muslimen verboten, waren zwar weniger häufig, doch bedrohte die jüdischen Ärzte schon die vielfache Hetze gegen sie, denn ohne muslimische Patienten konnten sie ihren Lebensunterhalt nicht verdienen.

Die Folge dieser Umstände war, daß große Teile der jüdischen (und christlichen) Gebildeten, und zwar nicht nur Ärzte, zum Islam konvertierten. Im späten Mittelalter wurden von den Muslimen umfangreiche biographische Nachschlagewerke verfaßt, die Tausende Lebensgeschichten enthielten, wobei nicht wenige konvertierte Juden aufgenommen wurden. Dieser Vorgang war äußerst vielschichtig und lohnt, gesondert betrachtet zu werden. Erstens betrachteten die jüdischen Gebildeten die absolute Wahrheit der geoffenbarten Religion eher skeptisch. Der Jude Sa'd ibn Kammuna verfaßte 1280 in Bagdad seine glänzende *Untersuchung der drei Bekenntnisse*, in der er ›Beweise‹ für und gegen die Wahrheit der jüdischen, christlichen und muslimischen Glaubensvorstellungen sammelte, und zeigte darin auf, daß alles Für und Wider vergeblich sei. Zweitens wurden die Gebildeten von manchen Zügen des jüdischen Lebens abgestoßen, wie das Gezänke um die *Schechita* (das rituelle Schlachten von Tieren), und entwickelten eine Selbstverachtung, die auch aus anderen Kreisen bekannt ist. Drittens war die Konversion zum Islam, vom theologischen Standpunkt aus, weniger vernichtend als zum Christentum, das den Glauben an die Dreifaltigkeit voraussetzte. Und schließlich wurden, wie sowohl aus muslimischen Quellen als auch denen der Kairoer Genisa hervorgeht, religiös gestimmte Menschen von der Religiosität und Mystik des Islam angezogen. Abraham Maimonides hatte vergeblich versucht, die jüdische Religion in dieser Richtung zu reformieren. Grundsätzlich jedoch kann man sich der sarkastischen Behauptung des Sa'd ibn Kammuna anschließen, der schrieb: »Wir haben noch niemanden zum Islam konvertieren sehen, der dies nicht aus Furcht, Machtstreben oder für finanziellen Vorteil getan, oder weil er gedemütigt, oder von einer muslimischen Frau verblendet wurde.«

In den Jahren 1335 und 1344 waren die Juden in Bagdad grausamen Verfolgungen ausgesetzt: ihr Eigentum und Leben waren bedroht, die Synagogen wurden niedergerissen, kostbare Bibliotheken zerstört, und jeder irgendwie bedeutende Jude wurde gezwungen, zur herrschenden Religion zu konvertieren. Ein Kommentar zu hebräischen Elegien aus jenen Tagen lautet: »Keinem Juden in Bagdad wurde sein Glaube gelassen, außer solchen, die sich weder durch Reichtum noch durch Bildung oder Stand auszeichneten.«

Der Abfall eines großen Teiles der Gebildeten beraubte die jüdische Gemeinschaft in der islamischen Welt ihrer eigentlichen Lebenskraft. Wissenschaftliche oder literarische Arbeiten versiegten zwar keineswegs, doch waren sie vornehmlich epigonischer Natur. Diese Situation besserte sich allmählich, als vom 14. Jahrhundert an Flüchtlinge und Emigranten aus Spanien und anderen christlichen Ländern sich in der islamischen Welt niederließen. Als erstem Gebiet kam diese innerjüdische Bewegung Nord-Afrika zugute. Um 1500 war daraus eine Massenauswanderung geworden. Im 16. Jahrhundert erlebten die jüdischen Gemeinden in den islamischen Ländern eine allgemeine Wiederbelebung.

# Die Juden in der islamischen Welt

## Zweiter Teil: 1500 - heute

AMNON COHEN

Jüdisches Leben in der islamischen Welt spielte sich während der zweiten Hälfte des zweiten Jahrtausends fast ausschließlich im Osmanischen (Ottomanischen) Reich ab. Jenseits seiner östlichen und westlichen Grenzen, in Persien und Marokko, gab es zwei bedeutende und traditionsreiche jüdische Gemeinschaften, denen es allen Wechselfällen der politischen und militärischen Auseinandersetzung zwischen diesen miteinander ringenden Staaten zum Trotz gelungen war, die alten ökonomischen und gelehrten Verbindungen zu ihren Glaubensbrüdern jenseits der Grenzen aufrecht zu erhalten. An Zahl und Bedeutung waren sie jedoch der überwiegenden Mehrheit der orientalischen Juden, die im Osmanischen Reich lebten und einen bestimmenden Einfluß auf sie ausübten, unterlegen. Die osmanische Herrschaft dehnte sich auch über Siedlungsgebiete des europäischen Judentums aus, nämlich die Länder Ungarn, Bulgarien, Rumänien, den Balkan und Griechenland, und ist deswegen für die jüdische Geschichte auch in weiterem Rahmen bedeutend. Außerdem waren die Osmanen Herren über das Heilige Land, eine Tatsache, deren Bedeutung für die Juden, ganz unabhängig von der Anzahl der dort lebenden Juden, kaum zu überschätzen ist.

Jüdisches Leben unter der Herrschaft der Osmanen begann schon in der Anfangsphase des sich entwickelnden Staates. Während des 14. Jahrhunderts etablierte sich ihre Herrschaft nicht nur über die jüdischen Gemeinden, sondern sie ermutigten darüber hinaus die Juden der Küstengebiete, in die neuen osmanischen Zentren Bursa und Edirne zu ziehen. Noch viel systematischer wurde diese Politik angewandt, nachdem die Osmanen Istanbul (Konstantinopel) erobert und zu ihrer endgültigen Hauptstadt erwählt hatten (1453): Als Teil eines allgemeinen Plans, der darauf abzielte, Istanbul zu bevölkern, wurden Juden aus allen Teilen des Reiches eingeladen, sich dort niederzulassen. Dieser Aufforderung leisteten sie auch über ein Jahrhundert lang in zunehmendem Maße Folge. Ein Teil dieses Zuzugs von Juden kann sich auch daraus ergeben haben, daß prominente Instanbuler Juden ihre Glaubensbrüder in Europa einluden, ihr gesichertes und wohlhabendes Leben in Istanbul zu teilen. Bei Betracht eines demographischen Gesamtbildes des Osmanischen Reiches erweisen sich diese Bewegungen, sowohl quantitativ als auch kulturell, als unbedeutend gegenüber der Masseneinwanderung vertriebener Juden aus Spanien. Der größte Teil der 200000 durch Ferdinand vertriebenen Juden wurde vom osmanischen Sultan willkommen geheißen, da er in ihnen einen wichtigen Beitrag zur ökonomischen Entwicklung seines Reiches sah und dabei religiöse Toleranz mit wirtschaftlichem Weitblick zu verbinden wußte. Die Neuankömmlinge wurden den in sie gesetzten Erwartungen mehr als gerecht. Einige machten sich um den Aufbau und Ausbau von Zweigen der ›Rüstungsproduktion‹ verdient, so bei der Herstellung von Gewehren, Schießpulver und Kanonen, und taten sich bei den verschiedenen Herstellungsstufen der Textilmanufaktur hervor (besonders hervorragend und produktiv darin war Saloniki, das während des 16. Jahrhunderts vorwiegend von Juden bewohnt wurde); andere Juden machten sich die weitreichenden Handelsbeziehungen der Hauptstadt zunutze und sorgten für den Warenfluß in und aus den Haupthäfen des Reiches. In der Mitte des 16. Jahrhunderts wurden sie wie folgt beschrieben: »Sie haben den größten und wichtigsten Teil des Handelsverkehrs und Bargeldes der Levante in der Hand.« Eine besonders mächtige Stellung hatte in dieser Zeit die Familie Mendes inne, die mit ihrem Bankensystem einen großen Anteil des europäischen Gewürz- und Wollhandels kontrollierte. So arbeitete Doña Gracia, das Familienoberhaupt, in ihrem Wirtschaftskonsortium zwar mit den Anteilen von Juden und Muslimen, doch konnte sie ihr Unternehmen auch ausschließlich auf das Kapital stützen, das sie aus Europa abzuziehen vermochte. Im gleichen Jahrhundert konnte eine andere Dame, Esther Kyra, in Istanbul ein ungeheures Vermögen anhäufen, indem sie Zoll- und verschiedene Steuerrechte bewirtschaftete und außerdem ein internationales Handelsunternehmen betrieb. In späteren Jahrhunderten, als auch andere Gemeinschaften Zugang zum internationalen Handel gefunden hatten (und die Juden gelegentlich ausstachen), fanden sich doch noch jüdische Bankiers in der Hauptstadt (und in anderen Städten des Reiches, z.B. Jecheskel Gabbai aus Bagdad), welche über eindrucksvolle Vermögen verfügen konnten, die sie erfolgreich in Handel und Warenfertigung für sich arbeiten ließen.

### Die Haltung der Osmanen

Was waren Ausmaß und Grenzen osmanischer Toleranz gegenüber den Juden? Zunächst sollte klargestellt werden, daß die Juden im Osmanischen Reich nicht kollektiv unter Ausbrüchen von Gewalttätigkeiten zu leiden hatten, die mit den Verfolgungen und Pogromen vergleichbar wären, denen ihre Glaubensbrüder im christlichen Europa ausgesetzt waren. Da sie als *Ahl al-Kitab* betrachtet wurden, war ihnen der Schutz durch den Staat sicher. Doch dieser war zweischneidig und führte zu einer allgemeinen Diskriminierung, sowohl bei den

Repräsentanten des Staates als auch der Bevölkerung. Die glänzenden Laufbahnen der Juden, die es zu hohen und einflußreichen Stellungen gebracht hatten, brachen nach Abgang ihrer Gönner sofort in sich zusammen; ihr Vermögen wurde beschlagnahmt, und nicht selten erlitten sie einen vorzeitigen Tod. Unterprivilegiert zu sein bedeutete für sie, einer Sondersteuer zu unterliegen, so wie der Kopfsteuer, der *Dschisja*, die 1855 von einer verpflichtenden Steuer als Ersatz für Militärdienst abgelöst wurde, der *Bedel*. Soziale und persönliche Einschränkungen wurden den Juden im Geiste der ›Klausel Umars‹ auferlegt. Den Juden war es untersagt, Sklaven jeden Bekenntnisses zu besitzen sowie Häuser zu bauen, außer mit einer besonderen Erlaubnis, und dann auch nur einen Stock niedriger als die Häuser der Muslime. Die Errichtung neuer Synagogen war überhaupt verboten. Ein Jude durfte kein Pferd reiten und kein Boot benutzen, zu dem mehr als drei Paar Ruder gehörten. Besondere Aufmerksamkeit wurde auf ihre Kleidung gerichtet: staatliche Verordnungen bestimmten Form und Farbe ihrer Kopfbedeckungen und Schuhe, selbst bei Betreten der öffentlichen Badehäuser hatten sie bestimmte Zeichen zu tragen (Klöppel, Glocken etc.), um sie von allen anderen abzuheben. Gelb war sehr oft die Farbe, die man ihnen zu tragen vorschrieb, entweder als Kopfbedeckung oder anderen Teil ihrer Kleidung, und grundsätzlich (manchmal sogar unter Androhung der Todesstrafe) wurde ihnen einige Male das Tragen teurer Kleidung untersagt. Und schließlich gab es Blutbeschuldigungen, d.h. sie wurden ritueller Morde bezichtigt; diese Vorgänge lassen sich (in den Städten Amasja und Tokat in Anatolien) bis ins 16. Jahrhundert zurückverfolgen und wurden während des 19. Jahrhunderts sehr häufig (Damaskus 1840; Beirut 1862; Istanbul 1864-65; Edirne 1872; Aleppo 1875). Die unmittelbare Quelle der Geschichte war meistens christlich, und es stellte sich im Laufe der Zeit natürlich heraus, daß die Anschuldigungen unbegründet waren, doch in der Zwischenzeit wurden die Juden beleidigt und mißhandelt, so daß in einigen Fällen (besonders in Damaskus, 1841) international einflußreiche Juden eingreifen mußten, um ihren formalen (natürlich niemals endgültigen) Freispruch von den osmanischen Behörden zu erreichen.

Je mehr uns nun von der Wirklichkeit des jüdischen Lebens in der islamischen Welt bekannt wird, desto deutlicher wird, daß die meisten der oben erwähnten einschränkenden Bestimmungen umgangen wurden. Obwohl das Reiten von Pferden normalerweise verboten war, erfreuten sich einige außergewöhnlich mächtige Juden dieses Privilegs (z.B. Jecheskel Gabbai im 19. Jahrhundert); nach der Eroberung Zyperns wurde Juden der Erwerb von Sklaven genehmigt (von Juden aus Kairo und Damaskus wird berichtet, daß sie von dieser Möglichkeit ausgiebig Gebrauch machten); einige Synagogen wurden von der Regierung gegen Ende des 16. Jahrhunderts geschlossen (in Jerusalem, Damaskus und Kairo), doch wurden auch neue eigens gebaut oder in Privathäusern eingerichtet, die dann später von der Regierung gebilligt wurden (so in Istanbul, Saloniki und Jerusalem); entgegen der allgemeinen Annahme wurde jüdische Zeugenschaft vor Ortsgerichten sowohl in Zivil- als auch in Strafprozessen als gültig betrachtet; die regelmäßige Wiederkehr von Erlassen zur Kleiderordnung (deren Einzelheiten sich im Laufe der Zeiten änderten) sowie andere Berichte deuten an, daß diese Bestimmungen von verhältnismäßig geringer Wirksamkeit waren. Durch die Jahrhunderte hindurch benutzten

*Doña Gracia Mendes Nassi, ca. 1520, die Vorsitzende eines Finanzkonsortiums in Istanbul, das das jüdische und moslemische Kapital kontrollierte. Doña Gracia war beim Sultan gern gesehen und spielte eine wichtige Rolle als Helferin von Juden in Not. Ein Bronzemedaillon von Pastorino, Ferrara.*

Juden einflußreiche Beziehungen, übten äußeren Druck aus und wendeten erhebliche Geldsummen auf, entweder ausschließlich oder sich wechselseitig ergänzend, um unterdrückerischen Machenschaften lokaler Gouverneure zu begegnen. Trotzdem wurden Juden manchesmal Opfer harter, willkürlicher Maßnahmen, entweder von seiten der Regierung (so die auf des Sultans Befehl ausgeführte Exekution eines Rabbi im Jahr 1636, der eine als zu gering befundene Summe Steuergelder aus Saloniki brachte), oder aber durch verschiedene örtliche Machthaber, meistens Muslime, und manchmal Christen.

## Die oberen Zehntausend

Die zahlreichen jüdischen Unternehmungen in Bank-, Darlehens- und Handelsgeschäften sollten nicht zu der Vorstellung verleiten, es hätte eine Aufteilung der Wirtschaftssektoren gegeben. Bis in das 18. Jahrhundert waren Muslime an den verschiedenen Geschäften des Europahandels stark beteiligt, während Juden auch andere Berufe offenstanden, und sie diese auch tatsächlich ausübten. Einige der oben erwähnten Finanzexperten wurden bemerkenswerterweise von ihren Sultanen, Großwesiren und anderen Würdenträgern des Reiches nicht nur als Ratgeber in ökonomischen Angelegenheiten betrachtet, sondern schienen ihnen auch in anderen Fragen, einschließlich politischen, verläßlich. Don Josef Nasi wurden Naxos und einige benachbarte ägäische Inseln sowie Tiberias in Palästina anvertraut, der Ort, von dem nach alter Tradition die jüdische Erlösung ihren Ausgang nehmen soll.

Nicht weniger einflußreich waren in späteren Jahren, im 16. Jahrhundert, Salomo Aschkenasi, Salomo ben Ja'isch und Esther Kyra. Niemals wieder erreichten Juden diese Machtfülle, doch zweihundert Jahre später unterhielten einige von ihnen in Istanbul immer noch äußerst einflußreiche Beziehungen, entweder zum Sultan (z.B. die Familie Carmona) oder zu den Janitscharen (die Adschimans). In einigen Fällen entsprang dieser Einfluß zunächst der Stellung als Hofarzt des Sultans (besonders bekannt waren die Hamons des 16. Jahrhunderts, da es, wie aus den Quellen hervorgeht, in Istanbul mehr jüdische als muslimische Ärzte gab). Jüdische Ärzte waren aber auch in den Provinzhauptstädten (wie Kairo und Jerusalem) zahlreich und angesehen. So konnte der Eindruck entstehen, den der französische Arzt Belon 1547 schilderte: »Jene, die den Arztberuf in der Türkei ... und in anderen Städten des türkischen Reiches ausüben, sind meistens Juden.«

Neben Finanzier und Arzt gab es innerhalb der osmanischen Verwaltung noch eine andere Funktion, die den Juden offiziell zugeschrieben wurde, nämlich die Führung einiger Sektoren der Staatswirtschaft. So oblagen jüdischer Kontrolle verschiedene Monopole, wie der Wein- und Bienenwachshandel, die Münze *(Dar ad-Darb),* in Ägypten fast schon traditionellerweise, und in Damaskus gelegentlich, die Zölle vieler Häfen und anderer Handelszentren (Istanbul, Bursa, Buda). Offizielle Verordnungen bestätigen dies als Tatsache, indem sie für das Jahr 1517 erwähnen, daß alle Hafenverwalter in Suez Juden waren. Noch besser aber ist dies in einem Bericht an die Kadis von Istanbul, auf den 12. Oktober 1583 datiert, zusammengefaßt: »Die meisten der Hafenverwalter *(Emin)* und Zolleinnehmer, sowie der Lieferanten und Unternehmer, sind Juden, ihre Glaubensbrüder nehmen auch die Tätigkeiten der Kontrolleure, Wächter und andere Dienste wahr.«

## Handwerker und Händler

Wendet man seinen Blick von den beeindruckenden, in ihrer Zahl jedoch beschränkten Mitgliedern oder obersten Ebene der wirtschaftlichen und behördlichen Pyramide auf die vorherrschenden Berufe von niedrigerem Stand, so läßt sich mit Leichtigkeit feststellen, daß die Juden in fast allen Sparten der Wirtschaft zu finden waren. Bis 1910 blieben sie vom Militärdienst ausgeschlossen (obwohl während der Napoleonischen Kriege und des Griechischen Unabhängigkeitskrieges jüdische Seeleute eingezogen wurden). Sie lebten normalerweise in den urbanen Zentren, weshalb natürlich jüdische Landarbeit nur in ganz begrenztem Rahmen stattfand. Ihre für alle Arten des Handels vitale Bedeutung bewahrten sie über mehrere Generationen hin. Von Marokko bis Istanbul waren unter den Juden die Berufe des Gold- und Silberschmiedes weitverbreitet. Von gleicher Bedeutung aber waren die jüdischen Grobschmiede, Schneider und Flickschuster, die Drogisten, Weber und Maurer, Schreiner, Müller und Bäcker (letztere waren sogar in einer eigenen Gilde organisiert, um jedem Bruch der jüdischen Kaschrut-Bestimmungen vorzubeugen). Die Zahl dieser jüdischen Handwerker nahm während des 18. und 19. Jahrhunderts ab, doch selbst dann bildeten sie, zum Teil dank der Unterstützung von seiten karitativer jüdischer Verbände (Alliance Israélite), einen wesentlichen Bestandteil der Wirtschaft.

*Ein marokkanisches Amulett in der Form einer Hand. In der Mitte: Der hebräische Gottesname* Schaddai.

Zwei weitere Berufe verdienen Erwähnung: jüdische Musiker und Spielleute (Tänzer, Sänger) und jüdische Drucker. Letztere führten diese Kunst im frühen 16. Jahrhundert im Osmanischen Reich ein und publizierten in den meisten der wichtigen Städte Hunderte von Büchern in Hebräisch (obgleich die in den östlichen Provinzen im Vergleich zu denen in Nordafrika sich als viel fruchtbarer erwiesen), und als die Osmanen im 18. Jahrhundert ihre religiösen Bedenken überwanden und begannen, Bücher in arabischer Schrift zu drucken, machten sie von der Erfahrung und der Fachkenntnis der jüdischen Drucker in Istanbul Gebrauch.

## Die Sefardim

Die Beiträge der Juden zur Wirtschaft und Verwaltung des Osmanischen Reiches um 1500 sind dem massiven Zustrom von Juden und Marranen aus Spanien und Portugal [Sefardim, nach Sefarad, einem später mit Spanien identifizierten biblischen Ortsnamen, an dem sich judäische Exulanten finden] zu dieser Zeit zuzuschreiben. Obgleich sefardische Juden schon vorher in islamische Länder ausgewandert waren, war dies doch nur in sehr kleinem Ausmaß geschehen. Selbst in dieser anfänglichen Phase war das osmanische Judentum nicht einheitlich; es bestand aus mehreren, wohl geschiedenen Teilen und entwickelte von da an seine heterogenen Züge immer deutlicher. Es gab Karäer, die von den der halachisch-rabbinischen Tradition Verpflichteten als Außenseiter betrachtet wurden, und es gab Gemeinden, die aus der byzantinischen Zeit übriggeblieben waren, die griechisch sprechenden Romanioten. Diesen entsprachen die Musta'riba (die ›arabisierenden‹) Juden der arabisch sprechenden Länder, die Sprache und wahrscheinlich auch Kleidung der Araber übernommen hatten. Die vierte Gruppe schließlich bildeten die Juden, die, aus verschiedenen Gebieten des christlichen Europa kommend, nicht sefardischen Ursprungs waren. Einige von ihnen – aschkenasische (deutschen Ursprungs), italienische und französische Juden – hatten schon vor 1500 dort gelebt und wurden später durch neue Einwanderungswellen verstärkt, welche Flüchtlinge aus den von den expandierenden Osmanen eroberten Gebieten und aus den im 17. Jahrhundert wütenden Chmielnicki-Massakern Entkommene in das Kernland des Osmanischen Reiches brachten.

Wie sich in den letzten Beispielen schon andeutet, blieben diese, wie auch die anderen, voneinander abgesonderten Gemeinden unterschieden nach den Ländern oder sogar Provinzen ihrer Herkunft. So bezeichneten sich auch die sefardischen Juden lange Zeit entweder als Gemeinde Kataloniens, oder als die Kastiliens oder Cordobas etc., lebten in einzelnen Vierteln entsprechenden Namens zusammen und besuchten eine eigene Synagoge. Für einige Zeit bestanden sie darauf, getrennte Gebetbücher zu drucken, die sich in einigen liturgischen, nicht unbedingt wesentlichen Einzelheiten unterschieden. Während des 16. Jahrhunderts scheinen einige dieser separatistischen Tendenzen verschwunden zu sein, und man konnte das sefardische Judentum schon eher als ein Ganzes behandeln. In Marokko (Fez) und Algerien vollzog sich die Verschmelzung der verschiedenen Elemente schneller, obgleich noch im 18. Jahrhundert, nach der Ankunft von Einwanderern aus Livorno in Tunesien, eine völlig neue Gemeinde, die sich von der ursprünglichen Touansa (tunesisch-jüdische Gemeinde) anhob, gebildet wurde. Die in Nord-Afrika vorherrschende Unterscheidung in einheimische Juden, die einen Turban trugen (Ba'ale Hamiznefet) und Neuankömmlinge, die einen runden Hut benutzten (Ba'ale Hakapot), scheint auch für die anderen Gebiete des Osmanischen Reiches gültig gewesen zu sein, wie aus der Beschreibung eines Kapuziner-Mönches gegen Ende des 17. Jahrhunderts hervorgeht: »Es gibt zwei Arten von Juden in der Türkei, nämlich eingeborene oder einheimische, und fremde, die so genannt werden, weil ihre Vorfahren aus Spanien oder Portugal kamen. Erstere tragen wie die Christen einen vielfarbigen Turban . . . Letztere tragen eine lächerliche Kopfbedeckung, die einem spanischen Hut ohne Rand ähnelt.«

Die einheimischen romaniotischen Juden zögerten nicht, die leichtlebige Art der sefardischen Juden zu kritisieren und ihnen ihre Verachtung zu zeigen. Einig aber waren sich die beiden Gemeinschaften darin, auf die europäischen aschkenasischen Juden nur herabzublicken, die sie *Tudesco* (Deutscher) nannten oder gar: *(Tudesco mallo,* schlechter, schmutziger Deutscher, worin die Verachtung für deren Verhalten und ihre Erscheinung zum Ausdruck kommt). Es dauerte nicht lange, bis die sefardischen Juden, für die sich der Zustrom von Landsleuten sowohl zahlenmäßig als auch bezüglich ihres materiellen und intellektuellen Vermögens besonders günstig auswirkte, die unbestrittene, von Juden und der osmanischen Regierung gleichermaßen anerkannte Führungsrolle einnahmen.

Das Bemühen der einzelnen Gemeinden um Bewahrung ihrer Eigentümlichkeit und Unabhängigkeit, das so weit ging, den Gemeindemitgliedern das Verlassen der Gemeinde und Einheiraten in eine andere zu verbieten, konnte jedoch der allgemein fortschreitenden Entwicklung nicht standhalten, in welcher die größte Gemeinde die anderen zunächst beeinflußte und dann die meisten von ihnen absorbierte. Die portugiesischen, italienischen, ungarischen und Teile der französischen und deutschen Juden näherten sich allmählich der konsolidierten Masse der sefardischen Juden an, um schließlich ganz in ihnen aufzugehen. Die Romanioten gaben als letzte ihren abgesonderten Zusammenhalt auf; während dies in den kleinen Städten schneller geschah, erlagen sie in Istanbul, ihrer traditionellen Hochburg, erst im späten 17. Jahrhundert dem Einfluß der Mehrheit. Damals mußten sie in Folge einer Reihe von Großbränden in Istanbul (1630, 1660), die die jüdischen Stadtteile besonders schwer heimsuchten, ihre eigenen Viertel verlassen und sich neue Wohnstätten suchen. Ihre verschiedenen Synagogen waren (wie alle anderen Gebäude) abgebrannt, so daß die Mitglieder der beiden Gemeinschaften keine andere Möglichkeit hatten, als miteinander die gleichen Synagogen und Riten zu benutzen, die natürlich die der sefardischen Juden waren.

## Gemeindeleben

Während der letzten zwei Jahrhunderte des Osmanischen Reiches gab es drei unterschiedliche jüdische Gruppierungen: die überwältigende sefardische Mehrheit und eine kleine aschkenasische Minderheit (die von den Sefardim als unterlegen betrachtet wurde), sowie eine bedeutende karäische Randgruppe. Die Struktur ihrer hierarchischen Gliederung und ihres sozialen Lebens glich jener, die schon die vielfältigen Gemeinden des frühen Osmanischen Reiches prägten. Es ist deshalb an dieser Stelle angebracht, die Grundzüge der unterschiedlichen Gemeindeorganisationen, die sich doch alle sehr ähneln, nachzuzeichnen.

Der auffälligste Zug der jüdischen Gemeinde im Osmanischen Reich war ihr ausgesprochen wirksam eingerichtetes und intensives Gemeindeleben, das in vieler Hinsicht an eine Selbstverwaltung erinnert. Jede Gemeinde *(Kahal)* verwaltete ihre und ihrer Mitglieder Angelegenheiten, wobei die verschiedensten Aufgaben wahrzunehmen waren. Die Synagoge (die nicht selten in einem Privathaus gelegen war) diente nicht nur dem Gottesdienst, sondern war auch der Schauplatz der meisten öffentlichen und vieler privater Ereignisse: Beschneidung, Verlobung, Heirat, Wahlen und Verkündung von Verordnungen. Dem Oberhaupt der Gemeinde, dem Rabbi *(Chacham, Dajjan),* war die Synagoge anvertraut und ebenso die dazu gehörigen Schulen, für die ihm aber oft ein Lehrer *Melammed)* zur Seite stand. Er war nicht nur in religiösen Fragen die höchste Autorität, sondern hatte auch gesetzgebende Kompetenzen, saß dem Gericht vor, beaufsichtigte die Vollstreckung testamentarischer Verfügungen und repräsentierte die ganze Gemeinde. Er wurde von einigen Amtsträgern *(Parnasim)* unterstützt, denen die Ausführung bestimmter ziviler, finanzieller und religiöser Aufgaben oblag. Andere wurden von der Gemeinde bestallt und entlohnt, wie der rituelle Schlächter *(Schochet)* und der Kantor (der manchmal auch andere Aufgaben, wie Unterricht, übernahm). Zu den Gremien, die sich um die Bedürfnisse der Armen und Hilflosen kümmerten, gehörte auch die Begräbnisbruderschaft *(Chevra Kaddischa),* die für die Begräbnisriten, Leichenzüge und Friedhöfe Sorge trug (die sehr kleinen aschkenasischen Gemeinden jedoch benutzten gegen Bezahlung die Friedhöfe der Sefardim mit).

Die beiden wichtigsten Aufgaben im gesellschaftlichen Leben der Gemeinde waren der Unterricht und die Rechtsprechung. Jüdisches Wissen und kostenloser Unterricht für die Waisen und Armen wurde durch die *Talmud Tora* (wörtlich: Lernen der Tora), Gemeindeschule, verbreitet. Verbunden mit der Synagoge, bestand diese Schule in kleinen Städten nur aus einer Klasse, wohingegen sie in größeren Zentren, wie Saloniki, ein ganzes Gebäude brauchte, in dem verschiedene Kurse, von der Grundschule bis zum höchsten Niveau *(Jeschiva),* stattfanden. Sie wurden normalerweise durch Schenkungen wohlhabender Familien unterhalten und durch testamentarische Verfügungen und Einkünfte aus Besitztümern, in der gleichen Stadt oder außerhalb, unterstützt. Die Schüler kamen gewöhnlicherweise aus der gleichen Stadt, doch wurden die Einrichtungen höherer Bildung auch von Studenten besucht, die von weither angezogen wurden. Die *Jeschivot* von Saloniki galten für den gesamten Balkan als Zentrum, während Jerusalem sogar von Studenten aus Übersee aufgesucht wurde.

Die jüdischen Gerichte befaßten sich mit zivilrechtlichen Streitfällen jüdischer Parteien, und obgleich ihnen keine exekutive Kompetenz gegeben war, verfügten sie über ausreichende Autorität, konnten sie doch zu einem höchst wirkungsvollen, aber selten angewandten Mittel greifen: der Exkommunikation. Es war aber zumindest die Tendenz vorhanden, bei gemischten Zivilverfahren, Strafverfahren, ja selbst bei Streitigkeiten untereinander, sich an muslimische Gerichte zu wenden. Dies wurde für die jüdischen Gerichte schmerzlich spürbar und in bestimmten Fällen (Saloniki 1558) von den Gemeindevorsitzenden ausdrücklich verboten. Eine große Anzahl von Hinweisen in muslimischen Gerichtsarchiven belegen, daß in überraschend hohem Maße Prozesse vor die muslimischen Gerichte zur Durchsicht und Entscheidung gebracht wurden. Das alltägliche Leben jedoch wurde in der Gemeinde selbst geregelt, und Einmischungen von außen suchte man so weit wie möglich zu vermeiden. Verschiedene Steuern waren zu bezahlen, nicht nur an die Regierung (die Kopfsteuer, *Dschisja,* in Waren oder Geld, die von jedem männlichen Erwachsenen erhoben wurde), sondern auch besondere Steuern für Gemeindezwecke (die *Gabella,* eine Besteuerung von Nahrungsmitteln, hauptsächlich Fleisch und Käse, die dem jüdischen Kunden vom Schlachter oder Hersteller abgezogen wurde). Generell gesprochen läßt sich ein hohes Maß an Selbstverwaltung feststellen, deren Hauptstütze die Gemeindeverordnung, *Takkana, Haskama,* bildete, die von der Gemeinde festgelegt wurde, um alle materiellen und spirituellen Aspekte des Lebens zu regeln. Viele Bestimmungen dienten der Vermeidung unnötiger Reibereien innerhalb der Gemeinde selbst. Von diesen erlangte das Prinzip der *Chasaka* größte Berühmtheit, das in einer freiwilligen zeitweiligen Enthaltung (gewöhnlich für drei folgende Jahre) der Gemeindemitglieder von ihrem Recht bestand, einen vorher von einem Juden gemieteten Ort zu erwerben. Diese Regel entsprang dem Bemühen, den Wettbewerb unter den Gemeindemitgliedern um eine begrenzte Anzahl Häuser (oder anderer miet- oder kaufbarer Immobilien) möglichst einzuschränken. Durch diese und andere Mittel erreichten die jüdischen Gemeinden einen starken Zusammenhalt, der ihnen dann ermöglichte, den Schwierigkeiten standzuhalten, die ihre Lage als tolerierte Minderheit in einem islamischen Staat mit sich brachte.

## Die Zeit des Niedergangs des Osmanischen Reiches

Während des 18. und 19. Jahrhunderts verschlechterte sich die Lage der Juden im Osmanischen Reich allgemein, eine Entwicklung, die dem allmählichen Verfall des Reiches selbst zum Teil parallel lief. Bestimmte Rechte wurden ihnen abgesprochen, die meisten von ihnen waren benachteiligt, und eine zunehmende Anzahl Juden wurde der ökonomischen Möglichkeiten beraubt, über die sie ehemals verfügt hatten. Der britische Konsul schrieb 1839 über sie: »Der Geist der Toleranz gegenüber den Juden hat hier noch nicht in dem Maß wie in Europa Einzug gehalten . . . ein Jude in Jerusalem wird noch nicht viel höher als ein Hund geachtet.«

Doch waren die Juden im Osmanischen Reich im großen und ganzen mit ihrem Schicksal zu frieden. Warum? Erstens konnten sie die warmherzige Aufnahme ihrer aus Spanien und Portugal ausgewanderten Vorväter nicht vergessen. Diese Verbundenheit muß man auch im Zusammenhang damit sehen, daß die osmanischen Eroberungen der arabisch sprechenden Länder auch eine wesentliche Verbesserung für die Lage der dort lebenden Juden mit sich brachten. Außerdem konnten sie ihre Situation leicht mit der ihrer Glaubensbrüder im christlichen Europa vergleichen, wo die oben erwähnte »Toleranz« selbst als eine rein formale Bestimmung erst sehr spät auftauchte. Ein Vergleich mit den christlichen Untertanen des Sultans hätte sie zu dem gleichen Schluß geführt, nämlich in einer viel besseren Lage zu sein. Drittens wurden viele Berichte ihrer Leiden entweder von ihnen selbst übertrieben, um Mitleid und finanzielle Hilfe ihrer Brüder in Europa zu erhalten, oder von den ausländischen Beobachtern mißverstanden, die nicht durchschauen konnten, inwieweit es sich dabei um Maßnahmen handelte, die die Regierung gegenüber allen Untertanen anwandte; noch viel weniger konnten sie erkennen, ob es sich nicht um einigermaßen leicht zu umgehende oder zu ertragende Vorschriften handelte. Viertens hatten die Juden ein funktionierendes System zur Unterstützung der armen Gemeinden, wie die im Heiligen Land lebenden, aufgebaut, zu dem europäische Hilfe und die Beiträge reicherer Verwandter in anderen Städten (Istanbul, Saloniki, Smyrna) beitrugen. Diese von außen kommende Hilfe beeinflußte aber nicht das hohe Maß an Autonomie, das ihnen im *Millet* (Organisation einer nicht-muslimischen Gemeinde)-System zugestanden wurde. Schon Anfang des 16. Jahrhunderts waren die grundlegenden Vorstellungen davon gebildet und einige Teile daraus verwirklicht. Sie wurden jedoch, wie schon vermerkt, von jeder Gemeinde getrennt durchgeführt. Es gibt vor dem zweiten Viertel des 19. Jahrhunderts keinen Hinweis auf eine übergreifende jüdische Autorität, denn es gab nichts der armenischen oder griechisch-orthodoxen religiösen Führerschaft vergleichbares Jüdisches. Nur etwa hundert Jahre wurde der *Chacham Basche* (Ober-Weiser) in Istanbul von der Goldenen Pforte als das Haupt der Juden im Reiche anerkannt. Viele der ihm verliehenen Privilegien waren schon über Jahre hin von jedem einzelnen Gemeinderabbiner in seiner Gemeinde praktiziert worden, jetzt aber wurden sie kodifiziert und wurden Teil eines umfassenden Systems, dem dieser Ober-Rabbiner vorstand. Die jüdische Autonomie in allen Angelegenheiten des Gottesdienstes und Glaubens, des Personenstandes, Rechtes und der Ortsverwaltung wurde im Amt des *Chacham Basche* formell anerkannt.

Um die jüdische *Millet* richtig zu kennzeichnen, muß man sie in dem größeren Zusammenhang der tansimatischen Reformen des 19. Jahrhunderts betrachten. Die Lage der Juden im Reich verschlechterte sich während des 17. und 18. Jahrhunderts im allgemeinen. Dies war einerseits die Folge der wachsenden Bedeutung von Griechen und Armeniern und andererseits das Ergebnis einer allgemeinen Verschlechterung der Lebensbedingungen. Aufgrund äußeren Drucks und innerer Notwendigkeit wurde dann eine Reihe von Reformen eingeleitet, die unter anderem das bedeutsame Ziel verfolgten: das Los der religiösen Minderheiten zu verbessern. Wenn diese auch weiter hinter den hochgespannten Erwartungen und eindrucksvollen Erklärungen der Sultane von 1839, 1856 und 1876 zurückblieben, gab es doch beachtliche Erfolge: zusätzliche Sicherheit für Person und Eigentum, größere Freiheit der Religionsausübung, ein erweitertes Maß an Autonomie, die Einrichtung verschiedener repräsentativer Körperschaften innerhalb der Gemeinden und eine, wenn auch beschränkte, jüdische Mitbestimmung in den Provinzräten und selbst im Parlament. Die wichtigsten Ziele wurden jedoch nicht erreicht; die Juden erlangten niemals politische Gleichheit oder religiöse Freiheit. Da Staatsform und Regierung des Reiches bis zum Ende auf die Religion ausgerichtet waren, auf die Vorherrschaft des Islam, konnten alle oben genannten Errungenschaften nur partiell und instabil bleiben. Ende des 19. Jahrhunderts lebten dort 300000 Juden (aus einer jüdischen Weltbevölkerung von 7 bis 8 Millionen), die sich nirgendwo sonst niederlassen konnten – diese Tatsache hatte weitreichende Folgen. Die Juden identifizierten sich in hohem Maße, zumindest verbal, mit dem Reich, in dem sie lebten, und paßten sich dem ihnen aufoktroyierten Status als religiöse Minderheit an. Da sie sich loyaler als die Christen zeigten (die politische Rechte und Gleichheit forderten), entstand sowohl auf der Seite des osmanischen Staates, als auch auf der der muslimischen Öffentlichkeit eine größere Bereitschaft, sie zu respektieren, sich auf sie zu stützen und sie sogar zu belohnen.

## Das Ende der Duldsamkeit

Unter osmanischer Herrschaft war das jüdische Leben durch eine Reihe administrativer, sozialer und ökonomischer Prinzipien geregelt, die Teil der allumfassenden religiösen Vorstellungen des Islam waren. So hatten die verfassungsmäßigen Reformen des 19. Jahrhunderts hinsichtlich der Minderheiten nur einen bedingten Erfolg. Die Juden wurden weiterhin als eine minderwertige Gruppe betrachtet, verachtet, unterdrückt, wenn nicht gar verfolgt. Aufgrund dieser Erfahrungen konnte man sich in den Entwicklungen des 19. und 20. Jahrhunderts eine wesentliche Verbesserung erhoffen. Im 19. Jahrhundert verlor das Osmanische Reich einige Provinzen an christliche Herrschaften, sowohl in Europa (Griechenland, Bulgarien) als auch in Afrika (Algerien, Tunesien, Ägypten). Was von dem muslimischen Reich nach dem Ersten Weltkrieg noch übrigblieb, wurde durch den türkischen Staat und durch eine Reihe politischer Einheiten, die von den Engländern oder Franzosen verwaltet wurden, ersetzt. Unglücklicherweise jedoch führte die Entstehung von Nationalstaaten im Vorderen Orient und in Nord-Afrika, so paradox das auch erscheinen mag, zum Ende der langen Geschichte des jüdischen Lebens in der islamischen Welt (wenn es auch unbedeutende Ausnahmen gab). Dies war freilich eine unerwartete Wende im Verlauf der Geschichte, die für die Juden eine schmerzliche und bittere Überraschung brachte. So sehr sie auch versuchten, die Bedeutung dieser Entwicklungen herunterzuspielen und sich als Ausnahme von der Regel zu betrachten, so mußten sie doch bald erkennen, daß die Wirklichkeit sich gegen ihre Erfahrungen und Wünsche kehrte. Den elementaren Trieben der Selbsterhaltung folgend, zogen sie die einzig mögliche Konsequenz: sie emigrierten, vor allem, wenn auch nicht ausschließlich, nach Israel.

Ihre Erwartungen mögen kurzsichtig und auch etwas naiv gewesen sein, aber es war nicht unsinnig, sich in den ehemals osmanischen Gebieten, die jetzt von westlichen Mächten verwaltet wurden, eine bessere Zukunft zu erhoffen. Die ägyptische Wirtschaft muß offenbar, nach der britischen Besetzung von 1882, die auf der Suche nach einer neuen Zukunft eingewanderten Fremden außerordentlich gut belohnt haben, denn die jüdische Gemeinde (meistens ausländische Untertanen) wuchs von 25000 zu Ende des 19. Jahrhunderts bis 1917 auf 60000 an. In Irak begrüßten sie die englische Besetzung und profitierten von ihr; sie zögerten dabei nicht, eine Petition zu unterzeichnen, die die Engländer zu bleiben aufforderte. Man könnte diesen Schritt unter anderem als ein Zeichen für die politische Unreife ansehen, die die jüdischen Gemeinschaften im Osten charakterisierte. Offensichtlich wurde dies von der arabischen Seite auch so gesehen. Innerhalb des ersten Jahrzehnts des Mandats in Irak erhielten die Juden verfassungsmäßig gleiche Rechte, waren im Parlament vertreten und besetzten viele Stellen der Zivilverwaltung; es gab sogar für einige Jahre einen jüdischen Finanzminister. In der Türkei mußten die Juden ihren Status als religiöse Minderheit im öffentlichen Leben aufgeben und gewannen dann zwischen den Weltkriegen zunehmend Einfluß auf das wirtschaftliche und geistige Leben des Landes. (Man muß sich klar machen, daß die meisten Juden sich im Osmanischen Reich nur selten herbeiließen, Türkisch zu sprechen; ihre Muttersprache war Ladino. Wenn sie diese auch nicht völlig aufgaben, so nahmen sie doch in der Türkischen Republik Türkisch als ihre Hauptsprache an).

Grundsätzlich war ihr Hauptinteresse nämlich ökonomisch und nicht politisch ausgerichtet, und ihre Vorliebe galt (teilweise als Folge ihrer Erziehung) der europäischen Kultur und deren Sprachen und nicht den Symbolen der heimischen Nationalbewegungen. Das galt ebenso für die jüdische Nationalbewegung, den Zionismus, der im Unterschied zu Europa in einigen wenigen Ländern, soweit er überhaupt sichtbare Bewegungen auslöste (wie in Ägypten und Irak), nur ein geringes Interesse fand. Schließlich wurden die Juden allgemein als Lakaien der imperialistischen Mächte betrachtet und in Verbindung mit dem internationalen Zionismus – somit einer ›anti-arabischen‹ Bewegung – gesehen. In der Folge wurden seit Mitte der dreißiger Jahre diskriminierende Schritte gegen sie unternommen, wie zum Beispiel im unabhängigen Irak. Im nachhinein können diese als Vorankündigung der jäh ausbrechenden Judenpogrome Badgads im Juni 1941 gesehen werden. Zu Beginn der kurzen Pro-Nazi-Herrschaft, der »Raschid Ali al-Gailani Episode« in Irak, gestatteten die Machthaber den enttäuschten Massen, soweit sie diese nicht dazu ermutigten, die Juden anzugreifen, die nirgendwo mit Hilfe rechnen konnten. Innerhalb der zwei Tage des ›Farhud‹ von Bagdad wurden Hunderte von Juden ermordet und ihr Vermögen von über einer halben Million Pfund geplündert. Das Leben in den jüdischen Gemeinschaften nahm später wieder seinen gewohnten Gang, so daß man die Ereignisse als eine Ausnahme hätte betrachten können. Leider waren sie jedoch die Vorläufer weiterer antijüdischer Ausbrüche; am 2. November 1942 Unruhen in Kairo; im Dezember 1947 Pogrome in Aden.

Durch die Gründung des Staates Israel wurde die Situation verschlimmert; die arabischen Regierungen (mit Ausnahme des Libanon) glaubten jetzt, genauso wie die Massen, genügend Grund zu haben, die jüdische Bevölkerung ihrer eigenen Länder zu verfolgen. So verzichteten zum Beispiel in Irak innerhalb eines Jahres, nach dem Erlaß der März-Gesetze von 1950, 100000 Juden auf ihre Staatsbürgerschaft, verloren dabei ihr ganzes Eigentum und verließen das Land. In der Mitte des 20. Jahrhunderts, im Laufe von nur einem oder zwei Jahrzehnten, endete so das Leben der meisten der traditionsreichen jüdischen Gemeinden in den islamischen Ländern. Von ungefähr einer halben Million Juden, die 1945 in Nord-Afrika lebten, blieben nur 30000; nicht mehr als ein verlorenes Häuflein von den 350000 Juden, die in den arabischen Ländern gelebt hatten, blieb zurück. Ungefähr 100000 Juden blieben unversehrt und unbelästigt im Nahen Osten, nämlich in der Türkei und in Iran. Sie sind die spärlichen Überreste einer blühenden Geschichte jüdischen Lebens in der islamischen Welt.

# IV
# DER EIGENE WEG

## Jüdische Philosophie

## Jüdische Mystik

## Die Juden und die Aufklärung

Ein doppelter Faden, Offenbarung und Vernunft, durchzieht das ganze komplexe Geflecht jüdischer intellektueller Tradition. Die Bibel und der Talmud, das Prophetenwort und die rabbinische Frage, der Sohar und der *Führer der Schwankenden* – in allen Epochen der jüdischen Geschichte kann man den lebendigen, direkten Gehorsam gegenüber dem göttlichen Willen vereint mit dessen kühler und logischer Analyse finden. Im jüdischen Kontext ist es darum durchaus irreführend, von Philosophie, Mystik und Aufklärung zu sprechen, als ob sie gesonderte Auffassungen darstellten. Die Werte, welche die Bibel im Mythos, in der Parabel und im Symbol vermittelte, waren dieselben, die auch die Philosophen der Aufklärung in der Form rationaler Analyse darzulegen versuchten. Die Kontroverse, wie bitter sie auch gewesen sein mag, hat kaum die Grenzen der Übereinstimmung im Wesentlichen verlassen. »Liebe zur Tora« ist der Grund aller Weisheit, wie Moses Maimonides betont. – Als sein großes Werk *Mischne Tora* um 1400, vermutlich im Studio des Mateo da Cambio von Perugia, illuminiert wurde, hat der Künstler an den Anfang des 2. Buches, des ›Buches der Liebe‹, (*gegenüber*) eine die Tora umrahmende Gestalt im Tallit neben den Psalmvers (119,97) »Wie habe ich deine Tora so lieb« gesetzt.

Maimonides ist es mehr als irgend einem Denker vor oder nach ihm gelungen, alle Aspekte der jüdischen Tradition in einem einzigen zusammenhängenden Lehrgebäude zu vereinigen. 1135 in Córdoba geboren, übersiedelte er später nach Fustat in Ägypten, wo er den Rest seines Lebens verbrachte. Er war ein außerordentlich erfolgreicher Arzt und fand dennoch Zeit, die ganze hebräische Literatur zu meistern, dazu einen großen Teil der arabischen, die zu jener Zeit all das enthielt, was man von der griechischen kannte (Aristoteles beeinflußte die moslemische Welt einhundert Jahre vor der christlichen).

In *Mischne Tora* (wörtlich: Wiederholung der Tora) bot er eine systematische Zusammenfassung des Talmud, dessen verstreute Entscheidungen er zusammentrug, und zeigte, wie jeder seiner Teile aus der Bibel abgeleitet ist (dies war ein Schlag gegen die Karäer, die den Talmud als nicht autoritativ ablehnten). Im *Führer der Schwankenden* hat er etwas noch Weitergehendes erreicht, nämlich eine Interpretation des Judentums mit Hilfe der ›neuesten‹ aristotelischen Gedanken, und ließ es so als eine ›moderne‹ Religion erscheinen, die völlig rational begründet werden kann. Viele Juden begrüßten Maimonides als einen intellektuellen Retter, andere dagegen verdammten ihn als einen, der das Unerkennbare auf das Niveau menschlicher Intelligenz herunterzog. Die Nachwirkungen dieser Debatte, die im 18. Jh. wieder aufleben sollte, sind heute noch zu spüren. – Dennoch leugnete Maimonides weder das übernatürliche Wesen der Tora noch die Rolle der prophetischen Eingebung bei deren Offenbarung an die Menschheit. (1)

מה אהבתי תורתך כל היום
היא שיחתי
ספר שני
והוא ספר
אהבה
הלכותיו שש וזהו סדורן
הלכות קרית שמע

## Menora und Lebensbaum

Granatäpfel und Blumen schmücken eine gemeißelte Menora aus der Synagoge des 4. Jh. aus Hammat bei Tiberias. Wiederum sind die Symbole des Leuchters und des Baums vereinigt. Das Buch Exodus (25,31) erwähnt in der Tat die »Blumen« der Menora. (2)

Der Leuchter ist eines der ältesten Symbole des Judentums. Direkt vor dem Allerheiligsten des Tempels stehend, stellt er das Licht Gottes und des Gerichtes dar. Er geht wohl auf ein noch älteres Symbol zurück, nämlich das des Lebensbaumes mit sieben Zweigen, eine Tatsache, die zumindest einigen jüdischen Mystikern wohlbekannt war. Eine Pentateuch-Handschrift aus Deutschland von 1298 enthält drei ganzseitige Illustrationen in Mikroschrift, die alle eng mit der Menora verbunden sind. In der ersten (*rechts*) sammeln Männer mit jüdischen Spitzhüten Oliven von dem Baum und pressen mit einer Presse Öl aus ihnen. (7)

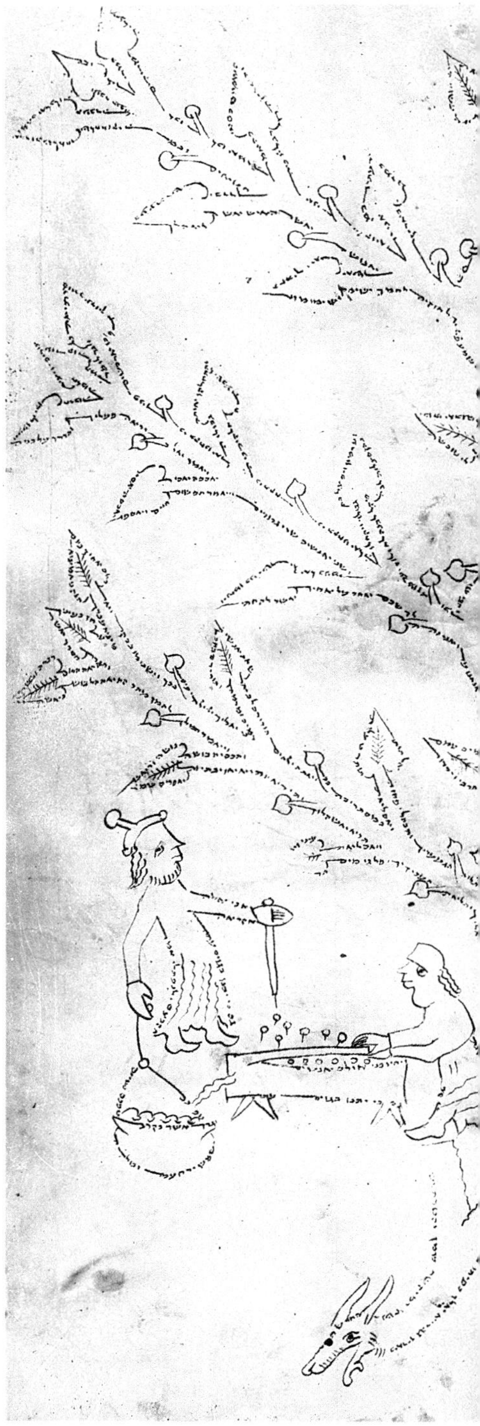

Öl vom Lebensbaum wird zur Menora gebracht, um sie anzuzünden (*rechts*). Auf dieser Seite aus dieser Handschrift von 1298 wie oben steht der Hohepriester, in der Hand dasselbe Gefäß, in das das Öl gepreßt worden war, in einer Art von heraldischen Tieren umgebenen Laube, von denen eines ein Opfermesser hält. (8)

Die symbolische Menora erscheint bereits in der frühen jüdischen Grabkunst. *Oben*: Ein Graffito aus einer römischen Katakombe, ungefähr 300 v. Chr., mit Menora, *Etrog*, *Schofar*, Amphore und *Lulav*. Ein bleierner Sarg aus Jerusalem (*unten*) enthält zusätzlich die Räucherpfanne. (3,5)

Glasanhänger, wohl Amulette, aus dem 4. Jh. n. Chr. enthalten die gleichen konventionellen Embleme. Die in den Synagogen eingemeißelten Menoras (*unten*, aus Caesarea, 4. Jh. n. Chr.; ein anderes Beispiel aus Ostia ist auf S. 69 abgebildet) scheinen dagegen den zerstörten Tempel, Symbol der Einheit des jüdischen religiösen Lebens, vergegenwärtigen zu sollen, um dessen Wiedererrichtung die Juden noch immer beten. (4,6)

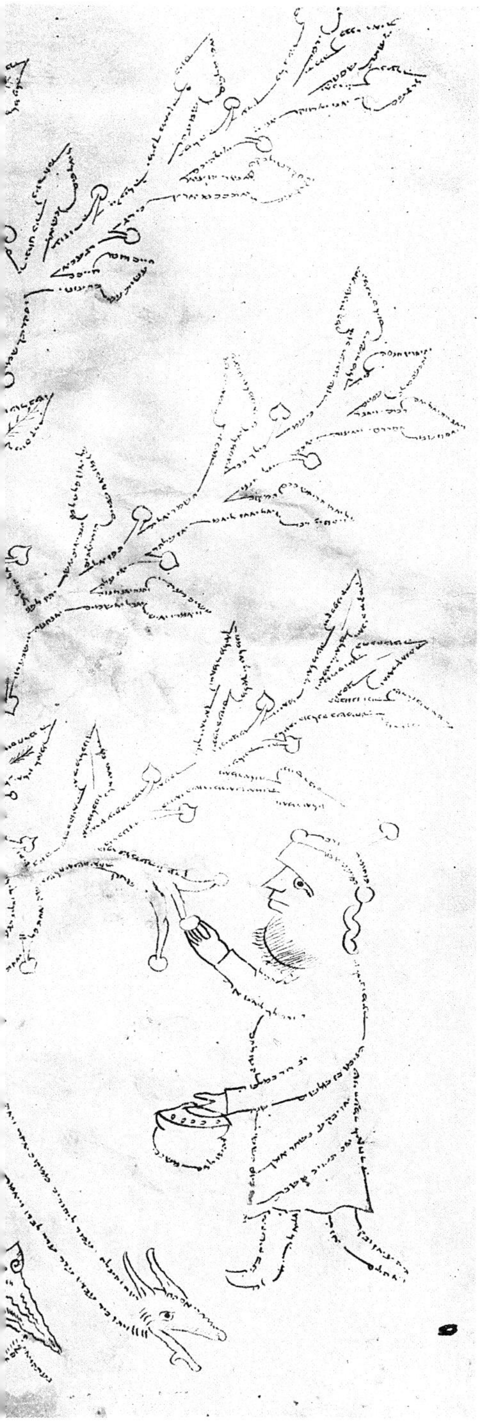

Eine prachtvolle Menora bildet die dritte der gegenüber erwähnten Illustrationen. Der Name des Schreibers ist Salomo ha-Cohen, seinen Stil kennzeichnet eine reiche und freie Phantasie, die in exotischem Laubwerk und seltsamen Tierköpfen zum Ausdruck kommt. (9)

»Gott sei uns gnädig und segne uns, er lasse sein Angesicht leuchten über uns«. (Ps. 67) Die Menora (*rechts*) in diesem italienischen Gebetbuch von 1397 ist aus den Worten des ganzen Psalm 67 gestaltet. Das hebräische Alphabet selbst hatte für die Mystiker eine große Bedeutung, die sowohl die Form der Buchstaben als auch deren verschiedene Kombinationen für bedeutungsvoll hielten. Der untere Teil setzt sich aus Versen aus der Genesis zusammen. (10)

Göttliches Eingreifen wurde in der jüdischen Kunst durch eine aus dem Himmel ragende Hand dargestellt. Die erste Figur in diesem Fresco aus Dura Europos ist eine wörtliche Darstellung von Ezechiel 37: »Die Hand des Herrn kam über mich und der Herr führte mich im Geiste hinaus und ließ mich nieder inmitten der Ebene, und diese war voller Gebeine...Da sprach er zu mir: Menschensohn, können wohl diese Gebeine wieder lebendig werden? Ich aber antwortete: O Herr, mein Gott, du weißt es.« Dieses Gespräch des Propheten mit Gott scheint durch das zweite Bild Ezechiels mit einer erhobenen und einer gesenkten Hand dargestellt. »Nun sprach er zu mir: Weissage über diese Gebeine...siehe, ich bringe Lebensodem in euch, damit ihr wieder lebendig werdet...Da weissagte ich, wie mir befohlen war; und als ich weissagte, siehe, da entstand ein Rauschen, und die Gebeine rückten eines ans andere...Odem aber war noch nicht in ihnen«, wie im rechten Teil des Fresco gezeigt. (11)

»Da rief ihm vom Himmel her der Engel des Herrn zu: Abraham, Abraham.« (Gen 22,11) Wiederum wird die Anwesenheit Gottes in dieser Illustration der Geschichte (*links*) von der Opferung Isaaks aus der Synagoge von Bet Alfa, 6. Jh., durch die Hand angedeutet. Die Mosaikleger, Marianos und sein Sohn Hamina, sind die frühesten namentlich bekannten jüdischen Künstler. (12)

Gottes Hand reicht Moses die Bundestafeln (*rechts*): Eine Miniatur aus dem sogenannten *Machsor Parma* (Festgebetbuch) von 1450. Der Zaun im Vordergrund ist von besonderem Interesse. Als Gott Moses die Tafeln anvertraute, sagte er zu ihm (Ex 19,12): »Und ziehe eine Grenze rund um den Berg und sprich zu ihnen: hütet euch, auf den Berg zu steigen oder auch nur seinen Saum zu berühren.« Das Motiv der Errichtung von Grenzen (›Ein Zaun um die Tora‹) spielte in der rabbinischen Gesetzgebung und Praxis eine beträchtliche Rolle. (15)

## Die Hand Gottes

»Siehe, ich werde im dichten Gewölke zu dir kommen.« (Ex 19,9) So sprach Gott zu Moses. Die Illustratoren der deutschen *Vogelkopf-Haggada* (*links*) von ca. 1300, sowie der spanischen Haggada aus dem 14. Jh. (*rechts*) haben diese Wolke, samt der die Anwesenheit Gottes symbolisierenden Hand, aufgenommen. In der *Vogelkopf-Haggada*, von der schon andere Seiten in vorangehenden Kapiteln gezeigt wurden, ist auch Moses symbolisch oder wenigstens anikonisch dargestellt. Im spanischen Beispiel lauscht er, von seinen Schafen umgeben, Gott im brennenden Busch; er hat Gottes Aufforderung, »ziehe deine Schuhe von den Füßen«, zur Hälfte ausgeführt und versteckt sein Gesicht, »denn er fürchtete sich, Gott anzuschauen« (Ex 3). (13,14)

Mystik und Magie gingen in der Auffassung des Volkes – und vieler Kabbalisten selbst – ineinander über. Der Hohe Rabbi Löw aus Prag, ein hervorragender Gelehrter und Denker, den die spätere Legende zu einem allumfassenden Renaissance-Magier in der Art von Shakespeares Prospero machte, hat der Sage nach einen *Golem* geschaffen, ein menschenähnliches Wesen, das seinen Befehlen gehorchte. Löws Grab in Prag (*oben*) wird noch immer verehrt. (16)

Die Tierkreiszeichen, in okkulter Schrift geschrieben (*unten*), waren Teil der ›praktischen Kabbala‹, mit der die Mächte kontrolliert werden konnten, die das Universum beherrschen. (17)

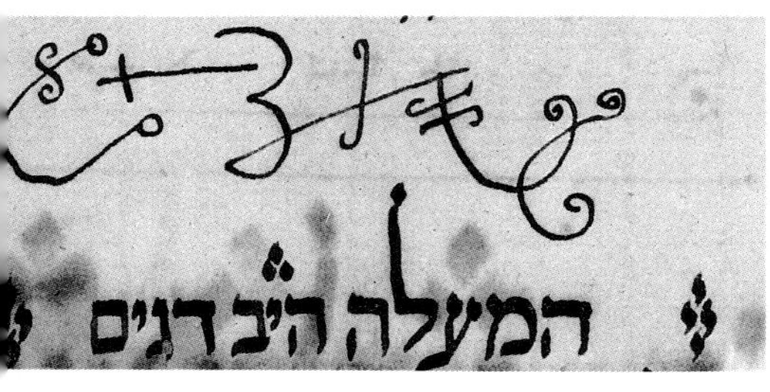

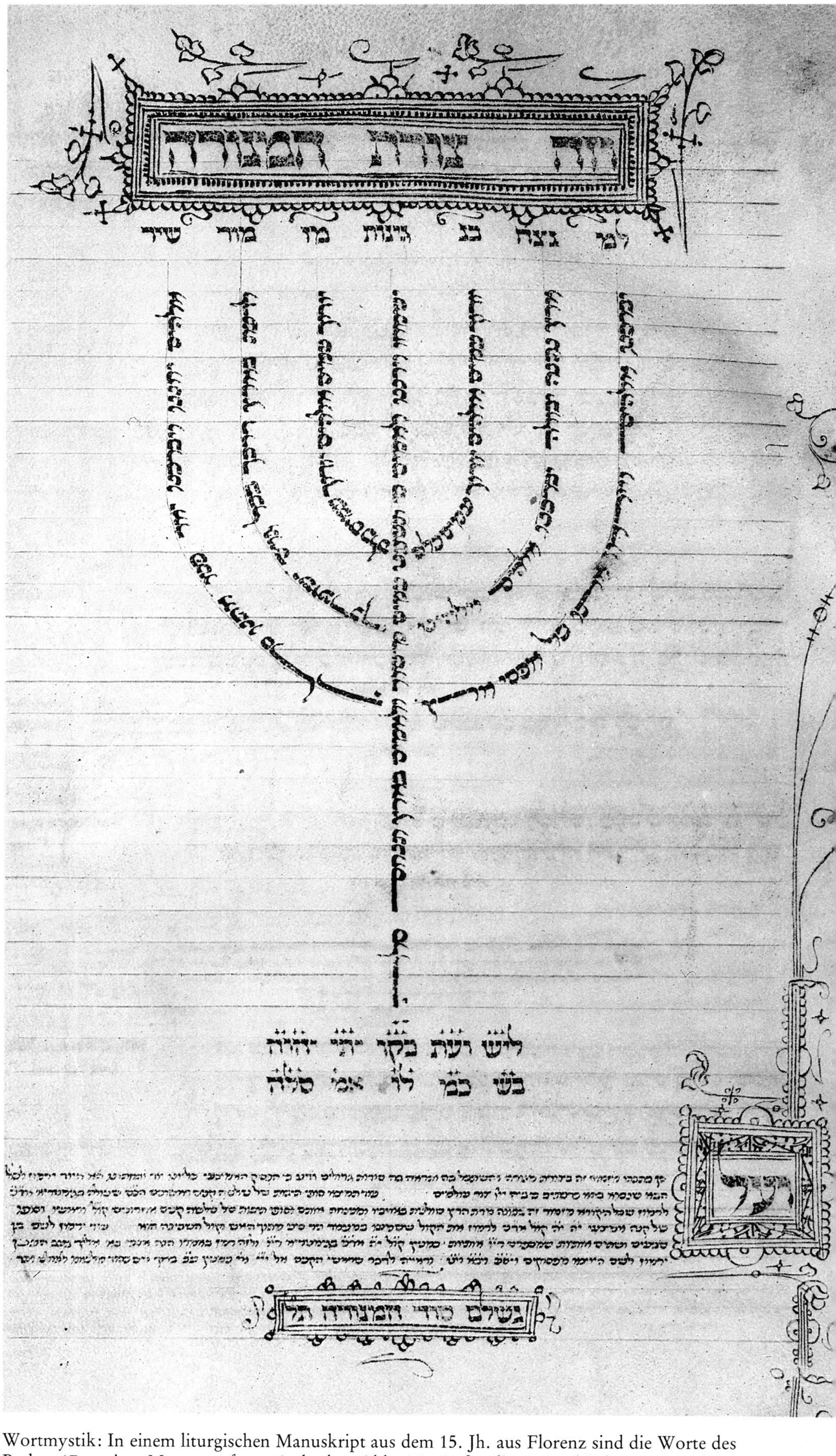

Wortmystik: In einem liturgischen Manuskript aus dem 15. Jh. aus Florenz sind die Worte des Psalms 67 zu einer Menora geformt (vgl. oben Abb. 10). Außer dieser graphischen Verwendung hat man den Buchstaben auch numerische Werte zugeschrieben (da jeder hebräische Buchstabe zugleich als Zahl fungiert) – so können die sieben Arme des Leuchters addiert und kann das Ergebnis in Worte zurückübersetzt werden. Die kunstvollen Resultate dieses esoterischen Spiels werden in der daruntergesetzten Inschrift erklärt. Die Abschlußzahl ergibt den Namen Gottes. (18)

Die Kabbala ist das wichtigste Produkt des jüdischen mystischen Denkens. Es ist ein seltsames und kompliziertes System, in dem viele Elemente vereinigt sind. Ihr Grundtext ist der Sohar. Während man früher glaubte, er stamme aus dem 2. Jh., wird heute allgemein angenommen, daß er im späten 13. Jh. in Spanien geschrieben wurde. Die Lehren des Sohar wurden von Isaak Luria (1534-72) in Palästina bis zum Extrem weiterentwickelt. Die Diagramme auf dieser Seite stammen alle von seinen Schülern.

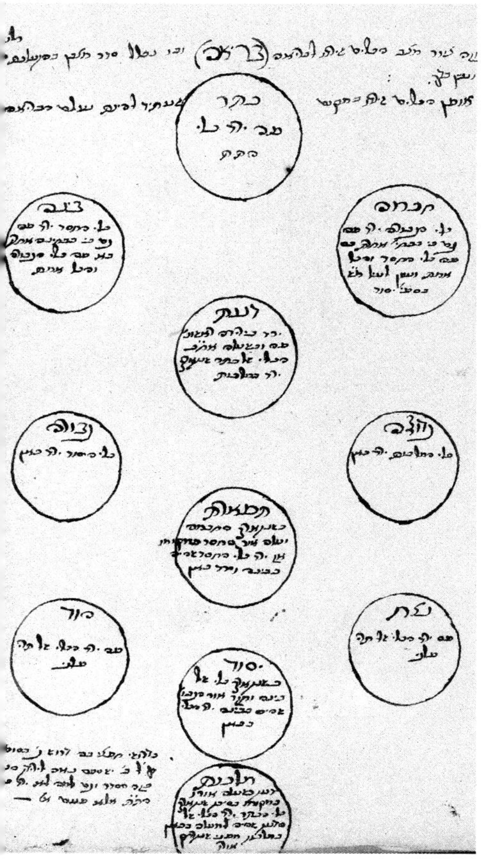

Die Gottheit wird als eine Konfiguration von zehn Aspekten oder Manifestationen, den *Sefirot*, gesehen, die hier (*oben*) durch zehn Kreise repräsentiert sind. Zu ihnen tritt, wie hier, seit Ende des 13. Jh. eine elfte, nicht eigenständige, mit dem Namen *Da'at*, Erkenntnis – auf der mittleren Vertikale die zweite von oben: Drei mittlere Dreiergruppen, jeweils zwei Gegensätze und deren Synthese in der Mitte. Die Interaktion zwischen den Sefirot schenkt der Gottheit ihr dramatisches Innenleben – die Interaktion insbesondere zwischen der Sefira Tif'eret (in der Mitte der mittleren Vertikale), die den Mittelpunkt des ganzen Systems bildet (mit den symbolischen Namen Sonne, König, Bräutigam) und der Sefira *Malchut* (*ganz unten*), (mit den symbolischen Namen Mond, Königin, Braut), bei der sich die göttliche Sphäre mit der nicht göttlichen trifft. Die Vereinigung dieser beiden wird als heilige Hochzeit, als *hieros gamos*, verstanden. (19)

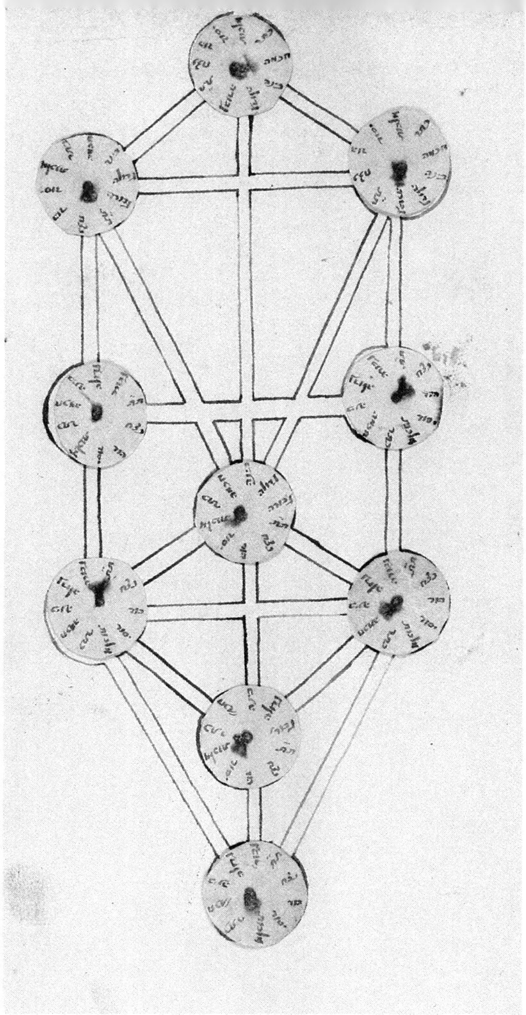

Isaak Luria, der im 16. Jh. die zweite Hauptstufe kabbalistischer Spekulationen einleitete, begann damit, die *Sefirot* durch Kanäle zu verbinden, welche die Beziehungen unter ihnen herausstellten. In diesem Diagramm enthält überdies jede Sefira die Namen von allen, um anzudeuten, daß trotz der Bedenken orthodoxer Kritiker die wesenhafte Einheit der Gottheit durch deren Zergliederung in zehn Manifestationen nicht aufgelöst wird. Diese Betonung der Einheit war so wichtig, da die Sefirot zur Personifikation tendierten. (20)

Die Trennung der innigen Beziehung von *Tif'eret* und *Malchut* ist die größte vorstellbare Katastrophe, gerade sie ist jedoch die Folge aus Adams Sünde. *Unten:* Lurias System in einer relativ frühen Phase. (22)

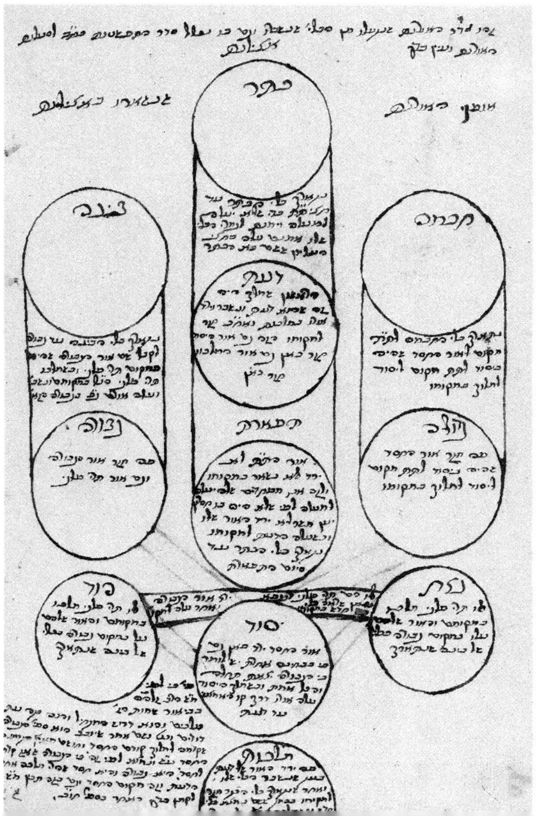

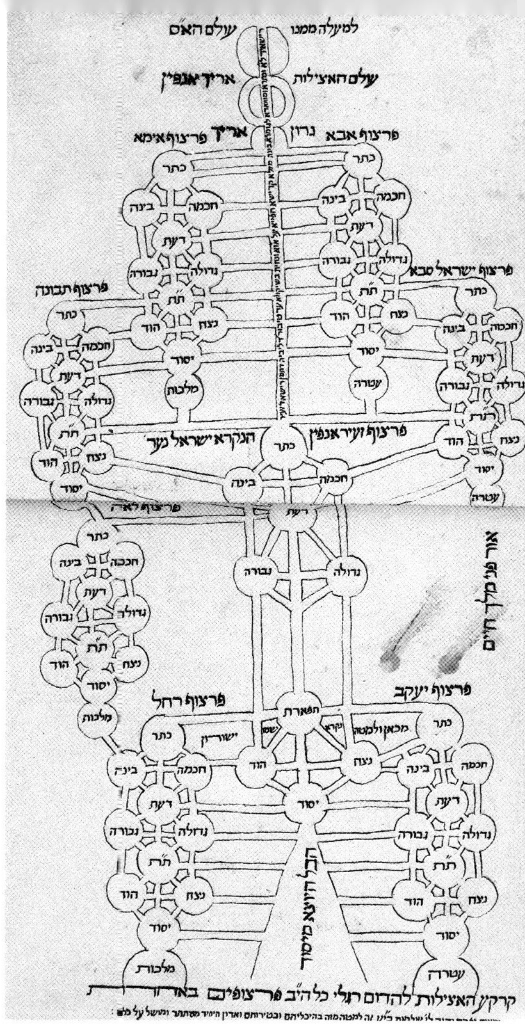

Die Kompliziertheit des lurianischen Systems mag aus dieser Zeichnung mit ihren acht Sefirot-Trauben aus der Feder seines Schülers Chaim Vital ersehen werden. Sie stellt dar, wie der Kosmos nach dem »Bruch der Gefäße«, der ersten voradamitischen Katastrophe, wieder hergestellt werden kann. (21)

Auch der Mensch ist in den kosmischen Prozeß einbezogen. Dieses Diagramm stellt das Sefirot-System als Körper und Glieder des *Adam Kadmon* (des Urmenschen) dar, der der himmlische Archetyp des irdischen Adam ist. (23)

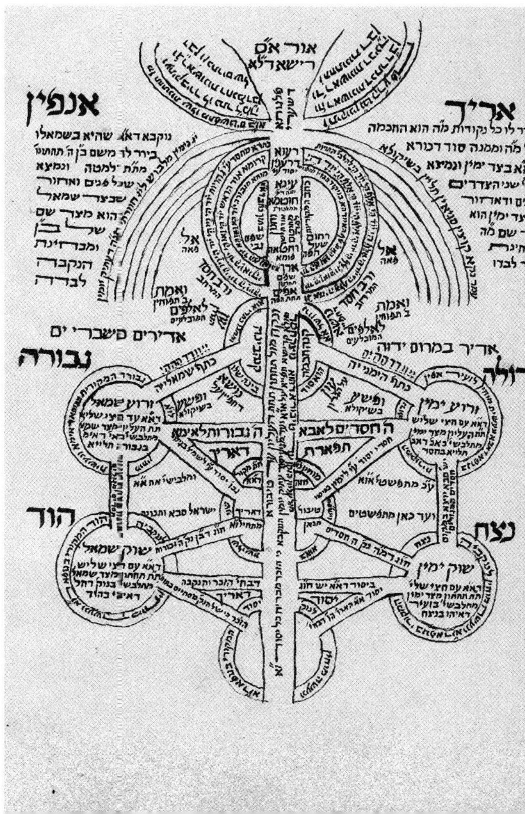

Die Tür in eine andere Welt ist ein hochsymbolisches Bild, das weit in die Religionsgeschichte des Nahen Ostens zurückreicht. In der jüdischen Kunst hat sie viele Bedeutungen: die Pforte zum Allerheiligsten im Tempel, dem Wohnort Gottes; die Türen der Bundeslade, die dort aufbewahrt wurde, und in der die an Moses übergebenen Tafeln ruhten; und, mit einer leichten Übertragung, die Türen des Tora-Schreins in der Synagoge, der die Tora-Rollen enthält. *Links:* ein graviertes goldenes Glas, aus Rom mit dem Tora-Schrein zwischen zwei Löwen, darunter die übliche Zusammenstellung jüdischer Symbole. (24)

Die Lade selbst ist auf diesem gemeißelten Stein aus der Synagoge von Capernaum dargestellt. Ursprünglich von Bezalel in Moses' Auftrag gebaut (Ex 25,10 u. 31,1.2-7), wurde sie von Ort zu Ort getragen, bevor sie im Ersten Tempel als Heiligtum eingeschlossen wurde. (25)

In Dura Europos findet sich das Portal über der Nische für den Tora-Schrein, flankiert von der Menora und der Opferung Isaaks (*links*). Einige der wichtigsten Themen, die zum Bund zwischen Gott und Israel gehören, sind auf diese Weise bildlich zusammengebracht – der Tempel, die Lade, das Opfer und die Tora. (26)

Lade und Portal sind im Mosaikfußboden der Synagoge von Bet Alfa untrennbar verbunden (*oben links*). Am äußersten Ende der Synagoge, nahe der Tora-Nische, scheinen diese Türen für die unterste Stufe des Einganges zum Bereich des Allerhöchsten, dem Tore des Himmels von Genesis 28,17 und Psalm 24 zu stehen: »Hebt hoch, ihr Tore eure Häupter, erhöht euch, ihr uralten Pforten, daß der König der Herrlichkeit einziehe.« Andere Beispiele in der jüdischen Kunst legen eine ähnliche Interpretation nahe. *Oben rechts*: Ein Detail des spanischen Synagogenteppichs aus dem 14. Jh. (s. auch S. 133). *Unten links*: Ein Detail des Mosaikfußbodens der Synagoge in Hammat, 4. Jh. n. Chr., mit Vorhängen, die auf den Tempelvorhang zu deuten scheinen. *Unten rechts*: Eine Seite einer ägyptischen Handschrift aus dem 10. Jh. mit masoretischem Kommentar in Mikroschrift innerhalb eines türähnlichen Musters. (27-30)

Wandel der Zeiten: Der im 18. Jh. angebaute Glockenturm und eine Uhr westlichen Typs an dem aus dem 16. Jh. stammenden Jüdischen Rathaus in Prag sind Zeichen eines gewandelten geistigen Klimas. Die Uhr mit hebräischen Zahlen geht dem gebräuchlichen Zeigersinn entgegengesetzt. (31)

Im 18. Jh. bröckelte die jüdische Isolation von innen und außen ab. Mit dem Schwinden der Macht der Kirche schwand die Feindschaft gegenüber den Juden, und einige Männer aus allen Religionen erkannten in der neuen Atmosphäre kritischen Forschens eine gemeinsame Humanität. Die Folge dieser Anschauungen innerhalb des Judentums war die Haskala, ein Sprößling der europäischen Aufklärung, die zum Ziel hatte, den Glauben zu reinigen und ihn von Vorurteilen zu befreien, die Autorität der Talmudgelehrten zu mindern und die der Vernunft zu stärken. Als die weltlichen Regierungen der Toleranz zuneigten, waren die jüdischen Gemeinschaften in vielen westlichen Ländern bereit, ihnen entgegenzugehen. *Oben*: Eine Medaille zur Erinnerung an das Toleranzedikt von Kaiser Josef II. von 1782, mit dem die Juden als gleichberechtigte Bürger anerkannt und einige Beschränkungen auf bestimmte Wohnbezirke aufgehoben wurden. Protestanten, Katholiken und Juden stehen gleichermaßen unter dem Schutz der Flügel des kaiserlichen Adlers. *Unten*: Ein Chanukka-Leuchter aus ungefähr derselben Zeit mit dem Porträt des Kaisers und dem Habsburgischen Adler. Die Soldaten auf den Seiten weisen vielleicht auf die erstmalige Einberufung von Juden in die kaiserliche Armee hin. (32,33)

Moses Mendelssohn (*oben*, Zeichnung von Daniel Chodowiecki), der führende Philosoph der Haskala (1729-1786), sah das Judentum als einen Glauben, der der »natürlichen Religion« näher stand als jeder andere. Seine Thesen haben in traditionelleren Kreisen einigen Argwohn erregt, wurden aber nach seinem Tod in West-Europa sehr einflußreich, jedoch häufig in einer Weise, die er nicht gebilligt hätte. (34)

Abschied vom Ghetto: *Oben rechts*: Juden bitten im Jahre 1765 Helvetica (die Schweiz) um Schutz. *Unten*: Eine Handelskarte von Abraham Delvalle, einem Tabakhändler aus London in einem wunderschönen chinesischen Rokokorahmen. *Unten rechts*: Zwei Dorfsynagogen, in Endigen und Leungnau in der Schweiz. (35-38)

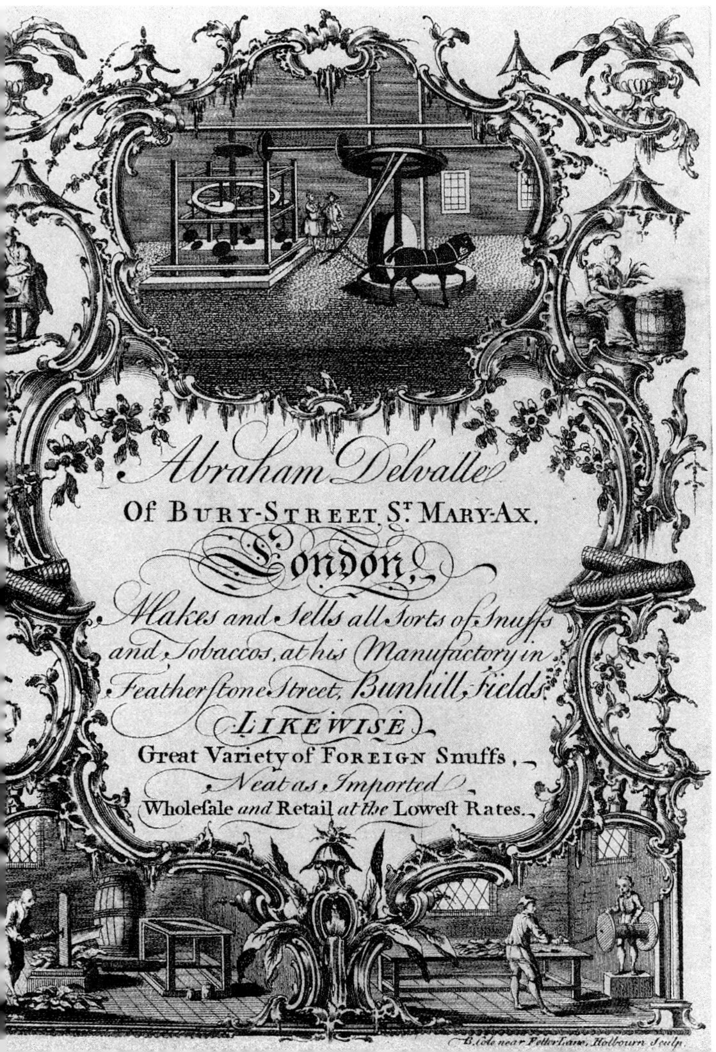

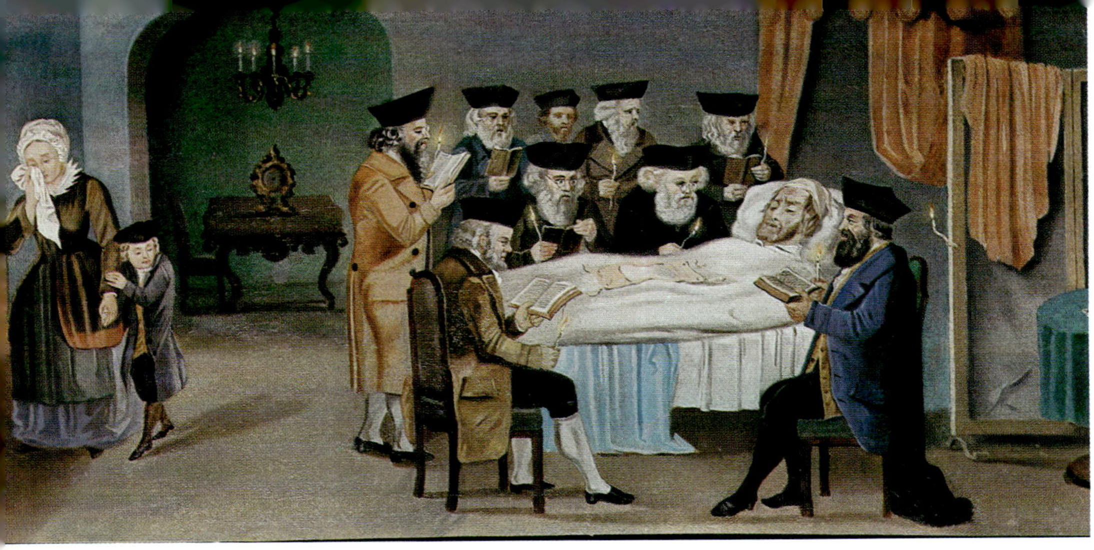

## In Böhmen und Frankreich

Die böhmische Judenschaft war eine der stärksten und bestorganisierten Gemeinschaften in Europa. Dieser Paneel-Zyklus wurde im späten 18. Jh. oder frühen 19. Jh. in Prag von einer Beerdigungsbruderschaft in Auftrag gegeben. Beerdigungsbruderschaften (oder -Genossenschaften, wörtlich: »Heilige Vereinigung«), in die nur die hervorragendsten Mitglieder der Gemeinde aufgenommen wurden, waren in Mitteleuropa halboffizielle Ratsversammlungen und damit sehr einflußreich. Die Bestattung der Toten wurde als eines der wichtigsten religiösen Gebote und Liebeswerke in der *imitatio dei* betrachtet – Gott selbst hat Moses bestattet (s. Abb. 14, S. 134). Daher nannte man eine Beerdigungsbruderschaft eine »Heilige Vereinigung«; sie hielt ihre Jahresversammlungen am 7. Adar, dem Todestag Moses' ab. Die Mitglieder spendeten Geld für ihre eigene Beerdigung und für diejenigen, die für sich selbst nicht zahlen konnten. Auf dem ersten Bild ist gerade ein Mitglied verstorben. Links gehen seine Witwe und sein Sohn in Trauer aus dem Zimmer. Darunter wird die Leiche auf einer offenen Bahre zum Friedhof getragen, wo der Rabbiner einen Trauergottesdienst hält. Das Paneel unten ist ein Gruppenporträt der Mitglieder, deren Aktivitäten sich keineswegs auf Trauerangelegenheiten beschränkten. *Unten:* Der Krug einer Beerdigungsbruderschaft von 1726, mit einer Beerdigungsszene an den Seiten und den Worten: »Chevra Kadischa«, ›Heilige Vereinigung‹. (39-43)

Die Leiche wird in das Grab versenkt. Erst jetzt wurde sie in einen Sarg gelegt. Dies war eine Bestimmung des austro-ungarischen Gesetzes, doch zu jener Zeit kein jüdischer Brauch, wiewohl Maimonides und der Talmud es gestatten. Eine schnelle Beerdigung – innerhalb von vierundzwanzig oder sechsunddreißig Stunden nach dem Tode – war normalerweise die Regel. Seit dem 16. Jh. sind unter kabbalistischem Einfluß Särge außer Brauch gekommen, obwohl sie früher in den meisten jüdischen Gemeinden üblich waren. (44)

Die den französischen Königen unterworfenen Teile Frankreichs waren seit 1394 für die Juden offiziell verschlossen, 1456 folgte die Dauphiné, 1496 die Provence. Ausgenommen blieb das von den Päpsten beherrschte Avignon, zu dem auch Cavaillon zählte. Einen Neuanfang ›jüdischer‹ Rücksiedlung machten im 16. Jh. aus Portugal und Spanien zugewanderte Marranen, die 1776 ihre völlige jüdische Rehabilitation und Siedlungsrecht erlangten. Zu ihnen gesellten sich nach und nach Abwanderer aus Avignon. Mit der Einnahme von Lothringen und Elsaß (Westfälischer Friede 1648) wurden Frankreich schließlich wieder stark jüdisch besiedelte Regionen einverleibt. – Ein schönes Beispiel der – oft auf den alten Fundamenten – errichteten Synagogen ist die von Cavaillon (*unten*) im Stile Louis XIV. mit erlesenen Rokoko-Holzschnitzereien und geschmiedetem Eisen. (45)

## Die Haskala wandert nach Osten

Ein jüdischer Hausierer als Zierde einer Zielscheibe. Sein Kopf ist »das Schwarze«. Aus Mähren, 1747. (49)

In Osteuropa stieß die jüdische Aufklärung, die Haskala, auf Orthodoxie und Konservatismus. *Links*: Von oben nach unten, die Dorfsynagogen von Zabludow und Grojec, beide in Polen, und von Kirchheim in Deutschland, von einem Künstler aus Galizien bemalt. Hier waren die uralten Glaubensweisen zu tief verwurzelt, als daß neue Ideen so leicht Fuß fasen konnten. (46,47,48)

Eine chasidische Puppe – für einen nicht-chasidischen Haushalt? Die kleine Holzfigur mit dem charakteristischen Pelzhut vibriert auf einer Feder: Parodie des chasidischen Tanzes. Die Chasidim waren Feinde der Aufklärung, hatten aber ihre eigenen Feinde unter den Orthodoxen, die Spottlieder auf sie verfaßten und die vielleicht diese Puppe gemacht haben. Andererseits spricht die hebräische Schrift gegen eine böse Absicht. (50)

Die Juden Polens hatten im 17. Jh. schrecklich gelitten, als ganze Gemeinden in wilden Pogromen weggefegt wurden. Dies war keine Atmosphäre, die rationale Diskussionen und Reformen begünstigen konnte. Die Männer suchten in der Mystik, dem Chasidismus und in der messianischen Bewegung des Sabbatai Zwi Zuflucht. 1793 und 1795 wurden Teile Polens russisch. Die Juden wurden auf die Ansiedlungsrayons beschränkt, auch wurden alle Anstrengungen unternommen, um Konversionen zum Christentum herbeizuführen. *Rechts*: Gesichter polnischer Juden, während der Herrschaft von Nikolaus II., ein Gemälde von Piotr Michalowski. (51)

Ungarn: Ein ungarisches Beschneidungsbuch von 1819 zeigt noch immer Zeichen der Besetzung Ungarns durch die Türken. Jetzt waren sie Bürger des aufgeklärten Habsburgischen Reiches. (52)

Südrußland: Die Teilungen Polens, 1772, 1793 und 1795, brachten zum ersten Mal seit dem Ende des 15. Jh. Juden unter russische Herrschaft. Alexander I. hat sie dazu ermuntert, sich in wenig bevölkerten Gebieten Südrußlands niederzulassen. Einige von ihnen waren Karäer. *Oben*: Ein karäischer Steinmetz auf einem Friedhof und karäische Kaufleute. (53,54)

Odessa hatte wahrscheinlich eine größere jüdische Bevölkerungsdichte als irgendeine andere Stadt in Rußland. 1794 gegründet, besaß es von allem Anfang an ein jüdisches Element, und war im 19. Jh. ein Treffpunkt für orthodoxe, aufklärerische, chasidische und karäische Juden. Diese Szene (*rechts*) datiert von 1837. In Odessa erschienen Zeitungen in hebräischer Sprache. Es war einer der Geburtsorte des Zionismus und es war auch das unglückliche Zentrum des russsischen Antisemitismus: Zwischen 1871 und 1905 haben dort drei schreckliche Pogrome stattgefunden. (55)

»Öffne den Armen deine Hand«: Das Geben von Almosen war seit uralten Zeiten ein Grundsatz jüdischer Moral, der sowohl von den rabbinischen Lehrern als auch von den Philosophen der Aufklärung bekräftigt wurde. Dieses Triptychon wurde von Isaak Aboab aus Amsterdam, einem reichen Ost-Indien-Kaufmann, in Auftrag gegeben. Es ist in Öl auf Pergament gemalt. Die Bilder sind traditionell, allerdings besteht eine ungewöhnliche Betonung des Wassers. Im ersten Paneel symbolisieren die Hände das Geben, die Vorhänge die Diskretion, mit dem rabbinisch zu deutenden Jesaja-Vers (5,16): »Und der heilige Gott wird durch Wohltätigkeit geheiligt.« Der Palmenbaum im zweiten spielt auf Psalm 92,13 an: »Der Gerechte sproßt wie der Palmenbaum«; darüber das Tetragramm, die Texte sind Proverbien (3,18): »Sie ist ein Lebensbaum denen, die sie ergreifen; wer sie festhält, der ist beglückt«, und aus Jesaja (55,1): »Auf, ihr Durstigen, kommet zum Wasser.« Im dritten Paneel die Schalen der Gerechtigkeit mit den Zitaten: »Aber es ströme wie Wasser, das Recht« (Amos 5,24) und »Wahret das Recht und übet Gerechtigkeit, denn bald wird mein Recht kommen.« (Jes 56,1) Um das gesamte Triptychon ein zeitgenössisches Gedicht in Reimen mit solchen Richtlinien wie: »Willst du auf Fortunas Rad nach oben steigen, dann wahre Recht, ob du reich oder arm.« *Unten*: Die Almosenkollekte während einer Beerdigung in Prag, aus der oben gezeigten Serie. Die Leiche wird herausgetragen (*links*); rechts Mitglieder der Beerdigungsbruderschaft. (56,57)

# 10

# Jüdische Philosophie

## ARTHUR HYMAN

Die jüdische Philosophie begann in der jüdisch-hellenistischen Gemeinde des zweiten Jahrhunderts v. Chr. und blühte dort bis in die Mitte des ersten Jahrhunderts n. Chr. Sie erlebte eine zweite Blüte im Mittelalter vom frühen 10. bis zum Beginn des 13. Jahrhunderts in der islamischen Welt und vom frühen 13. bis zum Beginn des 16. Jahrhunderts in den christlichen Ländern. Die moderne Phase begann im 18. Jahrhundert und dauert bis heute an.

Die jüdische Philosophie entstand, als jüdische Denker mit den allgemeinen philosophischen Lehren fremder Kulturen bekannt wurden. Da die jüdischen Philosophen überzeugt waren, daß die Philosophie eine Rolle im Leben aufgeklärter Menschen spielen müsse, und da sie bemerkten, daß es Übereinstimmungen aber auch Unterschiede zwischen den Lehren der Philosophen und ihren eigenen Überzeugungen gab, suchte sie danach, wie die Meinungen der Philosophen zu ihrer eigenen Tradition in Beziehung gesetzt werden könnten. Dieses Interesse stellte ihnen eine doppelte Aufgabe: Die Lehren des Judentums mittels philosophischer Begriffe und Argumente zu interpretieren und zu formalisieren, und philosophische, aber auch religiöse Lehren zu widerlegen, wenn sie jüdischem Glauben und Brauchtum widersprachen.

Die jüdische Philosophie hat ihren Platz neben anderen exegetischen Traditionen – der *Aggada* der rabbinischen Weisen und der Spekulationen der kabbalistischen Mystik. Sie mußte aber auch den Standpunkt des Judentums gegenüber anderen Religionen und anderen Lebensphilosophien vertreten, um zu beweisen, daß sie, richtig verstanden, eine erhabene Auffassung vom menschlichen Leben beinhaltet und Sitten und Gebräuche fordert, die das Glück des Menschen befördern. Gegen die christliche Dreieinigkeitslehre und den zoroastrischen Dualismus behauptete sie die absolute Einheit Gottes, und gegenüber Christentum und Islam, mit ihrem Glauben an Jesus bzw. Muhammad, bekräftigten sie das Supremat Moses'. Und schließlich mußten die jüdischen Philosophen das Studium der Philosophie selbst gegen Angriffe anderer Juden verteidigen, die glaubten, daß das Studium der Philosophie zum Unglauben führe.

Die jüdische Philosophie ist im wesentlichen Religionsphilosophie, deren Anliegen es ist, religiöse und philosophische Ideen in Einklang zu bringen. Mit dem Aufkommen der Säkularisation und, in ihrem Gefolge, säkularer Konzeptionen des jüdischen Lebens, gab es jedoch Philosophen, deren Spekulationen mehr auf einem weltlichen als auf einem religiösen Verständnis des Judentums beruhten.

Der Ausdruck ›jüdische Philosophie‹ könnte dazu verführen, anzunehmen, daß die jüdische Philosophie einheitlich und monolithisch sei, aber das ist keineswegs der Fall. Auch die Philosophen, die die jüdische Philosophie wesentlich als Religionsphilosophie betrachteten, waren sich nicht immer über das Wesen des Judentums einig. Gerade hierin gibt es sehr starke Unterschiede zwischen den antiken, mittelalterlichen und modernen Philosophen, die eine supranaturalistische Konzeption des Judentums vertraten, und einigen mittelalterlichen und vielen modernen Philosophen, die einen naturalistischen Zugang wählten. Der ersten Konzeption zufolge ist Gott ein allmächtiges, allwissendes und gütiges Wesen, das die Welt frei erschaffen hat, Vorsehung walten läßt, Wunder vollbringt, Propheten sendet, belohnt und straft, die Kinder Israel zu einer besonderen Mission auserwählt hat, und das seinen Willen durch die geschriebene und die mündlich überlieferte Tora kundgetan hat. Die zweite Konzeption hingegen betrachtet Gott als überpersönliches Prinzip, das nicht in den Prozeß der Geschichte und der Natur eingreift; Prophetie ist eine Manifestation des menschlichen Geistes und die schriftlich oder mündlich überlieferte Tora Ergebnis menschlicher Erfahrung und Kreativität sowie Reaktion auf historische Veränderungen.

Noch unterschiedlicher als in ihrer Konzeption des Judentums waren die jüdischen Philosophen in ihrer philosophischen Orientierung. In hellenistischer Zeit waren die jüdischen Philosophen primär durch platonische und stoische Ideen beeinflußt; im Mittelalter waren es mu' tasilitische Mutakallimun (muslimische Theologen, nach deren Vorbild sie die Philosophie zur Lösung bestimmter biblischer Probleme benutzten, inklusive der göttlichen Einheit und Gerechtigkeit), Neuplatoniker, Aristoteliker und philosophische Kritiker des Aristotelismus; in der Moderne waren es Rationalisten, Idealisten, Neukantianer, Pragmatisten und Existenzialisten. Oft wurde die philosophische Orientierung eines Philosophen von der philosophischen Literatur, die ihm zugänglich war, bestimmt, oder vom philosophischen Klima seiner Zeit. Zu allen Zeiten aber vertraten jüdische Philosophen ihren Standpunkt mit philosophischer Strenge.

Was die jüdischen Philosophen durch die Jahrhunderte hindurch einte, war also nicht eine Anzahl gemeinsamer Doktrinen, sondern ein gewisses Programm und gewisse gemeinsame Problemstellungen. Als Philosophen waren sie überzeugt, daß das Judentum philosophischer Interpretation zugänglich sei, und, mehr noch, daß es ihre Verpflichtung sei, das Judentum auf philosophisch-intellektuelle Art zu verstehen. So unterschiedlich ihr Interesse war, der Gegenstand ihrer Forschungen kann unter drei Hauptgesichtspunkten rubriziert werden: Rein philosophische Problemstellungen, wie Kategorien und Argumente der Logik, die Stufen des Seins und die Struktur des Universums; Problemstellungen, die sie mit anderen Religionen und metaphysischen Systemen teilten, wie die Existenz Gottes, die göttlichen Attribute, die Schöpfung, Prophetie und die menschliche Seele; und schließlich rein jüdische Probleme, wie die Prophetie Moses' und die jüdischen Vorstellungen vom Messias und dem Leben nach dem Tode.

## Philo von Alexandrien und die jüdisch-hellenistische Philosophie

Unsere Kenntnis der jüdisch-hellenistischen Philosophie ist recht spärlich, da in den meisten Fällen nur noch Fragmente philosophischer Werke erhalten sind. Die rühmliche Ausnahme ist Philo Judaeus (von Alexandrien, ca. 20 v. Chr. - 50 n. Chr.), von dem noch 38 Werke erhalten sind. Die hellenistisch-jüdischen Philosophen versuchten – in griechischer Sprache schreibend – zu zeigen, daß die jüdische Gottesvorstellung spirituell ist und die jüdische Ethik, einschließlich der rituellen Gesetze, rational, und sie polemisierten gegen Polytheismus und heidnisches Brauchtum. Zur Interpretation der Bibel bedienten sie sich der Allegorese.

Vertraut mit der griechischen Philosophie, besonders mit platonischen und stoischen Gedanken, schrieb Philo Kommentare zum Pentateuch, Werke über biblische Themen und unabhängige philosophische Abhandlungen, aber wegen der unsystematischen Darstellung seiner Gedanken waren sich die Interpreten über den Charakter seiner Philosophie nicht einig. Einige hielten Philo für einen philosophischen Prediger, andere für einen philosophischen Eklektiker, wieder andere für einen Mystiker. Der berühmte Historiker der Religionsphilosophie, H. A. Wolfson jedoch hat ihn als systematischen Philosophen und tatsächlichen Begründer der Religionsphilosophie für Judentum, Christentum und Islam dargestellt.

Bedeutsam für Philos Methode ist die Annahme, daß die Bibel, als geoffenbartes Wort Gottes, eine für die Mehrzahl der Gläubigen bestimmte offenliegende Bedeutung hat und eine verborgene, die die Philosophen mit Hilfe der Allegorese entdecken können. Die Anwendung dieser Methode ist bei Philo vielschichtig. Er scheint der Meinung gewesen zu sein, daß, obwohl die meisten Bibelstellen sowohl eine wörtliche als auch eine allegorische Bedeutung haben, einige (z.B. bestimmte Teile der Schöpfungsgeschichte) nur allegorisch interpretiert werden können. Die anthropomorphen Beschreibungen Gottes, wie die Hand Gottes, die Augen Gottes, will er immer in einem spirituellen Sinne verstanden wissen. Während er biblische Namen, Personen und Begebenheiten allegorisiert, akzeptiert er doch auch die meisten biblischen Geschichten im wörtlichen Sinne. Es gibt eine gewisse Ambiguität in Philos Haltung bezüglich der Einhaltung der Vorschriften des jüdischen Gesetzes. Während er in einigen Passagen für die Einhaltung aller mosaischen Gesetze eintritt, gibt es andere, in denen er ein wörtliches Verständnis bestimmter Gebote (z.B. Ex 22,25-6) für trivial hält und ihnen nur allegorische Bedeutung zuschreibt.

Philos Begriff von Gott und dem Universum zeigt starken platonischen Einfluß, und er entwickelte Vorstellungen, die später für den Neuplatonismus charakteristisch wurden. Er betont die Transzendenz Gottes und beschreibt ihn als Eins, sich selbst genügend, ewig, körperlos und von seinen Geschöpfen völlig verschieden. Sein Wesen ist nicht zu erkennen, nicht zu beschreiben und nicht zu benennen, und jede menschliche Beschreibung kann sich nur auf sein Wirken beziehen. Aber Gott ist auch gut, und in seiner Güte schuf er frei die Welt.

Während die Bibel Gott die Schöpfung direkt zuschreibt, glaubt Philo, daß die Welt mittels eines Logos, den er auch Weisheit nennt, erschaffen wurde. Unter Berufung auf die platonische Vorstellung, daß ewige, unveränderbare Ideen und nicht die vergänglichen, veränderbaren Substanzen der sinnlich wahrnehmbaren Welt die Grundlage der Realität sind, nimmt Philo an, daß die Ideen zunächst als Vorstellungen in Gottes Gedanken existieren. Dann sind sie aber auch unabhängig existierende Wesenheiten zwischen Gott und Welt, und sie sind schließlich der Welt inhärente Formen. Da Ideen einem Geist zugehören müssen, setzt Philo einen Logos, dem die Ideen innewohnen. Der Logos existiert ebenso wie die Ideen in dreierlei Gestalt. Zunächst ist er ein Attribut Gottes, dann eine Wesenheit zwischen Gott und der Welt, und schließlich ist er der Welt immanent. Die Schöpfung ist für Philo ein zeitloser Prozeß, und wenn gesagt wird, daß Gott vor der Schöpfung dagewesen ist, so bedeutet dies, daß er ihr Grund ist. Gott schuf die sinnlich wahrnehmbare Welt aus Materie, aber es ist nicht klar, ob Philo diese Materie als ewig oder von Gott geschaffen ansieht. Die Welt funktioniert in Einklang mit den Naturgesetzen, aber, wenn Gott will, kann er sie auf wunderbare Weise verändern.

Als Teil seiner Schöpfung schuf Gott Seelen der verschiedensten Art. Die reinsten dieser Seelen blieben körperlos und wurden zu Engeln, den Boten Gottes, während den menschlichen Körpern weniger reine Seelen verliehen wurden. Aber durch philosophische Betrachtung und Übung kann sich die menschliche Seele aus den Grenzen des Körpers befreien und im Tode bis zur Welt der Engel aufsteigen oder sogar darüber hinaus.

Wie Plato teilt Philo Erkenntnis in sinnliche Wahrnehmung oder Meinung, rationale Erkenntnis und Erkenntnis der Ideen ein. Während für Plato die Erkenntnis der Ideen auf Erinnerung beruht, kommt sie bei Philo durch Prophetie zustande. Prophetie hat aber auch mit Vorhersage von Zukunft, der Sühne der Sünde der Menschen, der Verkündigung der Gebote und der Vision körperloser Wesen zu tun. Von den verschiedenen Formen der Prophetie können einige auch von Ungläubigen erlangt werden, aber die Prophetie durch die Stimme Gottes ist den Juden vorbehalten. Prophetie kann von Ekstase und Raserei begleitet werden, und hier tritt Philos mystische Haltung deutlich zutage.

Mit den Philosophen betont Philo, daß die menschliche Glückseligkeit aus den moralischen und vernunftmäßigen Tugenden herrührt und daß sie Gehorsam gegen die Gebote erfordert. Aber während die menschlichen Gebote nur unvollkommene menschliche Glückseligkeit hervorbringen, geben die Gesetze Moses', da sie göttlichen Ursprungs sind, völlige Glückseligkeit. Das Gesetz Moses' fügt den philosophischen Tugenden eigene hinzu, unter anderem Glaube, Frömmigkeit und Heiligkeit, und es erfordert Gebet, Versenkung und Reue. Das Gesetz Moses' ist die Verfassung eines Staates, der aus Bürgern und Nicht-Bürgern besteht und von einem Hohenpriester und einem Ältestenrat regiert wird. Gott aber ist der wahre Herrscher dieses Staates, der Erdenherrscher interpretiert nur das Göttliche Gesetz und führt es aus. Während der mosaische Staat zunächst nur der Staat des jüdischen Volkes war, wird er in messianischer Zeit zum Modell für einen Staat der gesamten Menschheit.

## Jüdische Philosophie des Mittelalters: Der Einfluß des Islam

In weniger als hundert Jahren nach dem Tode Muhammads, im Jahre 632 n. Chr., errichteten die Muslime durch militärische Eroberungen ein Reich, das von Indien im Osten über Nordafrika bis Spanien im Westen reichte. Diese Eroberungen brachten eine Reihe religiöser und geistiger Gemeinschaften unter muslimische Herrschaft, und als sich die politische Situation stabilisierte, förderten und unterstützten einige abbasidische Kalifen arabische Übersetzungen griechischer und hellenistischer Werke. Zwischen 800 und 1 000 n. Chr. entstanden Übersetzungen von platonischen Dialogen, buchstäblich aller Werke des Aristoteles, von Aristoteleskommentaren, neuplatonischen Schriften und der Werke Galens. Da diese Werke gelegentlich Diskussionen stoischer, epikuräischer und skeptischer Gedanken enthielten, wurden die Muslime auch mit diesen Philosophien vertraut. Die Kenntnis des Arabischen, die bei den Juden verbreitet war, gestattete den Zugang zu dieser Literatur in Übersetzungen und auch zu philosophischen Werken, die von Muslimen verfaßt waren, und dieser Zuwachs an neuer Gelehrsamkeit verursachte unausbleiblich eine gewisse geistige Unruhe unter den jüdischen Denkern. Viele der wichtigsten Werke der jüdischen Philosophie des Mittelalters sind auf Arabisch geschrieben.

Sa'adja al-Fajjumi Gaon (882-942), Oberhaupt der rabbinischen Akademie von Sura (bei Bagdad), gilt allgemein als der erste jüdische Philosoph des Mittelalters. Er war der Verfasser einer arabischen Übersetzung der Bibel und eines Bibelkommentars, liturgischer Werke, rabbinischer *Responsen,* von Büchern über hebräische Grammatik und von polemischen Schriften. Seine philosophischen Gedanken stellte er hauptsächlich in seinem *Buch der Meinungen und Glaubenslehren* dar, ein Werk, das auf den Ansichten der muslimischen dialektischen Philosophen, der mu'tasilitischen Mutakallimun, basiert.

Da er sich der skeptischen Grundtendenz seiner Zeit bewußt war, begann er sein *Buch der Meinungen und Glaubenslehren* (Emunot we-De'ot) mit dem Aufweis, wie Zweifel an der sinnlichen Wahrnehmung und der menschlichen Vernunft behoben werden können, und bot eine Definition von Glauben als des Gegenteils von Zweifel. »Glaube«, schreibt Sa'adja,

> ist eine Vorstellung, die in der Seele über irgendeine Sache gemäß ihrer Befindlichkeit entsteht: und wenn die Vorstellung durch Nachforschen geklärt ist, begreift sie der Verstand, nimmt die Seele sie an und läßt sie gänzlich in sich eindringen; und dann glaubt (erkennt) der Mensch diese Suche, die er erworben hat, und bewahrt sie in seinem Herzen für eine andere Zeit oder andere Zeiten (vom Hg. nach der hebräischen Übersetzung, J. Kappachs).

Sinnliche Wahrnehmung, Selbstevidenz der ersten Prinzipien, Schlußfolgerung oder glaubhafte Überlieferung sind notwendig, um wahren von falschem Glauben zu unterscheiden.

Sa'adja beweist die Schöpfung der Welt, um daraus die Existenz Gottes abzuleiten. Vier Beweise für die zeitliche Entstehung der Welt tauchen im *Buch der Meinungen und Glaubenslehren* auf: sie folgt aus deren räumlicher Endlichkeit der aus ihrer zusammengesetzten Beschaffenheit, aus den sich wandelnden Akzidenzien der Dinge und aus dem Wesen der Zeit. Bezeichnend für diese Beweise ist der aus der Endlichkeit, nach dem das endliche Universum eine endliche Kraft für seine Erhaltung braucht, und alles, was eine endliche Kraft besitzt, muß einen Anfang in der Zeit haben. Eine erschaffene Welt erfordert einen Schöpfer, Gott, der von seiner Schöpfung unterschieden ist, und der sie aus dem Nichts erschuf. Er weist auf, daß Gott Eins ist, dennoch wird er durch viele Attribute beschrieben, wie Leben, Kraft und Wissen. Um den offensichtlichen Konflikt zwischen Gottes Einheit und der Vielfältigkeit seiner Attribute zu lösen, behauptet Sa'adja, daß Gott und seine Attribute in Wahrheit eins sind, daß aber die Unzulänglichkeit der menschlichen Sprache erfordert, ihn mit einer Vielzahl von Benennungen zu beschreiben.

In seiner Güte gab Gott dem Menschen ein Gesetz, die Tora, als Wegweiser zu endlichem Glück und ewiger Seligkeit. Die Tora besteht aus rationalen Geboten, wie Dankbarkeit und Verbot von Mord und Diebstahl, und Traditionsgeboten, wie Sabbat, Festtage und Speisegebote. Erstere sind auf die ganze Menschheit anwendbar und ein Produkt der Vernunft, während letztere nur von den Juden gefordert werden und dem göttlichen Willen entspringen. Da die göttlichen Gebote nicht vom Verstand gefunden werden können, bedürfen sie zu ihrer Verkündigung der Propheten, deren Mission durch Wunder beglaubigt wird. Die Tora in ihrer Gesamtheit ist ewig und unwandelbar.

Der freie Wille ist das zentrale Thema von Sa'adjas Betrachtungen des Menschen. Wenn die göttliche Allmacht es erforderte, daß die menschlichen Taten von Gott verursacht wären, so wäre Gott ungerecht, wenn er die Sünder für ihre Missetaten strafte (dies ist das Problem der göttlichen Gerechtigkeit). Zur Verteidigung des freien Willens argumentiert Sa'adja, daß der Mensch in seinem Tun sich nicht gezwungen fühlt und daß ohne freien Willen der Mensch für sein Tun nicht verantwortlich gemacht werden könne. Gottes Allwissenheit ist vereinbar mit dem freien Willen, denn es ist ein Unterschied, die Dinge vorauszuwissen oder ihre Ursache zu sein.

In den letzten Teilen seines Werkes wendet sich Sa'adja dem Problem der Eschatologie zu. Er behandelt die Auferstehung der Toten, die Erlösung und die zukünftige Welt. Er versteht die Auferstehung des Leibes im wörtlichen Sinne und er glaubt, daß dieses wunderbare Ereignis nach der Erlösung Israels eintreten wird. Der Messias wird die Erlösung bringen, und in der messianischen Zeit wird das Volk Israel in sein eigenes Land zurückkehren, und der Tempel wird wiedererbaut werden. Die letzte Stufe wird die zukünftige Welt sein, in der die Gerechten belohnt und die Frevler bestraft werden. Anders als einige jüdische Philosophen, die glaubten, daß nur der körperlose Geist in der zukünftigen Welt leben wird, meinte Sa'adja, der Tradition folgend, daß auf dieser Stufe Körper und Seele ewig vereint sein werden. Durch Sa'adjas ganzes Werk zieht sich die Kritik gegen von ihm abweichende Standpunkte.

Wie Sa'adja schlossen sich die Karäer den Ansichten der mu'tasilitischen Mutakallimun an, aber im Unterschied zu vielen späteren jüdischen Philosophen nahmen sie nie den Aristotelismus an, denn sie hielten ihn für unvereinbar mit den Lehren der Bibel. Die Karäer Josef ben Abraham al-Basir und sein Schüler Jeschua ben Jehuda (beide aus dem 11. Jahrhundert) entwickelten ein rationaleres philosophisches System als das des Sa'adja, und sie unterschieden sich von seiner aristotelischen Physik durch den Glauben, daß die Welt letztlich aus Atomen besteht. Der bedeutendste karäische Philosoph war Aaron ben Elija von Nicodemia, dessen *Baum des Lebens* (geschrieben 1346) eine Art karäischer Antwort auf Maimonides' *Führer der Unschlüssigen* war. Im Gegensatz zu Maimonides behauptet er die Gültigkeit der Beweise für die Erschaffung der Welt, die positive Bedeutung der göttlichen Attribute, und die Vorsehung Gottes nicht nur für den Menschen, sondern auch für Tiere die Unsterblichkeit der Seele, nicht nur des Intellekts.

Der Neuplatonismus, eine zweite philosophische Hauptströmung, begann mit Sa'adjas älterem Zeitgenossen, dem Physiker Isaak ben Salomo Israeli (ca. 833 bis ca. 955) aus Kairuan (im heutigen Tunesien). Obwohl er die neuplatonische Doktrin der Emanation akzeptierte (die in unserer Darstellung Ibn Gabirols erklärt wird), fügte er ihr noch gewisse eigene Züge hinzu. Nach Israeli schuf Gott die Welt in der Zeit und aus dem Nichts durch seinen Willen und seine Kraft, die Attribute Gottes sind, und keine eigenen Wesen (Hypostasen). Zwei einfache Wesenheiten, erste Materie und erste Form, rühren direkt von Gott her, und diese beiden vereinigten sich zur nächsten Hypostase, dem Intellekt. Als nächstes kommen Seele und Natur (für Israeli identisch mit den Himmeln) und dann die sinnlich wahrnehmbare Welt. Der Sinn des menschlichen Lebens ist der Aufstieg der Seele zur geistigen Welt, woher sie kam, und dies geschieht durch Abwendung von den Leidenschaften, Erleuchtung durch den Intellekt und Vereinigung mit der überirdischen Weisheit.

Der bedeutendste jüdische Neuplatoniker war der Dichter und Philosoph Salomo ibn Gabirol (Schelomo ibn Gevirol, ca. 1021/22-57 oder 1070), mit dem sich der Schauplatz der jüdischen Philosophie nach Spanien verlagerte. Er war der Autor von *Die Quelle des Lebens,* einer metaphysischen Schrift über Materie und Form, deren lateinische Übersetzung *(Fons vitae)* christliche Scholastiker beeinflußte, sowie von *Die Vervollkommung der Eigenschaften der Seele* und des hebräischen Gedichtes *Die Königskrone.* Der zentrale Gedanke Ibn Gabirols ist die Doktrin der Emanation, nach der Gottes Schöpfung der Welt mit der Emission von Lichtstrahlen durch die Sonne verglichen wird.

An oberster Stelle in Ibn Gabirols Emanationsschema steht Gott, der, alles transzendierend, nur in der Negation beschrieben werden kann. Von Gott geht die göttliche Weisheit (Logos) als unabhängige Substanz (Hypostase) aus, und aus ihr kommt der göttliche Wille. Während es einerseits scheint, daß Ibn Gabirol den göttlichen Willen einführt, um Gottes freie Schöpfung der Welt zu retten, gibt es andererseits Passagen, in denen er die Ansicht zu vertreten scheint, daß die Entstehung der Welt mit Notwendigkeit aus der göttlichen Natur gefolgt ist.

Ibn Gabirol glaubt, daß nach dem Willen Universalmaterie und -form folgen, dann drei spirituelle Substanzen – Intellekt, Seele und Natur –, und schließlich die sinnlich wahrnehmbare Welt. Kennzeichnend für Ibn Gabirols Denken ist, daß alles, außer Gott, göttlichem Willen und göttlicher Weisheit, aus Materie (nicht zu verwechseln mit Körperhaftigkeit) und Form besteht. Wie andere Neuplatoniker hielt Ibn Gabirol die Rückkehr der Seele in die geistige Welt, aus der sie kam, für den Sinn des menschlichen Lebens, ein Ziel, das durch ein richtig geführtes Leben und philosophische Betrachtung erreicht werden kann. Einige von Ibn Gabirols Ideen beeinflußten später das kabbalistische Denken.

Gegen Ende des 11. Jahrhunderts erschien ein Erbauungsbuch, das, anders als die mehr theoretisch-philosophischen Werke, große Popularität bei der jüdischen Bevölkerung erlangte: Bachja ibn Pakudas *Buch der Anleitung zu den Herzenspflichten* (dessen mystische Aspekte in einem anderen Kapitel erörtert werden). Er unterscheidet zwischen »Pflichten des Leibes«, also jenen Geboten der Tora, die offen sichtbare Taten erfordern, und »Herzenspflichten«, die einen bestimmten Glauben und bestimmte Einstellungen verlangen. Bachja merkt an, daß eine ganze Reihe von Büchern sich mit den ersteren beschäftigen, letztere aber in keinem systematischen Werk bisher erörtert worden sind. Um diesem Mangel abzuhelfen, schrieb Bachja sein Werk. Jedem der folgenden Gebote widmet er ein Kapitel, dem Glauben an die Einheit Gottes, der Betrachtung der Geschöpfe, um Gottes Güte und Weisheit zu erkennen, dem Dienst Gottes, dem Gottvertrauen, der Aufrichtigkeit im Dienste Gottes, der Demut, Buße und Selbsterforschung, der Enthaltsamkeit und schließlich der Gottesliebe.

Die bedeutendste Persönlichkeit der ersten Hälfte des 12. Jahrhunderts war der Dichter und Philosoph Jehuda ha-Levi (1080-1141 ?), der seine Ansichten in dem *Buch der Begründung und Beweise zur Verteidigung des verachteten Glaubens,* gewöhnlich als ›*Kusari*‹ bekannt, darlegte. Er benutzte die historisch belegte Konversion des Königs der Chasaren in der ersten Hälfte des 8. Jahrhunderts als Rahmen und gab dem Buch die Form eines Dialogs zwischen dem König und einem jüdischen Gelehrten. Am Anfang des *Kusari* erscheint dem König ein Engel im Traum und sagt ihm, daß sein Glaube Gott wohlgefällig sei, nicht aber seine Taten. Zuerst deutet der König den Traum dahingehend, daß er eifriger in der Beachtung der Chasarischen Religion sein solle, als aber der Engel ein zweites Mal mit derselben Botschaft erscheint, begreift er, daß er nach einer neuen Art zu leben suchen müsse. Daraufhin lädt der König einen aristotelischen Philosophen, einen Christen und einen Muslim ein, und erst als er deren Darlegungen unbefriedigend findet, wendet er sich schließlich an einen Juden.

Anders als der aristotelische Philosoph, der Gott als ein unpersönliches Prinzip, das sich nicht um die Welt kümmert, beschrieben hatte, beginnt der jüdische Gelehrte seine Darlegungen mit dem Bekenntnis seines Glaubens an einen persönlichen Gott, der den Lauf der Geschichte bestimmt.

Eng verbunden mit seinem Gottesbegriff ist ha-Levis Vorstellung von Prophetie und vom Wesen des jüdischen Volkes. Im Unterschied zu den Aristotelikern, die die Prophetie als natürliche menschliche Gabe ansehen, setzt ha-Levi eine eigene prophetische Fähigkeit, die das Volk Israel von allen anderen Völkern unterscheidet. Da Prophetie eine Gabe Gottes ist, muß sie im Lande Israel geschehen (oder wenigstens mit diesem zu tun haben), und ihr Empfänger muß die Gebote der Tora einhalten.

Während die Philosophen philosophische Spekulation als Ziel des Lebens vertreten hatten, glaubte ha-Levi, daß nur das gläubige Festhalten an den Geboten Gottes dieses Ziel erreichen könne. Daher ist sein Ideal das gläubige Individuum und nicht der Philosoph. Ha-Levi nimmt die mu'tasilitische Unterscheidung zwischen rationalen und Traditionsgeboten auf, schreibt aber den ersteren nur eine vorbereitende Rolle zu. Der Diener Gottes, glaubt ha-Levi, ist wie ein König: Er gibt jedem Teil seiner Seele und seines Körpers, was ihm zusteht. Zwar predigt ha-Levi Mäßigung in allem menschlichen Tun, dennoch behauptet er, daß die Freude des Menschen am Sabbat und an den Festtagen Gott nicht weniger wohlgefällig ist als sein Leid an den Tagen des Fastens. Entsprechend seinem Glauben, daß ein erfülltes jüdisches Leben nur im Land Israel gelebt werden könne, erklärt der jüdische Gelehrte am Ende des *›Kusari‹* seine Absicht, sich dort niederzulassen.

In der zweiten Hälfte des 12. Jahrhunderts begann sich der Charakter der jüdischen Philosophie zu verändern, und unter dem Einfluß der muslimischen Philosophen Alfarabi, Avicenna und Avempace wendet sie sich dem Aristotelismus zu. Abraham ibn Daud (ca. 1110-80), der Autor von *Der erhabene Glaube,* wird allgemein als erster jüdischer Aristoteliker angesehen. Kritisch gegenüber Ibn Gabirol und von Avicenna beeinflußt, beginnt ibn Daud sein Werk mit einer Einleitung von metaphysischen, physikalischen und psychologischen Bemerkungen, erörtert dann die Existenz Gottes, seine Einheit, die göttlichen Attribute und Werke, Prophetie und die allegorische Interpretation von Ausdrücken, die Gott mit der Kreatur vergleichen, und endet mit einer Darlegung der Ethik.

**Maimonides und seine Nachfolger**

Ibn Daud wurde bald von Moses Maimonides (1135-1204) verdrängt, dem mit Abstand größten jüdischen Philosophen des Mittelalters. In seinen juristischen Schriften legte Maimonides seine Gedanken in mehr populärer Form dar, eine mehr theoretische Ausführung behielt er seinem *Führer der Unschlüssigen* vor. In Form einer Ansprache an einen Schüler, der von der wörtlichen Bedeutung der biblischen Worte und Parabeln verwirrt ist, zeigt Maimonides, daß diese Verwirrung gelöst werden kann durch die richtige Auslegung des biblischen Textes. Außerdem stellt Maimonides fest, daß sein Werk der inneren Bedeutung der Tora verpflichtet ist, die er mit Physik und Metaphysik gleichsetzt. Da die Geheimnisse der Tora nur einer philosophischen Elite gelehrt werden sollten, schrieb Maimonides sein Buch in einem enigmatischen Stil.

Maimonides beginnt seinen *Führer* mit einem ausführlichen Auslegungsteil, in dem er darlegt, daß ein Vergleich biblischer Verse enthüllt, daß die anthropomorphe Redeweise von Gott schon in der Bibel eine spirituelle Bedeutung hat. In einer philosophischen Darlegung der göttlichen Attribute vertritt er die Ansicht, daß die wesentlichen Attribute, wie die Existenz Gottes, seine Einheit und sein Leben, als Negationen begriffen werden müssen [daß man ihm z.B. mit dem Attribut der Einheit nur die Vielheit absprechen, nicht aber ein gesondertes positives Attribut zuschreiben kann und will]*, und zufällige Attribute, wie Gnade und Zorn, als auf Gottes Taten bezogen interpretiert werden müssen.

Bevor er seine Ansicht von der Existenz, Einheit und Unkörperlichkeit Gottes und von der Schöpfung darlegt, faßt Maimonides frühere Diskussionen dieser Themen zusammen und kritisiert sie zugleich von seinem Standpunkt aus. Seine eigenen Gottesbeweise basieren auf physikalischen und metaphysischen aristotelischen Prinzipien, er bringt den Beweis aus der Bewegung, aus der Zusammengesetztheit der Elemente, aus der Notwendigkeit und Kontingenz und aus der Potenzialität und Aktualität. Alle diese Beweise gehen von einer wahrnehmbaren Eigenschaft der Welt aus und erweisen die Existenz einer ersten Ursache, die mit Gott identifiziert wird. Maimonides nimmt die biblische Vorstellung einer Schöpfung aus dem Nichts an, aber erst nachdem er überzeugend nachgewiesen hat, daß die Philosophen kein schlüssiges Argument für die Ewigkeit der Welt erbracht haben.

In bezug auf die Prophetie verwirft Maimonides sowohl die traditionalistische Annahme, daß die Prophetie wunderbarerweise von Gott gesandt werde, als auch die aristotelische, sie sei natürlich, und vertritt die Ansicht, daß ihr Erwerb zwar natürlich, Gott sie aber einem Menschen, der ihrer fähig ist, vorenthalten könne. Nach Maimonides muß der Prophet ein hingebungsvoller Philosoph sein und gleichzeitig über eine gute Vorstellungskraft verfügen, denn nur mit Hilfe dieser Vorstellungskraft kann der Prophet die Parabeln erfinden, die zur Belehrung der Menge notwendig sind. Moses allerdings war einzig unter den Propheten, dadurch, daß er die Tora brachte; die Funktion der anderen Propheten war es, das Volk zu ermahnen, seine Vorschriften zu beachten.

Zur Erklärung der Ursache des Bösen zieht Maimonides die neuplatonische Vorstellung heran, es sei Abwesenheit des Guten, und da das Böse in der Welt meist politisch oder moralisch ist, ist es auch, zumindest im Prinzip, vom Menschen beherrschbar. Eng verbunden mit dem Problem des Bösen ist das der göttlichen Vorsehung. Maimonides versichert, daß sich Gottes Vorsehung auf Einzelindividuen erstreckt, daß aber der Grad der Vorsehung vom Grad der geistigen Vervollkommung des Empfängers abhängt.

In seiner Rechtsphilosophie weist Maimonides die mu'tasilitische Unterscheidung zwischen rationalen und Traditionsgebeten zurück und vertritt den Standpunkt, daß alle Gebote der Tora Ausdruck der göttlichen Weisheit sind, obwohl der Grund für manche Gebote, besonders der rituellen, manchmal nicht leicht zu entdecken ist. Der Zweck der Tora ist das Wohl der Seele (des Intellekts), das durch die Annahme des rechten Glaubens erlangt wird, und das Wohl des Leibes, das durch die genaue Einhaltung der praktischen Gebote erreicht wird. Allerdings gibt es gewisse Gebote, die eines Sinnes entbehren, und die folglich die willkürlichen Forderungen des göttlichen Willens sind. In einer ausführlichen Darlegung der Gebote vertritt Maimonides die Ansicht, daß viele rituelle Gebote, wie das Verbot des Tragens von Kleidern aus Wolle und Leinen, erlassen wurden, um alten heidnischen Bräuchen entgegenzuwirken.

Eschatologische Fragen kommen im *Führer* auffälligerweise nicht zur Sprache, aber Maimonides entwickelt seine Ansichten zu diesen Themen in anderen Schriften. Der Messias ist ein Erdenkönig, aus dem Hause Davids, der die Juden in ihr eigenes Land heimführen und eine Periode des Friedens und der Ruhe für die Welt einleiten wird. Nach einem langen Leben wird der Messias sterben, und seine Nachkommen werden ihm auf dem Thron folgen. Maimonides' Haltung zur Auferstehung ist etwas rätselhaft, aber er scheint die Auferstehung der Toten in der traditionellen Weise zu bestätigen. Das wahre Leben nach dem Tode ist jedoch die zukünftige Welt, in der der menschliche Geist ohne Körper in der Kontemplation Gottes leben wird. Durch die lateinische Übersetzung des *Führers* wurden auch christliche Scho-

*Wiewohl Maimonides nicht das ganze Denksystem des Aristoteles akzeptierte, hat er seine Gottesbeweise auf aristotelische Prinzipien gegründet. Hier sitzt der Lehrer Aristoteles auf einem mit sechszackigen Sternen geschmücktem Stuhl – eine Illumination zum* Führer der Schwankenden *aus Barcelona von 1348.*

lastiker von den Auffassungen des Maimonides beeinflußt.

Mit dem Verfall der jüdischen Gemeinde in der islamischen Welt verlagerte sich der Schauplatz der jüdischen Kultur und damit der jüdischen Philosophie in christliche Länder – Spanien, Italien und die Provence. Durch diese geographische Verlagerung ging die Kenntnis des Arabischen bei den Juden langsam verloren, und sie wandten sich dem Hebräischen als Sprache ihrer philosophischen Schriften zu. Als erstes wurden die zahllosen wissenschaftlichen und philosophischen Werke von Juden und Nicht-Juden aus dem Arabischen ins Hebräische übersetzt.

Die stärksten philosophischen Einflüsse dieser Periode gingen von Maimonides' *Führer der Unschlüssigen* und von den zahlreichen Kommentaren des Mohammedaners Averroes (1226-98) zu Werken des Aristoteles aus. Unter dem Einfluß des Averroes schlug die jüdische Philosophie eine etwas naturalistische Richtung ein, und es gab jüdische Philosophen, die die Meinungen Maimonides' und Averroes' zu harmonisieren trachteten, wo diese nicht übereinstimmten.

Maimonides' rationalistische Interpretation des Judentums führte zwischen seinen Nachfolgern und deren Gegnern zu Kontroversen, die durch das ganze 13. Jahrhundert bis ins frühe 14. Jahrhundert andauerten. Es gab Bann und Gegenbann, der berühmteste war der des Rabbi von Barcelona, Salomo ben Abraham Adret, der 1305 das Studium der Physik und Metaphysik vor dem 25. Lebensjahr untersagte. Während des frühen 13. Jahrhunderts waren noch einige Philosophen in der islamischen Welt tätig, unter ihnen Abraham, Maimonides' einziger Sohn, der die Ansichten seines Vaters verteidigte, und der, in seinem *Kurzen Führer für die Diener Gottes* einen jüdischen Pietismus vertrat.

Besonders interessant ist Hillel ben Samuel (ca. 1220-95), einer der ersten in Italien wirkenden Philosophen. Wie andere jüdische Philosophen Italiens auch, konnte er Latein, was es ihm ermöglichte, sich der christlichen scholastischen Tradition anzunähern. In seinem Buch *Die Vergeltung der Seele* folgt er Aristoteles' Meinung, die Seele sei die Form eines natürlichen organischen Körpers, mit Avicenna und den Platonikern jedoch nimmt er an, daß die Seele durch Vermittlung der Universalseele aus Gott emaniere. Mit Argumenten des Thomas von Aquin kritisiert er die averronische Doktrin von der Einheit des materiellen (potenziellen) Intellekts, nach der der Intellekt für die ganze Menschheit eins ist, während er dagegen glaubt, daß jeder Mensch einen eigenen materiellen Intellekt besitzt. Hillel hält nur den körperlosen menschlichen Intellekt für unsterblich und setzt seine letztendliche Glückseligkeit in die Vereinigung mit dem aktiven Intellekt. Isaak Albalag (zweite Hälfte des 13. Jahrhunderts) nahm, Averroes folgend, solche naturalistische Doktrinen wie die Ewigkeit der Welt an, und er scheint ein Vertreter der Theorie der ›doppelten Wahrheit‹ gewesen zu sein, nach der Religion und Philosophie zwei unabhängige Wahrheiten hervorbringen, die miteinander im Widerspruch stehen können. Nach ihm ist die spekulative Wahrheit einzig das Feld der Philosophie, und die Bibel nur ein Erfordernis zur moralischen und politischen Führung der Massen.

In der ersten Hälfte des 14. Jahrhunderts entstand eine Debatte über die Freiheit des menschlichen Willens. Abner von Burgos, der später zum Christentum konvertierte, behauptete, daß das menschliche Tun ursächlich determiniert ist, während Isaak Pollegar die Freiheit des menschlichen Willens vertrat. Auch Mosche ben Jehoschua von Narbonne (gestorben nach 1362), der Autor eines wichtigen Kommentars zum *Führer,* griff Abner an.

Nach Maimonides war Levi ben Gerson (1288-1344), bekannt als Gersonides, der wichtigste jüdische Aristoteliker. Gersonides, der Mathematiker, Bibelkommentator und Kommentator des Averroes war, legte seine Ansichten in dem Buch *Kriege des Herren* dar. Unter dem Einfluß von Averroes befaßt er sich mit Themen, die Maimonides nicht befriedigend dargelegt hatte oder deren Lösung durch Maimonides falsch war. Beginnend mit der Erörterung der Unsterblichkeit, bespricht und kritisiert Gersonides verschiedene Theorien über den Intellekt und kommt zu der Schlußfolgerung, daß nur der sogenannte erworbene Intellekt nach dem Tode fortlebt. Aber im Gegensatz zu Averroes glaubt er, daß der menschliche Intellekt in seinem unsterblichen Zustand individuell ist. Prophetie und Vorhersage der Zukunft hält Gersonides für möglich, da die himmlischen Sphären das Geschehen auf Erden bestimmen, besonders jenes, das den Menschen angeht; deshalb können gewisse Inividuen die Fähigkeit besitzen, es vorherzusagen. Aber das menschliche Leben ist nicht völlig determiniert, da der Mensch in gewisser Hinsicht frei ist und seine Kenntnis der himmlischen Sphären ihm helfen kann, deren böse Einflüsse zu vermeiden. In seiner Erörterung von Gottes Wissen über die Individuen auf der sublunaren Erdenwelt kritisiert Gersonides die Ansicht von Maimonides, daß Gott alle Einzelheiten kenne, und meint, da Gott nur die Ordnung der Natur kenne, könne er Einzelheiten nur insofern wissen, als sie von Naturgesetzen bestimmt werden. Eng verbunden mit der Frage von Gottes Wissen um die Einzelheiten ist die Frage der Vorsehung. Gersonides weist die Auffassung zurück, daß sich die Vorsehung nur auf das eigene Volk beziehe oder auf die ganze Menschheit, er meint vielmehr mit Maimonides, daß sie sich nur auf jene Individuen bezieht, die ihren Intellekt entwickelt haben. Von Maimonides abweichend will er die wesentlichen Attribute Gottes nicht als Negationen verstanden wissen, sondern weist ihnen positive Bedeutung zu. Diese Attribute werden primär auf Gott angewandt, auf den Menschen in abgeleitetem Sinne. Was die Schöpfung betrifft, so hält er in Übereinstimmung mit Maimonides die aristotelischen Beweise der Ewigkeit der Welt nicht für stichhaltig, obwohl Aristoteles' Argumente bisher die besten waren. Dennoch präsentiert er Beweise für die Schöpfung der Welt, die er für besser hält als die des Aristoteles für die Ewigkeit. Gersonides unterscheidet sich von den meisten jüdischen Philosophen darin, daß er glaubt, die Welt sei nicht aus dem Nichts erschaffen, sondern aus einer prä-existenten Materie.

Obwohl es schon früher Widerstand gegen die Lehren der Aristoteliker gegeben hatte, war Chasdai Crescas (gest. 1412?) der bedeutendste Kritiker unter den Juden. In seinem Werk *Das Licht des Herrn* greift er gewisse aristotelische Vorstellungen an und bringt, um sie zu ersetzen, eigene philosophische Vorstellungen ein. In seiner Philosophie betont er die Einhaltung der Gebote der Tora, und er glaubt, daß das oberste Ziel des menschlichen Lebens die Gottesliebe ist.

Die Struktur von *Das Licht des Herrn* ist von einer auf Maimonides zurückgehende Kontroverse geprägt. Maimonides hatte dreizehn Grundprinzipien (Grundlehren) des Judentums formuliert, die, wie er meinte, jeder Jude zu akzeptieren verpflichtet sei. Nachdem Maimonides diese neue Forderung aufgestellt hatte, diskutierten jüdische Philosophen ausführlich, ob das Judentum in der Tat verpflichtende Glaubensgrundsätze habe, und wenn ja, ob es dreizehn an der Zahl seien. In Widerspruch zu Maimonides glaubt Crescas nur an drei Grundprinzipien (die Grundprinzipien aller Religionen sind), nämlich die Existenz, die Einheit und die Unkörperlichkeit Gottes. Darüber hinaus gibt es sechs notwendige Grundsätze für den, der an die Gültigkeit der Tora gaubt, nämlich Gottes Wissen von der Existenz der Dinge, die Vorsehung, die göttliche Allmacht, Prophetie, menschliche Freiheit und die Sinnhaftigkeit der Tora und der Welt. Außerdem gibt es acht wahre Glaubenssätze, die jeder Anhänger der Tora annehmen muß, nämlich unter anderem den Glauben an die Schöpfung, die Unsterblichkeit der Seele, den überragenden Rang der Prophetie Moses' und an den kommenden Messias.

Besonders interessant an Crescas' Kritik der Aristoteliker ist seine Vorstellung von Raum und Unendlichkeit. Die Aristoteliker hatten die Existenz des leeren Raums geleugnet, die Existenz eines tatsächlich Unendlichen war für sie unvorstellbar, und sie hielten das Universum in seiner Ausdehnung für endlich. Dagegen behauptet Crescas, daß der leere Raum existiert, daß ein tatsächlich Unendliches möglich ist und daß das Universum unbegrenzt ist. Crescas' Glaube an die Möglichkeit der Unendlichkeit entwertete die meisten aristotelischen Gottesbeweise, er behielt aber den Beweis aus der Notwendigkeit und Kontingenz bei, da er durch seine Kritik nicht entwertet wurde. Er stellte Beweise auf für die Einheit und Unkörperlichkeit Gottes als Ersatz für die, die er zurückgewiesen hatte. Gegen Maimonides versichert Crescas, daß Gott positive Attribute zugewiesen werden können.

Die Diskussion um die Prinzipien des Judentums wurde von Crescas' Schüler, Josef Albo (15. Jahrhundert), fortgesetzt, der in seinem populären, eklektischen *Buch der Grundlehren* die Existenz Gottes, die Offenbarung sowie Belohnung und Strafe als die drei Grundsätze für die Existenz des Göttlichen Rechts darstellt. Aus ihnen folgen acht abgeleitete Grundsätze, und aus diesen wiederum sechs Unterabteilungen. Die mittelalterliche jüdische Philosophie ging mit Isaak Abravanel zu Ende, der sich, nach der Vertreibung der Juden aus Spanien 1492, in Italien niederließ. Als Autor eines Kommentars zum *Führer der Unschlüssigen* bewunderte er Maimonides sehr, aber er wandte sich gegen dessen rationalistische Interpretation des Judentums und vertrat die Ansicht, daß die Unsterblichkeit durch die Befolgung der Gebote der Tora zu erlangen ist, und nicht durch philosophische Spekulation.

**Die Aufklärung und die Moderne**

Die modernen jüdischen Philosophen beschäftigten sich zwar häufig mit denselben Problemen wie ihre antiken und mittelalterlichen Vorgänger, sie unterschieden sich aber in der Lösung der Probleme bedeutend von ihnen. Die Entwicklung der modernen Wissenschaft stellte eine Herausforderung für die traditionalistische Auffassung der Religion dar, und ein guter Teil der modernen Philosophie war für religiöse Spekulation weniger empfänglich als das antike und mittelalterliche Denken. Die Aufklärung mit ihrer Betonung der Vernunftreligion verlangte von den jüdischen Philosophen ein Überdenken einiger theologischer Glaubenssätze, und die Emanzipation war Anlaß, erneut die Natur des jüdischen Volkstums zu untersuchen. Wir werden fünf der wichtigeren modernen jüdischen Philosophen betrachten.

Moses Mendelssohn (1729-86), der Übersetzer der Tora ins Deutsche, gilt allgemein als der erste moderne jüdische Philosoph. Seine anfängliche Ausbildung bestand in traditioneller jüdischer Gelehrsamkeit, einschließlich mittelalterlicher jüdischer Philosophie, später studierte er Mathematik, Sprachen und moderne Philosophie. Mit der vorkantianischen Aufklärung teilte er den Glauben, daß metaphysische Erkenntnis möglich sei, und er schrieb über die Existenz Gottes und die Unsterblichkeit der Seele.

In seinem Buch *Jerusalem* trat Mendelssohn für eine Trennung von Kirche und Staat ein, vertrat die Ansicht, daß Religion eine Privatangelegenheit sei und forderte, daß sowohl Kirche als auch Staat Gewissensfreiheit garantieren müssen.

Religion ist für Mendelssohn Vernunftreligion, die, bestehend aus rationalen und moralischen Wahrheiten, allen Menschen zugänglich ist. In seinen Glaubensgrundsätzen ist das Judentum mit der Vernunftreligion identisch, aber in seinem Brauchtum ist es offenbartes Gesetz. Mendelssohn ist in seiner Grundhaltung traditionalistisch und vertritt die Auffassung, daß die Gebote der Tora für alle Juden immer noch verbindlich sind und daß eine Veränderung nur durch eine neue Göttliche Offenbarung bewirkt werden kann. Das Judentum besteht aus drei Teilen: Es hat Glaubensgrundsätze, die es mit der Vernunftreligion gemein hat, historische Wahrheiten, die den Sinn der jüdischen Eixtenz enthüllen, und Gebote, deren Einhaltung allen Juden Glückseligkeit bringen wird. Das Ziel der jüdischen Tradition ist, die Vernunftreligion zu verkünden und die jüdische Gemeinschaft zu vereinigen.

Unter dem Einfluß der idealistischen Philosophie veröffentlichte Nachman Krochmal (1785-1840) seine Religions- und Geschichtsphilosophie in seinem *Führer der Unschlüssigen (Verirrten) der Zeit.* Nach Krochmal beschäftigen sich alle Religionen mit der Selbstverwirklichung des menschlichen Bewußtseins, und sie basieren alle auf einem Glauben an spirituelle Kräfte. Das Judentum unterscheidet sich von anderen Religionen durch den Glauben an einen unendlichen absoluten Geist, Gott, während die anderen Religionen nur an endliche spirituelle Kräfte glauben. Religiöse und philosophische Wahrheit sind identisch, aber die Religion zeigt diese Wahrheit durch bildhafte Darstellung, die Philosophie durch Begriffe. Das Judentum glaubte von Anfang an an einen unendlichen absoluten Geist, aber sein Verständnis dieses Prinzips entwickelte sich von einem bildlichen zu einem begrifflichen Stadium.

Nach Krochmals Geschichtsphilosophie ist jede historische Nation von einem spirituellen Prinzip beherrscht, das ihre Geschichte und Kultur bestimmt. Die Geschichte jeder Nation durchläuft drei Stadien: Wachstum, Blüte, Verfall. Während aber in der Geschichte der Welt auf den Verfall einer Nation der Aufstieg einer andern folgt, ist das jüdische Volk ewig. Die jüdische Geschichte läuft in Zyklen ab, deren jeder die Prinzipien Wachstum, Blüte und Verfall aufweist, aber jedesmal, wenn ein Zyklus vollendet ist, beginnt ein neuer. Es ist die Mission der Juden, den Glauben an einen unendlichen absoluten Geist der Menschheit zu bringen.

Hermann Cohen (1842-1918), der Begründer der Marburger Schule des Neukantianismus, legte seine Sicht des Judentums in seinem Werk *Religion der Vernunft aus den Quellen des Judentums* dar. In seinem frühen Denken sah Cohen Religion als Vernunftreligion im kantischen Sinne an. Da sie keinen eigenen Bereich hat, gehört die Religion zur Ethik. In ihren Anfängen stellten die historischen Religionen eine primitive Form der Ethik dar, im Verlaufe ihrer Entwicklung wurden sie philosophische Ethik. Obwohl Cohen immer daran festhielt, daß das Judentum seine Identität bewahren solle, sah er in seinem frühen Denken wenig Unterschied zwischen einem liberalen Judentum und einem liberalen Protestantismus (beide als Vernunftreligion).

In späteren Jahren erfuhr Cohens Konzeption der Religion eine wichtige Veränderung. Jetzt wies er der Religion eine eigene Domäne zu. Da die Ethik allgemeiner Natur ist, kennt sie nur die Menschheit, aber sie wendet sich nicht an die Gefühle von Schuld und Sünde des einzelnen Menschen. Die Religion ermöglicht es dem Menschen, seine Lebensführung zu verbessern, indem sie zu Reue und Buße aufruft und das Gefühl für die Gnade Gottes nährt und ihm so hilft, seine moralische Freiheit wiederzugewinnen. Auch Cohens Gottesbegriff wandelte sich. Für den frühen Cohen war Gott eine Idee, die zur Erfüllung der moralischen Aufgabe des Menschen erforderlich war, jetzt wird Gott als Existenz begriffen. Gott, als seiend, ist unterschieden von der Welt als werdend. Und obwohl er behauptet, daß die Welt immer unterschieden sein wird von Gott, bekräftigt Cohen, daß es eine Korrelation zwischen ihnen geben kann. Im Lichte dieser neuen Konzeption handelt er Schöpfung, Offenbarung und Erlösung ab. Die Schöpfung weist auf die Abhängigkeit der Welt von Gott (wenn auch nicht auf eine Schöpfung in der Zeit), die Offenbarung auf die Abhängigkeit des menschlichen Geistes von Gott, und die Erlösung bedeutet das Fortschreiten der Menschheit auf das ethische Ideal hin. Cohen gab seine frühe Konzeption der Vernunftreligion nicht auf, sondern er modifizierte sie, indem er sie um einige mehr persönliche Elemente bereicherte.

In der ersten Hälfte des 20. Jahrhunderts entwickelte sich der Existenzialismus, dessen bedeutendste jüdische Vertreter Franz Rosenzweig (1886-1929) und Martin Buber (1878-1965) waren. In seinem *Stern der Erlösung* propagierte Rosenzweig ein »neues Denken«, in dessen Mittelpunkt nicht abstrakte Ideen, sondern der Einzelmensch mit seinen Leiden, Ängsten und Sehnsüchten steht. Bis hin zu Hegel hatten die Philosophen immer zu zeigen versucht, daß die drei Elemente der menschlichen Erfahrung, Gott, der Mensch und die Welt, an einem Wesen teilhaben, aber Rosenzweig vertritt die Ansicht, daß sie unterschieden sind. Dennoch können die drei in Beziehung miteinander stehen: die Schöpfung ist Gottes Verbindung mit der Welt, die Offenbarung ist seine Verbindung zum Menschen, und die Erlösung ist die Beziehung des Menschen zur Welt. Diese drei Beziehungen bilden die Substanz der historischen Religionen. Ein ganz neuer Gedanke ist bei Rosenzweig die Ansicht, daß Judentum und Christentum parallele Religionen sind. Jede der beiden Religionen verfügt nur über die Teilwahrheit, und Gottes ganze Wahrheit wird erst am Ende der Zeit offenbar werden: Judentum und Christentum unterscheiden sich nur durch ihre Aufgabe in der Welt. Als Heide geboren, wird der Christ durch die Taufe zum Christen, und er muß mit anderen Christen zusammen die heidnische Welt bekehren. Der Jude dagegen wird als Jude geboren, und er muß Zeugnis ablegen, indem er das Leben seines Volkes führt. Das Christentum ist der »ewige Weg«, das Judentum das »ewige Leben«, das Christentum ist eingeschlossen in die Geschichte, das Judentum transzendiert sie. Das Judentum ist für Rosenzweig eine Religion des Gesetzes, und das Gesetz bestimmt die Beziehung eines Juden zu Gott. Aber gemäß seiner existenzialistischen Ausrichtung, verficht Rosenzweig keinen blinden Gehorsam gegenüber der Tora.

Martin Buber wurde durch seine Philosophie des Dialogs, die er in dem 1923 veröffentlichten Werk *Ich und Du* darlegte, bekannt. Es gibt zwei grundsätzliche Beziehungen, die ein Mensch zum andern und zur Welt hat: Ich-Du und Ich-Es. Ich-Du ist die Beziehung zwischen zwei Personen, Ich-Es die Beziehung zwischen einer Person und einem Ding. Erstere ist gekennzeichnet durch Reziprozität und Gegenseitigkeit, letztere durch Dominierung und Gebrauch. Idealerweise sollten alle menschlichen Beziehungen Ich-Du-Beziehungen sein, aber sie verkommen oft zu Ich-Es-Beziehungen. Auch zwischen Personen und Dingen können laut Buber Ich-Du-Beziehungen bestehen. Es gibt jedoch eine Ich-Du-Beziehung, die niemals verkommt, und das ist die Beziehung zwischen dem Ich und dem ›Ewigen Du‹, Gott.

Gott ist nach Buber nicht in übernatürlichen Begebenheiten anzutreffen, sondern im Geschehen des täglichen Lebens. Der Dialog zwischen Gott und dem Menschen wird am besten durch ein Leben in Gemeinschaft erreicht, und das Judentum ist die Gemeinschaft, in der Gott lebt und die der Träger des Königreiches Gott ist. Der problematischste Teil von Bubers Denken ist seine Einstellung zum jüdischen Gesetz. Hier unterscheidet er sich auch von Rosenzweig. Der Mensch kann nach Buber das jüdische Gesetz in einer bestimmten Situation befolgen, aber entscheidend für das, was er tun muß, ist seine existenzielle Antwort. Im Judentum bieten die Propheten und der Chasidismus die besten Beispiele für ein dialogisches Leben. Den Grundzug der gegenwärtigen jüdischen Philosophie darf man wohl existenzialistisch nennen.

11

# Jüdische Mystik

## R. J. ZWI WERBLOWSKY

Einer der eindrucksvollsten Abschnitte der ganzen hebräischen Bibel ist die ›numinose‹ Vision des Propheten Jesaja:

> In dem Jahre, da der König Usia starb, sah ich den Herrn auf einem hohen und erhabenen Throne sitzen, und seine Säume füllten den Tempel. Saraphe standen über ihm; ein jeder hatte sechs Flügel: mit zweien bedeckte er sein Angesicht, mit zweien bedeckte er seine Füße, und mit zweien flog er. Und einer rief dem andern zu und sprach: Heilig, heilig, heilig ist der Herr der Herrscharen! Die ganze Erde ist seiner Herrlichkeit voll! Da erbebten die Fundamente der Schwellen von der Stimme des Rufenden, und das Haus war voll von Rauch (Jes 6,1-4).

Ist dies etwas, das wir heute eine mystische Erfahrung nennen würden? Einerseits ja, da hier in gewisser Weise eine Kommunion mit dem Göttlichen stattfindet; anders jedoch als die meisten späteren mystischen Erfahrungen ist sie keineswegs frei vom Verhaftetsein und von Bindungen an ›diese Welt‹.

Wir haben hier im wesentlichen – und das gilt gleichermaßen für die meisten anderen Propheten – die Erfahrung einer Berufung und ›Beauftragung‹, die von einem Gefühl der Sündhaftigkeit, Unzulänglichkeit und Unreinheit begleitet wird, weshalb ein Akt der Reinigung folgt:

> Da sprach ich: Wehe mir! ich bin verloren! denn ich bin ein Mensch mit unreinen Lippen – und habe den König, den Herrn der Heerscharen, mit meinen Augen gesehen. Da flog einer der Saraphe zu mir her, einen glühenden Stein in der Hand, den er mit der Zange vom Altar genommen. Und er berührte damit meinen Mund und sprach: Siehe, das hat deine Lippen berührt, und deine Schuld ist gewichen und deine Sünde gesühnt. (Jes 6,5-7)

Wir erfahren jedoch sogleich, daß diese Vision nicht um ihrer selbst willen gewährt wurde. Sie war nur eine Art Vorbereitung. Um zur Sache zu kommen, fährt der Bericht fort:

> Da hörte ich die Stimme des Herrn, der sprach: Wen soll ich senden? wer wird uns gehen? Ich sprach: Ich will's, sende mich! Und er sprach: Gehe und sprich zu diesem Volke: Höret immerfort, doch verstehet nicht, und sehet immerfort, doch erkennet nicht! (Jes 6,8-9)

Eine ähnliche Analyse könnte man für die mächtige wiewohl etwas bizarre und verwirrende Vision des himmlischen Thrones in Ezechiel 1 erstellen. Diese zwei Beispiele wurden mit Bedacht gewählt, da sie tatsächlich in der weiteren Entwicklung der jüdischen Mystik eine beträchtliche Rolle spielten. Die ›Schau der Merkava‹ (d.h. des himmlischen Thronwagens) und der himmlischen Sphären, wie sie von den späteren Mystikern praktiziert wurde, geht zweifelsohne auf Ezechiel zurück und ist, wie man wohl annehmen kann, wenigstens teilweise den Meditationen oder Auslegungen zu diesem Text entsprungen.

Viele Psalmen atmen ebenfalls den Wunsch nach der Nähe Gottes, und sind, werden sie erst in ein entsprechendes geistiges Klima versetzt, für eine fast mystische Interpretation offen.

> Wie der Hirsch lechzt an versiegten Bächen, also lechzt meine Seele, o Gott nach dir! Meine Seele dürstet nach Gott, dem lebendigen Gott. Wann werde ich kommen und Gottes Angesicht schauen? (Ps 42,1-3)

Wie jedoch der Schluß des letzten Satzes andeutet, ist die Frömmigkeit dieses Psalmes ursprünglich auf den Tempel hin orientiert. Der Gläubige scheint die Gnade der Gegenwart Gottes mit dem Privileg des Erscheinens in Seinem Tempel zu identifizieren, was uns daran erinnert, daß auch in Jesajas gewaltiger Vision der Tempel Schauplatz der Ereignisse ist.

Während wir jedoch leicht von Formen biblischer Frömmigkeit sprechen können, würde es sicherlich ein Anachronismus sein, von biblischer Mystik in dem Sinne zu sprechen, den wir normalerweise mit diesem Terminus verbinden. Der typische alttestamentliche Prophet ist nicht an seinen eigenen Kommunionserlebnissen mit Gott interessiert. Sehr oft würde er vielmehr vorziehen, ganz von seiner prophetischen Bestimmung entbunden zu sein. Diese Bestimmung ist die eines Boten, der Gottes Botschaft, Gesetze, Anordnungen, Ermahnungen, fürchterliche Gerichtsdrohungen, Heils- und Trostverheißungen usw. an eine Gemeinschaft – im jüdischen Kontext das Volk Israel – übermitteln soll. Der Prophet ist somit – definitionsgemäß – auf die Gemeinschaft hin orientiert. Das Wesen seiner Berufung ist nicht unaussprechlich und unbeschreiblich, sondern, im Gegenteil, die Übermittlung einer ganz besonderen und sehr klaren Botschaft. Sein Verhältnis zu Gott ist (um Martin Bubers Ausdruck zu verwenden) eher vom Ich-Du Typus, sowohl persönlich wie bezüglich der Gemeinschaft, als vom Typ der mystischen Vereinigung.

## Prophetisches Streben – mystisches ›Jetzt‹

Unter Mystik versteht man gewöhnlich eine besonders intensive Form eines individuellen, spirituellen und/oder emotionalen Umgangs mit der Wirklichkeit des Göttlichen, ein Streben nach der engstmöglichen Berührung oder gar einer Vereinigung mit der höheren, reineren und ›absoluten‹ Sphäre der Gottheit. Daher spielen Termini wie Anhangen, Anhaften (*Devekut* im Hebräischen) oder Vereinigung (z.B. die *Unio mystica* vieler christlicher Mystiker) eine große Rolle im Vokabular der Mystik. Dies gilt auch für Mystiker, die Schüler heranbilden, Adeptenkreise beeinflussen oder sogar umfangreiche Schriften hervorbringen und ›Schulen‹ gründen. Denn eines der merkwürdigsten Paradoxa der Mystik ist, daß trotz der Suche oder der tatsächlichen Erfahrung einer Wirklichkeit, von der behauptet wird, daß sie ›unaussprechlich‹, ›unbeschreiblich‹ und ›unsagbar‹ sei, viele Mystiker ein umfangreiches Schriftenkorpus hinterlassen haben.

Die prophetische Religion dagegen ist im Grunde ›dualistisch‹ (Gott, der transzendente Schöpfer, der gegenüber seiner Schöpfung ›ganz andere‹); die Beziehung Gott-Mensch ist eine in Liebe und auch in Furcht (z.B. »Furcht des Herrn« im Sinne einer echt religiösen ehrfürchtigen Beziehung und nicht eines bloßen dämonischen Schreckens); ihr Ausdruck ist der liebevolle Gehorsam, die Suche und Erfüllung seines Willens und das Wandeln in seinen Wegen, Glaube, Hoffnung und Gebet. Und da es in der Natur der menschlichen Existenz liegt, diese Ideale nicht zu erreichen, spielen in dieser Form von Religiosität die Sünde und das Bewußtsein der Sündhaftigkeit wie auch das Bedürfnis nach Buße und Vergebung zwangsläufig eine beträchtliche Rolle. Sie kennt ein Gefühl der Berufung nicht nur des Individuums, sondern der Gemeinschaft als Ganzer (z.B. das »auserwählte Volk«) und ein gegenseitiges Verantwortungsgefühl. Diese Struktur hat weitere Implikationen und Folgen: Eine eher soziale und geschichtliche Orientierung (die eine Vorstellung von Geschichte und von geschichtlichem Schicksal und von deren Erfüllung bis hin zu einem voll ausgewachsenen messianischen Glauben hervorbringen kann), eine Betonung der Ethik und sozialer Werte (wie Gerechtigkeit und Rechtschaffenheit), und eine wesentlich aktivistische Haltung, die nicht nur bestrebt sein mag, eine gottgewollte nationale und soziale Ordnung zu begründen, sondern auch eine vollkommene Welt (das Reich Gottes auf Erden). Die Mystik wird dagegen oft als mehr monistisch bestimmt beschrieben (die wesenhafte Einheit der Seele mit Gott, oder – wie im Falle des Pantheismus – alles Seiendem als solchem mit Gott), als mehr ›quietistisch‹ und weniger auf Ethik und soziale Beziehungen bedacht. Die Tugenden werden weniger um ihrer selbst willen geachtet, vielmehr als vorbereitende Stufen auf dem Wege zur geistigen Vollkommenheit. Die Mystiker neigen dazu, sich weniger für die Geschichte und den Lauf der Zeit zu interessieren, da sie im allgemeinen danach streben, sich über die Zeit und die Sphäre der Veränderungen zur Sphäre des Ewigen zu erheben, dem ›ewigwährenden Jetzt‹, oder wie immer es genannt wird. Der Mystiker lebt kein Leben voll Glauben, Hoffnung und Zuversicht, sondern ein Leben aus einem tieferen Wissen und einer wirklichen und unmittelbaren geistigen Einsicht, auch wenn er diese Einsicht als bloße Vorwegnahme einer vollkommeneren und vollständigeren, zu einem späteren Zeitpunkt zu erlangenden, Einsicht betrachtet.

## Die Zeit des Zweiten Tempels

Während der zweiten Hälfte dieser Periode können wir den Anfang einer Tradition erkennen, die sicherlich mystisch im soeben beschriebenen Sinne genannt werden kann. Neue Formen geistigen Lebens scheinen sich teils infolge von Leid und Verfolgung, teils unter dem Einfluß verschiedener orientalischer und hellenistischer Religionen entwickelt zu haben. Eine von ihnen ist als ›Apokalyptik‹ bekannt, das heißt, visionäre Offenbarungen über den Kosmos, über die himmlischen Regionen, über die kommenden Dinge und über das Ende der Geschichte, das Letzte Gericht, die Auferstehung der Toten, die Herabkunft des neuen oder himmlischen Jerusalem. Wir können indessen nicht immer sicher sein, ob die Literatur, die diese Offenbarungen überliefert, in jedem Fall auf wirklichen Erfahrungen und Visionen beruht oder ob sie sich bloß eines üblichen literarischen Mittels bedient. Die Visionen des Buches Daniel machen einen ziemlich authentischen Eindruck auf den Leser (dasselbe dürfte für das letzte Buch des Neuen Testamentes – die Offenbarung des Johannes – zutreffen, sehr wahrscheinlich eine christliche Überarbeitung von ursprünglich jüdischem apokalyptischem Material). Dennoch muß zugegeben werden, daß die Anfänge der jüdischen Mystik in Dunkel gehüllt sind, und viel hängt davon ab, wie man die verschiedenen Texte datiert und wieviel ›frühes‹ Material man in den Texten, deren überkommene Versionen nachweislich späteren Datums sind (siehe unten Mischna *Chagiga* 2,1) anzunehmen geneigt ist.

Wie ich schon sagte, sollten viele der in der hebräischen Bibel beschriebenen visionären und prophetischen Erfahrungen eine wichtige Rolle in der Entwicklung der späteren jüdischen Mystik spielen, sie bilden jedoch nicht den Anfang einer kontinuierlichen mystischen Tradition. Das früheste wirklich mystische System, das diesen Namen verdient, ist das der *Merkava*-Mystik, das von den ersten bis zum zehnten Jahrhundert unserer Zeitrechnung in Palästina und dann in Babylonien beheimatet war. Dieses System hat seine Wurzeln zweifelsohne in der frühen rabbinischen Zeit und darüberhinaus in manchen Strömungen und Richtungen, die zur Zeit des Zweiten Tempels herangereift waren.

Viele Faktoren kamen zusammen, die ein Klima erzeugten, in dem sich eine mystische Lehre entwickeln konnte: die synkretistisch-mystische Religiosität des Hellenismus der Spätantike (ihre orientalischen Komponenten eingeschlossen), populäre Formen neuplatonischer und stoischer Philosophie, die ›niedrigen‹ wie auch die ›hohen‹ Formen magischer Strömungen in der ganzen hellenistischen Welt (zu denen die Angelologie und Dämonologie gehörten), Spekulationen über die ›Weisheit‹ *(Sophia)* als göttlichem oder kosmischen Prinzip (z. T. aus Prov 8,22 ff abgeleitet), die Verbindung der *Sophia* mit *Logos*-Spekulationen – dem göttlichen Logos, der eine so zentrale Rolle in dem semimystischen System des jüdischen Philosophen Philo von Alexandria spielte und der eine so bedeutsame Wandlung im Prolog des vierten Evangeliums und in der nachfolgenden christlichen Theologie erfahren hatte – und nicht zuletzt die Gnosis. Derartige Bewegungen waren innerhalb und außerhalb des Judentums weit verbreitet. Die biblischen Apokryphen und Pseudepigraphen enthalten, wie gesagt, Schriften visionärer und apokalyptischer Natur, die auf die Existenz von Kreisen hinweisen, die esoterische Doktrinen und mystische Disziplinen pflegten. Die gnostischen Bewegungen, über die die Kirchenväter so viel zu sagen hatten, können in weit größerem Maße von jüdisch-mystischen Spekulationen abhängig sein, als es früher angenommen wurde. Philo von Alexandria (ca. 20 v. Chr. - 50 n. Chr.) deutet das Judentum nicht nur im Sinne einer hellenistisch-mystischen Philosophie, sondern beschreibt in der Tat eine Sekte, die ein der Meditation geweihtes halb-klösterliches Leben führt. Zweifellos gab es beträchtliche Unterschiede zwischen der Mystik der hellenistischen und der palästinischen Juden, und auch innerhalb Palästinas kann man verschiedene Arten der Esoterik unterscheiden. Es gibt Gründe zur Annahme, daß die von Josephus beschriebenen Essener eine Geheimlehre besaßen, die zum größten Teil aus Angelologie und Magie bestand, wie auch aus gewissen eschatologischen Doktrinen. Die meisten Gelehrten glauben, daß die Essener mit der Sekte vom ›Toten Meer‹ oder ›Qumran‹ identisch seien, deren Schriften seit 1947 in der Nähe von Jericho gefunden wurden, es gibt jedoch bisher keinen [– außer einem kleinen Fragment einer himmlischen Engel-Liturgie –]* endgültigen Beweis für eine Kontinuität zwischen den Lehren dieser ›Qumran-Essener‹ und den Formen der Mystik in den rabbinischen und anderen Kreisen.

### Die Mystik und der Talmud

Die rabbinische Religion, wie sie sich aus den pharisäischen Lehren zu ihrer endgültigen, normativen Gestalt in der talmudischen Literatur kristallisiert hat, ist keineswegs ›mystisch‹. Eine genaue Untersuchung beispielsweise der von den früheren Rabbinen verfaßten oder überlieferten Gebete, sei es für die öffentliche Liturgie, sei es für die private Andacht, zeigen zwar eine tiefe Frömmigkeit, jedoch keine mystischen Aspirationen, geschweige denn Anflüge von mystischer Begeisterung. Die gesetzlichen Teile des Talmud bezeugen jedoch, oder besser gesagt, verraten, fast zufällig, die Existenz von gewissen Disziplinen, die nicht in der Öffentlichkeit vorgetragen werden sollten, und die als esoterische Lehre betrachtet wurden, die nur Eingeweihten vorbehalten war. So ordnet die Mischna im Traktat *Chagiga* 2,1 an, daß gewisse Themen nicht in der Öffentlichkeit gelehrt werden dürfen:

> Man lehrt nicht von den Inzest [-verboten] vor Dreien und nicht das Schöpfungswerk (Ma'ase Bereschit; Gen 1) vor Zweien und nicht das Thronwagenwerk (Ma'ase Merkava; Ex 1) vor einem Einzelnen, es sei denn er ist weise und versteht aus eigener Erkenntnis. Jeder, der vier Dinge betrachtet, dem wäre besser, wenn er nicht in die Welt gekommen wäre: Was oben ist und was unten ist, was vorher war, und was später sein wird. Und jeder, der sich nicht der Ehre seines Schöpfers erbarmt, dem wäre besser, wenn er nicht in die Welt gekommen wäre.

Die Regeln dieses Textes aus dem 2. Jahrhundert n. Chr. galten zu jener Zeit offenbar als anerkannte Tradition.

Auf die Existenz noch anderer esoterischer Lehren kann man aus hinlänglich bekannten technischen Termini schließen, obwohl deren detaillierte Beschreibung nur in späteren Hymnen erhalten ist und somit nicht unbedingt die Praktiken und Lehren der frühen Rabbinen widerspiegelt. Die wichtigste ist die der *Merkava*, eine ekstatische Kontemplation, die in der Vision des Thrones der Herrlichkeit gipfelt. Der Gedanke einer Himmelsreise ist in Ezechiel 1-3 angedeutet. Der Aufstieg der Seele durch die himmlischen Sphären und Hallen und die sie dabei bedrohenden Gefahren ist das Thema der späteren *Hechalot*-Texte und anderer mystischer Schriften, einschließlich nicht-jüdischer hellenistischer. Der Heilige Paulus zum Beispiel beschreibt (2 Kor 12,1-4) einen ekstatischen Aufstieg, der ihn zwar nicht zum Thron der Herrlichkeit, aber in den »dritten Himmel« brachte.

Zum Topos der Himmelsreise gehören auch die Kosmologie, Angelologie, Dämonologie und Magie. Der Aufstieg geschieht in einem räumlich verstandenen Kosmos, der in höhere und niedrigere Welten oder Sphären, oft mit Hallen und Toren usw. unterteilt und von allerlei Mächten und Wächterengeln bevölkert ist; der Adept muß magische Formeln und Zeichen verwenden, um seinen Durchgang zu erzwingen und diese übernatürlichen Wesen, die seinen Aufstieg hindern, zu bezwingen. Esoterische Spekulationen und ekstatische Erfahrungen dieser Art waren mit Elementen gnostischer Prägung gepaart, weshalb man sie mit Argwohn betrachtete und fürchtete, daß sie schwächere Geister zur Häresie verleiten könnten. Der talmudische Kommentar zur angeführten Mischna *Chagiga* und verwandte Texte bieten dazu viele beiläufige Informationen und Illustrationen. Die merkwürdige Geschichte von den vier großen rabbinischen Meistern, die diesen ekstatischen Aufstieg unternommen hatten – einer starb daran, einer wurde verrückt, einer wurde Häretiker und nur einer, Rabbi Akiva (später auch wegen seines Martyriums durch die Hand der Römer berühmt) »trat ein in Frieden und kam heraus in Frieden« – beabsichtigt offensichtlich diejenigen zu entmutigen, die sich nur oberflächlich mit ekstatischer Mystik befaßten, da nur sehr wenige die dafür erforderlichen physischen, seelischen und moralischen Eigenschaften besitzen. Die Geschichte deutet jedoch ebenfalls darauf hin, wie G. Scholem betont hat, daß diese Art »gnostizierender« Mystik nicht nur von am Rande stehenden Enthusiasten, sektiererischen Sonderlingen und dergleichen mehr praktiziert wurde, sondern auch von führenden Rabbinen und Lehrern der Generation. Ganz offensichtlich hatte das talmudische Judentum seine mystische Seite, die jedoch von den Rabbinen für esoterisch gehalten wurde und deren Popularisierung sie darum vermeiden wollten.

Da die *Merkava*-Mystik Ezechiels Vision vom göttlichen Thron der Herrlichkeit Entscheidendes verdankt, ist es nicht überraschend, daß die »Gestalt wie ein Mensch« auf dem Thron (Ez 1,26) ebenfalls eine Rolle spielte, und die Spekulationen über diesen *Schi'ur Koma* (d.h. das »Maß der Gottheit«) und über *Metatron* (der aus einer Apotheose Henochs ein ›kleinerer Jahweh‹ und eine Art Demiurg wurde) oft an die Grenze der Häresie stießen. Charakteristisch für die *Merkava*-Mystik ist das gänzliche Fehlen der in der späteren Mystik so häufigen Erfahrung der Kommunion der Liebe. Die Gottheit ist transzendent, geheimnisvoll, furchtbar und wahrhaft numinos: *rex tremendae majestatis*. Nach dem Aufstieg durch Sphären, Welten, Himmel und himmlische Wohnungen, bewacht von allerlei schrecklichen Engeln, steht der Eingeweihte, wenn er dessen würdig ist, zitternd vor der erhabenen Vision der göttlichen Herrlichkeit.

Die esoterischen Lehren und Praktiken der *Merkava*-Mystik haben in der späteren Kabbala nicht fortgelebt, ihr Stempel auf der jüdischen Liturgie blieb jedoch für immer erhalten. Die täglich wiederholte Rezitation des *Trishagion* (»Heilig, heilig, heilig ist der Herr der Heerscharen«) und einige der beeindruckendsten numinosen Hymnen der religiösen Weltliteratur sind ihr Beitrag zum Gebetbuch der Synagoge. Übrigens ist die *praefatio* zum *Sanctus* in der christlichen Liturgie, mit seiner Aufrufung der irdischen Gemeinde, sich den himmlischen Chören im Gotteslob anzuschließen, ein genaues Abbild einer alten jüdischen liturgischen Formel.

Das *Sefer Jezira (Buch der Schöpfung)* steht außerhalb der von uns untersuchten Tradition. Seine mystische Lehre ist die einer Buchstaben- und Zahlenmystik: Die ganze Wirklichkeit leitet sich aus den zehn ersten Zahlen und den zweiundzwanzig Buchstaben des hebräischen Alphabets ab, den fundamentalen Elementen, aus denen der Kosmos besteht. Das Buch wurde etwa zwischen dem 3. und 6. Jahrhundert in Palästina oder Babylonien geschrieben und übte einen großen Einfluß auf das spätere jüdische Denken aus. Seine Buchstabenmystik kam der kabbalistischen Lehre von Entstehung und Ablauf des Kosmos als der Entfaltung des Gottesnamens (d.h. der hebräischen Buchstaben, aus denen sein Name besteht) sehr nahe, während sie auf der anderen Seite leicht mit der Theorie und Praxis der Magie zu verbinden war, die versuchte, die Welt durch Zaubersprüche aus denselben hebräischen Buchstaben zu manipulieren.

## Das Mittelalter: Maimonides, ha-Levi und Bachja

Einige dieser esoterischen und magischen Texte gelangten von Palästina und Babylonien zu den jüdischen Gemeinden in Spanien, Italien und Frankreich und führten schließlich zur Bildung des deutschen ›Chasidismus‹ (der Chaside Aschkenas), der im 12. und 13. Jahrhundert blühte. Das Wort *Chasid* findet sich schon in der hebräischen Bibel, wo es einen frommen Mann bezeichnet, der in seiner Hingabe und seinem Vertrauen auf Gott beständig ist. Später wurden mit dem Terminus religiöse Gruppen von besonderer Frömmigkeit und Inbrunst, wie die Anhänger des gegen die religiöse Verfolgung durch Antiochus Epiphanes (2. Jahrhundert v. Chr.) gerichteten Makkabäer-Aufstandes bezeichnet. Nach ihnen wurde der Ausdruck auf die mystischen und pietistischen Bewegungen bezogen, die im 12. Jahrhundert in Deutschland und im 18. Jahrhundert in Polen entstanden. Die Mystik der deutschen Chasidim war eine eklektische Mischung von Gedanken aus dem *Sefer Jezira*, der *Merkava*-Mystik (ohne ihre ekstatischen Praktiken), aus Magie und mißverstandener aristotelischer Philosophie. In der Praxis betonte sie Frömmigkeit, Demut, Bußfertigkeit und Selbstdisziplin, während ihre Gebete sich einer Technik der Meditation über die hebräischen Buchstaben und ihre numerologischen Entsprechungen bedienten.

Die asketische Mystik dieses Kreises beeinflußte zutiefst das Leben und die Spiritualität eines erheblichen Teils des aschkenasischen Judentums. In der Tat erinnert ihre Praxis der Demut, Bußfertigkeit und Frömmigkeit derart an gewisse Formen zeitgenössischer christlicher Frömmigkeit, daß Einflüsse der letzteren auf uns unbekannten Wegen und Weisen nicht ausgeschlossen werden können. Zu gegebener Zeit hat sich der deutsche Chasidismus mit der neuen im 12. und 13. Jahrhundert zunächst im Languedoc, in Südfrankreich, und danach auch in Nordspanien entstandenen Kabbala verschmolzen.

Bevor wir zur Kabbala übergehen, müssen noch andere Formen des jüdischen Geisteslebens erwähnt werden, und eine kurze Erörterung der mittelalterlichen Philosophie ist an dieser Stelle aus wenigstens zwei Gründen unumgänglich. Erstens wegen des geistesgeschichtlichen Gemeinplatzes, daß gewisse Arten von Philosophie zur Mystik geführt haben: Sie neigen nicht nur dazu, ›mystische Philosophien‹ zu werden, sondern führen geradezu systematisch und fast natürlich zu einem geistigen Grenzbereich, wo die Philosophie in die Mystik übergeht. Zum zweiten greifen die meisten Formen der Mystik auf philosophische Konzepte, Lehren, Traditionen und sogar Systeme zurück, wann immer sie über die bloße Erfahrung hinaus zu einem verstandesmäßig faßbaren Ausdruck kommen wollen oder müssen. In der Tat sind sogar oft die ›unaussprechbaren‹ Erfahrungen durch die philosophischen Voraussetzungen, die Teil der mystischen Tradition sind, strukturiert. Außerdem enthält die Mystik eine große Zahl unausgesprochener Anschauungen über die Natur des Kosmos, der Seele, der Gottheit und der zwischen ihnen bestehenden Beziehungen. An einem gewissen Punkt wird die philosophische ›Erklärung‹ unumgänglich. So hat beispielsweise der Neuplatonismus nicht nur seine eigenen Charaktere mystischer Spiritualität hervorgebracht, sondern auch die Artikulation der mystischen Traditionen und Theologien des Christentums, des Islam und des Judentums weitgehend beeinflußt. Selbst der vorherrschend werdende Aristotelismus des späteren Mittelalters war zu einem großen Teil neuplatonisch.

Die Hauptfigur der jüdischen Philosophie, Moses Maimonides (1135-1204) – nach mittelalterlichen Maßstäben ein radikaler Aristoteliker – ist ein ausgezeichnetes Beispiel dafür, wie philosophische Spiritualität allmählich in die Mystik übergeht. Nach ihm ist es die intellektuelle Fähigkeit des Menschen, d.h. sein Vermögen, sich an den aus Gott emanierenden ›aktiven Intellekt‹ zu binden, was ihn zum Ebenbild Gottes macht und ihn zur wahren Kontemplation und Erkenntnis Gottes und zur Kommunion mit ihm führt. Maimonides identifiziert diese Stufe der liebenden Vereinigung mit Gott – ein *amor intellectualis dei*, der zugleich eine emotionale Erfahrung ist – mit der Prophetie.

Diese ›rationalistische‹ Mystik, wie sie zuweilen genannt wird, führt zu einer anderen, den Mystikern vertrauten Auffassung. Maimonides war aus streng philosophischen Gründen besonders darum bemüht, sich in der Gotteslehre von jeglicher Andeutung eines Anthropomorphismus fernzuhalten. Selbst eine derart harmlose Aussage wie »Gott ist groß, gut, mächtig« etc. war für ihn unannehmbar, ja häretisch, da Attribute zu besitzen für ein Wesen zur Folge hat, daß es ein existierendes Etwas ist, dem von seinem Sein und Wesen verschiedene Eigenschaften zugefügt sind, die es zu einem Kompositum aus mehreren Eigenschaften machen.

Aber Gott ist eine absolute *Ein*-heit und kann daher keine Attribute besitzen. Die fast unüberbrückbare Kluft zwischen diesem Gott eines Philosophen und dem allzu menschlichen Gott des einfachen frommen Gläubigen bedarf keiner Betonung. Die philosophische Mystik kam schließlich so weit, von Gott als dem »großen Nichts« zu sprechen, und einige Mystiker beschreiben die Kommunion mit Gott sogar als eine mystische Ver*nicht*ung.

Der entgegengesetzte Pol mystischen Denkens wird von Jehuda ha-Levi (1080-1141 ?) vertreten, dessen Dichtung von einer intensiven persönlichen Liebe zu Gott und einer individuellen Sehnsucht nach göttlicher Kommunion lodert. Viele seiner liturgischen Kompositionen gehören noch heute zu den Perlen des jüdischen Gebetbuches; er schreckt auch nicht vor dem Paradox zurück, wenn das Paradox seine Auffassung angemessener vermitteln kann als die normale Logik:

*Herr, wo kann ich Dich finden?*
*Hoch und verborgen ist Dein Ort;*
*Und wo soll ich Dich nicht finden,*
*Ist doch die Welt Deiner Ehre voll.*

*

*O Herr, nach Dir ist mein Verlangen,*
*Auch wenn ich's nicht über meine Lippen brächte,*
*So wollt ich doch Deine Gunst erbitten, einen Augenblick nur – und dann sterben.*

*

*Bin ich fern von Dir – so sterbe ich, obwohl ich lebe,*
*Bin ich Dir nah – so lebe ich auch wenn ich sterbe.*

*

*Dem Quell des Lebens eile ich entgegen,*
*Drum hasse ich das hohle und das eitle Leben.*
*Das Angesicht meines Königs zu sehn, ist mein einziges Begehr,*
*Nichts fürcht ich außer Ihm, nichts will ich ehren.*
*Ach könnt ich Ihn im Traume sehen,*
*Den ewgen Schlaf wollt ich schlafen und nicht erwachen;*
*Säh ich Sein Antlitz in meinem Herzen drinne*
*Wollt ich die Augen bitten, nicht nach draußen noch zu blicken.*

Über ha-Levis Theologie könnte noch viel mehr gesagt werden, besonders über seinen Angriff auf die rationalistische Philosophie. In der Tat ist er eine Art jüdisches Gegenstück zu Al-Ghassali, und lange vor Pascal hat er den Unterschied zwischen einem von den Aristotelikern ersonnenen Gott – einer abstrakten ›ersten Ursache‹ oder ›erstem Beweger‹ – und dem lebendigen, in einer persönlichen Offenbarung erfahrenen Gott Abrahams aufgezeigt. Ha-Levis Theologie bietet auch eine Interpretation der jüdischen Existenz – Erwählung, Leiden, Erniedrigung, Verfolgung und Hoffnung auf Erlösung – doch diese Themen sind außerhalb unseres jetzigen Interesses, das zunächst der jüdischen Mystik gilt.

Doch wenigstens ein Autor sollte hier noch genannt werden, um der Breite des jüdischen Geisteslebens gerecht zu werden, besonders, da das allgemeine Interesse an der Kabbala den Blick auf die jüdische Mystik derart auf sich gezogen hat, daß die nicht-kabbalistischen Formen jüdischer Mystik übersehen zu werden drohen. Bachja ibn Pakuda (Spanien, 11. Jahrhundert) war Richter an einem rabbinischen Gericht und war sich aus diesem Grunde der Gefahren bloß äußerer Observanz, denen eine Religion der Werke und rituellen Praktiken ausgesetzt war, in besonderem Maße bewußt. Sein Buch über *Die Herzenspflichten* hat er geschrieben, um die Grundsätze des religiösen Lebens darzulegen. Trotz seiner extrem asketischen Geisteshaltung, von der man glauben könnte, daß sie nur eine Minderheit anzuziehen imstande wäre, wurde es bei allen Arten von Lesern außerordentlich beliebt. Die wesentlichen Themen, wie die Existenz und die Einheit Gottes, werden traditionell neuplatonisch behandelt. Auf dieser Grundlage hat Bachja jedoch ein System eines vollkommenen und entschiedenen Glaubens an Gott errichtet, das den Sufitraditionen entstammt, ohne jedoch den Extremen des Sufismus zu verfallen. Alle weltlichen Wünsche werden verurteilt; sie sind die Form eines ›heimlichen Polytheismus‹, da sie Gegenstände des Wollens und Begehrens neben Gott stellen. In der Tat ist jede Art Tätigkeit in ihrem Wesen schlecht, weil sie davon ausgeht, daß die Natur dauerhaft und die Kausalität gültig ist – eine Annahme, die, nach sufischer Frömmigkeit, des Menschen unmittelbare Kommunion mit der *prima causa* zerbrechen. Sogar die von der Religion vorgeschriebenen Pflichten wie die Sorge für den Lebensunterhalt, die Fürsorge für die Familie usw. sind im Grunde unnütz und wertlos. Sie sind uns von Gott auferlegte Arbeiten, während die von ihnen scheinbar vorausgesetzte natürliche Ordnung eine bloße Illusion ist. Wenn z.B. ein Arzt eine Medizin verabreicht und der Patient sie nimmt, sollte ihre richtige Haltung die sein, daß sie nur so tun sollten, ›als ob‹ die Medizin die Heilung bewirkt hätte. Zu glauben, daß sie wirklich geholfen habe, bedeutet, sich des ›heimlichen Polytheismus‹ schuldig zu machen; denn nur Gott alleine heilt. Der logische Schluß aus einer solchen Theorie ist die gänzliche Indifferenz dieser Welt gegenüber, eine absolute Preisgabe an Gott, und die Einsamkeit. Es ist interessant zu sehen, wie Bachjas jüdische Orthodoxie ihn daran hindert, den Sufis den ganzen Weg bis zu diesem Schluß zu folgen. Wie kann, in der Tat, eine solche Auffassung mit einer Religion vereinbart werden, die die Eheschließung, gemeinschaftliches Gebet und eine Fülle anderer Pflichten und sozialer Aktivitäten vorschreibt? Bachja setzt seine Formulierungen vorsichtig. Die Einsamkeit soll nicht bis zum äußersten geführt werden; sie dient nur dazu, die Bande des Menschen mit der Welt zu lockern und die Seele für die Vereinigung mit Gott vorzubereiten. Das Gewissen soll ständig geprüft, Buße und Demut geübt werden, jedoch nicht in einem Maße, daß das tägliche Leben dadurch beeinträchtigt wird. Eine mystische Vereinigung in ihrer extremen, klassischen Form ist aus dem rabbinischen Judentum gänzlich ausgeschlossen. Der Zweck der geistigen Disziplin ist eine intensive, alles absorbierende Liebe zu Gott, die beschrieben wird als die »Sehnsucht der Seele und ihr Verlangen nach dem Schöpfer, so daß sie Seinem höchsten Licht anhangen möchte«. Ein Zustand vollkommener Indifferenz gegenüber den Freuden und den Schmerzen dieser Welt führt nicht zur Inaktivität, sondern zu einem übernatürlichen Wissen, durch das der Liebhaber Gottes »sieht, aber nicht mit seinen Augen, hört, aber nicht mit den Ohren, fühlt, aber nicht mit den Sinnen, ohne Nachdenken versteht . . . seinen Willen von dem Gottes abhängig macht und seine Liebe von der Gottes, und nur liebt, was Gott liebt und zurückweist, was Gott zurückweist«. Bachjas Forderungen mögen extrem erscheinen und seine geistige Haltung elitär. Um so bemerkenswerter ist die Tatsache, daß sein Buch *Die Herzenspflichten* zu einem der am häufigsten kopierten, gedruckten und wiedergedruckten Handbücher des geistigen Lebens geworden war.

## Die geheimnisvolle Welt der Kabbala

Die Kabbala ist ein merkwürdig bizarres theosophisches System, in dem neuplatonische, gnostische und mystische Elemente in einer Weise zusammentrafen, die immer noch schwer zu entwirren ist; sie ist jedoch zweifellos die einflußreichste und weitestreichende von allen Formen der jüdischen Mystik. Welche sind die grundlegenden mystischen Erfahrungen der kabbalistischen Bewegung? Die frühen Kabbalisten sprachen selten darüber und biographische Berichte sind äußerst selten. Etwas kann aus Abschnitten wie diesem entnommen werden:

[Nach Stunden intensiver Meditation] glauben sie das Licht der Gottesgegenwart über ihrem Haupt, als

> würde es sie ganz umfließen und sie seien inmitten dieses Lichtes . . . und während sie bei diesem [Meditieren] an ihrem Leibe zittern, freuen sie sich [geistlich] unter Zittern, wie geschrieben steht: »Dienet dem Herrn mit Furcht und jauchzet unter Beben«. (Ps 2,11)

Im Zentrum des kabbalistischen Systems stehen zwei scheinbar unvereinbare Gottesvorstellungen beieinander, Vorstellungen, die wir bereits in der Gegenüberstellung von Maimonides mit Jehuda ha-Levi besprochen haben. Der eine ist der abstrakte ›rationale‹ Gott der Philosophie, der so wesenhaft ›einer‹ ist, daß nicht einmal Attribute für ihn postuliert werden können und man nichts über ihn aussagen kann. Diesem Gott fehlt die göttliche Vitalität; er ist ein ›Zustand‹, nicht ein ›Werden‹ und noch viel weniger eine ›Person‹. Der andere ist der lebendige, dynamische Gott, dessen Bedeutung für den Menschen gerade in seiner Personhaftigkeit und Vielfältigkeit besteht. Die Kabbalisten jedoch übernehmen beide Auffassungen des Göttlichen und verbinden sie zu einer einzigen Theologie – den verborgenen und nicht erkennbaren *deus absconditus* und den offenbaren, sich selbst enthüllenden und erreichbaren Gott der religiösen Erfahrung. Vom Ersteren kann nicht einmal die Existenz behauptet werden; er ist das große göttliche ›Nichts‹. Die Kabbalisten nannten es *En Sof,* das »Unendliche«. Das Geheimnis seines Nicht-Seins wird in der Bibel nie erwähnt, noch kann man es im Gebet ansprechen oder sich in der Meditation ihm nähern.

Und dennoch kann die Bibel, Gottes Wort, nur eine Offenbarung oder Selbstmanifestation des verborgenen Gottes sein. Um überhaupt zu existieren, muß Gott manifest, offenbar sein, fähig, vom Menschen begriffen zu werden. Dieser Vorgang der Manifestation ist zugleich der, durch den er – dem Menschen verstehbar – ins ›Dasein‹ tritt. Oberflächlich verstanden, beschreibt die Bibel die Erschaffung der Welt durch Gott und seine ersten Beziehungen zu ihr. Richtiger verstanden – im Sinne der Kabbalisten –, beschreibt sie den Akt des göttlichen Werdens: In den Tiefen der göttlichen ›Verborgenheit‹ geschieht etwas, was dazu führt, daß sie sich nach außen wendet, entfaltet und existiert *(existare),* ein Vorgang der Extraversion im introvertierten *En Sof.* Diese Urbewegung ist in einem hoch mystischen Abschnitt des Sohar, dem wichtigsten kabbalistischen Text, beschrieben. Die Verdichtung oder Kristallisation der Energie in einen Lichtpunkt läßt die verschlossenen Schranken des *En Sof* bersten und der Vorgang der Emanation hat begonnen.

›Emanation‹ (nicht ›Schöpfung‹) ist der Schlüsselbegriff der kabbalistischen Theologie. Obwohl der neuplatonischen Philosophie entliehen, ist er gewöhnlich nicht auf einen oder mehrere Mittler zwischen der geistigen Einheit und der materiellen Vielheit bezogen, vielmehr auf den Prozeß, durch den das göttliche Nicht-Sein zum göttlichen Da-Sein wird. Seine Fülle wird als zehn *Sefirot* – den ›Potenzen‹, ›foci‹, Aspekten, Stufen oder Manifestationen der Gottheit, die sich selbst offenbart – beschrieben. Diese *Sefirot* sind in einer dynamischen Wechselbeziehung begriffen und stellen so das überaus dramatische Innenleben der Gottheit dar, die, trotz ihrer Komplexität, im Wesen dennoch Eins bleibt. Die orthodoxen Kritiker beeilten sich mit dem Vorwurf, daß die Kabbalisten einen zehnfaltigen Gott aufgestellt hätten, der noch schlimmer als der dreifaltige der Christen sei. In der Tat sieht der in der Lehre vom verborgenen und offenbaren Gott implizierte Dualismus und die Vielfalt der *Sefirot* gefährlich nach Ablehnung des strengen jüdischen Monotheismus aus. Die Kabbalisten jedoch, von denen viele selbst große Meister der orthodoxen talmudischen Gelehrsamkeit waren, erwiderten, daß sie von einem tiefen Geheimnis sprächen – dem mystischen Verständnis der göttlichen Einheit in all ihren Manifestationen. Die *Sefirot* waren keine Götter; sie waren nicht einmal Attribute. Und doch, durch die bloße, dem kabbalistischen System innewohnende Macht, wurden sie zunehmend personifiziert, und die Betonung der Einheit entsprechend dringender.

Das Verhältnis zwischen zwei bestimmten *Sefirot* – der sechsten *(Tif'eret)* und der zehnten *(Malchut)* – ist im Denken und in der Praxis der Kabbala besonders wichtig. *Tif'eret* ist in gewisser Weise die zentrale *Sefira,* der Mittelpunkt und die Achse des ganzen Systems, die Macht oder Influx von den höheren Potenzen empfängt, sie harmonisiert und an die niedrigeren weiterreicht. Da sie die kreative Dynamik der *Sefirot* verkörpert, wird sie ausschließlich mit beherrschenden oder männlichen Symbolen dargestellt: Sonne, König, Bräutigam usw. Die Sefira *Malchut* steht am unteren Ende der *Sefirot*-Traube, an dem Punkt, wo die göttliche die nicht-göttliche Sphäre trifft. Sie ist der empfangende Schoß, der Mond, die Königin und Braut. Obwohl sie die unterste der *Sefirot* ist, hat sie Autorität im Verhältnis zu der unteren Welt, wo ihre kreativen, aktiven und »königlichen« Aspekte hervortreten werden; die Braut ist auch Mutter.

Der auffallendste Zug dieser kabbalistischen Schriften ist der unverhohlen sexuelle Charakter der Beziehung zwischen *Tif'eret* und *Malchut.* Sie ist eine heilige Vereinigung, ein *hieros gamos,* zwischen zwei Aspekten des Göttlichen, der Kern der Einheit Gottes. Für *Malchut* bedeutet die Trennung von *Tif'eret* die Zerstörung dieser Einheit, die größte Katastrophe, die sich der Kabbalist vorstellen kann. Gerade dies war aber die Folge der Sünde Adams. Das Schicksal Gottes, nicht nur das des Menschen, wurde durch diese Sünde besiegelt, und die ganze Religion, die Bemühungen des Menschen um gute Werke und mystische Kontemplation, sollte darauf ausgerichtet sein, diese Sünde wiedergutzumachen und die Unversehrtheit, d.h. die Vereinigung des Männlichen und Weiblichen in Gott zu fördern. Die Schwere der Sünde liegt in der Fähigkeit des Menschen, die göttliche Vereinigung zu zerbrechen. Solch eine Vereinigung umfaßt ein ganzes philosophisches System, das hier nicht ausführlich erörtert werden kann; im wesentlichen beruht es aber auf der Entsprechung oder Analogie von Mikrokosmos und Makrokosmos. Der Mensch ist Gottes Ebenbild, ein Glaube, den die Kabbalisten dahingehend interpretierten, daß der menschliche Rahmen die gleiche Struktur wie der göttliche ›Rahmen‹ der *Sefirot* besitzt. Dies wiederum steht im Zusammenhang mit den vorkabbalistischen Auffassungen vom göttlichen *Anthropos* oder dem *Adam kadmon,* d.h. dem ursprünglich gnostischen Konzept eines göttlichen oder halb-göttlichen himmlischen Archetypus des Adam, des Ersten Menschen.

Das Bedeutsamste am Ganzen ist, daß sowohl im ›Bild des Menschen‹ (vgl. Gen 1,27; 2,18.24) wie im ›Bild Gottes‹, die Ganzheit und Perfektion nur durch die Vereinigung des Männlichen mit dem Weiblichen erreicht werden kann. Das ist ein gutes Beispiel dafür, wie die Kabbalisten der traditionellen jüdischen Lehre, daß Vollkommenheit nur im Stande der Ehe möglich sei, eine neue, mystische Ebene hinzugefügt haben. In der Tat scheint die Kabbala das erste System zu sein, in dem eine mystische Metaphysik des Sexualaktes entwickelt wurde. Der erotische Mystizismus bleibt jedoch auf die Sphäre des innergöttlichen Lebens (der *Sefirot*) beschränkt; er hat keinen Platz im Verhältnis des Menschen zu Gott. Der Kabbalist kennt keine(n) Geliebte(n), der/die ihn entzückt; von einer Erfahrung, wie wir sie aus der christlichen oder Sufi-Literatur kennen, berichtet er nicht. Statt einer *unio* mit Gott, die für die jüdische Tradition des Monotheismus unannehmbar war, sucht der jüdische Mystiker nach einer *communio* oder *Devekut,* einer Hinwendung zu Gott, Gewahrwerden seiner Andersartigkeit, ein liebevolles Anhangen und Treue zu ihm, die keine Aufhebung seiner Identität bedeuten. Er erreicht dies durch eine Art *imitatio dei,* durch welche seine eigene Wesensstruktur dem Vorbild und der Analogie des Göttlichen folgt. Die Kontemplation des Göttlichen, d.h. vor allem der *Sefira Malchut,* führt somit zu einer Kommunion zwischen Mensch und Gott, deren letzter Zweck die *unio mystica* innerhalb der Gottheit ist. Es ist die Aufgabe des Kabbalisten, dieses Ziel durch kontemplative Bemühung und ein Leben in Heiligkeit zu fördern.

## Die spätere Kabbala

Eines der merkwürdigsten Paradoxa der Kabbala ist schon immer ihr mythologisches Element gewesen, das zum Teil aus dem alten orientalischen Gnostizismus stammte. Noch merkwürdiger war, in einer Religion, die normalerweise als Todfeind des Mythos gilt, das fast explosive Wiederaufscheinen von noch sehr viel mehr mythologischen Auffassungen in den kabbalistischen Systemen des 16. Jahrhunderts.

Isaak Luria (1534-72) erfand eine überaus detaillierte neue kabbalistische ›Mythologie‹, nach der sich lange vor dem Anfang des Menschengeschlechts im Zentrum der göttlichen Schöpfung eine kosmische Katastrophe ereignete. Die Kanäle oder ›Röhren‹, durch die das schöpferische Licht Gottes in die im Entstehen begriffene Schöpfung strömte, sagt Luria, stürzten zusammen und zerbrachen, so daß die göttlichen Funken ins Chaos fielen. Seitdem schmachten diese Funken nach der Rückkehr zu ihrem Ursprung, und die Geschichte der Welt mit ihrem Voranschreiten und ihren Rückfällen ist in Wirklichkeit das Ringen um diese Restauration. Die beiden entscheidensten Rückfälle waren der Fall Adams und die Zerstörung des Tempels. Es ist indessen nicht nur Israel oder die Menschheit, die dringend der Erlösung bedürfen, sondern jeder Stein, jede Pflanze, der ganze Kosmos, ja sogar Gott selbst.

Was ist die praktische Bedeutung dieses merkwürdigen Systems, in dem Elemente aus so vielen verschiedenartigen Quellen miteinander streiten? Zum einen schuf es einen Kosmos, in dem Gott und Mensch durch viel engere Bande zusammengebunden waren als in der orthodoxen Theologie. Da sie an einem gemeinsamen Schicksal und Geschick teilhaben, brauchen sie einander im gleichen Maße. Dies unterscheidet sich vom gewöhnlichen Bild eines Gottes, der von der Welt gänzlich unabhängig ist und der er eine Art herablassendes väterliches Wohlwollen entgegenbringt. Sein Interesse an der Menschheit und seine Verbundenheit mit ihr haben die Rabbinen oft zum Ausdruck gebracht, jedoch nie mit einer derartigen Macht. Zweitens fügte es dem traditionellen Bild Israels als Gottes Braut eine neue Dimension zu: Diese Beziehung konnte jetzt als das irdische Gegenstück einer mystisch-göttlichen gesehen werden. Das historische Israel »ist« *Malchut,* das Symbol eines Prinzips innerhalb der Gottheit, und alles im Universum und im Menschen hat seine Entsprechung in der göttlichen Sphäre. Daraus folgt, daß jede menschliche Tat eine neue und tiefe Bedeutung gewinnt, die auf das Göttliche selbst einwirkt. Der Mensch ist nicht bloß ein passiv der göttlichen Gnade harrender Sünder, und auch nicht nur einer, der aus eigener Kraft für sein eigenes Heil wirkt; er ist ein Faktor im Universum, ein Wesen, dessen Taten entscheidend mit dem Innenleben der Gottheit verbunden sind.

Nunmehr sollte eines der interessantesten und wichtigsten Aspekte der lurianischen Kabbala deutlich geworden sein. Der Lurianismus ist seinem Wesen nach eine messianische Mystik. Dieser Punkt verdient besonderen Nachdruck, da Mystik und Messianismus gewöhnlich in einem umgekehrten Verhältnis zueinander stehen. In der mystischen Suche oder Erfüllung eines überzeitlichen Lebens in Gott pflegen die historischen und messianischen Dimensionen zu schrumpfen oder gar zu verschwinden. Der Lurianismus verband die Mystik mit dem aus der Tradition überkommenen messianischen Impetus und Antrieb, seinem Sehnen und seinen Hoffnungen. Dies ist eine ›chemische‹ Verbindung, die Dynamit erzeugen kann und, in der Tat, wird der große messianische Ausbruch des 17. Jahrhunderts, der sich um die Gestalt des Schabbtai (Sabbatai) Zwi konzentrierte, nur auf dem Hintergrund der lurianischen Kabbala verständlich.

Die Geschichte dieser bestürzenden Bewegung wurde von G. Scholem in seinem meisterhaften Werk *Sabbatai Sevi: The Mystical Messias* (1973) beschrieben und untersucht. Der Lurianismus war die beherrschende Form jüdischer Frömmigkeit vom 16. Jahrhundert bis zum sabbatianischen Ausbruch mit seinen antinomistischen Exzessen, mit all den Formen des Antinomismus, die den Kennern der mystischen und messianischen Bewegungen wohl bekannt sind. Der Zusammenbruch der Bewegung und die geistige Unordnung, die ihm folgte, hinterließ eine schwer erschütterte Kabbala, besonders was ihre gesellschaftliche Rolle anbelangt.

Die Mystik hat sich jedoch in der letzten großen religiösen Bewegung des Judentums aufs neue behauptet. Die als Chasidismus bekannte Bewegung wurde von Rabbi Israel Baal Schem Tov im 18. Jahrhundert ins Leben gerufen und blühte in Osteuropa. Sie dauert bis heute fort, obgleich in einer degenerierten Form. Der Chasidismus hat sich als in der Linie der kabbalistischen Tradition stehend betrachtet. In Wahrheit jedoch, und trotz der Verwendung von kabbalistischer Terminologie durch die frühen chasidischen Meister, ist die neue mystische Wiedergeburt von der klassischen Kabbala im allgemeinen und von dem exaltierten messianischen Fieber des Lurianismus im besonderen abgerückt. In einem nicht geringen Maße verdankte diese Bewegung ihren Erfolg beim Volke ihrem Protestcharakter, der sich gegen die talmudische Scholastik der rabbinischen Elite wandte, dem Bankrott des Lurianismus nach der messianischen Niederlage und dem geistigen Hunger der verarmten Massen. Der neue Rationalismus, der Kampf um die Emanzipation und die bürgerlichen Rechte und die Notwendigkeit, ein Judentum zu formulieren, das in den sozialen und kulturellen Rahmen des 19. Jahrhunderts paßte, waren für die positive und konstruktive Entwicklung einer mystischen Bewegung nicht gerade günstig, einer Bewegung, die aus einer besonderen Krisensituation im osteuropäischen Ghetto geboren wurde.

12

# Die Juden und die Aufklärung

## S. ETTINGER

Die *Haskala* (die jüdische Aufklärung) war im wesentlichen ein Ausfluß der europäischen Aufklärung, obwohl ihr Einfluß auf das Judentum sich erst zu einem relativ späten Zeitpunkt bemerkbar machte, nämlich zum Ende des 18. und Anfang des 19. Jahrhunderts. Ebenso wie die europäische Aufklärung war sie ein Aufbegehren gegen Autorität und Tradition und der Versuch, die menschliche Vernunft zum Maßstab der Beurteilung und Bewertung der Erscheinungen zu erheben, indem sie verstandesmäßige Untersuchung, kritische Überprüfung der Konventionen und Ablehnung von ›Vorurteilen‹ zu ihren Grundvoraussetzungen machte. Der tiefgreifende Einfluß der rationalistischen jüdischen Philosophie während des Mittelalters und ihr anhaltender Einfluß während der Übergangsperiode zur Neuzeit gab den *Maskilim* (den Vertretern der Aufklärung) Unterstützung, da sie auf diese bereits in der jüdischen Philosophie existierenden Strömungen hinweisen konnten. Tatsächlich war das Kennzeichen der *Haskala* die ausdrückliche Mäßigung in ihrer Kritik an der Tradition, und darüber hinaus in bezug auf die Natur der Religion. Die meisten *Maskilim* der ersten Generation beachteten die grundsätzlichen Gebote des Judentums, und nur wenige der zweiten und dritten Generation gingen so weit, die Autorität des Talmud infrage zu stellen, während nur eine kleine Minderheit an die Grenzen eines deistischen Bewußtseins gelangte, d.h. zur Ablehnung der geoffenbarten Religion zugunsten des Glaubens an eine ›natürliche Religion‹ (der Annahme, daß gewisse religiöse Grundsätze allen vernünftigen Menschen gemeinsam sind).

Trotz dieser Zurückhaltung der *Maskilim* faßten die grundlegenden Vorstellungen der Aufklärung in ihren Reihen Fuß. Auch jene, die wünschten, daß das Judentum ein *›reiner Mosaismus‹* werden solle, gereinigt von seinen später hinzugekommenen Überlagerungen und ›Vorurteilen‹, wagten die Bibel keiner Kritik zu unterziehen. Moses Mendelssohn folgend, versuchten viele, aus dem einen oder anderen Grund zu beweisen, daß das Judentum der ›natürlichen Religion‹ näher stehe als die anderen positiven Religionen, oder daß es, gemessen an seinen grundlegenden Geboten, eine ›rationalere‹ Religion sei als die anderen. Aber trotz der Abmilderung durch die *Maskilim* war der öffentliche Eindruck der rationalistischen Kritik unbestritten revolutionär und führte bald zu scharfen Auseinandersetzungen zwischen den Vertretern der Aufklärung und der großen Mehrheit der jüdischen Öffentlichkeit.

Der Zusammenstoß kam, weil – bewußt oder unbewußt – die Masse der Juden zu begreifen begann, welche fundamentalen Änderungen der Ausgangspunkt des Denkens der *Haskala* implizierte – namentlich die Ersetzung des theozentrischen Weltbildes durch ein anthropozentrisches. Unzählige Generationen hindurch hatte der Jude den Richtspruch der Vorsehung akzeptiert, hatte das Los ›dieses langen und bitteren Exils‹ getragen und danach gestrebt, dieses Geschick zu mildern durch Buße und gute Taten oder durch äußerste Askese, die möglicherweise erwählten Individuen ermöglichen würde, die Erlösung der Welt zu beschleunigen. Bei Juden, Christen und Muslimen gleichermaßen, waren die herrschenden Ansichten von religiösen Imperativen geprägt. Nun jedoch hatte sich in Europa das Spektrum der Ansichten über die Natur der Religion und die Rolle der Kirche im Staatsleben beträchtlich erweitert, und Vernunft und Unterscheidungsvermögen des Menschen wurden zu Beurteilungsinstanzen in diesen Dingen. Und auf daß der Mensch auf diesen neuen ungewohnten Pfaden nicht irre, kam ihm die ›wissenschaftliche Methode‹ zu Hilfe, ja sie wurde sogar bei der Erforschung metaphysischer Fragen als höchste Autorität angesehen.

All dies traf natürlich nur auf erwählte Zirkel von Intellektuellen zu, wie jenem, der sich um Mendelssohn sammelte und in seinem Haus verkehrte, oder auf Kreise von Jugendlichen, die an der Universität von Königsberg (Pr) Philosophie studierten, oder Medizin in Padua, Leipzig oder anderswo. Zu dieser Zeit kamen die *Maskilim* zu der klaren Erkenntnis, daß die Juden nicht weiter existieren könnten, wenn die Mehrzahl von ihnen danach strebte, Talmudgelehrte zu werden; es war also notwendig, die neue Generation Berufe in Landwirtschaft, Handwerk und Handel lernen zu lassen. Darüber hinaus war es unbedingt notwendig, das mangelhafte jüdische Erziehungssystem zu reformieren. Um sich den Lebensunterhalt zu erhalten und um sich der schützenden christlichen Umgebung anzunähern und von ihr akzeptiert zu werden, mußte man dem eigenen Auftreten, der Reinlichkeit, einer Veränderung des Stils der Kleidung und der Fähigkeit, die Sprache des Landes zu sprechen und zu schreiben, besondere Aufmerksamkeit widmen. Auch die Wissenschaften mußten erlernt und beherrscht werden, um Nutzen aus ihnen zu ziehen. All dies, so behaupteten die *Maskilim,* stehe nicht im Widerspruch zu den Geboten des jüdischen Glaubens und der Überlieferung. Im Gegenteil sei es ganz im Einklang mit ihnen, denn einige der größten Talmudgelehrten hatten sich ihren Lebensunterhalt als Handwerker verdient; die berühmtesten Juden hatten vor Königen gestanden und sie in ihrer Sprache angeredet; und einige der berühmtesten Werke der jüdischen Kultur waren in Aramäisch, Griechisch, Arabisch oder Spanisch geschrieben worden.

Oberflächlich betrachtet war das, was die *Maskilim* vorschlugen, eine Änderung der Sitten und eine Verbesserung der Lehrmethoden, in der Praxis aber lief ihr Programm auf eine Revolutionierung des Charakters des jüdischen Lebens hinaus. Das fing an bei der Behauptung, weder der Talmudgelehrte noch der Rabbi wisse, was am besten für einen Juden sei, sondern der *Maskil,* der seine Autorität von außerhalb der jüdischen Gesellschaft bezog, und betraf in der Folge die relative Wichtigkeit, die den Wissenschaften und den Sprachen im Leben des einzelnen Juden beigemessen wurden, ebenso wie die Änderung der Haltung gegenüber den Herrschern und den Völkern, mit denen die Juden zusammenlebten, als auch die Übernahme neuer Verhaltensweisen bei Freude und Trauer; so wurde eine Revolutionierung fast aller konventionellen Gebote des jüdischen Lebens verursacht. Die Erklärungen der *Maskilim* schufen eine Atmosphäre des Aufruhrs, nicht nur wegen der Kontroversen, die über verschiedene Gebräuche ausbrachen (z.B. über das Aufschieben von Beerdigungen, das Rasieren an Zwischenfeiertagen der Feste), sondern auch wegen der Art, in der sie ihre Betrachtungen vorbrachten, die weder in der trockenen, holprigen Sprache der rabbinischen Gelehrten noch im umgangssprachlichen Jiddisch geschrieben waren, das im Umgang mit Frauen und niederen Leuten gebraucht wurde (und von dem die *Maskilim* behaupteten, es sei überhaupt keine Sprache, sondern ein herabgekommener Jargon), sondern in der ›reinen Sprache‹ der Bibel, beziehungsweise in einer Sprache, die dieser sehr nahe kam.

Die meisten Juden lehnten den Appell und die Forderungen der *Maskilim* ab; aber niemand konnte sie ignorieren oder ihnen gegenüber gleichgültig bleiben, und die Unruhe, die durch die *Maskilim* verursacht worden war, wurde nach und nach ein charakteristischer Zug des jüdischen Lebens.

## Die Ursprünge der Haskala

Der erste und vielleicht wichtigste Faktor bei der Förderung für die Aufklärung charakteristischer Geistesströmungen war eine Gruppe von Juden, die aus Spanien und Portugal vertrieben worden waren, und Juden, die im 16. und 17. Jahrhundert von der Iberischen Halbinsel ausgewandert waren und wichtige ökonomische, soziale und kulturelle Zentren im Nordwesten Europas (Bordeaux, Amsterdam, Hamburg und London) aufgebaut hatten.

Die meisten dieser Juden waren Marranen, die von der Iberischen Halbinsel geflohen waren, nachdem sie Elemente der Kultur ihrer Umgebung angenommen hatten. In ihrer neuen Heimat lebten sie im wesentlichen weiterhin inmitten dieser beiden Kulturen – der christlich-europäischen und der jüdischen –, und die Lebensumstände zwangen sie, Vergleiche anzustellen, beide Kulturen zu analysieren und zu kritisieren. Die ständige Notwendigkeit, ihr Judentum zu verbergen, die Art ihrer ökonomischen Betätigung und ihre Verbindungen mit politischen Kreisen erforderten von diesen Juden die ständige Pflege der Kenntnis der örtlichen Sprachen (einige von ihnen konnten sogar Latein, die Sprache der Kultur und der Wissenschaften) und ein Schritthalten mit den Entwicklungen auf dem Gebiet von Philosophie und Wissenschaft, Ökonomie und Finanzen, Literatur und Theater. In dieser Hinsicht glichen ihnen viele Kreise des italienischen Judentums. Seite an Seite mit den kritischen Radikalen gingen einige Sefardim, die in der europäischen Aufklärung verwurzelt und gleichzeitig vom Schicksal des jüdischen Volkes und seiner historischen und geistigen Einmaligkeit fasziniert waren, und es mit einer besonderen Mission und Aufgabe betraut sehen wollten. Sie interpretierten das Wesen dieser Aufgabe, indem sie Vorstellungen heranzogen, die außerhalb der jüdischen Tradition lagen, und schufen so eine moderne Interpretation für die grundlegenden religiösen Vorstellungen des Judentums.

Ein weiterer Antrieb, sich der christlichen Umgebung und ihrer Kultur anzunähern, lag in der Veränderung der beruflichen Tätigkeit vieler Juden in West- und Mitteleuropa. Die Entwicklung des Transportwesens, der Aufstieg neuer Städte, die Entwicklung der Industrie, die Veränderung im Finanzwesen und das Aufkommen von Warenbörsen, Versicherungsgesellschaften und ähnlichem, schuf einen neuen Typ des jüdischen Kaufmanns und Financiers, dessen Kenntnis seiner sozialen Um-

*Das Passahfest, in einem luxuriösen Haus einer aufgeklärten sefardischen Familie des 18. Jh. Sie wird beim Lesen der Haggada gezeigt, umgeben von den traditionellen Symbolen des Festes, während ein Diener die Speisen in der vorgeschriebenen Weise abwäscht – eine wahre Mischung von Kulturen!*

*»Geschlossene Gewerbe« hielten die Juden davon ab, neue Berufe zu erlernen, da die Gilden sie nicht aufnehmen wollten; so fielen sie auf ihre uralten Berufe wie die Goldschmiedekunst zurück. Eine Handelskarte aus London von 1748 macht bekannt, daß Josef Lowe ›Uhren, Bestecke, Besteckkasetten etc. nach der neuesten und äußerst feinen Mode‹ herstellt.*

welt, ihrer Bedürfnisse und Gewohnheiten ein wesentlicher Teil seines Geschäftslebens wurde und ihn in engen Kontakt mit einem nicht-jüdischem Milieu brachte. In einigen europäischen Ländern – und besonders in den deutschen Staaten – entstand durch die Konsolidierung der zentralistischen administrativen Verwaltungen und der stehenden Armeen eine Klasse von Kaufleuten, die die Armee belieferten, und Finanzberatern im Dienste des Königs, die man Hofjuden nannte. Sie hatten beständigen, manchmal wahrhaft freundschaftlichen Umgang mit den Herrschern, und es ist daher nicht überraschend, daß sie sowohl in die Staatsgeschäfte als auch in den Lebensstil des Hofes tief hineingezogen wurden.

Der Reichtum und die Stellung dieser Hofjuden veranlaßte sie, die Moden, Sitten und den Lebensstil ihrer nicht-jüdischen Umgebung nachzuahmen. Das ging bis zu gegenseitigen Gesellschaftsbesuchen, Teilnahme an Familienfeiern und -sorgen und gemeinsamer Freizeitbeschäftigung. Im Berlin und Wien des späten 18. Jahrhunderts spielten die Frauen dieser Kreise die Rolle der Gastgeberin in einigen der Salons, die die crème de la crème der deutschen Gesellschaft anzogen. Darüber hinaus scharte sich um jeden dieser Hofjuden ein Schwarm anderer Juden, die in ihren Diensten standen – Berater, Buchhalter, Ärzte, Lehrer –, die ihrerseits die Kultur ihrer Umgebung annahmen und den Lebensstil ihres Brotherren nachahmten, gelegentlich übertrafen sie noch ihre Herren in der Abweichung vom herkömmlichen jüdischen Lebensstil. In diesen Kreisen wurde die traditionelle Haltung des Judentums, das Gefühl des Exils und die Sehnsucht nach Erlösung, völlig ausgehöhlt. Diese Juden betrachteten die Länder, in denen sie lebten, nicht als das Exil und fühlten wirklich eine ständige Verbundenheit mit ihnen. Für sie wurde Jerusalem eine Art liturgischer Ausdrucksweise, die keine Bedeutung in der Realität hatte, und dasselbe galt für das Warten auf den Messias.

## Die Aufklärer und die Mystik

Im Gegensatz zu den engbegrenzten Kreisen, die begierig die von der Aufklärung vertretenen Ideen aufnahmen, war die Hauptmasse der jüdischen Gesellschaft im 16. bis 18. Jahrhundert Strömungen und Entwicklungen unterworfen, die den Kontakt mit der sie umgebenden Gesellschaft der Ungläubigen zu verhindern trachteten und so keine Gelegenheit boten, diese Ideen aufzunehmen. Eine interne geistige Entwicklung, die mit der tiefgreifendsten Krise der jüdischen Geschichte – der Vertreibung aus Spanien und Portugal – zusammenhängt, hatte starken Einfluß auf diese Situation. Die Vertreibungen und das Trauma, das sie nach sich zogen, die Errichtung großer Marranenzentren und der leidenschaftliche Ausdruck messianischer Heilserwartungen, all dies war der Hintergrund für die schnelle Ausbreitung der Mystik in weiten Teilen der jüdischen Öffentlichkeit und für den verstärkten Einfluß des Zentrums der Kabbala, in Safed, auf das Leben der Juden.

Seit Ende des 16. Jahrhunderts und besonders während des 17. Jahrhunderts breitete sich die Lurianische Kabbala in den Gemeinden der Diaspora aus und wurde eine starke Kraft in ihrem geistigen und religiösen Leben. Diese Entwicklung neutralisierte den langanhaltenden Einfluß philosophischen Denkens, wirkte rationalistischen Doktrinen entgegen und wiederbelebte die geistigen Grundlagen der messianischen Heilserwartungen, die sich im 17. (und noch 18.) Jahrhundert durch Sabbatai Zwi *(Schabbtai Zwi)*, in einer ausbruchartigen Bewegung, die durch die Gemeinden der Diaspora ging, ausgedrückt hatte. Und obwohl die Konversion des ›Messias‹ Schabbtai Zwi und die daraus resultierende Enttäuschung der messianischen Bewegung das Gefühl einer tiefen Krise hervorgerufen hatte, lenkte die aufkommende chasidische Bewegung in Osteuropa die mystische Stimmung und die Sehnsucht nach Erlösung in neue Bahnen, und erweiterte die Kreise, die für die Lurianische Kabbala empfänglich waren, beträchtlich.

Die Tatsache, daß sich die Situation ganzer Klassen von Juden in verschiedenen Ländern ständig verschlechterte, daß ihre Sicherheit in Polen und den islamischen Ländern nicht mehr gewährleistet war und die Quellen ihres traditionellen Lebensunterhaltes als Folge der unaufhaltsamen Modernisierung und der Entstehung des Frühkapitalismus zusammenbrachen, bewirkte ein Klima wachsender Spannungen zwischen Juden und ihrer nicht-jüdischen Umgebung. Dies mußte natürlicherweise zur Ablehnung von Einflüssen von außen und zu wachsender Abkapselung führen.

## Das Problem der Erziehung

Das erste Problem, dem sich die *Maskilim* in ihrer Kampagne zur Verbesserung der jüdischen Gesellschaft zuwandten, war die Erziehung, und diese Wahl war keineswegs zufällig. Das jüdische Erziehungssystem hatte während des Mittelalters viele Fortschritte gemacht, als neue Methoden gefunden wurden, die traditionelle jüdische Erziehung (Lesen des Gebetbuchs, des Wochenabschnittes aus der Bibel, der Mischna, von Gesetzeswerken, für viele sogar die Fähigkeit, eine Seite der *Gemara* mit den Auslegungen der Kommentatoren zu lesen) zu fördern. Übrigens stachen diese Errungenschaften besonders im Kontrast mit der vorherrschenden Unwissenheit der gesellschaftlichen Umgebung hervor, in der die Fähigkeit zum Lesen und Schreiben auf den Klerus beschränkt war. Dennoch traten im 17. und 18. Jahrhundert die Mängel der jüdischen Erziehung hervor. Das System, daß die Gemeinde die Verantwortung für die Unterweisung der Jugendlichen in *Cheder* und *Talmud Tora* (Gemeindeschulen vorwiegend elementarer Natur) übernahm – auch für die Söhne der Armen – funktionierte noch vielerorts, und es wurde auch ein Weg gefunden, den Mädchen Rudimente einer Bildung zu vermitteln. Viele Gemeinden verschafften den Knaben auch nach Erreichen des Bar-Mizwa-Alters die Möglichkeit, ihre Studien fortzusetzen. Mehr und mehr wurde jedoch das Studium der Bibel und sogar das der Mischna vernachlässigt, und ein Elementarunterricht in Grammatik, der eine wichtige Stelle im mittelalterlichen jüdischen Lehrplan eingenommen hatte, wurde überhaupt nicht mehr erteilt. Statt dessen wuchs die Bedeutung der *Jeschivot* (Talmudschulen), und der wichtigste Unterrichtsgegenstand war der *Chilluk* oder *Pilpul* (Systeme dialektischer Logik). Einige der größten jüdischen Gelehrten des 16. und 17. Jahrhunderts (z.B. der Hohe Rabbi Löw, genannt Maharal von Prag, und R. Ephraim Luntschitz) hatten dieses Erziehungssystem heftig angegriffen, dennoch wurde es die Standardform des jüdischen Studiums in Ost- und Zentraleuropa. Der Unterricht in weltlichen Dingen verschwand völlig aus dem Lehrplan der *Jeschivot*, im Gegensatz zu den Schulen in Italien, wo sie einen integralen Bestandteil des Studienprogramms bildeten.

Das Interesse der *Maskilim* an der Erziehung erwuchs ursprünglich nicht aus der Kritik, die in der jüdischen Gesellschaft laut geworden war, oder aus dem Vorschlag, die Unterrichtsmethoden zu reformieren. Ihr Hauptmotiv war der Glaube der europäischen Aufklärung an die Fähigkeit der Erziehung, die Natur des Menschen und der Gesellschaft zu formen. Nachdem die Vorstellung von den ›eingeborenen‹ Ideen von der Überzeugung ersetzt worden war, der Mensch sei bei Geburt eine tabula rasa, schien der Weg eröffnet, den Charakter eines jungen Menschen nach rationalistischen Erziehungsprinzipien zu formen. Das Ziel eines weisen Erziehers war es, den Verstand des Lernenden zu entwickeln und ihn so zu befähigen, die Prinzipien von Natur und Gesellschaft zu erkennen. Die Gesellschaft würde dann aufgeklärt werden, wenn nicht nur eine große Anzahl von Menschen nach diesen Prinzipien erzogen würden und Vollkommenheit erreichten, sondern wenn solche Menschen einflußreiche Positionen erringen würden.

Von kaum geringerem Einfluß auf die *Maskilim* waren auch ihre engen persönlichen Beziehungen zu einigen Vertretern der europäischen Aufklärung sowie die Verwaltungsbeamten, die von ähnlichen Tendenzen beeinflußt waren. Nach dem Erscheinen von C. W. v. Dohms berühmtem Werk *Über die bürgerliche Verbesserung der Juden*, 1781, hatte das Thema der Erziehung der Juden Vorrang bei allen Überlegungen zur ›Verbesserung der Juden‹, die Regierungskreise Preußens, Österreichs und Rußlands anstellten. Das traf auch auf die Gesetze zu, die bezüglich des Status der Juden erlassen wurden. So konnten die *Maskilim* glauben, daß sie beim Vorantreiben ihrer Pläne im Einklang mit den Autoritäten handelten und ihre Unterstützung erwarten konnten.

Daß die Erziehungsfrage eine so zentrale Stellung einnahm, war eine Folge der Kritik, die von einer feindlichen öffentlichen Meinung gegen die Juden vorgebracht wurde. Einige glaubten, daß die Juden nicht nur vom religiösen Standpunkt aus Irrende und Sünder seien, sondern moralisch verkommene Wesen, deren Religion und Charakter sie dazu veranlaßte, Nichtgläubigen Böses anzutun. Die *Maskilim* fühlten sich verpflichtet, die jüdische Religion zu verteidigen und zu beweisen, daß die Gebote des Judentums keine Elemente enthielten, die dem Staat oder seinen Bürgern Böses zufügen könnten. Im Gegenteil seien die Fehler der Juden, so argumentierten sie, eine Folge der Verfolgung, die sie erlitten: die Beschränkung bei der Berufswahl, die Beschneidung ihrer Bewegungs- und Niederlassungsfreiheit und so weiter. Deshalb sei Erziehung, zusammen mit Toleranz und Aufgabe der Diskriminierung der Juden, das beste Mittel zu ihrer ›Verbesserung‹.

Die ›reine Sprache‹, sei es Hebräisch oder die Landessprache, ist ein wichtiges Mittel bei der Erziehung und Formung des Charakters des Menschen. Dieses Argument war offensichtlich gegen das Jiddische gerichtet, das die *Maskilim* – besonders die der ersten Generation – überhaupt nicht als Sprache betrachteten, nur als Jargon, als Verballhornung durch die niederen Klassen. In gewissem Sinne war ihre Ansicht das Ergebnis einer langen Tradition in Ost- und Mitteleuropa, die die Kenntnis des Hebräischen (oder Aramäischen) für das Kennzeichen des ›gelehrten Mannes‹ hielt, während Jiddisch die Sprache der Niederen und der Frauen war. Gleichzeitig war sie eine Widerspiegelung von Tendenzen in den europäischen Staaten, die einen Prozeß der politischen, ökonomischen und kulturellen Konsolidierung durchmachten, und die dazu neigten, lokalen Dialekten mit Mißtrauen zu begegnen und nur die ›Hochsprache‹ – die Sprache der Literatur (oder der Verwaltung) – als ›Kultursprache‹ zu akzeptieren. Folglich stimmten auch in dieser Beziehung die Bestrebungen der *Maskilim* mit denen der Regierungen überein. Außerdem muß man die Neigung zentralistischer Regime in Rechnung stellen, die Tätigkeiten ihrer Untertanen zu kontrollieren, während die Existenz einer eigenen Sprache oder eines Dialekts diese Kontrolle ohne Zweifel behinderten. Es wurden auch wirklich Anschuldigungen erhoben – einige zu Recht –, daß Ausdrücke, die aus dem Jiddischen entlehnt waren, als Geheimcode für jüdische Kriminelle dienten (obwohl sie natürlich ebensogut Wörter aus dem ›reinen‹ Hebräischen hätten benützen können, aber dieses war nicht verbreitet in den Schichten, aus denen Diebe stammten) und sich schließlich in der Welt der Kriminellen verbreiteten. Wichtiger noch, jüdische Kaufleute und Geldverleiher führten ihre Bücher und schrieben ihre Quittungen in Hebräisch oder Jiddisch, und dies, meinte die Obrigkeit, führte zu Mißverständnissen und zu einem Mangel an Vertrauen zwischen Juden und Nicht-Juden. Hinter dem Verbot des Hebräischen und Jiddischen in Handelspapieren und Rechnungsbüchern stand also in der Tat das Motiv, die Schranken zu entfernen und Vertrauen zwischen den Juden und ihrer Umwelt herzustellen – ein Ziel, das auch den *Maskilim* höchst erstrebenswert erschien.

Über diese praktischen Erwägungen hinaus glaubten die *Maskilim*, daß die ›reine Sprache‹ für die Juden selber wichtig sei. Nach der Lehrmeinung der Zeit war Sprache der klassische Ausdruck des Menschen für seine Denkungsart, seine Gedanken und sogar sein moralisches Verhalten. Deshalb hielten die *Maskilim* die Verfeinerung der Sprache für eine Möglichkeit, Fehler und ›Vorurteile‹ abzulegen, für ein Medium, die intellektuelle Bildung des einzelnen zu verbessern und für das geeigneste Mittel, die Juden in die Gesellschaft und den Staat zu integrieren, in dem sie lebten.

Der scheinbar harmlose Ruf nach dem Gebrauch einer ›reinen Sprache‹ und der Verbesserung der Erziehungsmethoden erweist sich also tatsächlich als der Beginn revolutionärer Veränderungen im Denken und Lebensstil der Juden, obwohl nur wenige *Maskilim* oder ihre Sympathisanten tatsächlich die volle Tragweite ihrer eigenen Vorschläge begriffen haben. Das große Ideal der jüdischen Gesellschaft seit den Tagen der Mischna und des Talmud, der Vorrang des Torastudiums vor allen andern Werten und das Ansehen des *Talmid Chacham* (Gelehrten) als eines hochverehrten Mannes (selbst die Ärmsten waren bereit, große Opfer zu bringen, damit ihre Söhne diesen Stand erreichen konnten), wurde summarisch zurückgewiesen. An seine Stelle rückten die Werte Bürgerlichkeit und Wohlanständigkeit, rationales Denken und Weltkenntnis, Integration in den Staat und Teilnahme an seinen Geschäften.

## Der Übergang in neue Berufe

Die Bedeutung der Veränderung im Erwerbsleben der Juden ist darin zu sehen, daß Hausiererei und Kleinhandel, Geldverleih und Branntweinverkauf die Juden nicht nur in den Augen ihrer Landsleute verhaßt gemacht hatten, sie verdarben auch die Moral und die Seele – das jedenfalls behaupteten die *Maskilim*. Mehr oder weniger akzeptierten sie die bei Feinden und Kritikern der Juden weitverbreitete Behauptung, sie bezögen ihr Haupteinkommen durch Betrug, Ausbeutung und aus der Anstiftung der Bauern, sich stumpfsinnig zu saufen.

Wieder sieht man die Übereinstimmung zwischen den *Maskilim* und den Regierenden, wenn nicht in bezug auf die Mittel, ihr Ziel zu erreichen (viele *Maskilim* lehnten die starken ökonomischen Beschränkungen, die den Juden auferlegt waren, ab), so doch in bezug auf das Ziel selbst. Viele *Maskilim* unterstützten begeistert einen Wechsel zur Landwirtschaft, dem Lebensunterhalt der Juden des Altertums. Sowohl in Österreich (unter der Regierung Josefs II.) als auch in Rußland (während der Regierung von Katharina II. und Alexander I.) wurden Pläne entwickelt, die Juden auf dem Lande anzusiedeln, damit sie Landwirtschaft betreiben könnten, und es wurden auch tatsächlich einige landwirtschaftliche Ansiedlungen gegründet. Aber es gab enorme Hindernisse für diese Lösung: die Knappheit an Siedlungsland in dichtbesiedelten Gebieten, die Unerfahrenheit der Juden in der Landwirtschaft, die Korruption der Regierungsbeamten, die mit der Durchführung dieses Programms betraut waren, und nicht zuletzt die untergeordnete und erniedrigende Stellung, die die Bauern in jenen Königreichen innehatten, die noch weitgehend ihren feudalen Charakter bewahrten. Trotz ihrer anfänglichen Begeisterung für die Rückkehr zur Scholle, begriffen die *Maskilim* bald, daß dies keine gangbare Lösung für die Massen sei, und verlagerten das Hauptgewicht ihres Interesses auf das Handwerk.

Auch dies war durchaus nicht einfach, denn die meisten Handwerkszweige waren in der Hand der Zünfte, die höchst ungern neue Mitglieder aufnahmen, vor allem Juden. Die Zunft war nicht nur eine Wirtschafts- und Berufsorganisation, sondern eine einflußreiche soziale Einrichtung, in der religiöse Rituale und das Prinzip der gegenseitigen Hilfe eine große Rolle spielten. Sogar das Erlernen eines Handwerks brachte viele Probleme mit sich, da es üblich war, den jungen Lehrling in das Haus des Handwerksmeisters zu geben, wo er wie ein Familienmitglied lebte. Es gab also viele Hindernisse für einen jungen Juden, angefangen bei der Einhaltung des Sabbat und der Speisegebote, bis hin zu dem grundlegenden Problem der gesprochenen Sprache. Am Ende gab es, trotz der begeisterten Reden über die Wichtigkeit des Handwerks, nur in einer begrenzten Anzahl von Branchen wirkliche Chancen. Das betraf vor allem die sogenannten koscheren Handwerke, in denen sich die Juden seit dem Altertum betätigt hatten, da sie mit der Beachtung der religiösen Gebote zu tun hatten (Metzger, Bäcker, Winzer, Schneider – um ein unbemerktes Übertreten des Verbots der Mischung von Wolle und Leinen zu vermeiden), und Handwerke, die traditionell von Juden ausgeübt wurden, die offensichtlich die ersten Experten auf diesen Gebieten waren: Seidenweber, Färber, Goldschmiede und Diamantschleifer. Es gab auch einige verhältnismäßig einfache Handwerke, in die hineinzukommen den Juden gelungen war: Schuster, Sattler, Hutmacher und Schmiede.

Wie bereits angedeutet, entstand aber der Hauptwiderstand gegen die Pläne der *Maskilim* aus der Tatsache, daß eine Veränderung der Quellen des Lebensunterhaltes die Zerschlagung der bestehenden Wertehierarchie und eine völlige Veränderung des Lebenssinnes für die Juden im Rahmen einer nicht-jüdischen Gesellschaft bedeutet hätte.

## Neuorganisation der Gemeinden

Die angestrebten Veränderungen in Sprache, Erziehung und Berufstätigkeit brachten unabweisbar die Notwendigkeit mit sich, das Wesen der Organisation der jüdischen Gesellschaft zu verändern. Hunderte von Jahren hatten die Juden innerhalb des Rahmens ihrer eigenen Gemeinden gelebt, die staatlich anerkannte religiössoziale und wirtschaftliche Vereinigungen waren, deren Führer (Rabbinen, Gelehrte und Verwaltungsbeamte) als Sprecher der jüdischen Nation auftraten. Diese Organisationsform kam den Monarchen gelegen, denn solange es keinen organisierten Verwaltungsapparat gab, erleichterte die autonome jüdische Gemeindeorganisation die Durchsetzung von Gesetz und Ordnung bei den Juden und übernahm die Verantwortung für das Einziehen der Steuern. Mit dem Aufkommen und der Konsolidierung der zentralistischen Staaten jedoch entstand ein etabliertes Beamtentum, das gegen alle Korporationen zu kämpfen begann, die, ihrer Natur nach, zwischen dem Herrscher und seinen Untertanen standen. Juristen und Beamte stellten die Behauptung auf, daß die autonome jüdische Gemeindeorganisation für die Arbeit der Administration bei der Durchsetzung der Gesetze und der Eintreibung angemessener Steuern nicht nur überflüssig und störend sei, sondern daß sie alleine zum Wohle der reichen Juden und ihrer Rabbinen und zum Schaden der übrigen Juden bestehe, die von ihren Führern ausgebeutet würden. Außerdem, so schlossen sie, werde die jüdische Öffentlichkeit bewußt in Unwissenheit gehalten, Vorurteile und religiöse Intoleranz würden bei den Massen gefördert, eben um ihre Unterjochung zu gewährleisten.

Die *Maskilim* griffen die autonome jüdische Organisationsform noch heftiger an als die Regierungsbeamten. Ihre Vorschläge basierten auf einer Mischung aus Prinzipien und Sorgen, die aus ihrer eigenen, einzigartigen Stellung in der jüdischen Gesellschaft erwuchsen. Grundsätzlich predigten die *Maskilim* religiöse Toleranz, denn nur in einem Klima der Toleranz konnten die Juden in den Ländern, in denen sie ansässig waren, eine respektierte Stellung einnehmen – und wer, wenn nicht die Juden, hatte religiöse Intoleranz und Schikane kennengelernt? Das allgemein akzeptierte Mittel zur Herstellung religiöser Toleranz war in Europa die Trennung von Kirche und Staat, und eben das war das Ziel der Aufklärungsphilosophen ebenso wie das der entschiedenen Mehrheit der *Maskilim*. Jedoch die jüdische Gemeinde war eine Mischung beider Reiche, wo religiöse Führer allen Gliedern der Gemeinde ihren Willen aufzwingen durften, mit Hilfe des *Cherem* (Exkommunikation), ökonomischer Bevormundung und der Rechtssprechung – und das alles mit der Einwilligung der Zivilbehörden! Aus diesem Grund verlangten die *Maskilim* die Abschaffung der internen jüdischen Rechtssprechung, der wirtschaftlichen Sonderregelungen (d.h. Gesetze bezüglich des Rechtes auf Besitz, Besteuerung usw.) und die Umwandlung der *Kehilla* (der autonomen Gemeindeverwaltung) in eine Körperschaft, die sich nur mit religiösen Belangen und der Befolgung der Gebote befaßte. Alle andere Jurisdiktion, die mit Strafe verbunden war, sollte dem Staat oder der Stadtverwaltung übergeben werden. Sogar die Anwendung des *Cherem* bei Überschreitung religiöser Gebote war bei den meisten *Maskilim* in Verruf.

## Religiöse Reform

Die *Maskilim* hatten Mühe aufzuzeigen, daß keine Vorschrift des Judentums ›Angehörige des mosaischen Glaubens‹ daran hindere, loyale und aufrechte Bürger zu sein. Es gab viele gebildete Europäer – und nicht nur Angehörige des Klerus und eingefleischte Traditionalisten –, die behaupteten, daß ein Jude verpflichtet sei, den Christen Schaden zuzufügen, daß er kein loyaler Bürger des Staates sein könne, da sein König der jüdische Messias sei, daß der jüdische Kalender mehr als zweihundert Feiertage im Jahr habe, an denen das Arbeiten verboten sei. Selbst aufgeklärte Liberale fragten: wie können wir mit Juden in geselligen Verkehr treten, wenn sie nicht an unseren Festen teilnehmen können, wenn sie mit uns kein Glas in Freundschaft trinken können und unterschiedliche Sonn- und Feiertage feiern? Solange die Juden ihre religiösen Gebräuche nicht reformierten oder anpaßten, um vollwertige Partner im Lebensstil der Mehrheit sein zu können, würden sie sich weiterhin von der Gesamtheit der Gesellschaft ausschließen.

Jene, die als Franzosen, Polen, Russen oder Deutsche ›mosaischen Glaubens‹ betrachtet werden wollten, suchten die jüdische Religion in den Augen der Andersgläubigen annehmbar und respektabel zu machen. Sie waren aber nichtsdestoweniger beunruhigt von der Tatsache, daß, dank des erfolgreichen Erziehungsprogrammes der Haskala, die jüdische Jugend, die die Sprache des Landes angenommen hatte und mit der lokalen Kultur eng verbunden war, die jüdische Religion zu verachten begann und die Synagogen nicht mehr aufsuchte. Ein religiöses Ritual, das in einer mehr am ästhetischen und kulturellen Geschmack der christlichen Umgebung orientierten Art ausgeführt wäre, könnte, so glaubten sie, diese aufgeklärten und entfremdeten Jugendlichen zum Judentum zurückführen.

Aber während selbst diese bescheidenen Reformen auf Widerstand stießen, merkten die Reformer, daß sie nicht ausreichend waren. Damit das Gebet wirklich die Seele inspirieren und erhebende religiöse Gefühle hervorrufen kann, muß es verstanden werden. Und da, nach den Plänen der *Maskilim*, nur Rabbinen und erwählte Laien ihre Zeit dem gründlichen Studium der hebräischen Sprache und der jüdischen Literatur widmen konnten, wurde der Anteil von Gebeten, die in der Landessprache gebetet wurden, unausweichlich immer größer. Aber über die Sprache der Gebete hinaus war da die Frage nach dem Inhalt der Liturgie: welchen Sinn hatte es für einen modernen, aufgeklärten Menschen, umständlich die Arten der Opfer, die im Tempel ausgeführt wurden, aufzuzählen? Und ein noch weiterreichendes Problem: Was bedeuten die Gebete um die Rückkehr nach Zion und den Wiederaufbau des Tempels? Ist das höchste Ziel des Judentums immer noch die Rückkehr in das Land Israel und die Errichtung des hebräischen Königreiches? Sind die Länder Europas, in denen die Juden wohnen, als das Exil zu betrachten, aus dem jeder Jude erlöst zu werden sich sehnt? Ist das Zeitalter des Messias eine Ära, in der die Juden als souveräne Nation in ihrem Land leben werden, oder vielleicht ein Zeitalter des Friedens und der Brüderlichkeit für die ganze Menschheit, ein Ergebnis der Bildung, und der Herrschaft der Vernunft? Hier liegt das Motiv für den Versuch, die Gebete für Zion und Jerusalem aus der Liturgie zu streichen, der schon die frühesten Reform-Gebetbücher kennzeichnet.

*Moses Mendelssohn hat sich mit seiner geistigen und persönlichen Lauterkeit viele Freunde erworben. Diese Lithographie aus dem 19. Jh. zeigt ihn (links) mit seinem nahen Freunde Lessing, mit dem zusammen er den Essay ›Pope, ein Metaphysiker‹ schrieb, und mit Johann Kaspar Lavater, dem protestantischen Theologen, Physiognomiker und Dichter. Der Meinungsaustausch mit den beiden Männern half Mendelssohn, seine eigenen Auffassungen zu kristallisieren. Er war das Vorbild für Lessings ›Nathan der Weise‹.*

## Die Saat des Wandels: Deutschland, Galizien, Polen

In seinem Vorwort zu Manasse ben-Israels (1604-1657) Buch *Rettung der Juden* (deutsch 1782) hatte Moses Mendelssohn den Zusammenhang zwischen dem Zustand der Gesellschaft und der Förderung der Juden betont: »Es ist ein glückliches Zusammentreffen, daß eine Verbesserung im Zustand der Juden mit dem menschlichen Fortschritt Hand in Hand geht.« In *Jerusalem, oder über religiöse Macht und Judentum* (1783) unterstrich er nicht nur das Prinzip der Trennung von Kirche und Staat, sondern er ging sogar so weit, die Natur des Judentums als ›geoffenbartes Gesetz‹ zu definieren. Damit betonte er, daß das Judentum, was seine religiösen Grundsätze anlangt, ausschließlich auf dem Verstande beruht, daß es folglich der rationalistischen ›natürlichen Religion‹ näher steht als jeder andere Glaube. Ende der siebziger Jahre begann Mendelssohn zusammen mit einigen seiner Anhänger eine deutsche Übersetzung der Tora vorzubereiten, begleitet von einem *Bi'ur* (Kommentar) in Hebräisch. Obwohl der *Bi'ur* im Grundsätzlichen nicht von der traditionellen Exegese abwich, stieß er bei den etablierten Rabbinen auf scharfe Ablehnung und wurde zum Symbol der Aufklärung. Nach Mendelssohn eigenem Eingeständnis war der Grund für seine Übersetzung der Tora, den jungen Juden ›Kultur‹ nahezubringen – das heißt, ihnen deutsche Sprache und deutsches Denken näherzubringen. Deshalb war es nicht zufällig, daß seine Übersetzung in hebräischen Lettern gedruckt wurde.

Andere Mittel zur Vertiefung des Einflusses waren in den 80er Jahren die Gründung einer ›Freien Schule‹ (d.h. lehrgeldfrei) für jüdische Jünglinge in Berlin, die bald auch von anderen Städten nachgeahmt wurde, und die Gründung einer Zeitschrift zur Verbreitung der Ideen der Haskala. 1783 gründete Isaak Abraham Euchel zusammen mit Mendel Bresselau und anderen die ›Gesellschaft der Freunde der hebräischen Sprache‹, die ab Herbst desselben Jahres die Zeitschrift *Ha-meassef* (Der Sammler) in Königsberg (Pr) erscheinen ließ. Neben vielen anderen kontroversen Fragen widmete *Ha-meassef* seine Aufmerksamkeit der Frage nach dem Aufschub von Beerdigungen von Toten (um der kürzlich erlassenen Regierungsverfügung zu genügen, die die Beisetzung erst am dritten Tage nach dem Tode erlaubte), auch unterstrich sie die Bedeutung des Studiums weltlicher Themen und unterstützte die Reform des jüdischen Erziehungssystems.

Ihre späteren Ausgaben waren durch eine aggressive Haltung gegenüber den Rabbinen und der Tradition gekennzeichnet; und diejenigen von Mendelssohn Anhängern, die auf Deutsch publizierten, hatten keinerlei Bedenken, regelrechte Angriffe gegen religiöse Gebote vorzutragen. Ihr Wunsch nach einer ›gereinigten mosaischen Religion‹ (wie sie z.B. in Lazarus Ben-Davids *Etwas zur Charakteristik der Juden* dargestellt wurde) ließ sie alle späteren jüdischen Traditionen ablehnen. 1799 ging David Friedländer so weit, sich an den Vorstand des Lutherischen Konsistoriums in Berlin mit dem Vorschlag zu wenden, daß Juden auf der Grundlage der deistischen Prinzipien, die allen Vernunftmenschen gemein sind, in die Kirche aufgenommen werden sollten. Als dieser Vorschlag zurückgewiesen wurde, suchten einige jüdische Führer in Berlin und in anderen Städten nach Wegen, ihrer nicht-jüdischen Umgebung näherzukommen, indem sie, durch die oben dargestellten Reformen, das Judentum deren geistigen und sozialen Bedürfnissen anpaßten. Aber tatsächlich diente Berlin bald nicht mehr als Vorbild für die jüdische Aufklärung: Der bewußte Versuch vieler deutscher Juden, ihre jüdische Identität zu verbergen und der erschreckende Anstieg der Konversionen zum Christentum bewirkte, daß die ›Berliner Haskala‹ zu einem unheilvollen Symbol wurde, und brachte andere jüdische Gemeinden davon ab, in die Fußstapfen der ›Berliner‹ zu treten.

Die Haskala in Osteuropa hatte sich dem Berliner Zentrum stark angenähert. Naphtali Herz Homberg, ein Mitglied von Mendelssohns Zirkel, der dem verehrten Philosophen besonders nahe stand, wurde 1787 zum ›Oberaufseher‹ einer besonderen Reformschule für jüdische Kinder gemacht, die auf Geheiß der Regierung in Galizien eingerichtet wurde. Da die Juden sich weigerten, ihre Kinder in diese Schulen zu schicken, ergriff die Regierung eine Reihe von Zwangsmaßnahmen, die ihre Einwilligung erzwingen sollten. Homberg jedoch veröffentlichte einen Appell auf Hebräisch (*An die Hirten der versprengten Herde Israels*), in der Absicht, die jüdischen Führer von den Wohltaten der Haskala zu überzeugen. Es gelang ihm nicht – was nicht verwunderlich war. Die Juden betrachteten die Verpflichtung zum Militärdienst, die die Habsburger Monarchie ihnen kurz zuvor auferlegt hatte, als harte Verfolgung; die Beschränkung ihrer wirtschaftlichen Betätigung in den Dörfern, besonders das Verbot, Schnaps zu verkaufen, der eine wichtige Einnahmequelle für die Juden war, trug sicherlich nicht dazu bei, ihnen die Versicherung zu geben, die Regierung sei um ihr Wohl besorgt.

Zur selben Zeit (Ende der 80er Jahre) wurde im noch unabhängigen Polen der ›Große Sejm‹ (Konferenz) oder ›Vierjährige Sejm‹ (1788-92) einberufen, und sein Erziehungsausschuß diskutierte Vorschläge zur Verbesserung der Lage der Juden. Diese umfaßten eine Reihe von Anregungen, die sowohl von Juden als auch von Nicht-Juden gemacht worden waren, und die meist darauf hinausliefen, nach Wegen zur Integration der Juden in den polnischen Staat zu suchen – durch Erziehung, Abschaffung der spezifischen jüdischen Lebensweise und Kleidung und durch Militärdienst. 1792 legte Menachem Mendel Levin von Satanov, der eine ausschlaggebende Rolle bei der Förderung der Haskala in Galizien gespielt hatte, dem ›Großen Sejm‹ eine Schrift in französischer Sprache über die Aufklärung der polnischen Juden und die Verfeinerung ihrer Sitten vor. Levin glaubte, daß die radikalen Angriffe der *Maskilim* auf die Rabbinen und die jüdische Tradition die jüdische Öffentlichkeit nur feindlich stimme und gegen die Aufklärung aufbringe. Das richtige Vorgehen sei deshalb eines der Mäßigung. Gebildete Rabbinen sollten umworben und der Haskala nähergebracht, aber dem Chasidismus – diesem Nährboden für Fanatismus, unsinnige Glaubensinhalte und Vorurteile – müsse der Kampf angesagt werden, die Führer dieser Bewegung müßten bloßgestellt und ihre Bücher verbrannt werden. Auch empfahl er die Gründung polnischsprachiger Schulen, in denen sowohl die Bibel als auch allgemeine Lehrfächer unterrichtet würden.

Die Schwierigkeiten, denen die *Maskilim* in Galizien gegenüberstanden, erwuchsen aus der Verbundenheit der dortigen jüdischen Öffentlichkeit und dem mächtigen Einfluß des Chasidismus, der die *Maskilim* immer als Zerstörer der Tora und ihrer Lehre betrachtet hatte. Durch seine einigende Wirkung übte der Chasidismus eine feste Kontrolle über soziale und wirtschaftliche Angelegenheiten innerhalb der Gemeinschaft aus. So konnten nur Juden mit unabhängigem Einkommen und solche, die ihren Lebensunterhalt von der Regierung bezogen, es sich leisten, sich gegen die Feindseligkeiten und Machenschaften der Verteidiger des Glaubens zu behaupten. Unter diesen Umständen ist es nicht überraschend, daß in Galizien keine Grundlage für religiöse Reformen vorhanden war und daß dort die orthodoxen Gemeinden ihre Exklusivität wahrten.

Die *Maskilim* schlugen zurück, indem sie die chasidischen Führer als Scharlatane und Betrüger darstellten. Josef Perl und Isaak Erter schrieben mit ihren Werken *Megalle Temirin (Enthüller von Geheimnissen)* und *Zofe le-Bet Jisrael (Beobachter des Hauses Israel)* die Klassiker der antichasidischen Satire. Aber ungeachtet der Macht der Feder, setzten die *Maskilim* kein großes Vertrauen in ihre Möglichkeit, dem Chasidismus entgegenwirken oder seine Ausbreitung verhindern zu können. Folglich sandten einige von ihnen Denkschriften an die Obrigkeit, in denen sie das Eingreifen der Regierung zur Unterdrückung des Chasidismus forderten. Perl schlug sogar so drastische Schritte vor, wie die Schließung ihrer Synagogen und rituellen Bäder, Zensur aller ihrer Schriften und das Verbot, als Rabbinen wirken zu können. Aber die Vorschläge wurden von der Regierung nicht angenommen.

Während der zweiten Hälfte des 19. Jahrhunderts und besonders nachdem die galizischen Juden 1868 die rechtliche Gleichstellung erlangt hatten, gewann die deutsche Sprache zunehmend an Bedeutung im Geistesleben der galizischen Juden. Die hebräische Kultur und das Vermächtnis der Haskala behaupteten jedoch ihren Stand, bis die National-Bewegung entstand, die ihnen neue Perspektiven eröffnete.

**Die russische Haskala**

Der »Vater der russischen Haskala« war Isaac Baer Levinsohn (Ribal) aus Kremnitz in Wolhynien, der lange Zeit bei den *Maskilim* in Galizien verbracht hatte. Sein Buch *Ein Zeugnis in Israel* rief starken Widerspruch hervor und wurde erst 1828 veröffentlicht. In ihm kritisierte er die bestehenden Methoden der Erziehung, forderte das Studium der Sprachen und der Wissenschaften und empfahl Handwerk und landwirtschaftliche Arbeit. Das Erscheinen des Buches, zusammen mit der Unterstützung, die Levinsohn von Vertretern der Regierung erhielt (zu denen er Verbindung hatte), ermutigte die *Maskilim*, die in ganz Westrußland verstreut waren, tätig zu werden. Tatsächlich machten sie bis in die vierziger Jahre des 19. Jahrhunderts wenig Fortschritte, als sich ein Kreis von *Maskilim* in Wilna bildete, wo sie sogar einen eigenen besonderen *Bet Midrasch* (Lehrhaus) unterhielten. Sein Leiter war der Schriftsteller Mordechai Aaron Günzburg.

Das Wehrdienstgesetz in Rußland, das die Zwangsaushebung junger Knaben erlaubte (manchmal wurden sogar acht- oder neunjährige von ihren Müttern gerissen), erzeugte einen tiefen Haß auf die Staatsgewalt und auch auf die *Maskilim*, die für ihre Agenten gehalten wurden. Andererseits warf man der jüdischen Gemeindeverwaltung vor, die Zwangsrekruten zur Verfügung zu stellen, und die willkürliche Ausübung der großen Macht, die in ihre Hände gelegt war, führte zu scharfen Angriffen auf die *Kehilla* von Seiten der *Maskilim*. Levinsohn, der hebräische Schriftsteller A.B. Gottlober und der jiddische Autor I.J. Linetzky griffen den Chasidismus und die Korruption der jüdischen Gemeindeverwaltung heftig an. Die Entscheidung der Regierung, die Anerkennung des *Kahal* (Gemeindeverwaltung) zu widerrufen und russische Sprachschulen für jüdische Kinder einzurichten, ließ die *Maskilim* hoffen, mit Hilfe der Obrigkeit einflußreiche Positionen in der jüdischen Gemeinde zu erhalten. Diese Hoffnung erfüllte sich nur insofern, als viele *Maskilim* mit Lehraufträgen in Schulen und Rabbinenseminaren betraut wurden. Dr. Max Lilienthal, ein deutscher Jude, der von der russischen Behörde mit der Ausführung der Erziehungsreform betraut worden war, floh aus Rußland, als ihm klar wurde, daß die Regierung nicht an der Erziehung der Juden interessiert war, sondern daran, daß sie gegen ihren Glauben verstoßen sollten.

Die Tätigkeit der *Maskilim* förderte die Entstehung einer hebräischen und jiddischen Literatur in Rußland, wovon solch talentierte Schriftsteller und Dichter wie Abraham Mapu und Juda Lev Gordon Zeugnis ablegen, und in den sechziger Jahren des 19. Jahrhunderts Mendele Mocher Sefarim (Schalom Abramowitsch) und Peretz Smolenskin. Nach der Thronbesteigung Alexanders II. 1855 und dem Beginn einer liberaleren Politik gegenüber den Juden, begannen die jungen Juden jedoch auf die russischen Schulen und Universitäten zu strömen, und die schnelle Russifizierung der gebildeten jüdischen Jugend führte zur Herausbildung einer russischen jüdischen Intelligenz. Schon bald danach begann eine russische jüdische Literatur zu erscheinen. 1863 wurde die ›Gesellschaft zur Verbreitung der Bildung‹ gegründet, um jüdischen Jugendlichen zu helfen, eine russische Bildung zu erwerben. Tatsächlich war der Trend zur Russifizierung so stark, daß Gordon sich in den siebziger Jahren veranlaßt sah, ein Gedicht mit dem Titel »Für wen arbeite ich?« zu publizieren, in dem er die Tatsache beklagte, daß die jüngere Generation sich von der hebräischen Sprache abwandte. Aber trotzdem gab es in Rußland weiterhin kreatives Schaffen in Hebräisch und Jiddisch, und durch das Erstarken der nationalistischen und sozialistischen Bewegungen bei den Juden bekam es neue Impulse und erreichte den Höhepunkt seiner Blüte (Ch. N. Bialik, S. Tschernichowsky, Schalom Aleichem, I.L. Peretz).

Die Kritik an der religiösen Orthodoxie, die sich in den Werken von Gordon und P. Smolenskin artikulierte, und die religiösen Reformen, die Joachim Chajjim Tarnopol und Moses Leib Lilienblum vorschlugen, führte nicht zur Entstehung einer reformistischen Bewegung im russischen Judentum. Und trotz der Angriffe der *Maskilim* wuchs in den Augen der jüdischen Öffentlichkeit das Ansehen des Chasidismus und des Torastudiums in den *Jeschivot* von Litauen. Schließlich wurden die russischen Juden proletarisiert, und eine breite Klasse von Handwerkern bildete sich heraus.

Abschließend darf man feststellen, daß die Haskala die Entwicklung des Judentums im 19. und 20. Jahrhundert stark beeinflußt hat. Im hohen Maße bereitete sie den Weg für eine Modernisierung des jüdischen Lebens; und während sie ohne Zweifel eine Hinwendung zur Akkulturation und Assimilation anregten, öffneten sie auch Wege für alle anderen wichtigeren Strömungen, die während dieser Jahrhunderte bei den Juden anzutreffen waren: *Chochmat Jisrael* (Wissenschaft des Judentums) und die Neu-Orthodoxie in Deutschland; sozialer und intellektueller Radikalismus und das Erstarken der sozialistischen Bewegung bei den Juden in Osteuropa; und die nationalistische Bewegung, die in direkter Nachfolge der Aufklärung stand.

# V
# TRADITION UND WANDEL

## Jüdische Literatur: Prosa – Lyrik

## Europäisches Judentum im 19. und 20. Jahrhundert

## Das amerikanische Judentum

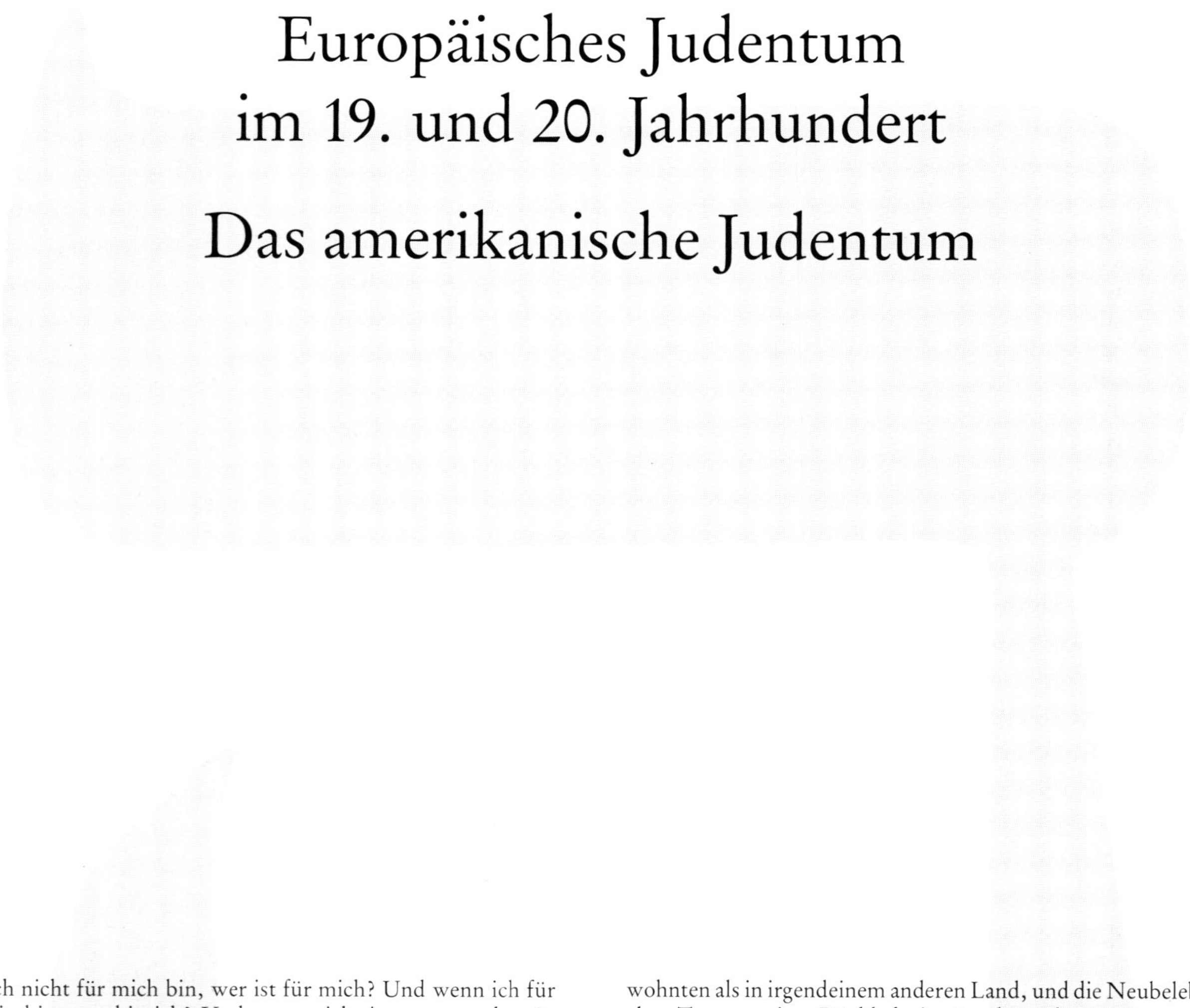

»Wenn ich nicht für mich bin, wer ist für mich? Und wenn ich für mich allein bin, was bin ich? Und wenn nicht jetzt, wann denn?« (Pirke Avot 1,14) Ben Shahns *Identity* (*Identität*), 1958, stellt Hillels grundlegende Frage der Moral in einem Stil und mit Untertönen, die ausschließlich dem 20. Jh. angehören. Die zweihundert Jahre, die uns von der Aufklärung und der Haskala trennen, waren Zeugen schicksalhafter Entwicklungen in der jüdischen Geschichte. Die Französische Revolution hatte die Hoffnung geweckt, daß Juden und Nicht-Juden eine einheitliche Gemeinschaft mit verschiedenen Glaubensauffassungen, jedoch gleichen bürgerlichen Rechten und Pflichten bilden könnten. In vieler Hinsicht wurde im 19. Jh. diese Hoffnung erfüllt. Ohne ihr Erbe aufzugeben, konnten Juden am öffentlichen Leben der Länder, in denen sie lebten, in einem bis dahin kaum gekannten Maße teilnehmen. In der Kunst, besonders der Musik, gab es ein erstaunliches Erblühen jüdischen Talents. Aber gerade dieser Erfolg hatte seine Gefahren. Der Druck, sich gänzlich zu assimilieren, wurde stärker. Viele prominente Juden haben sich nicht länger zu ihrer Religion bekannt. Was noch verhängnisvoller war: der Antisemitismus (eine neue »wissenschaftliche« Variante des älteren Anti-Judaismus) breitete sich zusehends aus. Vorurteile, restriktive Gesetze und wiederholte Pogrome in Osteuropa schufen zwei für die Zukunft wichtige Tatsachen, nämlich eine Massenemigration nach Amerika, so daß um 1914 mehr Juden in den USA wohnten als in irgendeinem anderen Land, und die Neubelebung des alten Traumes einer Rückkehr ins Land Israel.

Im 20. Jh. überstürzten sich die Ereignisse; kaum ein Jahrzehnt verging, ohne daß die Juden berührende Probleme im Vordergrund der Weltbühne gestanden hätten. In Amerika entwickelten sich die Dinge stetig und friedlich zum Besseren; in Israel vollbrachten Juden angesichts einer erschreckenden Übermacht voller Mut erstaunliche Leistungen; in Europa dagegen ereignete sich eine Tragödie, so düster, daß sie zwei Jahrtausende des Leidens an Schrecken weit überbietet.

Ben Shahns Kunst sucht diese Ereignisse zu erfassen und sich mit ihnen auseinanderzusetzen. In Litauen geboren, kam er als Kind nach Amerika, und von dort aus verfolgte er mit tiefer Betroffenheit die Agonie des europäischen Judentums. Wie die moderne Schule der israelischen Dichter, hat er die Vergangenheit durch die Gegenwart und die Gegenwart durch die Vergangenheit gesehen, mit dem Wunsch, in den Erscheinungen der Geschichte einen Sinn zu erkennen. Hillels aus der talmudischen Zeit stammende Worte können daher nach jahrhundertelanger Untersuchung und Wiederuntersuchung der Frage der »Identität«, nach der Vernichtung der Juden durch die Nazis, nach dem Entstehen des Staates Israel und einer weltweiten Diaspora nur an Bedeutung gewinnen: »Wenn ich nicht für mich bin, wer ist für mich?...« (1)

Ben Shahn

## Das Opfer

Wie die Figuren in einem Spiegelsaal kehren in der jüdischen Geschichte manche Themen wieder und wieder – in veränderter Form und mit neuen Bedeutungen. Eines von ihnen ist die Opferbindung Isaaks.

Der gebundene Isaak (*oben links*): Ein Sardonyx-Intaglio aus dem 3. oder 4. Jh. n. Chr. Abraham wendet sich um und schaut auf Gottes Hand; darunter, neben einem Busch, ein großer Widder. (2)

Aus der *Vogelkopf-Haggada* (*oben*): Ca. 1300. Die gleiche Szene: Isaak, Abraham und sogar die Engel haben Vogelköpfe. (3)

»Das ist die Opferung Isaaks, Abraham und der mit seinen Hörnern verstrickte Widder«: Ein Medaillon (*links*) aus einer der schönsten hebräischen Handschriften, geschrieben in Frankreich zwischen 1280 und 1290. (4)

Ein Zeremonialteller aus vergoldetem Silber (*rechts*). Tierkreiszeichen umrahmen die Szene. Er wurde für die erstmals in Exodus 13,13 vorgeschriebene Auslösung der Erstgeburt verwendet. Die Erstgeborenen sollten ursprünglich Priester werden, an ihre Stelle traten jedoch zur Zeit der Sinaioffenbarung die Leviten (Nr. 3). (6)

Das Thema der Opferbindung Isaaks gilt in der hebräischen Literatur immer als besonders bedeutsam für die jüdische Geschichte. Man könnte eine umfassende Anthologie mit Gedichten über dieses Thema (*Akedot*) zusammenstellen, die von der talmudischen Zeit bis in die Moderne reicht, in der dieses Thema als Metapher für das Martyrium – die Pogrome der Kreuzzüge, die *Autodafés* der Inquisition, die Vernichtung von über der Hälfte der jemenitischen Juden im 17. Jh. und den Judenmord durch die Nationalsozialisten – steht. Amir Gilboas *Isaak* (s. S. 271) schwankt zwischen Vergangenheit und Gegenwart, biblische und echte Szenen verschmelzen ineinander: »Ich bin es, der geschlachtet wird, mein Sohn, und schon ist mein Blut auf dem Laub.«
Die Bilder auf diesen Seiten sind gleichsam der optische Widerpart jenes literarischen »Spiegelsaales«.

Ein Belehrungsbild (Ausschnitt *rechts*) von 1679 aus Amsterdam erinnert an Isaak als das Opferlamm, der vollkommen (*tamim*) ist wie das Lamm. (5)

In vielen Ländern gehörten jüdische Drucker zu den Pionieren ihres Berufes. Eine große Zahl von Inkunabeln (Büchern, die vor 1500 gedruckt wurden) ist hebräisch. *Links*: Zwei Druckerstempel aus Deutschland, 18. Jh., beide »vom preußischen Hof privilegiert«. (7,8)

Englische Handelskarten aus dem 18. und frühen 19. Jh. deuten auf die große Vielfalt von Gewerben, die Juden ausüben konnten: Metzger, Bäcker, Weinbauern und Schneider hatten schon immer das sogenannte »koschere Handwerk« ausgeübt; traditionellerweise waren Juden auch Seidenhersteller, Färber und Goldschmiede. Zusätzliche verhältnismäßig einfache Gewerbezweige öffneten sich damals für sie. *Rechts*: Ein Londoner Fischhändler und ein Bristoler Goldschmied und Uhrmacher. (12,13)

Auch ein Hebräischlehrer (*links*) konnte sich im Jahre 1814 in England seinen Lebensunterhalt verdienen. Andere Karten sind die eines Liverpooler Kunststechers, eines Bostoner Uhrmachers, eines (Hof-)Stickers von Covent Garden, eines Optikers aus New Castle und eines Londoner Schiffsagenten. Die kleine Tonfigur aus Staffordshire (*ganz rechts*) stellt einen wandernden jüdischen Kleiderhändler dar. (9, 10, 11, 14-17)

ISAAC JACOBS,
Fishmonger & Dealer in
OILS & PICKLES.
Duke street Aldgate.

DANIEL
real Working
Gold Smith &
Watch Make
Clare Street
BRISTOL

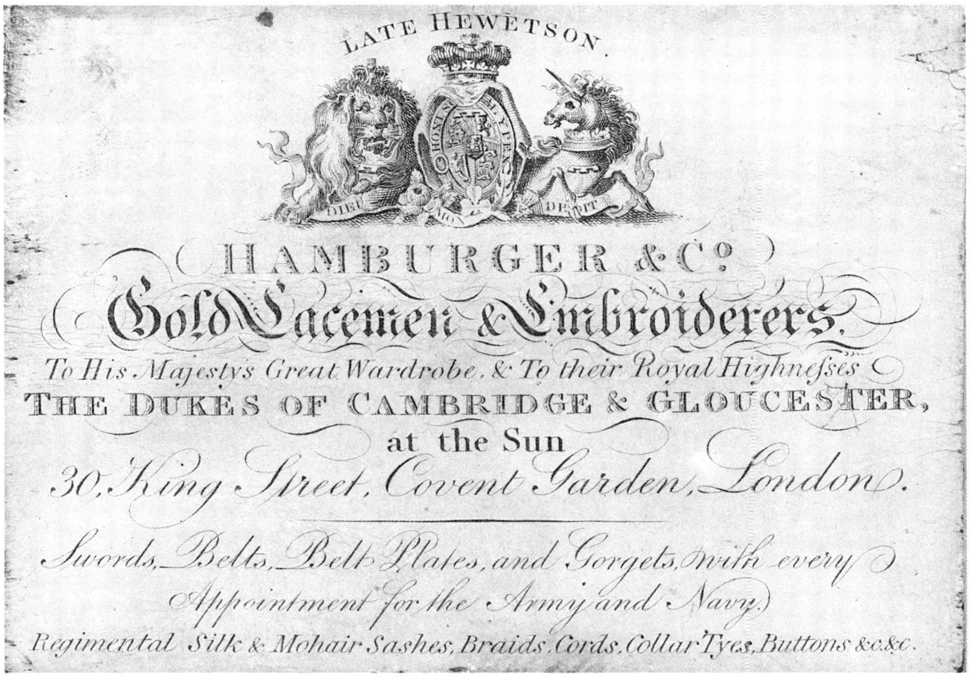
LATE HEWETSON.
DIEU ET MON DROIT
HAMBURGER & Co.
Gold Lacemen & Embroiderers,
To His Majesty's Great Wardrobe, & To their Royal Highnesses
THE DUKES OF CAMBRIDGE & GLOUCESTER,
at the Sun
30, King Street, Covent Garden, London.
Swords, Belts, Belt Plates, and Gorgets, with every
Appointment for the Army and Navy.
Regimental Silk & Mohair Sashes, Braids, Cords, Collar Tyes, Buttons &c.&c.

D.COHEN.
OPTICIAN
No 1

Solomon Jacobs Bargerbur,
SHIPS AGENT,
No 13) Burr Street, East Smithfield
London.

## Jude und Staatsbürger

Napoleons Lösung für das Problem der Integration von Juden in die Gesellschaft fehlte es nicht an Kühnheit und Zuversicht, wie den meisten seiner Lösungen. 1806 berief er eine Versammlung jüdischer Würdenträger ein, die erklärten, daß einen Juden nichts daran hinderte, seine völlige Loyalität zur französischen Nation zu bekunden. Die napoleonische Propaganda (*oben*) hat dies als einen weiteren Akt des kaiserlichen Großmuts dargestellt. Mit einem Exemplar des neuen Gesetzes zur Wiederherstellung des Judentums in der Hand erhebt der Kaiser das untertänige jüdische Volk in der Gestalt einer Frau, die, mit dem Rücken zur Menora, ihren Arm auf die Zehn Gebote stützt, während die dankbaren Rabbiner zu seinen Füßen knien. (18)

Um die Gebetsrichtung nach Jerusalem anzuzeigen, gibt es in jüdischen Häusern eine Zeichnung oder eine Plakette an der Ostwand (den *Misrach*). Dieser (*links*) ist von besonderem Interesse, da er in seiner Inschrift den Kaiser Ferdinand nennt, der von 1835 bis 1848 über das Habsburgische Reich herrschte. Obwohl Epileptiker und als Regent unfähig, erfreute sich Ferdinand erstaunlicher Popularität, besonders unter den Juden, und man gab ihm den Beinamen *der Gütige*. (19)

Nur wenige äußere Zeichen sind geblieben, die das jüdische Element in der wohlhabenden bürgerlichen Welt des frühen 19. Jh. andeuten könnten. *Oben*: Die Familie Nathanson aus Kopenhagen, 1818 von C.W. Eckersberg gemalt. Die gesellschaftliche Assimilation schien vollkommen, jedoch machten Vorbehalte auf beiden Seiten eine wirkliche Annäherung zur Illusion. (20)

Die Armee und die Künste waren zwei den Juden früher verschlossene Laufbahnen. Doch nun wurden die Hindernisse beseitigt. *Links*: Ein Porträt des Baruch Oppenheimer, gemalt von seinem Bruder Moritz Daniel. 1801 geboren, brachte es M.D. Oppenheimer zum Professor für Malerei in Weimar. Er spezialisierte sich auf Szenen mit jüdischer Thematik. (21)

## Politisches Engagement

*Das Große Sanhedrin*, das 1806 von Napoleon nach dem Vorbild des antiken Hohen Rates der Juden einberufen wurde, ist typisch für die Ambivalenz vieler solcher äußerlich aufgeklärter Maßnahmen. Es war ein Gremium mit echter Autorität (von seinen einundsiebzig Mitgliedern waren über die Hälfte Rabbiner) mit dem Ziel wirklicher Gleichstellung innerhalb des Staates. Sein geheimer Zweck war jedoch, die Juden zum Eintritt in die Armee zu ermuntern. Die Ambivalenz ist in dieser Medaille deutlich, jedoch unabsichtlich ausgedrückt (*links*): Auf ihr überreicht Napoleon Moses die Gesetzestafeln – eine Blasphemie, vor der jeder Jude zurückschrecken mußte. Nur zwei Jahre später hat sich die Windrichtung geändert, und die Juden wurden mit bedrückenden und restriktiven Verordnungen beladen. (22)

Im Revolutionsjahr 1848 traten Juden mit politischer Aktivität hervor. Das erste, nach den Februar-Unruhen in Paris gebildete Kabinett hatte zwei jüdische Mitglieder – Adolphe Crémieux, Justizminister, (*links*, ganz links in der mittleren Reihe), und Michel Goudchaux (*oben*). (23,24)

Die bigotte Frömmigkeit des Volkes stand einer Verständigung im Wege. Die unruhige Provinz Elsaß war seit den römischen Zeiten Heimat für die Juden, sie lebten dort auch noch, nachdem im 14. Jh. die Juden aus Frankreich vertrieben worden waren. Während der Revolution von 1789 wurden sie beschuldigt, »ein Staat im Staate« zu sein, und als die Revolution 1848 erneut ausbrach, waren sie wiederum die Opfer. Am 28. Februar haben sich in Dürmenach (*rechts*) die Massen gegen sie erhoben: Sie rissen die Dachziegel von ihren Häusern, schlugen ihre Türen und Fenster ein und warfen ihre Habe auf die Straße. (29)

Die Juden haben ihren Brüdern ungeachtet ihrer Nationalität weiterhin über die Grenzen hinweg geholfen. Sir Moses Montefiore und Adolphe Crémieux haben 1840 eine Delegation nach Istanbul geleitet, um die Juden von Damaskus zu verteidigen, die beschuldigt wurden, einen christlichen Mönch und seinen muslimischen Diener ermordet zu haben. An diese Mission erinnert ein prächtiger, 1843 von Sir George Hayter entworfener silberner Tafelaufsatz (Details *oben*): Auf ihm ist Sir Moses als Fürsprecher vor dem Sultan und bei der Entgegennahme des Dankes orientalischer Juden dargestellt. (25,26)

Dem Frankfurter Parlament von 1848, der kurzlebigen Stimme eines demokratischen Deutschland, gehörten Gabriel Riesser (*rechts*), unermüdlicher Vorkämpfer für jüdische Rechte, und Moritz Hartmann, Journalist und Romancier, an. (27,28)

## Das Paradox Rußland

Das russische Judentum lebte fast während des gesamten 19. Jh. in Bedrängnis. Das Maß der Unterdrückung wechselte mit dem Zaren. Eine der Antworten darauf war die Emigration, eine andere war politischer Radikalismus. Er mag zum Teil den erstaunlichen Aufschwung des jüdischen Beitrags zur bildenden Kunst in den ersten Dekaden des 20. Jh. erklären. In Isaak Levitans *Gewässer im Frühling* von 1897 (*links*) bekundet sich ein gänzlich russischer und professioneller Maler, eines seiner späteren Gemälde (S. 297) zeigt jedoch deutlich, daß er sein Judentum nicht vergessen hatte. Altmann und Lissitzky, unten, bemühten sich bewußt, einen neuen jüdischen Stil zu kreieren, und unternahmen zu diesem Zwecke Reisen, um Holzsynagogen und Landfriedhöfe aus unmittelbarer Anschauung zu malen. (30)

»Die Mahlzeit in der Laubhütte« (*rechts*) von Marc Chagall ist charakteristisch für seine frühe Periode, in der er abenteuerlichen avantgardistischen Geist mit tiefem Bewußtsein seiner jüdischen Herkunft verband. 1887 geboren, wuchs er in einem orthodoxen Haus in Witebsk auf, studierte vor dem 1. Weltkrieg in Paris, kehrte jedoch zwischen 1915 und 1922 nach Rußland zurück. Sukkot, das Laubhüttenfest, ist das hebräische Herbsterntefest, das zugleich an die Wanderungen Israels in der Wüste erinnert (Lev. 22,43). (33)

Die Dichterin Anna Achmatowa, 1915 von Nathan Altmann gemalt (*ganz links*). Altmann übertrug jedoch jüdische Volksmotive in einen modernen Stil und spielte auch eine aktive Rolle im Aufbau des jüdischen Theaters in Moskau. (31)

Der Bildhauer Miestchaninow von Chaim Soutine (*links*), 1923. Soutines Judentum ist schwerer zu definieren, da er die jüdische Thematik vermieden hat; Maurice Raynal hingegen hat in seiner Kunst »zum Ausdruck einer Art jüdischer Mystik, mittels erschreckend heftiger Farbdetonationen« gefunden. (32)

El Lissitzky, geb. 1890, kam aus Smolensk. Seine Illustrationen zu der jiddischen Geschichte ›Das Zicklein‹ nach dem gleichnamigen Lied (siehe S. 82), erschienen 1917. Es ist erwähnenswert, daß Lissitzky in der letzten Episode (*rechts*) im Gegensatz zu den Künstlern des 18. Jh. keine Skrupel hatte, den Herrn beim Töten des als Skelett dargestellten Todesengels zu zeigen. Die Legende in gereimtem Jiddisch lautet: »Gott, der Heilige, Gesegnet sei Er, hat den Todesengel zu Tode gebracht.« (34)

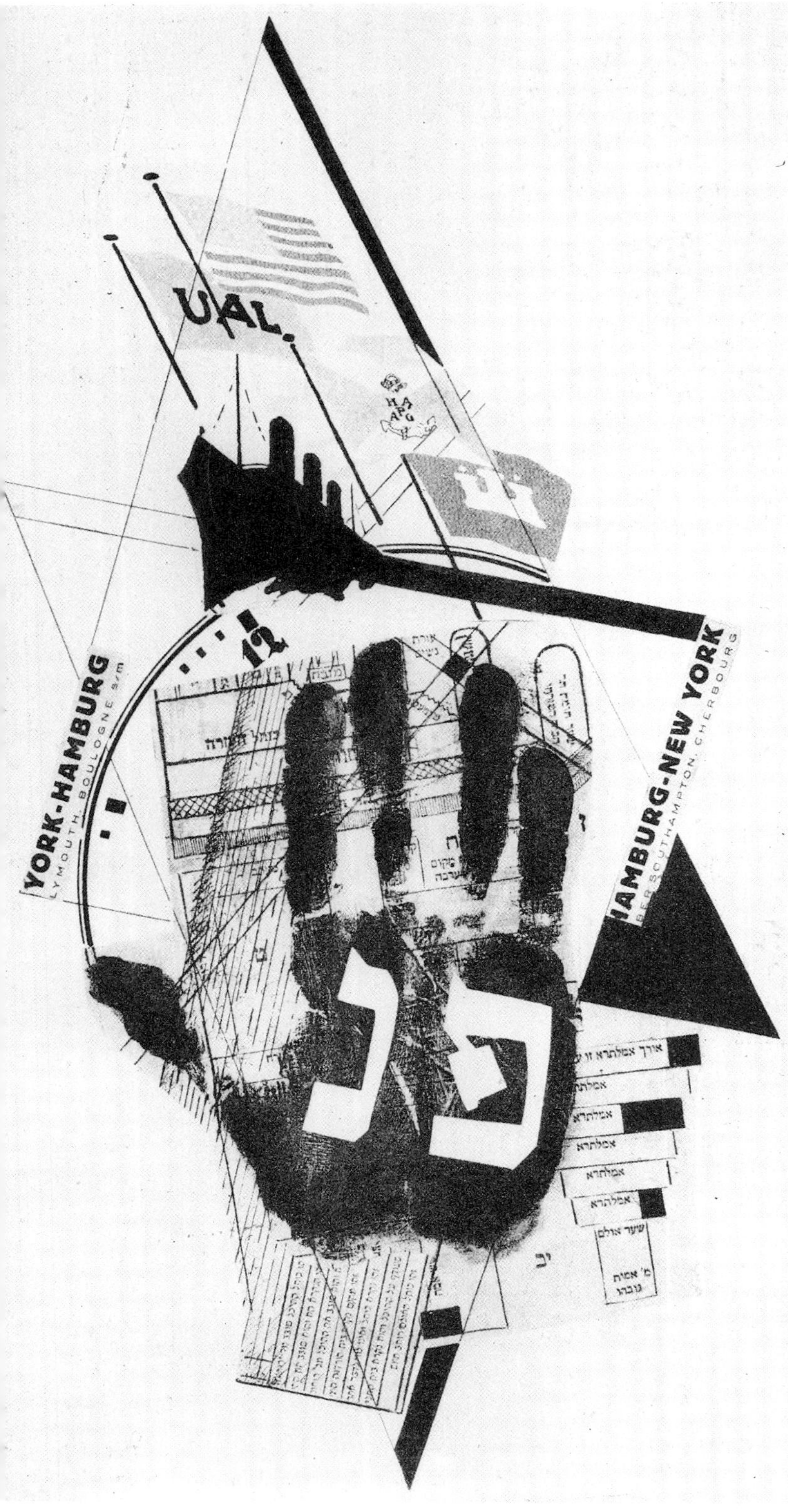

Für die Juden im späten 19. und frühen 20. Jh. war die Emigration kein hoffnungsvolles Abenteuer wie während der Kolonialzeit. Es war vor allem eine Flucht – vor der Armut, der Intoleranz und der Verfolgung. In seiner Erzählung ›Die Schiffskarte‹ schildert Ilja Ehrenburg 1922 die Gedanken eines alten Juden in Rußland: Er wartet auf die Fahrkarte nach Amerika, die sein Sohn ihm schicken soll. Sie wurde von El Lissitzky mit einer hervorragenden Collagenkomposition illustriert (*oben*), die das ganze Dilemma einer uralten Tradition angesichts eines radikalen Wandels beschwört. Die Hand ist jenes jüdische Symbol, das in die Vorgeschichte zurückreicht; die beiden weißen hebräischen Buchstaben stehen gewöhnlich auf Grabsteinen und bedeuten: »Hier liegt begraben«, darunter ein Diagramm mit dem Plan des Tempels. All dies gehört der Vergangenheit an, der toten Vergangenheit. Die Zukunft liegt über dem Atlantik – die Schiffe, die Flaggen, die Karte von Hamburg nach New York. (35)

Die Erfahrung der Emigration drang tief in das Bewußtsein des modernen amerikanischen Judentums. Sogar noch 1928 hat Lasar Segall eine Serie von Radierungen mit dem Titel ›Emigranten‹ veröffentlicht. Eine davon ist hier abgebildet (*links*). (36)

Aaron Hart wurde 1724 in London geboren. Er trat der kanadischen Armee bei und gründete eine Bank in Three Rivers (*oben rechts*). Sein Sohn Ezekiel war das erste jüdische Mitglied im kanadischen Parlament. (39)

Die jüdischen Emigranten zogen aus ihrer Heimat in Zentral- und Osteuropa (z. B. aus Lemberg in Österreich, jetzt Lwow, Sowjetunion, *unten*) zu einem der Einschiffungshäfen, von denen Hamburg der wichtigste war. *Ganz unten*: Registrierung jüdischer Passagiere in der Auswandererhalle der Hamburg-Amerika Linie, ca. 1909. (37,38)

Unmut angesichts der großen Zahl von Juden, die nach Amerika kamen. Diese Karikatur aus dem *Judge* von 1892, wiewohl nicht ohne Sympathie gegenüber der Not der Opfer russischer Verfolgung, zeigt sie bei ihrer ›Einnahme‹ New Yorks, bei der sie die lang etablierten Amerikaner nach Westen verdrängen. (40)

»Der am dichtesten besiedelte Ort in Amerika« war, nach der Titelseite des *Leslie's Weekly* vom 23. April 1903, das New Yorker Ghetto. Die Ludlow Street (*rechts*) bestand größtenteils aus Geschäften jüdischer Schneider, Hutmacher und Tuchhändler. (41)

## Die Kolonialzeit

Die ersten Juden Amerikas kamen, wie die Siedler anderer Nationen, um ihr Glück in einem neuen Land zu versuchen. Vielen ist dies gelungen. In den meisten der geschäftigen Seehäfen an der Ostküste – Newport, Philadelphia, Charleston, New York, Savannah – gab es um die Mitte des 18. Jh. wohlhabende jüdische Familien. In Newport war die Gemeinde reich genug, um 1763 die Tourosynagoge (*links*) zu errichten, benannt nach der Familie Touro, die ihren Bau ermöglicht hatte. Unter den jüdischen Kaufleuten in Newport war Aaron Lopez (*unten*), der eine Flotte von über dreißig Schiffen besaß. Das intellektuelle Klima jener Zeit zeichnete sich durch Toleranz, Sympathie und aufgeklärtes Interesse aus. Einer der gelehrtesten Männer seiner Zeit war Ezra Stiles (*rechts*), ein kongregationalistischer Pastor aus Newport. Die Bücher hinter ihm zeigen die Weite seines Geistes – neben Newton, Plato und Livius befindet sich ein Band des Talmud, und an der Wand ein »Emblem des Universums« mit dem hebräischen Wort für Gott. Stiles' Hebräischlehrer war Rabbi Raphael Hyam Karigal, dessen Predigten in der Synagoge von Newport begeisterte Aufnahme fanden, und der die Einrichtung ›Hebräischer Studien‹ in Yale beeinflußte. (42,43,44)

Rebecca Gratz (*rechts*), Tochter reicher jüdischer Eltern in Philadelphia, gründete die erste jüdische Sonntagsschule in Amerika und das Waisenhaus in Philadelphia. Sir Walter Scott soll die Figur seiner Rebecca in *Ivanhoe* nach ihr gestaltet haben; Washington Irving hatte ihm von ihr erzählt. (45)

## Kampf und Errungenschaft

Für die ärmeren Immigranten gab es weniger Aufstiegsmöglichkeiten. Die meisten Neuankömmlinge gingen in die Industrie und füllten die bereits übervölkerten Viertel der Großstädte. Aber statt auf Verständnis zu stoßen, begegneten sie wachsender Ablehnung und Vorurteilen, die weniger gegen die Juden als gegen die Ausländer im allgemeinen gerichtet waren.

Die Landwirtschaft: Man bemühte sich, jüdische Landwirtschaftssiedlungen nach dem Vorbild anderer religiöser Minderheiten zu errichten (*links*), sie blieben jedoch ohne großen Erfolg. (46)

Die Bekleidungsindustrie hat einen großen Teil der Immigranten aufgenommen. Um 1900 wurde fast die gesamte Konfektion im Lande von Juden produziert. Sie arbeiteten entweder in schmutzigen Fabriken, die als »Schwitzläden« (*oben links*) bekannt wurden, oder zu Hause. Andere machten Zigarren (*links*). Diese beiden historischen Aufnahmen wurden von L. Hine und Jacob A. Riis gemacht. Im Streik der Arbeiter der Bekleidungsindustrie, 1913, (*oben*) haben die Juden an der Seite anderer nationaler Gruppen im Kampf für bessere Löhne gestanden. (47,48,49)

Das Theater war ein Weg zum Erfolg, der noch nicht vom Establishment besetzt war, und die Juden waren schnell genug, diese Gelegenheit zu ergreifen. Das Grand Theatre, New York, war in den Jahren vor dem 1. Weltkrieg ein Zentrum jüdischer Unterhaltung. (50)

Die Erziehung war weiterhin eines der wichtigsten Anliegen und ihre Bedeutung für den Zusammenhalt der jüdischen Gemeinde beträchtlich. *Rechts*: eine Schule in Harlem. Das Plakat trägt die Aufschrift: »Beth Israel der Hebräischen Schule Harlem. Geöffnet an jedem Werktag von $4^{30}$ bis 7 Uhr, Sonntag morgen 10-12. Meldet Eure Kinder *jetzt* an.« (51)

Das große Geschäft bot Männern mit Energie und Ideen unermeßlichen Reichtum. 1854 kamen aus Bayern die drei Brüder Straus, Nathan, Isidor und Oskar. Am Ende des Jahrhunderts haben sie Macy's (*rechts*), New Yorks größtes Kaufhaus, übernommen. *Unten rechts*: Das Innere von L.J. Levy's Trockenwaren-Geschäft (d.h. Textilien) in Philadelphia. (52,54)

In der freien Atmosphäre Amerikas neigte die organisierte Religion zur Zersplitterung in viele Fraktionen. Während die ältere Generation orthodox blieb, sah die jüngere die Notwendigkeit zur Modernisierung und Reform. Rabbi Isaak M. Wise (*unten* in der Mitte der Versammlung von 1897 in Atlantic City) verschaffte dieser Bewegung zugleich Bekanntheit und gedankliche Grundlage. (53)

## Amerika: Jüdische Erfahrung in der Kunst

Die amerikanischen Juden, die jetzigen Führer der Diaspora und somit in mancher Hinsicht der Tradition näher als die Juden Israels, sind im 20. Jh. im stets wachsenden Maß selbstbewußter und ausdrucksfähiger geworden. Diese Seite spiegelt das wachsende Selbstbewußtsein im Werk von vier führenden amerikanischen jüdischen Künstlern wider.

Max Weber: ›Die Talmudisten‹, 1934, (*oben links*). Weber emigrierte 1891 im Alter von zehn Jahren aus Rußland nach New York. Dieses Gemälde ist eine Erinnerung an seine Kindheit – alte, ernste Männer lesen, disputieren und meditieren über die Feinheiten des Gesetzes. (55)

Isaac Soyer: ›Büro für Arbeitsvermittlung‹, 1937, (*links*). Auch Soyer kam als Kind nach Amerika. Viele seiner Gemälde entspringen den Tagen der Armut, der Härten und des Kampfes ums Dasein. (56)

Ben Shan wurde bereits am Anfang dieses Abschnittes kurz besprochen. Sein für eine Synagoge entworfener *Sketch for a Mural*, 1958 (*oben*), verwendet die traditionellen jüdischen Bilder – die Schaffende Hand, die Menora, den *Schofar* –, um eine Botschaft (aus Mal 2,10) auszudrücken, die mehr als nur jüdisch ist: »Haben wir nicht alle einen Vater? Hat uns nicht ein Gott geschaffen? Warum handeln wir denn treulos aneinander und entweihen den Bund unserer Väter?« (57)

William Gropper: ›Schneider‹, 1940, (*links*): Die Welt der arbeitenden Bevölkerung und Kleinhändler. Gropper war ein Immigrant der zweiten Generation, geboren 1897 in New York. (58)

Levi Strauss (*oben*) kam während des Goldfiebers der 1850er nach Kalifornien. Klug investierte er seine Zeit und Energie nicht in die Erwartung, sondern in die Lieferung von Zeltstoffen für die Bergleute. Dieses strapazierfähige Material wurde bald für Hosen verwendet, und die Jeans von Strauss gingen ihren siegreichen Weg. Eine Aufnahme von ca. 1880 (*oben rechts*) zeigt Personal und Haus der Firma in der Battery Street 14 und 16 in San Francisco.

Die Reklamebroschüren (*unten*) stammen aus etwa derselben Zeit. Die »reißfesten Niethosen«, »Spring bottom pants«, hatten einen leicht erweiterten Schritt in den Beinen, um über die Stiefel zu passen. Man beachte die kleine, berühmt gewordene Zeichnung, die die Stärke von Levi Strauss' patentgenieteten Overalls demonstriert: Zwei Pferde versuchen vergeblich sie auseinanderzuziehen, mit dem Motto: »Es hat keinen Zweck – sie reißen nicht«. (59-62)

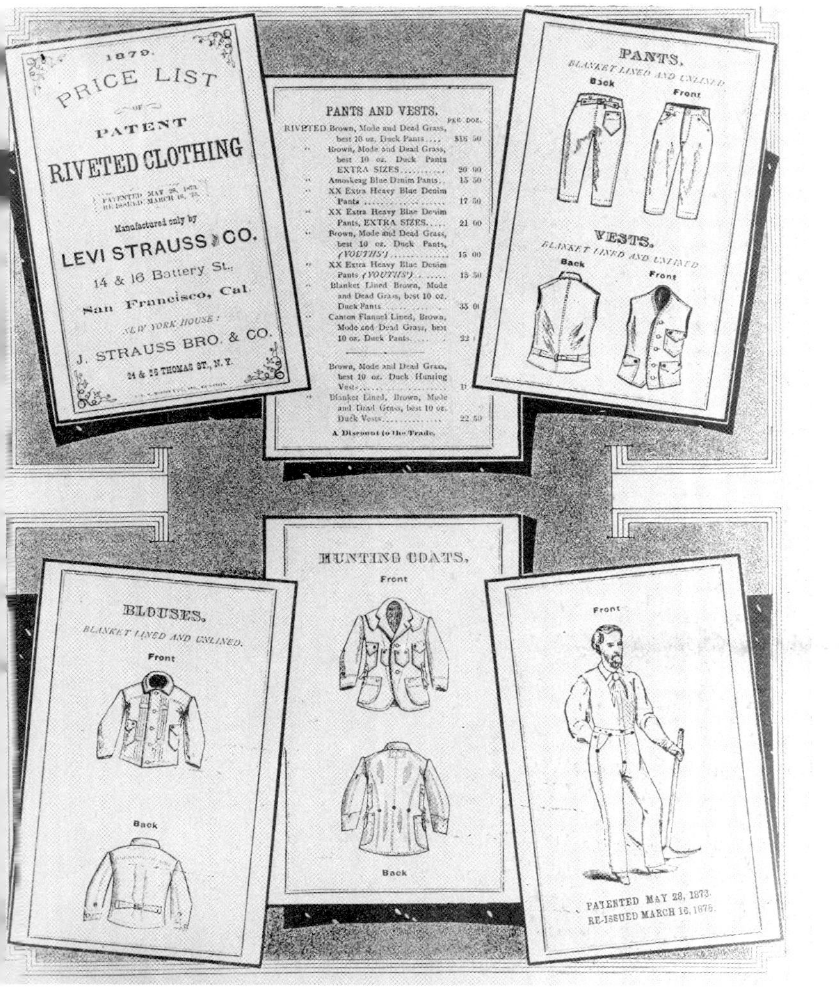

13

# Jüdische Literatur: Prosa

EZRA SPICEHANDLER

Die hebräische erzählende Prosa ist ein wesentlicher Teil der gewaltigen hebräischen Literatur, die man vor über dreitausend Jahren zu schreiben begann und die bis zum heutigen Tage fortlebt. Die hebräische Bibel, das große Produkt dieser frühesten Phase, ging in das kulturelle Erbe des Abendlandes ein und dient ihm bis heute als Muster literarischer Güte und als Quelle von Mythos, Symbol und Metapher. Die spätere hebräische Literatur dagegen blieb, obwohl christliche und selbst muslimische Autoren sporadisch von ihrem Stoff Gebrauch machten, auf die kleinere und oft isolierte jüdische Welt beschränkt. Da der durchschnittliche Leser sicher besser mit der biblischen Literatur als mit jenem späteren Werk vertraut sein wird, widme ich letzterem den größeren Teil meines Essays.

### Biblische Erzählung: 1200 - 150 v. Chr.

Die hebräische Bibel stellt eine Auswahl aus einem viel breiteren Schrifttum dar und war im großen und ganzen gegen Ende des 2. Jahrhunderts v. Chr. abgeschlossen. Selbst ihre frühesten erzählerischen Partien können als anspruchsvolle literarische Neubearbeitung mündlicher Volksüberlieferung gelten.

Man hat drei Haupttypen biblischer Erzählung definiert: Legenden, die von der Erschaffung der Welt und dem Begründer des Menschengeschlechts (entmythologisiert und mit ethischem Sinn belegt) erzählen; historische Erzählungen von Nationalhelden, wobei der Gegenstand zunehmend realistisch und weniger wunderhaft-übernatürlich wirkt, wo sich der Bibeltext mit jüngerer Geschichte zu befassen beginnt; und Erzählungen, die etwa merkwürdige Dinge aus Natur und Umwelt erklären (z.B. die Öde des Gebiets um das Tote Meer durch die Zerstörung Sodoms), Namen (z.B. Moses – Mosche – von der Wortwurzel *'mascha'*, herausziehen, weil er aus dem Fluß gezogen wurde) sowie Stammesteilungen und Rituale.

Das biblische Erzählgut variiert in Länge und Dichte. Die einfachste Darstellung mag z.B. nicht mehr bieten als einen Zehn-Verse-Bericht über einen einfachen Vorfall, in den zwei Figuren verwickelt sind, wie in der Geschichte von Kampf Jakobs mit dem Engel. Im Gegensatz dazu kann sich die längere Erzählung über mindestens ein Kapitel der Bibel erstrecken, eine größere Anzahl von handelnden Personen besitzen und komplexere Situationen einschließen. Die Sage ordnet eine Reihe von Erzählungen und Berichten einem bedeutenden biblischen Helden zu (wie etwa Joseph oder David), die Novelle, ein späteres Genre, nimmt die Form eines vollständigen biblischen Buches an, z.B. Ruth oder Esther. Zu dieser Kategorie zählt auch das Buch Jona, obgleich es ein psalmähnliches Gedicht enthält, nicht aber das Buch Hiob, da sein Hauptteil in poetischer Form abgefaßt ist, wiewohl sein Prosagerüst ein literarisches Glanzstück darstellt.

Alle Erzähltypen sind in einem knappen, elliptischen Stil gehalten. Nur die entscheidenden Punkte werden nachdrücklich betont. Oft wiederholt der Autor jedoch bestimmte Schlüsselworte, -szenen oder -handlungen innerhalb derselben Geschichte. Diese Form der Wiederholung, früher als Zeichen eines niedrigen Kulturniveaus gewertet, gilt inzwischen als anspruchsvoller literarischer Kunstgriff, der einer Vielzahl von Zwecken dienen kann; so kann er zum Beispiel zentrale Gedanken betonen, die dramatische Intensität verstärken oder Veränderungen des Standpunkts anzeigen.

Viele Episoden durchlaufen drei Stadien – die antizipierte Handlung, die Handlung selbst und die vollendete Handlung. Rückblenden werden gewöhnlich vermieden, doch können beiläufige Einfügungen Details aus der Vergangenheit ergänzen. Die Entwicklung ist kreisförmig. Sie beginnt mit einer ruhigen Einleitung, die oft mit einem vorangegangenen Ereignis verbunden ist, entfaltet sich zu einem Höhepunkt und schließt mit der Rückkehr zu einer Ruhesituation.

Außer Gott, der außerhalb des Bereiches menschlicher Erfahrung agiert, sind die Figuren in biblischen Geschichten kaum ›mythisch‹ im griechischen oder germanischen Sinn. Der biblische Held ist ein sterbliches Wesen, das zu Tugend und Sünde fähig ist. Anders als beim homerischen Helden werden seine physischen Merkmale, außer sie seien für den Fortgang der Handlung von Bedeutung, entweder vollkommen ignoriert oder nur leicht angedeutet. Es herrschen eher dramatische als szenische Techniken vor. Obwohl der Sprecher häufig ›allwissend‹ ist, zieht er das ›Zeigen‹ dem ›Sagen‹ vor.

### Das Zeitalter der Aggada: 100 v. Chr. - 700 n. Chr.

Nach der Kanonisierung der Bibel entwickelte die jüdische Literatur (die nun sowohl Werke in Aramäisch und Griechisch als auch in Hebräisch einschloß) neue Formen, die sich oft auf außer-kanonische Traditionen stützten, entweder phantasiereiche Ausschmückungen biblischer Erzählstoffe (wie etwa Pseudo-Philos *Buch der biblischen Altertümer* und das *Buch der Jubiläen)* oder eigenständige Erzählungen (wie etwa *Judith, Tobit*

[Tobias] und *Susanna*). Die jüdische Tradition unterschied zwei Hauptzweige dieser Literatur, nämlich Halacha und Aggada (bzw. *Haggada*). Halacha, ›das Wandeln‹ (auf dem Pfad), bezeichnete gesetzliches Material; Aggada, ›das Erzählen‹, die verbleibenden nichtgesetzlichen Elemente. Der Halacha wurde die größere Bedeutung beigemessen.

Die aggadischen Midraschim, die meist palästinischen Ursprungs waren, hielten sich zum Teil an die Anordnung des Bibeltextes [und zum Teil an die Ordnung des liturgischen Jahres und sind zuweilen als homiletische Auslegung zum fortlaufenden Bibeltext (Auslegungsmidrasch) und zuweilen als Predigt (Homilie) zu den Wochenabschnitten bzw. Festtagsperikopen (Homilienmidrasch) gestaltet. Darüber hinaus gibt es auch aggadisches Material, das nicht mit einem speziellen Bibeltext verknüpft ist, so besonders]*, aber nicht ausschließlich, bei Geschichten über nachbiblische Ereignisse oder Gestalten (Erzählungsmidrasch).

Wie Joseph Heinemann hervorhebt, »war dies, vom Versiegen der biblischen Poesie bis zur Entstehung des Pijjut, viele Generationen lang das einzige Ventil für die gesamten poetischen Empfindungen und (obwohl ursprünglich mündlich) die einzige Form literarischer Schöpfung im jüdischen Volk«. Die erzählende Prosa jener Periode umfaßte Legenden von biblischen Helden, biographische Anekdoten über große Rabbinen, fromme Männer oder sogar mächtige Feinde, Parabeln, Geschichten und *Exempla* für sittliches Verhalten.

Diese Literatur ist zugleich der Versuch einer Zeit, die sich den Katastrophen der Tempelzerstörung und des Verlustes nationaler Unabhängigkeit gegenübersah, neue Inhalte aus der Tora abzuleiten. Die Aufgabe des Gelehrten, ob Halachist oder Aggadist, war es, die im Bibeltext verborgenen ›impliziten‹ Bedeutungen aufzudecken. Aber während der Halachist seine Phantasie beschneiden mußte, um einer strengen Auslegungstechnik Genüge zu tun, unterlag der Aggadist gewöhnlich nicht diesen Einschränkungen. ›Man lernt keine Regeln von der Aggada‹, hieß das Prinzip, das der Phantasie des Aggadisten freien Spielraum gab. Von den Griechen lernte er auch die Methode der allegorischen Interpretation. Ereignisse und Gestalten im biblischen Text wurden für ihn, wie in noch viel größerem Maße für die Autoren des Neuen Textaments, zur Präfiguration kommender Dinge.

Wie die biblische Geschichte ist die große Mehrheit der Aggadot kurz und episodisch. Häufig war es das Bestreben des Aggadisten, die Lücken auszufüllen, die der biblische Erzähler gelassen hatte, und seine Schilderungen von Gestalten und Handlung sind weit weniger objektiv. Er idealisiert seine Helden und versucht, ihre moralischen Unzulänglichkeiten zu beschönigen. So besteht er darauf, Bathseba sei geschieden gewesen und David habe folglich niemals Ehebruch begangen. Im gleichen Geiste werden weniger sympathische Gestalten der Bibel in Erzbösewichter (wie etwa Bileam) verwandelt.

## Das Mittelalter: Erzählung, Legende und Satire

In der umfangreichen Literatur des hebräischen Mittelalters, das für das Judentum für den Zeitraum zwischen der islamischen Eroberung im 7. Jahrhundert bis zum Zeitalter der Aufklärung zu Beginn des 19. Jahrhunderts anzusetzen ist, spielte die Schöne Literatur eine sekundäre Rolle. Die literarische Vorstellungskraft der Juden wird am besten von den großen hebräischen Dichtern des Mittelalters verkörpert. Werke in erzählender Prosa wandten sich weitgehend an ein weniger gebildetes Publikum. Die mittelalterliche Erzählung kann jedoch nicht als Volksdichtung beschrieben werden; sie ist eher eine Umarbeitung der Volkserzählung in eine literarische Form. Da sie in Hebräisch geschrieben war, der Literatur-Sprache der Juden, die den gleichen Rang einnahm wie das mittelalterliche Latein für das christliche Europa, fehlten der Erzählung die spontane und erdverbundene Art der zahlreichen jüdischen Umgangssprachen.

Vielleicht durch ihre christlichen Nachbarn angeregt, stießen die Autoren des Mittelalters wieder auf Quellen, die ihre Vorgänger gewöhnlich ignoriert hatten. Die Bücher der Makkabäer wurden nun zur Quelle für Werke wie die *Megillat Antiochus (Die Antiochusrolle)* und die *Megillat Chanukka*. Geschichten und Motive werden dem *Buch der Jubiläen, Judith* und *Tobit* entnommen. Zu dieser Gruppe gehören auch Werke wie der *Alexanderroman* und *Josippon*, eine populäre Verkürzung und Neubearbeitung der geschichtlichen Darstellungen des Josephus. Christliche Romane des Mittelalters und Ritterepen wurden nicht nur übersetzt und ins Hebräische übernommen, sondern hinterließen ihre Spuren auch in Originalwerken. Messiaslegenden, die auf apokryphe, talmudische und frühe mystische Quellen zurückgehen, wurden im *Sefer (Buch) Serubabel* zu einer einheitlichen Erzählung verwoben. Sein Autor führte, möglicherweise unter christlichem Einfluß, in die Lehre vom Messias eine neue, in die Ereignisse der Endzeit eingreifende Figur ein – die Mutter des Messias.

Obwohl von seinem Aufbau nach der biblischen Erzählung verwandt, entsprang *Toledot Jeschu (Die Geschichte Jesu)* doch einer vollkommen anderen Motivation. Der Jude, der von seiten der triumphierenden Kirche auf quälende Weise fortwährend zur Bekehrung genötigt wurde, holte nun gegen die Jesuslegende aus, indem er eine sarkastische, obszöne Version des Lebens Jesu schuf. Ihr anonymer Autor war offensichtlich mit den Synoptischen Evangelien vertraut. Naiv akzeptierte es alle Wunder und Ereignisse, von denen sie berichten, als volle Wahrheit, deutete sie aber als Ausfluß schwarzer Magie, die ein schändlicher Jesus, der unerlaubten Gebrauch von Gottes unaussprechlichem Namen machte, praktizierte. Jesus wurde zum Verräter und Judas Ischariot zum patriotischen Juden, der den Betrüger entlarvte.

*Die Geschichte von Eldad, dem Daniter* führte ein neues erzählendes Genre ein: die phantastische Reiseerzählung, die ihr Gegenstück in Werken wie den *Reisen des Priesters Johannes* hatte. Die Legende von den Überlebenden der zehn Stämme Israels, wie sie jenseits des sagenhaften Flusses Sambation ein Leben in Freiheit und Unabhängigkeit führen, nährte die auf Wunscherfüllung gerichtete Phantasie des Juden im Mittelalter und seine messianischen Sehnsüchte nach einer Rückkehr in die alte Heimat. Volksphantasie zeichnete auch verantwortlich für die äußerst populäre Erzählung von einem Papst, der heimlicher Jude war und der sich in einem kritischen Augenblick erhob, um sein Volk vor dem Untergang zu retten.

Während des 12. Jahrhunderts entwickelte die Bewegung der Chaside Aschkenas in Deutschland (nicht zu verwechseln mit dem späteren Chasidismus) die Dämonengeschichte, ein Genre, das deutlich von der deutschen Volksüberlieferung im Mittelalter mit ihren Hexen,

Zauberern, Werwölfen usw. beeinflußt war. Heilige Männer retten die Juden durch magische oder kabbalistische Kräfte vor bösen Zauberern und Hexen oder vor tyrannischen Nichtjuden. Die Anfänge der berühmten *Golem-Legende,* die erzählt, wie ein frommer Rabbiner zur Rettung der Juden ein Monstrum erschuf, liegen in dieser Periode.

Ein großer Teil der jüdischen erzählenden Prosa des Mittelalters trug die Form von Sammelwerken. Die *Geschichte der zehn Märtyrer* besteht aus einer Gruppe von Erzählungen, die sich um das angebliche Martyrium von zehn Rabbinen während des Bar Kochba-Aufstandes ranken; der *Midrasch über die Zehn Gebote* verbindet mit jedem Gebot eine fromme Erzählung; das *Alphabet des Ben-Sira* hält sich schlicht an eine alphabetische Reihenfolge. Die antitraditionalistische Haltung dieses letztgenannten Werks ist ein einmaliges Phänomen. Ben-Sira, sein Held, ist das Ergebnis einer niedrigen, inzestuösen Affäre zwischen dem Propheten Jeremia und seiner Tochter!

Auch herkömmliche jüdische Helden werden in einem negativen Licht gezeichnet. So wird König David als ein schlauer Heuchler beschrieben. Verspottete der Autor traditionelle Werte, weil er einer nichtorthodoxen Sekte angehörte? Bis zum heutigen Tage haben Gelehrte seine ikonoklastische Haltung noch nicht erklären können.

Die *Makame,* ein arabisches literarisches Genre in gereimter Prosa, wurde gegen Ende des 12. Jahrhunderts von Jehuda al-Harisi in die hebräische Literatur eingeführt. In ihrer klassischen Form ist die einzelne *Makame* Teil eines *Makamen*-Kompendiums, dessen Gerüst sich auf die Beziehung zwischen zwei Hauptfiguren stützt: dem *Helden,* einem geriebenen, pikaresken Reisenden, ein talentierter Poet und charmanter Schurke, und *seinem Gegenstück,* dem Erzähler, der von den Possen seines Begleiters berichtet. Viele dieser Geschichten behandeln weltliche Themen: Reise, Romanze, eheliche Untreue und Flegeleien.

Zuweilen verwendet der hebräische Autor des Mittelalters das Motiv einer nächtlichen Reise, die in himmlische Sphären führt und die unter der Führung eines gütigen Boten aus dem Totenreich erfolgt, der Geheimnisse, von ›hinter dem Vorhang‹ lüftet. Der Einfluß von Dantes *Commedia* ist offensichtlich, aber auch der der Visionen Esras, der frühen apokryphen Literatur wie der *Henoch*-Schriften und dem *4. Esrabuch* und der mystischen *Hechalot*-Literatur der spät-talmudischen Zeit.

Mit dem Aufkommen der sogenannten ›Praktischen-Kabbala‹ im 16. Jahrhundert entstand die kabbalistische Erzählung. Die bekannteste darunter war ›Die Geschichte von Josef della Reyna‹, deren früheste Version aus dem 15. Jahrhundert stammt. In Faust-ähnlicher Thematik erzählt sie von einem Kabbalisten, der mit Hilfe kabbalistischer Magie den Satan fängt; aber Satan kehrt den Spieß um, indem er Josefs Überheblichkeit ausnutzt und ihn knechtet. Zu guter Letzt wird Josef in einen schwarzen Hund verwandelt.

Die Chasidim (die Frommen) im Osteuropa des 18. Jahrhunderts wandten sich, ohne die Halacha zu verwerfen, gegen den düsteren Legalismus, den die damalige Führung in Gemeinde und Religion verfocht und zogen einen emotionaleren und freudigeren Ausdruck ihres Judentums vor. Besonders betont wurde die Rolle des *Zaddik,* des mit übernatürlichen Kräften begabten charismatischen Führers, der als Vermittler zwischen den Frommen und ihrem Gott diente. Der *Zaddikismus* führte zwangsläufig zur Entwicklung hagiographischer Geschichten, die von den Wundern des *Zaddik* berichteten. Er konnte die Himmel durchdringen und die guten wie auch die bösen Kräfte, die das Schicksal der Menschen bestimmten, durch die Beschwörung seines kabbalistischen Wissens oder kraft seiner außergewöhnlichen Frömmigkeit beeinflussen.

In der Welt der Chasidim, am Hof des *Zaddik* und in der Betstube, besaß die Erzählung eine zentrale Funktion. Dies traf besonders auf die bemerkenswerten Geschichten des Rabbi Nachman von Brazlaw zu. Ganz im Sinne der Lehre, selbst das irdischste Phänomen habe einen geistigen Kern (den Funken), der von einer stofflichen Hülle überkrustet und den zu befreien die Aufgabe des *Zaddik* sei, fühlte sich Rabbi Nachman berechtigt, aus jeder ihm zugänglichen Quelle – aus Volksmund oder Literatur – für seine quasi-allegorischen Geschichten zu schöpfen.

Obwohl die Chasidim Jiddisch sprachen und auch erzählten, wurde die chasidische Erzählung in Hebräisch niedergeschrieben. Da sich der chasidische Autor primär mit seiner Fabel und nicht mit Stilfragen befaßte, ist sein Hebräisch in hohem Maße von jiddischen Elementen durchsetzt. Und obgleich oder gerade weil er die klassische hebräische Grammatik und Syntax häufig verletzte, gelang es ihm wie keinem seiner Vorgänger, die Würze des Volksidioms einzufangen.

**Literatur in der säkularen Welt**

Während des 18. Jahrhunderts erfuhr die hebräische Literatur eine radikale Veränderung, Ergebnis der wachsenden Säkularisierung im europäischen Judentum. Werke wie die zuvor besprochenen, wurden von der Intelligenz weitgehend abgelehnt. In Galizien traten zwei talentierte Satiriker auf: Josef Perl (1773-1839) und Isaak Erter (1791-1851). Perl verfaßte äußerst geistreiche Parodien auf chasidische Werke, eine Waffe gegen die Chasidim, die er als die Kräfte eines ›mittelalterlichen jüdischen Obskurantismus‹ betrachtete. Erter wählte für sein *Der Beobachter des Hauses Israel* einen biblischen Stil. Er entlieh den Erzählungen des Mittelalters und der Chasidim das Motiv der nächtlichen Reise, während der den Erzähler die Pfeile seines Spotts treffen.

Signifikantere Entwicklungen ereigneten sich im zaristischen Rußland. Abraham Mapu (1808-67), der erste hebräische Romancier, siedelte seine beiden historischen Romane, *Zionsliebe* und *Die Sünde Samarias,* im biblischen Palästina an. Seine Helden sind tapfere und ritterliche jüdische Edelleute, die Schurken unaufrichtige Neureiche, die im Begriff sind, die soziale Leiter emporzusteigen, religiöse Obskurantisten oder Heuchler. Sein Gesellschaftsroman *Der Heuchler* bildete den ersten Versuch, das Leben der zeitgenössischen jüdischen Gesellschaft im Romanwerk zu schildern.

In der folgenden Generation gelang es Perez Smolenskin (1840-85) und Ruben Ascher Braudes (1851-1903), einer realistischeren Schreibweise näherzukommen. Smolenskins *Der Irrende auf den Lebenswegen* ist besser strukturiert als *Der Heuchler,* weil in ihm die Geschichte um ihren Protagonisten (Josef) angelegt ist, der auf der Suche nach dem Sinn des Lebens den jüdischen Ansiedlungsrayon durchstreift. Josef begegnet der Subkultur jüdischer Bettler, studiert an einer litauischen *Jeschiva,* lebt am Hof eines chasidischen Rebben und reist bis nach London, Paris und Berlin. Smolenskin versuchte, ein

Panorama jüdischen Lebens zu vermitteln, wie es sich sowohl in Rußland als auch in Westeuropa abspielte.

In *Schandbegräbnis* führte er einen neuen Helden ein, den kämpferischen *Maskil* (Aufklärer), der weder innerhalb noch außerhalb der traditionellen Welt, in die er hineingeboren wurde, überleben kann. Dieser neue Held erscheint als junger militanter *Maskil*, der darum kämpft, sich vom engen mittelalterlichen Denken des jüdischen Weilers zu lösen, auch in Braudes unvollendetem Roman *Religion und Leben*. Dem Realismus näherte sich Braudes in seinem Roman *Die beiden Extreme*. Sein Held, der sich vom Einfluß der Tradition befreit hat, muß nun erfahren, daß dem neuen Säkularismus, nach dem er sich gesehnt hat, die Sicherheit und der Seelenfrieden einer traditionellen Gesellschaft fehlen.

Das letzte Viertel des 19. Jahrhunderts verzeichnet eine Krise im europäischen Liberalismus, und dies besonders in Osteuropa. Der von der europäischen Bourgeoisie befürwortete Reformismus mit seinen Emanzipationsversprechungen wurde nach der Ermordung Alexanders II. fallengelassen. Hebräische Autoren und Leser der neuen Generation konnten nicht länger die Romantik ihrer Vorgänger hinnehmen. Das strengere Klima der neuen Ordnung verlangte nach einem realistischeren Zugang.

Mendele Mocher Sefarim (1835-1917) steht am Scheideweg zwischen der Haskala und dieser neuen Periode. Sein Hang zum Realismus ließ ihn 1867 das inflexible und schwülstig-euphuistische Hebräisch seiner Zeitgenossen zugunsten des reicheren und schmiegsameren jiddischen Idioms aufgeben. Aber sogar das Jiddische, so fand er, mußte in eine literarische Sprache gebracht werden. Wie kein zweiter zeichnet Mendele für die Entwicklung eines literarischen Jiddisch verantwortlich. Er verspottete wie die *Maskilim* das Leben im Rayon, milderte aber in seinem späteren Werk den Stachel, indem er die Texte mit nostalgischen Passagen versetzte, die einfache Frömmigkeit und starken Familiensinn, die Kennzeichen der traditionellen jüdischen Gemeinschaft, preisen. Als Antwort auf das Drängen seiner jüngeren Kollegen, kehrte Mendele 1880 zum Hebräischen zurück und schuf ein neues realistisches Idiom, das rabbinisches und biblisches Hebräisch enthielt. Mendeles ›neuer Stil‹ beeinflußte die spätere Prosa in hohem Maße.

Die polnischen Schriftsteller, weniger realistisch und doktrinär, neigten dazu, mehr Wert auf Gefühl und Schönheit als auf Form und klassische Syntax zu legen. Die führende Gestalt, I. L. Perez (1851-1915), der wie Mendele jiddisch und hebräisch schrieb, verkündete: »In der Welt der Literatur ist die Sonne des Realismus untergegangen.« Beim Versuch, das mystische Entzücken seiner Figuren voll zum Ausdruck zu bringen, gebraucht er einen impressionistischen, empfindsamen Stil.

Einer der ersten Vertreter des neuromantischen Stils war Micha Josef Berdyczewski (Bin Gorion, 1865-1921). Er stellte das Wertsystem des traditionellen Judentums in Frage, das auf Kosten der persönlichen Freiheit Gemeindedisziplin und religiösen Konformismus forderte. Nur die Befreiung des einzelnen zur Ausübung seiner kreativen Instinkte, so glaubte Berdyczewski, könne zur nationalen Wiedergeburt führen. Berdyczewskis Helden sind Individualisten, die aus der engen Welt ihrer Kindheit auszubrechen versuchen, aber häufig nicht imstande sind, den Bruch psychisch zu vollziehen. Ihr Unvermögen wird oft nicht nur durch Schuldgefühle gegenüber ihrem früheren Wertsystem verstärkt, sondern auch durch tiefe Treue zur Gruppe und Familienliebe.

## Die Wiederbelebung des Hebräischen

Mit dem Aufleben des jüdischen Nationalismus und des Zionismus wurde die Frage nach der ›Authentizität‹ zum Problem. Moderne hebräische und jiddische Autoren hatten im allgemeinen europäische literarische Muster und Normen für ihre Arbeiten übernommen. Sollten sie nicht zu ›authentischeren‹ jüdischen Vorbildern zurückkehren? Ernsthafte Versuche bemühten sich um eine Vielzahl von Möglichkeiten: um biblischen Tonfall, die Verschmelzung von biblischem und aggadischem Hebräisch, den Gebrauch von jüdischen und mittelalterlichen Motiven aus der Volksüberlieferung und der chasidischen Erzählung. Aber mit keinem dieser Experimente gelang es, eigene hebräische literarische Formen zu entwickeln.

In der Generation, die auf Mendele folgte, kam in der hebräischen Literatur dem *Talusch* (dem entwurzelten Mann des Untergrunds, der seine volle Entwicklung zum Anti-Helden in den Arbeiten von Josef Chajjim Brenner [1881-1921] erreichte), die Rolle des Protagonisten zu. Die Welt Brenners war die einer düsteren Desillusionierung, in welcher die alten Gewißheiten der Tradition unbarmherzig, wenn auch mit Schmerzen, abgeworfen und die neuen Ideologien, Sozialismus und Zionismus, in masochistischer Manier als oberflächlich und unzulänglich entlarvt werden. Dennoch war Brenner kein Nihilist. Er blieb moralisch der Wahrheit verpflichtet, der brutalen Wahrheit von der tragischen Lebenssituation des Menschen. Kein hebräischer Schriftsteller hatte bisher die Tragödie der frühen Siedler in Palästina ergründet, ihre physischen und geistigen Agonien, ihre doppelte Enttäuschung durch die Welt des *Chaluz* (Pionier) und die Welt der alten orthodoxen Gemeinde in Jerusalem.

## Die Herausforderung Palästinas und Israels

Die Schriftsteller der Zweiten Alija (Einwanderungswelle 1905-14) waren kulturell in Osteuropa verwurzelt, und viele ihrer Werke sind in der Welt ihrer Kindheit angesiedelt. Ihre Ergebenheit an den Zionismus trieb sie jedoch an, sich der neuen Szene mit rasender und fast künstlicher Eile anzupassen. Zuweilen herrschte eine romantische Tonart vor: die Landschaft begann biblische Erinnerungen zu atmen. Doch zu anderen Zeiten fanden die ökonomische Bedrängnis, die Malaria, die Feindlichkeit der Araber, die Verzagtheit, Enttäuschung und Einsamkeit der jungen *Chaluzim* ihren tragischen und bitteren Ausdruck.

Die Schriftsteller der zwanziger und dreißiger Jahre teilten die gemeinsame Erfahrung ihrer osteuropäischen Herkunft, die traditionalistische Erziehung im *Schtetl* (Städtchen), die Auflehnung gegen die Orthodoxie, den Schrecken und die Ernüchterung durch Kriege, Revolutionen und Pogrome und die Glut einer Bindung an Zionismus und Sozialismus. Der Hintergrund J. S. Agnons, bei weitem der führende hebräische Romanschriftsteller der Periode, ist hiervon in gewisser Hinsicht verschieden. Eher Galizier als Russe, war er während der Zweiten Alija nach Israel gekommen (1907), aber kurz vor dem Ersten Weltkrieg nach Deutschland übersiedelt, wo er länger als ein Jahrzehnt deutsche und deutsch-jüdische Kultur in sich aufnahm. Sein Erfolg verwies auf den hohen Rang, den die polnisch-galizische Linie in der modernen hebräischen Literatur mit ihrem nachnaturalistischen, neuromantischen Hang zum symbolistischen und metarealistischen Stil einnahm, Agnons Prosa ist von epischer Breite und in einem ausgedehnten geographischen Rahmen angesiedelt: im Galizien seiner Vorfahren und seiner Zeit, im Deutschland während und unmittelbar nach dem Ersten Weltkrieg und im osmanischen und britischen Palästina. Sein zentrales Thema ist die Desintegration der kulturellen Einheit moderner Juden.

In *Das Brautgeleit* versucht er, eine eigene ›jüdische‹ Erzählform zu entwickeln, die um wiederkehrende Motive aus der frommen Literatur (Ehe, Völlerei, Gastfreundschaft, Umherziehen usw.) angelegt ist. Gewöhnlich jedoch ist seine Schreibweise europäisch mit Formen vom klassischen Roman *(Eine einfache Geschichte)* bis hin zu den komplizierten symbolistischen Geschichten seiner späteren Periode *(Bis jetzt* und *Innerhalb der Stadtmauern).* In *Nur wie ein Gast zur Nacht* schildert er den Zerfall der jüdischen Welt Osteuropas nach dem Ersten Weltkrieg. *Gestern, Vorgestern* spiegelt den Zusammenstoß von Tradition und Moderne unter den frühen Siedlern des osmanischen Palästina wider. Die faszinierende Welt der Intellektuellen Jerusalems während der dreißiger Jahre bildete den Hintergrund für *Schira,* einen unvollendeten Roman.

In größerer Übereinstimmung mit der realistischen Tradition Rußlands steht Chajjim Hasas, der den Realismus der Schule von Odessa mit einem Hang zur Groteske verschmolz. Nach seiner Übersiedlung nach Israel wandte er sich der Thematik der Palästinapioniere *(Chaluzim)* und der Schilderung des Daseins jemenitischer Juden vor und nach ihrer Auswanderung aus dem Jemen zu. Zentrales Thema vieler seiner Arbeiten ist der Zionismus, den er oft mit dem jüdischem Messiasglauben in Verbindung brachte. Die Erlösung der Juden, so argumentieren viele seiner Charaktere, sei in der Vergangenheit nicht erreicht worden, weil es den Juden an Mut gefehlt habe, alles aufs Spiel zu setzen, die Sicherheit des Gewohnten für die Herausforderung des Idealen aufzugeben.

Die hebräische Literatur des frühen 20. Jahrhunderts war im wesentlichen Emigrantenliteratur. Schriftsteller wie I.D. Berkowitz und Schimon Halkin waren von Osteuropa nach Amerika und anschließend nach Palästina gegangen und schilderten jede dieser Kulturen und die Stellung des jüdischen Einwanderers in ihnen. Schon der Sachverhalt, daß bis zur Mitte des Jahrhunderts moderne hebräische Autoren nicht nur mit einer Sprache vertraut waren, sondern gleichzeitig in zwei oder mehreren Kulturen lebten, verlieh der hebräischen Literatur ihren besonderen Reichtum.

Während der vierziger Jahre – fast gleichzeitig mit der Gründung des Staates Israel – hatte sich eine neue Generation von in Palästina geborenen Lesern und Schriftstellern bemerkbar zu machen begonnen. Sie waren weit weniger an der europäischen Vergangenheit ihrer Eltern interessiert. »Der neue junge Leser«, sagt Ja'acov Rabinowitz, »fragt heute: Was haben wir mit jenen dort zu schaffen? Gebt uns dieses Land, diesen Augenblick. Gestern, die Vergangenheit, was bedeutet ihm das schon? Er schämt sich nicht, dies einzugestehen; im Gegenteil, er ist stolz darauf. Die Geschichte beginnt mit ihm, mit seiner Generation, wo er lebt, jetzt!« S. Jizhars (geboren 1916) *Efraim kehrt heim nach Alfalfa* (1938) ist das erste bedeutende Werk der neuen Schule. Sein hebräischer Stil hat natürlichen Rhythmus und Klang, was ihn von dem der älteren Generation unterscheidet. Der einheimische Schriftsteller ist von der Landschaft besessen, die er mit einer zuvor kaum gekannten Frische und Flexibilität der Sprache beschreibt.

Das Aufkommen der neuen Schule fällt mit der Endphase des Kampfes um die nationale Unabhängigkeit zusammen. Mosche Schamirs (geboren 1921) realistischer Roman *Hu halach ba-Sadot (Er ging durch die Felder,* 1946) war nicht nur ein Bestseller, sondern wurde in seiner Bühnenversion auch ein großer Hit der Kriegsperiode. Eltern und Soldat identifizierten sich mit Uri, dem wortkargen, kecken Feldwebel, der das Leben liebte und dessen Hingabe an den nationalen Kampf nicht ›ideologisch‹, sondern von sozialen Imperativen bestimmt war. S. Jizhars tiefgründigerer Kriegsroman *Die Tage von Ziklag* (1958), den der Autor aus einer ›Distanz‹ von beinahe einem Jahrzehnt verfaßte, untersuchte mit großem Einfühlungsvermögen die Welt einer Soldatentruppe, ihre Ideale und Ängste: die seltsame Verbindung von Heimatliebe und Entfremdung, die den jungen Israeli, nur eine Generation vom Einwanderer entfernt, beunruhigt und die zuweilen das gesamte zionistische Unternehmen in Frage stellt.

Die fünfziger Jahre waren turbulent. Die im Land Geborenen hatten die besten Positionen in Regierung, Universität, Industrie und Armee inne, sehnten sich aber nach der alten Geborgenheit ihrer zionistischen Ideologie. Aharon Megged bringt in *Chedwa wa-ani (Chedwa und ich)* die Enttäuschung des Ex-*Palmachnik* zum Ausdruck, indem er den Verlust von Idealismus und die Ausbreitung von Karrieredenken beklagt, die die neue Ära kennzeichnen.

Zu den neuen Emigranten gehörten Überlebende der Judenvernichtung des Dritten Reiches, die jung genug waren, sich das neue hebräische Idiom anzueignen und sich den einheimischen Autoren zuzugesellen. Itamar Jaoz-Kest (Ungarn, 1934) beschreibt schon zwei Jahrzehnte nach seiner Einwanderung die Minderwertigkeitsgefühle der neuen Imigranten und ihren glühenden Wunsch, sich in die Welt der einheimischen *Sabres* einzugliedern und die tragische Vergangenheit zu vergessen. Doch, so versichert der Schriftsteller, könne die Vergangenheit nicht begraben werden, sondern werde sich wie ein Geist erheben, um die »Kinder des Schattens« zu jagen und von den »anderen« zu trennen. Sehr eindringlich sind die Kurzgeschichten und Novellen Aharon Appelfelds. Appelfeld geht seinen ›Holocaust‹ kaum direkt an. Er schildert Menschen und Begebenheiten, die vor oder nach der Erfahrung der Vernichtungslager existiert haben. In einer seiner späteren Novellen, *Badenheim,* sind sich die Opfer, alljährliche Besucher einer Sommerfrische, bis zu dem Zeitpunkt, an dem die Falle zuschnappt, kaum der Tatsache bewußt, daß der Ort in ein Auffanglager zu ihrer Verschickung in die Vernichtungslager umgewandelt worden ist. Dies soll nicht heißen, daß die übrigen Autoren die europäische Judenvernichtung ignoriert hätten. Chanoch Bartov stellte sich ihr und dem Problem, wie man ihre Toten rächen könne, in dem Roman *Die jüdische Brigade.* Jehuda Amichai (geboren 1924), der zwar in Deutschland geboren wurde, aber rechtzeitig der Vernichtung entkam, setzt sich mit ihr in seinem Roman *Nicht von jetzt, nicht von hier* auseinander, indem er seinen Helden in seine deutsche Geburtsstadt zurückkehren läßt.

Um die Mitte der fünfziger Jahre trat, angeführt von Amos Os (geboren 1939) und A. B. Jehoschua (geboren 1936), eine neue Welle hebräischer Prosaautoren auf den Plan. Amos Os' erstes Buch *Land des Schakals* ist eine Sammlung von Kibbuzgeschichten. Der Kibbuz wird zum Symbol für Israel, eine grüne, kultivierte Oase, die von einer Wüste umgeben ist, in der geduldige Schakale umherstreifen und auf ihr Aas warten. Diese Realität einer allgegenwärtigen Vernichtungsdrohung wird zur Metapher für die Kondition des Menschen, der von irrationalen Kräften umgeben ist, die sein Schicksal vor der Zeit besiegeln.

A.B. Jehoschua griff für eine scheinbar säkulare Geschichte, *Galjahs Hochzeit*, auf jüdische Symbole zurück: den brennenden Dornbusch, den himmlischen Thronwagen und seine heiligen Tiere. Die Geschichte einer unerfüllten Liebe ist zugleich eine Allegorie für des Pilgers Suche nach Erlösung. Nachdem es ihm mißlungen ist, sein Liebstes (den Gral?) zurückzuerlangen, steigt der Held in einen leeren Bus und befiehlt seinem mysteriösen Fahrer, ins Dunkle zuzufahren. Die Suche muß weitergehen.

Die Erzählungen Amalia Kahana-Carmons sind eher psychologisch als meta-realistisch orientiert. »Ich habe nur mich selbst zu geben«, sagt eine ihrer Figuren. Ein zentrales Thema ist die Wechselbeziehung von Menschen in der Liebesbegegnung. Die Autorin vertritt die Ansicht, stabile menschliche Beziehungen seien unmöglich, weil niemand den »anderen« wirklich verstehen oder den äußersten Preis der Liebe, den Verlust der Unabhängigkeit, auf die Dauer ertragen könne.

Jizchak Orpas, dessen früheste Arbeiten symbolbeladen sind und zuweilen Tendenzen eines Quasimystizismus *(Daniels Reise)* aufweisen, hat sich einem realistischeren Stil (*Das Heim eines andren*) zugewandt.

Der jetzige Trend geht wieder hin zu einem neuen Realismus. Dies wird sichtbar in den letzten Werken von Jehoschua (*Der Liebhaber*) und Os *(Der Berg des üblen Rates)* und in den Erzählungen und Romanen zweier junger Autoren, Jizchak ben Ner und J. Korn, Geschichten, die in den etablierteren Gemeinden des ländlichen Israel spielen und von einem herben, fast Hardy-ähnlichen Realismus durchdrungen sind.

Eine Prognose, in welche Richtungen sich die hebräische erzählende Prosa künftig entwickeln wird, ist schwer zu stellen. Zunehmend nähert sich die Bevölkerung Israels im ethnischen Erscheinungsbild der des Mittleren Ostens, sichtbare Zeichen für eine Beeinflussung der Schriftsteller durch arabische Literatur sind jedoch nicht vorhanden. Die amerikanisch-europäische Tradition ist nicht nur fest in der hebräischen Literatur, sondern auch in der literarischen Welt Arabiens selbst verankert. Man darf wohl eine steigende Zahl von Autoren, die aus dem Mittleren Osten kommen und sogar die Einführung von Figuren und Begebenheiten aus dieser Gemeinschaft erwarten, die Art der Durchführung wird aber sicher ihren westlichen Charakter bewahren. Vor allem aber wird viel davon abhängen, ob der arabisch-jüdische Konflikt gelöst wird. Sollte dies eintreten, was wären dann die Folgen des Nachlassens des Terrors und einer Öffnung zum Osten hin?

# Jüdische Literatur: Lyrik

T. CARMI

Die besonderen geschichtlichen Merkmale der hebräischen Poesie sind ihre zeitliche Spannweite und ihre geographische Verbreitung. Praktisch ohne Unterbrechung wurde sie von der biblischen Zeit bis zum heutigen Tage geschrieben. Im Laufe der Jahrhunderte hatte sie ihre Hauptzentren in Palästina, Spanien, Babylonien, Italien, Deutschland und Osteuropa. Wichtige Zweige gab es auch in Nordafrika, dem Balkan, dem Jemen und in Holland.

Diese Langlebigkeit und Mobilität schloß mehrere – wenn auch manchmal vergebliche – Aufbrüche ins Neue ein. Sie brachte Jahrhunderte der Kontinuität, gefolgt von Zeiten des Vergessens und schließlich der Wiederentdeckung vernachlässigter Schätze. Dies bedeutete auch, daß die hebräische Lyrik während ein und derselben Periode in verschiedenen geographischen Breiten sehr unterschiedlichen Entwicklungsstufen angehören konnte.

Trotz ihrer Streuung über Zeit und Ort bewahrte sich die hebräische Poesie ihre spezifische Tradition, die äußere Einflüsse sowohl absorbierte als auch umgestaltete. Hatte sich einmal ein Zentrum gebildet, wurde seine Entwicklung von einem komplexen Netz von Beziehungen und Spannungen getragen: von der Interaktion zwischen ursprünglicher Matrix und dem Einfluß der Literatur des Gastlandes; zwischen der Verbindung, die sich hieraus ergab und der Anziehungskraft anderer hebräischer Zentren; zwischen dem Nimbus einer verehrten Tradition und dem Bedürfnis nach Erneuerung; und zwischen seiner ererbten Prosodie und der örtlichen Aussprache des Hebräischen.

### De Blütezeit des Pijjut

Die nachbiblische Poesie entwickelte sich in Palästina unter der späten römischen und byzantinischen Herrschaft, in den Jahrhunderten, die der muslimischen Eroberung (636) vorangingen. Diese Periode nun zeugt von der bemerkenswerten Blüte des *Pijjut* (von griech. Poietes, hebr. Paitan), d.h. der liturgischen Poesie, die bis ins späte 8. Jahrhundert hinein Palästina zum Zentrum der hebräischen Literatur machte.

Die *Paitanim*, liturgische Dichter, waren gewöhnlich

Kantoren. An jedem Sabbat und zu jedem Fest überraschten sie ihre Gemeinde mit neuen Kompositionen, die den Gegenstand der biblischen Lesung und des spezifischen Themas des heiligen Tages entwickelten.

Über die Herkunft des *Pijjut* ist wenig bekannt. Die ersten vier oder fünf Jahrhunderte nachbiblischer Poesie sind mit den Gedichten des Talmud (abgeschlossen um 500 n. Chr.), den ekstatischen Hymnen der palästinischen *Hechalot*-Mystik (um das 3. und 4. Jahrhundert) und einigen alphabetischen Gebeten von hohem Alter nur spärlich vertreten. Der größte Teil der bedeutenderen Genres findet sich – vollständig oder unvollständig – in der vorklassischen Periode (5. - 6. Jahrhundert). Sie waren noch reimlos. Das alphabetische Akrostichon bestimmte die Struktur der Komposition. Oft war das Wortmetrum das ordnende rhythmische Prinzip. Das Vokabular entstammte gewöhnlich der Bibel, wenn auch der *Paitan* das semantische Feld vieler Begriffe erweiterte und Neuschöpfungen nicht gerade ablehnend gegenüberstand. Allgemeiner gesagt: Der vorklassische *Pijjut* und die ihm vorausgegangene Poesie sind in überraschend modernem Ton gehalten. Ihre Diktion und ihr Rhythmus sind klar und eindringlich.

Die klassische Periode (von der Mitte des 6. bis gegen Ende des 8. Jahrhunderts) legte die komplizierten Muster der wichtigsten Genres fest und verstärkte den Gebrauch schon vorhandener Kunstgriffe. Sie schuf ein extrem dichtes Gewebe von schmückenden Beiworten, Neologismen und Anspielungen auf den Midrasch und entwickelte stufenweise ein spezialisiertes, nur ihm eigenes Vokabular, das den *Pijjut* oft dunkel und verschlüsselt erscheinen läßt. Die Akrosticha wurden hochkompliziert. Manchmal buchstabierten sie nicht nur den Namen des Autors, sondern auch den seines Vaters, seinen Geburtsort und seinen Beruf und enthielten sogar Schlußformeln wie *Chasak,* »sei stark!«

Die herausragende Erneuerung der klassischen Periode war die Einführung des Reims als Einheitsmerkmal liturgischer Poesie. Der Reim bestimmte nun die Grenzen von Verszeile und Strophe. Der Gewinn an Klangfülle wurde jedoch mit dem Verlust an rhythmischer Straffheit bezahlt.

Die Entwicklungen des *Pijjut* und die Veränderungen, die er in der späten östlichen Periode (ca. 750 - 1050) erfuhr, kann nur im Kontext seiner Beziehung zum öffentlichen Gebet gesehen werden. Während der vorklassischen und klassischen Perioden hatten die Pflichtgebete, die die Gemeinde sprach, zwar festgesetzte Formen angenommen, der gesamte Aufbau der Liturgie war jedoch noch nicht festgelegt, und den *Paitanim* stand daher ein großer Spielraum zur Verfügung. Ihre monumentalen Sequenzen, die entweder vom Kantor oder dem Vorbeter vorgetragen wurden, konnten in der Tat ganze Prosapassagen der Liturgie ersetzen.

Der *Pijjut* verlor seinen Status als ›Gebet in Versmaß‹, als der gesamte Liturgietext kanonisiert wurde und man im Babylonien des 9. Jahrhunderts die ersten Gebetbücher herausgab. Von nun an konnte er nicht länger als Alternative zu Passagen des kodifizierten Ritus gelten; er mußte sich mit der Stellung als schmückendes Beiwerk begnügen, als Verschönerung des streng formulierten Textes.

Bis hin zum 10. Jahrhundert ist fast die gesamte hebräische Dichtung liturgisch. Dies bedeutet jedoch nicht, daß sie immer ›religiös‹ im begrenzten Sinne des Wortes ist und die Zustimmung des Lesers zu einem Glaubens- und Dogmensystem fordert. Da der *Pijjut* gewöhnlich

*Ein Kantor, aus der a. S. 205 beschriebenen* Vogelkopf-Haggada. *Die frühen* Paitanim *(liturgische Dichter) waren gewöhnliche Kantoren.*

dem biblischen Wochenabschnitt und den entsprechenden Abschnitten aus den prophetischen Büchern (der Haftara) zugeordnet ist, erfreut er sich einer fast unbegrenzten Spannbreite in der Wahl seines Gegenstands. Solange der *Paitan* die formalen Bindeglieder im liturgischen Gerüst an den vorgeschriebenen Punkten beachtet, darf er, und er tut dies auch, nach Belieben abschweifen. Innerhalb der Grenzen eines Abschnitts, kann er vom Lyrischen zum Dramatischen, von der Erzählung zur demütigen Bitte, von meditativer Poesie zu mystischen Hymnen wechseln.

Obwohl die späte östliche Periode bei der Auflösung des klassischen Genres vorrangig und sie im allgemeinen einen weniger rhythmischen Vers und weniger anspruchsvolle Reimformen favorisierte, gab sie im Werk ihrer begabtesten Dichter, Sa'adja Gaon und Samuel ha-Schelischi, auch Zeugnis für eine Wiederbelebung der Klassik. Samuel (um das späte 10. Jahrhundert) war wie kein zweiter Meister des straffen und melodiösen hebräischen Verses.

Sa'adja Gaon (882 - 942), der originellste Poet und Denker seiner Zeit, war das wichtigste Bindeglied zwischen der östlichen und der spanischen Schule.

## Das ›Goldene Zeitalter‹ in Spanien

Bis hin zum 10. Jahrhundert ist die Herkunft der hebräischen Poesie relativ leicht zu bestimmen. Alle *Paitanim* der klassischen Epoche hatten ihren Wirkungsbereich in Palästina.

Von der Mitte des 9. Jahrhunderts an löste Babylonien mit seinem Netz von talmudischen Akademien und seiner hochorganisierten jüdischen Gemeinde Palästina als führendes Zentrum jüdischer Gelehrsamkeit ab. Inzwischen waren auch Zweige in Ägypten, Nordafrika und Syrien aufgekommen, die, wie Palästina, die Vorrangstellung Babyloniens und seiner liturgischen Bräuche anerkannten.

Gegen Ende des 9. Jahrhunderts tritt die hebräische Literatur erstmals auf europäischem Boden, in Süditalien, in Erscheinung. Unter dem direkten Einfluß Italiens bringt Deutschland im 10. Jahrhundert seinen ersten bedeutenden Dichter, Simon ben Isaak, den Großen (Mainz), hervor.

Im 10. Jahrhundert, als die andalusische Schule (Andalusien umfaßte zu jener Zeit den größten Teil der Iberischen Halbinsel) und profane Dichtung aufkamen, erfuhr der Charakter der hebräischen Dichtung eine dramatische Veränderung. Als Dunasch ben Labrat von Cordoba (er wurde in Fez geboren und studierte unter Sa'adja in Bagdad) zum ersten Mal die quantitativen Metren vom Arabischen ins Hebräische übertrug, die ersten, beinahe apologetischen weltlichen Gedichte und die ersten *Pijjutim* im neuen Stil schrieb, vollzog er eine der drastischsten Operationen in der Geschichte der hebräischen Dichtung. Innerhalb von Jahrzehnten unterwarf sich das Hebräische den Techniken der andalusischen Schule und beherrschte sie in Kürze.

Die Hebräische Dichtung erstreckt sich in Spanien über einen Zeitraum von etwa fünfhundert Jahren, der in zwei Hauptperioden unterteilt werden kann: die muslimische Periode (ca. 950 - 1150) und die christliche Periode (ca. 1150 - 1492). Zu Beginn des 11. Jahrhunderts hatte sich der erste der Großen des ›Goldenen Zeitalters‹ (ca. 1020 - 1150) erhoben: Samuel-ha-Nagid – Samuel der Prinz, der zwanzig Jahre lang die muslimischen Truppen von Cordoba befehligte und dessen epische und lyrische Berichte über Militärkampagnen einen jähen Bogen zum ›Deboralied‹ (Ri 5) schlagen. Ihm folgten drei herausragende Figuren: Salomo ibn Gabirol, der leidenschaftliche, nach innen gerichtete Dichter und bedeutende Philosoph; Moses ibn Esra, der virtuose Stilist und Theoretiker; und Jehuda ha-Levi, ›der süße Sänger Zions‹, vielleicht der hervorragendste Dichter dieser Schule.

Profane hebräische Poesie entstand an den Höfen jüdischer Granden, die muslimischen Herrschern als Höflinge dienten. Diese aristokratische Herkunft prägte nicht nur den Themenkreis der Gedichte, sondern auch deren Stil und Charakter. Ihre wichtigsten Genres waren Preisgedichte, Klagelieder auf den Tod des Herrn oder seiner Verwandten, Gesänge zum Eigenlob und Scheltlieder, die sich gegen die Rivalen des Herren oder, wenn es nötig schien, gegen den geizigen Herrn selbst richteten; aphoristische Verse, stilisierte Wein- und Liebeslieder, die unter Instrumentalbegleitung die Gesellschaft ergötzten, die sich im Frühjahr im Palastgarten oder im Winter im Palasthof zum Trinkgelage versammelt hatte. Es gab auch Gattungen von eher persönlicher Natur, wie Klagelieder oder besinnliche Gedichte.

Daneben wirkten andere formende Kräfte, vor allem die gewaltige Anziehungskraft des arabischen Verses und der hochmotivierte Wunsch, das biblische Hebräisch wiederzubeleben. Diese Neubelebung von biblischem Vokabular und Bildern wurde von starken Nationalgefühlen gefördert und spiegelte eine Tendenz zur Rivalität mit der Gastkultur wider. Den Arabern war die besondere stilistische Güte des Koran Beweis für seine Wahrhaftigkeit und göttliche Inspiration. Dem entgegneten die Juden mit einer Verherrlichung des Hebräischen des älteren Buches der Bücher. Immer wieder betonen die Dichter, ihre Intention sei es, die überlieferte Sprache zu verherrlichen und zu zeigen, daß sie der herrschenden Sprache gleichwertig, wenn nicht gar überlegen sei.

Der aristokratische Hintergrund der weltlichen hebräischen Dichtung verbannte sie nicht hinter die Palastmauern; sie gewann schnell ein weites und empfängliches Publikum in Spanien und in fernen Ländern. Ihr Triumph erreichte seinen Höhepunkt, als sie in den *Pijjut* eindrang und damit die Massen in der Synagoge erreichte. Zum ersten Mal in der jüdischen Geschichte war der *Paitan* nicht nur ›Stellvertreter‹ und ›Beauftragter‹ der Gemeinde *(Scheliach Zibbur)*, sondern auch professioneller Dichter, der an die gleichen Konventionen gebunden war und an den gleichen ästhetischen Kriterien gemessen wurde, wie ein weltlicher Poet. Die ersten beiden *Paitanim*-Generationen nach Dunasch ben Labrat (gestorben um 990) zögerten noch, seine Neuerungen zu akzeptieren, aber seit der Zeit Ibn Gabirols (geboren 1021/22) waren die größten *Paitanim* auch gleichzeitig die größten weltlichen Dichter.

Ein hervorragendes Beispiel für die Verbindung zwischen Heiligem und Profanem wird in einem berühmten Gedicht von Jehuda ha-Levi geboten:

*Seit du die Heimstatt meiner Liebe warst,*
*wohnt meine Liebe dort, wo du gewohnt.*
*Um dich hab' ich den Unmut meiner Hüter froh getragen;*
*laß' sie gewähren, laß' sie jenen quälen, den du gequält.*
*Sie haben ihren Grimm von dir gelernt und deshalb lieb' ich sie,*
*weil sie den Wunden jagen, den du niederschlugst.*
*Vom Tag, an dem du mich verschmähtest, habe ich mich selbst verschmäht,*
*denn ehren will ich nicht, was du verachtet hast . . .*

Das Gedicht ist in der klassischen, einreimigen Form geschrieben (die Halbverse sind hier als gesonderte Zeilen gedruckt). Sein Vokabular und seine Bilder sind typisch für das weltliche Genre. Erst in seinem letzten Vers

*bis Dir Dein Zorn erloschen ist und wieder Du*
*Dein Eigentum erlöst, das Du einstmals erlöstest –*

enthüllt sich das Gedicht als *Pijjut*. Und viel erstaunlicher noch: Mit Ausnahme des letzten Verses ist dieser *Pijjut* die Neufassung eines arabischen Liebesgedichts aus dem 8. Jahrhundert.

Die Schnelligkeit, mit der die andalusische Schule die Zentren hebräischer Dichtung in der ganzen Welt eroberte, ist eines der überraschendsten Phänomene in den Annalen hebräischer Poesie. Zu Beginn des 11. Jahrhunderts schrieben Dichter in Babylonien, Ägypten, Nordafrika und Palästina bereits im spanischen Stil. Von der Mitte des 12. Jahrhunderts an wurde die andalusische Poesie auch in der Provence vorherrschend. Zur gleichen Zeit gaben die Dichter in Italien den palästinischen *Pijjut*-Stil auf und begannen profane und geistliche Poesie in hispano-arabischer Manier zu schreiben. Griechenland, die Türkei und der Jemen schlossen sich an. Die Konventionen der spanischen Schule wurden so verbreitet, daß es oft schwerfällt, die eigentliche geographische Herkunft eines Gedichts im andalusischen Stil festzustellen.

Das einzige Zentrum, das der andalusischen Schule keinen ungeteilten Tribut zollte, war das deutsch-französische oder aschkenasische. Obwohl aus ihm in seiner klassischen Periode (10. Jahrhundert) und während seiner typisch aschkenasischen Phase (12. und 13. Jahrhundert) Werke großer Dichtkunst hervorgingen, war es wahrscheinlich das provinziellste und abgeschiedenste Zentrum hebräischer Poesie. Historische Umstände – die Verwüstungen während der aufeinanderfolgenden Kreuzzüge und die brutalen Pogrome während der Jahre des ›Schwarzen Todes‹ (1348/49) – erklären dies zum Teil. Die poetischen Bemühungen der aschkenasischen Schule richteten sich vor allem auf leidenschaftliche Bußverse *(Selichot)* und Klagelieder *(Kinot)*, von denen viele die quälenden Erlebnisse der Rheinland-Gemeinden wiedergaben.

## Die Reconquista

Das ›Goldene Zeitalter‹ in Spanien nahm 1140 mit der Invasion der Almohaden, einer fanatischen Berbersekte aus Nordafrika, ein plötzliches Ende. Nach der Zerstörung der jüdischen Zentren in Andalusien zogen die Gemeinden nach Norden, ins christliche Spanien. Neue Zentren hebräischer Poesie entstanden nun sowohl in Toledo, Saragossa und Barcelona als auch in nördlicheren Gebieten wie Navarra, die nie unter muslimischer Herrschaft gestanden hatten.

Die Zahl der Gönner hebräischer Poesie versiegte im christlichen Spanien nicht. Es gab jüdische Prinzen, Höflinge und Beamte im Dienst christlicher Könige, die wie ihre andalusischen Vorgänger eine schützende Hand über Poeten und Gelehrte hielten. Jedoch war der Umfang des Patronats und die Bedeutung des Hofes merklich vermindert. Die Poesie neigte nun dazu, persönlicher und realistischer zu werden und reflektierte weite Bereiche des individuellen Lebens und der Erfahrungen der Allgemeinheit.

Die Sprache, nunmehr mit Elementen des rabbinischen Hebräisch und der Terminologie, die von den Übersetzern der jüdisch-arabischen Klassiker eingeführt worden war, bereichert, wurde umfassender. Die Spannungen zwischen jüdischer Aristokratie und den Massen fand ihren Ausdruck in der sozialen Satire, die für ein breites, volkstümliches Publikum bestimmt war.

Die wichtigste Neuerung der christlichen Periode stellte die Einführung von Erzählungen in gereimter Prosa, die von metrischen Gedichten durchsetzt war, dar. Als bekanntestes Genre unter diesen Werken gilt die *Makame,* die ihre volle Entfaltung im Werk Jehuda al-Charisis (ca. 1170 - nach 1235) erreichte.

Alle Gedichte innerhalb der *Makame* oder in den verwandten Gattungen der gereimten Erzählung hielten sich strikt an die Form der klassischen Kaside (quantitatives Metrum und einheitlicher Reim). Obwohl vom Typ her traditionell, hatten sie doch eine weitreichende Wirkung auf Gegenstand, Ton und Figuren der profanen Dichtung. Das erzählende und dramatische Gerüst gab den Dichtern die Möglichkeit, verlassenen Frauen, impotenten Graubärten, gastfreien Bauerntölpeln, wollüstigen Ehebrechern und selbst pathetischen Hähnen, die vor dem Messer des Schlächters flüchteten, poetische Monologe in den Mund zu legen. Der Bau der *Makame* erlaubte es dem Dichter auch, poetische Duelle in Szene zu setzen, in doppelter Gestalt als Anwalt von Anklage und Verteidigung aufzutreten, der in einem Atemzuge Frauen oder Wein preisen und verdammen und der auch autobiographische Erfahrungen mitteilen konnte.

Die Vertreibung der Juden aus Spanien im Jahre 1492 und aus Portugal im Jahre 1497 signalisierte für die hebräische Dichtung den Anbruch einer neuen Ära. Die Ausgewiesenen und Flüchtlinge überfluteten die Küsten des Mittelmeers und bewirkten ein Wiederaufleben der poetischen Kreativität in Nordafrika, der Türkei und Palästina. In Safed schuf im 16. Jahrhundert die Schule der Mystiker um Isaak Luria hebräische Poesie im Geiste der Kabbala, und dieser neue Kraftquell strahlte bald in den Jemen, nach Holland und nach Italien aus.

## Die hebräische Dichtung in Italien

Während die hebräische Dichtung aus Spanien vertrieben wurde, verfeinerte sie in Italien in einigen der zartesten Gedichte, die jemals auf Hebräisch verfaßt worden sind, die Ottaverime (Achtreim, Stanze).

Italien, so wird man sich erinnern, war das erste europäische Gastland der hebräischen Poesie. In vielerlei Hinsicht zeigte es sich auch als das gastfreundlichste. Die Geschichte der hebräischen Poesie in Italien umfaßt den Zeitraum vom 9. bis zum 19. Jahrhundert. Sie ist von besonderem Interesse, weil sie im Laufe dieses Jahrtausends alle bestehenden Schulen widerspiegelte und alle Metriksysteme erprobte, bis sie schließlich ihren spezifischen Stil erreichte. Immanuel von Rom (ca. 1261 - ca. 1332), einer der geistreichsten und frechsten Poeten, führte um 1300 das Sonett ins Hebräische ein. Die achtunddreißig Sonette, die er in seine berühmte *Makamen*-Sammlung *(Machberot Immanuel)* einfügte, geben sowohl den *dolce stil nuovo* als auch den damals in der italienischen Literatur geläufigen burlesken Stil wider. Sie prägen auch einen neuartigen Kompromiß zwischen andalusischer und italienischer Prosodie.

Der charakteristische hebräisch-italienische Stil, der sich zwischen dem 15. und 17. Jahrhundert entfaltete, zeugte von einem ungewöhnlich engen Verhältnis zwischen den beiden Sprachen. In seinen Extremen nahm dies die Form von ›Makkaronidichtung‹ an, bei der sich hebräische und italienische Zeilen abwechselten; Gedichte, die hebräische und italienische Reimwörter paarten; Echo-Gedichte, in denen ein italienisches Wort das Echo des hebräischen ergibt (z.B. *Jekara* »Geliebte« . . . *cara*) und sogar Lyrik, die sich sowohl hebräisch als auch italienisch lesen ließ.

Unter den Humanisten, von denen einige unter jüdischen Gelehrten und Poeten studiert hatten, erfreute sich das Hebräische eines hohen Ansehens. Hebräische Pressen fanden sich in Italien schon im 15. Jahrhundert, zur Zeit der Inkunabeln. Anders als sein Vorgänger in Spanien, konkurrierte der hebräische Dichter in Italien nicht mit der herrschenden Kultur; er sah sich vielmehr an einem gemeinsamen Wagnis mitbeteiligt. Trotz der fortwährend quälenden Beschränkungen durch die römische Kirche war gerade diese Periode Zeuge für das Erscheinen zweisprachiger Ausgaben originaler Andachtspoesie wie auch von *Pijjut*-Übersetzungen.

Angesichts der ungeheuren Mannigfaltigkeit, der chronologischen Spanne und der geographischen Verbreitung hebräischer Poesie erhebt sich die Frage, welche Faktoren ihr den inneren Zusammenhang geben und die Verwendung des oft mißbrauchten Wortes ›Tradition‹ rechtfertigen? In erster Linie das Band des biblischen Hebräisch. Obwohl die hebräische Dichtung zu verschiedenen Zeiten verschiedene stilistische Verbindlichkeiten kultivierte – wobei manchmal das rabbinische Idiom, ein andermal der auf Anspielungen spezialisierte Sprachgebrauch des klassischen *Pijjut* in den Vordergrund traten –, blieb das biblische Hebräisch – und ist es auch bis heute die sprachliche Basis. Dies ist einer der Gründe, warum das Hebräische, trotz seiner vielschichtigen Formation, keine Trennung entwickelte, wie sie für das klassische und moderne Griechisch oder das in Schriftsprache und einzelne Umgangssprachen aufgespaltene Arabisch kennzeichnend ist.

Die lange, ausufernde Tradition wird nicht nur von der Infrastruktur des biblischen Hebräisch, sondern auch von einem weiteren kulturellen Beziehungsgefüge zusammengehalten, von äußerst intensiv studierten Quellen, die dem Gedächtnis eingeprägt, in jeder Generation kommentiert und neu gedeutet werden, bis sie die beinahe unbewußte Schicht eines nationalen Gedächtnisses zu bilden beginnen. Sie wird außerdem verstärkt durch die Wiederholung zentraler Themen und Motive, die die Traumata der Geschichte weiterzugeben vermögen, sei es das Märtyrertum ganzer Gemeinden während der Zeit der Kreuzzüge, die *Autodafés* der spanischen Inquisition oder die Vernichtung von über der Hälfte der jüdischen Bevölkerung des Jemen im 17. Jahrhundert. Zur Thematik der Bindung Isaaks *(Akedot)* könnte man beispielsweise von der talmudischen bis zur heutigen Zeit eine ausgedehnte Gedichtanthologie zusammenstellen, die dieses und andere Vorkommnisse im Idiom der betreffenden Periode reflektierte, so, als ginge man durch ein Spiegelkabinett, in dem beständig die Bruchstücke vertrauter Szenen unter verschiedenen Blickwinkeln eingefangen werden.

## Die moderne Stimme des Hebräischen

Die Haskala (1781-1881) war eine Bewegung, die für die Säkularisierung des jüdischen Lebens und die Emanzipation des jüdischen Volkes eintrat. Sie begann als rationalistische, kosmopolitische Bewegung in Preußen und verlagerte sich um die Mitte des 19. Jahrhunderts nach Osteuropa. Die Woge der Pogrome, die das russische Judentum in den achtziger Jahren des vergangenen Jahrhunderts heimsuchte, trübte das Ideal der Emanzipation, untergrub die Chancen seiner Realisierung und gab den Anstoß zur frühesten organisierten zionistischen Bewegung, bekannt als *Chibbat Zion* (»Die Liebe zu Zion«).

Bei aller Bewunderung für den Mut und die Hartnäkkigkeit epischer Dichter wie Jehuda Leib Gordon (1830-92) und für den zarten Lyrismus von Poeten wie Micha Josef Lebensohn (1828-52), ist die Dichtung jener Periode weitgehend von keinem besonderen ästhetischem Interesse. Erst mit Chajjim Nachman Bialik (1873-1934) erholt sich das Hebräische aus seinem Anfall von Vergessen und beginnt, wichtige Kapitel seiner langen Geschichte wiederzuentdecken und seine moderne Stimme zu finden. 1890 war Odessa das Zentrum der hebräischen Literatur. Um 1920 wurde es von Palästina verdrängt. Dieser kritische Übergang beeinflußte die Prosodie der hebräischen Dichtung, ihren musikalischen Ton und natürlich ihre Themen und Schauplätze.

Unter dem Einfluß von Jiddisch, Deutsch und Russisch wurde das quantitierende System zugunsten des silbenbetonenden, akzentuierenden Systems (des Wechsel von Hebungen und Senkungen wie im englischen, deutschen oder russischen Vers) aufgegeben. Dieser Wandel wurde hauptsächlich von Bialik, der führenden Gestalt des Kreises von Odessa, herbeigeführt.

Bedacht paarte die Geschichte Bialik mit Paul Tschernichowski (1875-1953), der zweiten herausragenden Figur der Periode. Bialiks Lebensgeschichte – seine Herkunft aus dem *Schtetl* (Städtchen), seine religiöse Erziehung und die darauffolgende Begegnung mit der säkularen Kultur – waren typisch für einen osteuropäischen Schriftsteller. Seine Poesie, seine unfehlbaren Sprachinstinkte schienen aufeinanderfolgende Stadien jüdischer Geschichte zusammenzufassen. Er vertrat, zuweilen wider Willen, die Stimme des Volkes in kritischen Momenten der Geschichte. Tschernichowski dagegen ist als der weitaus europäischste hebräische Dichter seiner Generation anzusehen. Sein Werdegang war atypisch: Er erhielt eine säkulare hebräische Erziehung und fundierte Grundlagen in russischer Literatur. Seine Übersetzungen von Nationalepen und Werken der Renaissance und der Romantik aus fünfzehn Sprachen erinnerte die hebräische Poesie an das weitere kulturelle Bezugssystem, in dem sie während der spanischen und italienischen Periode gediehen war. Während Bialik endlose Energie und Gelehrsamkeit auf das Sammeln und die Herausgabe vergessener hebräischer Quellen verwendete, hatte sich Tschernichowski einem entsprechenden Wagnis verschrieben: dem Sammeln europäischer Klassiker – von der Antike bis hin zu seiner eigenen Epoche –, von denen die hebräische Dichtung während der Ghetto-Jahrhunderte abgeschnitten war.

Verglichen mit Bialik war Tschernichowski ein Außenseiter; er schien heimischer in der *Odyssee* und *Kalevala* als in Talmud und Sohar. Und obgleich er durchweg das Vokabular des Hebräischen erweiterte – einige seiner Lieblingsgebiete waren Flora, Fauna und die weibliche Anatomie –, wies sein Idiom lange nicht die gleiche Geschmeidigkeit und Klangfülle auf wie das Bialiks.

Obwohl Hebräisch erst gegen Ende des 19. Jahrhunderts in Palästina als gesprochene Sprache wiederbelebt wurde, war es dennoch nicht ›tot‹, wie generell geglaubt wird. Natürlich war es die Sprache von Gebet und Studium, aber eines Gebetes, das allgemein verstanden und nicht nur rein mechanisch aufgesagt wurde. Und man sollte sich vor Augen halten, daß das Gebetbuch tatsächlich eine Anthologie der verschiedenen Schichten des Hebräischen ist. Auch war es die Sprache der Familienbräuche und Gemeindefeste, der Gesetzes- und Handelsdokumente, der historischen Chroniken, der städtischen Urkunden, der Grabinschriften und der despektierlichen Parodien heiliger Texte, wie auch die *lingua franca* für Juden aus verschiedenen Ländern.

Der israelische Schriftsteller Aharon Megged hat dies treffend zusammengefaßt: »Das Wiederbeleben der hebräischen Sprache entspricht nicht etwa Lazarus' wunderbarer Auferstehung von den Toten. Es gleicht viel eher der Erweckung Dornröschens durch den Prinzen ... Anders als Eliza Doolittle in *Pygmalion*, paßt sie gut auf Gesellschaften, aber auf dem Marktplatz beträgt sie sich schlecht ...«

Der »Marktplatz« war Palästina. Dort begegnete die hebräische Poesie einer ihrer härtesten Prüfungen: der Notwendigkeit, sich einer neuen Geographie, der mediterranen Beschaffenheit von Licht, Jahreszeiten und Geräuschen anzupassen. Die Tatsache, daß diese Landschaft schon »vertraut« war, daß diese Berge und Flüsse schon von Dichtern besungen worden waren, die tatsächlich oder in ihrer Phantasie dort gelebt hatten, erwies sich gleichzeitig als Vorteil und Hindernis. Das literarische Gedächtnis mußte den neuen, unmittelbaren Erscheinungen weichen, das individuelle Erinnerungsvermögen hatte um eine neue Biographie zu ringen.

Allgemein gesprochen waren es die Dichter der palästinischen Periode (1920-47), wie Karni, Greenberg, Lamdan, Shlonsky, S. Schalom und Alterman, die Dornröschen zur Arbeit aufs Feld schickten. Sie nämlich waren die Dichter, die den Rhythmus der gesprochenen Sprache in die hebräische Poesie einführten und diese, etwas verspätet, auf den Stand des 20. Jahrhunderts brachten. Und wie so oft in der Geschichte der hebräischen Dichtung, wurde die neue Welle der Kreativität von einem Zustrom an fremden Einflüssen begleitet und katalysiert, im vorliegenden Fall vom russischen Futurismus und Symbolismus und vom deutschen Expressionismus.

Die Begegnung der hebräischen Poesie mit dem Land der Vorväter brachte Gedichte in einer ekstatischen, fast messianischen Tonlage hervor, wie Abraham Shlonskys *Fron*, das Teil eines um 1927 entstandenen Zyklus ist, der nach dem Berg Gilboa in der Jesreelebene benannt ist. Die Leiden des Pioniers, die geistige und physische Inbesitznahme des Landes (die Landschaft wurde eines der Hauptthemen hebräischer Lyrik und Prosa) und die Rückkehrbegeisterung gehörten zu den herausragenden Gegenständen der palästinischen Periode.

Aber die Leidenschaft wurde von einer stärkeren Berücksichtigung der Realitäten des Alltags neutralisiert. Inzwischen gibt es schon einige Generationen israelitischer Dichter, die nicht mehr »kennen den Schmerz, zwischen zwei Heimatländern zu schwanken« – ein Satz aus einem Gedicht Lea Goldbergs. Deren Bild von der Wüste wurde nicht von der Erinnerung an die sanften Nebel Europas getrübt. Ihre Sprache ist ihr angestammtes Recht; sie konkurrierte weder bewußt noch unbewußt mit fremden Mustern; sie kompensierte oder überkompensierte auch nicht etwas Verlorenes oder Aufgegebenes; sie kämpfte nicht, um sich von der Anziehungskraft einer vielschichtigen Tradition zu befreien. Das Motto der israelitischen Periode nach dem Unabhängigkeitskrieg von 1948 hätte einer Gedichtzeile von Ayin Hillel entnommen sein können: »Ich hasse Rhetorik *(melizot)*, wie der Wald die Menschen haßt, die in ihm ein Picknick halten«, oder einem Vers Jehuda Amichais: »Ich, der ich nur einen kleinen Teil der Wörter aus dem Wörterbuch benutze ...«

Die gesamte moderne Periode könnte unter dem Aspekt des Verhältnisses zwischen gesprochenem Hebräisch und geschriebener Dichtung untersucht werden. Das Ausmaß an Veränderung war bis vor etwa zwanzig Jahren anregend und strapaziös zugleich. Shlonsky, der brilliante Neuerer, dessen Wortschöpfungen ein ganzes Wörterbuch füllen, hatte Bialik 1930 in ausfälliger Weise mit einem Bus verglichen, der eine Eisenbahnstraße blockiert. Aber Shlonsky entpuppte sich noch zu seinen Lebzeiten selbst als Doppeldecker. Und das Bild komplizierte sich weiter in den fünfziger Jahren, als sich die jüngeren Dichter anglo-amerikanischen Modellen zuwandten. Dies schuf eine ziemlich deutliche Spaltung zwischen den Werken – und auch der Kritik – der Modernisierer und ihrer erst treuen, dann aber rebellischen Nachkommenschaft.

Ob es der Dichter beabsichtigt oder nicht: In der hebräischen Poesie zeigt sich oft eine Element des Kontrapunkts. Wie familiär die Rhythmen und selbst die Diktion auch sein mögen, der aufmerksame Leser wird sie auf dem Hintergrund biblischer Dichtung und einer ununterbrochenen poetischen Tradition hören. Und immer noch resultieren mit die besten Effekte aus der Spannung zwischen alltäglicher Sprache und den Untertönen eines gemeinsamen Erbes.

Zur Verdeutlichung sei hier die Eingangsstrophe eines Gedichts von Jehuda Amichai, *Eine Art Apokalypse*, genannt:

*Der Mann unterm Feigenbaum telefoniert mit dem Mann unterm Wein:*
*»Heute Nacht werden sie kommen.*
*Bewaffne die Blätter,*
*Verriegle den Baum,*
*Rufe die Toten heim und sei bereit.«*

Die Einführung des anachronistischen Telefons in die Substanz eines berühmten biblischen Idioms für Frieden und Seelenfrieden – »kein Volk wird wider das andere das Schwert erheben, und sie werden den Krieg nicht mehr lernen. Sie werden ein jeder unter seinem Weinstock sitzen und unter seinem Feigenbaum und keiner wird sie aufschrecken« (Micha 4,3-4) – genügt, um jeden jüdischen Leser aufzurütteln. Aber etwas geschieht auch auf der strukturellen, visuellen Ebene. Der friedliebende Weinstock und Feigenbaum wirft seine symbolische Rolle ab und wird in Routineaccessoires einer Hintergrundsattrappe transformiert. Amichais Zeilen sind repräsentativ für den individualistischen, antidogmatischen, antiideologischen Ton vieler junger Poeten. In einigen Fällen mündet dies in den verzweifelten Versuch, aus der Geschichte auszusteigen. Die Individualisierung der israelischen Gesellschaft während der letzten fünfundzwanzig Jahre hat unter Schriftstellern oft dazu geführt, gegen das Gefühl der Kollektivität und die Vorstellung, innerhalb eines äußerst nervösen Systems ein bloßgelegter Nerv zu sein, zu revoltieren.

Ein Gedicht wie Amir Gilboas *Isaak*, völlig modern in Ton und Technik, mag hier als abschließende Illustration der Möglichkeiten dienen, die es dem Hebräischen gestatten, zu einem gegebenen Zeitpunkt auf ein weites Register an sprachlichen und historischen Assoziationen zurückzugreifen:

*Am Morgen zog die Sonne in den Wald*
*zusammen mit mir und Vater*
*und meine Rechte war in seiner Linken.*

*Wie Blitz zuckte ein Messer unter den Bäumen.*
*Und ich hab' solche Angst vor der Qual meiner Augen, wenn ich das Blut auf den Blättern seh'.*

*Vater, mein Vater, rette schnell Isaak,*
*damit niemand fehle beim Mittagsmahl.*

*Ich selber werde geschlachtet, mein Sohn,*
*und schon sitzt mein Blut auf den Blättern.*
*Und Vaters Stimme wurde erstickt und sein Antlitz war bleich.*

*Und schreien wollt' ich, um ja nichts zu glauben*
*und riß die Augen auf.*
*Und ich erwachte.*

*Und meine rechte Hand war voll Blut.*

Der Vater verkörpert, wie es der Leser wahrnehmen wird, sowohl den legendären Patriarchen, den Vater des Stammes, als auch des Dichters eigenen Vater, der im europäischen Wald abgeschlachtet wurde. In seiner Sprache, seinen Bildern und Ereignissen pendelt das Gedicht zwischen Vergangenheit und Gegenwart hin und her. Das biblische Gemälde und die reale Szene verschmelzen ineinander. Persönliche Biographie und nationales Gedächtnis – sie werden eins in der kindlichen Stimme des Alptraums. Das biblische Motiv hört auf, ›Subjekt‹ zu sein, wie es noch eine Generation vor Gilboa gewesen wäre. Die Identifikation ist so total und gleichzeitig von solcher Ambiguität, daß sie kaum umschrieben werden kann. Die einfache, täglich wiederkehrende Geschichte Israels und des jüdischen Volkes wirkt zusammen, um den hebräischen Dichter zu mahnen, daß er ein Punkt in der Zeit sei und daß die Zeit ihre Wege hat, unerwartet aufzubrechen.

14

# Europäisches Judentum im 19. und 20. Jahrhundert

LIONEL KOCHAN

In der ganzen Geschichte des Judentums war keine Zeit verhängnisvoller als die zwischen der Französischen Revolution und dem Ende des Zweiten Weltkrieges. Die anderthalb Jahrhunderte, die dem europäischen Judentum eine beispiellose Möglichkeit zur Selbstdarstellung gaben, endeten im Mord an mehr als einem Drittel seiner Angehörigen. Die jüdische Annäherung an das nichtjüdische Europa erwies sich als blutige Falle, und unter diesem Aspekt muß jede Schilderung dieser Jahrzehnte stehen.

Zur Zeit des Wiener Kongresses gab es mehr als zweieinhalb Millionen Juden in Europa. Die größte Gruppe lebte unter russischer Herrschaft, ungefähr anderthalb Millionen Menschen. Im Habsburgerreich lebten etwa 400000 (die Hälfte davon in Galizien, 80000 in Ungarn, 70000 in Böhmen und Mähren). In den deutschen Staaten betrug ihre Zahl 350000. Weit weniger Juden gab es im Westen und Süden – in Italien 30000, in Frankreich 40000, in den Niederlanden 50000 (die Hälfte davon in Amsterdam), in England 25000. Nirgends machte der Anteil der Juden mehr als 2 Prozent der Bevölkerung aus.

Die Juden betätigten sich auf allen Gebieten und lebten in sehr unterschiedlichen Verhältnissen, aber fast ausnahmslos wurden ihre Wohngebiete und Erwerbsquellen eingeschränkt. Damit ist noch nichts über die vielen anderen einengenden Maßnahmen gesagt, die drükkend, kindisch und demütigend waren: Im Elsaß mußte ein Jude, der einen Tag in Straßburg verbringen wollte, eine besondere Abgabe zahlen; in Rom wurde er gezwungen, alljährlich eine bestimmte Anzahl von Bekehrungspredigten anzuhören; in Sachsen konnte ein Schneider nur mit königlicher Genehmigung einen jüdischen Lehrling annehmen; in Frankfurt war die Zahl der Eheschließungen im Jahr auf zwölf beschränkt. Dies sind nur wenige Beispiele aus einer ganzen Reihe von Maßnahmen.

### Gemeinde und Staat

Doch ein Faktor war allen Juden gemeinsam und bestimmte den Status der weitaus größten Mehrheit: die Zugehörigkeit zu einer jüdischen Gemeinschaft. Sie war die Einheit, die – mit den Worten der Kritiker im 19. Jahrhundert – »einen Staat im Staate« bildete, vor allem deshalb, weil die politischen Institutionen des *Ancien Régime* die Gemeinde als Körperschaft zuließen. Die jüdische Gemeinde – in Rom und Wilna, Amsterdam und Triest, in Prag und Avignon, Hamburg und Lemberg und in vielen ländlichen Gegenden, die so weit voneinander entfernt sind wie Bordeaux und die Ukraine – machte es dem Juden möglich, nach den Vorschriften seiner (immer den Beschränkungen durch die politische Umwelt unterworfenen) Religion zu leben. Für den Juden bedeutete die sich selbst verwaltende Gemeinde das politische und religiöse Zentrum, außerhalb dessen er keine anerkannte Existenz besaß. Die Gemeinde war ein politisches Gemeinwesen, weil sie als Körperschaft die Beziehungen, vor allem die finanziellen Beziehungen, zur christlichen Umgebung vermittelte; und sie war eine religiöse Gemeinschaft, weil sie dem Juden einen Rahmen für seine Bedürfnisse in Recht, Erziehung, Speisevorschriften oder Hygiene bot.

Ende des 18. und zu Beginn des 19. Jahrhunderts wirkten innere und äußere Ursachen so zusammen, daß die Institution der Gemeinde von Niedergang und sogar Zerfall bedroht wurde. Einerseits begünstigte die wachsende wirtschaftliche Spezialisierung, vor allem in Deutschland und Böhmen, die Uneinigkeit und die Gegensätze zwischen den Gemeindeangehörigen; im Osten, im noch ungeteilten Polen, waren die Gemeinden dem Adel und dem Klerus hoch verschuldet. Andererseits litt die rabbinische Autorität – mit allem, was sie für das Rechtswesen und die Schlichtung von Streitigkeiten unter Gemeindeangehörigen bedeutete – unter den Nachwehen der (von dem Pseudo-Messias Schabbtai Zwi gegründeten) sabbatianischen Bewegung des 17. Jahrhunderts und unter dem Angriff der *Chasidim* des 18. Jahrhunderts. Die Auflösung des Vier-Länder-Rates in Polen im Jahre 1765 entfernte ein weiteres Bollwerk der traditionellen Autorität. Während die echte traditionelle Selbstverwaltung verfiel, geriet die jüdische Gesellschaft in eine langwierige Krise, von der sie sich im Grunde nie erholt hat.

In die Folgen der Krise in West- und Mitteleuropa mischte sich ein neues Interesse, das der Staat (und einzelne Persönlichkeiten) gegen Ende des 18. Jahrhunderts an der Behandlung seiner jüdischen Untertanen nahm. Auf keinen Fall war Übelwollen im Spiel, im Gegenteil, das Interesse entsprach zuweilen den humanitären Idealen der Aufklärung. In solcher Stimmung schrieb die Königliche Akademie für Kunst und Wissenschaft zu Metz im Jahre 1785 einen Wettbewerb für Essays aus, die dem Thema gewidmet sein sollten: »Gibt es Möglichkeiten, die Juden in Frankreich nützlicher und zufriedener zu machen?« Von den neun Bewerbern, die 1787 ihre Arbeiten einreichten, empfahlen sieben die Emanzipation der Juden, zwei waren dagegen. Die drei Preisträger vertraten die erste Ansicht: Abbé Henri Grégoire aus Lothringen,

Claude-Antoine Thiéry, Advokat am Parlament von Nancy, und Zalkind Hourwitz, ein polnischer Jude, der als Bibliothekar für die orientalische Abteilung der Bibliothèque Royale angestellt war. Für sie war das jüdische Leben ein Leben in Erniedrigung und Aberglauben, aus dem es nur gerettet werden könne, wenn alle Schranken fielen, die die Juden an der Wahl ihres Wohnsitzes hinderten und in Kultur, Sprache, Kleidung und Berufen einengten; und so verhinderten, daß die Juden an europäischem Fortschritt und Aufklärung teilhatten und zu ihnen beitrugen. Die Unfähigkeit des 18. Jahrhunderts, Werte anderer Epochen zu erkennen, und sein Anspruch, das Nonplusultra der Aufklärung zu sein, zeigten sich nirgends auffälliger und irreführender als in der Gegenüberstellung mit der jüdischen Gesellschaft. Hier war eine Kultur, die sich auf die Achtung vor Gelehrsamkeit und Studium gründete, auf Werte des Friedens und eine geduldige Suche nach der idealen Regierung, die keiner Reform bedarf – schon gar nicht durch einen kriegerischen Despoten.

Aber der Gedanke an eine Emanzipation selbst enthielt schon eine herabwürdigende Mehrdeutigkeit: Sie wurde ja nicht vorgeschlagen, damit die Juden frei als Juden leben konnten, sondern vielmehr, damit sie sich zum Christentum bekehrten. Der Abbé Grégoire hegte die Hoffnung, daß die »Regeneration« der Juden in ihrer Konversion gipfeln werde. In Preußen stellte der liberale Reformer Wilhelm von Humboldt ähnliche Überlegungen zugunsten der Judenemanzipation an: »Man . . . mache die Bande zwischen den einzelnen jüdischen Kirchen recht locker, führe nicht eine eigne Orthodoxie unter den Juden ein, sondern befördere durch natürliche und billige Toleranz vielmehr Schismen, und die jüdische Hierarchie wird von selbst zerfallen. Die Individuen werden gewahr werden, daß sie nur ein Cärimonial-Gesetz und eigentlich keine Religion hatten, und werden, getrieben von dem angeborenen menschlichen Bedürfnis nach einem höhern Glauben, sich von selbst zu der christlichen wenden. Ihr Übertritt, . . . wird alsdann wünschenswert, erfreulich und wohltätig sein.« Und wenn man schon nicht die Bekehrung zum Christentum forderte, dann – um der vollständigen Unterwerfung unter den Staat willen – doch wenigstens den Verzicht auf die Identität.

Diese Forderungen zeigten bereits die Umrisse eines Programms, das dem aufgeklärten Alleinherrscher, dem französischen Revolutionär und Napoleon gleicherweise geläufig war. Die Juden in Europa sahen sich in ihrer besonderen Existenz gefährdet – eine Bedrohung, die mit echter Verbesserung ihres Status gekoppelt war. Frühe Beispiele dafür sind die ›Patentbriefe‹, die Kaiser Joseph II. zwischen 1781 und 1789 erließ, und mit denen die Juden in Schlesien, Böhmen, Mähren, Galizien, Ungarn und Niederösterreich von einem großen Teil der entwürdigenden und drückenden Gesetzgebung früherer Habsburger Herrscher befreit wurden, freilich im einzelnen mit kleinen Unterschieden. »Mein Hauptziel«, sagte Joseph, »sind Erziehung, Aufklärung und bessere Ausbildung für dieses Volk. Der Zugang zu neuen Einnahmequellen, die Aufhebung verhaßter Beschränkungen, die Abschaffung der beleidigenden Abzeichen auf der Kleidung – all das, dazu vernünftige Erziehung und die Abschaffung ihrer Sprache, wird den Juden helfen, ihre eigenen Vorurteile aufzuweichen, und wird sie entweder dem Christentum zuführen oder doch ihren moralischen Charakter verbessern und sie zu nützlichen Bürgern machen.« Josephs ›Patentbriefe‹, die regionale Besonderheiten berücksichtigten, befreiten also die Juden vom Zwang, ein gelbes Abzeichen zu tragen und die ganze Vielzahl besonderer Steuern, Gebühren, Abgaben, Zölle zu entrichten; sie konnten jetzt ungehindert in Handwerk und Handel tätig werden und Lehrlinge christlicher Meister sein; sie durften christliche Dienerschaft halten; sich mit Landwirtschaft befassen; die kaiserlichen Universitäten besuchen; sie erhielten die Erlaubnis, an Sonn- und christlichen Feiertagen ihr Haus vor Mittag zu verlassen; Juden wurden ermuntert, Transporthandel zu übernehmen und Fabriken zu gründen. Doch Joseph gestattete den Gebrauch der hebräischen Sprache nur in religiösen Zusammenhängen und führte auch eine Art Oberaufsicht über die Lehrpläne jüdischer Lehranstalten ein. Gegen Ende seiner Herrschaft tat er den revolutionären Schritt, seine jüdischen Untertanen zum Militärdienst zu verpflichten (wobei er den üblichen Eid so änderte, daß Jesus nicht darin erwähnt wurde).

**Juden oder Bürger?**

In Frankreich verschafften die ersten beiden Revolutionsjahre den sefardischen Juden von Bordeaux und den aschkenasischen im Elsaß die Gleichheit vor dem Recht. Aber der Preis war der Verlust der Unabhängigkeit des Juden und seiner Zugehörigkeit zum eigenen kommunalen Gemeinwesen. Das wurde schon im Dezember 1789 klar, als die Nationalversammlung über die Befreiung der Juden diskutierte und Graf Stanislaus de Clermont-Tonnerre erklärte: »Alles muß den Juden als Volk verweigert, alles muß ihnen als einzelnen zugestanden werden. Sie müssen Bürger sein. Es wird behauptet, sie möchten keine Bürger sein. Lassen wir sie dabei, und weisen wir sie aus; es kann keine Nation innerhalb der Nation geben . . .«

Etwa fünfzehn Jahre später betonte Napoleon den neuen Status der Juden in Frankreich und andernorts im Reiche. Im Jahre 1806 berief er eine Versammlung von 111 jüdischen Notabeln (außer fünfzehn Rabbinern kamen wohlhabende Männer mit Vermögen, aus dem Bankwesen, dem Handel und der Industrie) aus Frankreich, den Rheinprovinzen und Norditalien. Als Antwort auf zwölf Fragen, die der Kaiser ihnen vorlegte, versicherten sie, daß kein religiöses oder irgendein anderes Hindernis zwischen dem Juden und seiner vollständigen, äußersten Hingabe an sein französisches Vaterland stehe: »All unsere Grundsätze machen es uns zur Pflicht, die Franzosen als unsere Brüder zu lieben.« Weder die rabbinischen Autoritäten noch die Verbundenheit mit den jüdischen Brüdern im Ausland, oder die Gesetze über den Geldverleih – nichts davon hindere einen Juden, sich völlig mit den Interessen des französischen Staates zu identifizieren. Nur in der Frage der Mischehe, die Napoleon zu fördern wünschte, versagte die Versammlung die gewünschte Antwort, denn sie erklärte, daß kein Rabbi eine solche Heirat dulden könne, wenn auch der jüdische Ehegatte trotzdem weiterhin als Jude betrachtet werde.

Im folgenden Jahr, 1807, trat auf Napoleons Wunsch ein Synhedrion von 71 Mitgliedern (45 Rabbiner, 26 Laien) zusammen, um die von der Versammlung abgegebene Erklärung in religiöser und sonstiger Hinsicht zu sanktionieren, denn das Synhedrion war ausdrücklich auf das ganze Israel ausgerichtet, was sich nicht zuletzt in der Anlehnung an die Zusammensetzung und Benennung der höchsten altpalästinischen jüdischen Autorität manifestiert. Von nun an wurden die Juden in Frankreich in

Konsistorien organisiert, 7 in Frankreich, 6 in Deutschland, 5 in Italien, 4 in den Niederlanden. Die Konsistorien hatten dafür zu sorgen, daß keine nicht genehmigten Gottesdienste abgehalten wurden; sie sollten ferner die Israeliten ermutigen, »sich in nützlichen Beschäftigungen zu betätigen«, und sie mußten die Behörden über die Zahl der wehrpflichtigen Juden unterrichten. Die Aufgabe der Rabbiner in einem Konsistorium war es, Religion zu lehren und Gehorsam den Gesetzen gegenüber einzuschärfen, »vor allem den Gesetzen, die sich auf die Verteidigung des Landes beziehen«; die Juden sollten den Militärdienst als »heilige Pflicht« anerkennen. Es scheint, daß Napoleon den Rabbiner, der früher Richter und Schiedsrichter gewesen war, zu einem Werber für die *Grande Armée* machen wollte. Aber es ist nicht zu leugnen, daß er mit dem System der Konsistorien eine dauerhafte Struktur für die Entwicklung des religiösen und kommunalen Lebens in Frankreich schuf.

Auch das Zarenreich versuchte, die Juden in das Staatsgebilde einzufügen und sie zu nützlichen Untertanen zu machen, sie zu regenerieren und zu rehabilitieren, wie es im Ton der Zeit hieß. Das Vorhaben war um so lächerlicher, als die Juden im Zarenreich eine nationale Einheit bildeten, deren religiöse, sprachliche, erzieherische, rechtliche und karitative Einrichtungen – vielleicht mehr als in allen anderen Siedlungsgebieten der Juden – einer gebildeten Zivilisation entsprachen, ganz im Gegensatz zu der unwissenden und in Leibeigenschaft gehaltenen russischen Umgebung. Hinzu kam, daß die Einrichtung der »Ansiedlungsrayons« nach 1790 die große Menge der Juden in die westlichen Gebiete des Reichs verwies; damit wurden alle Einbrüche in die jüdische Kultur verhindert, die sonst durch Assimilation möglich gewesen wären. Ebenso vertieften immer neue, nur auf Juden angewandte Gesetze über Steuern, Aufenthaltsort, Beruf und so fort die Gegensätze zwischen ihnen und der übrigen Bevölkerung.

Doch die innere Widersprüchlichkeit schreckte keinen Zaren von neuen Assimilationsversuchen ab. Das verhältnismäßig wohlwollende Jüdische Statut, das Alexander I. 1804 verließ, beschnitt die Macht der Gemeinden, versuchte aber trotzdem, die Juden zur landwirtschaftlichen Kolonisation vor allem in ›Neu-Rußland‹, der südlichen Ukraine, zu bewegen; damit sollte ihre Abhängigkeit vom Getränkehandel als Erwerbsquelle verringert werden. In seiner späteren Herrschaftszeit kam Alexander der Gedanke, der ausgebeuteten Landbevölkerung dadurch zu helfen, daß er die Juden aus einigen ländlichen Gebieten auswies.

Über diese harte Maßnahme ging sein Nachfolger Nikolaus I. noch hinaus. Er hob zwölfjährige Jungen aus, schickte sie in besondere ›Kantonisten‹-Schulen und ließ sie dort auf den Militärdienst von 25 Jahren vorbereiten und zum Christentum übertreten. Damit meinte er, für das jüdische Volk eine neue Führerschicht heranzubilden. 1835 begegnete der liberale Emigrant Alexander Herzen einem Bataillon solcher Jungen in der Nähe von Perm im Uralgebiet:

> Arme, unglückliche Kinder! Die zwölfjährigen oder vierzehnjährigen Jungen brachten es irgendwie fertig, durchzuhalten, aber die Kleinen von acht und neun Jahren . . . Keines Künstlers Pinsel könnte diesen Greuel malen.

Später löste Nikolaus in einem weiteren Versuch, das Judentum auszurotten, die autonomen jüdischen Organisationen auf; demselben Zweck sollte auch ein weltliches Schulsystem dienen, obwohl Nikolaus sein eigentliches Ziel, die Christianisierung der Juden, nicht enthüllte. Zur Zusammenarbeit lud er den jüdischen Pädagogen Max Lilienthal ein, den Vorsteher einer jüdischen Schule, die vor kurzem nach westlichem Muster in Riga begründet worden war. Lilienthal stellte sich zur Verfügung und erhielt nicht nur Unterstützung von der zaristischen Regierung, sondern auch von einigen wohlhabenden Befürwortern der Assimilation, zum Beispiel von einem gewissen Nisan Rosenthal aus Wilna. Auch Angehörige der jüngeren Generation in Riga begrüßten Lilienthals Bemühungen, aber die überwältigende Mehrheit reagierte feindselig. Die Gemeindeältesten erklärten: »Der Kurs richtet sich gegen alle Glaubensrichtungen, außer gegen die griechische, und zeigt deutlich, daß die Regierung beabsichtigt, im ganzen Reich nur noch eine Kirche gelten zu lassen . . . Wir verlassen uns nicht auf die neuen (schulischen) Maßnahmen, die vom Ministerrat vorgeschlagen worden sind, sondern sehen mit düsteren Ahnungen in die Zukunft.«

Die Tyrannei von Nikolaus I. scheiterte im Krimkrieg. Die Liberalisierung und Modernisierung der Jahre 1860 – Abschaffung der Leibeigenschaft, Einführung gewählter Organe der Selbstverwaltung, rechtliche Reformen – betrafen auch den Bereich des Jüdischen. Die Aushebung von Kindern hatte ein Ende, und der besser gebildete und wohlhabende Jude konnte jetzt auch außerhalb des Ansiedlungsrayons leben; Juden durften in den Staatsdienst eintreten (zum Beispiel als Ärzte) und nun auch innerhalb der Rayons in den Städten wohnen, die ihnen bisher verschlossen waren (zum Beispiel Kiew). Die jüdische Gesellschaft kam solchen Maßnahmen eifrig entgegen, und die sechziger Jahre erwiesen sich als eine Zeit deutlicher Annäherung. In dieser gehobenen Stimmung schrieb Jehuda Leib Gordon sein berühmtes Gedicht *Erwache, mein Volk!* »Sei ein Mensch, wenn du ausgehst, und ein Jude in deinem Zelt, ein Bruder deiner Mitbürger und ein Diener deines Königs.« Rußland – »dieses Land Eden« – wird sich dir öffnen, und »seine Söhne werden euch jetzt Brüder nennen.«

Auf wirtschaftlichem Gebiet entstanden durch die beginnende Industrialisierung eine mittlere und eine untere jüdische Klasse. So beteiligten sich Juden in der ukrainischen Zuckerindustrie, am Ausbau des russischen Eisenbahnnetzes, am Wasserleitungsbau, an der kaukasischen Ölindustrie, an Privatbanken.

Für das kulturelle Leben wurde es entscheidend, daß jetzt immer mehr junge Juden russische Universitäten besuchten. Die Möglichkeit wurde voll genutzt. Da ist das Beispiel des achtzehnjährigen Vladimir Harkavy, des späteren Moskauer Juristen, der sich 1864 mit einem Freund an der Universität Moskau immatrikulieren ließ:

> Als wir aus dem alten Universitätsgebäude herauskamen, gingen wir auf die andere Straßenseite, zogen respektvoll den Hut vor dem Heiligtum, das uns seine Pforten geöffnet hatte, und umarmten einander. Stolz gingen wir nach Hause und riefen jedem, der uns begegnete, eifrig zu: Habt ihr gehört? Wir sind Studenten! Auf einmal war es, als sei die ganze Entfremdung zwischen uns und den Christen ringsum verflogen. Wir fühlten uns als Glieder einer neuen Gesellschaft, in der es weder Juden noch Griechische gab.

In diesem neuen Optimismus, hervorgerufen durch Maßnahmen liberaler Politiker und wirtschaftlichen Fortschritt, wurden die Rayons, vor allem die städtischen Zentren, zum Tummelplatz der Ideen und Schriften (um so mehr, da die zaristische Zensur milder gehandhabt wurde). Reformer und Traditionalisten, Apostel der hebräischen Tradition, für das Russische, das Jiddische und das Westliche, wollten sich Gehör verschaffen. Eine vorherrschende Richtung, die von der Haskala, der jüdischen Aufklärung, begünstigt wurde, predigte Verschmelzung mit der dominierenden russischen Kultur. Die Richtung wurde von einer neugegründeten *Gesellschaft für die Förderung der Kultur unter den Juden* begünstigt, hinter der ein Kreis wohlhabender Juden in St. Petersburg stand. Die Gesellschaft unterstand dem Erziehungsministerium und strebte drei Ziele an: Die Juden sollten die russische Sprache lernen, armen jüdischen Schülern wollte man den Besuch staatlicher Schulen ermöglichen und schließlich Werke mit nützlichem Wissen veröffentlichen.

Neben dieser Entwicklung formierte sich jedoch eine antisemitische Reaktion. Sie nährte sich aus den bekannten christlichen Quellen, wurde aber durch neuere Richtungen verschärft, etwa den panslawistischen Nationalismus, den der polnische Aufstand von 1863 entfesselt hatte; die politische Linke und die Narodniki neigten dazu, im Juden den Kapitalisten und Ausbeuter, die Rechte dagegen den Umstürzler und Unruhestifter zu sehen. Dostojewskij faßte alle Wahnvorstellungen zusammen: »Der Jude und seine Bank beherrschen jetzt alles, Europa und die Aufklärung, die ganze Zivilisation und vor allem den Sozialismus, mit dessen Hilfe der Jude die Christenheit ausradieren und die christliche Zivilisation vernichten will. Dann gibt es nur noch die Anarchie. Der Jude wird über alles gebieten.«

Ende der siebziger Jahre machte sich bereits ein diskriminierender Ton in der Gesetzgebung bemerkbar, etwa in Verfügungen über den Militärdienst, das Gerichtswesen, die Posten in der kommunalen Verwaltung. Man bemängelte, daß so viele jüdische Schüler an den höheren Schulen und Universitäten zu finden waren. Doch nicht einmal ein Pogrom von 1871 in Odessa konnte die Juden auf das vorbereiten, was sich ein Jahrzehnt später ereignete, wenige Wochen nach der Ermordung Alexanders II. Von Jelisawetgrad aus verbreiteten sich Pogrome über andere Dörfer und Städte im Süden und Osten der Ukraine. In Plündern, Brandlegung, Vergewaltigung, Totschlag tobte sich der Mob aus. Doch was endgültig die Hoffnung auf eine jüdisch-russische Annäherung vernichtete – ausgenommen vielleicht in den Kreisen der wohlhabenden und am weitesten assimilierten Juden –, war das tödliche Stillschweigen der weitaus meisten Liberalen, Radikalen und Narodniki zu den Verfolgungen; es mag auch so manchen gegeben haben, der in ihnen die willkommenen Vorzeichen eines künftigen Bauernaufstandes sah.

### Der Westen: Von Napoleon bis 1848

Im Westen verlief die Entwicklung anders, wenn sich auch die Emanzipation nirgends reibungslos durchsetzte. In Frankreich vernichtete das berüchtigte Schanddekret von Napoleon im Jahre 1808 zum großen Teil das Werk der Revolution: Es verbot den Juden, sich ohne Genehmigung des Präfekten im Handel zu betätigen; es strich praktisch die Schuldsummen, die jüdische Geldverleiher zu bekommen hatten; es verbot den Juden, sich in bestimmten Departements des Elsaß und anderer französischer Gegenden niederzulassen, falls sie nicht Land erwarben und ausschließlich in der Landwirtschaft tätig waren. Das Dekret blieb zehn Jahre in Kraft, bis die Restauration seine Wirksamkeit aufhob.

In England gab es kaum Vorschriften für die berufliche Tätigkeit und gar keine für die Wohnorte der Juden. Die 25000 englischen Juden genossen zu Beginn des 19. Jahrhunderts soviel soziale Anerkennung, religiöse Freiheit und einen wirtschaftlichen Status wie sonst nirgendwo in Europa. Das ›Komitee der Deputierten der britischen Juden‹ setzte sich unter seinem Präsidenten Sir Moses Montefiore am stärksten für die Rechte der Juden ein; aber da Montefiore wußte, daß die stimmgewaltigsten Kämpfer für die Emanzipation auch die religiöse Reform predigten (etwa Sir David Salomons), ging er behutsam vor, »fest entschlossen, nicht den kleinsten Teil unserer religiösen Formen und Grundsätze aufzugeben, um Bürgerrechte dagegen einzutauschen.«

In Preußen erkannte das Emanzipationsedikt von 1812 allen in Preußen lebenden Juden dieselben bürgerlichen Rechte, Pflichten und Freiheiten wie den Christen zu. Alles, was sich auf jüdische Bildungseinrichtungen, religiöse Organisationen und auf die Zulassung zu Regierungs- und Verwaltungsämtern bezog, sollte von einer späteren Gesetzgebung geregelt werden. Aber was der preußische Staat im Kielwasser von Niederlage und Wiedererstarken zugestand, blieb nicht unversehrt; in der Praxis wurde das Edikt nicht voll ausgeführt.

Doch das berührte nicht die tiefe Annäherung, die sich zwischen Juden und Deutschen auf geistigem und sozialem Gebiet bereits vollzogen hatte. Ein frühes Beispiel ist die Freundschaft zwischen Lessing und Moses Mendelssohn. Salomon Maimon, ein litauischer Autodidakt von großer Gelehrsamkeit, interpretierte den deutschen Lesern Kants neue Philosophie. In einer späteren Generation fanden sich in den Berliner Salons von Rahel Varnhagen und Henriette Herz, im Wiener von Fanny Arnstein Schriftsteller, Intellektuelle, Wissenschaftler, Staatsmänner, Dichter und Reformer zusammen.

So wurde denn der neue Stil in Westeuropa zweifellos von den meisten Juden begrüßt. Wie hätte es auch anders sein können? Die Emanzipation bot ja auch die Möglichkeit, selbst in die politischen Auseinandersetzungen einzugreifen und die Zukunft, nicht nur die jüdische, mitzugestalten; die akademische Welt rückte zusammen; die Emanzipation bot außerdem die Gelegenheit, sich an den Fortschritten der aufsprießenden kapitalistischen Wirtschaft zu beteiligen. In all diesen Dingen mußten sich die Juden unbedingt auf der Seite des politischen und sozialen Wandels befinden. Daher auch die Anziehungskraft des kapitalistischen Produktionssystems, denn: ». . . Die fortwährende Umwälzung der Produktion, die ununterbrochene Erschütterung aller gesellschaftlichen Zustände . . . zeichnet die Bourgeoisepoche vor allen früheren aus. Alle festen, eingerosteten Verhältnisse mit ihrem Gefolge von altehrwürdigen Vorstellungen und Anschauungen werden aufgelöst, alle neugebildeten veralten, ehe sie verknöchern können« *(Kommunistisches Manifest).*

Eine solche revolutionäre Bewegung mußte unweigerlich zur politischen und wirtschaftlichen Emanzipation der Juden beitragen.

Ein Beispiel dafür bietet ein Vergleich der Berufe, die Juden im unterentwickelten Posen und in den fortschrittlicheren westlichen Provinzen Preußens innehatten. Eine Statistik ergibt, daß dreimal so viele Akademiker, Ren-

*Kaiser Franz Josef bei seinem Besuch in der Goldberger Textilfabrik in Buda 1859 wurde im lokalen* Illustrierten Israelischen Jahrbuch *voller Stolz dargestellt.*

tiers und Finanzmänner in den westlichen preußischen Provinzen als in Posen lebten; daß Posen dagegen doppelt so viele Handwerker und einen viel höheren Anteil an undefinierbaren Berufen unter den Juden hatte. Der Drang vom Handwerk fort in die akademischen Berufe, in Industrie und Handel, prägte sich im 19. Jahrhundert immer stärker aus.

Die jüdische Beteiligung an der Politik in Mittel- und Westeuropa gesellte sich zu den neuen Kräften, die Europa jetzt in Unruhe versetzten, vor allem im Revolutionsjahr 1848/49. Die revolutionären Ereignisse erfaßten Gebiete, in denen insgesamt etwa eine Million Juden leben mochten. In Frankreich gehörten dem ersten Kabinett, das nach dem Februaraufstand an die Macht kam, zwei Juden an, der Justizminister Adolphe Crémieux und der Finanzminister Michel Goudchaux. In Wien leitete der junge Arzt Adolph Fischhof den Sicherheitsausschuß – die oberste regierende Körperschaft der Revolution. Der Zweite Vizepräsident des Frankfurter Parlaments war Gabriel Riesser, als prominente Abgeordnete wirkten auch die Journalisten und Verleger Veit, Hartmann und Kuranda. Weiter links standen die Publizisten, Verfasser von Flugschriften und Agitatoren wie Marx, Hess, Bamberger und Lasker. Keiner dieser Männer kämpfte in erster Linie oder gar ausschließlich für die volle jüdische Emanzipation. Wenn sie das Thema überhaupt behandelten, dann als einen Teil der allgemeinen Menschenrechte. In keinem Fall haben die kurzlebigen Revolutionsverfassungen die Sache der jüdischen Emanzipation gefördert. Sie kam vielmehr mit dem wachsenden Übergewicht Preußens unter Bismarck und der damit verbundenen wirtschaftlichen Entwicklung, zum Beispiel dem Zollverein. In Österreich-Ungarn brachte nach manchen vergeblichen Anläufen erst die liberale Verfassung von 1867 den Juden die Gleichstellung.

Eines wurde in allen Revolutionen sichtbar: Es war schwierig, in umstrittenen Gebieten ein Jude zu sein, zum Beispiel in Posen, wo sich Deutsche und Polen gegenüberstanden; in Ungarn, wo sich Magyaren und Kroaten stritten; in Böhmen, wo sich Tschechen gegen Deutsche wandten. Wo stand der Jude? Im allgemeinen auf der Seite der höheren Kultur, also der deutschen oder magyarischen; damit aber weckte er unvermeidlich den Fremdenhaß der Polen, Kroaten, Tschechen. Doch da die weniger weit entwickelten Völker in Schach gehalten wurden, zeichnete sich das jüdische Verhängnis nur in Umrissen ab.

### Für und Wider der Emanzipation

Die Assimilation wurde rasch immer verlockender, obwohl sie neben positiven auch negative Seiten hatte. Zu ihren günstigen Auswirkungen muß man die wissenschaftliche Bewegung rechnen, die als ›Die Wissenschaft des Judentums‹ bekanntgeworden ist. Sie entstand, als man begann, die jüdische Geschichte unter den gleichen philosophischen, exegetischen, juristischen und sonstigen Forschungsprinzipien zu betrachten, die sich in der christlichen Welt, vor allem an den deutschen Universitäten, entwickelt hatten. Gewiß, Leopold Zunz, der Begründer der ›Wissenschaft des Judentums‹, wollte zunächst verteidigen; er sah seine Bemühungen nur als den Versuch an, die Erinnerung an eine sterbende Kultur und einen sterbenden Glauben zu bewahren; dennoch regten die Methoden von Zunz und seiner Mitarbeiter zu einer breiten Bewegung der Wissenschaft an, durch die die jüdische Bildung revolutioniert wurde.

Die negativen Züge der Emanzipation zeigten sich in religiösen Reformbestrebungen: Man versuchte, die traditionelle jüdische Form des Gottesdienstes der Synagoge an die der christlichen Umwelt anzupassen. Vorbild wurde dabei seit 1818 der Neue Israelitische Tempel in Hamburg. Hier stattete man den Gottesdienst mit Orgel und Gemeindegesang aus und benutzte ein Gebetbuch, in dem deutsche Texte an die Stelle der hebräischen traten und die Bitten um die Rückkehr nach Zion, um die Wiedereinführung des Opferkults und eines personhaften Messias gestrichen waren.

Trotz allen Versuchen, das Judentum zu entnationalisieren, trotz der Identifizierung mit der Umgebung und obwohl die Halacha (Rechtstradition) den Anforderungen einer noch nie erlebten Situation nicht gerecht wurde, existierten die Juden weiterhin als eine unterscheidbare Einheit, in gewisser Hinsicht ohne Rücksicht auf ihre Eigenschaft als Franzosen, Engländer oder Russen. Man kann wohl sagen, daß sie sich in der zweiten Hälfte des vorigen Jahrhunderts auffälliger als je zuvor bemerkbar machten; in dieser Richtung wirkten die wachsende Verstädterung, der Bevölkerungszuwachs und die immer stärkere berufliche Vielfalt. Das problematische, schwer zu fassende Wesen der jüdischen Existenz, das die Zugehörigkeit zu einem bestimmten Staat mit einer weltweiten Anhänglichkeit, wenn nicht sogar Solidarität, für die Mitjuden in anderen politischen Einheiten verband, wurde immer deutlicher. 1940/41 vereinten sich unter der Führung von Sir Moses Montefiore und Adolphe Crémieux englische und französische Juden zur Rettung ihrer Brüder in Damaskus. Die Damaszener Juden wurden bedroht, seit man ihnen nachsagte, sie hätten einen Franziskanerbruder und seinen muslimischen Diener ermordet, um ihr Blut für das Passafest zu gebrauchen. Französische Juden gründeten 1869 die ›Alliance Israélite Universelle‹, um die Interessen der Juden in aller Herren Länder zu schützen; britische Juden riefen 1879 eine ähnliche Vereinigung ins Leben, die ›Anglo-Jewish Association‹. Beim Berliner Kongreß 1877/78 fand sich jüdische Prominenz aus England, Frankreich und Deutschland zusammen, um das Los der Juden in Rußland und dem soeben unabhängig gewordenen Rumänien nach Kräften zu verbessern. Solche Vorhaben enttäuschten die Hoffnung der Verfechter der Emanzipation – die Juden, wenn auch geschwächt und verstümmelt, hatten die Emanzipation überlebt.

Aber schon dadurch hatten sie ihren Part bei dem Handel, der im Anfang des Jahrhunderts geschlossen worden war, nicht erfüllt. Diese Erkenntnis war zweifellos eine der Ursachen, die den Antisemitismus in den achtziger Jahren wieder aufleben ließen. Wenn der Ausdruck selbst auch erst 1879 von dem deutschen Journalisten Wilhelm Marr aufgebracht worden war, verbreitete er sich so rasch, daß er bereits für ein ganzes politisches Programm stand. Antisemitismus mußte als Heilmittel für die mißliche Lage einer Gesellschaft herhalten, in der sich das Christentum immer mehr durch eine materialistische und kritische Einstellung gefährdet sah und in der die althergebrachten Lebensstile durch die Ausbreitung der Großindustrie und der Entwicklung der Gewerkschaften dahinsiechten. Aber es gab auch Gründe, die jeweils nur für einzelne Länder galten: In Frankreich war es der Groll über die Niederlage von 1871; in Österreich die Tatsache, daß das deutsche Element vor dem slawischen zurückwich; in Deutschland war es die intellektuelle und geistige Rolle der Juden. Drumonts Werk *La France juive*, das 1886 zuerst veröffentlicht wurde und die These aufstellte, daß die Juden Frankreich moralisch verderben wollten, um das Land zu beherrschen, gehört zu den erfolgreichsten antisemitischen Büchern, die je erschienen sind. Die Christlichsoziale Arbeiterpartei des Pastors und Hofpredigers Adolf Stökker versuchte die Sozialdemokratie zu bekämpfen und setzte den Antisemitismus ein, um die Arbeiter stärker an Thron und Altar zu binden. Stöcker präsidierte dem ersten Internationalen Anti-Jüdischen Kongreß, der 1882 in Dresden stattfand. In Wien wurde Lueger mehrmals zum Bürgermeister gewählt – mit einem antisemitischen Programm, das die Verdrängung des unteren Mittelstandes und der Handwerker Wiens ausnutzte: 1882 fand im ungarischen Tisza-Eszlar ein Prozeß über einen angeblichen Ritualmord statt. Was aber den Antisemitismus der achtziger Jahre von früheren antijüdischen Kundgebungen unterschied, war der biologische Ausgangspunkt: Der Jude habe einen minderwertigen, schädlichen physiologischen Status und damit einen erblichen, unheilbaren Makel, so daß schon die Debatte über Emanzipation und Assimilation eine Gefahr für das christliche Europa heraufzubeschwören schien.

Die Juden in Rußland hatten am meisten zu leiden. Auf den Pogrom von 1881 folgten weitere im Jahre 1883 (Rostow, Jekaterinoslaw) und 1884 (Nischni-Nowgorod). Hinzu kamen gesetzliche Maßnahmen – die Maigesetze von 1882, die den Juden den Erwerb ländlicher Grundstücke verboten, sie aus Moskau auswiesen und eine Höchstzahl für die an höheren Schulen und Universitäten studierenden Juden festsetzten.

Die Zunahme der jüdischen Bevölkerung verschlimmerte die Lage. Offenbar wuchs sie in Rußland (den Kaukasus ausgenommen) zwischen 1820 und 1880 von 1600000 auf 4 Millionen Menschen. Dieser Zuwachs von 150 Prozent überstieg bei weitem die allgemeine Bevölkerungszunahme von 87 Prozent. Um 1910 gab es in Rußland mehr als 5600000 Juden, und das trotz jahrzehntelangen Massenemigrationen.

Bevölkerungszunahme und Verelendung hingen unmittelbar zusammen, da die Ansiedlungsrayons immer noch bestanden und mehr und mehr Handwerker und Zwischenhändler – die Hauptmasse der jüdischen Erwerbstätigen – in immer schärferen Konkurrenzkampf auf so begrenztem Markt gerieten. Den jüdischen Handwerkern fehlte es an Kapital, Handwerksgerät, es fehlte an Zugang zu Krediten und Rohmaterialien, so daß sie oft ihren Beruf aufgeben mußten. In Städten wie in Odessa, Wilna, Bialystok, Lodz und Warschau entstand ein jüdisches Proletariat von etwa 300000 Menschen. Daß sie kaum einen Zugang zur russischen Industrie außerhalb der Rayons hatten, zeigt schon die Tatsache, daß nur 50000 von ihnen in mittleren und großen Fabriken vor allem der Textil- und Tabakindustrie beschäftigt waren; die große Masse arbeitete in Unternehmen, die kaum größer als eine Werkstatt waren. In diesem Massenelend hing etwa ein Drittel der russischen Juden von der Hilfe jüdischer Organisationen ab.

Als erster Ausweg aus der immer schlechteren wirtschaftlichen und politischen Lage bot sich die Auswanderung an. Gewiß, es war die ›klassische‹ Zeit der Emigration aus Europa in den Westen, doch die Zahl der auswandernden Juden überstieg weitaus die jedes anderen Volkes. Zwischen 1881 und 1914 verließen etwa 2750000 Juden Osteuropa, fast 2 Millionen Rußland, fast eine halbe Million Österreich-Ungarn, 150000 Rumänien und 200000 andere Länder. Rechnet man mit einer jüdischen Bevölkerung von 10 Millionen in aller Welt, ergibt sich, daß von vier Juden einer unterwegs war, eine Größenordnung ohne Vergleichbares. Zwei Millionen Juden ließen sich in den Vereinigten Staaten nieder; andere Zentren der Einwanderung waren Kanada, Argentinien, Großbritannien, Palästina und Südafrika. Die Weltkarte von der Verteilung der Juden bekam ein neues Gesicht, Westen und Osten hielten sich die Waage. Viele Gemeinwesen änderten ihren Charakter völlig.

Für die Juden, die in Rußland blieben, suchte man die Lösung im Sozialismus und in radikaler politischer Betätigung. Man darf behaupten, daß die sozialistische Bewegung das nationale Problem in der Illusion übersah, daß dieses Problem ausschließlich ein fehlgeleitetes Bewußtsein sei, das die Revolution heilen werde. Es handelt sich um eine Art linkes Gegenstück zu der Illusion der Liberalen und der Reformjuden, die dem Judentum sein nationales Element entziehen wollten. Von Marx übernahm die sozialdemokratische Bewegung die Gewohnheit, Judentum und bourgeoisen Materialismus gleichzusetzen, ein Befund, der nur durch die soziale Revolution zu lösen war. So konnte Marx schreiben: »Die *soziale* Emanzipation des Judentums ist die *Emanzipation* der Gesellschaft vom Judaismus.« Im besten Fall wurden die Juden als eine Kaste angesehen, die schon unter dem Einfluß der Industrialisierung zu verschwinden begann. Besondere Rechte der Juden vorzuschlagen oder überhaupt nur die Existenz eines besonderen jüdischen Problems zur Kenntnis zu nehmen, wirkte unzeitgemäß und reaktionär, ein Schritt zurück ins Getto. So dachten die meisten jüdischen Führer im

*Die neue, 1859 in Pest eröffnete Synagoge. Auf ihrer Suche nach einem passenden nicht-christlichen Stil für die Synagoge griffen die Architekten häufig nach islamischen Mustern.*

europäischen Sozialismus – Lasalle, Rosa Luxemburg, der ältere Martow, Trotzky, Viktor Adler, Otto Bauer und andere.

Nur in Rußland versuchte man, auch das nationale Problem ernstzunehmen. Seine Lösung strebte die ›Allgemeine Liga jüdischer Arbeiter in Litauen, Polen und Rußland‹ an, der sogenannte ›Bund‹. Er wurde 1897 in Wilna gegründet; seine Aufgaben umriß das Programm von Arkadi Kremer, dem geistigen Motor des Bundes: »Nicht nur der Kampf für allgemeine russische Forderungen; er wird auch die besondere Aufgabe haben, die eigenen Interessen der jüdischen Arbeiter zu verteidigen, den Kampf um ihre bürgerlichen Rechte fortzusetzen und vor allem die entwürdigenden antijüdischen nicht nur als Arbeiter, sondern auch als Juden, und wir wagen es nicht und können nicht in solcher Zeit gleichgültig bleiben.« Doch in den kommenden Jahren mußte der ›Bund‹ – teilweise unter dem Einfluß des Historikers Dubnow – auf eine mehr ›nationalistische‹ Linie einschwenken, da die Analyse der jüdischen Situation durch den Mangel an einer territorialen jüdischen Konzentration verwirrt wurde. Zum Ausgleich betonte der ›Bund‹ die kulturelle Verwurzelung des jüdischen Nationalismus und forderte für das russische Judentum nicht nur bürgerliche und politische Rechte, sondern auch eine kulturelle Autonomie. Das hemmte weder die Ausdehnung des ›Bundes‹ noch seine Rolle, dem jüdischen Arbeiter eine gültige Identität zu verschaffen; der jüdische Arbeiter entfremdete sich mehr und mehr den offiziellen oder selbsternannten Führern des russischen Judentums. Mit anderen Worten: Der ›Bund‹ war nicht nur eine politische Partei, sondern bot eine Lebensform, einen kulturellen und sozialen Rahmen für den einzelnen Juden, der sich in einer rasch wechselnden, feindseligen Umwelt verloren sah. Der Arbeiter hatte seinen Platz innerhalb der traditionellen jüdischen Gemeinschaft eingebüßt, aber der ›Bund‹ knüpfte ihn noch mit uralten Banden an die Vergangenheit.

Mochte auch die marxistische Situationsanalyse des ›Bundes‹ für Rußland radikal sein, war sie an Härte nicht mit der zu vergleichen, die der erste Sprecher des russischen Territorialismus, Leon Pinsker, vornahm. Pinskers Kehrtwendung, mit der er 1882 seine Schrift *Autoemanzipation!* herausgab, umriß die Rolle der Generation; sie war von Arthur Cohen, einem Parlamentsmitglied und Vorsitzenden des ›Komitees der Deputierten der britischen Juden‹ in London angeregt worden. Bis 1881 war Pinsker, der in Moskau Medizin studiert hatte, ein Anhänger der Haskala gewesen, aktiv in der ›Gesellschaft für die Förderung der Kultur unter den Juden Russlands‹, aber der Pogrom von 1881 zerschlug seine Hoffnungen. Sein Begriff vom Antisemitismus stimmte so ausgezeichnet mit dem überein, den der bereits vorhandene erste Zionismus geprägt hatte, daß er sich bereitwillig mit der Bewegung zusammentat und ihr wichtigster Wortführer wurde.

**Die Geburt des Zionismus**

Jetzt wurde die dritte Antwort des russischen Judentums auf die Ereignisse von 1881 gegeben: Auf Auswanderung, auf Sozialismus folgte der Zionismus. Zu Beginn gehörten der Bewegung ›Choveve Zion‹ vor allem Akademiker und Vertreter des jüdischen Mittelstandes an. Pinsker selbst war Mediziner, und es ist vielsagend, daß zwei andere Teilnehmer der Versammlung von 1883 der Opthalmologe Max Emanuel Mandelstamm von der Universität Kiew und Hirsch (Herman) Schapira waren, der später Professor für Mathematik in Heidelberg wurde. Bei einer Versammlung in Kattowitz im Jahre 1884 waren die dreißig Delegierten fast alle Männer mittleren Alters aus dem Mittelstand: Rabbiner, Akademiker in freien Berufen, Kaufleute, Fabrikanten und Literaten. Ihre Vorstellungen breiteten sich aus und entwickelten schließlich eine sozialistische zionistische Bewegung, die 1906 formell als ›Poale Zion‹ – Arbeiter Zions – ihre Form fand. Die Führung übernahmen Nachman Syrkin und Ber Borochow. Gleichzeitig setzte die Massenauswanderung nach Palästina ein, wo sich zwischen 1881 und 1914 etwa 50000 Juden als Siedler niederließen.

Inzwischen war im Westen eine zionistische Bewegung von ganz anderem Charakter entstanden. Sie hatte einen Verläufer in dem Werk von Moses Heß, sie verdankte aber unendlich viel mehr dem Gedankengut und dem Einsatz von Theodor Herzl.

Herzl wurde 1860 in Budapest geboren. Die Familie zog nach Wien, wo er Jura studierte und als Anwalt tätig war. Ruhm erwarb er sich aber als Journalist und Dramatiker. Seine Einstellung zur jüdischen Frage entwickelte sich radikaler, wenn auch nicht völlig anders, als die von Heß und sogar von Pinsker. Zunächst glaubte er noch an eine Lösung durch den massenhaften Übertritt der Juden zum Christentum, aber Erfahrungen mit dem Antisemitismus überzeugten ihn, daß ein anderer Weg bestritten werden mußte – der Weg in einen jüdischen Staat, eine sichere Heimstatt für alle vom Antisemitismus bedrohten oder ihm schon ausgesetzten Juden. Im Gegensatz zu anderen Liberalen, die für die Emanzipation eintraten, erkannte Herzl, daß die Emanzipation keineswegs die Toleranz, sondern im Gegenteil die Inteloranz steigerte. Daß ein jüdischer Staat aber anderswo als im Heiligen Land liegen könne, war nie eine wirklich ernsthafte Möglichkeit. Seine Bemühungen und die von ihm zustandegebrachte Basler Konferenz von 1897 gipfelten in dem Versuch, die Unterstützung der Großmächte für das eigentliche Ziel des Basler Programms zu gewinnen: Der Zionismus wurde ins Leben gerufen, »um für das jüdische Volk ein öffentlich und rechtlich gesichertes Heim in Palästina zu schaffen«.

Der Erste Weltkrieg veränderte plötzlich die Lebensbedingungen der Juden, besonders in den Vielvölkerstaaten Rußland und Österreich-Ungarn. Als Rußland 1917 zusammenbrach, wurde sofort die Emanzipation, die bürgerliche und rechtliche Gleichstellung der Juden proklamiert. Das russische Judentum versuchte, einen Kongreß für eine Art nationaler Autonomie im befreiten Rußland einzuberufen: »Bürger, Juden! Das jüdische Volk steht jetzt vor einem Ereignis, für das es in zweitausend Jahren jüdischer Geschichte keine Parallele gibt. Der Jude hat nicht nur als einzelner, als Bürger die Gleichstellung vor dem Gesetz erreicht . . . sondern das jüdische Volk sieht die Möglichkeit vor sich, sich nationale Rechte zu sichern.« Im Januar 1918 wurden die Kongreßwahlen abgehalten, bei denen die Zionisten etwa 60 Prozent der Stimmen erhielten, die vereinten sozialistischen Parteien 25 Prozent und die Orthodoxen 12 Prozent. Bedenkt man die grundsätzliche Meinungsverschiedenheit ihrer Standpunkte, kann man sich allerdings schwerlich eine Einigung über die Form vorstellen, in der die jüdische Autonomie verwirklicht werden sollte. Doch 1918 hatten die Bolschewisten die Regierung gebildet, und der jüdische Kongreß fand niemals statt.

Jedenfalls wurde die kommende Zeit weniger durch politische Schritte als durch Gewalt bestimmt. Im Bürgerkrieg, in Revolution und Gegenrevolution zogen sich die Juden die Feindschaft sämtlicher beteiligten Kräfte zu. Das zeigte sich besonders in Ostpolen und in der Ukraine, wo kriegführende Banden 1919 bis 1921 Massaker verübten, die in ihrem Ausmaß durchaus die Untaten der Deutschen zwei Jahrzehnte später vorwegnahmen. Der Zusammenbruch des Zarenreichs mit seinen vielen Völkern förderte einen Antisemitismus, der sich aus der Verbindung von christlichem Glauben mit dem Nationalismus, der sich aus der Verbindung von christlichem Glauben mit dem Nationalgefühl der bisher unterdrückten ethnischen Minderheiten herleitete. In diesen Jahren wurden in über 500 Gemeinden mehr als 156000 Juden Opfer der Angriffe von Ukrainern, Weißrussen, Polen und der Roten Armee; es kam zu mehr als 1200 einzelnen Gewalttaten gegen Juden: Die Revolution hatte ihnen nichts als Leiden und wirtschaftlichen Untergang gebracht.

## Revolution und Krieg

Als sich die Revolution in der Macht einrichtete, war ihre Einstellung zu den Juden vieldeutig. Auf der einen Seite bestand der aufrichtige und auch erfolgreiche Versuch, den offenen Antisemitismus zu unterdrücken (obwohl Stalin Ende der zwanziger Jahre den Antisemitismus im Kampf gegen Trotzky einsetzte), andererseits hatten die Juden in Rußland doppelt zu leiden, einmal als religiöse Einheit, also an sich schon »reaktionär«, dann aber, weil sie als national-politische Einheit nicht wie andere ethnische Gruppen territorial konzentriert lebten. Außerdem geriet jede kulturelle oder politische Andeutung von Separatismus – Zionismus, Bundismus oder Studium der hebräischen Sprache – automatisch in Gegensatz zum politischen Monopol der Bolschewiken – mußte also unterdrückt werden.

Führend in der bolschewistischen Politik waren die jüdischen Sektionen der kommunistischen Partei. Kaum hatten sie sich 1918 gebildet, als sie schon formell die Kehilla (Gemeinde)-Struktur der religiösen Juden auflösten. Von nun an war es die Hauptaufgabe der Sektionen, die alte jüdische Ordnung zu zerstören, der ›Judengasse‹ den Bolschewismus nahezubringen und nationales jüdisches Leben auf der Grundlage einer weltlichen jiddischen Kultur neu zu formen. Anfang der dreißiger Jahre verdeutlichte ein ›Erzieher‹, was damit gemeint war:

> Zunächst wurde die Sabbatruhe abgeschafft. Zweitens beschlagnahmte man alle Bücher mit nationalem Einschlag. Diese Schritte befähigten die Schule, das Niveau des Unterrichts zu heben und anti-religiöse und internationale Themen in den Lehrplan aufzunehmen. . . Schon das Konzept der ›jüdischen Geschichte‹ ist der Schule fremd.

Doch die kulturelle Verarmung ging Hand in Hand mit beruflichen Vorteilen und Verteilung auf vielerlei Berufe. Das war besonders der Industrialisierung und dem allgemeinen Mangel an Arbeitskräften zu verdanken. Das Modell von Mittel- und Westeuropa wiederholte sich im sowjetischen Rußland. Man bedenke nur die Verstädterung: Die Zahl der Juden wuchs von 1895 bis 1926 in Moskau von 8100 auf 131000 und betrug 1939 rund 350000 Menschen. In Leningrad (St. Petersburg) lebten 1895 17000 Juden, im Jahre 1926 84500 und 1939 etwa 250000; die jüdische Bevölkerung von Kiew wuchs zwischen 1895 und 1926 von 32000 auf 140000 Angehörige. Die Urbanisierung wurde kaum durch die parallele Bemühung berührt, jüdische Bauerngemeinden in der Südukraine und auf der Krim ansässig zu machen und in Birobidschan an der sibirischen Bahn, westlich von Chabarowsk, eine Jüdische Autonome Republik zu gründen.

Es liegt klar zutage, daß junge russische Juden früher als ihre Altersgenossen in den weniger entwickelten Sowjetrepubliken die neuen Bildungsmöglichkeiten wahrnahmen; im Jahre 1926/27 stellten sie zum Beispiel in Weißrußland 46,6, in der Ukraine 44,8 Prozent aller Medizinstudenten. Andere bevorzugte Fachrichtungen waren Wirtschaftswissenschaft, Industriewesen und Technologie. Am Vorabend des Krieges zeigte sich, daß von 1400000 erwerbstätigen Juden in Rußland fast 18 Prozent (250000) ihren Unterhalt in freien Berufen verdienten. Auch darin spiegelt sich die Tatsache, daß die Juden in Europa in mancher Hinsicht vieles gemein hatten; die Verstädterung und die berufliche Konzentration war im totalitären Sowjetrußland kaum anders als im übrigen Europa; Paris, London, Wien, Warschau und Berlin spielten fast die gleiche Rolle wie Moskau und Leningrad.

Der Erste Weltkrieg schuf nicht nur die Voraussetzungen für den Sieg des Bolschewismus: weil er zur nationalen Selbstbestimmung anregte, begünstigte er auch eine Reihe neuer politischer Einheiten (Polen, Ungarn, die baltischen Staaten), sehr zum Nachteil der Minderheiten ohne festen Kern wie die jüdische. Diese Einsicht veranlaßte die Juden in Litauen noch vor Kriegsende, entweder für ein größeres Litauen zu kämpfen, das auch die jüdischen Mittelpunkte Grodno und Bialystok umfassen sollte, oder aber einen »litauischen Nationalitätenstaat« statt ein »nationales Litauen« anzustreben.

In Versailles versuchte man, die religiösen, bürgerlichen, kulturellen und politischen Rechte von Minderheiten durch ›Minderheitenverträge‹ zu sichern. Die kurzlebige Ukrainische Republik und Litauen griffen zu anderen Lösungen: In die Verfassungen sollten Paragraphen eingebaut werden, die einen gewissen Grad jüdischer Autonomie sicherten. Doch weder ›Minderheitenverträge‹ noch Verfassungsstatuten hatten irgendeinen Erfolg. Mit Ausnahme der Tschechoslowakei und Bulgariens verschlechterten sich zwischen den Kriegen Status und Sicherheit der Juden in Ost-, Südost- und Mitteleuropa. Das Ende aller Hoffnungen auf Auswanderung in den Westen verschärfte eine bereits verzweifelte Situation.

Sogar in Polen, wo die Verhältnisse besonders schlimm waren – oder eben gerade in Polen –, versuchte man, die Kontinuität der jüdischen Existenz aufrechtzuerhalten. Hier, wo drei Millionen Juden fast zehn Prozent der Bevölkerung ausmachten, entwickelten die unterschiedlichen Richtungen schulische und politische Institutionen, zionistische, jiddische und traditionell-orthodoxe. Die Jeschivot von Mir, Lublin und Kamenetz hatten weltweiten Ruf. Wie hoch und wie aufgefächert das Niveau des polnischen Judentums war, zeigt sich auch in Polens Rang als Zentrum der Publizistik. So wurden zum Beispiel 1928 622 jiddische Werke gedruckt; 1930 gab es 180 jüdische Zeitschriften oder Zeitungen, davon 135 in Jiddisch, 28 in Polnisch, 16 in Hebräisch. Doch das alles verbarg nicht die ständig wachsende Verarmung der Juden durch die staatliche Politik, sie aus den vielen Sektoren der Wirtschaft zu entfernen, die der Staat mit begeisterter Unterstützung der Kirche kontrollierte. In manchen Gemeinden hing die Hälfte der Juden ganz oder teilweise von der Unterstützung durch die Gemeinde ab.

## Der Vernichtung entgegen

Nicht Polen, sondern Deutschland zeigte am deutlichsten die Kluft zwischen Leistung und Verfolgung. Das deutsche Judentum befand sich sichtlich im demographischen Abstieg. Eine bemerkenswerte Analyse von A. Theilhaber (1911) über Mischehen und Unfruchtbarkeit wies nach, daß von jeweils 100 jüdischen Mädchen, die fünfzig Jahre zuvor geboren worden waren, die 55 mit Juden verheirateten nur 118 Kinder hatten; 18 heirateten Nichtjuden; 22 blieben unverheiratet und kinderlos; 2 wurden getauft und 3 hatten illegitime Kinder. Anfang der dreißiger Jahre überstieg die Zahl der Todesfälle die der Geburten in der deutschen Judengemeinschaft, deren Angehörige zur Hälfte über fünfundvierzig Jahre alt waren.

Doch das alles hinderte das deutschsprachige Judentum nicht an unvergleichlichen Leistungen in der Welt des Geistes – es genügt, die Namen Freud und Einstein zu nennen. Auf anderen Gebieten gab es einen Überfluß an hervorragenden, vielleicht genialen Begabungen. Lazarus und Steinthal begründeten die wissenschaftliche Sozialpsychologie; Hermann Cohen rief die Marburger Schule des Neukantianismus ins Leben; ähnliches leisteten Bloch und Horkheimer für den Marxismus; Simmel und Oppenheimer gaben der Gesellschaftswissenschaft neue Impulse; Kafka, Kraus und Schnitzler brachten die Moderne in Erzählung, Satire und Drama; Schönberg revolutionierte die Musik. Die im 19. Jahrhundert begründete Wissenschaft des Judentums wurde auch im 20. lebhaft weitergeführt; herausragende Institute waren das Jüdisch-Theologische Seminar zu Breslau, das Rabbiner-Seminar für das orthodoxe Judentum und die Hochschule für die Wissenschaft des Judentums in Berlin. In Frankfurt am Main trat mit dem Freien Jüdischen Lehrhaus ein neues wissenschaftliches Zentrum ins Leben; es wird immer mit dem Namen Franz Rosenzweig verbunden bleiben. In seinem Buch *Stern der Erlösung* (1921) brachte er eine so überzeugende Begründung einer der traditionellen religiösen Praxis treubleibenden jüdischen Existenz in die Diaspora, wie sie kein anderer jüdischer Philosoph je zustandegebracht hat.

Jüdische Leistungen außerhalb des Judentums waren von vergleichbarem Rang, so daß man sagen kann, die geistige Welt sei zwischen den beiden Kriegen – vor allem in der Weimarer Republik – von Persönlichkeiten jüdischer Abstammung bestimmt worden.

Die nicht-jüdische Welt wurde schon 1850 durch Richard Wagners Schrift *Das Judentum in der Musik* alarmiert; er lastete den Juden die Rolle an, die sie für den Niedergang der modernen Kunst – wie er sie sah – gespielt hatten. Solche Gedankengänge waren in Deutschland ein bekanntes Thema und in gewissem Maß auch anderswo, doch nur in Deutschland nahmen sie ihre mörderische Wendung, ganz gleich, wie viele Helfershelfer die Deutschen in Europa auch fanden. Die ganze europäische Geschichte war in der Tat »das Saatbeet des Holocaust« (J. L. Talmon). 1933 endete das Zeitalter der Emanzipation.

Dies war durchaus nicht gleich klar. Die Statistik der Auswanderung aus Deutschland zeigt, daß es einige Jahre dauerte, bis die Unwiderruflichkeit der Ausstoßung voll ins Bewußtsein trat. Von den annähernd 500000 Juden, die 1933 in Deutschland lebten, verließen bis 1938 etwa 150000 das Land. Erst nach dem Pogrom vom November 1938 stieg die Auswanderung; in dem einen Jahr bis zum Kriegsausbruch emigrierten 100000 bis 150000 Juden. Die jüdische Reaktion auf den Ausbruch des Nationalsozialismus war außerdem ein aufblühender Bildungseifer, in dem der Widerstand gegen Unterdrückung und Verfolgung Gestalt annahm.

Doch außerhalb Deutschlands begriff man rascher die Drohung des Nationalsozialismus und die Zwangslage der europäischen Juden. So rief Jabotinsky angesichts der anschwellenden polnischen Feindseligkeit und Grausamkeit zum Auszug der jüdischen Gemeinden aus Polen auf. In den nächsten Jahren müßten, meinte Jabotinsky, anderthalb Millionen Juden nach Palästina gebracht werden. »Vernichtet die *Galut* (Exil), oder die *Galut* wird euch vernichten.« Die Hoffnung war vergeblich. Selbst ein Land, das wie Großbritannien eine recht lange Tradition in Toleranz und Gastfreundschaft hatte, war wenig bereit, Flüchtlinge aus Europa aufzunehmen. Das Außenministerium wandte ein, daß man mit dem Versuch zur Verteidigung einer Minderheit in Deutschland oder anderswo dieser Minderheit vielleicht nur schade. Außen- und Kolonialministerium beschränkten die Einwanderung nach Palästina aus Sorge um die Sympathien der Araber. Die britischen Kolonien in Asien und Afrika wurden ebenfalls gesperrt, weil man den Vorurteilen der weißen Ansiedler entgegenkommen wollte. Die britischen Dominions waren souveräne Staaten, und das Dominion-Ministerium konnte sie nicht unter Druck setzen, ihre abweisende Politik zu mildern. Das Innenministerium vermochte nur einzelne Fälle in Betracht zu ziehen – während die ganze Gemeinschaft in Not war. Interessengruppen, etwa Ärzte und Zahnärzte, unterstützten die Beschränkungen der Einwanderung.

Wenn es in Großbritannien schon so zuging, war in anderen Ländern sicherlich nicht mehr zu erwarten. Das Hilfsbedürfnis der Flüchtlinge wurde so sehr enttäuscht, daß nun das ganze Programm der Emanzipation, das seit der Aufklärung jüdisches Denken beherrscht hatte, radikal überprüft werden mußte. Die erste Reaktion war die zionistische; die zweite nahm 1939 Form an. In diesem Jahr, das die Hundertfünfzigjahrfeier der Französischen Revolution beging, wurde die Frage nach dem Wert der Emanzipation zuerst in der jiddischen Zeitschrift *Oifn Schejdeweg* (Am Scheideweg) gestellt. Was hatte sie ihren Anhängern gebracht? War sie nicht eine Selbsttäuschung gewesen? War nun nicht der Zeitpunkt gekommen, die universalistischen Ideale der Emanzipation fallenzulassen und zu den Werten des Judentums, zum Getto zurückzukehren? Die Antwort des großen Historikers Simon Dubnow »Was soll man tun in Hamans Zeiten?« rechnete mit der Realität von Hitlers ›Vernichtungssystem‹ und sprach von dem »furchtbaren Kampf, um das europäische Judentum zu retten«. Doch die Herausforderung wurde nicht angenommen, man sprach lieber von der wirtschaftlichen und moralischen Blockade, die das Judentum der ganzen Welt gegen seine Peiniger durchführen müsse: »Wir müssen gegen die Pest von Hitlers Vertreibungen kämpfen und dürfen nicht die Arme senken und seufzen, daß uns die Emanzipation getäuscht hat. Sie werden sagen, daß die Vertreibung aus Deutschland in Osteuropa noch verdoppelt werden könne, aber dort hat man schon einen Vorgeschmack des Hitlertums und mußte sich in den Anti-Aggressions-Block der demokratischen Länder gegen die weltbedrohenden Banditen einreihen. Wenn es der Anti-Aggressionsbewegung gelingt, Europa zu befreien, wird auch sein jüdischer Teil befreit sein.«

So kam es nicht. Als Europa befreit wurde, waren seine jüdischen Einwohner bis auf einen Rest getötet worden. Die Deutschen und ihre Helfer im »Krieg gegen die Juden« brachten das Schicksal der gemeinsamen Vernichtung über alle Juden des Kontinents. »Das ganze Exil wurde ein brennender See.« Die Weltlichen und die Frommen, die Städter und die Dorfbewohner, die Reichen und die Armen – alle wurden vom gemeinsamen Massaker verschlungen – buchstäblich verschlungen.

Die Deutschen und ihre Komplizen in Europa konnten sich auf den Haß gegen die Juden stützen, der sich in Jahrhunderten unter christlichem Einfluß aufgestaut hatte. Aber die Juden schlugen auch zurück – in den jüdischen Partisanen- und Widerstandsgruppen in Frankreich, in der Ukraine und überall im besetzten Europa, vor allem aber im Aufstand des Warschauer Getto im April und Mai 1943.

Hier hielten die Juden den größten und längsten Versuch des Widerstands im besetzten Europa (mit Ausnahme Jugoslawiens) durch. Jüdischer Widerstand muß auch im Überleben am Rande des Todes gesehen werden. Rabbi Oshry berichtet aus Kowno:

> Am 6. des Cheschwan 5702 [27. Oktober 1941], zwei Tage vor dem großen *Churban* (Zerstörung) des Gettos von Kowno, zu einer Zeit, wo Zehntausende von Männern, Frauen und Kindern vor unseren Augen in den Tod geführt wurden, kam ein ehrenwerter Mann aus der Stadt zu mir und weinte voller Bitterkeit. Er fürchtete, er könne gezwungen werden, zuzusehen, wie seine Frau, seine Kinder und Enkel hingemetzelt wurden, um seine Qualen zu vermehren. Es machte den Mördern Spaß, die Leiden ihrer Opfer zu sehen, deshalb töteten sie Kinder vor ihren Eltern, Frauen vor ihren Männern, danach quälten und töteten sie das Familienoberhaupt. Da er einen solchen Schmerz nicht ertragen könne (er war sicher, an einer Herzattacke zu sterben), fragte er, ob ihm erlaubt werde, Selbstmord zu begehen, damit ihm diese Qual erspart bleibe und er auf einem jüdischen Friedhof im Getto von Kowno begraben werden könne.

Der Rabbi antwortete ihm:

> Jeder kann erwarten, daß er schrecklichen Qualen ausgesetzt werden wird. Trotzdem hat man nicht das Recht, es öffentlich als klare Entscheidung zu erklären, daß wir unter solchen Umständen Selbstmord begehen dürfen, denn dadurch arbeiten wir unseren Feinden in die Hände. Sie haben sich oft gefragt, warum die Juden nicht Selbstmord begehen, wie sie es in Berlin taten. Eine solche Tat ist aber ein *Chillul ha-Schem* (Entweihung des Gottesnamens), weil sie zeigt, daß die Juden nicht auf die Errettung durch Gott vertrauen. Es soll mit Stolz gesagt werden, daß es im Getto von Kowno nur in drei Fällen zum Selbstmord gekommen ist. Alle anderen Einwohner vertrauten in vollkommenem Glauben darauf, daß Gott sein Volk nicht verlassen werde ...
> *(The Echo of the Nazi Holocaust in Rabbinic Literature)*

Doch Gott verließ sein Volk, und Ende des Krieges waren fast sechs Millionen dieses Volkes umgebracht worden. Das ist nicht die endgültige Antwort auf die Frage nach der jüdischen Existenz, einer Frage, wie sie unter den von der Französischen Revolution geschaffenen Verhältnissen ursprünglich gestellt worden war. Es ist vielmehr eine schreckliche Erinnerung an die Gefährdung dieser Existenz, die der Rabbi Oshry aus Kowno nicht besser zu lösen wußte als die optimistische Philosophie Mendelssohns.

15

# Das amerikanische Judentum

OSCAR HANDLIN

Im letzten Viertel des 20. Jahrhunderts sind die Vereinigten Staaten zur Heimat der größten und einflußreichsten jüdischen Gemeinschaft geworden. Die sechs Millionen Menschen, die sich selbst als Juden bezeichnen, sind aus verschiedenen Ländern in einem nie ganz abgerissenen Einwanderungsstrom nach Amerika, der 1654 einsetzte und 1979 noch anhält, gekommen. Aber nicht ihre Zahl verhilft diesen Juden zu einer Schlüsselstellung, ebensowenig wie ihr Wohlstand und der politische Einfluß, der sich auch auf ihre Religionsgenossen in Europa und im Nahen Osten auswirkt. Vor allem fordert der Lebensstil dieses Landes viele Erwartungen heraus, die sich in der Erfahrung des uralten Volkes eingenistet hatten. In Amerika wurden Haltungen, Gebräuche und Gesetze der Alten Welt fast sofort anachronistisch: Juden leben hier mit vielen Leuten anderer Herkunft und anderen Glaubens vertraut und auf gleichem Fuß zusammen; die Unbefangenheit dieser Beziehungen birgt zugleich Aussichten und Gefahren. Und beide Möglichkeiten werden um so deutlicher, je älter das Jahrhundert wird.

Jüdische Ansiedlungen in den Vereinigten Staaten hingen nach Zeitpunkt und Umfang lange mit den Auswanderungen von Europäern nach Nordamerika zusammen, und die Geschichte der Juden in der Neuen Welt spiegelt den Einfluß der Bevölkerungsbewegungen in Europa wie den Charakter der Gesellschaft wider, die sie bei ihrer Ankunft vorfanden.

Im 17. und 18. und in den beiden ersten Jahrzehnten des 19. Jahrhunderts blieb die Einwanderung gering und war meistens ein Ergebnis kommerzieller Unternehmungen. In den folgenden sechzig Jahren bis 1880 – einer Zeit der nationalen Ausdehnung und Eingliederung – und in den nächsten fünfzig Jahren – Zeit der Industrialisierung und Verstädterung – brachte die Einwanderung ungeheure Reserven an Menschen, die der Wandel in der Technik aus Europa vertrieben hatte. Die rigorose Einwanderungsrestriktion aus dem Jahre 1924 führte nicht zu der erwarteten Stabilität. Wirtschaftliche Depressionen, Totalitarismus und Krieg belebten die Einwanderung und deren Probleme erneut; die Gründung des Staates Israels schuf und löste Schwierigkeiten; und der radikale Wandel in der kulturellen und sozialen Umwelt bedrohte die Tradition und die Aussicht auf Überleben.

## Die Kolonialzeit: 1654-1820

Der interkontinentale Handel brachte die Keime dauerhafter jüdischer Ansiedlungen in die englischen Kolonien des 16. und 17. Jahrhunderts. Das besiedelte Gebiet war küstennah und verfügte am Vorabend der Unabhängigkeit über eine Gesamtbevölkerung von noch nicht drei Millionen Menschen.

In diese Wildnis kamen einige – niemals viele – Juden aus Brasilien, von den Westindischen Inseln und aus Europa, meistens durch den Zufall hergeführt. 1776 lebten noch nicht ganz dreitausend Juden in Nordamerika. Die meisten waren Kaufleute, die den Warenstrom von den Farmen und Plantagen auf die überseeischen Märkte leiteten: Aaron Lopez und Jacob Rodrique Rivera aus Newport handelten mit den Westindischen Inseln, die Familie Frank aus Philadelphia unterhielt Beziehungen zu London, und Moses Lindo aus Charleston entwickelte die Ausfuhr von Indigo aus dem Süden. In diesen Seehäfen wohnten die größeren Gruppen von Juden, aber auch in New York und Savannah und gelegentlich tiefer im Landesinnern, zum Beispiel im pennsylvanischen Lancaster.

Die Touro-Synagoge von Newport spiegelte den Wohlstand der Kaufleute, die ihr angehörten. Doch keine amerikanische Gemeinde war in der Lage, einen Rabbiner zu halten. Die meisten Juden, woher sie auch kamen, kannten weder Gesetz noch Ritual und suchten Rat und Anleitung in London, der Hauptstadt des Weltreichs. Deshalb neigten sie auch dazu, das in London vorherrschende sefardische Ritual zu übernehmen.

Laien geboten über die Synagoge. Gegen Ende des 18. Jahrhunderts übernahm der einzige ständige Beamte, der *Chassan*, in Nachahmung der christlichen Kirchen nach und nach das Amt eines Geistlichen und beanspruchte den Titel *Reverend.* Die Synagoge war eine religiöse Organisation, die auch Friedhöfe unterhielt und zwanglos karitative Arbeit leistete. Ihre offiziellen Vertreter beaufsichtigten außerdem die Religionsschulen, das rituelle Schlachten und die Zubereitung der Mazzot. Aber keine Gemeinde war schon kraftvoll genug, um über den religiösen Umkreis hinauszugreifen.

Im Unabhängigkeitskrieg ergriffen die Juden Partei für die Amerikaner, obwohl mindestens ein bekannter Tory unter ihnen war. Sie handelten wie andere Kaufleute und wie andere Einwohner, die ebenfalls keine Gefühlsbindung an England kannten. Der alte Aaron Lopez setzte lieber durch Flucht aus Newport seinen Besitz aufs Spiel, statt mit den Briten zusammenzuarbeiten; der junge Haym Salomon half bei der Finanzierung des Krieges, und Männer wie Benjamin Nones, Mordecai Sheftall und Francis Salvador kämpften tapfer im Heer.

In den ersten Jahrzehnten der amerikanischen Unabhängigkeit wuchs die Zahl der Juden langsam an, bis sie

1820 etwa fünftausend betrug. Nach der Revolution waren wie vorher die meisten von ihnen Kaufleute mit bescheidenem Wohlstand.

In dieser Zeit erhielten sie wie fast überall die vollen politischen Rechte. Bürgerrechte hatten sie bereits 1657 erhalten, als Asser Levy in Neu-Amsterdam erfolgreich gegen einen niedrigeren Status der Juden protestierte. Aber die Testakten (1673 von England eingeführt, um Katholiken von politischen Ämtern auszuschließen) setzten einen christlichen Eid voraus und hinderten deshalb die Juden an der Übernahme eines Amtes, bis Kirche und Staat im neuen Staat durch die Bundesgesetze getrennt wurden. Überbleibsel der alten Diskriminierung hielten sich bis zum Bürgerkrieg in den Gesetzessammlungen – New Hampshire schaffte das letzte im Jahre 1877 ab –, hatten aber nach 1800 praktisch keinen Einfluß mehr, wie die wachsende Zahl jüdischer Beamter bezeugt.

Juden wurden nicht nur geduldet, sondern waren allen anderen gleichgestellt, ein Status, der sich in der unabhängigen Republik noch festigte. Die Bill of Rights in Virginia (1776) verkündete, daß alle Menschen »gleicherweise zur freien Ausübung ihrer Religion nach dem Gebot ihres Gewissens berechtigt sind«, ein Grundsatz, der sich dann überall durchsetzte. Das Erste Amendment – Zusatzartikel zur Verfassung – untersagte dem Kongreß, irgendein Gesetz »über eine religiöse Einrichtung oder ein Verbot der freien Religionsausübung« zu erlassen; damit waren die Juden ihren Mitbürgern fast völlig gleichgestellt.

Im August 1790 begrüßte Georg Washington die jüdischen Gemeinden des Landes. Alle Amerikaner, sagte der Präsident, »besitzen die gleiche Freiheit des Gewissens und haben den gleichen Schutz des Staates. Man kann nicht mehr von Duldung sprechen, als ob eine Klasse des Volkes einer anderen die Ausübung der angeborenen, natürlichen Rechte zugestehen könnte. Denn zum Glück verlangt der Staat, der Bigotterie nicht gutheißt und Verfolgungen nicht unterstützt, nur, daß die in seinem Schutz lebenden Menschen sich als gute Bürger betragen, indem sie ihn bei allen Gelegenheiten wirksam unterstützen.«

Diese vorteilhafte Beziehung spiegelte eine romantische Vorstellung vom Juden, wie sie von den Puritanern übernommen und durch den vertrauten Umgang mit der Bibel bestärkt wurde. Werke wie Hanna Adams' *History of the Jews* verbreiteten das Bild des wandernden Juden, der als Zeuge für die Wahrheit des christlichen Evangeliums lebt. Die erneute tausendjährige Hoffnung auf ein rasches Ende der Übel in dieser Welt belebte auch den Eifer für die Judenbekehrung, die nach christlicher Tradition ein Vorzeichen der Wiederkunft sein sollte. Daß nun die Bekehrung vielleicht unmittelbar bevorstand, schuf eine die Anpassung fördernde Atmosphäre, und die soziale Stellung der Juden, die an Zahl wenige, aber in den oberen Gesellschaftsschichten führend waren, und die durch so wohlhabende und menschenfreundliche Individuen wie Judah Touro vertreten wurden, machte die Anpassung leicht.

## Die steigende Einwandererflut von 1820 bis 1880

Die angenehmen Aussichten änderten sich nach 1820 durch die anschwellende Flut der Einwanderer aus Deutschland und Mitteleuropa, als sich Juden in bisher nie erlebter Anzahl einfanden. Es waren die Jahre der raschen geographischen Ausbreitung Amerikas und der umfangreichen Verschiebungen in Europa. Die Amerikaner stießen in alle Richtungen des Kontinents vor, nahmen Millionen Hektar unter den Pflug, begannen, die großen Mineralvorkommen auszubeuten, und brachten die ersten Phasen der Industrialisierung hinter sich. Hier war Arbeit reichlich zu haben, und ganze Armeen von Landbewohnern und Handwerkern, die jenseits des Atlantik keinen Broterwerb mehr fanden, strömten in die Vereinigten Staaten. Die Bewegung, die ihren Höhepunkt um 1850 hatte, hielt bis etwa 1880 an.

Viele Juden kamen. In der alten Heimat hatten Aufklärung und Französische Revolution die Hoffnung auf allgemeine Besserung geweckt, aber die reaktionären Regierungen nach 1815 machten die Erwartungen zunichte. In einigen deutschen Staaten und in den böhmischen, ungarischen und polnischen Gebieten Österreichs wurden den Juden immer noch die Bürgerrechte vorenthalten. Sie blieben von vielen Berufen ausgeschlossen und mußten in einigen Orten nach behördlicher Genehmigung nachsuchen, wenn sie heiraten wollten. Nun erwarteten sie die Gleichstellung im ›verheißenen Land‹ jenseits des Ozeans und folgten begierig dem Auswandererstrom der christlichen Nachbarn, neben denen sie gelebt hatten. So wuchs die jüdische Bevölkerung auf fünfzehntausend im Jahre 1840 und auf eine viertel Million bis 1880 an. Die Zeitgenossen nannten sie Deutsche, aber diese Bezeichnung wurde auf jeden Jiddisch sprechenden Juden angewandt, weil die Sprache als Kriterium für die Volkszugehörigkeit galt. ›Deutsche‹ waren also Einwanderer aus Österreich, Böhmen, Ungarn, Preußen, Polen und Galizien. Aber größere Gruppen von Juden kamen auch aus England und Frankreich.

Es waren nicht mehr die wohlhabenden Kaufleute der Kolonialzeit. Unter den jüdischen Einwanderern gab es einige Schriftsteller, Ärzte und Journalisten, aber die meisten waren daheim kleine Händler gewesen. Die neue Welt brauchte ihre Dienste und bot ihnen eine Chance. In manchen eben erschlossenen Gebieten fehlte es an Handelswaren, im Süden und Westen, wo die Grenze stetig zurückwich, gab es nur wenige Städte oder Marktflecken, die den Warenbedarf decken konnten.

Hier fanden jüdische Einwanderer ihre Aufgabe, entweder als selbständige Handwerker oder Trödler – und zwischen beiden war die Grenze oft verwischt. Soziale Beweglichkeit erlaubte rasche Übergänge, und der Trödler konnte oft den Hausiererkasten mit einem Laden vertauschen. Strauß, Gimbel und andere begannen mit kleinen Vorräten an Kurzwaren, die mit geliehenem Geld gekauft worden waren und im Hausiererpacken oder auf klapprigen Wagen befördert wurden. Harte Arbeit und Findigkeit führten zur Eröffnung eines Ladens; und mit Glück wurde aus dem Hausierer schließlich der Besitzer eines großen Warenhauses. Kreuz und quer im Land wurde der jüdische Einzelhändler eine bekannte Gestalt.

Diese Juden fanden sich aber nicht wie ihre Vorgänger in den großen Städten zusammen. Gewiß war Farmbetrieb bei ihnen selten, aber sie verstreuten sich durchs ganze Land und mischten sich unauffällig in das Leben der kleinen Städte ringsum. Wo sie zahlreich genug waren, bildeten sie Synagogen und gründeten Vereine zur gegenseitigen Hilfe bei Krankheit und Tod, doch in den meisten Fällen zwangen die Verhältnisse, in enger Nachbarschaft mit Andersgläubigen zu leben.

Selbst in den größeren Städten konnten die Juden nicht zu einer einzigen, einigen Gemeinschaft gelangen, denn die Neuen vermochten sich nicht mit den alten Siedlern zu identifizieren, Unterschiede in Sprache und Sitte hielten sie voneinander fern. Der Rheinländer fühlte sich keineswegs einig mit dem Polen. Rivalisierende Synagogen tauchten auf, da jede Gruppe den Gottesdienst hartnäckig auf ihre eigene, besondere Weise begehen wollte.

Die Haltung der Umwelt blieb freundlich. Juden wurden als eines der unzähligen unterschiedlichen Elemente angesehen, die ihren Beitrag zu einer neuen, ausdrücklich amerikanischen Kultur leisteten. Da sie mit anderen Bürgern völlig gleichgestellt waren, konnten sie bald in der Politik hervortreten; aus ihren Reihen gingen so bemerkenswerte Persönlichkeiten wie die Senatoren David Yulee (Florida), Judah P. Benjamin (Louisiana) und der Richter M. M. Noah (New York) hervor. Die Juden fielen unter anderen Amerikanern nicht als eine besondere Gruppe auf. Wie die Deutschen, Skandinavier, irischen Lutheraner oder Katholiken schienen sie nur ein besonderes Erbe zu hüten, im allgemeinen aber alle Rechte und Pflichten des Bürgers zu teilen. Meistens übernahmen sie die Art und Weise der Leute, zwischen denen sie lebten: So unterstützten sie im Bürgerkrieg die Sache der Sklavenbefreiung und des Unionismus im Norden, während sie im Süden auf Seiten der Konförderierten standen. August Bondo kämpfte mit John Brown in Kansas, Judah P. Benjamin war der Kriegsminister von Jefferson Davis.

Als sich immer neue Gemeinden in den Städten des Binnenlandes bildeten, entwickelte das Gemeindeleben neue Formen. Die alten Zentren am Atlantik – in New York, Philadelphia und Baltimore – wuchsen stetig weiter, aber blühende Gemeinden gab es jetzt auch in Cincinnati, Saint Louis, San Francisco. England blieb so lange die Quelle der Autorität in religiösen Fragen, bis die Entwicklung eines amerikanischen Rabbinats zu beachtlicher Selbständigkeit führte und bedeutende Abweichungen von der Orthodoxie gestattete. Die ersten und die einflußreichsten Rabbiner waren Einwanderer aus Deutschland und Böhmen, wo der Druck der weltlichen Wissenschaft bereits die Tradition verändert hatte, und nun führte die Anpassung an die amerikanischen Verhältnisse weiter zu drastischen Veränderungen in Glauben und religiöser Praxis. Schon 1824 wünschte eine Gruppe von Andersdenkenden, die in Charleston die ›Reformed Society of Israelites‹ gründeten, die Gestaltung des Gottesdienstes an christliche Muster anzupassen. Unabhängig davon führte später der Wunsch nach einem ansprechenden Gottesdienst zur Gründung des ›Temple Emanu-El‹ in New York und der Kongregationen von Isaac M. Wise in Albany und Cincinnati. Rabbi Wise, ein unermüdlicher Publizist, scharfsinniger Denker und kraftvoller Schriftsteller, verlieh diesen spontanen Versuchen Gestalt und logische Begründung; sein Einfluß gewann ihm Anhänger im ganzen Land. Um 1883 wirkte er zusammen mit Kaufman Kohler für eine zentrale Agentur, die ›Union of American Hebrew Congregations‹; im nächsten Jahr folgte das ›Hebrew Union College‹ in Cincinnati und die ›Central Conference of American Rabbis‹. Die stetige Verbreitung dieser neuen Ideen gipfelte schließlich darin, daß die Pittsburger Konferenz von 1885 eine Reihe von Grundsätzen formulierte, in denen die Juden als religiöse Gemeinschaft, nicht aber als nationale Einheit definiert wurden.

Die Reformbewegung suchte die Teile des Rituals abzuschaffen, die anachronistisch schienen, zog Englisch im Gottesdienst vor, wie es auch die Protestanten taten. Sabbatruhe und Speisevorschriften wurden nicht mehr als so streng bindend verstanden wie bisher. Zu ihrer Rechtfertigung führten die Leiter der Bewegung an, daß das Judentum, wie jede andere Religion auch, nicht statisch sei, sondern sich mit den Bedingungen von Zeit und Ort entwickle. Was für die Patriarchen unabdingbar gewesen war, mußte nicht in Spanien oder in Deutschland notwendig sein – und brauchte es auch nicht in den Vereinigten Staaten.

Die Vorschriften des ethischen Monotheismus und nicht die Formen von Ritus und Gottesdienst waren die beständigen Elemente des Judentums. In das Gesetz war die Vorstellung von einem gerechten Gott, der Gerechtigkeit und Gnade liebte, eingebettet und der wünschte, daß sich die Menschen in einer ihm wohlgefälligen Weise betrugen. Daher war es wichtiger, ein moralisches Leben zu führen, als an den alten Bräuchen zu hängen. Die Juden hatten die Tradition geerbt, die den Glauben an einen solchen Gott entdeckt hatte und bewahrte. Es war außerdem ihre Pflicht, ihn allen Menschen mitzuteilen. Da sie Gott als Vater und alle Menschen als Brüder ansahen, nahmen die Reform-Rabbiner an, daß weltweite Aufklärung bald jedermann zur Einsicht in diese Wahrheiten bringen werde.

Andere Institutionen der Gemeinde gediehen in dieser Zeit, weil sie sich den besonderen Verhältnissen in den Vereinigten Staaten anpaßten. Blühende Gemeinden legten den Gedanken an Wochenschriften nahe. Zu den hervorragenden frühen Publikationen, die alle in englischer Sprache erschienen, gehörten der *Jewish Messenger* in New York, der *Israelite* in Cincinnati, der *Occident and Jewish Advocate* in Philadelphia. Sie waren private, nicht mit der Synagoge unmittelbar verbundene Zeitschriften, aber ihre Herausgeber Samuel Myer Isaac, Isaac M. Wise und Isaac Leeser waren Geistliche und behandelten in ihren Zeitschriften vorwiegend religiöse Themen.

Doch wie auch andere amerikanische Institutionen wandelten sich die jüdischen in einem Prozeß der Säkularisierung. Die ersten Vereine, die sie gründeten, galten wie auch bei anderen Einwanderern karitativen Zwecken. Die bekanntesten Vereine waren der ›Independent Order Bnai Brith‹ (1843) und der ›Independant Order Brith Abraham‹ (1859). Solche Organisationen unterschieden sich deutlich von den traditionellen lokalen Vereinigungen, die sich bei Krankheit, bei der Vergabe von Darlehen und allgemein bei Hilfsbedürftigkeit eingeschaltet hatten; sie ähnelten jetzt mehr und mehr den amerikanischen Bruderschaftslogen, wie es sich besonders an der 1874 gegründeten ›Young Men's Hebrew Association‹ zeigte.

Ebenso änderte sich das Erziehungswesen unter dem Druck der Umgebung. Der alte *Cheder* oder die *Jeschiva* hatten alles Lernen umfaßt und keinen Unterschied zwischen religiösen und weltlichen Lehrinhalten gemacht: Die Schüler erhielten hier das gesamte notwendige Wissen. Solche Institutionen konnten aber den Wettbewerb mit dem freien staatlichen Schulwesen in den Vereinigten Staaten nicht aufnehmen. Man suchte nach Auswegen. Besonders anregend war die Sonntagsschule; 1886 wurde die ›Sabbath School Union‹ gegründet.

Solche unabhängigen Einrichtungen, die meistens völlig selbständig waren und nur von ihren Förderern kontrolliert wurden, bedrohten das jüdische Gemeindeleben mit Anarchie und Armut. Zur Zeit des Bürgerkrieges erschöpfte die Unterstützung von Kranken- und Waisenhäusern die begrenzten Geldmittel. Andererseits kam man auf nationaler Ebene zu keinem Ergebnis, und das Komitee der Delegierten der amerikanischen Israeliten (Board of Delegates of American Israelites), 1859 nach dem englischen Vorbild gegründet, hielt sich nur kurze Zeit. Das jüdische Leben war inzwischen zu sehr aufgespalten, um in einer einzigen Institution zum Ausdruck zu kommen, und der Prozeß der Angleichung, dem die örtlichen Verhältnisse in die Hand arbeiteten, betonte eher die breiten Spaltungen als die Tiefe der gemeinsamen Elemente.

**Die osteuropäische Bewegung: 1880 bis 1930**

Um 1880 bildeten die Juden einen stabilen, wohlhabenden, wenn auch nicht in sich geschlossenen Teil der Gesellschaft. Doch in den folgenden Jahrzehnten verursachten beunruhigende Verhältnisse vor allem in Österreich und Rußland ein Anschwellen der jüdischen Einwanderung und damit der jüdischen Bevölkerung in den Vereinigten Staaten. Gleichzeitig veränderte die Industrialisierung das Land, das die Neuankömmlinge erwartete.

Die Verschiebungen, die früher die Menschen in Westeuropa in Bewegung gesetzt hatten, machten sich jetzt in Osteuropa bemerkbar, und die Juden, die nach 1880 in New York oder Boston landeten, hatten ihre Reise in den polnischen Teilen Preußens und Österreichs, in den ukrainischen Gebieten Rußlands und Rumäniens angetreten.

Dort waren die alten Gemeinden durch schwierige Zeiten und religiöse Verfolgungen hart mitgenommen, aber die Juden waren nicht mehr bereit, ihre Leiden als gottgewolltes Schicksal hinzunehmen. Die Ideen der Aufklärung überzeugten viele davon, daß sie ihr Los verbessern konnten – und Amerika war das Goldene Land, das ihnen die Möglichkeit dazu bot. Dort konnten sie würdig und geachtet wie andere Menschen leben, die Früchte ihrer eigenen freiwilligen Arbeit genießen und ihren Kindern das Tor zur Bildung öffnen.

Als nach 1880 Dampfschiff und Eisenbahn die Verbindungen beschleunigten, stieg die Zahl junger Leute, die unbedingt auswandern wollten. Allein im Jahr 1906 kamen 150000 in die Vereinigten Staaten, und im gesamten halben Jahrhundert vertauschten rund 2250000 Juden die Alte mit der Neuen Welt. Eine kleinere Gruppe von 50000 sefardischen Juden aus Griechenland, der Türkei, vom Balkan, aus Kleinasien und Nordafrika folgte dem gleichen Kurs, so daß schließlich in den zwanziger Jahren unseres Jahrhunderts etwa 3500000 Juden in den USA lebten.

Das Land empfing die Neuankömmlinge nicht mehr mit den unbegrenzten Möglichkeiten zu selbständigem Handel. Die Expansion nach Westen war beendet; Schuhe, Kleidung, Nahrungsmittel kamen selten aus kleinen Betrieben, sondern aus den großen Fabriken, in denen die Menschen nur noch Maschinen bedienten. Und ganz neue Industriezweige – Stahl, Auto, Öl, elektrischer Strom – veränderten die Wirtschaft der Vereinigten Staaten.

Diese Faktoren wirken sich auf die jüdische Bevölkerung aus. Das Land brauchte jetzt Industriearbeiter, und die neuen Einwanderer gerieten gleich in die Arbeiterklasse. Deshalb verstreuten sie sich nicht wie ihre Vorgänger über das ganze Land, sondern sammelten sich in den Großstädten, in denen Bedarf an Arbeitern herrschte.

Die größte jüdische Siedlung entwickelte sich in New York, dem wichtigsten Hafen für die Einwanderer. Doch auch in Philadelphia und Boston an der Ostküste und in Chicago im Landesinnern bildeten sich starke jüdische Gruppen. Viele Männer und Frauen fanden Beschäftigung in der Zigarren- oder in der Textilindustrie, arbeiteten entweder in Heimarbeit oder in den trübseligen Fabriken, die ihren Namen ›Schwitz‹ verdienten. Um 1900 stammte fast alle Kleidung, die im Lande gebraucht wurde, aus der Plackerei jüdischer Arbeiter. Andere arbeiteten im Baugewerbe als Maler oder Zimmerleute; und einige wenige, denen es kaum besser ging, kämpften in kleinen eigenen Kramläden und Kurzwarengeschäften um ihre Existenz.

Nun sahen sich die amerikanischen Juden vor ganz neue Probleme gestellt. Ein offensichtlich beständiges Proletariat entwickelte sich und lebte zusammengepfercht in Wohnvierteln wie in Slums oder Gettos. Geringe Löhne und häufige Arbeitslosigkeit machten diese Menschen völlig hilflos, wenn sie krank wurden. Da ihren Kindern die entsprechende Erziehung fehlte, gerieten sie oft auf Abwege und trugen ihren Teil zu den Gesetzesübertretungen und den Verbrechen in den Großstädten bei.

In den zwanziger Jahren gehörten vielleicht drei Viertel aller amerikanischen Juden zum Arbeiterproletariat. Dem Rest ging es besser, vor allem denen, deren Familien schon seit Generationen im Lande waren. Zu ihnen gehörten einige wohlhabende Bankiers und Kaufleute wie die Warburgs, die Kuhns, die Loebs, die Guggenheims; doch an den großen Gesellschaften der Schwerindustrie waren nur wenige beteiligt. Am Ende dieser Periode brachte die von vielen Geschäftsleuten gelesene Zeitschrift *Fortune* die Feststellung, daß auf diesem Sektor des Wirtschaftslebens kaum Juden vertreten seien.

Nur in einigen Randindustrien setzten sie sich durch, in kleinem Maßstab etwa in der Kleiderindustrie, wo wenig Kapital nötig war und man die Arbeitskräfte ausbeutete und vor allem Einwanderer beschäftigte. Daß einheimische Unternehmer hier keine Konkurrenz bildeten, war natürlich ein Vorteil. Das galt übrigens auch für die Filmindustrie, die sich nach 1910 rasch entwickelte. Juden wie William Fox, Louis B. Mayer und die Warner Brothers verlegten sich frühzeitig auf dieses Gebiet, das die gutsituierten Geschäftsleute noch für uninteressant hielten.

Die religiösen und sozialen Bedürfnisse aller amerikanischen Juden konnten nicht unter einen Hut gebracht werden. Die neuen Einwanderer hofften, in der Atmosphäre und der Leidenschaft für ihre alte Religion Ausgleich und Erleichterung zum harten Leben der Slums zu finden. In den großen Städten entstanden immer mehr Synagogen mit immer mehr Mitgliedern, ebenso einige Institutionen am Rande. 1896 begann der Rabbi-Isaac-Elchanan-Jeschiva, orthodoxe Rabbiner heranzubilden, und zwei Jahre später faßte die ›Union of Orthodox Jewish Congregations‹ eine Gruppe gleichgesinnter Organisationen zusammen.

Doch die orthodoxen Synagogen verteidigten eifrig ihre Autonomie. Es kam zu Meinungsstreitigkeiten, die zu immer größerer Aufsplitterung führten. Der Versuch, 1888 in New York eine zentrale kommunale Organisation aufzuziehen, schlug fehl, obwohl ihr Leiter, Rabbi Jacob Joseph aus Wilna, großes Ansehen genoß. Nicht besser ging es 1909 der von J. L. Magnes geleiteten *Kehilla* in New York. Schließlich mündeten die inneren Auseinandersetzungen in fünf getrennte Rabbiner-Organisationen in den Vereinigten Staaten, und viele Gemeinden entzogen sich jedem Zusammenschluß.

Amerikanische Juden, deren Familien früher eingewandert waren, blieben orthodox und wollten die Reformbewegung nicht mitmachen; sie fühlten sich auch unbehaglich, wenn sie Seite an Seite mit Neuankömmlingen saßen, mit denen sie nichts gemein hatten als das alte religiöse Ritual. Eine besondere amerikanische Form, der ›Conservative Judaism‹, bot sich als Ausweg aus der schwierigen Situation an. Das ›Jewish Theological Seminary‹, 1886 von Verfechtern der Orthodoxie wie Sabato Morais und Alexander Kohut gegründet, bewegte sich stetig in die neue Richtung. Unter der Führung von Salomon Schechter wuchs hier eine Gruppe von Rabbinern heran, die im folgenden halben Jahrhundert großen Einfluß ausübten.

Die Konservativen änderten auch manches an der Form des Gottesdienstes, führten die in englischer Sprache gehaltene Predigt ein und lockerten einige der starren Vorschriften für die persönliche Lebensführung. Aber sie beharrten auf dem traditionellen Sabbat und der Beachtung von Speisevorschriften und anderen Riten. Die konservative Bewegung sah das Judentum zwar als eine historische Religion an, die sich von Epoche zu Epoche wandeln mußte, aber sie war nicht bereit, sich auf die unangefochtene Macht der Vernunft zu verlassen, wenn es zu entscheiden galt, was eine vertretbare Änderung sei. Sie wandte ein, nur solche Änderungen seien zulässig, auf die sich eine breite Mehrheit zu irgendeiner Zeit einigen könne.

Auseinanderstrebende Kräfte machten sich auf jeder Ebene des Judentums bemerkbar. Eine Richtung der extremen Reformer führte zur ›Ethical Culture‹-Bewegung. Arbeiterschaft und sozialistische Gruppen hielten vielleicht noch an ihrer kulturellen, nicht aber mehr an der religiösen Orientierung fest. Noch allgemeiner zeigte sich aber der Verlust an Verantwortungsgefühl in den großen Städten mit ihrer Anonymität; der Mangel an einer anerkannten Autorität führte zu einer Laschheit, die schließlich in die Abkehr von der Religion oder unmittelbar in die Konversion führte.

Das weltliche institutionelle Leben blühte, wenn auch auf die gleiche undisziplinierte und unorganisierte Art. Die Juden, die schon lange im Lande lebten, unterschieden sich von den neu angekommenen durch Kultur und Rang, versagten aber nicht der Verpflichtung zu Hilfe und Rat. Das Problem, eine ungeduldige, von den staatlichen Schulen geprägte Jugend zu unterrichten – und das bei so vielen gegensätzlichen religiösen Richtungen – brachte eine Vielzahl jüdischer Teilzeit-Bildungseinrichtungen hervor, zu denen auch Sozialhilfe gehörte, die die Amerikanisierung fördern sollte.

Neue Wohlfahrtsvereine und neue karitative Gesellschaften spiegelten in Zahl und Vielfalt, wie verworren und uneinig das amerikanische Judentum war, das den Neuankömmlingen helfen wollte. Wo es um die praktische Einrichtung von Stiftungen ging, fand die Vielfalt ihren eigenen Ausweg in der Föderation landsmannschaftlicher oder lokaler Wohltätigkeitsvereine, deren Mitglieder gemeinsam an die Verantwortung aller appellierten und die Gelder entsprechend auf die einzelnen Organisationen verteilten. Die ersten Versuche – 1895 in Cincinnati und 1896 in Boston – waren so erfolgreich, daß man ihnen in mehr als sechzig Städten nacheiferte.

Die inneren Auseinandersetzungen schadeten sogar den Organisationen, die Juden gegen Diskriminierung und Verleumdung schützen sollten. Die ›Jewish Alliance‹ (1891) sonderte sich bald ab, das ›American Jewish Committee‹ (1908) und der ›American Jewish Congress‹ (1917, neu konstituiert 1922) vertraten nur Teile des organisierten Judentums, während die ›Bnai Brith‹ in ihrer Anti-Diffamierungs-Liga die eigene Arbeit gegen den Antisemitismus fortsetzten.

Völlig außerhalb der damaligen jüdischen Organisationen gründeten die Einwanderer ihre eigenen Vereine, um mit den gemeinsamen Schwierigkeiten fertigzuwerden. In der East Side von Manhattan, in Williamsburgh und Brownsville von Brooklyn, in der West Side von Chicago und dem West End von Boston führten spontan entstehende kleine Vereine Männer und Frauen zu gegenseitiger Hilfe zusammen. Eine ganze Schar winziger Synagogen gab jedem die Möglichkeit zum Gottesdienst im vertrauten Stil. Sogenannte ›Landsmannschaften‹ vereinigten die Einwanderer aus verschiedenen Gebieten Osteuropas zu gegenseitiger Hilfe bei Krankheit und Tod und zu freundschaftlichem Zusammenleben. Wohltätigkeitsvereine halfen Waisen, Witwen und Alten. Nachmittagsschulen ergänzten die staatliche Schulbildung durch Religionsunterricht. Gewerkschaften – zum Beispiel die ›International Ladies Garment Workers Union‹ und die ›Amalgamated Clothing Workers of America‹ – kämpften nicht nur um bessere Arbeitsbedingungen, sondern leisteten ihren Mitgliedern beträchtliche soziale Hilfe. Sie hatten ihre eigenen Tageszeitungen, die den Einwanderern die neue Umgebung nahebrachten, und ein schwungvolles Theater sorgte für Unterhaltung. Eine Kultur, die sich in Jiddisch, der Sprache aller osteuropäischen Juden, äußerte, verband die verschiedenen Unternehmungen und erleichterte ein wenig die Last der Eingewanderten.

Nach der Jahrhundertwende enthüllten neue Probleme, welche Ursachen der Aufsplitterung zugrundelagen. Das Anwachsen der Arbeiterbewegung drohte zunächst, die reichen von den armen Juden zu trennen, die deutschen von den russischen, die aus den Villenvororten von denen in der Innenstadt. Aber die gemeinsamen Werte und gemeinsam empfundener Druck von außen wirkten nach 1910 stärker als die Klassenschranken und führten schließlich zu einer Umgangsform, die auch die Zusammenarbeit zwischen Arbeitnehmern und -gebern möglich machte.

Es war die von außen drohende Gefahr des Antisemitismus, der die Juden fester zusammenschloß. Im 19. Jahrhundert hatten gelegentliche Anzeichen von Antisemitismus, zum Beispiel in den Schulen, und Ansiedlungen in der populären Literatur keine weitere Auswirkung. Doch gegen Ende des Jahrhunderts versuchten die von den allgemeinen Veränderungen verstörten Amerikaner, alle Schwierigkeiten der Nation äußeren konspirativen Kräften in die Schuhe zu schieben. Farmen, Fabriken und Geldfluß waren anhaltend in Unordnung; viele betroffene Bürger glaubten, daß die Ursache in den seltsamen Städten liegen müßten, die so ungeheuerlich groß und so gefährlich in ihrem Nebeneinander von Reich und Arm waren. Dort lag, wie sie meinten, der Mittelpunkt einer fremden Verschwörung, die vom Papst oder von den Juden oder den Anarchisten oder den Bankiers dirigiert wurde. Es lag so nahe, die Armut, die Slums, die Kriminalität und andere Entgleisungen der Industrialisierung den Einwanderern anzulasten und darüber nachzudenken, ob nicht einfach die Italiener, die Slawen und die osteuropäischen Juden vertrieben werden mußten, damit das Land zu seiner früheren Gesundheit zurückfinde.

Eine neue Rassentheorie verstärkte die Feindseligkeit gegen alles Fremde. Manche Amerikaner leugneten schließlich, daß alle Menschen von gemeinsamen Vorfahren abstammten, und fanden wissenschaftliche Unterstützung für den Gedanken, daß unverwischbare Merkmale die Gruppen voneinander trennten, Gruppen, die sich nicht einfach miteinander vermischen könnten. In der Vergangenheit, so hieß es, waren die Zivilisationen zerfallen, weil sich die Rassen vermischt hatten; und nun drohte diese Gefahr den Vereinigten Staaten.

Diese Theorie leuchtete besonders den Leuten ein, die sich über den Platz der Neger in der Gesellschaft Gedanken machten, sich wegen der Chinesen an der Pazifikküste sorgten oder die selbst die imperialistische Eroberung fremden Territoriums empfahlen. Nach einiger Zeit packte diese Logik auch die Italiener, die Slawen, die Juden: Wenn jeder einer von allen anderen Rassen getrennten Rasse angehörte, brauchte man sich nicht mit dem ursprünglichen angelsächsischen Amerikanertum zu vermischen.

Im Augenblick zeigte sich die Feindseligkeit noch nicht offen, sieht man davon ab, daß der Mob in Georgia einen Leo Frank lynchte, der unschuldig wegen Mordes angeklagt worden war. Noch war die Tradition der Gleichheit aller zu tief verwurzelt, um ohne weiteres zerstört zu werden. Doch eine Form von Diskriminierung setzte schon ein und erschwerte den Zugang zu begehrten Posten und zur akademischen Bildung. Einige private Colleges und Ingenieurschulen und fast alle medizinischen Fakultäten führten einen Numerus clausus für Juden ein; die wenigen glücklichen, die sich die notwendige Ausbildung verschaffen konnten, hatten Mühe, eine Existenz zu gründen, und mußten in vielen Fällen ihre Praxis auf die jüdischen Klinentel beschränken.

Der Erste Weltkrieg verschlimmerte die Dinge; der großartige Kreuzzug zur Rettung der Welt für die Demokratie wich dem Gefühl von Enttäuschung und Verrat, als der Friede keine wesentliche Besserung in den Zustand der Welt brachte. Über Europa verbreiteten sich Kommunismus und Faschismus, und die Amerikaner begannen sich zu fragen, warum sich ihre Hoffnungen nicht erfüllt hatten, wenn doch ihre Sache gerecht gewesen war. Manche wollten in diesem Krieg und in diesem Frieden wieder Beweise für eine hartnäckige Verschwörung gegen ihre Sicherheit erkennen. Nun erschien die rassische Bedrohung durch die neuen Einwanderer noch gefährlicher und führte dem Ku-Klux-Klan, einem Geheimbund gegen Katholiken, Juden und Neger, Anhänger zu. Und viele Politiker unterstützten Gesetze, die weiterer Einwanderung ein Ende machten.

Außerdem hatte sich schon im Krieg ein großer Teil der Fremdenfeindlichkeit gegen die Juden gerichtet, Ergebnis einer alten Form des Antisemitismus, der von Europa nach Amerika hinübergeschlagen war. Anfang des 20. Jahrhunderts hatten antisemitische Propagandisten die unsinnige Theorie verbreitet, daß in den »Protokollen der Weisen von Zion« (einer aus russischen offiziellen Kreisen stammenden Fälschung aus dem Jahre 1901) die große internationale Verschwörung ›der Weisen von Zion‹ zur Eroberung der Welt enthalten sei. Nach dem Ersten Weltkrieg verbreiteten sich diese Vorstellungen auch in den Vereinigten Staaten: Sie boten den Leuten eine Lösung für die Frage nach der einzigen Ursache, die alles Unglück der Welt seit 1914 verschuldet haben sollte. Es war einfacher, alles Böse Fremden anzukreiden, als nach den wahren Ursachen zu forschen.

Auf diesem Hintergrund erhöhter Spannung gewann der Zionismus neue Bedeutung. Die ›Federation of American Zionists‹, 1897 nach dem Basler Kongreß gegründet, wuchs in den nächsten beiden Jahrzehnten nur langsam; die Gründung von ›Hadassah‹ (1912) und des ›Jewish National Fund‹ (1910) wurden wenig beachtet. Die Vorstellung, nach Palästina zurückzukehren, fand wenige Anhänger und wurde von der Reformbewegung ausdrücklich abgelehnt; die Arbeiterbewegung und die Sozialisten waren international ausgerichtet; und die Masse der Einwanderer hatte ihr verheißenes Land gewählt, als sie nach Amerika kam. Außerdem brachte der Erste Weltkrieg amerikanische Juden in internationale Schlüsselstellungen; unter der Führung von Louis D. Brandeis und Louis Marshall trugen sie dazu bei, daß Palästina 1923 unter die Mandatsverwaltung Großbritanniens kam. Es gab in den Vereinigten Staaten in den zwanziger Jahren keine Einigkeit über den Charakter der künftigen ›nationalen Heimstätte‹.

## Das Verlangen nach Stabilität: 1930-1950

1930 sehnten sich die amerikanischen Juden nach der Stabilität, die ihnen ermöglichen sollte, mit den vor ihnen liegenden Aufgaben fertigzuwerden, mit Arbeitsbedingungen, Antisemitismus und Zionismus. Sie waren kaum auf die weiteren Schwierigkeiten vorbereitet, die ihnen das Ende der Einwanderung, die wirtschaftliche Depression und der Zweite Weltkrieg bescherten.

Das Ende des Einwanderstromes verschloß die Quelle neuer Kräfte. Zwar hatte der Erste Weltkrieg den Zustrom nur für einige Jahre unterbrochen, und als nach dem Krieg die Schiffahrtsrouten wieder frei waren, hießen die Vereinigten Staaten noch einmal Tausende von Einwanderern willkommen. Dann änderte sich die amerikanische Politik, und 1924 schlossen sich die Tore endgültig. Außerdem rieten die Sowjetunion und andere europäische Staaten ihren Einwohnern von der Auswanderung ab, und schließlich wurde auch die Überfahrt immer teurer.

In den bitteren dreißiger Jahren bestand anscheinend keine Aussicht auf eine sinnvolle Wiederbelebung der Einwanderung. Die Arbeitslosigkeit war so groß, daß fast einer von vier Lohnempfängern keine Einnahmequelle hatte, und es war unsinnig, neue Einwanderer ins Land zu lassen, wenn sie die Schwierigkeiten nur vergrößern konnten. Und als sich die Arbeitslage 1939 wesentlich gebessert hatte, machte der Krieg in Europa einen friedlichen Verkehr über den Ozean unmöglich. Das amerikanische Judentum konnte sein Wachstum, ja seinen derzeitigen Stand nicht mehr durch Zuzug aus Europa sichern.

Doch dann wurde das Gewissen aller Amerikaner durch die Opfer des Faschismus bedrängt. Die Vereinigten Staaten waren immer eine Zuflucht für politisch Verfolgte gewesen, sie konnten jetzt nicht Hitlers Opfern die Aufnahme verweigern. Von 1933 an sickerten wieder Flüchtlinge ins Land und ließen sich nieder.

Die Flüchtlinge der dreißiger Jahre unterschieden sich wesentlich von den früheren Einwanderern. Arbeiter waren kaum dabei, denn nur die Wohlhabenden brachten die Fluchtmittel auf. Es waren viele hochqualifizierte Akademiker und Geschäftsleute darunter, die in Deutschland vor ihrer Flucht hohe Stellungen innegehabt hatten. Da sie jetzt gezwungen waren, Arbeit anzunehmen, bei denen ihre Fähigkeiten und ihre Ausbildung vergeudet wurden, paßten sie sich nur schwer an und mußten sich gegen große Widerstände durchsetzen.

Das Ende des Zweiten Weltkriegs enthüllte ein viel größeres Problem. Die alliierten Armeen entdeckten Tausende von Opfern in den Konzentrationslagern, und außerdem trieben Scharen Entwurzelter über Europa hinweg. Durch die Deutschen aus ihrer Heimat gerissen, fanden sie es oft unmöglich, zurückzukehren. Unterdessen entwurzelte der Frieden immer neue Massen von Menschen, als die radikalen Grenzänderungen eintraten.

Von den fünfzehn Millionen Menschen, welche die Nazis vertrieben hatten, waren etwa sechs Millionen umgebracht worden. Bis 1947 hatten die Alliierten sieben Millionen wieder repatriiert. Aber immer noch fand eine Million Flüchtlinge in Europa kein Zuhause, und ein Fünftel von ihnen waren Juden. Es wurde sehr schwierig, die Vereinigten Staaten zu bewegen, wenigstens einen Teil aufzunehmen, denn die im Kongreß herrschenden Gruppen fürchteten sich vor einer neuen Einwanderungswelle; tatsächlich wurde die Einwanderung durch den Erlaß der *McCarran-Walter Act* von 1952 strenger als je zuvor begrenzt. Sogar die Durchsetzung von gesetzlichen Grundlagen für die Behandlung von Notfällen war schwierig, bis dann die *Displaced Persons Act* von 1948 etwa 400000 Einwanderer ins Land ließ, von denen 16 Prozent Juden waren. Eine Ergänzung ließ 1953 noch einige Menschen mehr ins Land. Alles in allem kamen in den Nachkriegsjahren rund 100000 Juden in die Vereinigten Staaten.

Die Einwanderer waren gemischte Gruppen aus allen Ecken Europas, Deutsche, Polen, Ungarn, Russen, Rumänen aus allen sozialen Schichten, denn Krieg und Faschismus hatten ihre Opfer wahllos herausgegriffen. Da die neuen Einwanderer eine gute Arbeitslage vorfanden, stießen sie auf verhältnismäßig wenig Widerstände. Jedenfalls war ihre Zahl unbedeutend, und kommunale Einrichtungen, die sofort wirksam organisiert wurden, halfen ihnen mit Rat und Unterstützung von dem Augenblick an, wo sie die Lager in Europa verließen, um endlich ein Zuhause zu finden.

Der Antisemitismus der dreißiger und vierziger Jahre, ob in den Vereinigten Staaten oder im Ausland, erschwerte den Juden die Lösung des Flüchtlingsproblems, weckte Zweifel an der Assimilierungstheorie und gab dem Zionismus neuen Auftrieb.

In den dreißiger Jahren hatte sich der Antisemitismus nicht gemildert, im Gegenteil: Die wirtschaftliche Depression hatte die Haßgefühle verstärkt. Millionen hatten keine Arbeit, waren hilflos, verzweifelt und für Agitation jeder Richtung anfällig. Zahlreiche Bewegungen zielten auf eine Änderung des amerikanischen Daseins; einige schlugen wirtschaftliche Allheilmittel in der einen oder anderen Richtung vor, andere ergossen eine Flut feindseliger Behauptungen über die Juden. Mussolinis und Hitlers Erfolge regten amerikanische Faschisten zu dem Wunsch an, es dem Duce und dem Führer gleichzutun. Außerdem begann die deutsche Regierung sofort mit einem Propagandafeldzug, der die Mißhandlung der Juden rechtfertigen und die Amerikaner veranlassen sollte, sich ebenso zu verhalten. Als die Jahre vergingen, ohne daß wirtschaftliche Besserung eintrat, stieg die Spannung in den Vereinigten Staaten.

Der Krieg aber bewies, daß die Nazis nicht nur Feinde der Juden, sondern aller Amerikaner waren. Rassismus war nicht einfach eine spekulative Theorie, der mit Vernunftsgründen beizukommen war. Überall reagierte man instinktiv auf den blinden Haß, der sechs Millionen Juden in die Vernichtungslager geschickt hatte.

Trotzdem konnte man sich unmittelbar nach dem Krieg nicht darauf verlassen, daß die Leidenschaften nicht wieder erwachen würden, die einst Millionen Amerikaner zur ›Christian Front‹, zu den ›Silver Shirts‹ und zum ›Ku-Klux-Klan‹ getrieben hatten. Deshalb ließ man sich auch nur so zögernd auf die Aufnahme weiterer Flüchtlinge ein. Und so fühlten sich die Juden jetzt immer mehr auf das einzige Territorium angewiesen, das staatenlosen Juden eine Heimat bieten konnte – Palästina. Doch die britische Regierung hatte schon begonnen, die Absicht der Balfour-Erklärung auszuhöhlen und den Juden, die nach Palästina strebten, künstliche Hindernisse in den Weg zu legen. Den Arabern zu Gefallen verbot sie 1939 jede weitere Einwanderung, und selbst als 1948 die Not am größten war, wollten die Briten keine Juden ins Land lassen, so lange sie es noch beherrschten.

Daraufhin zerfiel das amerikanische Judentum in drei Gruppen. Überzeugte Zionisten sahen ihr Ziel einzig und allein in einem politischen jüdischen Staat. Im Gegensatz dazu wandte sich der anti-zionistische ›American Council for Judaism‹ unnachgiebig gegen jede Behandlung der Juden als eine eigene Nation. Doch die meisten amerikanischen Juden standen zwischen den beiden Extremen. Ihnen ging es nicht um eine nationale Ideologie, sondern um die hautnahen Probleme der Rettung; ihnen schien, daß nur die Auswanderung nach Israel die Opfer des Krieges retten könne. Britische Hartnäckigkeit trieb diese große Gruppe zwischen den beiden Fronten dazu, den Gedanken an einen jüdischen Staat als die einzige Möglichkeit anzusehen, wenn man die Flüchtlinge nicht einfach preisgeben wollte.

Die Gründung des Staates Israel im Jahre 1948 klärte die Lage, weil sie zeigte, daß die Amerikaner in erster Linie ein humanitäres Interesse daran hatten. Israel holte seine Einwohner vor allem aus Europa, Afrika und dem Nahen Osten. Nur wenige amerikanische Zionisten entschlossen sich zur Auswanderung, die ihnen jetzt offenstand. Die meisten fühlten sich an Amerika gebunden, und ihre künftige Beziehung zu Israel bestand vor allem in Wohltätigkeit.

Die Anti-Zionisten andererseits konnten nicht mehr die Realität eines Staates leugnen, der nun wirklich existierte und sich von Jahr zu Jahr festigte. Sie wandten sich zwar immer noch gegen übertriebene nationalistische Neigungen, fühlten sich aber doch verpflichtet, den überseeischen Juden beizustehen.

Für die mittlere Gruppe lagen die Dinge einfacher. Sie waren Amerikaner, Israel war Ausland. Doch Gefühlsbindungen, Religion und allgemeine Menschenliebe verknüpften sie mit dem Volk Israels, dem sie bei seiner Entwicklung zur Demokratie helfen wollten – so wie andere Amerikaner Fähigkeiten und finanzielle Mittel für die Entwicklungsländer einsetzten.

Die Stabilität, nach der sich 1939 so viele gesehnt hatten, stellte sich auch 1950 nicht ein. Wirtschaftliche Depression, Krieg und Völkermord waren allen nur zu gut in Erinnerung, und niemand konnte sich darauf verlassen, daß solche Zeiten der Prüfung nicht wiederkehren würden. Juden paßten immer noch nicht völlig in das allgemeine Muster der amerikanischen Gesellschaft. Etwa 70 Prozent von den fünf Millionen Juden in den Vereinigten Staaten lebten 1950 in den elf größten Städten der USA, allein eine Million in New York. Außerdem wich ihre berufliche Aufteilung wesentlich von der allgemeinamerikanischen ab. So war der Anteil der Juden im Handel, im Unterhaltungswesen und in den akademischen Berufen viel höher als der der Durchschnittsamerikaner; er lag weit unter dem Durchschnitt bei persönlichen Dienstleistungen, im Bau- und Transportwesen, im öffentlichen Dienst, in gemeinwirtschaftlichen

Versorgungsbetrieben und in der Manufaktur: Eine durchaus unstabile Situation, eine völlig unsichere Zukunft.

Als entscheidender Faktor erwies sich jetzt aber der Zugang zur politischen Macht, der durch den *New Deal* und den *Fair Deal* geschaffen wurde. Die Präsidentschaft von Franklin Delano Roosevelt und Harry S. Truman war ein Hoffnungsschimmer in diesen düsteren Tagen, und die meisten jüdischen Bürger fühlten sich gern als loyale Amerikaner. Außerdem standen einzelne Juden wie Felix Frankfurter und Samuel Roseman dem Weißen Haus näher als irgendwelche ihrer Religionsgenossen vorher; eine große Zahl von Juden trat jetzt in die Regierungsbürokratie ein. Die Möglichkeit, sich im Kampf um Gleichheit und gleiche Aussichten an die Regierung zu wenden, gehörte zu den wenigen erfreulichen Tatsachen dieser Prüfungszeit.

## Auswirkungen des Wohlstandes: 1950 bis 1977

Die gründlichen sozialen Veränderungen in den Vereinigten Staaten nach 1950 wirkten sich auf die Juden wie auf jede andere gesellschaftliche Gruppe aus. Es kam nicht wieder zu einer Depression, sondern die Wirtschaft nahm einen stürmischen Aufschwung in unvorhergesehene Richtungen. Entsprechend zog die Bevölkerung vom Osten in den Westen, aus den Stadtzentren in die Vororte. Neue kulturelle Formen stärkten zuerst, schwächten aber später das hergebrachte Familienleben. Und nach einer anfänglichen Wiederbelebung der Religion schwärmten junge Leute auf der rastlosen Suche nach neuen Glaubensformen aus.

Der Weltkrieg, in den die Amerikaner 1941 gedrängt worden waren, hatte sie geeinigt und alle Stimmen widerlegt, die Doktrinen predigten, wie sie jetzt die Deutschen vernichtet hatten. Der Antisemitismus der dreißiger Jahre, der in den Vierzigern so gefürchtet wurde, stellte sich in den Fünfzigern und Sechzigern nicht wieder ein. Eine neue Generation von Sozialwissenschaftlern und Biologen hatte nachgewiesen, daß die alten Vorstellungen falsch waren, und eine gut informierte Öffentlichkeit hatte ihr eigenes Erbe und dessen Vielfalt entdeckt. Einige wenige Agitatoren streiften unbeachtet durchs Land; die immer noch nicht Belehrten reichten sich ein paar skurrille Zeitschriften und Bücher von Hand zu Hand; gelegentlich unterstützte sie ein Neureicher, der seine eigenen atavistischen Haßgefühle abreagieren wollte. Doch der Antisemitismus der Vergangenheit verschwand.

Langsamer zerfielen allerdings die verhärteten Strukturen von Diskriminierung und Ausschluß, aber die wachsende Sicherheit machte es den Juden möglich, die rein defensive Haltung vergangener Zeiten aufzugeben und aktiver um Gleichstellung zu kämpfen. Sie hatten erkannt, daß sämtliche Minderheiten durch gleiche Ziele und Interessen miteinander verbunden waren, und strebten jetzt weniger Ausnahmebedingungen für ihre eigene Gruppe als vielmehr die Sicherung allgemeingültiger Rechte und die Ausrottung der alten Vorurteile an.

Der Zeitpunkt war günstig, mit politischer Aktivität gegen die Diskriminierung anzugehen und durch Verständnis und Information die Vorurteile auszurotten. Auch für die neuen Einwanderer bot die Ausweitung der Wirtschaft eine Anzahl guter Stellungen. Eine neue Beweglichkeit befreite viele einzelne aus den Fesseln alter Vorurteile. Die Notwendigkeit, den Totalitarismus zu bekämpfen, verlieh dem Ideal der Gleichheit der Personen eine entscheidende Bedeutung. Die Anschauungen änderten sich, so daß jetzt Gesetzesvorlagen gegen die Diskriminierung ausgearbeitet und allmählich in Kraft gesetzt werden konnten; auf wichtigen Gebieten fielen die Schranken, die den Ausschluß bewirkt hatten, sogar ohne Gesetzgebung.

Ältere Maßnahmen gegen die Diskriminierung von Hautfarbe oder Religion an den Orten, wo die Amerikaner Unterhaltung und Erholung suchten, setzten sich erst nach 1950 gründlich durch.

Die Juden begrüßten diese Schritte, obwohl sie ihre eigenen Schwierigkeiten nicht behoben, die vor allem in einengenden Verträgen bei Verkauf oder Verpachtung von privaten Grundstücken lagen. 1948 erklärte der Supreme Court im Fall ›*Shelley* gegen *Kraemer*‹, daß solche einengenden Klauseln rechtlich nicht haltbar seien. Wichtiger wurde aber die allgemeine Entspannung der bisher feindseligen Stimmung. Zwar gab es noch restriktive Klauseln in den Verträgen, aber mehr und mehr Amerikaner überall im Land fanden sie sinnlos, und in einem Wohnviertel nach dem anderen verschwanden die alten Vorurteile.

Stimmungs- und Gesetzesänderungen höhlten auch das alte Schema der Anstellungen aus. Schon früher hatten Bundes- und Einzelstaatsgesetze gegen religiöse Diskriminierung entschieden, wenn es um die Vergabe von Stellungen im öffentlichen Dienst oder um Posten ging, die irgendwie mit der Regierung zusammenhingen. Nach 1940 banden die Rüstungsaufträge immer größere Teile der amerikanischen Industrie an Washington, so daß auch hier Vorschriften nötig wurden. Ein Marsch nach Washington am 25. Juni 1941 wurde zwar von den Schwarzen veranstaltet, aber von den Juden und anderen Minderheiten unterstützt; so entstand die ›Ausführungsbestimmung 8802‹, die jede Diskriminierung wegen Rasse oder Glauben im Dienst der Regierung und innerhalb der Rüstungsindustrie untersagte. Ein Ausschuß für gerechte Anstellungspraxis sollte bis Ende des Krieges dafür sorgen, daß die Ausführungsbestimmungen tatsächlich beachtet wurden. Doch die Versuche, den Ausschuß zu einer ständigen Einrichtung zu machen, scheiterten, und der Kampf verlegte sich auf die Einzelstaaten. Die Gesetze, die dort erlassen wurden, hatten besondere Bedeutung, denn nun wurde offene Diskriminierung schwierig.

Auch das Bildungswesen wurde von der veränderten Haltung zur Diskriminierung beeinflußt. Der Krieg und die *G. I. Bill of Rights*, in denen die Rechte der zum Militär eingezogenen Bürger bestätigt wurden, nützte den Juden, weil er sie durch Ausbildungsprogramme im ganzen Land in Colleges und Schulen brachte, in denen sie bisher kaum aufgetaucht waren; und schon das sicherte ihnen mehr Anerkennung. Drei Staaten (New York, Massachusetts und New Jersey) erließen Gesetze über eine gerechte Bildungspraxis, und obwohl sie nur lässig durchgeführt wurden, bedeuteten die Maßstäbe, die sie setzten, sehr viel. Die generelle Beschränkung der Anzahl an Medizinstudenten sollte hier indessen noch einige restriktive Praktiken rechtfertigen. Doch selbst auf diesem Gebiet gab es Fortschritte für die Juden, vor allem in den Staaten des Nordostens.

Zum erstenmal nach vielen Jahren nahm man sich nun auch die rassistischen Bestimmungen des ständigen Einwanderungsgesetzes vor. Im Krieg hatten jüdische Organisationen gezögert, das Thema aufzugreifen, aber nach 1950 führten sie den Kampf an, der das Gesetz in Einklang mit den amerikanischen Grundsätzen bringen sollte; erst nach fünfzehn Jahren wurde schließlich das nach den Herkunftsländern gestaffelte Quotensystem beseitigt; ein entsprechendes Gesetz schloß auch Israel ein.

Die Entwicklungen nach 1950 beseitigten manche Unklarheiten im Verhältnis von Staat und Kirche. Zwischen den beiden Kriegen war die Gleichgültigkeit der Amerikaner so groß, daß einige kirchliche Körperschaften staatliche Hilfe für ihre Bemühung suchten, die Menschen wieder in die Kirchen zu holen. Nach 1940 aber strömten den Kirchen so viele Mitglieder zu, daß nun andere sich kriegerisch und hartnäckig gegen jede Maßnahme sperrten, die den Status quo bedrohten. Die mächtigeren Gruppen hatten inzwischen ihre politische Stärke entdeckt und unterhielten oft einflußreiche Lobbys in den Hauptstädten von Staaten und Bund. Die kirchlichen Autoritäten setzten zwar nicht jede ihrer Aktionen durch, aber sie waren fast immer in der Lage, Aktionen zu blockieren, die ihnen nicht paßten; schon deshalb neigte man dazu, an der derzeitigen Situation festzuhalten.

Über eine Staatskirche brauchte man seit langem nicht mehr zu sprechen; selbst gelegentliche Entgleisungen, wenn offizielle oder öffentliche Dokumente die Vereinigten Staaten als »eine christliche Nation« bezeichneten, hatten sich nicht wieder eingestellt. Das ›Christian Amendment Movement‹ machte sich vergeblich stark, um die Erwähnung von Christus in der Verfassung zu sichern, und Senator Flanders führte tatsächlich 1951 einen entsprechenden Beschluß in Vermont durch. Aber seine Resolution und die Agitationen blieben im Grunde lokale Überspanntheiten.

Obwohl richterliche Entscheidungen in den zwanziger Jahren erwiesen hatten, daß das ›Vierzehnte Amendment‹ (Zusatz zur Verfassung) auch die Einzelstaaten den Beschränkungen unterwarf, die das ›Erste Amendment‹ der Bundesregierung auferlegt hatte, bestanden praktisch immer noch Reste der alten Gesetzgebung. Bis 1952 hielten sich Gesetze über Kirchenschändung und Gotteslästerung in den Verfassungswerken, bis das Oberste Bundesgericht sie im »Fall Miracle« als nicht verfassungsgemäß erklärte. Die Gesetze über Sonntagsarbeit waren ein unvernünftiges Durcheinander von Kompromissen ohne Grundsätze. Die Gerichte hielten mit gewisser Strenge am Unterschied zwischen »schwerer Arbeit«, die praktizierende Juden leisten durften, und »Verkaufen« fest, was sie nicht tun durften; die Entscheidung war zwar nicht logisch, aber ohne irgendwelche Vorschriften wäre man völlig ins Treiben gekommen.

Die ernsthaftesten Schwierigkeiten entstanden aber aus der Verbindung von Religion und staatlichem Schulwesen. Daß lange Zeit nur die King-James-Bibel benutzt wurde, war lästig. Einige Staaten untersagten den Lehrern jede Kommentierung; andere befreiten die Kinder, wenn die Eltern Einspruch erhoben, vom Religionsunterricht, andere suchten Kompromisse in allen möglichen Notbehelfen. Doch die verfassungsrechtliche Seite der Frage wurde erst 1950 in Angriff genommen, als die Gerichte nach mehreren Kompromiß-Versuchen die ganzen Praktiken verboten.

Protestantische Geistliche hatten seit Beginn des Jahrhunderts vorgeschlagen, den Kindern Freistunden für die religiöse Erziehung zu gewähren. Die jüdische Reaktion darauf war zunächst nicht einheitlich, denn einige Reformgruppen hatten sich gegen allen konfessionellen Unterricht in den Schulen gewandt. Andere Juden vertraten jedoch die Ansicht, daß die Unterstützung durch die staatlichen Schulen helfen könne, die eigenen Schwierigkeiten zu lösen und den jungen Leuten eine angemessene religiöse Erziehung zu verschaffen. Aus dem gleichen Grund wurden dann die Katholiken, die zuerst dem Plan mit den Freistunden heftig widersprochen hatten, schließlich seine eifrigsten Befürworter. Nach 1947 einigten sich alle größeren jüdischen Organisationen auf Opposition. Der Oberste Gerichtshof war aber nicht gewillt, die staatlichen Schulen zum Werkzeug sektiererischer Unterweisung zu machen, verbot die verschiedenen Möglichkeiten der Freistunden und setzte unnachgiebig den Grundsatz der Trennung von Kirche und Staat durch.

Das Verblassen der Vorurteile und die Gleichstellung schienen die Lage der Juden zu normalisieren. Trotz einigem Zuzug aus dem Ausland wuchs der Anteil der in Amerika geborenen Juden, der Prozentsatz der im Ausland geborenen sank; nun zerfiel die alte Kultur der Einwanderer, mit den Institutionen, die auf der jiddischen Sprache aufbauten, ging es abwärts; sie wurden allmählich zum Anlaß wehmütiger Erinnerung.

Die alte jüdische Arbeiterklasse verschwand ebenfalls, denn die Söhne von Fabrikarbeitern traten nicht in die Fußstapfen ihrer Väter, ebensowenig wie die Söhne von Ladeninhabern. Als die erste Generation osteuropäischer Einwanderer ausstarb, verminderte sich auch das jüdische Proletariat.

Statt dessen erreichten die Juden immer mehr akademische oder andere leitende Posten. Dabei war es weniger überraschend, daß die Zahl jüdischer Ärzte und Anwälte stieg, als daß sie nun in Organisationen und Institutionen eine Rolle spielten. Immer häufiger traten Juden in die Bürokratie der Regierungen ein, in den Lehrkörper der Colleges, in die Reihen der Lehrer an öffentlichen und an privaten Schulen. Die Zahl jüdischer Manager, leitender Angestellter, Beamter und selbständiger Geschäftsinhaber stieg ebenfalls; man fand die Juden nicht so sehr im traditionellen jüdischen Handel, sondern im Bauwesen, Schnelltransport von Stadt zu Stadt, im Immobilienhandel, Verkehrswesen und Informationsdienst. Ein Zeichen für die veränderten Verhältnisse in den Siebzigern war die Berufung eines Juden zum obersten Verwaltungschef der Dupont Corporation.

Doch der Lauf der Zeit vereinfachte im Grunde nicht die Verwicklungen der jüdischen Situation in Amerika. Die hintergründigen Uneinigkeiten, die während des Krieges nicht angesprochen und nachher durch die notwendige Verteidigung gegen den Antisemitismus in den Hintergrund gedrängt worden waren, stellten sich wieder ein, als die sechziger und siebziger Jahre unerwartete neue Probleme mit sich brachten.

Von außen gesehen, schienen religiöse und soziale jüdische Einrichtungen nach 1950 unempfindlich gegen Veränderungen zu sein. Noch zeigte sich mit den *Lubavitschern* und anderen Chasidischen Gruppen ein Hauch Exotik am Rande, aber die drei Hauptrichtungen – die Orthodoxen, die Konservativen und die Reformer – verfolgten ihren gewohnten Weg. Eine jüdische Universität (Brandeis) und einige Ganztagsschulen änderten nichts an der Erwartung, daß die Erziehung vorwiegend weltlich und universalistisch sein sollte, wenn auch nach bestem Vermögen ergänzt durch religiösen oder kulturellen Unterricht, falls die Zeit dazu ausreichte. Die mit Wohltätigkeit, Verteidigung oder Zionismus befaßten Organisationen blieben unangetastet, dahinter aber verbargen sich wesentliche Veränderungen in Funktion und Sinngebung.

Jetzt machte sich nämlich die Wirkung der Einwanderung auf andere Weise bemerkbar, nicht etwa deshalb, weil liberale Gesetze die Einwanderung jedes Juden aus Osteuropa zuließ und etwa 200000 *Jordim* (Auswanderer) aus Israel kamen. Vielmehr spielten jetzt die Flüchtlinge, die in den beiden Jahrzehnten nach 1933 gekommen waren, und ihre Kinder die entscheidende Rolle in Gemeindeangelegenheiten.

Ein neuer Typ tauchte in den wichtigsten Stellungen auf. Zu Anfang des Jahrhunderts hatten meistens Anwälte und wohlhabende Männer die verschiedenen Sektoren der Gemeinde vertreten – zum Beispiel Jacob Schiff, Louis Marshall, Joseph Proskauer, Louis D. Brandeis und Meyer London; die führenden Juden in den Gewerkschaften – Sidney Hillmann, David Dubinsky oder Samuel Gompers – waren von unten aufgestiegen. Doch während des Krieges übernahmen Akademiker, die oft in Sozialwesen oder Öffentlichkeitsarbeit ausgebildet waren, nach und nach die entscheidenden Plätze; und den Laien, die ohnehin mit anderen Dingen beschäftigt waren, genügte es, daß sie im Grunde nur Gelder aufzubringen hatten.

Nach 1950 wuchs auch die Macht der Rabbiner in kommunalen Angelegenheiten. Die etwas altmodische Figur der Vergangenheit, fremdartig in Auftreten und Aussprache, im Englischen weniger als im Jiddischen zu Hause, wich dem modernen Mann, der ein College absolviert hatte und mit Soziologie, Psychologie und Rechtswesen ebenso vertraut wie mit der Halacha und imstande war, auf gleichem Fuß mit Geistlichen anderer Glaubensrichtungen und mit staatlichen Behörden zu sprechen. Da die Juden den Rabbi zu ihrem Sprecher machten, definierten sie sich selbst als eine religiöse Gruppe und erhielten einen Platz im öffentlichen Bewußtsein, der nicht von ihrer Anzahl abhing: Die Amerikaner erkannten die konventionelle Dreiteilung an, Katholiken, Protestanten und Juden.

Die Rückkehr zur Religion in den Fünfzigern wich der Abkehr von ihr in den Sechzigern; dann folgte, ohne weltliche oder geistliche Anleitung, die ethnische Selbstbesinnung in den Siebzigern. Diese Generation hielt Antisemitismus für ein Versagen der politischen Rechten und weigerte sich, die Realität in der Sowjetunion anzuerkennen; ihr wichtigster Glaubensartikel hieß Toleranz, Universalismus, Abrüstung, Hilfe für die Unterdrückten, Entkolonisierung, Vereinte Nationen und vor allem die Gewißheit, daß sich das alles miteinander vereinen lasse. Sie hielt den Wohlstand ihrer eigenen Schicht schon für Beweis genug, daß er an sich böse sei, und ging bereitwillig auf Kritik am Militär und an der Industrie ein.

Diese Einstellung vor allem machte es den Juden möglich, das kulturelle Mißbehagen dieser Generation auf verschiedenen Ebenen auszudrücken. Die Romane von Saul Bellow, Bernard Malamud und Philip Roth, die Gedichte von Delmore Schwartz und Karl Shapiro, die Dramen Arthur Millers erzählten den Lesern mit unterschiedlicher Meisterschaft, das Individuum sei ein schwankendes Wesen, ein beständiger Außenseiter, ein ewiges Opfer. Die volkstümliche Lyrik von Bob Dylan, die filmischen Klagegesänge von Stanley Kramer, Mike Nichols und Paul Newman schlugen in dieselbe Kerbe, wie übrigens auch das spöttische Selbstmitleid Woody Allens. Das verheißene Land war – man denke an den Film *Catch 22* – ein Land der Täuschung – ein Urteil, das allen auf der Zunge lag, die nicht über Ziel und Alternativen nachzudenken brauchten.

Langsam zeigten sich die Wirkungen. Mischehen konnten unter jungen Leuten, die auf diese Weise aufgewachsen waren, nicht überraschen, aber die Feststellung, daß sie in den siebziger Jahren auf fast 40 Prozent der Eheschließungen von Juden geschätzt wurden, führten zu der angstvollen Vorahnung, daß die Zahl der Juden in Amerika immer abnehmen und daß sie schließlich verschwinden würden.

Ende der siebziger Jahre erfuhren die Juden auch die Zerbrechlichkeit der Bündnisse zwischen Minderheiten, in die sie politisch so viel investiert hatten. Verantwortungsbewußte Führer der Schwarzen hatten gelegentliche Tendenzen zum Antisemitismus unter ihren Anhängern unterdrückt, aber extreme Moslems, Schwarze Panther und andere Gruppen, die das Heil im Osten suchten, kannten solche Hemmungen nicht. Und was entscheidend war: Während Amerika die ersten Phasen des Kampfs um die Bürgerrechte hinter sich brachte, wurde aus unterschiedlicher Taktik ein Gegensatz der Ziele. Die Einheit unter den benachteiligten Minderheiten hatte sich so lange bewährt, wie das gemeinsame Ziel die Abschaffung aller diskriminierenden Praktiken war. Als dann aber die Schwarzen versuchten, die Regierung zu positivem Eingreifen zu ihren Gunsten zu veranlassen, vor allem in Zahlen faßbare Bestätigung zu erhalten, schien – und manchmal war es tatsächlich so – das Ergebnis eine Wiedereinführung der Quoten aus der Vergangenheit und eine Rückkehr zu abscheulichen diskriminierenden Vorgängen zu sein. Bei einigen Rechtsstreitigkeiten (z.B. DeFunis und Bakke) fanden sich Schwarze und Juden in gegnerischen Lagern.

In den Nachwehen des Krieges von 1967 sahen sich die Juden, die sich vollzählig mit der Sache Israels identifizierten, von allen Verbündeten im Stich gelassen.

1977 herrschte vor allem Ratlosigkeit unter den amerikanischen Juden: Sie hatten im Jahr zuvor mit überwältigender Mehrheit für einen Präsidenten gestimmt, der ihre Interessen kaum beachtete und außerdem bereit zu sein schien, um einer illusorischen Entspannung mit der Sowjetunion und einer zweifelhaften Freundschaft mit den Arabern willen Israel aufzugeben. Das Ideal der Gleichheit, für das die Juden so lange gekämpft hatten, fand nicht mehr die allgemeine Zustimmung.

Amerikanische Juden sehnten sich manchmal nach den guten alten Tagen zurück, nach der Welt ihrer Väter, als die Probleme nicht verwickelt waren und das Gute sich klar vom Bösen unterschied. Um ihre Stellung zu festigen, betonten sie, was sie für Amerika geleistet hatten, erinnerten an Joseph Goldberg, der die Ursache der Pellagra-Krankheit, an S.A. Waksman, der das Streptomycin entdeckte und das Wort »Antibioticum« prägte, an Jonas Salk, den Pionier der Impfung gegen Kinderlähmung. Sie erwähnten die Nobelpreisgewinner, zu denen unter Dutzenden anderer auch Albert Einstein und I.I. Rabi gehörten; an die Richter am Obersten Gerichtshof Louis D. Brandeis, Benjamin Cardozo und Felix Frankfurter; und eine lange, lange Liste von Musikern, Schriftstellern, Schauspielern und Sportlern, die Amerikas Leben bereichert hatten.

Sie dachten wohl weniger an den langen Weg, den sie nach den ersten verstreuten Männern der Wildnis zurückgelegt hatten, den langen, qualvollen Weg der Einwanderung bis zu dem Zeitpunkt, wo sie zu Reichtum und Macht gelangten; was blieb – und das war das Schwierigste – als darüber nachzudenken, wie sie ihre Freiheit am besten nutzen konnten.

# VI
# DIE MODERNE WELT: HERAUSFORDERUNG UND ANTWORT

## Das Judentum und die Moderne

## Zionismus und Israel

Der Zionismus hat nicht nur in den Hoffnungen und Prophezeiungen des jüdischen Volkes selbst, sondern auch im kulturellen Klima Westeuropas um die Mitte des 19. Jh. seinen Ursprung. Es bestand ein großes Interesse an der Frühgeschichte der Juden, weil Palästina die Heimat des Christentums wie des Judentums war. Auf dem Gebiet der biblischen Exegese wurde Pionierarbeit geleistet. Phantasievolle Schriftsteller sahen die Juden als Überlebende einer vergangenen Welt und zugleich Hüter eines noch lebendigen uralten Erbes. Der Held von Disraelis *Tancred* (1847) reist ins Heilige Land auf der Suche nach religiösen Erlebnissen, und George Eliots *Daniel Deronda* von 1876 ist die Geschichte eines jungen Mannes, der, nachdem er seine jüdische Herkunft entdeckt, sich gedrängt fühlt, nach Palästina zu gehen und für die Erneuerung seines Volkes zu wirken. Bereits 1842 hat der Earl von Shaftesbury die Möglichkeit der Wiederbesiedlung vorgeschlagen, eine Idee, die von einem Kanadier, Henry Wentworth Monk, bereitwillig aufgegriffen wurde. Holman Hunts Gemälde *The Finding of the Saviour in the Temple* (Die Auffindung des Heilands im Tempel) (Detail *gegenüber*) ist nur ein Beispiel, doch vielleicht das ausdrucksreichste einer ganzen Bewegung. Es war faktisch der Versuch, das Alte Israel zu rekonstruieren. Hunt hat das Thema gründlich studiert, den Talmud wie auch das Alte und das Neue Testament gelesen. Zweimal besuchte er Jerusalem für längere Zeit, und sein Werk enthält viele Andeutungen, die er von der dortigen jüdischen Gemeinde aufgenommen hatte; die Kleidung ist augenscheinlich größtenteils arabisch: So trugen die Juden zur Zeit Jesu z.B. den *Tallit* als Gewand und nicht als Schal. Der Schauplatz ist eine Vorhalle des Tempels. In diesem Ausschnitt, der linken Hälfte des Bildes, sieht man den Kreis der Rabbinen, die mit dem jungen Jesus disputieren. Links sitzt der höchste Rabbine, sehr alt und blind. Er hält die auf zwei Rollen gerollte und mit rotem Tuch umhüllte Tora. Daneben ein reich gekleideter Junge mit einem Wedel, um sie vor Beschmutzung durch Fliegen zu schützen. Hinter dem alten Mann küßt ein anderer Junge verstohlen den Seidenmantel der Tora. Der Mann neben dem höchsten Rabbinen hält einen Gebetsriemen in der Hand, ein dritter rollt eine Prophetenrolle auf. Der vierte trägt den Gebetsriemen an seiner Stirn, ein Zeichen besonderer Frömmigkeit (der Brauch verlangt dies nur während des Gebetes) und hält eine Rohrfeder in der Hand. Der nächste hält eine Weinschale, die ein Mann hinter ihm aus einem Krug gefüllt hatte. Die Figuren im linken Hintergrund sind Musiker, davon zwei mit Harfen und einer mit einem Sistrum. (1)

Eine heimtückischere, weil subtilere Form des Antisemitismus trat an die Stelle der Blutbeschuldigung. In diesem Detail aus einem Volksgemälde des 18. Jh., das die Stände der Gesellschaft und ihre Rollen darstellt, hat der Jude die Beischrift: »Ich betrüge euch«. (2)

Eine Welle des Antisemitismus überflutete Frankreich in Folge der Dreyfus-Affäre. Hauptmann Dreyfus, ein Jude, wurde bezichtigt, militärische Geheimnisse an die Deutschen verkauft zu haben – so hielt man alle Juden für »des Fahnenverkaufes schuldig«. Dreyfus war in Wahrheit völlig unschuldig, aber für viele französische Leser reichte es, daß er ein Jude war. (3)

›Wo sind wir jetzt, Papa Salomon?‹ fragte der Deutsche auf der anderen Seite der Grenze in dieser anti-Dreyfus-Karikatur von 1898. Zehn Jahre mußten vergehen, bis Dreyfus durch ein Appellationsgericht rehabilitiert und wieder in seinen Rang eingesetzt wurde. (4)

Ein gräßlicher Jude, mit Taschen voll Gold, schreibt die Gesetze Frankreichs, 1901. (5)

Die Nazis (*rechts*) haben die ganzen Nöte des Proletariats den Juden zugeschrieben: ein Plakat von 1924. (6)

»Der ist schuld am Kriege!«, verkündete die Nazipropaganda noch 20 Jahre später, 1943. (7)

Geschändete Tora-Rollen in einer Synagoge in Kischinew bezeugen das abscheuliche Massaker, das kurz zuvor stattgefunden hatte. Das russische Kischinew war im April 1903 Schauplatz heftiger antijüdischer Krawalle. Häuser, Geschäfte und Synagogen wurden zerstört und siebenundvierzig Juden ermordet. Die Brutalität der Morde hat in der ganzen Welt Abscheu hervorgerufen, aber die offizielle russische Reaktion war halbherzig: Nur wenige Männer wurden angeklagt und erhielten milde Strafen. Restriktive Gesetze, Niederlassungsverbot in fast ganz Rußland, Sondersteuern und andere repressive Maßnahmen mehrten sich. (8)

Hitlers ›Endlösung‹ kann als die logische Fortsetzung jahrhundertelanger Vorurteile und hysterischer Angst gesehen werden. Der größte Teil des europäischen Judentums kam im ›Holocaust‹ um. Seine Auswirkungen auf das Bewußtsein des westlichen Menschen und auf die Einstellung der Juden zu ihrer eigenen Identität müssen erst noch voll wahrgenommen werden. *Unten*: Belsen 1945. (9)

## Tradition und Sehnsucht

Über die ganze Welt verstreut und wiederkehrendem Druck zur Assimilation in ihren Gastländern ausgesetzt, haben die Juden des späten 19. Jh. in einem bemerkenswerten Maße eine Gemeinschaft religiöser und in hohem Grade sozialer Observanz aufrechterhalten. *Taschlich* ist ein Ritus, der am Neujahrstag ausgeführt wird. Verse aus Micha und Bußgebete werden an einem Bach, Fluß oder Meeresstrand rezitiert: »Er wird sich wiederum unser erbarmen, unsre Schuld unter die Füße treten. Du wirst unsre Sünden in die Tiefe des Meeres versenken (taschlich)« (Micha 7,19). Dieses Gemälde (*links*) von Aleksandr Gierymski zeigt orthodoxe Juden beim Rezitieren der entsprechenden Verse an einem polnischen Fluß, 1884. (10)

»Die Sabbatlichter« von Isidor Kaufmann (*unten links*). Kaufmann hinterließ viele Szenen aus dem täglichen Leben der jüdischen Gemeinden Polens und Ungarns. In dieser ist es der Beginn des Sabbat am Freitagabend. Die Hausfrau, in ihrem kargen Zimmer (Schlaf- und Wohnzimmer zugleich), hat soeben die zwei Kerzen angezündet und spricht den Lichtersegen über ihnen. Unter dem Leinentuch liegen zwei Sabbat-Brote. Sie hält ihr Gebetbuch bereit und wartet auf die Rückkehr ihres Mannes aus der Synagoge, bevor sie das Sabbat-Mahl einnehmen werden. (11)

»Auf dem Wege nach Zion« (*oben*) von Isaak Levitan. Levitan starb 1900. Sein Gemälde mit den jüdischen Pilgern vor Jerusalem erscheint wie eine Allegorie der zionistischen Hoffnung. (13)

»Karpato-ukrainische Juden in der Synagoge« (*links*) von Robert Guttmann. Guttmann war ein naiver Maler, der in vielen seiner Werke seine Kindheitserinnerungen verarbeitet hat. Zwischen den Kriegen ließ er sich in Prag nieder, wo er eine Zeit lang mit Kafka verkehrte. Er starb 1942 in einem Konzentrationslager. (12)

## Osteuropa: die Sackgasse

Die Aussichten eines Juden in Polen, Ungarn oder Rußland vor 1914 waren düster. Alle Wege zur Verbesserung seiner Lage schienen verschlossen, die Restriktionen mehrten sich, die Gewalttätigkeit nahm zu. Dort, wo der Drang zur Auswanderung stark und verbreitet war, traf der Zionismus auf guten Boden. Diese Bilder zeigen eine in der Vergangenheit verwurzelte Gemeinde, die jedoch ohne Hoffnung für die Zukunft war.

Das Laubhüttenfest erfordert den Bau einer *Sukka*, einer kleineren Hütte aus Palmzweigen. Als Alternative konnte man einen Teil des Daches abdecken und die Öffnung mit Blättern und Obst bedecken, wie in dem hier gezeigten Beispiel aus Ungarn. (14)

Unter den Chasidim galt ein Zadik als heiliger Mann, dem man die Macht zuschrieb, Wunder zu wirken. *Oben rechts*: Samuel Hirszenbergs Gemälde »Das Begräbnis des Zadik« (Lodz, Polen, 1905) vermittelt das Gefühl eines drohenden Unheils – als ob die Welt zu Ende ginge und die Menschen Angst vor dem Kommenden hätten. Hände sind ausgestreckt, um den Sarg zu berühren, der unter einem herabhängenden Himmel zu Grabe getragen wird. (17)

In Galizien half eine leidenschaftliche Religiosität die wirtschaftliche Depression zu überwinden. *Links*: Vor der Synagoge von Przemysl, 1905. *Unten*: Zwei Juden treffen sich auf einer galizischen Landstraße, um 1895. (15,16)

Ein jüdischer Lastenträger, 1914 in Wladimir Wolynsk aufgenommen. (18)

Die Rabbis übten einen starken Einfluß, die sogenannten ›Wunderrabbis‹ gar hatten fast die Stellung von Heiligen erworben. *Oben*: Junge Juden vor dem Haus eines solchen Mannes, des Rabbi Spira von Mukasz, damals Teil der Tschechoslowakei bzw. Ungarns, jetzt der UdSSR. *Unten*: Mitglieder einer jüdischen Selbstverteidigungsgruppe in Odessa, Anzeichen einer neuen Einstellung. (19,20)

Die Juden Englands gingen ohne Schaden durch die Krisen des 19. Jh. Zwischen 1750 und 1858 errangen sie schrittweise alle bürgerlichen Freiheiten, bis hin zu dem Recht, Mitglied des Unterhauses zu werden, ohne den christlichen Eid leisten zu müssen. Seitdem haben die Juden dort jede hohe Position bekleidet und sind in allen Berufen vertreten. Dieses Gemälde der Neuen Synagoge in der Great Helen Street in London von 1850 bezeugt ihre unbeschwerte Beziehung zum Staate. Beim Laubhüttenfest trägt der Mann links die Tora, der rechts *Lulav* und *Etrog*. Auf beiden Seiten der Stirnwand steht ein Gebet für die königliche Familie in englischer und hebräischer Sprache. (21)

Die deutschen Juden haben sich während des Französisch-Preußischen Krieges patriotisch mit ihrem Land identifiziert. Dieses bedruckte Taschentuch zeigt einen Freiluftgottesdienst am Versöhnungstag von 1870 vor den Toren von Metz. Laut den Vers-Legenden halten christliche Soldaten während der Zeremonie Wache. Eine »Kriegs-Haggada« (*rechts*) bezeugt Entsprechendes für den Krieg von 1914-18. (22,23)

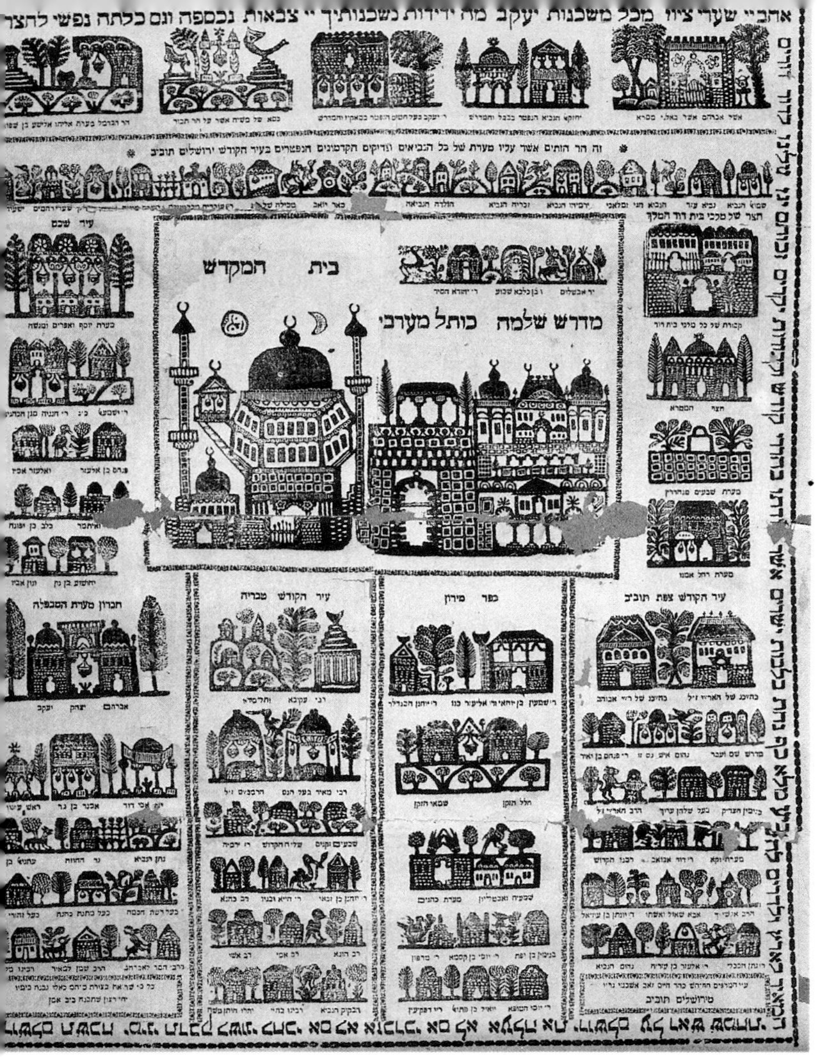

*Eretz Israel*, die Vorstellung von Israel als dem ausersehenen Heimatland des jüdischen Volkes, war ein Ideal, das niemals verblaßte. Jerusalem war für die Juden im gleichen Maße, wenn nicht mehr als für die Christen, ein Wallfahrtsort. Dieser Holzschnitt aus dem späten 19. Jh. zeigt in der Mitte Jerusalem, umgeben von den Gräbern der Könige, Propheten, Heiligen und Rabbis. Das zweite kleine Bildchen, oben links, zeigt den »Thron des Messias auf dem Berge Tabor«, mit Thron und *Schofar*. (24)

Die ersten Schritte zur Wiederbesiedelung von Eretz Israel wurden im frühen 19. Jh. getan. Sir Moses Montefiore, der große anglo-jüdische Philanthrop, gründete mehrere Institutionen, darunter eine Druckerei, eine Textilfabrik und landwirtschaftliche Kommunen. Er benutzte einen Teil seines enormen Vermögens, um von den Türken Land für jüdische Siedlungen zu kaufen. Dieses Vereinssiegel bezieht sich auf das Kerem-Mosche-Areal, ein neues Viertel Jerusalems in der Art einer Gartenvorstadt außerhalb der Mauern. (25)

Die Zahl der Juden, die aus Europa nach Palästina kamen (hauptsächlich aus Osteuropa) erhöhte sich bis 1914 ständig, als sie ca. 100.000 erreichte. Ihre Errungenschaft, eine lebensfähige Gemeinschaft zu gründen, ging Hand in Hand mit den politischen Anstrengungen der zionistischen Führer, staatliche Souveränität zu erlangen. Bis 1917 lebten sie unter türkischer Herrschaft. Die Eroberung Palästinas durch britische Truppen in jenem Jahr wurde ein Wendepunkt im jüdischen Schicksal. *Rechts*: Leibesübungen in einer Mädchenschule in Jaffa oder Tel-Aviv, 1915. *Unten*: Drei Siegel von ca. 1900, von einer Seifenfabrik, einer *Jeschiva* (Talmudschule) und einer landwirtschaftlichen Vereinigung. (26-29)

Weinernte in einer der frühen Kommunen. Der Turm im Hintergrund dient der Wache gegen Diebe. (30)

»Erzeugnisse jüdischer Dörfer in Palästina« ist auf dem Schild über diesem Stand (*oben rechts*) auf der Berliner Weltausstellung von 1896 zu lesen. Das Dekor ist immer noch deutlich türkisch, aber jüdische Unternehmen sind bereits ein Begriff. (31)

Die Künste und die Erziehung wurden von Anfang an sehr anspruchsvoll organisiert. *Rechts*: Das Rischon-le-Zion-Orchester, gegründet 1896. *Unten*: Die Bezalel-Schule für Kunst und Handwerk, gegründet 1906. (Man beachte das Porträt Herzls an der hinteren Wand.) *Unten rechts*: Hebräisch-Unterricht in der Bezalel-Schule. (32,33,34)

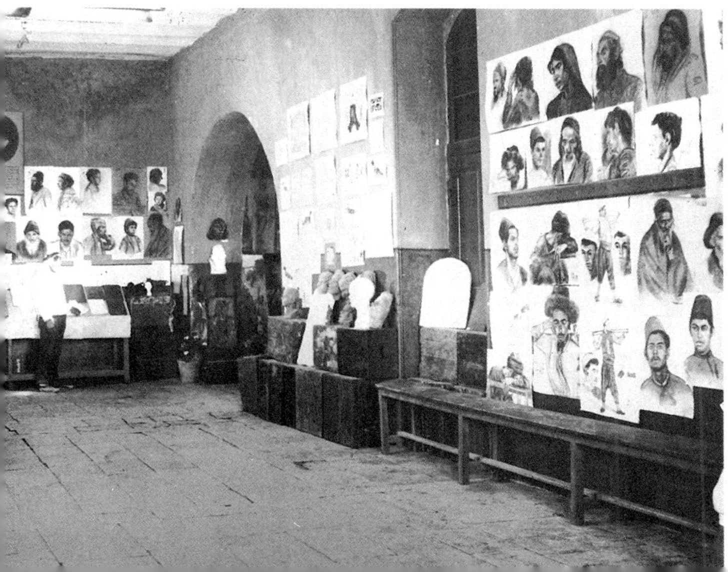

Der Erfolg des modernen Israel hat sowohl seine Freunde wie seine Feinde überrascht. Durch Anwendung fortschrittlicher Methoden wurde ein Land, das jahrhundertelang Wüste war, urbar gemacht.

*Oben*: Die Felder des Kibbuz Jotwata im Negev. Das enorme Problem des Wassermangels wurde mit großem Erfolg in Angriff genommen. (35)

Die Industrie: Israel hat eine schnell wachsende Wirtschaft. Zwischen 1958 und 1970 ist die industrielle Produktion um fast 400% gestiegen. Die israelische Luftfahrtindustrie, eines der größten Unternehmen des Landes, produziert Flugzeuge und Flugmotoren (*unten*) für den heimischen Markt wie für den Export. Drei Viertel der israelischen Exporte gehen nach Europa oder Amerika. (36)

Der Obstanbau ist eine von Israels wichtigsten Exportindustrien, spezialisiert auf semitropische Produkte wie Datteln (*oben*) und Orangen (*unten*). Der Massenanbau erforderte eine ganze Serie neuer Geräte zum Pflücken, Aufschichten, Umzäunen, Beschneiden und Schütteln. Während die Obstproduktion meistens in privaten Händen liegt, beherrschen die kommunalen Siedlungen, die ungefähr drei Viertel des bestellbaren Bodens des Landes umfassen, andere Landwirtschaftszweige. Die kollektivistische Kibbuzbewegung, mit ihrer Betonung der sozialen Gleichstellung, hat in den frühen Jahren eine wichtige Rolle gespielt. (37,38)

Die Gründungsväter: Moses Hess (1812-75) war ein Vorläufer des Zionismus, sein Buch *Rom und Jerusalem* ist eine scharfsichtige Analyse der Lage der Juden in Europa. Leon Pinsker (1821-91) studierte in Odessa und Moskau und befürwortete zunächst die Assimilation. Die Pogrome des Jahres 1881 überzeugten ihn jedoch, daß die Gründung eines jüdischen Staates die einzige Lösung sei. Unter seiner Führung unternahm man aktive Schritte für eine Ansiedlung in Palästina. Theodor Herzl (1860-1904) koordinierte die Bewegung, gründete die Zionistische Weltorganisation und hatte ihr zum Zeitpunkt seines frühen Todes die Stoßkraft zum Erfolg verschafft. Ascher Ginsberg (1856-1927) wurde zu Pinskers Kreis in Odessa hingezogen. Unter dem Pseudonym Ahad Ha-Am (›Einer des Volkes‹) gab er einer Sicht des Zionismus Ausdruck, die das Moralisch-Kulturelle über das Politische stellte. (39)

Herzl beim Sechsten Zionistischen Kongreß im Jahre 1903 (ein Jahr vor seinem Tode); hier mit den Delegierten aus England. (40)

Ein Wächter bewacht eine der frühen landwirtschaftlichen Siedlungen, um 1910. (41)

Die Westmauer (Klagemauer), seit der Zerstörung des Tempels das Zentrum jüdischer Frömmigkeit. Photo: Gertrude Bell, 1899. (42)

Tel-Aviv wurde 1909 (*unten*) am Strand nördlich von Jaffa gegründet. (43)

## Die Geburt des Staates Israel

»Seiner Majestät Regierung betrachtet die Schaffung einer nationalen Heimstätte in Palästina für das jüdische Volk mit Wohlwollen und wird die größten Anstrengungen machen, um die Erreichung dieses Zieles zu erleichtern.« Die Balfour-Erklärung vom November 1917 erschien vielen Zionisten als die Erfüllung aller ihrer Hoffnungen. Aber sie war bewußt vage gehalten und eine bloße Absichtserklärung. Nichtsdestoweniger wurde eine zionistische Kommission, die im darauffolgenden Jahr in Jerusalem eintraf (*oben recht*), begeistert empfangen (*rechts*). (44,45)

Der Weg zum Staat war hart. Zwischen 1922 und 1947 stand das Land im Auftrag des Völkerbundes unter britischem Mandat. Jüdische und arabische Erwartungen waren unvereinbar, die Gewalttätigkeit wuchs, durch den Krieg noch verschlimmert. 1947 wurde die ganze Frage vor die Vereinten Nationen gebracht, die eine Teilung befürworteten. Am 15. Mai 1948 entstand der Staat Israel. *Unten rechts*: David Ben-Gurion verliest die Unabhängigkeitserklärung unter einem Porträt von Herzl. (46)

Das moderne Israel ist ein einzigartiges Phänomen mit einzigartigen Problemen. Der zentralen Frage des physischen Überlebens stehen andere, innere Probleme zur Seite, weniger dringend, dafür aber um so komplexer. Wie sollen die säkularen und religiösen Werte ausgeglichen werden? Was bedeutet die jüdische Vergangenheit für die jüdische Zukunft? Wie soll sich das Verhältnis zwischen den Israelis und den Diasporajuden gestalten? *Oben*: Tel-Aviv heute, die erste moderne ganz jüdische Stadt in der Welt, mit fast einer Million Einwohnern. Real und symbolhaft zugleich wirkt die Schäferin (*links*), das Radio in der Hand und das Gewehr hinter sich. So nimmt sich das beruhigende Bild aus, das die zeitgenössischen israelischen Dichter anzog – eine Szene aus der Zeit der biblischen Väter, aufrüttelnd aktualisiert wie in der Anfangsstrophe von Jehuda Amichais Gedicht »Eine Art Apokalypse«:

*Der Mann unter dem Feigenbaum ruft den*
*Mann unter dem Weinstocke an.*
*›Heute nacht werden sie kommen, gewiß.*
*Bewaffne die Blätter,*
*Verschließe die Bäume,*
*Rufe die Toten heim und sei bereit.*‹ (47,48)

16

# Das Judentum und die Moderne

ARTHUR HERTZBERG

Man ist sich heute nicht darüber einig, wann die moderne Zeit für das Judentum anbrach. Im 19. Jahrhundert herrschte allerdings allgemein die Ansicht, daß die moderne Zeit mit der politischen Emanzipation der Juden begonnen habe. Die Angel, um die sich beides drehte, war die Französische Revolution, denn mitten in ihren Ereignissen erhielten die Juden 1791 erstmals in Europa von den Franzosen eine Garantie ihrer Gleichstellung. Neuerdings, in den letzten Jahrzehnten, hat man mehrere andere zeitliche Abgrenzungen vorgeschlagen. Ben Zion Dinur, der Vater der israelitischen Geschichtsschreibung, und seine Schüler vertreten die Ansicht, daß die moderne Zeit im frühen 18. Jahrhundert einsetzte, als sich in der Diaspora zum erstenmal der Wunsch regte, nach Palästina zurückzukehren. Andere sehen den Beginn einer neuen Zeit im Zusammenbruch des durch strenge Vorschriften geregelten Judentums und im wachsenden Ungehorsam gegen die talmudischen Weisungen in den beiden letzten Jahrhunderten. Nach Ansicht von Gershom Scholem, der als erster die jüdische Mystik und den Messianismus erforschte, führte Sabbatai Zevi die entscheidende Wende herbei, als er Mitte des 17. Jahrhunderts behauptete, die Tora sei hinfällig geworden, denn er sei gekommen, die endgültige Erlösung anzukündigen. In Scholems Augen war Zevi der unmittelbare Vorläufer des Reformjudentums und sogar des Zionismus. Andere Gelehrte weisen auf die explosive Wirkung der westlichen Kultur auf die Gettojuden hin; unter diesem Blickwinkel ist es das Neue an der modernen Zeit (abgesehen von dem ›goldenen Zeitalter‹, der kurzen frühmittelalterlichen Symbiose der jüdischen mit der hohen arabischen Kultur in Spanien), daß sich das in zunehmendem Maß gebildeter werdende europäische Judentum vor eine Frage gestellt sah, die weltweit schon einmal, in hellenistischer Zeit, aufgetaucht war: Ob es an den göttlichen Ursprung seiner eigenen Religion glaubte und ob es einen Grund hätte, an die Überlegenheit seiner Kultur und Tradition über die der Mehrheit zu glauben.

**Europa in Aufruhr**

Diese so unterschiedlichen Ansichten können ohne weiteres in zwei gegensätzliche Lager gewiesen werden: Auf der einen Seite stehen die Meinungen, die innere Faktoren, aus dem Judentum selbst geborene Auflehnung gegen frühere Stadien der jüdischen Geschichte verantwortlich machen – auf der anderen Seite finden wir die Ansichten, die äußere Faktoren für entscheidend halten, etwa die Verlockung durch die Welt der Nicht-Juden. Ohne den Versuch zu machen, zwischen den beiden Meinungsrichtungen zu entscheiden (sie sind im Grunde eher ideologische Behauptungen über das, was die Juden in Zukunft anstreben sollten, als Einschätzungen der Vergangenheit), scheint es am sicherstern und vielleicht der Wahrheit am nächsten kommend, einen vermittelnden Standpunkt zu beziehen. Um die Mitte des 17. Jahrhunderts befanden sich das christliche Europa und seine überall vorhandene Minderheit, die Juden, in großer Unruhe. Die innere Einheit des Christentums war durch die Renaissance mit ihrer Beschwörung des klassischen Heidentums angegriffen worden; ebenso durch die Reformation, die, wenigstens in der Theorie, jeden Menschen zum Richter über die religiöse Wahrheit machte; und durch die neue Naturwissenschaft, die im Begriff war, die Autorität alles überlieferten Wissens zu untergraben.

Innerhalb des Judentums hatte die erzwungene Konversion in Spanien vor der Vertreibung von 1492 die Gruppe der Marranos (Marranen) geschaffen, die zu Tausenden und Generationen hindurch ihr Judentum geheimhielten. Im Laufe der Zeit verblaßte ihre Kenntnis des Judentums, und übrig blieb eine religiöse Identität, die gleich unbedeutend für das Christentum wie für den jüdischen Glauben war. Uriel da Costa, eine typische Figur dieser Kreise, entkam wie viele andere nach Amsterdam und bekannte sich wieder zu seinem ursprünglichen Glauben. Aber er konnte in keiner Religion den inneren Frieden finden und beendete seine stürmische Laufbahn 1647 durch Selbstmord.

Im Jahr darauf, 1648, wurde fast ein Drittel der osteuropäischen Juden von den Kosaken unter Bogdan Chmielnicki, der den Aufstand in der Ukraine gegen die Polen anführte, umgebracht. Pogrome wie diese hatte die Welt seit den Kreuzzügen nicht mehr gesehen. Immer schon hatten starke Verfolgungen messianische Unruhe ausgelöst, den Traum von der unmittelbar bevorstehenden wunderbaren Erlösung. Was sich aber nach 1492 und vor allem nach 1648 einstellte, war eine stärkere Hinwendung zur Realität, zum Machbaren, sogar bei den Propheten. Um 1520 tauchte der mysteriöse David Re'ubeni als angeblicher Abgesandter eines östlichen Königreichs der ›Zehn Verlorenen Stämme Israels‹ auf, um mit dem Papst über ein Bündnis gegen die Türken zu verhandeln; eine Bedingung sollte die Rückgabe Palästinas an die Juden sein. Eine Generation später verhandelte Josef Nasi, der bekannteste unter den ehemaligen Marranos, mit dem Sultan, zu dessen Hof er gehörte, um dasselbe Ziel. Er bekam auch 1561 die Herrschaft über Tiberias und sieben nahegelegene Dörfer, aber sein Erfolg verlief sich im Sande. Sabbatai Zwi, der sonst so stark zur Mystik neigte, erkannte jedenfalls, daß die Rückkehr nur durch Verständigung mit den Türken erreicht werden könne. Die osteuropäischen Anhänger dieses falschen Messias schickten immerhin im Jahre 1700 die erste Gruppe nach Palästina, die dort in harter Arbeit das Land bestellte, um einen Anfang zum stetigen Wiederaufbau Israels zu machen.

Die meisten dieser Fragen flossen zum ersten Mal im Leben und Denken von Baruch Spinoza zusammen. Er wurde 1632 in Amsterdam als Sohn einer marranischen Familie geboren – sein Vater war als Erwachsener aus Spanien geflohen – und besuchte die berühmte Schule für talmudische Studien in Amsterdam. Kaum erwachsen, brach er mit dem Glauben an eine Offenbarung und vertrat eine Philosophie, nach der Körperwelt und geschichtliche Welt durch der Vernunft zugängliche und für das ganze Universum gültige Gesetze regiert werden. Besondere Offenbarungen oder Kulturen sind im besten Fall sekundäre und stückhafte Spiegelungen der universalen Moralgesetze, eher noch – heilig verehrte – Phantastereien und Unwahrheiten. In einer berühmten Szene wurde der junge Spinoza von den Führern der jüdischen Gemeinde zu Amsterdam exkommuniziert. Er verbrachte den Rest seines Lebens mit dem Schleifen von Linsen für optische Zwecke und mit der Arbeit an Büchern, die den Ruhm seines Namens begründet haben, der *Ethik* und dem *Tractatus theologico-politicus*.

Das zweite Werk brachte vor allem eine Kritik an der Bibel im Namen der Vernunft und der universalen Sittennormen. Spinoza benutzte die mittelalterlichen jüdischen Analysen des biblisches Textes als Baustein für seine radikale – und neue – Behauptung, daß die Bibel nicht von Moses, sondern von einer Vielzahl von Männern verfaßt worden sei, die einander und sich selbst widersprachen. Damit leugnete Spinoza die Grundlage des Judentums, den Glauben an die Offenbarung und an die Erwählung der Juden. Er lebte als erster Jude sozial und geistig außerhalb der Gemeinde, ohne sich einer anderen Religion anzuschließen, und sei es nur der Form halber. Das Schicksal der Juden war ihm nicht gleichgültig. Aus seinem Werk ging deutlich, wenn auch unausgesprochen hervor, daß die besondere Rechtsunfähigkeit der Juden – wie die aller Untergruppen der Gesellschaft – verschwinden müßte, wenn der Mensch die Vernunft herrschen lassen würde. Er sah sogar schon die Möglichkeit vor sich, daß alle Juden wieder ihr Gemeinwesen in Palästina gründen, dann nach ihren eigenen politischen Gesetzen leben und damit auch die noch verbleibende Besonderheit, die sie vielleicht pflegen wollten, rechtfertigen könnten.

Die meisten Probleme des modernen Judentums bestanden also schon in der ersten Hälfte des 17. Jahrhunderts. Spinozas Kritik an der biblischen Tradition wurzelte bei den mittelalterlichen philosophischen Rationalisten und nicht etwa in der Mystik oder den messianischen Bewegungen. Und doch waren Sabbatai Zwi und Chmielnicki, die er beide nie erwähnt, seine Zeitgenossen.

In Politik und Wirtschaft herrschte der Merkantilismus. Die Juden in Spinozas Amsterdam besaßen bereits viele wirtschaftliche Rechte, weil sie dem holländischen Staat, der sich in Wirtschaftsdingen völlig weltlich verstand, nützlich waren. In Frankreich wagten Anfang des 18. Jahrhunderts elsässische Juden der Krone eine Petition zu überreichen, in der es zum ersten Mal nicht um Erweiterung ihrer geringen Rechte, sondern um die vollständige wirtschaftliche Gleichstellung ging, »auf dem selben Fuß wie Seiner Majestät andere Untertanen« zu handeln und tätig zu sein. Mehr forderten die Juden 1789 auch nicht von den Generalständen (die Ludwig XVI. einberufen hatte und die den Beginn der Revolution auslösten). Deshalb scheint es in jeder Hinsicht richtig zu sein, den Anfang der neuen Ära auf die Mitte des 17. Jahrhunderts zu legen und die Entwicklung aller wichtigen Einzelfragen wie auch ihrer Verquickung von da an zu verfolgen.

Diskussion über die Datierung dieses Beginns ist heute nur noch eine Übung in historischem Theoretisieren. Wenn man die Grenzen der modernen Zeit um ein Jahrhundert zurückverlegt, wird klar, daß die jüdische Moderne mit ihren philosophischen, geistigen Schattierungen der politischen Freiheit eher voranging, als ihr folgte. Von Spinoza über Moses Mendelssohn bis zu den Männern, die Ende des 19. Jahrhunderts den sozialistischen ›Allgemeinen Jüdischen Arbeiter-Bund‹ und den Zionismus in Rußland (die Choveve Zion, ›Zionsliebhaber‹, von denen noch die Rede sein wird) gründeten, lebten all diese ›modernen‹ Juden in Staaten, durch dessen Gesetze sie diskriminiert wurden. Jede Bewegung und jede Form jüdischer Moderne wurde ausnahmslos zuerst von unfreien Juden definiert. Die Frage, ob man an der alten Tradition festhalten oder sich einem erneuerten Glauben zuwenden solle, blieb in den letzten Jahrhunderten tatsächlich mit dem Verlangen der Juden nach politischer Gleichstellung und sozialer Anerkennung verquickt, aber die intellektuelle Modernisierung war eine Vorbedingung der politischen Gleichstellung. Juden, die bereits mehr oder weniger Eingang in die nichtjüdische Welt gefunden hatten, führten in der modernen Zeit den Kampf um ihre uneingeschränkte Anerkennung und die des ganzen Judentums an. Diejenigen, die im alten Stil verharrten oder vorzogen, ihn beizubehalten, standen meistens gleichgültig, wenn nicht sogar feindselig der politischen Emanzipation gegenüber, die sie als Vorspiel zum Zusammenbruch der alten jüdischen Wertsetzung ansahen. Sie hatten übrigens recht damit: Wo immer es einer kleinen Gruppe ›aufgeklärter‹ Juden gelang, die politische Emanzipation durchzusetzen, folgte nach nur einer Generation die massenhafte Verwestlichung.

### Emanzipation – das große Dilemma

Im 18. Jahrhundert paßte sich eine kleine, sehr einflußreiche Gruppe jüdischer Kapitalisten in Westeuropa (Hofbeauftragte, Heereslieferanten, Schiffseigner, Bankiers und Börsenkaufleute) nicht nur dem Geschäftsstil des Kapitalismus an, sondern auch dem sozialen Auftreten der ebenso wohlhabenden Nicht-Juden. Im Zeitalter der Aufklärung war der gängige Glaube entweder der Deismus oder ein kaum verhehlter Atheismus. Um die Mitte des Jahrhunderts trugen immer mehr Juden zu der vorherrschenden geistigen Kultur bei. Einer von ihnen war Isaak de Pinto, ein französischer Jude, der 1762 Voltaire zu bewegen versuchte, ihn als einen Mann anzuerkennen, der zur europäischen Welt gehörte. Voltaire war nicht völlig damit einverstanden, obwohl er nicht daran zweifeln konnte, daß sich de Pinto »vom jüdischen Aberglauben« freigemacht habe, denn de Pinto war Deist. Er blieb trotzdem wie unzählige andere ähnlich denkende Juden der nächsten beiden Jahrhunderte dem Judentum treu und diente sogar als Vorsteher einer Synagoge.

Moses Mendelssohn im Berlin derselben Zeit war sogar noch konservativer. Sein zentrales Thema hieß, wie das Judentum so zu definieren sei, daß es die Religion bliebe, zu der sich die Juden bekannten und die sie auch intellektuell achteten. Deshalb ging er davon aus, daß der jüdische Glaube – wie alle höheren Religionen – im Grunde mit einem universalen Deismus identisch sei und daß die Bibel, wenn sie richtig verstanden wurde, Gottes Anweisung für die sittliche Tugend der Menschheit enthalte. Was die Juden darüber hinaus noch hatten, war nach seiner Ansicht die unwandelbare, gottgewollte Verpflichtung zur Einhaltung ritueller Vorschriften. Mendelssohn, der 1786 starb, war in den Anfangsstadien des Kampfes um die wirtschaftliche und politische Gleichstellung beteiligt. Er war bereit, auf dem Altar der individuellen Gleichheit vor dem Gesetz die besondere jüdische Gemeinde zu opfern mitsamt ihrer halb gewollten, halb von außen auferlegten Struktur der legalen Selbstverwaltung. Er und seine Schüler wollten die Erziehung und die Gepflogenheiten der Juden verändern, ihren Lebensstil verwestlichen, um sie auf die politische Gleichheit und die soziale Anerkennung der Mehrheit in der Gesellschaft vorzubereiten. In der nächsten Generation gingen viele Kinder dieser Erneuerer weit über ihre Eltern hinaus und verließen die Gemeinde – das hatten ihre Väter nicht gewollt.

Im zaristischen Rußland, wo im 19. Jahrhundert die weitaus größte jüdische Bevölkerungsgruppe lebte, tauchten die Probleme der Emanzipation und ihrer Durchsetzung erst ein halbes Jahrhundert später auf, im ersten Drittel des 19. Jahrhunderts. Bevor die Pogrome von 1881 allen Hoffnungen ein Ende machten, wünschten die ›aufgeklärten‹ Juden *(Maskilim)* nur, Mendelssohns Grundsatz nachzuleben: Sei ein Jude daheim und ein Mensch in der Gesellschaft; sie wollten im Lande wohnen und wirken und als ein Teil von ihm behandelt werden. Nebenbei ist das – wenn auch unter den ganz anderen Verhältnissen des 20. Jahrhunderts – immer noch die vorherrschende Selbstdefinition der Juden in den westlichen Demokratien und vor allem in den Vereinigten Staaten. Die Französische und die Amerikanische Revolution haben die Religion in das Belieben des einzelnen gestellt, der sie, jedenfalls theoretisch, für eine Sache ohne politische Bedeutung hält.

Von grundsätzlicher Bedeutung war dagegen der Wandel in der Einstellung der meisten Juden. Viele Jahrhunderte lang hatten sie bereitwillig außerhalb der Gesellschaft gelebt, um auf ihre übernatürliche Erlösung zu warten. Das war ›normal‹ in Zeiten, als die Welt der Nicht-Juden vom Jenseitsdenken beherrscht wurde – wenigstens in der Theorie. Um die Mitte des 18. Jahrhunderts bildete sich aber ein christlicher Mittelstand heraus, der das Thema Verdammung und Vorsehung nur noch äußerlich – wenn überhaupt – ernstnahm. Jetzt lag der Ton eher auf der Rechtfertigung auch des himmlischen Lebens durch irdischen Erfolg. Diese allgemein verbreitete Stimmung teilte sich auch den Juden mit, besonders jenen, die bereits in der merkantilistischen Arena auftraten. Sie hatten genug vom Jenseitigen und waren darauf bedacht, Juden und Judentum so zu definieren, daß sie in die Gesellschaft aufgenommen werden konnten.

Dieser Wandel setzte in Frankreich ein, und zwar noch vor der Revolution. Die sefardischen Juden von Bordeaux, deren leitende Männer sich schon zwei Generationen zuvor zum Rationalismus bekannt hatten, schlossen um 1760 das Talmud-Studium aus dem Unterricht der Jugend aus. In Deutschland änderte der Führer der emanzipierten Juden Westfalens, Israel Jacobson in Seesen, bereits 1810 das Ritual seiner Synagoge: Er verwendete die Orgel im Gottesdienst und versah das Gebäude mit einer Art Kirchturm, in dem eine Glocke die Gemeinde zum Gebet rief. 1818 organisierte eine Gruppe junger Juden in Hamburg einen Tempel für den jüdischen Gottesdienst auf bewußt reformierter Grundlage mit der Behauptung, daß sich jedes Ritual nach dem Zeitgeist wandeln könne. Um 1840 waren einige jüngere Rabbiner in Deutschland mit Eifer dabei, ihren radikalen Bruch mit der überlieferten Orthodoxie in ein System zu bringen. Bei drei aufeinander folgenden Synoden in den vierziger Jahren wurde Judentum als eine im wesentlichen theologische und moralische Weltanschauung von universaler Reichweite definiert und alle Riten zu überwundenen Stadien des Glaubens erklärt; für manche gehörten auch Sabbat und Beschneidung dazu. Nun war es möglich, die Juden als Deutsche, Franzosen oder Engländer mosaischen Glaubens zu bezeichnen.

Gleichzeitig vollzog sich in den Vereinigten Staaten eine Entwicklung, die dem Leben mehr und der Ideologie weniger verdankte als die Ereignisse in Mitteleuropa. In Charleston, South Carolina, lehnten sich 1824 einige Nachkommen der ersten kolonialen Siedler in der Synagoge gegen die Ältesten auf; der junge Schriftsteller und Journalist Isaac Harby führte sie an. Die Gruppe trennte sich von der elterlichen Gemeinde und unterhielt einige Jahre hindurch eine eigene Synagoge nach dem Muster protestantischer Gemeinden.

Die Hochflut der Reform in den Vereinigten Staaten stellte sich um die Mitte des 19. Jahrhunderts mit der zweiten Einwanderungswelle ein, die vor allem aus Mitteleuropa kam. Es waren in der großen Mehrheit die ungebildetsten und am wenigsten verwestlichten Klassen, die jetzt kamen. Ihr Anschluß an die Reform entsprang mehr dem Wunsch, sich den amerikanischen Verhältnissen anzupassen, als einer Ideologie. Es war schwierig, die jüdischen Vorschriften einzuhalten, wenn man als wandernder Händler über die Straßen des Grenzlandes zog, wie es fast jeder Einwanderer zuerst tat. Wenn sie sich nach einigen Jahren als Kaufleute und sogar gelegentlich als Bankiers niederzulassen begannen, war der Übergang zum protestantischen und bürgerlichen Stil einfach.

Als die dritte Einwanderungswelle die Vereinigten Staaten nach den russischen Pogromen von 1881/82 erreichte, gehörten fast alle amerikanischen Synagogen zur Reformbewegung. Der Mann, der jetzt die Szene beherrscht, Isaac Mayer Wise, kam aus Böhmen, aber er predigte eine tiefe Liebe zu Amerika und wünschte, daß die Juden völlig in der neuen Heimat aufgehen und die Synagogen entsprechend einen neuen Ritus widerspiegeln sollten *(Minhag Amerika)*, der von dem aller früheren Gastländer der Juden verschieden sein sollte. Er organisierte 1873 die ›Union of American Hebrew Congregations‹ und gründete 1876 das ›Hebrew Union College‹, das Reform-Rabbinerseminar.

## Die Rückkehr zur Orthodoxie

Von etwa 1780 bis 1880 wurde also ein Jahrhundert jüdischen Lebens vom Streben in die größere Welt bestimmt. Aber es gab auch Juden, die zwar grundsätzlich die neue Einstellung guthießen – daß nämlich die Juden

*Eine der Auswirkungen der Reformbewegung war die Ausarbeitung der Synagogalliturgie (einige Elemente des christlichen Gottesdienstes wie die Orgel und die Glocken wurden übernommen) und eine entsprechende Gestaltung der Synagogenarchitektur. (Neue Synagoge in Köln von E. F. Zwirner, eröffnet 1861).*

nicht mehr in einem geistigen oder kulturellen Getto leben sollten –, aber doch, wie Moses Mendelssohn es empfahl, als moderne Menschen leben und der Tradition gehorchen konnten: Die peinlich genau befolgte rituelle Orthodoxie konnte ein geschützter und unveränderlicher Bestandteil im Leben des einzelnen sein. Diese Ansicht wurde 1830 von dem Rabbiner Samson Raphael Hirsch wieder aufgenommen, der als erster Rabbiner Deutschlands den Doktorgrad einer Universität erhielt, aber in religiöser Praxis und Überzeugung orthodox blieb. In einem halben Jahrhundert, das zeitlich mit dem Höhepunkt der Reform in Deutschland zusammenfiel, gelang es ihm, eine alternative Gemeinde zu gründen, deren Institutionen auf einer neo-orthodoxen Definition des Judentums beruhten. Obwohl deutsch nach Sprache und Kultur, waren Hirsch und seine Anhänger in ihrer religiösen Haltung zu orthodox, um noch in der organisierten, von Steuern gestützten jüdischen Gemeinde zu bleiben, die 1856 das Gesetz angenommen hatte, das die Reform-Gemeinde zu einem Teil der offiziell anerkannten jüdischen Gemeinde machte und sie mit den gleichen Rechten wie die orthodoxe Synagoge ausstattete. Hirschs Gruppe trennte sich 1876 per Gesetz völlig vom übrigen deutschen Judentum.

Doch noch stärker wurde die Grundlage der Reform, die Aufklärung, im 19. Jahrhundert durch die neuen Kräfte der Romantik und des Nationalismus in Frage gestellt. Die Geschichte und Tradition der einzelnen Gemeinden; ihre Wurzeln in ihrer Vergangenheit und ihre Hoffnung für ihre Zukunft; die Überzeugung, daß der einzelne zuerst seiner eigenen Art, seinen Vorfahren und denen, die seine Anschauungen und sein Schicksal teilten, verpflichtet sei – solche Überzeugungen bezweifelten und ersetzten bald die Vorstellung, daß der einzelne unmittelbar mit der weltweiten menschlichen Gesellschaft verbunden sei. Unter diesem Blickwinkel, im Namen der Geschichte und des Gottes, der sich nicht in moralischer und theologischer Abstraktion, sondern in der konkreten Erfahrung einer historischen Gemeinschaft äußerte, griff eine Anzahl jüdischer Denker und Gelehrter um die Mitte des 19. Jahrhunderts die Reform an. In Italien stellte S. D. Luzatto jüdische und westliche Kultur als ewige Gegensätze dar; in Galizien schrieb Nachman Krochmal seinen *Führer der Unschlüssigen (Irrenden) der Zeit,* der Gott als den absoluten Geist darstellt, der sich in den sich wiederholenden Zyklen der jüdischen Geschichte ausdrückt. In Deutschland begann der Historiker Heinrich Graetz sein Lebenswerk, die erste große und umfassende Geschichte der Juden von den Anfängen bis in die Gegenwart. In den zwölf Bänden wollte er die Einzigartigkeit jüdischen Leidens und jüdischer Schöpferkraft, jüdischen Glauben und jüdische Stärke darstellen. Zacharias Frankel, Teilnehmer der zweiten Synode 1845, in der die Reform festgelegt wurde, verließ die Synode demonstrativ, als es um die hebräische Sprache ging. Er war bereit, eine ganze Reihe der von den Reformern vorgeschlagenen Änderungen des Ritus zu bejahen, aber er konnte nicht dem Vorschlag beistimmen, die hebräische Gebetssprache durch Deutsch zu ersetzen. Für Frankels sensiblen Geschichtssinn bedeutete ein Wechsel der Sprache den vollkommenen Bruch mit der jüdischen Vergangenheit. Er und seine Anhänger bildeten darauf die ›historische Schule‹ des modernen Judentums; als Solomon Schechter sie ein halbes Jahrhundert später nach Amerika verpflanzte, wurde sie dort *Conservative Judaism* genannt. 1854 entstand in Breslau ein rabbinisches Seminar, das Frankels Geist bis zum Ende in der Hitlerzeit bewahrte. Es vertrat ein Judentum der Tradition mit gemäßigten Änderungen, durchdrungen von geistiger und sozialer Verwestlichung und der Identifikation einer modernen jüdischen Anschauung mit der Verpflichtung für Volk, Vergangenheit und Gegenwart der Juden.

Ein wesentlicher Teil des Judentums blieb im 19. Jahrhundert entweder ganz unberührt von den Bewegungen in Richtung Moderne oder widerstand ihnen. Sogar in den stürmischen Tagen der Französischen Revolution gab es jüdische Führer, die keineswegs die völlige Aufnahme der Juden in die Gesellschaft wünschten. Als Napoleon 1807 ein ziemlich melodramatisch stilisiertes Synhedrion einberief, weil er hoffte, die dort anwesenden Rabbiner und maßgebenden Laien würden das Judentum in Richtung auf die Assimilierung neu definieren, weigerte sich eine Mehrheit Konservativer, Gesetz und Praxis in irgendeiner Weise zu verändern, die nicht dem Talmud zu entnehmen war. Doch der stärkste Widerstand gegen Modernes kam aus Mittel- und Osteuropa. Moses Schreiber (Sofer), der in der Mitte des 19. Jahrhunderts das Rabbiner-Amt in Preßburg innehatte, war eine bedeutende Gestalt von größtem Einfluß auf die orthodoxen Kreise. Er sprach den Fluch über alles Moderne in Gedanken und Lebensweise im Namen des unveränderten und unwandelbaren ererbten Judentums aus. In Osteuropa gründeten die Schüler des großen Gelehrten aus dem 18. Jahrhundert, Elia von Wilna, neue Mittelpunkte für Talmudstudien, die *Jeschivot,* um den Einbrüchen des neuen Zeitalters entgegenzuwirken. Die Chasidim hielten sich in allen Einzelheiten an das, was die Gründer ihrer Bewegung um die Mitte des 18. Jahrhunderts gepredigt hatten.

Im 19. Jahrhundert und bis in das 20. hinein lernten diese Gruppen, die einander bekämpft hatten, immer besser gegen den gemeinsamen Feind zusammenzuarbeiten, gegen die Moderne besonders in ihrer jüdischen Form. Zu Anfang des 20. Jahrhunderts schlug man sogar Brücken zu den westlichen Neo-Orthodoxen, die bisher ziemlich mißtrauisch beobachtet worden waren. In Osteuropa ging es vor allem darum, die Juden vor westlicher Erziehung gleich welcher Prägung zu schützen, auch dann, als einige Regierungen versuchten, eine weltliche Grunderziehung einzuführen und aufzuzwingen. Als Ende des Jahrhunderts der Zionismus aufkam und sich sogar einige orthodoxe Kräfte der neuen Bewegung anschlossen, wurde die Gründung einer anderen Organisation beschleunigt, die 1912 als ›Agudat Israel‹ ins Leben trat und die meisten älteren Kräfte erfaßte. Diese Organisation vertrat das unveränderte Judentum und widerstand aus Angst vor Säkularisierung dem zionistischen Versuch, einen jüdischen Nationalstaat zu gründen.

Alle hier beschriebenen Spielarten modernen jüdischen Denkens sind heute noch vorhanden, und zwar als Theorie wie als Organisationen, wenn sie sich auch durch die entsetzlichen und durch die großartigen Ereignisse des 20. Jahrhunderts leicht gewandelt haben. Nach den Hitler-Jahren und der Gründung des Staates Israel haben das Reform-Judentum auf der religiösen Linken und die meisten Ultra-Orthodoxen auf der Rechten ihren Anti-Zionismus aufgegeben. Die Reform gibt jetzt sogar in der Theorie zu, daß die Juden ein Volk sind, eine ethnisch religiöse Gemeinschaft, und nicht einfach eine ›Kirche‹ von Anhängern des jüdischen Glaubens. Die meisten Ultra-Orthodoxen handeln in der Praxis als Teil des über die Welt verstreuten jüdischen Volkes, und die ›Agudat Israel‹ ist eine politische Partei in Israel und in der Kneset vertreten, obwohl sie theoretisch ihre unveränderte theologische Richtung beibehält. Die Mehrheit der orthodoxen Kräfte in der jüdischen Welt und die überwältigende Mehrheit der Nicht-Orthodoxen gehen weit darüber hinaus: Sie sehen in der Gründung des Staates Israel ein Ereignis von epochaler religiöser Bedeutung. In den meisten Synagogen wird heute an jedem Sabbat das Gebet für das Wohl Israels gesprochen, wie es vom israelischen Ober-Rabbinat angeordnet worden ist. Das Gebet nennt die Gründung des Staates einen »ersten Sproß unserer Erlösung«.

## Ethik für den einzelnen

Die großen Krisen und die großen Gegensätze im religiösen jüdischen Denken der letzten zwei Jahrhunderte kreisten also um zwei Themen – um das Verhältnis zu Tradition, Gesetz und Praxis, wie sie überliefert sind, und um die Zugehörigkeit zur Gemeinschaft der Juden. Der einzelne, seine Sterblichkeit, seine Angst, sein Ringen um eine persönliche Hoffnung und einen Lebenssinn, sind kaum bedacht worden. Im 19. Jahrhundert hatten moderne Theologen auf diesem Gebiet viel weniger mitzuteilen als die älteren. Die Chasidim lehrten unentwegt, daß Gott angebetet werden müsse, ganz gleich unter welchen persönlichen Umständen, in Freude und in Bedrängnis. Unter den talmudischen Richtungen bildete sich Mitte des 19. Jahrhunderts eine pietistische Gruppe heraus, die *Musar*, Ethik, lehrte, ein Leben voller Angst und Zittern, das empfindlichste und kritischste Gefühl für die moralische Wirkung auch der kleinsten Handlung und das Bedürfnis nach ständiger Selbstkorrektur. Erst Anfang des 20. Jahrhunderts wurde in den Werken von Martin Buber und Franz Rosenzweig in zwei modernen jüdischen Theologien das Individuum in den Mittelpunkt gestellt. Buber schilderte die Chasidim als viel individualistischer, als sie jemals gewesen sind. Nach Bubers Auffassung steht der Mensch allein vor Gott, unbehindert von irgendwelchen überlieferten Normen; ihm helfen nur die Beispiele dessen, was andere vor ihm in ihrem Ringen mit der Gottheit erlebt haben. Rosenzweig, der das Judentum zunächst fast abgelegt hatte, bekannte sich schließlich zur vollständigen Tradition (»von der Peripherie bis ins Zentrum«). Doch selbst am Ende von Rosenzweigs Weg bleibt der einzelne Jude selbst Richter über das, was er gehört hat, und muß selbst bestimmen, was er mit Überzeugung bestätigen kann. Diese individualistischen Richtungen von Buber und Rosenzweig sind nicht – und konnten es ihrem Wesen nach auch nicht – zu Institutionen zusammengefaßt worden, doch sie sind wichtig und einflußreich selbst in den Kreisen der Modernisten, für die Religion zunächst national ist.

Die universalistische Seite war im modernen jüdischen Denken ebenfalls kaum vertreten. Sicher, das Reform-Judentum sah in seinen frühesten Definitionen die Juden als religiöse Konfession an, deren Sinn die Verbreitung des ethischen Monotheismus war. Von dieser Definition leitete sich die Vorstellung her, Juden müßten als einzelne und als Gemeinschaft so handeln, daß sie Vorbild sein konnten. Viele Juden übersetzten das einfach in eine etwas nervöse Selbstzufriedenheit, daß sie geachtete Bürger geworden waren. Doch für andere war diese Theologie der Anstoß zu einer tiefen Leidenschaft für Sozialarbeit. In Mittel- und Westeuropa, vor allem aber in den Vereinigten Staaten, wurde das Netz moderner jüdischer Sozialdienste für Arme, Kranke, zerbrochene Familien und ähnliches zum großen Teil von ›modernen‹, sehr oft von Reform-Juden geschaffen. In den Vereinigten Staaten führte diese Leidenschaft für den Sozialdienst, der im Namen des menschlichen Anstands geleistet wurde, in den siebziger Jahren des vorigen Jahrhunderts sogar zur Gründung einer über-konfessionellen, weithin aber jüdischen Gruppe, der ›Ethical Culture‹; in ihr leistete ein fast völlig jüdisches Element des gehobenen Mittelstandes seine soziale Arbeit, aber alle spezifisch jüdischen Bräuche waren aufgegeben worden.

Die Hauptvertreter universalistischer jüdischer Bestrebungen waren jedoch nicht in der Gemeinde, sondern bei den Revolutionären zu finden. In Frankreich hing bereits um 1820 eine Gruppe junger Juden aus führenden Familien der neuen Religion von Wissenschaft und Technokratie an, die von St. Simon gepredigt wurde. In diesem neuen System sollte es weder Juden noch Nicht-Juden geben, nur moderne Menschen, die gemeinsam eine neue Ordnung aufbauen wollten. Die Motive von Männern wie Émile und Isaac Péreire unterschieden sich völlig von denen ihrer Zeitgenossen, die einfach zum Christentum übertraten, weil sie sich der Mehrheit anzupassen wünschten. Die Péreires glaubten in ihrer Jugend (später wandten sie sich wieder jüdischen Angelegenheiten zu), daß der dem Judentum eignende prophetische Zug den Juden der neuen Zeit befehle, gemeinsame Sache mit allen Menschen zu machen, die im Namen eines vorwärtsdrängenden, universalistischen sozialen Ideals auf alle Besonderheiten verzichten würden. Ein solcher Glaube war die Wurzel für die Neigung der Juden durch anderthalb Jahrhunderte, in fast jeder Bewegung politischer und geistiger Auflehnung, an vorderster Front, in übergroßer Zahl und mit merklichem Eifer zu kämpfen.

Das ist deutlich zu verfolgen. Die wichtigste frühe Gestalt ist Karl Marx. Er definierte seine Einstellung zur jüdischen Frage als junger Mann in einem 1843 geschriebenen Essay. Der Kernpunkt seines Gedankenganges (eingebettet in einige unverzeihliche antisemitische Rhetorik, mit der er sich von seiner jüdischen Abstammung distanzierte) ist die Behauptung, daß die jüdische Frage durch den Kapitalismus sozusagen entstanden sei. Der Jude ist die deutlichste Ausprägung des uralten Kapitalistentyps. Die Spannungen, die Juden hervorrufen, könnten nicht mit Hilfe einer Emanzipation durch die bourgeoise Gesellschaft verschwinden, sondern nur durch eine neue Ordnung, in der es keinen Kapitalismus mehr gibt. Deshalb könne nichts, was die Juden zur Änderung ihres Lebens oder ihrer Religion tun – und, wichtiger noch, nichts, was die bourgeoise Gesellschaft durch Abänderung der Gesetze unternimmt – irgend etwas ändern. Die jüdische Frage werde zusammen mit den sozialen Krankheiten des Kapitalismus verschwinden, durch die Juden erst in eine Sonderstellung geraten seien. Juden und Nicht-Juden hätten nur einen einzigen gangbaren Weg: Gemeinsam für eine neue Ordnung zu wirken.

Mit unwesentlichen kleinen Variationen blieb diese von Marx verkündete Ansicht der Glaube der jüdischen revolutionären Sozialisten vieler Schattierungen für ein volles Jahrhundert. Einige, wie der junge Moses Hess – der eine Zeitlang mit Marx an der »Rheinischen Zeitung« arbeitete – und Ferdinand Lassalle, der mit dem Allgemeinen Deutschen Arbeiterverein die erste Partei der Sozialdemokratie in Deutschland gründete, waren sich ihrer jüdischen Beweggründe durchaus bewußt. Andere leugneten, wie vor ihnen Marx, daß irgendein jüdisches Bewußtsein ihr Leben und ihre Arbeit berührte, wie zum Beispiel die 1919 ermordete Rosa Luxemburg und Leo Trotzki, der unter den russischen Revolutionären an zweiter Stelle nach Lenin stand.

Auch auf kulturellem Gebiet neigten neben einer großen Anzahl jüdischer Konservativer doch die meisten jüdischen Intellektuellen der neuen Zeit zu einer liberalen, nicht durch Tradition gebundenen Kultur. Heinrich Heine, der herausragende jüdische Dichter im frühen 19. Jahrhundert, gehörte zum ›Jungen Deutschland‹, einer nach der Julirevolution von 1830 entstandenen Gruppe, die sich gegen die Autorität älterer Formen und Traditionen wandte. Fast genau ein Jahrhundert später, im Deutschland nach dem Ersten Weltkrieg, waren Juden in allen modernen »ismen«, von Architektur, Bildender Kunst und Literatur bis zur Oper, führend. Bis heute wirken Juden überall und in großer Zahl in solchen Bewegungen.

Das läßt sich vielleicht am besten verstehen, wenn man sich das jüdische Element bei Sigmund Freud und seinen Schülern vornimmt. Für Freud waren aus psychoanalytischen Gründen (wie zwei Jahrhunderte zuvor für Spinoza aus Vernunftüberlegungen und für Karl Marx aus ökonomischen) historische Gemeinschaften sekundäre Erscheinungen und auf Mythen und Selbsttäuschungen aufgebaut. Menschliche Erfahrung kann durch das Studium der Triebe und Empfindungen verstanden werden, und sie sind schließlich für jedes Individuum dieselben, unberührt von der Geschichte der Gruppe, in die es hineingeboren ist. Selbstverständnis heilt den Menschen von Illusionen und Neurosen, auch von denen der Religion. Freud hat niemals seine Bindung an sein Judentum abgestritten, obwohl er wußte, daß dieser Teil seines Ichs ein unanalysiertes Rätsel blieb. Auch in dieser Hinsicht verhielt er sich typisch für viele seiner jüdischen Anhänger (sie bildeten die große Mehrzahl): Bewußt und bekennend schlugen Freud und seine Schüler die Psychoanalyse als neue Methode vor, die den Menschen von seinen Haßgefühlen – zu denen natürlich auch die anscheinend endlose Feindseligkeit zwischen den Juden und ihren Verfolgern gehörte – und seinem Selbsthaß heilen könne.

Aus allem, was hier geschildert wurde, geht hervor, daß die bedeutenden Richtungen jüdischen Denkens in der modernen Zeit Antworten auf die Aufklärung und deren Universalismus waren. Mendelssohn und Samson Raphael Hirsch traten in die europäische Kultur ein und behielten sich für ihr eigenes Leben eine Enklave des orthodoxen Judentums vor. Die frühen Reformer definierten Judentum als das am weitesten aufgeklärte Beispiel des ethischen Universalismus. Eine Vielzahl jüdischer Rebellen, von den Brüdern Péreire bis in unsere sechziger Jahre, als sich junge Juden so engagiert an der Anti-Establishment-Bewegung beteiligten, bestanden darauf, daß ihnen gerade als Juden die Mission zufiel, eine neue Ordnung für alle Menschen zu schaffen.

### Die nationalistische Antwort

Doch immerhin bestand im modernen jüdischen Denken eine kraftvolle partikularistische, gegen die Aufklärung gerichtete Strömung. Sie wurde durch den Nationalismus geweckt, der seit Anfang des 19. Jahrhunderts in Europa gedieh.

Die ersten Anstöße zu einem politischen jüdischen Nationalismus zeigten sich um 1830, bald nach dem erfolgreichen Aufstand der Griechen gegen die Türken. Ein sefardischer Rabbiner und Kabbalist aus Serajewo, Jehudah Alkalai, führte gegen das Gewicht der orthodoxen Meinung an, daß es den Juden erlaubt sei, politisch und in dieser Welt für die Heimkehr nach Palästina zu wirken und nicht nur passiv auf göttliches Eingreifen zu warten. Alle Nationen, besonders die kleinen, unterdrückten, erhoben sich jetzt, um ihre Selbständigkeit zu erkämpfen; warum sollte es den Juden nicht erlaubt sein? Solche Gedanken kamen, unabhängig von Alkalai, von einer ganzen Anzahl zeitgenössischer Rabbinen. Um 1860 kehrte Moses Hess, ein ganz moderner Mensch, zu seinen jüdischen Wurzeln zurück und veröffentlichte das schmale Buch *Rom und Jerusalem*. Er schlug die Rückführung der Juden nach Palästina nicht nur als eine politische Notwendigkeit vor, sondern wollte vor allem einer modernen Generation ermöglichen, in ihrer eigenen religiös-nationalen Kultur zu leben.

Im Gegensatz zu den üblichen Klischees bei denen, die über den Zionismus geschrieben haben, wurde Hess nicht übersehen, als er seine damals so erregenden Gedanken äußerte. Doch Hess war nicht der Mann, eine Bewegung zu organisieren; die jüdische Intelligenz, an die er sich wandte, glaubte noch an den Triumph der bürgerlichen und sozialistischen Revolution in Europa. Tatsächlich hat dieser Glaube, der sich in der Handlungsweise eher als in der Theorie äußerte, die weitaus größte Mehrheit der Juden in der Welt nicht verlassen, nicht einmal in den tragischen Jahren der Hitlerzeit und nach den heroischen Ereignissen bei der Gründung des Staates Israel. Die Masse des Weltjudentums blieb und bleibt freiwillig in der Diaspora, zuversichtlich, daß ihr individuelles Leben in der westlichen Welt gesichert ist.

Als die Verfolgungen in Osteuropa zunahmen und in die Pogrome von 1881/82 in Rußland mündeten, als antisemitische Parteien in Frankreich, Österreich und Deutschland auftauchten, kamen einige Juden zu dem Schluß, daß man auf Europa nicht mehr zu hoffen brauchte und daß der einzige Weg, gleichberechtigt in die politische Welt einzuziehen, nur durch die Gründung ihres eigenen Staates zu erreichen sei. Wie das unternommen wurde, zuerst durch die Schriften von Pinsker, dann durch die praktische Organisation von Herzl und seinen Anhängern, wird ausführlich im nächsten Kapitel dargestellt.

## Zionismus und ›Diaspora-Nationalismus‹

Theodor Herzl wurde, wie er es sich erträumt hatte, der Vater des zionistischen Staates. Doch in zwei grundlegenden Dingen sind der Staat und das über die Welt verstreute jüdische Volk, das in Israel sein Zentrum sieht, völlig anders, als Herzl es sich vorstellte. Noch ausgeprägter als vor ihm bei Pinsker war bei ihm die Sorge um die ›Normalisierung‹ des jüdischen Volkes: Er wollte für die Juden einen Weg finden, auf dem sie ein modernes weltliches Volk sein könnten. Ein jüdischer Nationalstaat würde es den Juden möglich machen, sich wie jeder andere zu verhalten, wozu auch für manchen oder für viele die Möglichkeit gehörte, sich endgültig zu assimilieren. Diejenigen, die außerhalb der Grenzen des jüdischen Staates lebten, würden wie Deutsche, die in die Vereinigten Staaten, oder Russen, die nach Frankreich auswanderten, leicht in der von ihnen gewählten Gemeinschaft aufgehen, während eine ganz normale jüdische Staatsgemeinschaft alle aufnehmen würde, die als Juden zu leben wünschten. Natürlich stellte sich Herzl dabei vor, daß die meisten Juden in aller Welt – vor allem die in Osteuropa lebenden – in einen jüdischen Staat einwandern wollten, sobald es ihn gebe oder er im Begriff sei, sich zu bilden. Herzl glaubte auch, daß die kulturelle oder religiöse Substanz dieses Staates seinem Erbe nicht stärker, vielleicht sogar weniger verpflichtet sei als irgendein liberaler europäischer Staat seiner mittelalterlichen Vergangenheit.

Die Ereignisse in dem ungestümen halben Jahrhundert nach Herzls erstem Auftreten haben seine Voraussage nicht bestätigt. Die große Masse verfolgter Juden aus Osteuropa floh vor dem Ersten Weltkrieg zu Millionen nach Westen, die meisten in die Vereinigten Staaten; sie suchten nach ihrer persönlichen Gleichberechtigung, die ihnen in Rußland verweigert wurde. Nur ein paar Handvoll, noch keine dreißigtausend Menschen, wanderten damals nach Palästina aus. Die weitaus größte Mehrheit von Herzls Zeitgenossen, vor allem die jüdische Intelligenz Westeuropas, an die er sich zuerst gewandt hatte, weigerte sich, ihm zu folgen. Sie setzten nach wie vor ihre politischen Hoffnungen auf einen liberalen Staat oder hofften, sich revolutionären Bewegungen anschließen zu können. Herzl zog Leute wie den jungen Buber und Chaim Weizmann an, deren Motivation im Boden der geistigen und religiösen jüdischen Substanz wurzelte. Herzl zog sie an, weil der Antisemitismus ihnen Sorge machte, aber dies war nicht ihr Hauptanliegen. Sie wollten das jüdische geistige Erbe erneuern, und dazu schien diesen Männern die Neugründung einer nationalen Gemeinschaft im Land der Väter unentbehrlich zu sein.

Diese Richtung des Zionismus war in Rußland bereits ein paar Jahre vor Herzls Auftreten definiert worden. In den Nachwehen der Ereignisse von 1881/82 und als unmittelbares Ergebnis von Pinskers Streitschrift *Autoemanzipation!* entstand die Organisation ›Choveve Zion‹ (Zionsliebhaber). Sie befaßten sich zwar in geringem Umfang mit der Kolonisation Palästinas, aber ihr eigentliches Anliegen war intellektueller und geistiger Natur. Nach 1889 wurde Ascher Ginzberg, der unter dem Pseudonym Achad Ha-Am (»einer aus dem Volk«) schrieb, der führende Kopf dieser Bewegung. Die Juden, sagte er, müßten ihre nationale Identität durch Schaffung eines »geistigen Zentrums« in Palästina stützen. Achad Ha-Am und Herzl sind sich ein einziges Mal begegnet und haben einander, wie zu erwarten, gründlich mißverstanden. Doch der moderne Zionismus hat das Gedankengut beider Männer aufgegriffen. Von Beginn an bemühte sich die Bewegung, ein sich selbst verwaltendes jüdisches Ganzes zu schaffen, sie war aber auch von Anfang an sozusagen die Religion der Juden, die moderne Menschen sein wollten, ohne ihre jüdischen Bindungen aufzugeben, sondern im Gegenteil neue Möglichkeiten darauf aufzubauen.

Der Zionismus in seinen sämtlichen Spielarten war jedoch um die Jahrhundertwende nicht die einzige, schon gar nicht die beherrschende Alternative für diejenigen, die sich selbst durch ethnische oder nationale Anhänglichkeit als Juden zu bestätigen suchten. Es gab mehrere andere Möglichkeiten. 1897, im selben Jahr, in dem Herzl die zionistische Organisation ins Leben rief, gründete eine Gruppe jüdischer Arbeiter in Wilna den sozialistischen ›Allgemeinen Jüdischen Arbeiter-Bund‹. Der Theorie nach sollte diese Vereinigung universalistische, sozialistische Ziele verfolgen; die Rechtfertigung seiner besonderen Existenz war die Sprache, Jiddisch, denn nur in dieser Sprache, die von der Masse gesprochen wurde, konnte man jüdischen Arbeitern näherkommen. Der ›Bund‹ wurde aber bald stärker jüdisch-nationalistisch. Er bestätigte die Notwendigkeit, eine durch und durch weltliche jüdische Nationaleinheit mit der Sprache der Masse zu bewahren, selbst in einer neuen sozialistischen Ordnung. Einerseits kämpfte der ›Bund‹ gegen den Zionismus und betonte die Pflicht der Juden, in ihrem Geburtsland zu bleiben und für eine bessere Gesellschaft für alle Menschen mitzustreiten, andererseits bestand er auf dem kulturellen Weiterleben des Jüdischen. Lenin hatte vielleicht mit seiner spöttischen Bemerkung nicht ganz unrecht, daß es eine Menge Zionisten gebe, die »Angst vor der Seekrankheit« hätten. Trotz seinen Gegnern in den Lagern der Sozialisten und Zionisten stellte der ›Bund‹ in Osteuropa eine starke Kraft dar, die in Rußland vor der Revolution mächtiger als der Zionismus war und in Polen zwischen den beiden Kriegen ein wesentlicher Faktor blieb; unmittelbar vor Ausbruch des Zweiten Weltkriegs ging er bei Kommunalwahlen in Polen als stärkste Macht hervor.

In den beiden ersten Jahrzehnten seines Bestehens hatte sich der ›Bund‹ einer sozialistischen Version des jüdischen Diaspora-Nationalismus angenähert. Wortführer dieser Richtung war Simon Dubnow, ein russischer jüdischer Historiker, dessen Ansichten eher liberal als sozialistisch waren. Dubnows Auffassung der jüdischen Geschichte ging davon aus, daß das jüdische Volk eine Entwicklung durchgemacht habe. Einst, in biblischen Tagen, war es ein Volk wie andere gewesen und hatte auf eigenem Grund und Boden gelebt – aber nur kurze Zeit. Die Diaspora war nach Dubnow nicht in erster Linie ein Ergebnis des Unglücks, der Zerstörung jüdischer Unabhängigkeit durch Babylonier und Römer, sondern der inneren Dynamik in der jüdischen Geschichte. Die Juden hatten sich entschlossen, während Palästina noch in ihrer Hand war, neue Zentren zu gründen – in Babylonien, in Ägypten. Sie hatten sich lange vorher dafür entschieden, das erste weltweite Volk zu sein, geeint durch historische und kulturelle Bindungen und durch sich selbst verwaltende Institutionen. In diese Richtung, sagte Dubnow, streben alle Völker, fort von Land und Staat zu Einheiten, die in politischen Strukturen mit ganz unterschiedlichen ethnischen Zügen leben. In jedem Zeitalter der jüdischen Geschichte hat, nach Dubnow, eine Gemeinschaft – höchstens zwei – die Führung übernommen und ist zum Zentrum für die Juden in aller Welt geworden. Dubnows Programm für seine eigene Zeit bestand darin, an der Gründung von halb-autonomen jüdischen Gemeinschaften in aller Welt zu arbeiten, die Kulturen in Hebräisch und Jiddisch gleicherweise zu stärken und darauf zu beharren, daß die neue zionistische Gemeinde in Palästina zwar wichtig sei, daß aber das eigentliche Schwergewicht in der Diaspora liege, wo Kontinuität nur durch den Diaspora-Nationalismus gesichert werden könne.

Dubnows Wirkung auf intellektuellem oder sogar auf politischem Gebiet war weit größer, als allgemein anerkannt worden ist. Die ›Jiddischisten‹, welche die osteuropäische jüdische Identität als die einer nationalen Gruppe mit eigener, gesprochener Sprache und Kultur auffaßten (einer Sprache, die das Hebräische verdrängt hatte), standen durchaus unter Dubnows Einfluß, wie sich auch bei der Gründungskonferenz der ›Jiddischisten‹ im Jahre 1908 in Czernowitz herausstellte. Nach dem Ersten Weltkrieg war es eine der beiden zentralen jüdischen Forderungen, die sogar von den Verfechtern der Assimilation in Westeuropa und in den Vereinigten Staaten der Versailler Konferenz vorgelegt wurde, Minderheitenverträge für die Juden in die Verträge aufzunehmen, die mit den neuerdings selbständigen, aus dem russischen Reich herausgeschnittenen Staaten aufgenommen werden sollten.

Doch Dubnows zugleich dauerhaftester und am wenigsten auffälliger Einfluß wirkte sich in den Vereinigten Staaten aus. Sicherlich haben Institutionen einer autonomen Minderheit im amerikanischen Recht keinen Platz; es trifft auch zu, daß man im 20. Jahrhundert immer wieder zionistische Rhetorik einsetzte, um das zu beschreiben, was in Wahrheit ein Diaspora-Nationalismus ist. Die Juden in den Vereinigten Staaten verstanden sich als eine Gemeinschaft innerhalb eines ›kulturellen Pluralismus‹. Zwei jüdische Denker, Horace Meyer Kallen und Mordecai Kaplan, beschrieben zu Beginn unseres Jahrhunderts die Vereinigten Staaten als ein aus unterschiedlichen Einwanderergruppen bestehendes Land, in dem alle einerseits zur allgemeinen Gesellschaft gehören, aber andererseits ihre eigenen ethnischen Traditionen bewahren sollten. So könnten die Juden in Amerika als eine Gemeinschaft unter vielen leben.

Kallen und Kaplan würdigten beide die Bedeutung der zionistischen Bemühungen in Palästina für das zeitgenössische jüdische Dasein, doch die Hauptsache war ihnen eine beständige jüdische Identität in Amerika.

Diese Theorie des kulturellen Pluralismus hat sich vor allem in zweierlei Hinsicht bewährt: Sie bietet ein Argument gegen das Aufgehen im ›Schmelztiegel‹ Amerika; und sie ermöglicht es der nach-religiösen Gemeinschaft, jüdische Empfindungen und jüdisches Verhalten, wie immer sie sich ausdrücken mögen, als gültige Formen des Zusammenhangs mit der jüdischen Vergangenheit zu erkennen. Horace Meyer Kallen machte es besonders deutlich, als er zwischen ›Judentum‹ und ›Hebraismus‹ unterschied. ›Judentum‹ definierte er als die Gesamtheit der Gebote und Verbote der traditionellen jüdischen Religion; wohingegen mit ›Hebraismus‹ all das bezeichnet werden sollte, was Juden zu ihrer Zeit zusammen zu tun beschlossen, weil sie es für wert erachteten. [›Judentum‹ ist die gegenwärtig vorherrschende Form jüdischer Religion, ›Hebraismus‹ (oder Jüdischkeit) ist der ›Jewish way of life‹, der notwendig säkular, humanistisch und wissenschaftlich ist – und dem alten, ursprünglichen, organisch dem Leben verbundenen ›Judentum‹ näher steht.]* Obwohl Achad Ha-Am nicht an die orthodoxe Religion glaubte, gehörte er zum Judentum, denn die Vergangenheit blieb als Geschichte die Quelle aller Wertsetzungen. Dubnow war weltlicher und aufnahmebereiter. Die kulturelle, gemeinschaftsbezogene Definition, die in vielen – vielleicht den meisten – Erfahrungen der zeitgenössischen Juden unausgesprochen enthalten ist, liegt irgendwo zwischen diesen beiden Alternativen.

In einem grundlegenden Problem folgt die zeitgenössische jüdische Praxis weder Dubnow noch Achad Ha-Am: im Bereich der Beziehungen zwischen der Diaspora und dem Staat Israel. Wie Dubnow betonte, vollzieht sich ein großer Teil jüdischen Lebens – auch im Schöpferischen – in den großen Diaspora-Gemeinden. Wie Achad Ha-Am wollte, ist Israel nun der Mittelpunkt der jüdischen Welt, das gemeinsame Interesse aller Diaspora-Gemeinden. Nicht vorauszusehen war dagegen das Wesen dieses Interesses. Achad Ha-Am und Dubnow orientierten sich beide an der Kultur, doch die Situation unserer Zeit ist pragmatisch. Alle Juden nehmen heute an der Aufgabe teil, für den Aufbau und die Unterstützung Israels zu wirken; die meisten Organe des Weltjudentums sind in erster Linie dafür ins Leben gerufen. Die jüdische Welt als Ganzes wird jetzt durch eine Art ›soziales Evangelium‹ zusammengehalten, in dem die praktische, faßbare Arbeit für Israel einen gemeinsamen Nenner hat: jüdische Treue.

Als das jüdische Volk in das moderne Zeitalter eintrat, hatte es mit seinen eigenen religiösen Zweifeln zu kämpfen und mußte politische Anerkennung anstreben. Diese beiden Probleme stehen immer noch im Raum, freilich mit einem anderen Vorzeichen. Diejenigen, die sich entschlossen haben, Juden zu bleiben, drücken damit nicht den Glauben an eine Offenbarung aus, sondern Treue zu einer Gemeinschaft; deren wichtigste Aufgabe wiederum ist es, für die Würde des jüdischen Volkes unter den anderen Völkern zu wirken, und diese Würde wird durch den Staat Israel symbolisiert. Trotzdem bleiben einige Fragen, die nicht weichen wollen. Keine zeitgenössische Gemeinde, ob in der Diaspora oder in Israel, ist frei davon. Was ist denn wirklich der geistige und ethische Inhalt des jüdischen Volkstums? Und braucht das jüdische Volk einen solchen Inhalt? Ist das Jude-Sein einfach eine Sache ethnischen oder nationalistischen Gefühls, das ohne Schwierigkeit abgelegt werden könnte? Oder sind die Juden schließlich für irgendeinen tieferen Zweck geschaffen – und von wem?

Diese Fragen wurden vor etwa drei Jahrhunderten gestellt. Wie wir gesehen haben, wurden sie beantwortet und neu beantwortet im Leben und in der Theorie. Wie alle grundlegenden Fragen bleiben sie offen und müssen in jeder Generation bedacht und wieder bedacht werden.

# 17

# Zionismus und Israel

DAVID VITAL

Der wesentliche Inhalt des Zionismus und sein stärkster Antrieb für den menschlichen Geist war sein Grundsatz, das Rad jüdischer Geschichte umdrehen und die gewohnten Strukturen jüdischen Lebens in der Diaspora verändern zu müssen. Das Exil mußte beendet und die Diaspora vollständig oder zum großen Teil überwunden werden. Mit der Bestimmung eines genau festgelegten Gebietes, in welchem die Juden leben und als Mehrheit sich selbst regieren könnten, sollten in einem großen Zug die ganzen Strukturen des Exils hinfällig werden. Seine sozialen, psychologischen und geistigen Verzerrungen würden ausgeschaltet, sein physisches Elend, seine Demütigungen beendet, und ein ganz neuer geistiger und sozialer Horizont für die Juden als Volk sowie als Individuen würde sich auftun. Der Zionismus war deshalb von seinem Ziel her revolutionär und seinem Charakter nach romantisch. In seiner Entstehungszeit, gegen Ende des 19. Jahrhunderts, war er eine gänzlich moderne Bewegung und unbegreiflich, es sei denn als Kind der allgemein verbreiteten liberalen Tendenzen des ganzen Jahrhunderts und deren doppelter Wirkung auf die Juden: die faktische oder in Aussicht gestellte bürgerliche Emanzipation und die Eingriffe der Säkularisation in alte Formen jüdischen Gemeindelebens und in die Denkweise des einzelnen Juden. Der Zionismus muß aber auch verstanden werden als Reaktion auf die Emanzipation, auf jeden Fall auf ihre Unzulänglichkeit, auf ihre unvorhersehbaren und unerwünschten Folgen und auf die Enttäuschungen, die sie hervorrief. Deutlich muß hier unterschieden werden zwischen den Teilen der Diaspora, in denen eine formale Garantie bürgerlicher Freiheiten und grundsätzliche Gleichheit von Juden und Nicht-Juden herrschte, wenn notwendigerweise auch noch unvollständig, und jenen Teilen, in denen Ungleichheit und Unsicherheit weiterhin die Oberhand behielten.

Die bürgerliche und rechtliche Emanzipation der Juden hatte im letzten Viertel des Jahrhunderts in West- und Mitteleuropa ganz offensichtlich das ›jüdische Problem‹ nicht gelöst – weder für die überzeugten und systematischen Antisemiten noch für die Juden selbst. Das Problem hatte nur noch andere heimtückischere und in mancherlei Hinsicht schmerzhaftere Formen angenommen. Gewiß, die Emanzipation hatte es den Juden erlaubt, ihre Eigenschaften, wie Fleiß, Sparsamkeit und Zähigkeit, einzusetzen und so ihre materiellen Lebensbedingungen in hohem Maße zu verbessern. Sie hungerten nicht. Sie waren nur noch selten, wenn überhaupt, Gegenstand von Verfolgungen durch den Pöbel, in denen die Behörden sie allein ließen. Als Individuen hatten sie im wirtschaftlichen und geistigen Leben an Bedeutung gewonnen. Und wenn auch Reste an Tradition verblieben waren, so wurden doch Äußerlichkeiten wie Kleidung und Wohnung, Beherrschung der angeborenen Sprachen, aber auch die Möglichkeit und das Verlangen nach allgemeiner Bildung und auf der Gegenseite: Verlust des Hebräischen, Rückgang im Beherrschen jüdischer Lerninhalte, schwindendes Interesse an und Respekt vor den Normen der Tradition davon betroffen; es war offensichtlich: das Gesicht des westlichen Judentums hatte sich verändert. Dennoch hätten die Juden, wie Max Nordau dem ersten zionistischen Kongreß (1897) in einer klassischen Analyse ihrer Lebensbedingungen vortrug, den Zweck der Emanzipation mißverstanden – sollte sie doch die formale Ordnung der Gesellschaft mit allgemeinen liberalen Prinzipien in Übereinstimmung bringen – und hätten es auch versäumt einzusehen, daß dadurch die grundlegende Haltung gegenüber den Juden in ihren Exilländern nicht verändert worden ist. Außerdem, sagte Nordau, brach nach

> einem Schlummer von 30 bis 60 Jahren, vor etwa zwei Jahrzehnten, der Antisemitismus in Westeuropa von neuem aus den Tiefen der Volksseele hervor und enthüllte vor dem Auge des entsetzten Juden seine wirkliche Lage, die er nicht gesehen hatte . . . Die Heimat des Ghettos hat er verloren, das Geburtsland versagt sich ihm als Heimat . . .
> Der emanzipierte Jude ist haltlos, unsicher in seinen Beziehungen zu den Nebenmenschen, ängstlich in der Berührung mit Unbekannten, mißtrauisch gegen die geheimen Gefühle selbst der Freunde. Seine besten Kräfte verbraucht er in der Unterdrückung und Ausrottung oder mindestens in der mühsamen Verhüllung seines eigensten Wesens, denn er besorgt, daß dieses Wesen als jüdisch anerkannt werden möchte, und er hat nie das Lustgefühl, sich ganz zu geben, wie er ist, er selbst zu sein, wie in jedem Gedanken und Gefühle, so in jedem Ton der Stimme, in jedem Augenlidschlag, in jedem Fingerspiel. Innerlich wird er verkrüppelt, äußerlich wird er unecht . . . (Nordau, Zionistische Schriften, 1909, S. 50 f.).

Dies waren jedoch die Probleme des Individuums, denen es sich unter der neuen Ordnung (wenn es sie annahm) allein gegenübergestellt sah, wenn auch die Bedeutung, die es zu diesem Zeitpunkt den Problemen beimaß, wesentlich von seiner geistigen Verfassung abhing, aber auch von seiner Sensibilität und seiner Umgebung, in der es lebte oder zu leben wünschte. Offenes Hinter-

*E. M. Liliens Gedächtnisblatt für die Opfer des Kischinew-Massakers im Jahre 1903. Ein Märtyrer, an einen Pfahl gebunden und in einen Gebetsmantel gehüllt, wird von einem Engel, der die Tora-Rolle trägt, empfangen.*

fragen, geschweige denn ein Zurückweisen der nachemanzipatorischen Stellung – sei es aus moralischen Gründen, da sie schmachvoll war, oder aus pragmatischen Gründen, da sie auf einer Illusion beruhte – waren in der Folge daher nicht weitverbreitet. Der Zionismus in seiner westlichen Ausprägung, als Ergebnis gerade jenes Hinterfragens, blieb daher notwendigerweise die Vorstellung einer kleinen, nicht repräsentativen Minderheit. Die offiziellen Führer des westlichen Judentums sahen in ihm eine Untergrabung ihrer Leistungen sowie ihres neuen Status und bekämpften deshalb den Zionismus bei jeder sich bietenden Gelegenheit oder wiesen ihn als Angelegenheit von Sonderlingen und Exzentrikern ab. Vielleicht wäre es dabei geblieben – zumindest bis zum vollen Wiederaufleben des systematischen Antisemitismus in Mittel- und Westeuropa in den dreißiger und vierziger Jahren –, wenn nicht die persönlichen Bedenken und Zweifel der westlichen Zionisten durch das enorme Anwachsen offensichtlicher Mißstände im osteuropäischen Judentum im letzten Viertel des 19. Jahrhunderts verstärkt worden wären.

### Das Dilemma des osteuropäischen Judentums

Dort, im Stammland des Judentums, wo ungefähr dreiviertel von insgesamt 10 oder 11 Millionen Juden lebten, hatte keine bürgerliche Emanzipation stattgefunden und war auch nicht in Aussicht. In Rumänien galten die Juden sogar nicht einmal als Bürger und vollberechtigte Einwohner des Staates. In Rußland und seinem Machtbereich, wo allein die Hälfte aller Juden lebte, verstärkte sich das lang bestehende System an Restriktionen, Ungleichheiten und Demütigungen, unter denen die Juden zu leben hatten, in zunehmendem Maße in Form und Heftigkeit. Bei der Thronbesteigung Alexanders III. (1881) kam es zu offiziell gelenkten Ausschreitungen des Mobs, zu großangelegten Vertreibungen aus den Landgebieten in die Städte, zu Einschränkungen bei der Zulassung zu Schulen und Universitäten und zu anderen Repressalien. Sie ergänzten damit das für fast ganz Rußland geltende Residenzverbot, Berufsbeschränkungen, die Sondersteuern und eine Pro-Kopf-Rate bei der Zwangsaushebung für die Armee, die höher lag als bei anderen ethnischen Gruppen; Restriktionen, die seit einem Jahrhundert in Kraft waren. 1888 stellte eine offizielle russische Untersuchungskommission für jüdische Angelegenheiten fest, daß die Gesetzbücher 650 restriktive Regelungen gegen Juden enthielten. Mit dem Ende des Jahrhunderts war der große Zug des östlichen Judentums in den Westen in vollem Gang. Er sollte die demographischen Verhältnisse der Juden in weniger als einem halben Jahrhundert nachhaltig verändern, und mit ihm schwanden die Hoffnungen derjenigen, die glaubten, Rußland würde – wenn auch langsam – die liberalen Strömungen, die noch in West- und sogar in Mitteleuropa die Regel waren, ebenfalls übernehmen.

Die Feindschaft und Gewalt, mit der sich die Regierung von Zar Alexander III. gegen die Juden richtete, brachten zwei deutliche Ergebnisse: zum einen den Antrieb zur Auswanderung und zum andern ein Gefühl tiefer und unausrottbarer Feindschaft gegen Autokratie. Beiden war eines gemeinsam: Sie riefen Reaktionen hervor, die im Gegensatz standen zu der sonst üblichen stoischen Haltung, mit der bisher die Juden in ihrem jeweiligen Exil den Veränderungen ihrer Lage zum Schlechten hin begegnet waren. Die Weigerung, die neuen Entwicklungen ungeachtet hinzunehmen und zu umgehen, war bezeichnenderweise gerade bei denjenigen am weitesten verbreitet, die wirtschaftlich und sozial am besten ausgerüstet waren, um in Rußland überleben zu können. Insgesamt gesehen waren es die Juden, die bereits mit der Säkularisation oder sogar ›Russifikation‹ sympathisiert hatten. Ihre Hoffnungen hatten sich in höchstem Maße auf ein Rußland gerichtet, in dem sie sich annähernd so behaupten konnten wie Juden im damaligen Deutschland oder Frankreich. Schmerz und Wut waren ihre vorwiegende Reaktion, besonders auf die Pogrome von 1881-84, wie auch auf das ganze Bild, das sich ihnen nun darbot:

> Wenn wir mißhandelt, beraubt, geplündert, geschändet werden [schrieb J. L. Pinsker], dann wagen wir es nicht, uns zu verteidigen, und, was noch schlimmer ist, fast finden wir es so in der Ordnung. Schlägt man uns ins Gesicht, so kühlen wir die brennende Wange mit kaltem Wasser, und hat man uns eine blutige Wunde beigebracht, so legen wir einen Verband an. Werden wir hinausgeworfen aus dem Hause, das wir uns selbst gebaut, so flehen wir demütig um Gnade, und gelingt es uns nicht, das Herz unseres Drängers zu erweichen, so ziehen wir weiter und suchen – ein anderes Exil . . . So weit sind wir gesunken, daß wir fast übermütig werden vor Freude, wenn, wie im Okzident, ein geringer Bruchteil unseres Volkes mit den Nichtjuden gleichgestellt wurde. Wer *gestellt* werden muß, steht bekanntlich schwach auf den Füßen . . .

> Ihr möget euch als noch so treue Patrioten bewähren . . . bis man euch eines schönen Morgens über die Grenze hinauswirft, bis der verflixte Mob euch daran erinnert, daß ihr im Grunde doch nichts als Landstreicher und Parasiten seid, für welche kein Gesetz geschrieben ist. (Autoemanzipation!, 1882/1920, S. 16 f.).

Die klassische Antwort auf die Verfolgung war, sie als naturgegeben hinzunehmen, als Ausdruck des unerforschlichen göttlichen Willens. Der Zionist Pinsker versuchte, das antisemitische Verhalten zu analysieren. Furcht und Haß, die aus ihm entspringen, seien pathologisch, so behauptete er, und so tief verwurzelte Geisteshaltungen seien Argumenten unzugänglich. Juden seien für Nicht-Juden ewige und weltweite Fremde, darin so einzig, daß sie kein eigenes Land besäßen, dem sie entstammten oder zu dem sie zurückkehren könnten. Solch »ein Volk ohne Land ist wie ein Mann ohne Schatten: ein unnatürliches, gespenstisches Ding«. Weitgehend irrelevant sei dieser »Judophobie« die Emanzipation, eine Angelegenheit rechtlicher, aber nicht sozialer Maßnahmen. Außerdem, was als Geschenk gewährt wurde, könnte leicht zurückgenommen werden.

Pinskers Hauptsorge blieben jedoch die Juden selbst. Er griff sie wegen ihrer Ängstlichkeit an und rief sie auf, die Dinge zu sehen, wie sie wirklich sind:

> Wir müssen uns ein für allemal mit der Idee befreunden, daß die anderen Nationen, vermöge eines ihnen innewohnenden, *naturgemäßen* Antagonismus, uns ewig ausstoßen werden. Vor dieser Naturkraft, welche wie jede andere Elementarkraft wirkt, dürfen wir unsere Augen nicht verschließen; wir müssen von ihr Notiz nehmen. (Autoemanzipation!, S. 20).

Daher müssen die Juden aufhören, sich nach anderen umzuschauen, daß sie sie emanzipierten; sie müssen nach Autoemanzipation streben, sie müssen sich selbst befreien, aus eigener Kraft. Sie müssen eine nationale Organisation aufbauen und eine nationale Lösung finden. Ihr Ziel soll ein eigenes Gebiet, eine Heimat, eine *einzige* Zuflucht sein, ein Land, das sie nach politisch verbrieftem Recht betreten können, und in dem sie endlich ihr persönliches und gemeinschaftliches Leben neu gestalten werden können. Es war nicht mehr, als andere Völker auch verlangt und in vielen Fällen auch erhalten hatten – Völker, deren Anspruch auf territoriale und politische Unabhängigkeit nicht größer war als der der Juden. Die Not war dringend. Die westlichen Juden, die alleine frei zum Handeln waren, sollten ohne Zögern die Führung übernehmen.

## Das zionistische Ziel

Viel von der Stärke des Zionismus, bis hin zur erfolgreichen Gründung eines jüdischen Staates im Jahre 1948, lag in der Einfachheit seiner zentralen Zielsetzung. Darin waren programmatisches Ziel und grundlegende Weltanschauung klar und logisch miteinander verbunden. Die Zionisten einte die Überzeugung, daß der Versuch der Assimilation fehlgeschlagen sei – zu Recht; daß die Lebensbedingungen aller Juden – bis auf unbedeutende Teile – moralisch oder materiell oder beides zusammen untragbar seien; daß die Juden für ihre Rettung auf sich und nicht auf andere schauen müßten; daß eine territoriale Lösung anzustreben sei, die sie als eine politische Nation konstituiere; und schließlich, daß das einzige Gebiet für eine Erneuerung jüdischen Lebens und einer jüdischen Gesellschaft nur das angestammte Land Israel sein kann.

In der Praxis war diese Einigkeit durch tiefe Differenzen gekennzeichnet und geschwächt, Differenzen über andere, wenn auch damit verbundene Fragen, unter anderem der Frage nach der Durchführbarkeit angesichts der zur Verfügung stehenden Mittel und schließlich das Problem der Opposition innerhalb und außerhalb des Judentums gegen den Zionismus.

Diese Differenzen spiegeln die große Vielfalt an Bedingungen und Meinungen im Judentum selbst wider: die Umstände der verschiedenen Gemeinden, das Ausmaß an Freiheit, in der Juden öffentliche und politische Funktionen übernehmen konnten, der Grad an Säkularisation, die Haltung gegenüber der orthodoxen Tradition, der Einfluß anderer Ideologien – vornehmlich des Sozialismus –, die auf den ersten Blick nichts mit dem speziellen jüdischen Problem zu tun hatten, und natürlich die Besonderheiten des Temperaments. Der ›politische Zionismus‹, namentlich der, welcher zuerst und vordringlich für die Errichtung eines Staates arbeitete, mit Billigung und in Zusammenarbeit – auf der Basis von Geben und Nehmen – der direkt oder indirekt mit Erez Israel verbundenen Regierungen, wurde zuerst von den freien Juden des Westens gefördert. Der ›praktische Zionismus‹ lief auf eine schrittweise Besiedelung von Erez Israel hinaus, wenn notwendig, auch gegen den Willen der osmanischen Behörden. Er war die Politik, die von den weniger selbstsicheren, weniger zuversichtlichen, weniger freien, mehr ängstlichen, aber dafür geduldigeren Zionisten des Ostens getragen wurde. Ihre trotzige Entschiedenheit, einen vorsichtigen, langen Weg einzuschlagen, zeigte etwas von der klassisch jüdischen Haltung in öffentlichen Fragen. Ausgesprochen religiöse und sozialistische Tendenzen erschienen fast von Beginn an in der zionistischen Bewegung. Sie wurden bald anerkannt und institutionalisiert. Teilweise waren sie die unvermeidbaren Folgen der Überzeugung – die nicht alle teilten –, daß der Territorialstaat ein notwendiges, aber nicht ausreichendes Ziel sei. Fragen, die die Beschaffenheit dieses Staates betrafen, seine letztliche Form und seinen inneren Aufbau, waren nicht nur berechtigt, sondern verlangten eine sofortige Diskussion. Teilweise entstanden die religiösen und sozialistischen Gruppen aus der Diskussion von Themen, auf die die Interims-Politik häufig stieß und in der Orthodoxe wie Sozialisten, je nach Fall, äußerst empfindlich reagierten: Themen wie die Erziehung oder die Terminologie, in der die zionistische Sache der Öffentlichkeit vorgestellt werden sollte oder auch die Verbündeten, die sich die zionistische Bewegung suchen sollte oder die Aufgaben und Organisationen verschiedener Siedlergruppen in Erez Israel. Ja, sogar die Frage von Erez Israel selbst war Diskussionsgegenstand, zumindest bis die Vertreibung der Türken 1917/18 und das britische Versprechen, den Zionismus zu unterstützen (Balfour Deklaration, 1917), den Weg zur politischen Autonomie zu eröffnen schien.

## Erez Israel: Erlösung und Heimkehr

Zu Beginn und in ihrer einfachsten Form reduzierte sich die Frage nach der Haltung der zionistischen Bewegung gegenüber Erez Israel darauf, die Ziele den vorhandenen Möglichkeiten anzupassen. Wenn ein anerkann-

*Der zionistische Traum: Ein Entwurf des russischen Künstlers E. M. Lilien, der an den Fünften Zionistischen Kongreß in Basel erinnert. Ein Engel mit dem Davidsstern auf dem Gewand weist aus dem Land der Bedrückung auf das neue Leben in Arbeit und Freiheit, wo die Sonne aufgeht.*

ter Siedlungsraum im Land sich als unhaltbar erwies, wie es nach wiederholten Versuchen, die Feindschaft der osmanischen Behörden gegen die Bewegung zu mäßigen, doch zu sein schien, war es dann nicht Pflicht, vorübergehende Alternativlösungen anderswo vorzuziehen? Besonders dann, wenn die materiellen Lebensbedingungen der osteuropäischen Juden himmelschreiend waren und die Juden ohnehin in andere Länder strömten. War es dann nicht aufgrund allgemeiner Erwägungen ratsamer, wenigstens in Grundzügen eine jüdische politische Autonomie zu errichten, falls nötig auch außerhalb von Erez Israel, wenn eine der Großmächte selbst aus eigenen Interessen zur Zusammenarbeit mit den Zionisten bereit wäre?

Der Fall trat ein, bald nachdem die Hoffnungen auf eine Änderung der Haltung Istanbuls geschwunden waren und die britische Regierung Theodor Herzl davon unterrichtete, daß sie bereit sei, die Errichtung einer jüdischen Niederlassung mit lokaler Autonomie in Ostafrika zu erwägen.

Den Ostafrika-Plan brachte Herzl 1903 vor den 6. Kongreß, und er wurde Gegenstand erbittertster Diskussionen. Er wurde jedoch ziemlich schnell zugunsten der eindeutigen Forderung für das Land Israel verworfen. Ebenso wurden andere Alternativen entschieden zurückgewiesen. Die Ergebnisse waren einschneidend. Auf kurze Sicht stellte die Entscheidung einen Sieg für den östlichen Flügel des Zionismus (und für seine Vielfalt) dar und kündigte gleichzeitig einen Führungswechsel an sowie eine Verlagerung des Schwerpunktes der Bewegung nach Osten, wo sie eigentlich auch beheimatet war. Nicht oft genug kann betont werden, daß es gerade das osteuropäische Judentum war, hauptsächlich die Juden des zaristischen Rußland und seiner Nachfolgestaaten, das dem Zionismus die stärksten Impulse für sein Selbstverständnis gab, die meisten Anhänger, das größte Energiepotential, das auch die meisten der führenden Persönlichkeiten stellte, viele Ideen lieferte und den besonderen Charakter des Zionismus prägte. Auf lange Sicht jedoch begann mit dieser Entscheidung der Zionisten unbewußtermaßen der Konflikt der Zionisten mit den Arabern und – zu einem gewissen Grad – mit den Muslimen überhaupt. Nicht zuletzt und vielleicht am grundsätzlichsten betraf diese Entscheidung die Selbsteinschätzung und das Ethos des Zionismus als nationaler Bewegung des jüdischen Volkes.

Der Zionismus besitzt keine verbindliche und grundlegende Schrift, die die nachfolgenden Generationen als Leitfaden ständig interpretieren könnten. Es gibt weniger als ein halbes Dutzend an sehr persönlichen, kurzen, meist nicht ehrgeizen Analysen der jüdischen Lage und Entwürfe für ein Programm. Zu den feinsinnigsten und intellektuell brilliantesten sind Moses Hess' *Rom und Jerusalem* (1862) und die ständige Kommentierung der Ereignisse durch Achad Ha-Am in einer Reihe von Essays vom Ende der achtziger bis zu Beginn der zwanziger Jahre zu zählen. Pinskers oben angeführte Broschüre, *Autoemanzipation!* (1882), stellt die bewegendste und vielleicht beste Reflexion der zeitgenössischen Stimmung dar. Am eindeutigsten in seiner politischen Absicht und als Handlungsprogramm mit der größten Auswirkung war Herzls *Der Judenstaat* (1896). Theoretische und programmatische Schriften des Zionismus gab es nur vereinzelt und unzusammenhängend. Dies zeigt auch die Tatsache, daß Herzl bis nach der Veröffentlichung seines eigenen Manifestes und nach seiner Übernahme der Führung der zionistischen Bewegung weder Hess noch Pinsker gelesen hatte. Die offiziellen Beschlüsse – am berühmtesten war das auf dem ersten Zionisten-Kongreß von 1897 verabschiedete Basler Programm – waren als politische Dokumente gedacht, mehr an die Außenwelt gerichtet denn an die eigenen Mitglieder. Sie schauten mit einem Auge auf die Politik und waren daher bedacht formuliert.

So erwähnt das Basler Programm nicht das endgültige Ziel der Bewegung (über das ohnehin keine Einigung bestand), sondern spricht nur vorsichtig davon, daß »der Zionismus . . . für das jüdische Volk die Schaffung einer öffentlich-rechtlich gesicherten Heimstätte in Palastina . . . (erstrebt)«.

Das Fehlen einer umfassenden und systematischen Sozialanalyse, auf die spätere Generationen hätten zurückgreifen können, sowie eine gewiße Ungenauigkeit und Wankelmütigkeit in den Grundsätzen, selbst dort, wo sie klar und absolut zentral für das Unternehmen waren, lassen sich am besten erklären als Folge des deutlichen Gespürs der Zionisten für ihre eigene Schwäche und Isolierung, die zur Überzeugung führte, daß alle Betroffenen nur in ihren kühnsten Hoffnungen einig waren. Deshalb bestand wenig Bedarf oder Nutzen, sich selbst Gefahren auszusetzen. Ganz pragmatische Überlegungen, Überlegungen hinsichtlich der Mittel, weniger hinsichtlich der endgültigen Vorstellungen, beherrschten in diesen Jahren das Denken der einflußreichsten Mitglieder der Bewegung und bestimmten weitgehend ihr Verhalten. Die erstrebten Ziele schienen ihnen so weit entfernt, daß es ihnen immer ein wenig absurd erschien, darauf aufmerksam zu machen. Vielen Mitgliedern, hauptsächlich denen auf der Linken, schienen daneben auch die Wege, denen die Bewegung zwischen dem Tode Herzls und dem Ende des Zweiten Weltkrieges verstärkt ihre Aufmerksamkeit widmete – steter, schrittweiser Aufbau des neuen *Jischuv* (Besiedelung Palästinas) – ungeheure Eigenwerte an sich zu besitzen. Denn damit war die Umwandlung der Juden, ihre ›Normalisierung‹ vor aller Augen in Gang. Das Verkünden endgültiger Ziele und eine übermäßige Diskussion der damit verbundenen Probleme konnten im Gegenteil sogar für entgegengesetzte politische Auswirkungen, sowohl auf den inneren Aufbau und auf die Struktur der Bewegung, als auch auf den Ausgleich zwischen ihr und außenstehenden Gegnern, verantwortlich gemacht werden. Fairerweise sei hinzugefügt, daß es auch immer etliche gab, die anders dachten, solche, die es für vollkommen klug hielten, klar und öffentlich zu erklären, worauf man hinziele und mit wem man zusammenarbeiten wolle. Noch in den dreißiger Jahren, als die Frage, ob man schließlich doch ein Endziel definieren sollte oder nicht, die Bewegung noch immer beschäftigte, faßte eine der kleineren Parteien den Beschluß, sich selbst ›Judenstaatspartei‹ zu nennen. Dies wurde jedoch, richtigerweise, als Akt des Trotzes und der Provokation angesehen. Radikale dieser Art waren immer in der Minderheit, und die gewöhnliche Haltung der Mehrheit, zumindest bis in die vierziger Jahre, war, sich auf beides zu konzentrieren, auf ein Endziel hin und, allgemeiner, auf das Wesentliche der zionistischen Auffassungen und Grundprinzipien, bis die Umstände eine Entscheidung für diesen oder jenen Weg forderten.

Dies geschah z.B. 1903, denn die wirklich grundlegende Streitfrage – die, wenn auch implizit, im Verlauf der Diskussion um den Ost-Afrika-Plan zum Ausbruch kam –, betraf die möglichen und wünschenswerten Beziehungen zwischen Juden und Nicht-Juden. Sie war der Kernpunkt der zeitgenössischen Probleme des Judentums. Die zionistische Haltung zur Durchführbarkeit und Richtigkeit der Integration und Assimilation der Juden als Individuen in die nicht-jüdische Gesellschaft wurde bereits erörtert. Es bleibt die Frage nach dem, was – wenn überhaupt – als Integration (oder Re-Integration) des jüdischen Volkes als ganzem in die Völkergemeinschaft, ihre Bedingungen und Grenzen, bezeichnet werden kann.

Auf der einen Ebene argumentierte die Pro-Ost-Afrika-Fraktion pragmatisch; jene Fraktion, die nach der Entscheidung gegen die Annahme des Projekts (nach dem Tode ihres Hauptbefürworters Herzl [1911], der sich kurz zuvor der Mehrheitsentscheidung gebeugt hatte) ›Territorialisten‹ genannt wurden. Ihre Argumentation war: Erez Israel war für umfangreiche Siedlungen und für eine sich selbstregierende jüdische Gemeinschaft unerreichbar. Dort könne nur eine Rückkehr zu den kleinschrittigen und bescheidenen Zielen des Prä-Herzlschen ›praktischen Zionismus‹ erwartet werden – »Zion ohne Zionismus«, so drückte es ihr Anführer, Israel Zangwill, aus. Besser ein »provisorisches Palästina«, sagte er, als überhaupt keins: »Jedes Gebiet, das jüdisch wäre, unter einer jüdischen Flagge, würde jüdisches Leben und jüdische Seelen retten.«

Es gab jedoch noch eine andere Ebene in der Argumentation. Sie wird bei Zangwill zu Beginn seiner Bemühungen, die ursprüngliche herzl'sche, territorialistische Sicht wieder zur Geltung zu bringen, deutlich:

> Wir nähern uns der Zeit, in der der fromme russische Jude beim Passahmahle sitzt und seine Erlösung aus der Sklaverei feiert . . . Sie hätten vor wenigen Monaten auch unsere Gefangenen im Ansiedlungsrayon sehen können, wie sie ihr Chanukka-Fest, ihren ›Unabhängigkeitstag‹ mit Lob begingen. Diese Ironie, wie die niedergeschlagenen, geduckten Opfer des Ghetto die Siege des Judas Makkabäus feiern. Die armen, friedfertigen Slum-Bewohner, die nie ein Vaterland gekannt, singen Triumphgesänge über die Rückeroberung ihres Heiligen Landes und ihres Tempels aus den Händen der syrischen Griechen vor über zweitausend Jahren! War es nicht höchste Zeit, daß Rip van Winkle aufwachte und sich für die Welt und sich selbst interessierte? Wir haben uns seit zweitausend Jahren noch nicht ein Mal für uns interessiert. Es ist 1835 Jahre her, seit wir unser Vaterland verloren, und die Trauerzeit sollte sowohl zu Ende sein. Wir müssen uns mit unserem Verlust abfinden oder uns bemühen, ihn wieder gut zu machen. Doch die Fähigkeit zu einer klaren Wahl zwischen dem einen oder dem anderen ist dem Juden verlorengegangen.

Es wird deutlich, daß Zangwill nicht das Ende des jüdischen Volkes verfolgte, sondern das Ende der Juden als Sonder-Volk. Wenn Elemente der Vergangenheit ohne übermäßige Schwierigkeiten bewahrt werden können, und vor allem, ohne den Fortschritt in Richtung auf das, was als Befreiung durch Normalisierung bezeichnet werden könnte, zu erschweren, dann mag dies hingehen. Alles aber, was solch einen Fortschritt zu hindern droht, muß über Bord geworfen werden; und dieses Abwerfen alten Balastes könnte mit gutem Gewissen, um nicht zu sagen mit einiger, nicht ungerechtfertigter Erleichterung getan werden.

Erez Israel war jedoch das Zentrum der jüdischen Geschichte und des jüdischen Glaubens. Das Exil ist Verbannung aus diesem Land; in der Tradition bedingen sich Erlösung und Rückkehr; es ist das Band mit dem Land, das, wie vieles andere auch, die jüdische Religion davor bewahrt hat, allzuleicht in die Reihe anderer Glaubensweisen zu fallen, die dann als eine von mehreren Wahlmöglichkeiten den Angehörigen einer modernen liberalen Gesellschaft (außerhalb Israels) offen stand. Ungeachtet der Stichhaltigkeit, die die Argumentation nach ihrer pragmatischen Seite gehabt haben mag, der Verzicht auf Erez Israel, selbst vorübergehend, war völlig richtig als der Schritt verstanden worden, der eine Revolution im jüdischen Leben bedeutet hätte, weit einschneidender als irgendeine der zionistischen Fraktionen es gewünscht hatte. Der Zionismus in seiner modernen Form war revolutionär, aber seine Revolution sollte von begrenztem und genau umschriebenem Ausmaß sein. Die Verbindungen mit der Vergangenheit sollten nicht abgeschnitten, sondern umgestaltet werden.

Achad Ha-Am sprach für die Opposition:

> Vor sieben Jahren [d.h. kurz bevor Herzl auf die Bühne trat] hatten wir ein *Ideal.* Wir wußten schon, daß die . . . Besiedlung des Landes Israel das Problem der auf der Suche nach Brot Herumziehenden nicht lösen würde, und wir wußten (und wir klagten nicht

*1922 wurde von jüdischen Emigranten eine russische Gedächtnisanthologie zu Ehren von Theodor Herzl, der etwa zwanzig Jahre zuvor gestorben war, veröffentlicht. Im Vordergrund seine Schrift* Der Judenstaat *von 1896. Hinter ihm steigen zionistische Pioniere zu einem symbolischen Neuen Jerusalem empor.*

darüber), daß wir im Lande Israel für wer weiß wieviele Generationen kein *neues* Leben im politischen Sinne gewinnen würden. Unser Ideal war jedoch die geistige Erneuerung des Volkes. Als wir die wachsende Uneinigkeit und den geistigen Ruin um uns her sahen, wollten wir sie durch die Errichtung einer nationalen Mitte im Lande Israel bekämpfen, langsam, durch die einfache, aber geordnete Besiedlung, eine Ansiedlung *(Jischuv)* im nationalen Geist, die unserem Volk seine Einheit und sein geschichtliches Band mit der großen Vergangenheit, das am erschlaffen ist, zurückgeben würde ...

Sie hatten gehofft, so erinnert Achad Ha-Am, daß die Türken dem zustimmen würden und es zu diesem Zweck keiner ›Diplomaten aus Wien‹ bedürfe. Aber dann kam Herzl und stellte:

> die Sache der Juden in gänzlich materiellen Begriffen dar und machte das Land Israel zu einem *politischen* Ideal für gegenwärtige Zwecke. Was er euch sagte war: Wollt ihr all euer Elend loswerden? Dann verlaßt die Länder eueres Exils und gründet euern eigenen, autonomen Staat im Lande Israel ...
> Und im Laufe der Zeit hat sich euere Herzensgesinnung gewandelt, ohne daß ihr es bemerktet. Das zionistische Ideal wurde euch zu einem gänzlich politischen. Das moralische und geistige Ideal verblaßte und Zion bedeutete *nur* noch eine Lösung der Judenfrage [als Individuen] ... der *Staat* wurde das Wesentliche. Aber wenn das der Fall war [Herzl hatte Recht], der Staat muß in der Tat ohne Verzug errichtet werden, denn das Exil ist sehr hart geworden und die Kraft, es auszuhalten, ist zu Ende ... [Die Wahrheit ist jedoch, daß] *wir* im Lande Israel nie eine Lösung für unser körperliches Elend gesucht haben und deshalb hatten wir keinen Grund, irgendwo anders hinzugehen. Was *wir* im Lande Israel suchen, kann sonst nirgendwo gefunden werden.

Zangwills Territorialismus brachte keinen großen Fortschritt, ebensowenig Achad Ha-Ams Vorstellung von einer kleinen, idealen Gesellschaft mit Modellcharakter, einem ›geistigen Zentrum‹ für das Judentum, das eine auseinanderfallende Diaspora geistig erneuern, erbauen und zusammenhalten sollte. Vielmehr hielten die Zionisten in ihrer großen Mehrheit an beidem fest, am territorialistischen Prinzip, wonach der Staat das bewältigen sollte, was Achad Ha-Am als ›körperliches Elend‹ der Juden abzutun geneigt war, und an dem Prinzip Achad Ha-Ams, die geistige und soziale Erneuerung des jüdischen Volkes zu betreiben, und zwar – wenn auch selektiv – mit Hilfe des reichen Schatzes an nationaler Geschichte und Kultur. Sie weigerten sich, nach und nach, Zangwills Rat zu folgen, und »klar ... zwischen der einen oder anderen Alternative zu wählen«. Und seitdem konnte auf viele Jahre hinaus in der Praxis kein politischer Fortschritt gemacht werden. Alles, was die Bewegung beschäftigen sollte, wenn sie nicht in Untätigkeit und Gleichgültigkeit verfallen wollte, war der Aufbau einer kleinen und in mancherlei Hinsicht besseren Gemeinschaft in Erez Israel, in der viele Elemente, die Achad Ha-Am für sein ›Zentrum‹ vorsah, vorzufinden oder im Entstehen waren.

### Der Weltkrieg und die Zeit danach

Äußere Umstände ermutigten zunächst, nötigten dann aber im weiteren Verlauf der Zeit die Zionisten, in vollem Maß zur politischen Aktion zurückzukehren. Die große Umwälzung, die der Ausbruch des Ersten Weltkrieges 1914 heraufbeschwor, ließ auch die Aussicht (und dann Wirklichkeit) auf eine neue Herrschaft über Erez Israel entstehen. Für die damaligen Führer war darum auch die Unterstützung selbst durch eine so schwache und zerstreute Macht, wie sie die Juden aufbringen konnten (oder deren man sie für fähig hielt) von Wert. Diese Umwälzung schloß auch den Prozeß ab, in dem die Auswanderung von Ost- nach Westeuropa, nach Nordamerika und sonstwohin zu ihrem Ende kam. Sie brachte die Verfolgung der Juden, hauptsächlich im gerade unabhängigen Polen und in der Ukraine, deren Unabhängigkeit kurz bevorstand, auf einen noch nicht dagewesenen Höhepunkt an Toten, an Unrecht, an Demütigungen und an bitterer Not. Britische imperiale Interessen, ein erfolgreicher Wiederauftritt der Zionisten auf der internationalen Bühne, unter Führung von Weizmann, größere Anerkennung – gleichermaßen durch Juden wie durch Nicht-Juden – der verzweifelten Not der Juden und des Zionismus als Möglichkeit, diese zu bekämpfen – all dies zusammen gab der zionistischen Bewegung neues Leben sowie erneute Hoffnungen und – zum ersten Mal offiziellen internationalen Status. Die Erklärung der britischen Regierung aus dem Krieg, »die Schaffung einer nationalen Heimstätte in Palästina für das jüdische Volk« zu begünstigen, wurde unter der neuen Weltordnung als Bestandteil in das Völkerbund-Mandat eingearbeitet. Großbritannien genoß es, dies nun zu verwirklichen; die »historische Bindung des jüdischen Volkes an Palästina und ... die Gründe für die Wiedererrichtung ihrer nationalen Heimstatt in diesem Land« wurden ausdrücklich anerkannt, ebenso die zionistische Organisation als die dafür »geeignete jüdische Vertretung ... zum Zwecke der Beratung und der Zusammenarbeit mit der Verwaltung Palästinas«.

Der Weltkrieg war zu Ende, Palästina sichergestellt,

jedoch der Wert der Juden schwand in den Augen der britischen Politik, während der der Araber anwuchs. Seither, nach anfänglichem Zögern, schickten die arabischen Führer ihre Völker auf den Weg einer grundlegenden Feindschaft mit den Zionisten – und mit den Juden überhaupt –, eine Position, von der ihre Nachfolger bis heute nicht so wirklich abgewichen sind. Die zionistische Bewegung fand sich dann bald in einen Dreiecks-Konflikt mit dem imperialen Großbritannien und den arabischen Nachbarn gleichermaßen. Alle drei Seiten kennzeichnete ein ständiges Anwachsen an emotionalen und gewalttätigen Aktionen. Eine Zeitlang lag dennoch, was die Zionisten betraf, der Angelpunkt dieses Konfliktes in den jüdisch-britischen Beziehungen. Anfangs wegen der Hoffnung, das Nachlassen der britischen Unterstützung könne aufgehalten werden; dann, weil Großbritannien, obwohl es eigentlich das Mandat zurückgewiesen und sich zu Beginn des Zweiten Weltkrieges der arabischen Sache zugewandt hatte, Palästina doch nicht verließ. Das endgültige Schicksal des Landes schien immer noch in seinen Händen; es war Großbritannien, das entscheiden konnte, ob Erez Israel Zuflucht für die sein sollte, denen noch die Flucht aus dem Schlachthaus im Kriegs-Europa gelingen konnte. Als dann im weiteren Verlauf die Rücksicht auf die arabische Meinung Großbritanniens dazu führte, allen Juden – bis auf eine Handvoll –, den Zugang zum einzigen Land zu verweigern, das sie noch willkommen geheißen hätte, und damit ungezählt Abertausende zum Tode verurteilt wurden, zerfiel auch noch der letzte Rest des ursprünglichen Vertrauens und des gegenseitigen jüdisch-britischen Interesses vollends zu Staub. Die Juden standen dann in der letzten und sich dahinziehenden Krise zwischen Kriegsende und der Proklamation des Staates Israel im Mai 1948 in jeglicher Hinsicht allein. Unter Ben-Gurion waren sie zu einer klaren politischen Taktik im Sinne Herzls zurückgekehrt, angetrieben durch ein weitaus größeres, elementares Elend, als es sich weder Herzl noch Zangwill je hätten vorstellen können. Sie bauten dabei hauptsächlich auf die militärischen und ökonomischen Mittel, die die immer noch kleine, immer noch sehr ausgewählte und irgendwie doch ›Achad Ha-Amsche‹ Siedlergruppe selbst aufbringen konnte.

## Der Staat Israel

Die Wiedererlangung politischer Rechte über Erez Israel, achtzehn Jahrhunderte nachdem die letzten Reste jüdischer Autonomie von den Römern ausgelöscht worden waren, muß sicher als überwältigende Leistung eingeschätzt werden. Der Erfolg der Zionisten, zu ihrem Ziel gekommen zu sein, muß auch an ihrer kleinen Zahl, ihren absolut begrenzten Mitteln und an den Mächten gemessen werden, die gegen sie gerichtet waren: Großbritannien, als die immer noch beherrschende Macht des Mittleren Ostens, seine arabischen Verbündeten und Anhänger und, zu einem Großteil dieser britischen Zeit, wenn auch nicht beharrlich, die Vereinigten Staaten. Die Ablehnung der jüdischen Sache hat verschiedene Ursachen, manche davon sind atavistisch und häßlich, andere gefühllos, und einige – in der Form vorgetragen, mit der Staatsmänner neigen, ihre Aufgabe zu begreifen – auffallend rational und in ihrer Art wohlgemeint. Wesentlich war auf allen Ebenen und für alle Beteiligten aber die Vorstellung, daß es da überhaupt einen jüdischen Staat gab. Einigen schien dies ein Unternehmen zu sein, das an sich schon unglaublich war, wenn nicht sogar verwerflich. Andere dachten, es berge unkalkulierbare und unsagbare Gefahren in sich. Wiederum andere beurteilten es (und urteilen immer noch so) als im Widerspruch zu den Grundlehren der (christlichen und islamischen) Religion. Wie immer auch das Argument aussah, seine Gegner betrachteten das Unternehmen (und tun noch immer so) als etwas, das energisch und mit allen zur Verfügung stehenden politischen und militärischen Mitteln zu bekämpfen sei. Bei so vielen feindlichen Mächten um sich her und eingedenk der massiven Warnungen des amerikanischen Außenministers vor einer Proklamation des Staates Israel, waren dann auch nicht alle Mitglieder der innersten zionistischen Führung 1948 geneigt, mit ganzem Herzen solch eine folgenschwere und nicht mehr rückgängig zu machende Entscheidung zu unterstützen. Am Ende war es dann doch aus diesem Gefühl historischer Verantwortung und der Überzeugung, der 14. Mai 1948 stelle eine nicht mehr wiederkehrende Gelegenheit dar, daß sie sich gezwungen sahen, dem Beispiel einiger unerschrockener Geister zu folgen und ins Ungewisse zu springen.

Der Staat, den die Zionisten gründeten, trägt die Zeichen seiner Geburt. Er ist ein isolierter Staat und steht in ständigem Konflikt mit seinen Nachbarn. Er ist ohne natürliche oder formelle Verbündete und sieht sich gezwungen, aus jeglicher Zusammenarbeit, die er international findet, das Beste zu machen. Einiges von dieser Zusammenarbeit verging, anderes hielt sich beständig, doch keine erwies sich als voll verläßlich, am allerwenigsten in Zeiten der Not. Er war deshalb (wie vielleicht kein anderer moderner Staat bisher) auf seine eigenen Mittel angewiesen und stützt sich in hohem Maß auf die Treue und die Unterstützung der übrigen jüdischen Gemeinschaften. So wird darauf verwiesen, daß in diesem jüdischen Staat einige jener alten, besonderen und ungewöhnlichen Eigenschaften des jüdischen Volkes weiter fortbestehen. Die Wahrheit, die in dieser Sicht liegen mag, muß eingeschränkt werden durch den ungeheuer wichtigen Vorbehalt, daß das wesentliche Grundprinzip des Zionismus, daß die Juden Verantwortung für ihr eigenes Leben und Geschick übernehmen, sich selbst gestalten und organisieren sollen, um diese Verantwortung ganz auf sich zu nehmen, ist verwirklicht worden, jedenfalls von den Juden, die gewählt haben, im jüdischen Staat zu leben. Obwohl Israel als Zuflucht dient, wozu es immer auch schon dienen sollte, wohin sich alle Juden rechtens wenden können, um dort als freie Männer und Frauen zu leben, bleibt dennoch ein Rest: es ist ein Land, das noch immer nicht den absolut sicheren und geschützten Hafen bieten kann, den seine Gründerväter ursprünglich im Sinn hatten.

Denen aber, die in Not und auf der Flucht sind, kann er dennoch eine Menge bieten. Die große Einwanderungswelle (über 300000 Ende 1949), die auf dem Höhepunkt des ersten jüdisch-arabischen Krieges, dem Unabhängigkeitskrieg, im Mai 1948 einsetzte, war ein deutlicher Beweis für solch eine Notlage und für die Fähigkeit Israels, ihr zu begegnen. Spätere Einwanderungswellen folgten, vor allem Juden aus islamischen Ländern und aus der Sowjetunion. Die Tür steht immer offen: aus Prinzip und per Gesetz und, dies sei hinzugefügt, aus Notwendigkeit. Israels kleine Bevölkerung (3 Millionen Juden, eine halbe Million andere, meist Araber) setzt seiner ökonomischen und militärischen Lebensfähigkeit enge Grenzen und, mit der ungeheuer großen Bevölkerungszahlen seiner engsten Nachbarn (70 Millionen in Ägypten, Syrien, Irak, Jordanien, Libanon und Saudi-Arabien) verglichen, ermuntert dies seine Feinde und entmutigt seine Freunde. Über jeder Überlegung der zionistischen Bewegung schwebt deshalb heute, drei Jahrzehnte nach Erreichen ihres eigentlichen Ziels, ständig die Frage, warum die Masse der Juden es nicht für angebracht hält, sich dem jüdischen Staat anzuschließen. Anders formuliert: Welche Bedeutung hat der Zionismus – und in der Tat Israel – für die Juden der Diaspora? Wie auch immer, beides führt zu dem, was sicherlich die Kernfrage des gegenwärtigen jüdischen Lebens, in Israel selbst und außerhalb, ist: das Verhältnis zwischen den Juden der Diaspora und den Juden des jüdischen Staates.

## Diaspora – heute

Es ist zu bedenken, daß die zionistische Bewegung in einem ihrer grundlegenden Punkte von den Ereignissen selbst eingeholt wurde. Das osteuropäische Judentum (ca. 3 Millionen) war durch seine abgeschnittene Lage im kommunistischen Rußland für alle weiteren praktischen Ziele fast ausgeschlossen. Es war dann dem grausamen Vernichtungsfeldzug der Deutschen im Zweiten Weltkrieg ausgesetzt. Der jüdische Staat kam daher gerade für diese Gruppe – bis auf einen Bruchteil – zu spät; gerade für diejenigen, für die er doch gedacht war, der ihrer Kultur, ihrem inneren sozialen Gefüge, dem weitgehenden Fehlen assimilatorischer Tendenzen unter ihnen, ihrer politischen und nationalen Überzeugung und ihrer Not am besten entsprach. Die gegenwärtige Diaspora besteht zum größten Teil aus einer anderen, auch anders strukturierten Schicht, deren Einstellung zu der jüdischen Nationalbewegung notwendigerweise von ganz anderen Prämissen ausgeht. Es sind vor allem die Juden Nordamerikas und Westeuropas (die folgenden Bemerkungen sind nur für sie gültig; für diejenigen aus der Sowjetunion und Lateinamerika gelten andere Bedingungen), die in den vollen Genuß der Emanzipation gekommen sind und daher im allgemeinen davon ausgehen, daß es bei ihnen als Individuen liegt, den Charakter und den Grad ihrer Verpflichtung gegenüber jüdischen Gemeindebelangen und um so mehr gegenüber den nationalen Belangen zu bestimmen. Entsprechend neigt das eigentliche Anliegen des Zionismus in ihren Augen dazu, lediglich als freie, ideologische Frage zu erscheinen und – dann vielleicht zwangsläufig – nur für eine Minderheit von wirklichem und praktischem Interesse zu sein. Es gibt zwar einen stetigen kleinen Strom von Einwanderern nach Israel aus den westlichen Ländern; aber, im großen und ganzen, ist das demographische Gleichgewicht zwischen den beiden großen Blöcken des modernen Judentums stabil, zumindest zur Zeit.

Was ist nun mit all den sogenannten Zionisten, die ihren Wohnsitz in der Diaspora beibehalten und gegenüber ihren Aufenthaltsländern politisch loyal sind? Nimmt man die klassische und grundlegende zionistische Ablehnung des Diaspora-Exils zugunsten einer politisch autonomen jüdischen Gesellschaft, so ist jetzt, da der Staat besteht und seine Tore offen stehen, nicht länger mehr eindeutig, was den Zionismus der Diaspora ausmacht, was ihn, wenn überhaupt, von jener undifferenzierten Sympathie und Unterstützung für Israel unterscheidet, die für die überwältigende Mehrheit der Juden im Westen charakteristisch ist, ungeachtet ihrer persönlichen Bindungen. Während der Zionismus bis zum Ende des Zweiten Weltkrieges und sogar noch bis 1948 eine Minderheitenpartei im Judentum war, so könnte jetzt gesagt werden, daß die meisten, die sich heute mit dem Judentum identifizieren, in einem gewissen, wenn auch eingeschränkten Sinne, Zionisten sind. Die Folge des ausgedehnten Konflikts, in den Israel verwickelt ist, und in Anbetracht seines vorwiegend ethnisch-religiösen Charakters sowie des Vertrauens Israels auf die freien jüdischen Gemeinden mit ihrer politischen, aber auch finanziellen Hilfe, war, daß die Juden der Diaspora immer mehr in die politischen Angelegenheiten Israels einbezogen – bzw. verwickelt wurden, wie andere dies nennen mögen. Auf diese oder jene Weise hat der Krieg zwischen Israel und den arabischen Staaten zunehmend die Züge eines Konfliktes angenommen, in dem Israel nicht für sich selbst kämpft, sondern auch für und mit dem jüdischen Volk als Ganzem. Gerade dies gibt dem Problem der Beziehung zwischen Israel und der Diaspora seine besondere Dringlichkeit und Schärfe. Denn je enger die Diaspora mit den israelitischen Vorgängen verknüpft ist, um so stärker wächst die Notwendigkeit zur Rücksprache und – wo möglich – zur Zusammenarbeit in den Auffassungen und der Politik. Während jedoch Israel eine Regierung hat, hat die Diaspora keine. Politisch war sie lange Zeit, und wird es auch noch bleiben, ohne Rückgrat. Wer spricht für sie? Wer ist berechtigt für sie zu entscheiden? Die jeweils kommunalen Körperschaften, ganz gleich wie einflußreich und groß sie sind, besitzen nur ein unbestimmtes moralisches Ansehen, das dann am überzeugendsten zum Ausdruck kommt, wenn es sich um bloße Anliegen der Gemeinde handelt. Was ist aber mit der Minderheit, die zwar Israel nicht ablehnt, aber doch einiges an seiner Politik? Oder was ist mit denen, die noch weitergehen und sich von einem Israel lossagen wollen, das nicht nur in einen Konflikt mit den Arabern und der Sowjetunion verstrickt ist, sondern auch – wenn auch weniger feindlich – mit Regierungen einiger westlicher Staaten, in denen es große und wohlhabende jüdische Gemeinden gibt? Wäre es unter diesen Umständen nicht Rechtens, von der israelischen Regierung zu fordern, seine politischen Entscheidungen nicht nur im Hinblick auf die Interessen des jüdischen Staates zu treffen und auszuführen, sondern auch im Hinblick auf die Interessen und Belange der jüdischen Gemeinschaften außerhalb Israels? Würde dann nicht für die Führer des Diaspora-Judentums – sofern solche benannt werden können – der Fall eintreten, sich aktiv am israelischen Entscheidungsprozeß zu beteiligen?

Für keine dieser Fragen stehen einfache und klare Antworten in Aussicht. Die institutionellen und rechtlichen Hindernisse bei der Schaffung eines solchen formalen und verbindenden Systems politischer Koordination sind auf beiden Seiten beträchtlich und das Meinungsbild steht ungünstig. Dennoch, die Probleme, die sich aus der engen gegenseitigen Verwiesenheit der Juden Israels und der Juden der Diaspora ergeben, bleiben weiter bestehen. Sie sind das Ergebnis der Neuerrichtung eines jüdischen Staates und können als Beleg dafür gelten, daß die zionistische Revolution, wie alle großen Revolutionen, weitergeht, lange nachdem das Ereignis, das sie einläutete, vergangen ist.

Was ist mit Israel selbst? Wenn nach endgültiger Analyse die Hoffnungen und Schicksale des jüdischen Volkes von diesem kleinen und gefährdeten Gebilde abhängig sind – denn gegen ihn ist der ganze Druck aller gegen Juden gerichteten politischen, sozialen und religiösen Kräfte gerichtet –, dann hat dessen eigene soziale

Evolution äußerst weitreichende Auswirkungen auf das Weltjudentum und vielleicht letztlich auf das Wesen des Judentums (als Glaubenssystem) selbst.

Während die dramatischste Wirkung Israels auf die Diaspora gewissermaßen von der Errichtung des Staates als solchem selbst ausging, spiegelt Israels eigene Gesellschaft die Meinungsverschiedenheiten, wenn nicht die Zweifel wider, die der zionistischen Bewegung seit ihren frühesten Tagen bezüglich der Frage der Gestaltung ihrer künftigen Gesellschaft eigneten. Die große Entscheidung stellte sicher, daß das jüdische Risorgimento in Liebe zurückblicken und nicht nur in Hoffnung vorwärts schauen konnte, garantierte aber für keinen einheitlichen Antwortenkatalog. Sie garantierte, daß, sobald der Staat zu existieren anfing, die Kontraste der Meinungen deutlicher werden würden. Denn zuallererst gibt es ein Empfinden dafür, daß ein jüdischer Staat nicht nur allen Formen privaten und gemeinschaftlichen Lebens, die sich seit der Emanzipation entwickelt haben, zuwiderlaufen muß, sondern viel tiefer, auch den Normen und Praktiken des Judentums, wie sie sich seit der Zerstörung des Zweiten Tempels herausgebildet haben. Das Exil war das charakteristische Zeichen der Juden. Ihre religiösen Bräuche und Grundsätze, die Formen ihrer Gemeindeverwaltung, die Quellen für die Autorität ihrer Führer, ihre Grundeinstellungen untereinander und den Nicht-Juden gegenüber, ihre eigenen Hoffnungen und Ängste, ihr persönliches Glück und Unglück, ihre Berufe – all dies und weit mehr war vom Exil und seinen Begleiterscheinungen, dem Status einer Minorität und dem Fehlen von politischer Autonomie geprägt. Wie gut kann, was aus dem Exil heraus sich entwickelte, oder ausgesprochen dazu gedacht war, die Juden als ›Landlose‹, ›politiklose‹ Nation zu erhalten, nun unter gegensätzlichen Bedingungen zum Gelingen gebracht werden? Kann es überhaupt zu einem Anfang kommen? Fragen religiöser Observanz und ihre Vereinbarkeit mit, beispielsweise, den technischen Anforderungen einer modernen Industrie, Landwirtschaft und Verwaltung sind ständig Gegenstand von Diskussionen. Denen, die selbst die Gesetze einhalten, ist es undenkbar, daß die Vorschriften der jüdischen Religion in einem und durch einen jüdischen Staat keine angemessene Achtung finden. Meinungsverschiedenheiten über Fragen der Erziehung, über die persönlichen Rechte, über die Rolle und Stellung von Nicht-Juden in einem jüdischen Staat und in einer vorwiegend jüdischen Gesellschaft – Sachverhalte, die von den Grundbegriffen des jüdischen Glaubens direkt berührt werden – können kaum einer Lösung zugeführt werden. Der Zionismus, das unzufriedene Kind des Liberalismus des späten 19. Jahrhunderts, und der Zionismus als Nationalbewegung eines alten rebellierenden Volkes stehen im Konflikt miteinander. Und da dies so ist, kann kein vernünftiger und informierter Beobachter glauben, eine Lösung könne in absehbarer Zukunft gefunden werden. Auch kann nicht vorhergesehen werden, wie diese Lösung beschaffen sein könnte. Was aber gesagt werden kann ist, daß angesichts der allgemeinen Tendenz, einen Zusammenstoß zu vermeiden, der ernst genug sein könnte, das Land auf Dauer zu spalten, eine langsame, stets fluktuierende Bewegung in Richtung einer Synthese sich wohl durchsetzen wird, aus der Israel als eine in gewisser Weise traditionellere Gesellschaft hervorgehen wird, traditioneller als sie in ihren früheren Jahren erschien. Die Orthodoxie wird dabei aber durch die Umstände wohl gezwungen werden, mit ihren eigenen äußerst langsamen und mühsamen Methoden Anpassungen an die Staatsgewalt zu vollziehen. Für diesen Fall wird die Wirkung auf das Diaspora-Judentum sehr tiefgreifend sein. Denn die jüdische Gesellschaft der Diaspora ist, anders als Israel, weitgehend noch durch die Grundbegriffe des jüdischen Lebens und den religiösen Zusammenhalt gekennzeichnet, wie dünn gestreut sie in weiten Gebieten des Westens auch geworden sein mag. Daher besteht die Wahrscheinlichkeit, daß auf einer gewissen Ebene die religiöse Observanz dort, wo sie überhaupt noch eine Rolle spielt, langsam strenger zu werden verspricht. Dafür gibt es bereits Anzeichen. Auf einer anderen, tieferen Ebene wird das Wiederauftreten des Judentums als dominanter Religion und Kultur eines unabhängigen Staates und deren Neuinterpretation und Anpassung an diesen grundlegenden Sachverhalt zu einer parallelen Änderung im Ausland führen. Einige werden diese Möglichkeit sogleich zurückweisen, wie einige bereits, aus theologischen Gründen, den von Menschen gegründeten Staat zurückgewiesen haben. Aber die Eigenart des Judentums ermutigt kein Schisma, wenn auch nur, weil eine Trennungslinie zwischen Judentum als bürgerlicher Gesellschaft und Judentum als religiöser Gemeinschaft fehlt. Und das Land Israel besitzt zu große Bedeutung für die religiösen Vorstellungen, als daß Ereignisse, die sich in ihm abspielen, speziell auf diesem Gebiet, mit einem Achselzucken abgetan werden könnten. Und schließlich: wenn die Entwicklung in dieser Weise abläuft, würde sie in eine Richtung gehen, die insgesamt gesehen den religiösen Gemeinden der Diaspora angemessen wäre, für die die religiöse Praxis in einer modernen Gesellschaft in gewisser Weise ein gleichermaßen brennendes Problem ist.

Ganz bestimmt aber wird das Entstehen einer authentischen und autonomen jüdischen Gesellschaft seine tiefgehendste Wirkung – abgesehen von der erwähnten politischen Verwicklung – auf das Denken jener Juden haben, jener wirklich spätgeborenen Kinder der Emanzipation, deren ethische und politische Grundanschauungen zuallererst aus säkularen, nicht-jüdischen Quellen stammen. Sie sind typischerweise gebildete, der Mittelschicht angehörende und liberal denkende Männer und Frauen, mit gutem Willen und Absichten. Es ist das eine große alte Problem, das Israel auch für sie darstellt – die Frage muß offen bleiben, ob sie selbst es in dieser Begrifflichkeit sehen –: das Problem von der Vereinbarkeit ethischer Gebote und politischer Imperative. Wo diese beiden Seiten in der Vergangenheit im Konflikt miteinander lagen, da neigte der liberale, säkularisierte Jude typischerweise zu solchen Lösungen, die der persönlichen Moral gerecht wurden. So konnte der Jude, selbst in der freiesten und pluralistischsten Gesellschaft bei Entscheidungen über öffentliche Belange, die er nicht billigte, immer wählen, abseits zu stehen und bewahrte damit ohne übertriebene Beunruhigung seine moralische Integrität. Der jüdische Staat ist daher für einige Juden eine Last. Für andere ist die Freiheit zu großen und schweren Entscheidungen aufregend. Das Jahr 1948 ist sicherlich einer der großen Meilensteine in der Geschichte der Juden. Der Glaube der Zionisten, daß es in ihrer Macht stehe, die Strukturen des jüdischen Lebens zu verändern, wurde Realität. Dennoch ist es natürlich noch verfrüht, die wahrscheinliche Struktur und den Gehalt des Judentums auf dem Höhepunkt dieses Prozesses zu umreißen. In der Zwischenzeit kann von anderen der Versuch beobachtet werden, mit einem möglichst großen Anteil des Erbes eines Volkes einen modernen Staat aufzubauen und eine alte Kultur den Erfordernissen der Moderne anzugleichen.

# Zeittafel

*Die meisten Ereignisse der jüdischen Geschichte vor dem Jahr 1000 v. Chr. können zeitlich nur ungefähr eingeordnet werden. Die Wanderung des Jakob und das Zeitalter der Patriarchen gehören, wenn man sie als historisch gegeben annimmt, zur ersten Hälfte des 2. Jahrtausends. Der Exodus, außerhalb der Bibel nicht dokumentiert, wird gewöhn.ich der Regierungszeit Ramses II., 1292 - 1225 v. Chr., zugeordnet. Die Herrschaft der Richter muß zwischen dem 12. und dem 11. Jahrhundert gelegen haben. Gegen Ende dieser Periode erreichen wir die ersten zeitlich einigermaßen sicher feststehenden Ereignisse: die Regierungszeit von Saul, 1030 - 1011 v. Chr.*

**v. CHR.**

**1000** 1000 - 960 David
960 - 922 Salomo
922 Reichsteilung in die Königreiche Juda und Israel
**900** 859 - 24 Salmanassar III. König von Assyrien
**800** 744 - 727 Tiglath-Pileser III. König von Assyrien
722 Fall Samarias durch Assyrien
Ende des Nordreiches Israel
**700** 611 Babylonier und Meder erobern Ninive (Ende des assyrischen Reiches)
**600** 609 Schlacht bei Megiddo
586 Nebukadnezar erobert Jerusalem und zerstört den 1. Tempel.
Babylonisches Exil. Zeit Jesajas und Ezechiels.
538 Der Perser Kyros nimmt Babylon ein. Rückwanderung aus dem Exil.
Vermutlich Endredaktion des Pentateuch.
**500** 445 Nehemia
420 Esra. Anfänge der mündlichen Tora (?)
**400** 323 Tod Alexanders des Großen
320 Ptolemäus dringt nach Palästina vor.
**300** 301 Schlacht bei Ipsus
Palästina im Widerstreit von Seleukiden und Ptolemäern
**200** 199 Palästina unter seleukidischer Herrschaft
190 - 188 Antiochus III. (Seleucis) von Rom geschlagen
165 - 160 Makkabäueraufstand unter Juda Makkabäus. Bündnis mit Rom
142 Errichtung des hasmonäischen Königtums. Simon Alexander Jannai
135 - 104 Johannes Hyrkanus
**100** 67 Bürgerkrieg zwischen Hyrkanus II. und Aristobulos
63 Hasmonäisches Königreich unter römischer Kontrolle
40 - 04 Herodes König von Judäa

**CHRISTI GEBURT**

6 Römischer Prokurator für Judäa
ca. 20 - 50 Philo von Alexandria, Philosoph
Schammai und Hillel, Gründer der nach ihnen benannten Schulen (Häuser)
Tannaitische Zeit
50 Gamliel der Ältere, vielleicht Sohn oder Enkel Hillels
66 - 70 Jüdischer Krieg gegen Rom. Zerstörung des 2. Tempels
Exilarchat in Babylonien
ca. 135 Neuordnung des Patriarchats
Jochanan ben Sakkai gründet das Lehrhaus in Javne
Erster Patriarch Gamliel II.
**100** 132 Bar Kochba Aufstand
**200** 170 - 210 Rabbi Juda ha-Nasi, Patriarch, Redaktor der Mischna
Abschluß der Mischna und des Hagiographen-Kanons
Amoräische Zeit
Baylonische Talmudakademien
**300** 306 - 337 Kaiser Konstantin I., Beginn christlicher „Judengesetzgebung“
**400** Abschluß des Palästinensischen Talmud
**500** Abschluß des Babylonischen Talmud
**600** 612 Beginn der Judenverfolgungen im Westgotischen Spanien
636 Jerusalem von den Muslimen erobert
**700** 711 Arabische Eroberung Spaniens
**800** 882 - 942 Sa'adja Gaon, Philosoph
**900** 969 Ägypten und Palästina unter Fatimiden-Herrschaft
**1000** ca. 1021/22 - ca. 1057 (vielleicht 1070) Salomo ibn Gabirol, Dichter und Philosoph
1040 - 1105 Raschi, Bibel- und Talmudkommentator
1080 - 1141 (?) Jehuda ha-Levi, Dichter und Philosoph
1096 Erster Kreuzzug, Judenmassaker in vielen Ländern
**1100** 1135 - 1204 Moses Maimonides, Philosoph und Rechtsgelehrter
**1200** ca. 1207 Ende der gaonäischen Epoche und der babylonischen Talmudakademien. Erlöschen der babylonisch-jüdischen Herrschaft
1270 Entstehung des Sohar, Kabbala
1290 Vertreibung der Juden aus England
**1300** 1306 - 1315 Vertreibung der Juden aus Frankreich
1348 Pest in Europa, Judenverfolgungen in vielen Ländern
1391 Judenpogrome in Spanien
**1400** 1453 Fall Konstantinopels durch die Osmanen
1492 Vertreibung der Juden aus Spanien
1497 - 1507 Vertreibung der Juden aus Portugal
**1500** 1516 Erstes Getto in Venedig
1525 Bombergs Rabbinerbibel
1534 - 1572 Isaak Luria, Kabbalist in Safed
**1600** 1626 - 1676 Sabbatai Zwi, Pseudomessias
1632 - 1677 Spinoza, Philosoph
1648 Chmielnicki Massaker in Polen
1656 Rückkehr der Juden nach England
**1700** 1729 - 1786 Moses Mendelssohn, Philosoph
1735 Entstehung des Chasidismus, Israel Ba'al Schem Tov
1781 C.W. Dohms: *Über die bürgerliche Verbesserung der Juden*
1782 Das Toleranzpatent Josephs II.
1790 - 1791 Emanzipation der Juden in Frankreich
**1800** 1807 Napoleons Großes Synhedrion
1808 Napoleons „Schändlicher Dekret“
1858 Erstes jüdisches Parlamentsmitglied im britischen Unterhaus
1860 Gründung der Alliance Israëlite Universelle
1860 - 1904 Theodor Herzl (*Der Judenstaat,* 1896)
1881 - 1884 Pogrome in Rußland, Pinskers: *Autoemanzipation,* 1882
1894 - 1908 Dreyfus-Affäre
1897 Erster Zionistenkongreß
**1900** 1917 Balfour Deklaration
1939 - 1945 Zweiter Weltkrieg. Judenvernichtung durch die Nazis
1948 Gründung des Staates Israel

# Ausgewählte Bibliographie


**Allgemein**

*Encyclopaedia Judaica* (Jerusalem, 1972)
Baron, S. W. *A Social and Religious History of the Jews* (2. ed.; Philadelphia, 1957–67)
Ben-Sassen, H.H. *Geschichte des jüdischen Volkes* (München, 1978–79)
Dubnow, S. *Weltgeschichte des jüdischen Volkes* (in 10 Bd.; Berlin, 1928)
Finkelstein, L. (Hg.) *The Jews: Their History, Culture and Religion* (Philadelphia, 1960)
Maier, I. *Das Judentum* (München, 1973)
Netanyahu, B., etc. (Hg.) *The World History of the Jewish People* (First Series: London, Ramat-Gan, 1964–77; Second Series: London, Ramat-Gan, 1966–76)

**1 Das vorexilische Judentum**

Alt, A. *Der Gott der Väter* in: *Kleine Schriften zur Geschichte des Volkes Israel* (München, 1959)
Bright, I. *Geschichte Israels* (Düsseldorf, 1966)
Fohrer, G. *Geschichte der israelitischen Religion* (Berlin, 1969)
Herrmann, S. *Geschichte Israels in alttestamentlicher Zeit* (München, 1973)
Noth, M. *Geschichte Israels* (Göttingen, 1963)
Saggs, H. W. F. *The encounter with the Divine in Mesopotamia and Israel* (London, 1978)
Vaux, R. de *Histoire ancienne d'Israël* (2 Bd.; Paris, 1971–73)
Vriezen, T. C. *The religion of ancient Israel (Guildford, 1967)*
*Wiseman, D. J. (Hg.) Peoples of Old Testament Times* (Oxford, 1973)
Yeivin, S. *The Israelite conquest of Canaan* (Istanbul, 1971)

**2 Die Bibel**

Albright, W.F. *Von der Steinzeit zum Christentum* (Bern, 1949)
Buber, M. *Moses* (Heidelberg, 1952)
Frankfort, H. *Kingship and the Gods* (Chicago und London, 1948)
Heschel, A.J. *Die Prophetie* (Berlin, 1935)
Kaufmann, Y. *The Religion of Israel* (London, 1961)
Kraus, H.J. *Psalmen* (Neukirchen-Vluyn, 1972)
Sanders, E. P. *Paul and Palestine Judaism* (London, 1977)
Sandmel, S. (Hg.) *Old Testament Issues* (London, 1969)
Weinfeld, M. *Deuteronomy and the Deuteronomic School* (Oxford, 1972)
Wellhausen, J. *Prologomena zur Geschichte Israels* (1878; Nachdr. 1927)

**3 Die Juden und die Großmächte der Alten Welt**

Abel, P. F.-M. *Histoire de la Palestine depuis la conquête d'Alexandre jusqu'a l'invasion arabe*, Bd. I–II (Paris, 1952)
Bickermann, E. *Der Gott der Makkabäer* (Berlin, 1937)
– *From Ezra to the Last of the Maccabees* (New York, 1962)
Hengel, M. *Judentum und Hellenismus* (Tübingen, 1973)
Juster, J. *Les juifs dans l'empire romain, leur condition juridique, economique et sociale*, Bd. I-II (Paris, 1914)
Osterley, W. O. E. und Robinson, T. H. *History of Israel*, Bd. II (London, 1932)
Osterly, W. O. E. *Jews and Judaism During the Greek Period* (London, 1941)
Radin, M. *The Jews among the Greeks and Romans* (Philadelphia, 1915)
Safrai, S. und Stern, M. (Hg.) *The Jewish People in the First Century* Compendia Rerum Iudaicarum ad Novum Testamentum, Abteilung 1 (Assen/Amsterdam, I, 1974; II, 1976)
Schürer, E. *The History of the Jewish People in the Age of Jesus Christ*, Bd. I (Hg. G. Vermes und F. Millar; Edinburgh, 1973; Neubearbeitung des ursprünglich deutschen Originals *Geschichte des Jüdischen Volkes im Zeitalter Jesu Christi*, Leipzig, 1901)
Smallwood, E. M. *The Jews Under Roman Rule* (Leiden, 1977)
Stern, M. *Greek and Latin Authors on Jews and Judaism*, Bd. I: *From Herodotus to Plutarch* (Jerusalem, 1974)
Tcherikover, V. *Hellenistic Civilization and the Jews* (2. ed.), Übers. S. Appelbaum (Philadelphia, 1961)

**4 Der Talmud**

Neusner, J. *Early Rabbinic Judaism* (Leiden, 1975)
– *First Century Judaism in Crisis* (Nashville, 1975)
– *A History of the Jews in Babylonia* (Leiden, 1965–70)
– *A History of the Mishnaic Law of Holy Things* (Leiden, 1978–79)
– *A History of the Mishnaic Law of Purities* (Leiden, 1974–77)
– *A History of the Mishnaic Law of Women* (Leiden, 1979)
– *Invitation to the Talmud* (New York, 1973)
– *The Modern Study of the Mishnah* (Leiden, 1973)
– *The Rabbinic Traditions about the Pharisees before 70* (Leiden, 1971)
– *Talmudic Judaism in Sasanian Babylonia. Essays and Studies* (Leiden, 1976)
Stemberger, G. *Geschichte der jüdischen Literatur* (München, 1977)
Strack, H.L. *Einleitung in Talmud und Midrasch* (1920; München, 1961)

**5 Tora und Midrasch**

Avi-Yona, M. *Geschichte der Juden im Zeitalter des Talmud* (Berlin, 1962)
Böhl, F. *Gebotserschwerung und Rechtsverzicht als ethisch-religiöse Normen in der rabbinischen Literatur* (Freiburg i.Br., 1971)
Elbogen, J. *Der jüdische Gottesdienst in seiner geschichtlichen Entwicklung* (1931; Hildesheim, 1967)
Glatzer, N.N. *Geschichte der talmudischen Zeit* (Berlin, 1937)
Goldberg, A.M. *Judentum* in: *Die fünf großen Weltreligionen* (Freiburg i.Br., 1974)
– *Untersuchungen über die Vorstellungen von der Schekhinah in der frühen rabbinischen Literatur* (Berlin, 1969)
Grözinger, K.E. *Ich bin der Herr, dein Gott. Eine rabb. Homilie zum Ersten Gebot* (Frankfurt a.M. und Bern, 1976)
Hertzberg, A. *Der Judaismus* (Genf, 1973)
Hruby, K. *Die Synagoge, Geschichte und Entwicklung einer Institution* (Zürich, 1971)
Maier, J. *Geschichte der jüdischen Religion* (Berlin und New York, 1972)
Moore, G.F. *Judaism* (New York, 1971)
*Moses in Schrift und Überlieferung* (Düsseldorf, 1963)
Safrai, S. *Das jüdische Volk im Zeitalter des Zweiten Tempels* (Neukirchen-Vluyn, 1980)
Schäfer, P. *Die Vorstellung vom Heiligen Geist in der rabbinischen Literatur* (München, 1972)
– *Rivalität zwischen Engeln und Menschen* (Berlin und New York, 1975)
Schechter, S. *Aspects of Rabbinic Theology* (New York, 1961)
Schoeps, H.J. *Die Tempelzerstörung des Jahres 70 in der jüdischen Religionsgeschichte. Agadisches zur Auserwählung Israels* (Uppsala, 1942)
Schubert-Christaller, E. *Der Gottesdienst der Synagoge* (Gießen, 1927)
Stemberger, G. *Das klassische Judentum* (München, 1979)
Urbach, E.E. *The Sages, Their Concepts and Beliefs* (Jerusalem, 1975)

**6 Jüdische Musik**

Adler, I. *La Pratique musicale savante dans quelques communautés Juives en Europe au XVIIe et XVIIIe siècles* (Paris, 1966)
– 'Les chants synagogaux notés au XIIe siècle, in: *Revue de Musicologie*, LI (Abbeville, 1965)
– *Hebrew writings concernig music* (München, 1975)
Avenary, H. *Studies in the Hebrew, Syrian and Greek liturgical recitative* (Tel-Aviv, 1963)
– *Hebrew Hymn Tunes; the rise and development of a musical tradition* (Tel-Aviv, 1971)
– 'Jewish music: Post-biblical history' *Encyclopaedia Judaica*, Bd. 12 (Jerusalem, 1972)
Bayer, B. *The Material Relics of Music in Ancient Palestine and its Environs* (Tel-Aviv, 1963)
Binder, A.W. *The Jewish Music Movement in America* (New York, 1963)
Gerson-Kiwi, E. 'Juedische Musik' in: *Musik in Geschichte und Gegenwart* (Tel-Aviv, 1960)
– 'Vocal Folk-Polyphonies of the Western Orient in Jewish Tradition' *'Yuval; Studies of the Jewish Music Research Centre*, I (Jerusalem, 1968)
Grözinger, K.E. *Musik und Gesang in der Theologie der frühen jüdischen Literatur* (Habil.Schr. Uni. Frankfurt a.M., 1980)
Idelsohn, A.Z. *Jewish Music in its Historical Development* (New York, 1929)
Katz, I. *Judeo-Spanish Traditional Ballads from Jerusalem* (New York, 1972)
Shiloah, A. *Music Subjects in the Zohar, Texts and Indices* (Jerusalem, 1977)
Werner, E., und Sonne, I. 'The Philosophie and Theory of Music in Judeo-Arabic Literature' in: *Hebrew Union College Annual* (Cincinnati; 16, 1941; 17, 1942–43)
Werner, E. *The Sacred Bridge; Interdependence of Liturgy and Music in Synagogue and Church during the first Millennium* (London, 1959)
– *A Voice Still Heard ... The Sacred Songs of the Ashkenazic Jews* (University Park, Pennsylvania, 1976)
Records: A. Shiloah 'Morasha' Traditional Music Heritage (Ethnic Folkways FE 4202, 1978); 'Jewish Music' Unesco Collection Musical Sources (Philips 658001)

**7 Die Juden in Spanien**

Baer, F. *Die Juden im christlichen Spanien*, Bd. I–II (Berlin, 1929–36)
Beinart, H. *Trujillo: A Jewish Community on the Eve of the Expulsion* (Jerusalem, 1979)
Fernandes, F. *Suarez, Documents acerca de la Expulsión* (Valladolid, 1964)
Gines, J.V. *Historia de la viencia española* (Madrid, 1975)
Highfield, R. (Hg.) *Spain in the fifteenth Century* (London, 1972)
Vives, J.V. *Manual de Historia Económica de España* (3. ed.; Barcelona, 1964)

**8 Die Juden in Byzanz und im mittelalterlichen Europa**

Abrahams, I. *Jewish Life in the Middle Ages* (2. ed.; London, 1932)
Agus, I.A. *The Heroic Age of Franco-German Jewry* (New York, 1969)
– *The Jewish Community* (3 Bd.; Philadelphia, 1942)
Blumencranz, B. *Juifs et Chrétiens dans le monde occidental, 430–1096* (Paris, 1965)
Bondy, G. und Dworsky, F. *Zur Geschichte der Juden in Böhmen, Mäh-*

*ren und Schlesien, 906–1620* (2 Bd.; Prag, 1906)
Browe, P. *Die Judenmission im Mittelalter und die Päpste* (Rom, 1942)
Elbogen, I. – Sterling, E. *Die Geschichte der Juden in Deutschland* (Frankfurt a.M., 1966)
Finkelstein, L. *Jewish Self-Government in the Middle Ages* (New York, 1924)
Grayzel, S. *The Church and the Jews in the XIIIth Century* (2 ed.; New York, 1966)
Jacoby, D. 'Les Quartiers Juifs de Constantinople à l'Epoque Byzantine' in *Byzantion*, T. 37 (Brüssel, 1967)
Kisch, G. *The Jews in Medieval Germany* (Chicago, 1949)
Parkes, J. *The Conflict of the Church and the Synagogue* (London, 1934)
Polla, H. *Jewish Folkways in Germanic Lands (1648–1806)* (Cambridge/Mass. und London, 1971)
Richardson, H.G. *The English Jewry under Angevin Kings* (London, 1960)
Roth, C. *The History of the Jews in Italy* (Philadelphia, 1946)
– *A History of the Jews in England* (Oxford, 1941)
Seifert, W. *Synagoge und Kirche im Mittelalter* (München, 1964)
Synan, E.A. *The Popes and the Jews in the Middle Ages* (New York, 1965)
Trachtenberg, J. *The Devil and the Jews* (2. ed.; New York, 1966)
Twersky, I. 'Aspects of the Social and Cultural History of Provencal Jewry' in: *Cahiers d'histoire Mondiale*, Bd. XI (Quebec, 1968)

**9 Die Juden in der islamischen Welt 6. – 16. Jahrhundert**

Ashtor, E. *The Jews of Moslem Spain* (Philadelphia, 1973)
Cahen, C. 'Dhimma' in *Encyclopaedia of Islam*, Bd. II (Leiden, 1965)
Cohen, G.D. *The Book of Tradition by Abraham Ibn Daud* (Philadelphia, 1967
Cohen, M.R. 'The Jews under Islam' in: *Biographical Essays in Medieval Jewish Studies* (New York, 1976)
Fischel, W.J. *Jews in the Economic and Political Life of Medieval Islam* (New York, 1969)
Goitein, S.D. *A Mediterranean Society: The Jewish Communities of the Arab World as Portrayed in the Documents of the Cairo Geniza*, Bd. I–III (Berkeley, Los Angeles, London, 1967–78)
– *Jews and Arabs, Their Contacts Through the Ages* (3. ed.; New York, 1974)
– *Letters of Medieval Jewish Traders*, (Princeton, 1973)
Hirschberg, H.Z. (J.W.) *A History of the Jews in North Africa*, Bd. I, *From Antiquity to the Sixteenth Century* (Leiden, 1974)
Katsh, A.I. *Judaism in Islam; biblical and Talmudic Backgrounds of the Koran and its Commentaries, Suras II and III* (New York, 1954)
Mann, J. *The Jews in Egypt and in Palestine under the Fatimid Caliphs* (New York, 1970)
– *Texts and Studies in Jewish History and Literature* (New York, 1972)
Rosenthal, E.I.J. *Judaism and Islam* (New York und London, 1961)

**Die Juden in der islamischen Welt 1500 bis heute**

Cohen, H.J. und Yehuda, Z. *Asian and African Jews in the Middle East, 1860–1971* (Jerusalem, 1976)
Emmanuel, I.S. *Histoire des Israélites de Salonique* (Thonon, 1936)
Franco, M. *Essai sur l'Histoire des Israélites de l'Empire Ottoman* (Paris, 1897)
Galanté, A. *Documents officiels turcs concernant les Juifs en Turquie* (Istanbul, 1931)
– *Histoire des Juifs d'Istanbul* (Istanbul, 1941)
Goodblatt, M.S. *Jewish Life in Turkey in the 16th Century* (New York, 1952)
Hirschberg, H.Z. 'The Oriental Jewish Communities' in: *Religions in the Middle East*, Hg. A.J. Arberry, Bd. I (Cambridge, 1969)

**10 Jüdische Philosophie**

Agus, A, *Modern Philosophies of Judaism* (New York, 1970)
Albo, J. *Sefer ha-Ikkarim (Book of Principles)*, hg. und Übers. I. Husik (Philadelphia, 1946)
Bergman, S.H. *Faith and Reason: An Introduction to Modern Jewish Thought*, hg. und Übers. A. Jospe (New York, 1963)
Buber, M. *Ich und Du* (1923; Heidelberg, 1974)
Guttmann, I. *Die Philosophie des Judentums* (München, 1933)
Halevi, J. *The Kuzari*, Übers. H. Hirschfeld (New York, 1964)
Husik, I. *A History of Medieval Jewish Philosophy* (New York, 1960)
Ibn Gabirol, S. *The Kingly Crown*, Übers. B. Lewis (London, 1961)
Ibn Pakuda, B. ben J. *Duties of the Heart*, Übers. M. Hyamson (New York, 1925)
Katz, S.T. (Hg.) *Jewish Philosophers* (Jerusalem, 1975)
*Mose Ben Maimon, Führer der Unschlüssigen* (dt. Übers. A. Weiss, 1923; Hamburg, 1972)
*Moses Menlssohn's Schriften* (hg. v. M. Brasch; Leipzig, 1880)
Rosenzweig, F. *Der Stern der Erlösung* (Berlin, 1930)
Rotenstreich, N. *Jewish Philosophy in Modern Times: From Mendelssohn to Rosenzweig* (New York, 1968)
*Saadja Fajjami, Emunol we-Deol oder Glaubenslehre und Philosophie* (1885; Hildesheim und New York, 1970)
Wolfson, H.A. *Philo: Foundation of Religious Philosophy in Judaism, Christianity, and Islam* (Cambridge/Mass., 1968)
– *Three Jewish Philosophers*, 'Philo: Selections' Hg. H. Lewy; 'Saadya Gaon: Selections from Book of Doctrines and Beliefs' Hg. A. Altmann; Jehuda Halevi: Selections from Kuzari' Hg. I. Heinemann (New York, 1976)

**11 Jüdische Mystik**

Buber, M. *Die Erzählungen der Chassidim* (Zürich 1949)
Jacobs, L. *Dov Baer of Lubavitch: Tract on Ecstasy* (London, 1965)
– *Seeker of Unity* (London, 1966)
– *Hasidic Prayer* (London, 1972)
Scholem, G. *Die jüdische Mystik in ihren Hauptströmungen* (Zürich, 1957; Frankfurt a.M. 1967)
– *Zur Kabbala und ihrer Symbolik* (Zürich, 1960)
– *Jewish Gnosticism, Merkabah Mysticism and the Talmudic Tradition* (2. ed.; New York, 1965)
– *Ursprung und Anfänge der Kabbala* (Berlin, 1962)

**12 Die Juden und die Aufklärung**

Altmann, A. *Moses Mendelssohn* (London, 1973)
Duker, A.G. und Ben-Horin, M. (Hg.) *Emancipation and Counter-Emancipation* (New York, 1974)
Ettinger, S. The Modern Period' in: *A History of the Jewish People*, Hg. H.H. Ben-Sasson (London, 1976)
Jehouda, J. *The Five Stages of Jewish Emancipation* (Brunswick/N.J., 1966)
Katz, J. *Exclusiveness and Tolerances* (Oxford, 1961)
Mahler, R. *Jewish Emancipation: A Selection of Documents* (New York, 1941)
– *A History of Modern Jewry* (London, 1971)
Maimon, S. *Geschichte des eigenen Lebens* (Berlin, 1935)
Meyer, M.A. *The Origins of the Modern Jew* (Detroit, 1967)
Raisin, J.S. *The Haskalah Movement in Russia* (Philadelphia, 1913)

**13 Jüdische Literatur: Prosa**

Adar, Z. *Biblical Narrative* (Jerusalem, 1970)
Auerbach, E. *Mimensis* (Bern, 1946)
Dan, Y. 'Fiction Hebrew' in *Encyclopaedia Judaica* (Jerusalem, 1972)
– 'Aggadah' in *Encyclopaedia Judaica* (Jerusalem, 1972)
Gunkel, H. *Genesis*, darin: *Die Sagen der Genesis* (1901; Göttingen, 1966)
Halkin, S. *Modern Hebrew Literature* (New York, 1950)
Halper, B. *Post-Biblical Hebrew Literature* (New York, 1921)
Spicehandler, E. 'Hebrew Literature, Modern' in *Encyclopaedia Judaica* (Jerusalem, 1972)
Zinberg, I. *A History of Jewish Literature* (Cleveland und London, 1972)

**Jüdische Literatur: Lyrik**

Amichai, Y. *Selected Poems*, Übers. A. Guttmann und H. Schimmel (London, 1971)
– *Amen*, Übers. Amichai und T. Hughes (New York, 1977)
Burnshaw, S. Carmi, T. und Spicehandler, E. (Hg.) *The Modern Hebrew Poem Itself* (New York, 1965)
Carmi, T. und Pagis, D. *Selected Poems*, Übers. S. Mitchell (London, 1976)
Glatzer, N.N. (Hg.) *Language of Faith. A Selection from the Most Expressive Jewish Prayers* (New York, 1967)
Goldberg, L. *Selected Poems*, Übers. R. Friend (London, 1976)
Goldstein, D. *The Jewish Poets of Spain* (London, 1965)
Heinemann, J. *Prayer in the Talmud* (Berlin und New York, 1977)
Idelsohn, A.Z. *Jewish Liturgy and its Developments* (New York, 1967)
Kovner, A. und Sachs, N. *Selected Poems*, Kovner's poems Übers. S. Kaufman und N. Orchan (London, 1971)
Petuchowski, J.J. *Theology and Poetry* (London, 1978)
Ravikovitch, D. *A Dress of Fire*, Übers. C. Bloch (London, 1976)
Schirmann, J. 'Hebrew Liturgical Poetry and Christian Hymnody' in: *Jewish Quarterly Review*, N.S., XLIV (Philadelphia, 1953–54)
Silk, D. (Hg.) *Fourteen Israeli Poets* (London, 1976)
Spiegel, S. *The Last Trial. On the legends and lore of the command to Abraham to offer Isaac as a sacrifice: the Akedah*, Übers. J. Goldin (Philadelphia, 1967)
– 'On Medieval Hebrew Poetry' in: *The Jewish Expression*, Hg. J. Goldin (Philadelphia, 1967)
Stern, S.M. *Hispano-Arabic Strophic Poetry* (Oxford, 1974)
Vogel, D. *The Dark Gate*, Übers. Vogel u.a. (London, 1976)

**14 Europäisches Judentum im 19. und 20. Jahrhundert**

Ainsztein, R. *Jewish Resistance in Nazi-occupied Eastern Europe* (London, 1975)
Dawidowicz, L. (Hg.) *The Golden Tradition* (London, 1967)
Grayzel, S. *A History of the Contemporary Jews* (Philadelphia 1960)
Greenberg, L. *The Jews in Russia* (New Haven, 1944, 1951)
Katz, J. *Out of the Ghetto* (Cambridge/Mass., 1973)
Mahler, R. *A History of Modern Jewry 1789–1815* (London, 1971)
Mayer, M.A. *The Origins of the Modern Jew* (Detroit, 1967)
Sachar, H. *The Course of Modern Jewish History* (London, 1958)
Zimmels, J.H. *The Echo of the Nazi Holocaust in Rabbinic Literature* (London, 1975)

**15 Das amerikanische Judentum**

Birmingham, S. *Our Crowd: The Great Jewish Families of New York* (New York, 1967)
Brandes, J. *Immigrants to Freedom: Jewish Communities in Rural New Jersey since 1882* (Philadelphia, 1971)
Dinnerstein, L. *The Leo Frank Case* (New York, 1968)
Feingold, H.L. *Zion in America: The Jewish Experience from Colonial Times to the Present* (New York, 1974)
Glazer, N. *American Judaism* (überarbeitete ed.; Chicago, 1972)
Grinstein, H.B. *The Rise of the Jewish Community of New York, 1674–1860* (New York, 1954)
Handlin, O. *Adventure in Freedom* (New York, 1954)
Knox, I. *Rabbi in America: The Story of Isaac M. Wise* (Boston, 1957)
Marcus, J.R. *The Colonial American Jew, 1492–1776* (Detroit, 1970)
Rischin, M. *The Promised City, New York's Jews* (Cambridge/Mass., 1962)
Rosenstock/M. *Louis Marshall: Defender of Jewish Rights* (Detroit, 1966)

**16 Das Judentum und die Moderne**

Arendt, H. *The Origins of Totalitarianism* (New York, 1951)
Blau, J.L. und Baron, S.W. *The Jews of the United States: A Documentary History* (New York, 1963)
Dubnov, S. *History of the Jews in Russia and Poland*, Bd. I–III (Philadelphia, 1920)
Hilberg, R. *The Destruction of European Jews* (Chicago, 1967)
Kochan, L. (Hg.) *Jews in the Soviet Union since 1917* (London, 1970)
Marrus, M.R. *The Politics of Assimilation: A study of the French Jewish Community at the Time of the Dreyfus Affair* (Oxford, 1971)
Mendelsohn, E. *Class Struggle in the Pale: The Formative Years of the Jewish Workers Movement in Tsarist Russia* (Cambridge, 1970)
Meyer, Michael *The Origins of the Modern Jew* (Detroit, 1967)
Schorsch, I. *Jewish Reactions to German Anti-Semitism* (New York, 1972)
Weizmann, C. *Trial and Error* (New York, 1972)

**17 Zionismus und Israel**

Ahad ha-Am (Asher Ginsberg) *Essays, Letters, Memoirs* (Oxford, 1946)
Bein, A. *Theodor Herzl Biographie* (Wien, 1934)
Berlin, I. *The Life and Opinions of Moses Hess* (Cambridge, 1959)
Böhn, A. *Die Zionistische Bewegung* (2. ed.; Tel-Aviv, 1935–37)
Halpern, B. *The Idea of the Jewish State* (2. ed.; Cambridge/Mass., 1969)
*State* (2. ed.; Cambridge/Mass., 1969)
Hertzberg, A. (Hg.) *The Zionist Idea* (New York, 1968)
Herzl, Th. *Theodor Herzls Tagebücher* (Berlin, 1922–23)
Laqueur, W. *A History of Zionism* (London, 1972)
*Palestine Royal Commission Report* (Gmd. 5479; London, 1937)
Ruppin, A. *Memoirs, Diaries, Letters*, Hg. A. Bein (Jerusalem, 1971)
Stein, L. *The Balfour Declaration* (London, 1961)
Vital, D. *The Origins of Zionism* (Oxford, 1975)

# Bildquellenverzeichnis

Bei den Bildtafeln wird die Kapitelnummer an erster Stelle angegeben und dann die Nummer der Abbildung (z.B. I.3 = Kapitel I., 3. Abbildung). Bei Abbildungen im Text dagegen wird die Seitenzahl mit z.B. S. 266 angegeben.

**Museen und Bibliotheken**

Aleppo, National Museum I. 3, II. 28 (Photos: Arthaud)
Amsterdam, Jewish Historical Museum S. 233
Avila, Archivo Historico Provincial III. 19
Basel, Historisches Museum III. 27
Belgrad, Jewish Historical Museum III. 78
Berlin, Islamisches Museum III. 12, IV. 28
(West) Staatsbibliothek Preußischer Kulturbesitz III. 35 - 38
Birmingham City Art Gallery VI. 1
Cambridge, University Library III. 41, 50, 51, 57, 59
Chicago Oriental Institute I. 2
Cincinnati, Ohio, American Jewish Archives V. 46, 53, 54, 59
Damaskus, National Museum I. 20, 32, IV. 11, 26 (Photos: Princeton University Press)
Göding (Godonin), Moravia, Museum IV. 49 (Photo: Jan Lukas)
Frankfurt a.M. Stadthistorisches Museum V. 21, 27, 28
Hamburg, Staats- und Universitätsbibliothek IV. 52
Hannover, Kestner Museum I. 28
Heidelberg, Universitätsbibliothek III. 22, 23
Istanbul, Archäologisches Museum I. 8, 9, 11, 18, II. 18 (Photos: Josephine Powell)
Museum für islamische Kunst III. 70 (Photos: Josephine Powell)
– Topkapi Saray Library III. 66, 67, 68 (Photos: Josephine Powell)
Jerusalem, Central Zionist Archives VI. 20, 39a, 39c, 39d, 40, 45, 46
– Historical Archives VI. 26, 30, 31, 32, 33, 34, 41
– Israel Museum I. 29, 31, 33, II. 2 - 4, 8, 12, 21, 22, 23, 29 - 31, 39, 40, 41, 50, III. 11, 47, 62, 71, 73, 83, 89, 90, 92 - 94, IV. 4, 5, 6, 13, 24, 32, 33, V. 3, 7, 8, VI. 13, 24, 25, 27 - 30, S. 55, 90, 91, 116, 118, 267
– National and University Library IV. 1, S. 57, 63, 114
Kabul, Museum III. 56 (Photo: Josephine Powell)
Kairo, Museum of Islamic Art. III. 52, 55 (Photos: Sophie Ebeid)
Köln, Stadtmuseum S. 312
Konstanz, Rosgarten Museum III. 39a, 39b
Kopenhagen, Statens Museum for Kunst V. 20
– Royal Library S. 222
Krakau, National Museum IV. 51
Leiden, Rijksmuseum von Oudheden I. 4, 5
Leningrad, Russian Museum V. 31
– Saltykow Schedrin Public Library I. 43, III. 42 - 44, 48, 49, IV. 30, S. 59
Lissabon, National Gallery III. 15
London, British Library I. 1, 24, 34, 38 - 42, 47, II. 24, 26, 33, 36, 53, III. 4, 7, 18, 45, 46, 58, 60, 61, 64, 72, IV. 14, 17, 18, 19, 20, 21, 22, 23, 35, 38, V. 4, 40, S. 66, 170
– British Museum, endpapers, I. 10, 12, 14 - 17, 19, III. 33, 63, IV. 34, 36, 53, 54, 55, V. 9 - 16, 22, VI. 3, 39b, S. 234
– Imperial War Museum VI. 9, 44
– Jewish Museum I. 25, 36, 37, III. 20, IV. 56, V. 5, 6, 17, VI. 21, 22, S. 196 (Photos: J. R. Freeman)
– Museum of Mankind III. 70b
– Victoria and Albert Museum III. 54
Madrid (nahe bei), El Escorial III. 16 (Photo: Mas)
Moskau, Tretjakow Gallery V. 30, 34
Neapel, National Museum II. 14
New York, Hispanic Society of America III. 10
– Jewish Museum I. 35, V. 55, VI. 17
– Museum of the City of New York V. 47, 48, 50, 51 - 52
– New York Public Library V. 41
– Whitney Museum of American Art. V. 56
Oxford, Bodleian Library II. 35
Paris, Bibliothèque de l'Alliance Israélite Universelle II. 34, III. 86
– Bibliothèque Nationale I. 26, 44 - 46, II. 54 - 56, III. 5, 8, 95, IV. 7, 8, 9, V. 2, 18, 24, 29, S 65, 171, 195
– Louvre II. 16, 20
– Musée de l'Homme II. 51, III. 92, IV. 50
– Musée National d'Art Moderne V. 32 (Photo: Giraudon)
Prag, Jüdisches Museum II. 47, III. 34, IV. 39 - 44, 57, V. 19, VI. 12, S. 178 (Photos: Karel Neubert)
– Staatsarchiv III. 32
San Paolo, Museo V. 36
Tel-Aviv, Museum of the Jewish Diaspora III. 75 - 77, 79 - 80
Tiflis, The Georgian Museum of Fine Art III. 21 (Photo: Karel Neubert)
Trier, Landesmuseum VI. 2
Vatikan, Biblioteca Apostolica II. 25, S. 56
Villahermosa, Museo III. 17 (Photo: Mas)
Waltham, Mass., American Jewish Historical Society V. 43
Warschau, National Museum VI. 10 (Photo: T. Zoltowska)
Washington, D.C., Cooper Hewitt Museum II. 38
– Hirshhorn Museum, Smithsonian Inst. V. 58
– Library of Congress VI. 6, 7
Wien, Österreichische Nationalbibliothek, half-title, III. 24, V. 37, VI. 14 - 16, 18
Wilmington, Delaware Art Museum V. 45
Wolfenbüttel, Herzog August Bibliothek II. 40
Yale University Art Gallery, Beq. Dr. C. C. Foole V. 44

**Private Sammler und Galerien**

B. M. Ansbacher Haggadah Collection Jerusalem VI. 23
Dott, F. Bolla, Lugano II. 32
George Eastman House, New York V. 48
Mrs. B. Goldberg, New York VI. 11
Kennedy Galleries, Inc., New York V. 1
Keir Collection, London III. 53
Levi Strauss & Co., San Francisco V. 60, 61, 62
Palacio de Liria, Madrid I. 30, II. 44, III. 1, 13, 14
The Montefiore Endowment Committee, London V. 25, 26
Rippon Boswell & Co., London II. 45, III. 84
Galerie Rosengart, Luzern V. 33
Formerly S. D. Sassoon Collection I. 22, 23, 27, II. 37, III. 30, 74, IV. 10, S. 58, 61, 62, 93, 111
Jacob Schulman Collection, New York V. 57

**Fotografen**

Alinari/Mansell Collection II. 7, S. 97
Gertrude Bel. Collection, University of Newcastle-upon-Tyne IV. 42
Benedittini di Priscilla, Rom IV. 3
Bildarchiv Marburg S. 180
Yael Braun, Jerusalem II. 13
Bulloz, Paris V. 23
J. L. Charmet, Paris II. 34, III. 95
Georg Gerster/Magnum I. 6, 7, VI. 47
Glenderman, Würzburg IV. 48
Sonia Halliday I. 13, II. 52, III. 69, IV. 25, 29
David Harris, Jerusalem I. 5, 6, III. 11, 47, 81 - 83
John Hopf, Newport, R.I. V. 43
Thomas Hopfer/Magnum VI. 37, 38, 48
Franz Hubmann, Wien V. 38
Jerusalem, Department of Antiquities II. 5, 6, 22, 23, IV. 2, 6, S. 105
Richard Lannoy II. 17, 19, 48
Jan Lukas, New York III. 29, IV.
Felix H. Man, Rom VI. 19
Mas, Barcelona II. 43, III. 2, 4, 7, 9, 15
Fred Mayer/Magnum II. 15, VI. 35, 36
George Mott, Rom III. 31, IV. 46, 47
Karel Neubert, Prag II. 27, 42, 46, 49, III. 25, 26, 28, IV. 16, 31, VI. 12
Josephine Powell, Rom II. 1, III. 65
Roger-Viollet, Paris III. 85, 87, 88
Scala, Florenz II. 14
Ronald Sheridan, London IV. 4, 45
Unesco, Paris IV. 12, 27

Besonderer Dank für die Beschaffung von Bildmaterial gilt Frau Irene Lewitt, Jerusalem, und Frau M.T. Hirschkoff, Paris.

Spezialaufnahmen im Britischen Museum von J.R. Freeman, Ray Gardner und John Webb.

# Register

*Kursive* Seitenzahlen beziehen sich auf Abbildungen

## A



## B

# C



# D



# E



# F

# K



# L



# M

# N



# O



# P



# Q



# R

## S



## T

## U



## V



## W



## Y



## Z